中国农业科学院智库报告

海外农产品市场研究(2019)

◎ 聂凤英　李辉尚　主编

中国农业科学技术出版社

图书在版编目（CIP）数据

海外农产品市场研究. 2019 / 聂凤英，李辉尚主编. —北京：中国农业科学技术出版社，2020. 1

ISBN 978-7-5116-4562-3

Ⅰ. ①海… Ⅱ. ①聂… ②李… Ⅲ. ①农产品市场—研究—世界—2019 Ⅳ. ①F304.3

中国版本图书馆 CIP 数据核字（2019）第 285345 号

责任编辑 穆玉红
责任校对 李向荣

出 版 者 中国农业科学技术出版社
北京市中关村南大街12号 邮编：100081
电 话 （010）82106626（编辑室）（010）82109702（发行部）
（010）82109709（读者服务部）
传 真 （010）82106626
网 址 http: // www.castp.cn
经 销 者 各地新华书店
印 刷 者 北京建宏印刷有限公司
开 本 787mm × 1 092mm 1/16
印 张 28.25
字 数 930千字
版 次 2020年1月第1版 2020年1月第1次印刷
定 价 180.00元

《海外农产品市场研究（2019）》
编 委 会

序言

2019年，世界农产品主要产区遭遇了干旱等极端气候、草地贪夜蛾等严重病虫害、非洲猪瘟等致命疫病的影响，加上基于规则的多边机制仍受到贸易保护主义的严峻挑战，国际市场区域性、结构性供需矛盾凸显。这些给我国发挥“两个市场”作用、利用“两种资源”优势，确保重要农产品有效供给带来巨大影响。为应对日趋错综复杂的国际新形势，国家在加快推进农业供给侧结构性改革、大力实施乡村振兴战略、大幅提升国内农业产业发展水平的同时，加快推动农业高质量对外开放，不断拓展大豆、畜产品等重要农产品的进口来源、优化国际贸易格局，积极推进“一带一路”共建共享和区域全面经济伙伴关系协定签署，并取得实质性进展。这些新举措、新进展，不仅为国际农产品市场一体化发展注入了新活力，也为我国有效应对国际市场波动和贸易政策变化带来的巨大冲击提供了新机制，确保了国内重要农产品供给的基本稳定和市场运行的总体平稳。

未来一段时期，我国部分农产品市场仍将呈现结构性、季节性的供给不充分、供需不平衡等现象，亟需通过深化农业高质量对外开放，充分利用国际国内市场资源，不断满足人民日益增长的食物和营养需要。这就必然使得国内农产品市场与国际市场的联通更趋紧密、互动更加频繁，相互影响也更加明显。因此，如何立足中国国情、面向国际需求和变化，加快推动基于多边机制框架下的多渠道、多层次、立体化重要农产品供给新格局持续优化，不断提升我国在全球粮农治理体系中的地位和作用，事关国家食物安全战略全局。这就要求我们必须立足国内、紧盯国际，以市场为核心，重点聚焦主要农产品的市场供需形势、价格走势和贸易政策变化等，开展前瞻性、战略性和综合性研判，为持续提升我国农业国际竞争力和加快构建国际贸易新格局提供有力支撑。

近年来，中国农业科学院海外农业中心强化以品种为主线、以国别为抓手，系统开展全球农产品市场监测预警研究，并取得了丰硕成果和积极进展。2019年初，海外农业研究中心针对全球农产品供需新形势新变化，组织中国农业科学院相关研究所、农业农村部农村经济研究中心、中国热带农业科学院、中国农业大学、中国化工信息中心、内蒙古大学、云南省农业科学院和八一农垦大学等单位的专家，对稻米、小麦、玉米、大豆等重要农产品的海外市场开展系统研究，形成了《海外农产品市场研究（2019）》一书，旨在加强对农业国际合作和农产品贸易工作的智库服务力度。

该书是海外农产品市场监测预警团队立足中国、着眼全球，对当前国际重要农产品市场供需形势的最新研判。全书汇集了对粮食、棉花、油料、食糖、牛奶、肉类、天然橡胶、香蕉、咖啡、农资等19种重要农产品的研究成果，包括全球供需形势、国际贸易变化、主要国家产业政策等，新增了热点专题研究。全书内容丰富、系统性强、信息量大，全面反映了这些重点农产品国际市场的最新形势和发展趋势，它的出版为我国农业对外合作和农产品贸易工作者提供了一本高水平的专业性参考书，对服务我国农业国际合作和推动面向全球的农业智库建设工作有重要价值。

孙坦

2019年12月25日

目 录

第一部分

稻 米

专题一：世界供需形势分析

2018/19年度，世界稻谷种植面积1.64亿公顷、产量7.44亿吨，分别比2017/18年度增长0.02亿公顷和0.05亿吨，增幅分别为1.23%和0.68%；世界大米消费量4.89亿吨，增加0.07亿吨，增幅1.45%；世界稻谷库存1.70亿吨，增加0.08亿吨，增幅4.94%；国际大米市场价格震荡下行，2019年7月越南5%破碎率大米、泰国100% B级大米和泰国15%破碎率大米市场价格分别比2018年1月下跌10.07%、6.24%和5.81%；2018年，世界前五大大米出口国家累计出口大米3 613万吨，占世界大米出口量的75.98%；世界前五大进口国家（地区）累计进口大米1 337.10万吨，占世界大米进口量的29.32%。

一、世界供需现状

（一）水稻生产高位稳定

世界稻谷单产持续稳定在4 500千克/公顷左右，2018/19年度世界稻谷单产达到4 550千克/公顷，比2017/18年度略降10千克/公顷；预计2019/20年度世界稻谷单产4 560千克/公顷，恢复至2017/18年度水平（表1）。

世界水稻生产主要呈现两个明显特点：一是生产集中度高。世界水稻生产绝大部分集中在亚洲的东亚、东南亚、南亚的季风区以及东南亚的热带雨林区。亚洲水稻面积和总产常年占世界的88%和90%左右，世界水稻种植面积前10位的国家，除尼日利亚外，均分布在亚洲。2018/19年度，中国、印度、印度尼西亚、孟加拉国、越南、泰国和缅甸7个国家稻谷产量合计5.93亿吨，占世界稻谷总产的80%（表2）。二是单产水平差距大。在种植面积超过1亿亩（15亩=1公顷。全书同）的7个国家中，最高的中国水稻单产7 030千克/公顷，比最低的泰国高出4 170千克/公顷（表3）。单产差距大，除受科技水平、气候条件和投入成本等因素影响外，熟制差异是最重要的原因之一。

表1　世界水稻生产情况

年　度	世界水稻面积（亿公顷）	世界水稻单产（千克/公顷）	世界水稻总产（亿吨）
2017/18	1.62	4 560	7.39
2018/19	1.64	4 550	7.44
2019/20	1.63	4 560	7.44

数据来源：美国农业部（USDA）

表2　世界水稻主产国家水稻总产情况

单位：亿吨

年　度	中　国	印　度	印度尼西亚	孟加拉国	越　南	泰　国	缅　甸
2017/18	2.13	1.69	0.58	0.49	0.44	0.31	0.21
2018/19	2.12	1.74	0.58	0.53	0.44	0.31	0.21
2019/20	2.09	1.73	0.59	0.53	0.45	0.32	0.21

数据来源：美国农业部（USDA）

表3 世界水稻主产国家水稻单产情况

单位：千克/公顷

年 度	中 国	印 度	印度尼西亚	孟加拉国	越 南	泰 国	缅 甸
2017/18	6 920	3 940	4 760	4 350	5 790	2 900	2 900
2018/19	7 030	3 900	4 790	4 460	5 870	2 860	2 900
2019/20	6 950	3 920	4 810	4 480	5 970	2 880	2 930

数据来源：美国农业部（USDA）

（二）稻谷消费稳步增长

随着世界人口持续增加，大米消费总体稳步增长，但增速放缓。中国仍是世界大米第一消费大国，2018/19年度大米消费量达到1.44亿吨，占世界大米消费总量的29.45%；其余大米消费大国依次是印度、印度尼西亚、孟加拉国、越南、菲律宾、泰国和缅甸，大米消费量分别为1.01亿吨、0.38亿吨、0.36亿吨、0.22亿吨、0.14亿吨、0.11亿吨和0.10亿吨，上述8个国家大米消费量排序位次与2017/18年度保持一致，合计消费量3.76亿吨，同比增加0.05亿吨，增幅1.35%，各国消费量总体均呈小幅增长趋势（表4）。

表4 世界主要大米消费国家大米消费情况

单位：亿吨

年 度	中 国	印 度	印度尼西亚	孟加拉国	越 南	菲律宾	泰 国	缅 甸
2017/18	1.43	0.99	0.38	0.35	0.22	0.13	0.11	0.10
2018/19	1.44	1.01	0.38	0.36	0.22	0.14	0.11	0.10
2019/20	1.45	1.02	0.38	0.36	0.22	0.15	0.11	0.11

数据来源：美国农业部（USDA）

中长期看，预计随着中国、印度、印度尼西亚、越南、菲律宾、泰国和缅甸等国家居民生活水平不断提高，人均大米直接消费量将呈现逐年下降趋势。

（三）稻谷库存逐年增加

由于主产国稻谷持续增产，同时深加工转化手段有限，推动世界稻谷库存量快速增长。2018/19年度，世界稻谷库存量达到1.70亿吨，比2017/18年度增加0.08亿吨，增幅4.94%；预计2019/20年度世界稻谷库存量达到1.72亿吨，同比增长1.18%。

2018/19年度，库存水平最高的中国稻谷库存量达到1.15亿吨，占世界稻谷库存总量的67.65%；印度、印度尼西亚、泰国和菲律宾稻谷库存量分别为0.25亿吨、0.04亿吨、0.03亿吨和0.03亿吨，分别占世界稻谷库存总量的14.71%、2.35%、1.76%和1.76%（表5）。

表5 世界主要国家稻谷库存量情况

单位：亿吨

年 度	世 界	中 国	印 度	印度尼西亚	泰 国	菲律宾	日 本	美 国
2017/18	1.62	1.09	0.23	0.04	0.03	0.02	0.02	0.01
2018/19	1.70	1.15	0.25	0.04	0.03	0.03	0.02	0.02
2019/20	1.72	1.16	0.26	0.04	0.04	0.04	0.02	0.02

数据来源：美国农业部（USDA）

二、国际价格走势

（一）国际大米市场价格震荡下行

2018年世界粮食价格整体震荡下行，但谷物价格指数略有提高。根据联合国粮农组织公布的粮食价格指数，2018年世界谷物价格指数平均值为165点，比2017年上涨9%，但比2011年的高点下跌31%。国际大米市场波动较大，价格震荡下行，但总体水平高于2017年（图1）。具体走势分为三个阶段。

第一阶段，1—4月的快速上涨阶段。以泰国含碎25%大米FOB价格为例，尽管2017年世界稻米继续增产，但在年初主要进口国家大米需求带动下，国际大米市场还是走出了一轮较强行情，市场价格从1月的411.50美元/吨快速上涨至443.00美元/吨，上涨了31.50美元，涨幅7.65%；与2017年同期相比，4月每吨国际大米价格大幅上涨89.50美元，涨幅高达25.32%。

第二阶段，5—7月的快速下跌阶段。随着亚洲主产国家水稻增产预期增强，推动国际大米市场价格出现短期快速下跌，7月国际大米市场价格跌至387.00美元/吨，比4月下跌56.00美元/吨，跌幅达到12.64%，比1月下跌24.50美元/吨，跌幅5.95%；与2017年同期相比，国际大米价格下跌20.30美元/吨，跌幅4.98%。

第三阶段，8—12月的小幅波动阶段。进入2018年下半年，受国际大米生产好于预期、国际大米市场需求旺盛等因素综合影响，国际市场大米价格震荡下行，至12月跌至390.00美元/吨，比8月下跌7.00美元/吨，跌幅1.76%；比年初1月下跌21.50美元/吨，跌幅5.23%；与2017年同期相比，国际大米价格下跌了7.00美元/吨，跌幅1.76%。

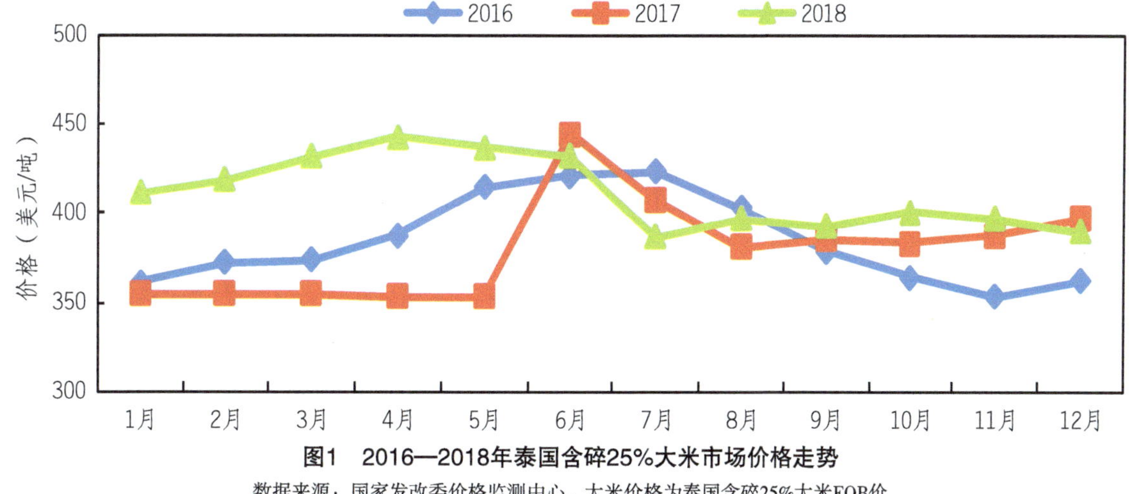

图1　2016—2018年泰国含碎25%大米市场价格走势

数据来源：国家发改委价格监测中心，大米价格为泰国含碎25%大米FOB价

（二）国际市场不同种类大米市场走势

泰国是国际市场上最为主要的大米出口国，其中100% B级大米是出口价格最高的产品，5%破碎率大米、15%破碎率大米和25%破碎率大米是交易量较大的产品。此外，随着越南大米出口量稳步增加，占国际大米贸易的份额越来越大，越南5%破碎率大米价格对于国际市场也具有较大影响力。

截至2019年7月，越南5%破碎率大米、泰国100% B级大米和泰国15%破碎率大米市场价格分别跌至375美元/吨、406美元/吨和389美元/吨，分别比2018年5月下跌18.30%、9.38%和9.95%；与2018年1月相比，价格分别下跌10.07%、6.24%和5.81%（图2）。

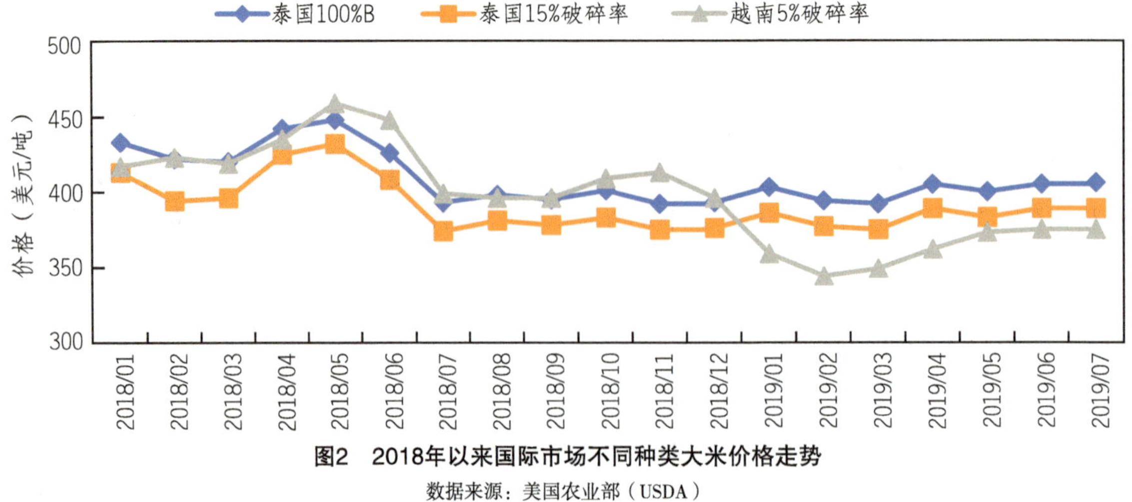

图2　2018年以来国际市场不同种类大米价格走势

数据来源：美国农业部（USDA）

（三）影响国际大米市场走势的主要因素

（1）供应仍然宽松。根据美国农业部数据，2018/19年度世界稻谷总产达到7.44亿吨，2018/19年度世界大米库存量达到1.70亿吨，库存消费比高达34.80%，远高于国际上公认的17%～18%的粮食安全线水平，世界大米总体供需宽松，不利于市场价格上涨。

（2）需求小幅增长。2018年，世界经济同步复苏，特别是2018年世界食品价格指数，比2017年下跌3.5%。世界大宗粮食仍处于供求过剩格局，粮食价格相对较低且保持稳定。根据美国农业部数据，2018/19年度世界大米消费量达到4.89亿吨，比2017/18年度增加0.07亿吨，增幅1.45%。

（3）美元小幅走强。2018年，美联储分别在3月、6月、9月和12月完成了四次加息，联邦基金利率目标区间从2%～2.25%上调至2.25%～2.50%，美元指数走势整体上行，累计涨幅超过4.50%，对以美元计价的国际大宗商品价格影响较大。

（4）中美贸易摩擦。2018—2019年中美贸易摩擦也是反反复复。总体看，中美贸易摩擦对世界经济产生了不良影响，对世界粮食贸易市场也影响较大。

三、国际贸易格局

稻谷是全球重要的国际贸易农产品之一。2018年世界稻米贸易格局基本稳定，主要进出口国家和地区变化不大。

（一）贸易总量在三大粮食作物中较少

在世界三大主要粮食贸易品种中，大米的国际贸易量最少、占生产量的比重也最小。根据美国农业部数据，2018/19年度世界大米、小麦、玉米出口量分别为4 619万吨、17 526万吨和17 238万吨，分别占当年产量的9.26%、23.98%和15.35%，小麦消费区域广泛，是世界第一大粮食贸易品种。总体看，世界大米贸易量略有下降，小麦、玉米贸易量呈现小幅增长趋势（表6）。

（二）出口贸易格局总体集中

2018年，世界大米出口总量为4 755.30万吨，比2017年减少56.30万吨，减幅1.17%（表7）。受世界各国稻谷生产和消费品种差异等影响，全球稻谷生产主要集中在亚洲国家，大米出口国家也相应主要集中在亚洲，包括印度、泰国、越南、巴基斯坦、缅甸、柬埔寨等东南亚、南亚水稻主产国家；美国尽管水稻种植面积不大，但产出的大米主要用来参与国际贸易，也是世界重要大米出口国家。

表6 世界大米、小麦和玉米产量及贸易情况

单位：万吨，%

年 度	大 米			小 麦			玉 米		
	产量	出口	占比	产量	出口	占比	产量	出口	占比
2017/18	49 488	4 712	9.52	76 188	18 204	23.89	107 808	14 875	13.80
2018/19	49 865	4 619	9.26	73 090	17 526	23.98	112 276	17 238	15.35
2019/20	49 781	4 691	9.42	77 146	18 311	23.74	110 514	17 084	15.46

数据来源：美国农业部（USDA）

表7 2017—2019年世界大米主要出口国家和出口数量

单位：万吨

国家/地区	2017年	2018年	2019年
世 界	4 811.60	4 755.30	4 675.60
印 度	1 257.30	1 179.10	1 200.00
泰 国	1 161.50	1 105.60	920.00
越 南	648.80	659.00	650.00
巴基斯坦	364.70	391.30	410.00
美 国	334.90	278.00	300.00
缅 甸	335.00	275.00	280.00
中 国	117.30	205.80	300.00
巴 西	59.40	124.50	80.00
柬埔寨	115.00	130.00	130.00

数据来源：美国农业部（USDA），2009年为预测数据

2018年，世界大米出口国家前五名依次为印度、泰国、越南、巴基斯坦和美国，出口量分别为1 179.10万吨、1 105.60万吨、659.00万吨、391.30万吨和278.00万吨，合计出口量3 613.00万吨，占世界大米出口贸易量的75.98%。预计2019年世界大米出口量将小幅下降（表7）。

（三）进口贸易格局较为分散

世界大米进口贸易量也呈下滑趋势，进口贸易格局总体较为分散。2018年世界大米进口量4 560.20万吨，比2017年增加81.20万吨，增幅1.81%（表8）。近年来，世界大米进口格局变化不大。与出口国家和地区相比，进口国家和地区分布相对分散。

表8 2017—2019年世界大米主要进口国家（地区）和进口数量

单位：万吨

国家/地区	2017年	2018年	2019年
世 界	4 479.00	4 560.20	4 412.50
中 国	590.00	450.00	340.00
菲律宾	120.00	250.00	310.00
印度尼西亚	35.00	235.00	40.00
尼日利亚	250.00	210.00	210.00
欧 盟	198.50	192.10	200.00

（续表）

国家/地区	2017年	2018年	2019年
科特迪瓦	135.00	150.00	160.00
孟加拉国	240.00	140.00	30.00
沙特阿拉伯	119.50	130.00	135.00
伊　朗	140.00	125.00	120.00
美　国	78.70	91.60	92.50
日　本	67.90	67.00	68.50
韩　国	41.20	38.60	41.00

数据来源：美国农业部（USDA），2019年数据为预测数据

2018年世界大米进口国家（地区）前五名依次为中国、菲律宾、印度尼西亚、尼日利亚和欧盟，预计2019年世界大米进口量将小幅下降（表8）。

（四）杂交水稻种子国际贸易情况

根据中国海关统计数据，2018年中国杂交水稻种子出口量为2.03万吨，比2017年增长0.40万吨，增幅24.54%；出口金额为6 965.60万美元，比2017年增长1 462.80万美元，增幅26.58%，但低于2016年水平（表9）。

表9　2016—2018年中国水稻种子出口贸易情况

年　份	数量（万吨）	比上年涨幅（%）	金额（万美元）	比上年涨幅（%）
2016	2.30	23.00	7 434.89	27.90
2017	1.63	−29.13	5 502.80	−25.99
2018	2.03	24.54	6 965.60	26.58

数据来源：中国海关

按照出口国国别统计，2018年中国杂交水稻种子出口量最大的国家为巴基斯坦，出口量达0.87万吨，占杂交水稻种子出口总量的12.49%；第二是菲律宾，杂交水稻种子出口0.57万吨，占8.14%；第三是越南，杂交水稻种子出口0.43万吨，占6.17%；出口孟加拉国、印度尼西亚杂交水稻种子数量分别为0.12万吨、0.02万吨，分别占1.73%和0.33%（表10）。

表10　2018年中国水稻种子主要出口国家情况

国　家	数量（万吨）	占比（%）
巴基斯坦	0.87	12.49
菲律宾	0.57	8.14
越　南	0.43	6.17
孟加拉国	0.12	1.73
印度尼西亚	0.02	0.33

数据来源：中国海关

四、世界主要国家产业竞争力

（一）美国

美国水稻生产主要集中在阿肯色、加利福尼亚、路易斯安那、密西西比、密苏里州和得克萨斯州，占99%，其中阿肯色州水稻面积约占美国的45%。尽管美国水稻生产总体规模小，但其科技水平、种业发展、规模经营、加工贸易等体系都处于世界领先水平，大米出口能力强，属于典型的出口导向型商品，美国大米（含稻谷）年出口量一般均超过300万吨，约占当年稻谷产量的40%以上。

1. 种植面积

2018年，美国水稻种植面积119.22万公顷，比2000年减少4.61万公顷（图3）；单产8 621.59千克/公顷，提高1 581.52千克/公顷；总产1 017.00万吨，增产151.22万吨。

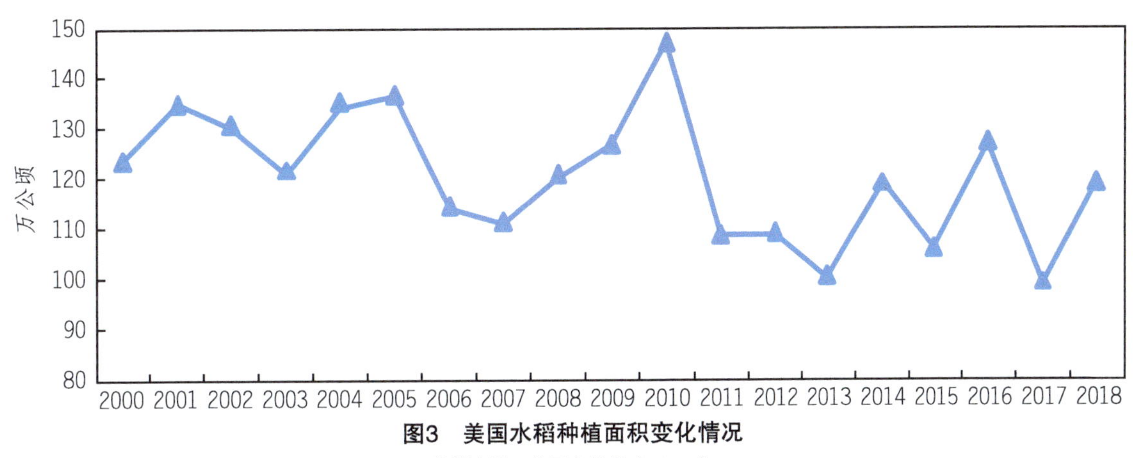

图3　美国水稻种植面积变化情况

数据来源：美国农业部（USDA）

2. 种植成本

（1）成本稳步增长，间接费用同步增长。美国水稻生产成本稳步增长，总体呈现先快速上涨后逐步回落的基本特征（图4）。2009—2018年，美国水稻每公顷运营成本、间接费用分别上涨18.38%和17.64%。其中，运营成本由2009年的1 105.43美元/公顷快速上涨至2013年的1 488.86美元/公顷，上涨34.69%，随后逐步回落至2018年的1 308.57美元/公顷，比2013年下降12.11%；间接费用由2009年的926.03美元/公顷上涨至2013年的1 022.67美元/公顷，增幅10.44%，随后增加至2018年的1 089.36美元/公顷，增幅6.52%（图4）。

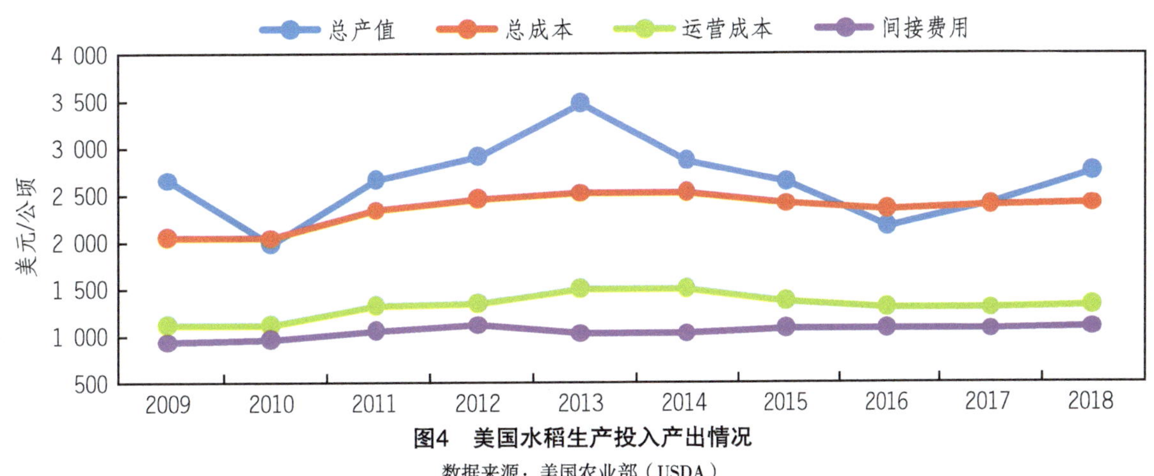

图4　美国水稻生产投入产出情况

数据来源：美国农业部（USDA）

（2）农资和燃料动力费下降，劳动力机会成本增加。运营成本下降的原因主要是肥料费、燃料动力费减幅明显。与2009年相比，2018年雇工费用、家庭劳动力机会成本增幅分别高达56.82%和72.99%。

（3）水稻种植效益波动较大，近三年逐步回升。2009年以来，美国水稻种植效益波动较大，但总体保持较好水平。除2010年和2016年外，每公顷水稻种植净利润均为正值，最高的2013年水稻种植净利润达到936.16美元/公顷；2018年，水稻种植净利润为335.74美元/公顷，实现扭亏转盈（图5）。

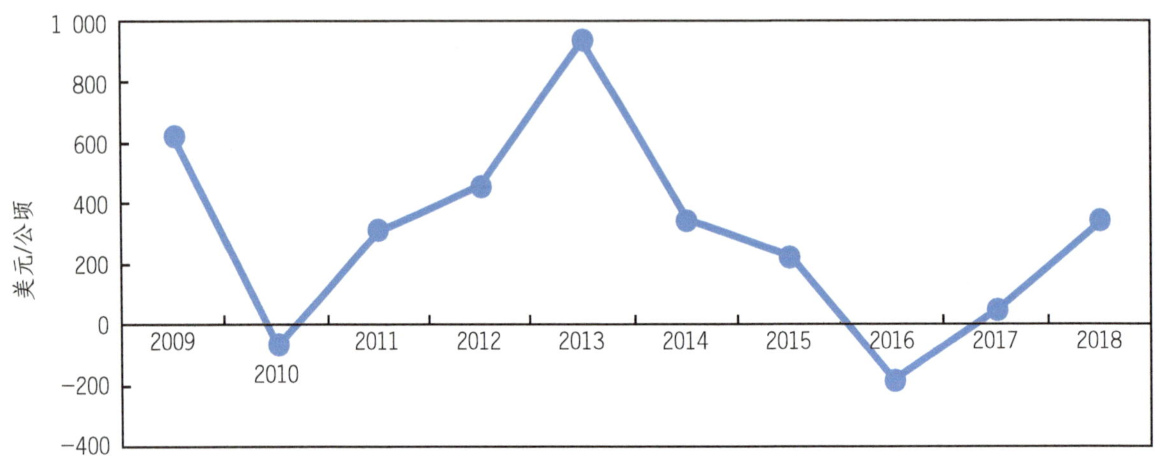

图5　2009—2018年美国水稻生产投入产出情况

数据来源：美国农业部（USDA）

3. **组织模式**

美国水稻种植主要集中在一些大型农场，全程采用机械化作业，包括机械繁种、激光平地、机械播种、飞机喷施（肥料、农药、除草剂）、机械收获和集中干燥。据美国农业部数据显示，2018年美国农场户均经营规模达230公顷（3 450亩）。

（二）韩国

水稻是韩国第一大作物，常年种植面积在75万公顷，占韩国耕地面积的50%。韩国稻米品种主要是单季粳稻，稻米品质较好。

1. **种植面积**

2000年以来，韩国水稻种植面积总体呈现持续下滑趋势，种植面积从2000年的107.24万公顷减少至2017年的75.47万公顷，减少了31.77万公顷，减幅29.62%（图6）①；单产从2000年的6 710.96千克/公顷提高至2017年的7 001.80千克/公顷，提高了290.84千克/公顷，增幅4.33%；总产从2000年的719.66万吨降至2017年的528.43万吨，减产191.22万吨，减幅26.57%。

2. **生产成本**

据韩国统计局发布的报告显示，2017年韩国稻米生产成本上涨。2017年稻米种植成本为69.14万韩元（每1 000平方米），折合人民币3 983元，比2016年的67.43万韩元上涨2.54%。其中，化肥和杀虫剂的开支上涨1.60%，耕地租赁成本和其他直接开支上涨4.30%。从世界范围看，韩国稻谷生产成本也处于较高水平，其粳稻生产总成本约为中国的3倍。

① 数据来源：考虑延续性和来源统一，韩国水稻生产数据及下文日本、泰国、越南水稻生产数据均来自联合国粮农组织（FAO）统计数据库，http://www.fao.org/faostat，数据更新至2017年

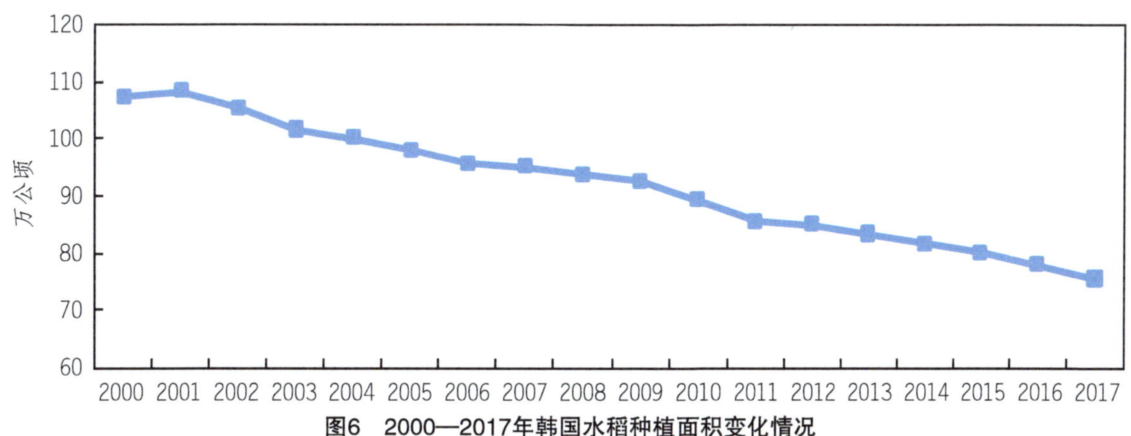

图6 2000—2017年韩国水稻种植面积变化情况

数据来源：联合国粮农组织（FAO）

3. **种植效益**

受高成本影响，韩国稻谷基本收益增长幅度不明显，稻谷净利润总体呈下降趋势。据韩国农业部门统计，韩国大米平均价格（以80千克为基准）已经从2017年的15.30万韩元（约合人民币948元）上涨至2018年的16.40万韩元（约合人民币1 016.90元），涨幅7.19%；尽管大米价格有明显上涨，但由于水稻种植面积减少，再加上气候恶化的因素，韩国水稻单产水平继续下降，导致2018年韩国大米收益呈现下滑势头。

4. **机械发展**

韩国稻谷生产主要满足国内消费，出口量数量非常小，进口量小幅增加，2018年韩国稻米进口量达到38.60万吨，出口量6.40万吨；预计2019年韩国稻米进口量为41.00万吨，出口量5.30万吨。

（三）日本

水稻是日本最主要的粮食作物，产值占日本农业产值的18%左右。日本是世界主要的水稻生产国和消费国，稻米产业化程度、机械化程度高，当前稻米自给率达到了95%以上，并能保证一定的优质大米出口，创造外汇收入。

1. **种植面积**

水稻种植面积从2000年的177.00万公顷持续下滑至2017年的146.60万公顷，减少了30.40万公顷，减幅17.18%（图7）；单产从2000年的6 702.26千克/公顷下降至2017年的6 671.21千克/公顷，下降了31.05千克/公顷，减幅0.46%；总产也从2000年的1 186.30万吨减至2017年的978.00万吨，减产208.30万吨，减幅17.56%。

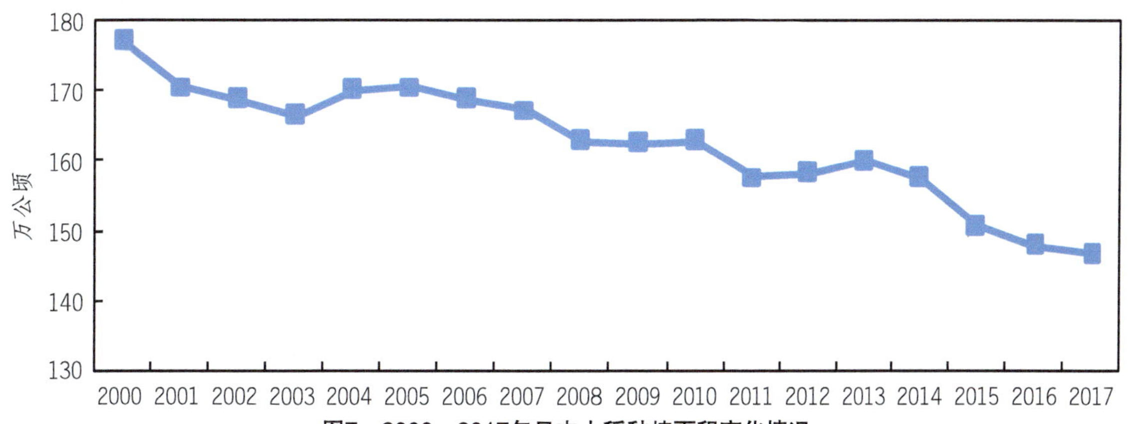

图7 2000—2017年日本水稻种植面积变化情况

数据来源：联合国粮农组织（FAO）

受耕地资源少、地形条件差（山地丘陵偏多）等资源约束，日本水稻生产规模普遍较小（表11）。

表11 2018年日本不同规模水稻商业种植户分布

	总计	<1公顷	1～2	2～3	3～5	5～10	≥10公顷
数量（万户）	80.58	53.16	14.20	4.67	3.57	2.76	2.22
比例（%）	100	65.97	17.62	5.80	4.43	3.43	2.76

数据来源：日本农林水产省

2. 生产成本

小规模的农场制约了机械化大生产的效率，提高了水稻生产成本。从成本构成看，日本水稻生产的物质与服务费用占比最高，其次是劳动力成本和土地成本。2017年，日本每公顷水稻生产的物质与服务费用为78.20万日元，劳动力成本35.03万日元，土地成本14.22万日元，其他费用5.39万日元，分别占生产总成本的58.87%、26.37%、10.71%和4.05%。从变化趋势看，日本水稻生产总成本呈逐年下降趋势。每公顷水稻生产成本由164.27万日元降至132.83万日元，减幅19.14%，其中劳动力成本、土地成本分别下降34.04%和38.73%（图8）。

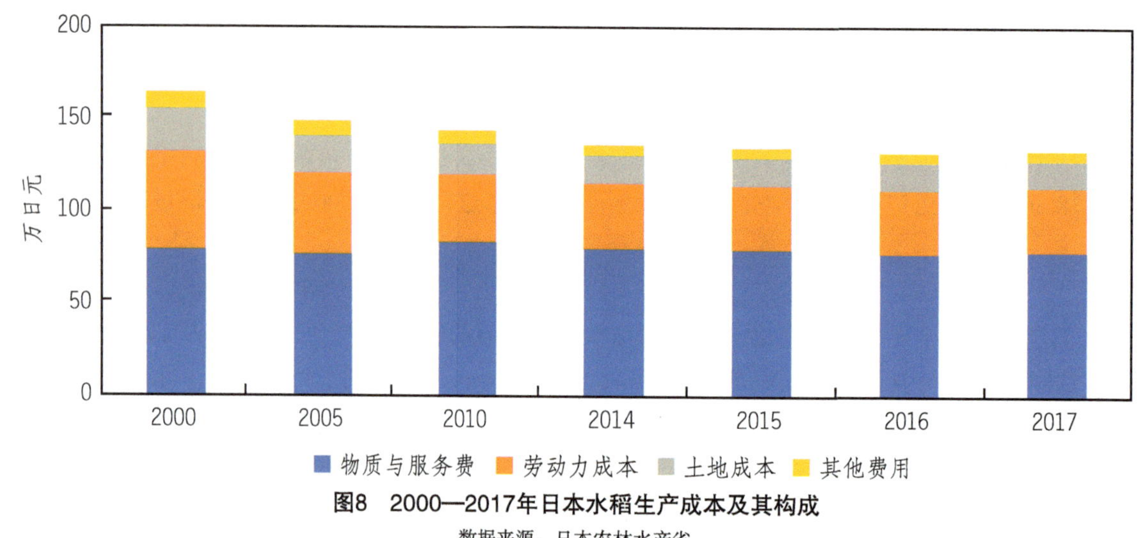

图8 2000—2017年日本水稻生产成本及其构成

数据来源：日本农林水产省

3. 种稻主体

由于种植效益低，日本农业从业者、水稻种植户均呈持续减少趋势。此外，人口老龄化问题也已成为日本水稻和农业发展的重要制约因素。2017年，日本以商业化经营为目的的农业从业者有299.77万人，其中50岁及以上的233.48万人，占农业从业者总数的77.89%，分别比2007年提高了7.30和14.99个百分点，老龄化问题日益凸显（表12）。

表12 2007年和2017年日本农业从业者年龄分布情况

年份		总计	50岁以下	50～60岁	60岁及以上
2007	数量（万人）	510.40	150.10	117.90	242.40
	比例（%）	100	29.41	23.10	47.49
2017	数量（万人）	299.77	66.29	46.19	187.29
	比例（%）	100	22.11	15.41	62.48

数据来源：日本农林水产省

（四）泰国

泰国是世界重要的大米生产和出口国家，常年水稻种植面积稳定在1 000万公顷，产量稳定在3 000万吨左右；泰国香米享誉世界，稳定的稻米出口给泰国经济增长提供了强有力的支持。

1. 种植面积

2000年以来，泰国水稻种植面积波动较大，最高的2011年水稻种植面积1 195.66万公顷，比2000年增加206.54万公顷，增幅20.88%；2017年，泰国水稻种植面积1 061.48万公顷，比2011年减少134.18万公顷，但比2000年增加72.36万公顷（图9）。

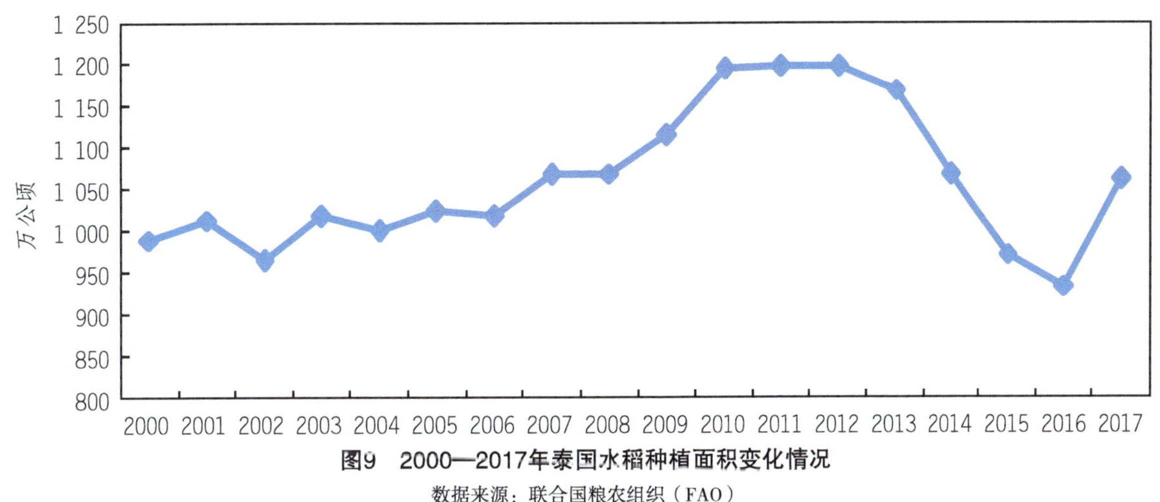

图9　2000—2017年泰国水稻种植面积变化情况

数据来源：联合国粮农组织（FAO）

2. 生产成本

生产成本和单产水平这两方面的问题直接影响泰国大米在东盟市场的出口潜力。目前，泰国大米生产成本有继续上升趋势，主要原因是化肥、农药和种子的价格提高，同时劳动力工资和土地租赁价格也在上涨。2018年，泰国出口大米1 105.60万吨，比2017年减少55.90万吨，预计2019年泰国大米出口量继续减少可能性较大。

（五）越南

越南是世界第三大大米出口国家，出口量仅次于印度和泰国，常年出口量占全球大米贸易量的15%左右。与泰国出口高端水稻品种相比，越南出口主要以IR-66等品质较差、破碎率较高的水稻，尽管出口量稳步增长，但价格较低。

1. 种植面积

2017年，越南水稻种植面积770.85万公顷，比2000年略减4.22万公顷（图10）；2015年，越南国会通过《2016—2020年土地使用计划》，提出到2020年越南水稻耕种面积将减少到约376万公顷（越南气候条件每年可以种植2～3季水稻），但受干旱和海水倒灌影响，目前越南中部沿海和南部湄公河三角洲地区许多土地已经不再适合水稻耕种，这是导致近年来越南水稻种植面积下降的主要原因之一。

2. 生产成本

与中国、泰国稻谷生产成本相比，无论是物质与服务费还是人工成本，越南都是最低的。目前，越南稻谷生产成本仅为193.80美元/吨，是泰国的77.91%、中国的48.12%。其中物质与服务费仅为138美元/吨。人工成本较低是越南稻谷生产的主要优势，仅为55.80美元/吨，是泰国的85.90%、中国的26.60%。

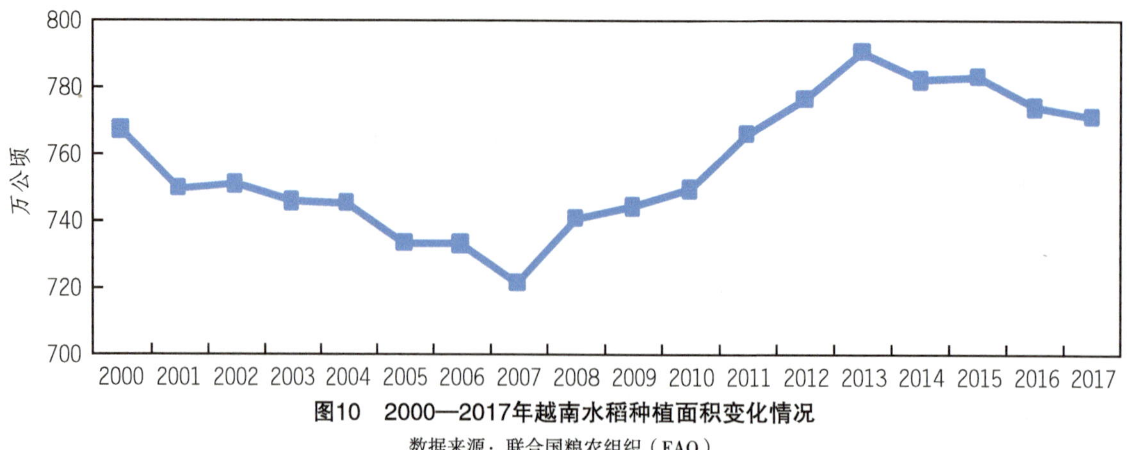

图10 2000—2017年越南水稻种植面积变化情况

数据来源：联合国粮农组织（FAO）

3. 组织模式

越南通过改革农业生产经营方式和完善产业链组织来提高大米出口竞争力。越南鼓励发展合作社、庄园经济等新型经营模式，目前国内约有10万个合作组织以及13万个庄园，吸收了大量农村剩余劳动力。同时，在种植、收获、加工、流通的过程中，每一环节都与相应的经营主体紧密联系，形成了较为完善的产业供应链。在湄公河三角洲等稻谷主产区，逐步形成“龙头加工企业+中间商+农户+出口商（批发商）”或“龙头加工企业+基地+农户+出口商（批发商）”的产业化运作模式。

五、主要国家产业支持政策新变化

（一）泰国

1. 实施稻田保险项目

泰国国家大米政策委员会批准实施2019年稻田保险项目，并计划为3 000万莱[①]稻田提供官方投保，稻田种植农户每莱投保金85泰铢（相当于人民币约20元），农户自己只需要支付其中34泰铢，剩下的51泰铢由政府拨预算补贴。该稻田投保项目覆盖7类天灾造成的稻田损失影响，包括水灾、旱灾、风灾、寒灾、冰雹、火灾、大象踩踏稻田等造成的损失，赔偿金各不相同。

2. 启动大米消费宣传计划

泰国大米消费宣传计划于2020—2022年在国内外进行，并为此编列3亿5 973万铢预算。宣传活动主要包括3类，分别为国外宣传活动、大米质量宣传活动以及国内宣传活动；计划2020年拨款9 983万铢用于举办大米展销活动。

3. 提供信用贷款

2018年5月，泰国国家大米政策委员会通过信用制度建设大米储存仓库，旨在保持该国大米价格稳定以及协助出口。信贷额度约为16.7亿泰铢（约合5 500万美元），用于帮助农民和企业建立大米储存仓库，稻米收割期间推迟大米销售，保持大米价格稳定。

（二）日本

1. 取消稻谷限产计划

2018年，日本废除了以往执行的为保证粮价而减少耕种面积的“减反政策”，取消稻谷限产计划，终止相关价差和收入差补贴，让农民面向市场自主生产经营。

---

① 1莱相当于2.4亩，3 000万莱约为7 200万亩水稻，占泰国水稻面积的45%左右

2. 实施农业收入保险

针对现行农业共济制度存在的问题，日本农林水产省于2017年制定了农业收入保险制度，并小规模进行试点活动。2019年1月，日本农业收入保险制度正式实施，将建立以农业经营者为单元的保险保障体系，农业收入保险不再局限于单一品种，而是针对农业经营者所有农业经营的项目进行保障，将市场风险纳入保障范围，包含价格下跌带来的收入减少补偿。

（三）其他国家和地区

1. 韩国引进大米生产调整制

为解决国内大米供应过剩问题，韩国从2018年起引进“大米生产调整制”。大米生产调整制是指水稻种植户耕种其他农作物来代替大米，政府弥补其过程中所发生的经济损失。预计2019年韩国可减少10万公顷水稻种植面积，实现大米供需均衡目标。

2. 越南放宽大米出口贸易限制

2018年8月，越南政府颁布关于大米出口法令，2018年10月1日已经正式实施。该法令明确表示在相关法规的监管下，外商直接投资的企业可获得许可证并从事大米出口业务。

3. 缅甸重新制定大米计量和品质标准

2018年，缅甸大米协会与国际金融公司（IFC）签署合作备忘录。在该公司帮助下，缅甸将按照国际标准，重新制定该国大米的计量和品质评估等标准。缅甸政府计划对大米水分标准发放认证书，让商家按照规定进行大米烘干，制订三年计划来实施大米水分认证标准，依次来符合国家市场标准要求，扩大缅甸大米出口。

4. 印度给予非巴斯马蒂大米5%的出口补贴

由于2018年印度大米出口速度放缓，为刺激非巴斯马蒂大米的出口，印度政府明确2018年11月下旬开始对非巴斯马蒂大米给予5%的出口补贴，政策有效期为截至2019年3月25日的四个月时间。该补贴主要是降低米商在销售和国内运输方面的成本，同时规定补贴不适用于向发展中国家出口的大米。

5. 欧盟对柬埔寨与缅甸大米停止免税待遇

2019年1月，欧盟开始停止对柬埔寨与缅甸的大米免税待遇。2019年是欧盟对缅甸大米停止免税待遇的第一年，每吨大米将征收175欧元的进口税，第二年每吨征收150欧元，第三年每吨征收125欧元，期满三年后再进行重新评估。

6. 柬埔寨政府采取措施促进大米出口

2019年，柬埔寨政府鼓励农业部和电力公司等相关部门研拟更多政策，包括降低电费和扩大输电网等，降低生产成本。同时，柬埔寨与中国正式签署谅解备忘录，从2019年1月至2020年12月柬埔寨将向中国出口40万吨大米，抵消欧盟征收关税的不利影响。

7. 菲律宾取消大米进口限制

2018年8月，菲律宾众议院批准一项议案，即使用关税政策来取代进口限制，将越南和泰国等东南亚地区大米进口关税定在35%，与目前的东盟自由贸易协定相一致；但对于从东南亚以外地区进口的大米，关税定在40%～180%。10月，菲律宾总统杜特尔特批准了开放大米进口的提案，国家粮食署将不再对进口大米的数量进行限制。

六、世界供需形势展望

（一）2019/20年度世界稻谷产业展望

根据美国农业部预测，预计2019/20年度世界稻谷总产量为7.44亿吨，与2018/19年度相比基本持平。其中，预计中国、印度稻谷产量明显下降，减产量分别达到370万吨和110万吨。预计印度尼西亚、孟加拉国、越南、泰国和缅甸稻谷产量均呈小幅增长趋势，增产量分别为50万吨、50万吨、50万吨、50万吨和20万吨。

预计2019/20年度世界大米消费量4.93亿吨，比2018/19年度增加460万吨，增幅0.89%。其中，印度、中国、越南、菲律宾、尼日利亚、缅甸和巴基斯坦大米消费量分别增加130万吨、80万吨、50万吨、50万吨、20万吨、20万吨和10万吨；日本、韩国大米消费量分别减少7.60万吨和23.20万吨。全球大米供需仍然呈现紧平衡态势，预计2019/20年度世界大米库存量为1.72亿吨，比2018/19年度增加170万吨。

预计2019年世界大米出口贸易总量达到4 675.60万吨，比2018年略减79.70万吨。主要出口国家仍然是印度、泰国、越南、巴基斯坦、美国、缅甸和中国，预计中国、美国、印度和巴基斯坦大米出口量分别增加94.20万吨、22.00万吨、20.90万吨和18.70万吨，泰国、越南大米出口量分别减少185.60万吨和9.00万吨。预计2019年世界大米进口贸易总量达到4 412.50万吨，比2018年减少147.70万吨。主要进口国家或地区仍然是中国、欧盟、印度尼西亚、菲律宾和尼日利亚等，预计中国、印度尼西亚、孟加拉国大米进口量分别减少110.00万吨、195.00万吨和110.00万吨，菲律宾大米进口量将增加60.00万吨。

预计2020年国际大米市场走势将小幅上涨，但涨幅有限，也不排除市场价格出现阶段性下降可能。截至2019年8月2日，泰国5%破碎率大米报价420美元/吨，比7月5日的一周上涨了1美元；泰国香米报价1 160美元/吨，比7月5日的一周上涨了26美元；越南25%破碎率大米报价355美元/吨，比7月5日的一周上涨了5美元；美国4%破碎率大米报价510美元/吨，上涨20美元；印度2%破碎率巴斯马蒂大米报价1 160美元/吨，下降30美元。

（二）中长期世界稻谷产业展望

1. 世界稻米生产有望保持高位，但年际间波动增大

预计短期内世界水稻播种面积仍将呈现稳步扩大趋势，世界水稻单产水平仍然具备较大提升潜力。如果不发生较大的自然灾害，预计未来一段时期全球大米产量将继续保持高位稳定，产量有望长期保持在4.8亿～5亿吨的历史高位，甚至取得新的突破。

预计未来东亚稻谷播种面积将保持稳定或小幅下调，东南亚、南亚主产国稻谷播种面积将小幅增长。

2. 消费需求仍将刚性增长，但增速逐步放缓

随着人口数量刚性增长，全球大米消费量也将呈增长趋势，预计年消费量在4.8亿～4.9亿吨水平，产需基本持平。但随着世界居民食物消费结构升级，膳食结构不断丰富，稻米作为口粮直接消费的比重会略有下降，消费增速将有所放缓。

3. 库存水平将略有下降，但总体仍处于历史高位

预计未来一段时期，世界稻米市场供求仍然相对宽松。其中，世界主要大米出口国家印度、泰国、越南、巴基斯坦、美国、缅甸和中国等的库存消费比仍然较高。但值得担忧的是，与新季产稻谷相比，库存大米的质量可能会有所下降，大米食品安全水平需要引起高度关注。

4. 稻米价格短期仍将弱势运行，但长期看势头向好

预计短期内世界稻米价格仍将弱势运行，主要受稻米主产国价格支持政策影响，但长期看世界稻米价格将逐步恢复上涨势头。

5. 稻米贸易规模总体保持稳定，但是出口国家竞争加剧

预计未来一段时期，由于大米消费区域相对集中，国际大米市场贸易总量不会发生很大变化，稻米贸易规模将保持高位稳定，但大米出口国家之间的竞争日趋激烈。

参考文献

叶兴庆. 2017. 日本大米支持政策的改革动向及启示[J]. 农业经济问题，12：93-98.

阮清廉，刘喜，江玲，等. 2017. 越南水稻生产概况及中越水稻生产互补性分析[J]. 杂交水稻，32（6）：64-74.

李社潮，宋振风. 2019. 韩国水稻机械技术产品的新走向[J]. 环球市场，2：57-59.

唐卉，陈红升. 2019. 泰国：2018年回顾与2019年展望[J]. 东南亚纵横，2：17-24.

（中国水稻研究所　徐春春）

专题二：美国水稻支持政策

美国水稻自其1933年农业法开始就被确立为美国农业政策支持的基本农产品[①]之一，稻农除了可普遍获得政府一般服务[②]和灾害援助等支持之外，还可以获得政府针对基本农产品的各种支持政策。本文首先概述美国水稻国内支持政策演变的历史脉络，然后对不同时期具体支持政策的内涵进行详细解析，最后基于WTO通报数据定量分析自WTO成立以来美国水稻支持政策的国内支持强度（黄箱补贴占产值的比重）。

一、美国水稻国内支持政策演变概述

1933年美国颁布第一部农业法，确立了其早期农业补贴政策的雏形，之后不断修订农业法以及颁布新农业法对农业支持政策动态调整。美国历年农业法中有关水稻的补贴政策梳理、汇总如表1所示。

表1　美国水稻国内支持政策变化（1933—2019年）

	1933—1962年	1963—1995年	1996年农业法	2002年农业法	2008年农业法	2014年农业法	2018年农业法
无追索权贷款	√	√					
差价补贴		√					
营销援助贷款（MAL）			√	√	√	√	√
贷款差额补贴（DLP）			√	√	√	√	√
贷款贴息	√	√	√	√	√	√	√
生产灵活性合同补贴（PFCP）			√				
固定直接补贴（DP）				√	√		
反周期补贴（CCP）				√	√		
平均作物收入补贴（ACRE）					√		
价格损失保障补贴（PLC）						√	√
农业风险保障补贴（ARC）						√	√
农作物保险补贴			√	√	√	√	√

1933—1963年，稻农可获得的基本农产品支持政策主要是无追索权贷款（NL）；1963—1996年，主要是无追索权贷款支持和差价补贴配合使用。1996—2002年，把“无追索权贷款”政策变为有追索权的“营销援助贷款”（MAL）和“贷款差额补贴”政策，取消了差价补贴，增加了生产灵活性合同补贴（一种脱钩的固定直接补贴），同时，开始加大农作物保险支持力度。2002—2008年，延续了1996年农业法制定的“营销援助贷款（MAL）”和“贷款差额补贴（LDP）”政策，把

① 还包括小麦、饲料谷物（玉米、大麦、高粱）、棉花、水稻、大豆等

② 主要包括研究、病虫害控制、培训服务、推广和咨询服务、检验服务、营销和促销服务、基础设施服务等

“生产灵活性合同补贴”改名为“固定直接补贴（DP）”，增加了“反周期补贴（CCP）”，进一步加大农作物保险支持力度，农作物收入保险快速推广。2008—2014年，延续了2002年农业法中对水稻的所有支持政策，增加了“平均作物收入补贴选项（ACRE）”，继续增加农作物保险支持力度。2014年至今，延续了1996—2013年一直实施的“营销援助贷款”（MAL）和“贷款差额补贴”政策，取消了2002—2013年实施的“固定直接补贴（DP）”，把2002—2013年实施的“反周期补贴（CCP）”改名为“价格损失保障补贴（PLC）”，把2008—2013年实施的“平均作物收入补贴（ACRE）”变为“农业风险保障补贴（ARC）”，农作物保险补贴成为最主要支持政策。

二、美国水稻国内支持政策解析

（一）无追索权贷款、营销援助贷款、贷款差额补贴和贷款贴息

无追索权贷款（NL）即，政府规定一个农产品底价作为贷款率（loan rate，即单位产品可获得的贷款金额），农作物收获后，如果市场价格低于贷款率，农民可以把收获的农产品（所有权合同）抵押给政府，按照规定的贷款率取得一笔期限为9—10个月的贷款，以满足销售过渡期的现金流需求，从而延长销周期以缓解农产品收获时集中销售造成的价格下跌。如果贷款期限内市场价恢复到贷款率（加利息）之上，农民可以还本付息赎回抵押农产品（所有权），然后在市场上出售农产品获得销售收入；如果市场价低于贷款率，贷款到期时农民就保留贷款所得，并把抵押的农产品（实物）交给政府，政府无权追索实物价值低于贷款本息部分的还款责任。

营销援助贷款（MAL）政策是从《1985农业法》开始逐步把原来的无追索权贷款（NL）变为有追索权贷款演化而来的。无论是无追索权贷款还是营销援助贷款，都是由农业部和农场信贷管理局联合创建的商品信贷公司（Commodity Credit Corporation，简称CCC）负责实施的，农民以农产品作为抵押的，有利息补贴的低息贷款（贷款利息比同期市场利息低1个百分点）。贷款差额补贴（LDP）是有资格获得贷款的农产品在没有贷款情况下获得的补贴。无追索权贷款（NL）、营销援助贷款（MAL）、贷款差额补贴（LDP）和贷款贴息也可以理解为同一个政策的四种不同支持方式，其之间的关系可用图1表示。

自《1990年农业法》开始，把农产品的贷款率水平稳定在很低的水平，直到《2014年农业法》仍基本维持这一水平（表2）。

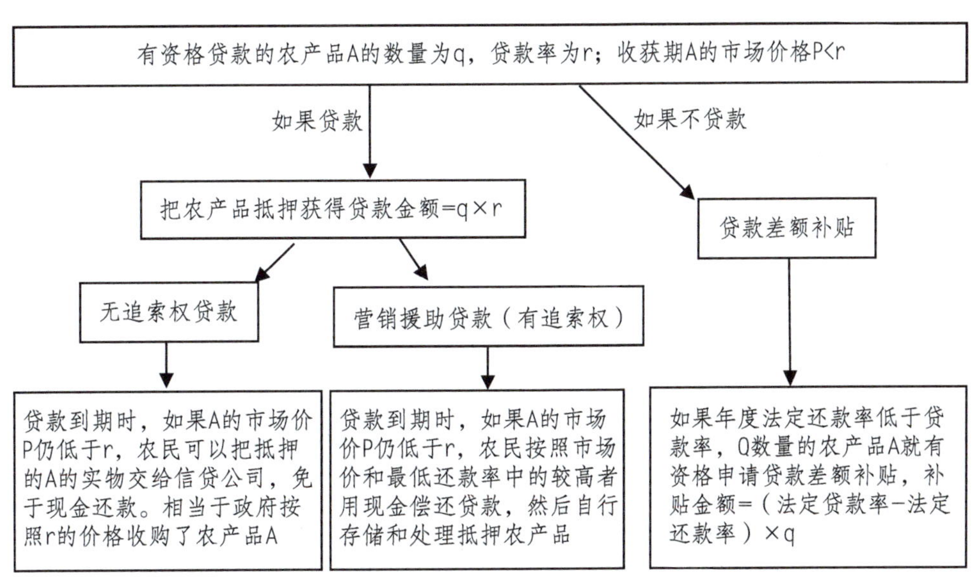

图1 无追索权贷款、营销援助贷款、贷款差额补贴之间关系

表2 农产品贷款率水平：自1996年农业法以来

商品（单位）	1996年农业法	2002年农业法		2008年农业法			2014年农业法
	1996—2001	2002—2003	2004—2007	2008	2009	2010—2013	2014—2018
长粒米（$/英担）	6.5	6.5	6.5	6.5	6.5	6.5	6.5
中粒米（$/英担）	6.5	6.5	6.5	6.5	6.5	6.5	6.5

注：英担（hundredweight）是重量单位 1英担=112磅=50.802千克（下文同）

资料来源：根据1996年、2002年、2008年、2014年农业法原文整理

（二）生产灵活性合同补贴和固定直接补贴

《1996年农业法》下的生产灵活性合同补贴（PFCP）和《2002年农业法》《2008年农业法》下的固定直接补贴（DP）是同一政策在不同阶段的不同叫法，他们的本质都是按照某一农产品历史生产水平的85%发放的、和农产品实际价格、实际面积、实际单产无关（脱钩）的定额补贴。这两种补贴也被称为“脱钩的收入补贴”（Decoupled income support）。单位产品定额补贴的标准被称为“补贴率”（payment rate）。在《1996年农业法》下的生产灵活性合同补贴政策中，各作物补贴率（单位产品补贴金额）是按照每种作物补贴年度预算总额①除以有补贴资格的总产量②确定。《2002年农业法》和《2008年农业法》直接规定了每种产品固定的补贴率，其实质也是按照《1996年农业法》生产灵活性补贴的标准匡算的（表3）。

表3 补贴率：生产灵活性合同补贴、固定直接补贴

补贴的产品（单位）	1996年农业法规定案规定的生产灵活性补贴率	2002年农业法规定的直接补贴率	2008年农业法规定的直接补贴率
长粒米（$/英担）	每种产品年度生产灵活性合同补贴预算总金额①除以有资格补贴的总产量②	2.35	2.35
中粒米（$/英担）		2.35	2.35

资料来源：根据《1996年农业法》第111～113条、《2002年农业法》第1101～1103条、《2008年农业法》第1101～1103条归纳整理

农户从某一农产品可得的固定直接补贴额（Payment amount）=补贴率（Payment rate）×基础面积（Base acres）×85%×补贴单产（Payment yield）。具体计算如表4所示。

表4 生产灵活性合同补贴、固定直接补贴之补贴金额计算

计算补贴额的变量	生产灵活性合同补贴（PFCP）（1996—2001年）	固定直接补贴（DP）（2002—2013年）
A补贴率（Payment rate）	见表3	见表3
B基期基础面积（Base acres）	在1991—1995年，每年实际种植面积加上因自然灾害等不可能抗拒因素导致的当年没有种植的面积之和的4年平均值，在此基础上，以后每年根据当期休耕面积增减变化进行调整。	在1998—2001年，每年实际种植面积加上因自然灾害等不可能抗拒因素导致的当年没有种植的面积之和的4年平均值，在此基础上，以后每年根据当期休耕面积增减变化进行调整。

① 1996年农业法第113条规定，1996—2002年，各年份生产灵活性合同补贴总预算分别为57亿美元、53.85亿美元、58亿美元、56.03亿美元、51.3亿美元、41.3亿美元、40.08亿美元；各种作物的分配比例为：小麦26.26%、玉米46.22%、高粱5.11%、大麦2.16%、燕麦0.15%、陆地棉11.63%、大米8.47%

② 全国参加生产灵活性合同的所有农户的有资格补贴的总产量。每个农户有资格获得补贴的每种作物的总产量等于基础面积的85%乘以1985年差价补贴政策中确立的平均单产数据计算。其中，基础面积是依据1949年农业法规定确定的该农户基本农作物的基期面积扣除休耕面积，休耕合同到期以后恢复耕种的，再把休耕回复的面积加上

（续表）

计算补贴额的变量	生产灵活性合同补贴（PFCP）（1996—2001年）	固定直接补贴（DP）（2002—2013年）
C补贴面积（Payment acres）	B×85%	B×85%
D补贴单产（Payment yield）	依据1949年农业法中补贴措施确定单产的方法确定的单产数据。如果某农场还没有建立单产数据，则农业部长根据与之相似的农场的单产水平给确定一个差不多的单产数据，确定之后固定不变。	用《1996年农业法》生产灵活性合同补贴中建立的补贴单产数据，如果某农场还没有建立补贴单产数据，则农业部长根据与之相似的农场的单产水平给确定一个差不多的补贴单产数据，确定之后固定不变。
E补贴额（Payment amount）	E=A×B×85%×D=A×C×D	E=A×B×85%×D=A×C×D

资料来源：根据《1996年农业法》第111～113条、《2002年农业法》第1101～1103条、《2008年农业法》第1101～1103条归纳整理

无论是《1996年农业法》下的生产灵活性合同补贴（PFCP）和《2002年农业法》《2008年农业法》下的固定直接补贴（DP）都不是一个孤立的政策措施，而是和营销援助贷款或贷款差额补贴配合使用的。定额补贴和营销援助贷款或贷款差额补贴配合使用的效果如图2所示。农业法将市场价格和贷款率中的较高者加上固定直接补贴定义为有效价格（effect price）。

即：有效价格Pe=max{市场价格p，贷款率P_l}+单位产品定额补贴。

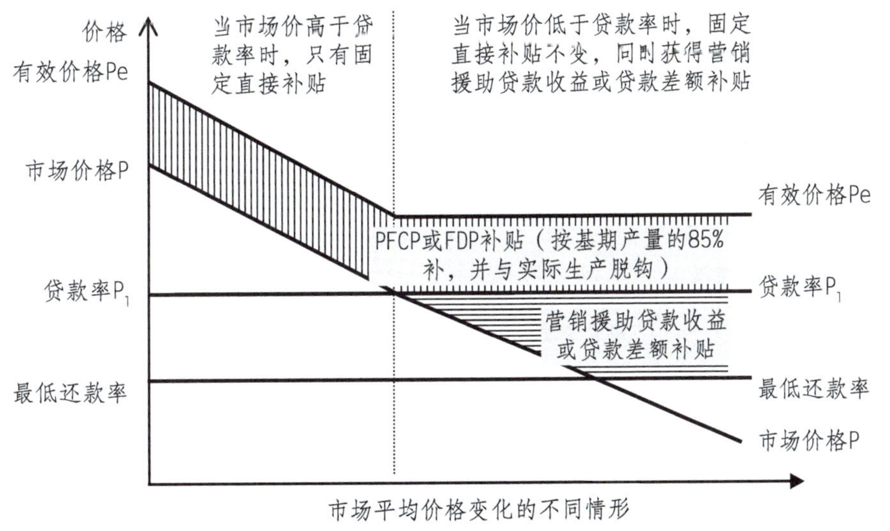

图2 生产灵活性合同补贴和贷款差额补贴配合使用效果

（三）反周期补贴（CCP）和价格损失保障补贴（PLC）

《2002年农业法》《2008年农业法》下的反周期补贴（CCP）和《2014年农业法》下的价格损失保障补贴（PLC），实质也是同一种政策在不同阶段的两种不同叫法。两者都是与特定农产品实际生产的面积产量无关（脱钩）、与价格有关（挂钩）的“半脱钩”差价补贴政策。反周期补贴（CCP）和价格损失保障补贴（PLC）也都不是孤立的政策措施，《2002年农业法》《2008年农业法》下的反周期补贴是和固定直接帖、营销援助贷款或贷款差额补贴配合使用的（图3），《2014年农业法》取消了固定直接补贴，价格损失保障补贴（PLC）是和营销援助贷款或贷款差额补贴配合使用的（图4）。

在反周期补贴（CCP）中，有效价格Pe=max{市场价格p，贷款率P_l}+单位产品定额补贴；由于《2014年农业法》取消了固定直接补贴，所以在价格损失保障补贴中，有效价格Pe=max{市场价格

p，贷款率P_1}。

农户从某一农产品可得到的反周期补贴额=（目标价格Pt-有效价格Pe）×基础面积×85%×补贴单产={目标价格Pt-[max（市场价格P，贷款率Pl）+固定补贴率]×基础面积×85%×补贴单产。

农户从某一农产品可得到的价格损失保障补贴额=（参考价格Pr-有效价格Pe）×基础面积×85%×补贴单产={参考价格Pr-max（市场价格P，贷款率Pl）}×基础面积×85%×补贴单产。具体计算依据如表5所示。

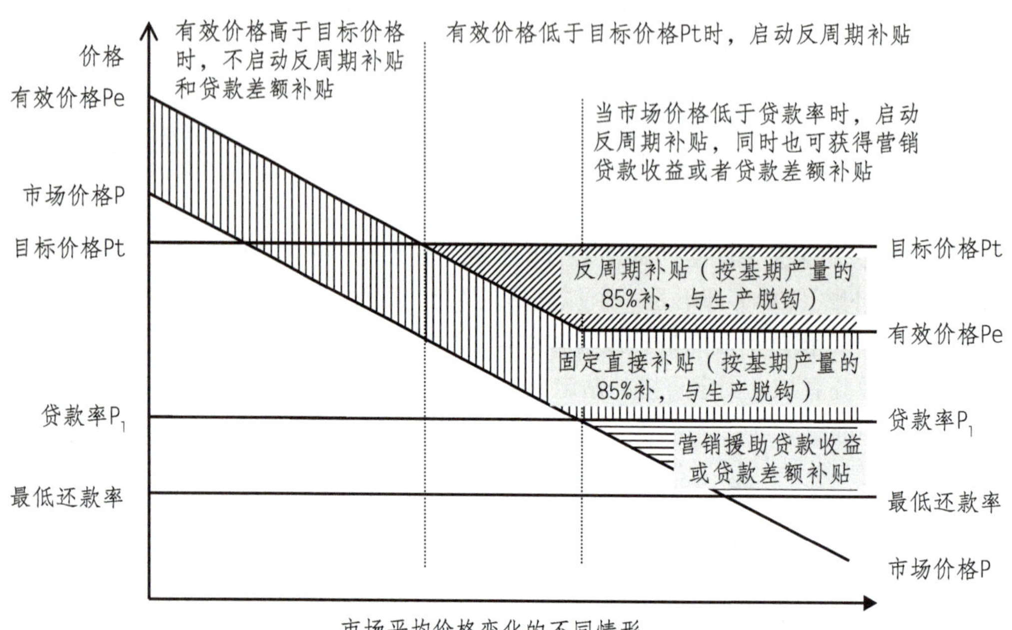

图3 反周期补贴、固定直接补贴和营销援助贷款（或贷款差额补贴）配额使用的效果

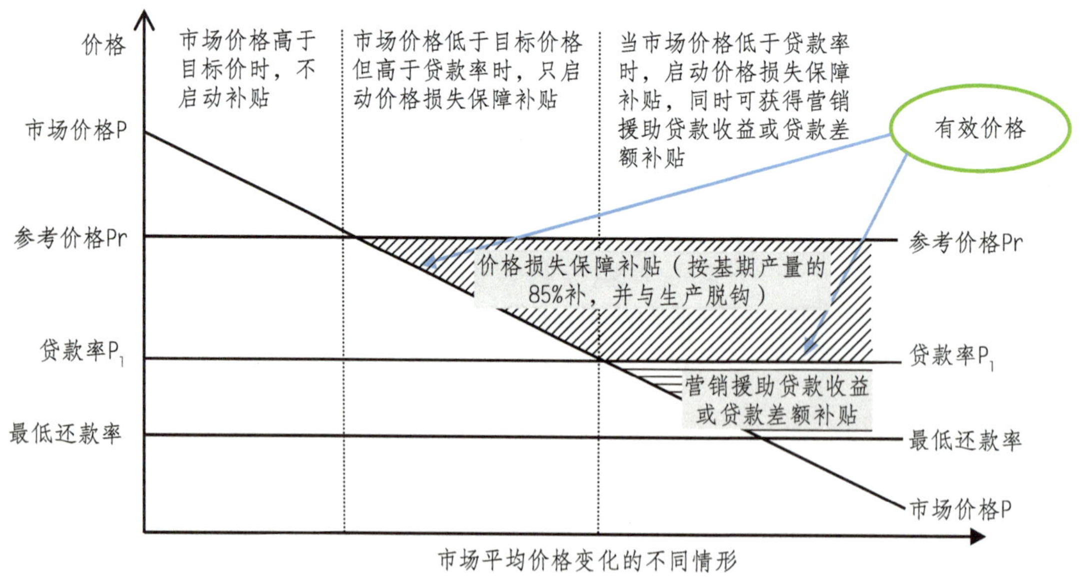

图4 价格损失保障补贴和营销援助贷款（或贷款差额补贴）配合使用的效果

表5 反周期补贴和价格损失保障补贴：补贴金额计算

计算补贴额的变量	反周期补贴（CCP）（2002—2013年）	价格损失保障补贴（PLC）（2014—2018年）
A补贴率（Payment Rate）	有效价格低于目标价格的差额部分	有效价格低于参考价格的差额部分

（续表）

计算补贴额的变量	反周期补贴（CCP）（2002—2013年）	价格损失保障补贴（PLC）（2014—2018年）
B基础面积（Base acres）	在1998—2001年，每年实际种植面积加上因自然灾害等不可能抗拒因素导致的当年没有种植的面积之和的4年平均值，在此基础上，以后每年根据当期休耕面积增减变化进行调整	在2013年反周期补贴确定的基础面积基数上，以后每年根据当年休耕面积增减变化进行调整；也可以根据2009—2012实际种植情况对基础面积进行一次重新分配
C补贴面积（Payment acres）	B×85%	B×85%
D补贴单产（Payment yield）	用《1996年农业法》生产灵活性合同补贴中建立的补贴单产数据，如果某农场还没有建立补贴单产数据，则农业部长根据与之相似的农场的单产水平给确定一个恰当的补贴单产数据，确定之后固定不变	用反周期补贴中建立的补贴单产数据，如果某农场还没有建立补贴单产数据，则农业部长根据与之相似的农场的单产水平给确定一个恰当的补贴单产数据，确定之后固定不变。也可以根据2008—2012年的农场实际产单产水平对补贴单产数据进行一次更新
E每种作物补贴额（Payment amount）	E=A×B×85%×D=A×C×D	E=A×B×85%×D=A×C×D

资料来源：根据《1996年农业法》第111～113条、《2002年农业法》第1101～1103条、《2008年农业法》第1101～1103条归纳整理

在目标价格水平的确定上，《2002年农业法》吸取1977—1985年过高的目标价格推高生产成本和增加财政负担的历史教训，设定的目标价格延续了《1990年农业法》确定的目标价格水平，约为完全生产成本长期平均值的80%～90%（具体比例因品种而异）。《2008年农业法》基本延续了《2002年农业法》确定农产品目标价格水平。《2014年农业法》大幅提高了目标价格水平，因为取消了固定直接补贴。2002年以来，农产品目标价格（参考价格）如表6所示。

表6 农产品目标价格（参考价格）：反周期补贴、价格损失保障补贴

农产品（单位）	2002年法案规定的目标价格		2008年法案规定的目标价格			2014法案规定的参考价
	2002—2003年	2004—2007年	2008年	2009年	2010—2012年	2014—2018年
长粒米（$/英担）	10.5	10.5	10.5	10.5	10.5	14
中粒米（$/英担）	10.5	10.5	10.5	10.5	10.5	14

注：①蒲式耳（bushel）是一种定量容器，好像我国旧时的斗、升等计量容器，据美国大豆协会统计单位换算表，1BU大豆的重量是60b（磅）或27.215 4千克。②磅（pound）是重量单位，1磅合0.453 592 37千克。③英担（hundredweight）是重量单位，1英担=112磅=50.802千克

资料来源：根据2002、2008、2014年农业法原文整理

（四）平均作物收入补贴（ACRE）与农业风险保障补贴（ARC）

《2008年农业法》下的平均作物收入补贴（ACRE）和《2014年农业法》下的农业风险保障补贴（ARC），两者都是基于单位面积农产品实际收入和目标收入之间差额的补贴，可以将其理解为“目标收入补贴”。

单位面积补贴金额被定义为ACRE和ARC补贴的“补贴率（payment rate）”。补贴率是每英亩农产品目标收入与实际收入的差额和单位面积补贴最高限额中的较低者。计算每英亩平均收入（Average Crop Revenue）使用的平均单产分为农场层面平均（Farm level）、县级平均（county level）、州级平均（State level）三个层面。ACRE补贴是按每种农产品州级平均单产水平计算的。具体计算方法详见表7。

表7　平均作物收入补贴（ACRE）农业风险保障补贴（ARC）补贴额计算方法

计算补贴额的变量	平均作物收入补贴（ACRE）	县级ARC补贴计算	农场级ARC补贴计算
A补贴金额	A=min{（C-D），25%C}×G×H	A=E=min{（C-D），10% B}×G	A=E=min{（C-D），10% B}×G
B平均每英亩基准收入（Benchmark Revenue）	州平均每英亩基准收入=近2年全国平均生产者价格×近5年全州奥林匹克平均单产	县平均每英亩基准收=max（全国12个月平均生产者价，参考价）的最近5年的奥林匹克平均值×县最近5年的奥林匹克平均单产	农场平均每英亩基准收=农场所有补贴产品按照参考价格计算的年度总产值最近5年的奥林匹克平均值除以最近5年的每种补贴产品年均种植面积总和
C平均每英亩目标收入（Target Revenue）	平均每英亩目标收入为基准收入的90%。即，C=B×90%	平均每英亩目标收入为基准收入的86%。即，C=B×86%	平均每英亩目标收入为基准收入的90%。即，C=B×86%
D平均每英亩实际收入	州平均每英亩实际收入=州平均实际单产×max（当期全国平均生产者价格，贷款率）平均	县平均每英亩实际收入=县平均实际单产×max（当期全国市场平均价，贷款率）	农场级每英亩实际收入=农场所有保障作物实际收入总和除以农场所有补贴产品实际种植面积总和
计算补贴额的变量	作物收入补贴（ACRE）	县级ARC补贴计算	农场级ARC补贴计算
E补贴率（payment rate）：每英亩补贴额	补贴率为目标收入减去实际收入的差额，但又不得超过目标收入的25%。即E=min{（C-D），25%C}	补贴率为目标收入超过实际收入的部分，但补贴不超过基准收入的10%。即，E=min{（C-D），10%B}	补贴率为目标收入超过实际收入的部分，但补贴不超过基准收入的10%。即E=min{（C-D），10%B}
F基础面积（Base acres）	—	和PLC补贴规定的基础面积相同（基期面积）	所有补贴农作物基础面积之和（基期面积）
G补贴面积（Payment acres）	补贴面积=实际种植面积×85%	补贴面积=基础面积的85%。即，G=F×85%	补贴面积=基础面积的65%。即，G=F×65%
H农场相对生产效率系数	$\frac{\text{农场最近 5 年的奥林匹克平均单产}}{\text{州最近 5 年的奥林匹克平均单产}}$	—	—

资料来源：根据2008、2014年农业法原文归纳整理

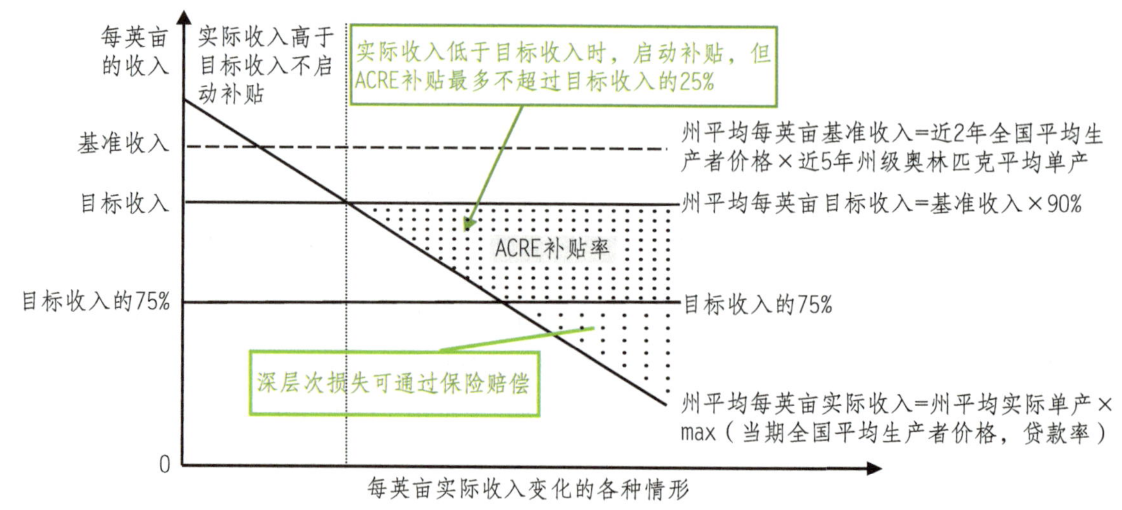

图5　ACRE补贴率的内涵

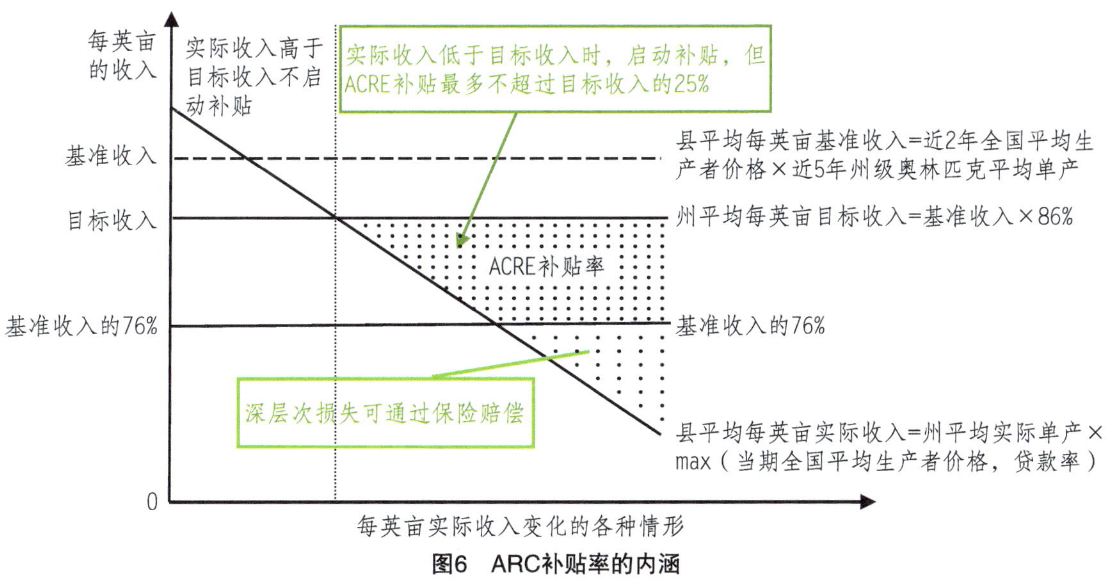

图6　ARC补贴率的内涵

表7和图5、图6共同说明了一个农民在ACRE、县级ARC、农场级ARC三种不同补贴措施下补贴金额的计算方法。

（五）农作物保险支持政策

美国的政策性农业保险产品主要有产量、价格、收入、利润和指数保险这五种类型（图7）。其中作物产量保险是只针对自然风险导致的产量损失提供的保险；价格保险是只针对市场风险导致的价格下跌提供的保险；收入保险则是同时对自然风险或市场风险造成的减产或者市场风险导致的价格下跌进而导致的收入损失提供的保险；利润保险则是针对农产品价格和成本变动导致的利润下降风险提供的保险。

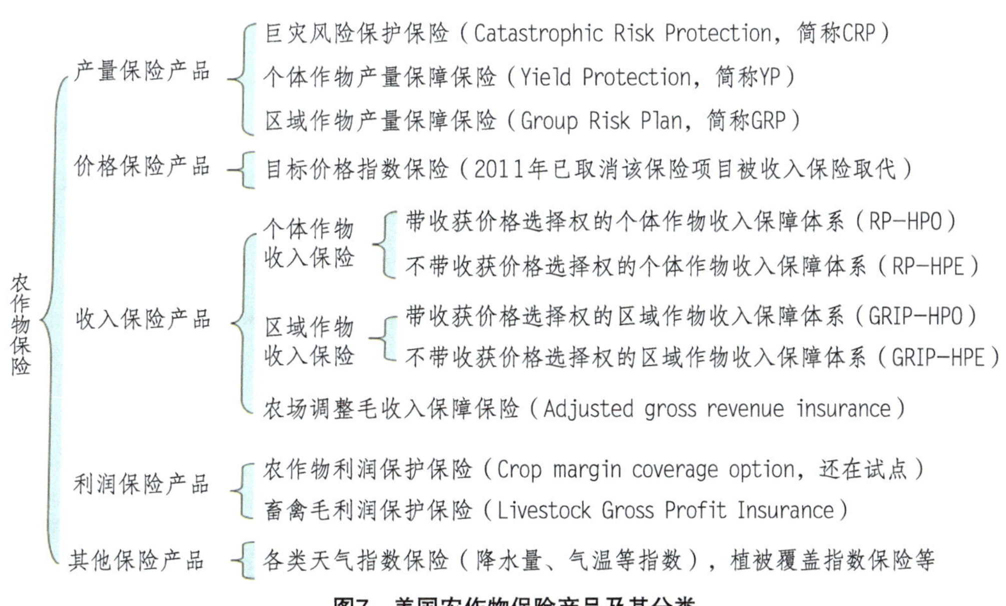

图7　美国农作物保险产品及其分类

在作物收入保险中，保障价格有两种方案可供选择，一是以预测价格（projected price）为准，二是以预测价格和收获期价格（harvest price）[①]中的较高者为准。所以作物收入保险产品根据保障

① 预测价格和收获期价格都是根据价格条款规定按照芝加哥期货交易所的价格确定的

产量和保障价格的不同选择组合，分为4种具体产品：①附带收获价格选择权的个体收入保障保险（Revenue Protection with Harvest Price Option，简称RP-HPO）；②不带收获价格选择权的个体收入保障保险（Revenue Protection with Harvest Price Exclusion，简称RP-HPE）；③附带收获价格选择权的团体风险收入保障保险（Group Risk Income Protection with Harvest Price Option，简称GRIP-HPO）；④不带收获价格选择权的团体风险收入保障保险（Group Risk Income Protection with Harvest Price Exclusion，简称GRIP-HPE）。表8简要列示了针对农作物的各种保险产品的操作要点。

表8　美国主要农业保险产品操作要点一览表

农业保险类型	具体保险项目（保险产品）	单位面积保障水平[1]	保险触发条件	单位面积保险赔付额
作物产量保障保险	巨灾保险[2]	保障历史平均单产的50%和预测价格的55%	保险范围内的巨大灾害导致区域产量损失超过50%时，启动补偿	实际产值和保障产值的差额
	个体作物产量保障保险	保障农场单产的55%至85%（可自主选择），按市场价计价	当保障范围内的灾害因素导致农场实际单产下降至保障的单产水平时，启动赔付	农场实际单产和保障单产的差乘以市场价格
	区域作物产量保障保险[3]	保障县平均单产的55%至90%（可自主选择），按市场价计价	当保障范围内的灾害因素导致县平均实际单产下降至保障的单产水平时，启动赔付	县实际平均单产和保障单产的差乘以市场价格
作物价格保障保险	目标价格指数保险（2011年取消）	保障目标价格的55%至90%（自主选择），按实际产量计算	当销售年度实际平均价格低于保障的价格水平时，启动赔付	实际平均价格和保障价格的差乘以实际单产
作物收入保障保险	个体作物收入保障保险：带收获期价格选择权	保障的收入=农场单产的55%至85%（自主选择）乘以预测价格和收获期实际价格中的较高者（依据交易所报价）	当农场单位面积实际收入低于保障收入时，启动赔付	保障收入减去实际收入的差额
	个体作物收入保障保险：不带收获期价格选择权	保障的收入=农场单产的55%至85%（自主选择）乘以预测价格	当农场单位面积实际收入低于保障收入时，启动赔付	保障收入减去实际收入的差额
	区域作物收入保障保险：带收获期价格选择权	保障的收入=县平均单产的55%至90%（自主选择）乘以预测价格和收获期实际价格中的较高者（依据交易所远期报价）	当县平均单位面积实际收入低于保障收入时，启动赔付	保障收入减去实际收入的差额
	区域作物收入保障保险：不带收获期价格选择权	保障的收入=县平均单产的55%至90%（自主选择）乘以预测价格	当县平均单位面积实际收入低于保障收入时，启动赔付	保障收入减去实际收入的差额
作物收入保障保险	作物补充收入保险（2014年新增）	保障的收入水平=县平均每英亩基准收入的84%	当县平均单位面积实际收入低于保障收入时，启动赔付	保障收入减去实际收入的差额，但不得超过其他保险项目的免赔额
其他类型保险	天气指数保险、植被指数保险等		当实际气象指数低于规定的水平时，启动赔付	

注：1. 保障水平可由农民在提交保险合同时自主选择，农民选择的保障水平越高，政府提供的保费补贴比例越低

2. 巨灾保险无须生产者缴纳保费，但农户每年必须缴纳300美元不在巨灾保险管理费给政府，如果不缴纳巨灾保险管理费，则没有资格收购其他类型的保险产品。所以巨灾保险其实是强制性参与的政府灾害救助保障计划

3. 所谓"个体保险"指的是计算保额用的的单产数据是农场平均单产数据；"区域保险"指的是在计算保额是用一个州或一个县的平均单产数据。"区域保险"也叫"团体风险保障保险"

资料来源：作者根据联邦作物保险法案和美国农业风险管理局的作物保险"fact sheet"整理

2011年以来的数据显示，政府每年对生产者的农作物保险保费补贴总额在60亿～70亿美元，平均保费补贴比率62%。2014年仅RP-HPO这一种保险产品保费收入78.4亿美元，占到当年所有保险计划保费收入总额100亿美元的78.4%。

三、美国水稻国内支持强度——基于WTO通报数据

（一）美国对有关水稻支持政策的通报

据美国向WTO提交的农业国内支持通报数据，美国对上述关于水稻的支持政策的通报情况如表9所示。

表9　美国水稻国内支持政策的通报“归箱”分类

水稻可享受的支持政策	通报的归箱分类
营销援助贷款（MAL）	黄箱：特定产品支持
贷款差额补贴（DLP）	黄箱：特定产品支持
贷款贴息	黄箱：特定产品支持
生产灵活性合同补贴（PFCP）	绿箱：脱钩的收入补贴
固定直接补贴（DP）	绿箱：脱钩的收入补贴
反周期补贴（CCP）	黄箱：非特定产品支持
平均作物收入补贴（ACRE）	黄箱：特定产品支持
价格损失保障补贴（PLC）	黄箱：特定产品支持+非特定产品支持
农业风险保障补贴（ARC）	黄箱：特定产品支持+非特定产品支持
农作物保险补贴	绿箱，黄箱：特定产品支持+非特定产品支持

（二）美国水稻国内支持强度

根据美国向WTO提交的通报数据，计算得出美国水稻特定产品黄箱支持强度如表10所示。

表10　美国水稻黄箱支持强度

年　份	基于水稻特定产品的黄箱支持量（百万美元）	产　值（百万美元）	支持强度（补贴占产值的比重）
1995	11.60	1 514.31	0.77%
1996	5.80	1 687.41	0.34%
1997	6.38	1 756.14	0.36%
1998	20.81	1 686.58	1.23%
1999	434.99	1 231.21	35.33%
2000	624.39	1 049.96	59.47%
2001	762.88	925.06	82.47%
2002	711.57	979.63	72.64%
2003	503.04	1 628.95	30.88%
2004	130.82	1 701.82	7.69%

（续表）

年　份	基于水稻特定产品的黄箱支持量（百万美元）	产　值（百万美元）	支持强度（补贴占产值的比重）
2005	132.51	1 741.72	7.61%
2006	2.93	1 982.70	0.15%
2007	3.58	2 273.96	0.16%
2008	26.94	3 603.46	0.75%
2009	67.61	3 209.24	2.11%
2010	49.93	3 183.21	1.57%
2011	53.30	2 737.42	1.95%
2012	45.40	3 067.37	1.48%
2013	44.98	3 181.99	1.41%
2014	74.501	3 075.62	2.42%
2015	60.111	2 421.96	2.48%
2016	86.188	2 384.69	3.61%

在不考虑美国对其部分水稻支持政策通报“归箱”分类不当的情况下，1999—2003年，美国对水稻的黄箱支持强度超过30%，最高在2001年达到82%，近年来美国对水稻的支持强度在3%左右。如果考虑把反周期补贴（CCP）、价格损失保障补贴（PLC）、农业风险保障补贴（ARC）全部调整为“特定产品支持”政策，则美国水稻实际黄箱补贴强度更高。

四、美国水稻国内支持政策的启示

（一）坚持市场化方向

美国农产品流通体制与价格形成机制市场化程度极高，但是仍然没有放弃市场调控政策。然而，美国的市场调控政策更倚重于目标价格和收入保障补贴等对市场扭曲较小的政策，综合运用信贷、保险等现代市场调控手段。

目前，中国大部分农产品的流通体制基本完成了市场化改革，但是粮食、棉花等大宗农产品市场价格形成机制中仍然有一定程度的政府干预。因此，在调控方面必须坚持市场化改革方向，完善农产品价格形成机制，使市场在资源配置中起决定作用。强化粮食等托市政策的信号作用和保底作用，减少对市场的直接干预。适当细化最低收购价的执行标准，实现优质优价。发展订单农业，鼓励优质粮食产销衔接。不断完善政策性粮食公开市场交易细则，保证竞价过程的公开、公平、公正。以良种补贴、重大关键技术补助、农产品目标价格补贴制度、保险保费补贴等市场化的政策手段，实现对粮食、棉花等重要农产品生产发展的支持。

（二）政策列示数字化

美国农业政策的列示的过程中，一般明确了在某一个支出项目上的财政支出或者财政授信。而且，在部分具体的农业政策上，也对涉及的价格、比率等进行了准确的列示。例如，针对列入价格损失保障和农业风险保障的各种农产品，2014年农业法制定了详细的参考价格。

比较中国的农业政策法律文本，很少有相应的数字化列示。作为类比，例如，2014年中央一号文件中，对目标价格的阐述为：“逐步建立农产品目标价格制度，在市场价格过高时补贴低收入消费者，在市场价格低于目标价格时按差价补贴生产者，切实保证农民收益。”尽管农产品目标价格制度细化方案会出台准确的农产品目标价格，但是政策提出时，具体价格水平仍然比较模糊，因此也无法起到对市场的引导作用。因此，在制定新的农业政策法律时，应当准确地列示相关的支出额度，对各种目标价格、比率等进行精确的列示，从而合理引导农民和市场主体的预期。

（三）政策评估科学化

美国的农业展望和农产品市场预警工作方面的经验非常值得借鉴。美国农业部早在20世纪40年代就建立了18种农产品生产和消费的综合数据收集系统，经过长期积累，如今其农产品供需信息极为全面、准确，某些品种甚至可以上溯至100年前。美国农业部定期发布农产品市场供需月报、农产品生产成本季报以及农业资源管理调查报告，美国密苏里大学也以上述数据库为基础，建立一套农业展望与农产品市场预警体系，二者共同构成了美国制定农业政策、确定农业预算的重要依据，为农业生产者和各类市场主体提供了极为有效的生产经营指导，甚至对世界农产品价格的形成与波动产生了重要影响。

从我国的实际情况看，农业展望与农产品市场预警工作事关农产品市场的平稳运行，而农产品市场的平稳运行，则事关国家宏观经济稳定与社会和谐。为顺应国际国内的新形势，履行好农业部门指导农业农村经济发展的重要职责，必须要加强农业展望能力，完善农产品市场预警工作。这是保障农产品有效供给和市场稳定的客观需要，是保障城乡民生的客观需要，是促进农民就业增收的客观需要。这就需要：第一，建立一支稳定的高水平农产品市场预警分析和评估专家队伍。研究队伍中不仅吸收政府部门工作人员对市场形势进行研判，还要发挥专家大胆研究探索、积极建言献策的作用，就重大关键问题进行研究，及时回应社会关注，澄清模糊认识，推动适时出台农产品市场调控政策，逐步实现决策的科学化和民主化。第二，建立研讨全面、准确、迅捷的信息和数据采集系统。围绕农业与农村政策决策支持，需要最大限度地占有信息，做出科学的分析，得出较为准确地结论。同时，整合各种数据资源，为决策提供及时、准确的依据。第三，及时发布农业展望与市场预警信息。每个月发布一份主要农产品品种的生产与市场展望报告，内容涵盖中国与世界各国的农产品供求信息、市场波动情况以及后市展望等方面。每年春节后发布一份中国与世界农业展望报告，内容涵盖主要农产品品种的供给、需求、贸易等信息，并对未来5～10年的相关情况进行数量性的预测。针对农业生产和市场热点，及时发布展望报告，预测热点事件对生产和市场的影响。这一工作的开展将产生两方面的积极作用：一方面，给种粮农民合理的市场预期，保持其从事农业生产的积极性，另一方面，科学引导农业生产经营主体根据市场供求科学调节种养结构，减少市场波动给农民造成的损失。

（四）完善具体的补贴制度

美国类似生产者补贴的政策不断调整，而且21世纪以来越来越倾向于收入保障补贴。目前，我国已经提出探索建立生产者补贴制度，完善农业补贴制度。因此，在稳定现在粮食直接补贴和生产资料综合补贴的基础上，增加生产者补贴政策已经成为必然选择。第一，必须明确生产者补贴的目的，即让种粮农民获得稳定的收入，而不是任何产品的价格或者是补贴农业投入。第二，必须明确生产者补贴的启动标准，可以以县为单位，结合农产品生产成本与合理收益，确定生产者补贴的启动标准。第三，根据美国经验，生产者补贴操作需要掌握大量的农业生产和市场信息，所以必须建立精细的农业生产与市场信息收集系统，为生产者补贴制度和其他农业政策提供准确的决策参考。第四，如果生产者补贴制度带来了高昂的执行成本，在初始阶段，可以先以直接补贴的方式，对试点品种进行补贴，并配套以保底措施，以防止产量的大幅下滑。可以考虑的配套措施是，针对大宗农产品，建立农业部门管理的国家农产品营销信贷基金，与中储粮、中储棉等国有农产品收储主体相配合，为农民的农产品销售提供保底收购方。第五，在设定并公布生产者补贴的时候，同时公布未来三到五年的生产者补贴率，可以在未来进行调整。

（五）健全农业保险制度

美国新农业法在农业风险管理方面加大了投入，尤其是，农业保险制度的调整对我国相关政策有非常重要的启示意义。为了管理这自然灾害造成的风险，就应当开发以产量或者农业收入为标的的农业保险产品。第一，农业部门要牵头制定针对各个农业产业的农业保险条例，同时明确界定政府和作物保险公司的作用。第二，基于农业生产经营风险、成本、价格、农民合理收入等指标，制定保险条款、赔付标准等，研发不同种类的作物保险产品，满足不同农民的风险管理需求。第三，继续扩大农业保险补贴规模，增加品种，提高标准，健全管理制度，建立再保险制度和巨灾风险保险制度。尤其是，探索开发价格保险、收入保险等农业保险险种，与目标价格补贴制度之间形成相互配合、互为补充的机制。

参考文献

陈阵. 2009. 美国农产品贸易政策研究，吉林大学.

冯继康. 2007. 美国农业补贴政策：历史演变与发展走势. 中国农村经济（3）：73-80.

齐皓天，徐雪高，王兴华. 2016. 美国农产品目标价格补贴政策演化路径分析. 中国农村经济（10）：82-93.

齐皓天，彭超. 2015. 美国农业收入保险的成功经验及其对中国的适用性. 农村工作通讯，05.

齐皓天，彭超. 2015. 我国农业政策如何取向：例证美农业法案调整. 重庆社会科学（1）：21-29

齐皓天. 2017. WTO规则视角下美国农业国内支持的合规性研究[D]. 华中农业大学.

Economic Research Service. 2008. 2008 Farm Bill Side-By-Side. USDA，http://www. ers. usda. gov/Farm Bill/.

Edwin Young. 2008. The 2002 Farm Bill：Provisions and Economic Implications. Administrative Publication No.（AP-022）117 pp，January.

Glauber，J. 2012. "The Growth of the Federal Crop Insurance Program，1990—2011.". American Journal of Agricultural Economics 95（2）：482-488.

Orden，D. and C. Zulauf，2015. Political Economy of the 2014 Farm Bill. American Journal of Agricultural Economics. 97（5）：p. 1 298-1 311.

Ralph M. Chite. 2014. The 2014 Farm Bill（P. L. 113-79）：Summary and Side-by-Side. U. S. Congressional Research Service，R43076.

（农业部农村经济研究中心　彭　超）
（西南大学经管学院　齐皓天）

第二部分

小　麦

专题一：世界供需形势分析

一、世界供需现状

（一）世界小麦生产变化

2019年世界小麦产量明显增长，供应由偏紧转为宽松。据FAO报告，受欧盟、俄罗斯和澳大利亚等小麦增产影响，2019年全球小麦产量增长为7.67亿吨，比2018年增长了5%，达到近年来的较高水平。从国家和地区来看，欧盟小麦产量达到1.50亿吨，同比增长8.7%；俄罗斯由于播种面积增加且气候总体较好导致小麦产量大幅增加，产量达到8 200万吨，同比增长13.7%；乌克兰小麦长势较好，产量达到2 650万吨，同比增长7.7%。亚洲小麦小麦产量比较稳定，增产幅度不大。中国产量略有增加，2019年预计为1.32亿吨，同比增长0.5%；印度产量总体稳定，2019年为9 960万吨，同比增长0.1%。北美洲地区，美国小麦产量比较稳定，2019年为5 100万吨，同比减少0.6%；加拿大由于小麦价格上涨，产量有所增加，达到3 310万吨，同比增长4.1%。

（二）世界小麦消费变化

2019年世界小麦消费平稳增长，库存仍保持较高水平。2019年世界小麦消费量持续增长，达到7.57亿吨，较上年增长1.3%。小麦饲料用量持续增长，2019年为1.44亿吨，同比增长1.5%，主要由于北美地区、中国和俄罗斯的小麦饲用量显著增加；而食用量增长则与人口增速基本同步，2019年为5.19亿吨，同比增长1.0%，这将使年人均消费水平稳定在67.3千克。其他消费量为9 400万吨，同比增长2.5%。2019年世界小麦期末库存量明显增加，为2.78亿吨，同比增长3.7%；其中欧盟、中国、俄罗斯、澳大利亚的小麦库存量均有所增加（表1）。

表1　世界小麦供求平衡表

单位：百万吨

	2017年	2018年	2019年	2019年增长（%）
产　量	759.9	730.2	767.0	5.0
贸易量	176.7	170.7	173.5	1.6
消费量	738.9	747.3	756.9	1.3
食　用	508.9	514.2	519.4	1.0
饲　用	136.1	141.4	143.6	1.5
其　他	94.0	91.7	94.0	2.5
库　存	282.3	268.2	278.0	3.7
人均消费量	67.4	67.4	67.3	−0.1
库存消费比	37.8	35.4	36.2	
价格指数	133	148	149	5.5

资料来源：FAO

（三）世界小麦主产区生产变化

2019年世界小麦生产区域布局与上年基本相同，亚洲和北美洲地区占比减少，欧洲和大洋洲占比增加。分区域来看，2019年欧洲小麦产量增加，主要因为俄罗斯和欧盟由于播种面积增加且气候条件有利使得小麦产量增加，占比达到34.7%，较2018年增长1.6个百分点。澳大利亚小麦产量较上年增加，大洋洲产量占比有所增长，达到3.2%，较2018年增长0.8个百分点。亚洲地区小麦产量占比略有减少，亚洲小麦生长状况总体良好，特别是中国、印度和巴基斯坦的小麦产量总体稳定，亚洲占比为43.5%，较2018年下降1.2个百分点。北美洲地区小麦产量虽有增加，但占比略有减少，为11.0%，较2018年下降0.4个百分点。南美地区和非洲地区小麦产量基本稳定（表2）。

表2　世界小麦主产区生产变化

单位：百万吨

	2014—2016年	2015年	2016年	2017年	2018年	2019年
欧盟	154	160.5	144.5	152	137.5	149.5
中国	128.3	130.2	128.8	129.8	131.4	132
印度	91.5	86.5	92.3	98.5	99.7	99.6
俄罗斯	64.9	61.8	73.3	85.9	72.1	82
美国	58	56.1	62.8	47.4	51.3	51
加拿大	29.6	27.6	32.1	30	31.8	33.1
巴基斯坦	25.5	25.1	25.5	26.4	25.5	26.2
乌克兰	25.5	26.5	26.1	26.2	24.6	26.5
澳大利亚	27.7	24.2	31.8	21.2	17.3	23.9
土耳其	20.7	22.6	20.6	21.5	20	21
阿根廷	13.9	11.3	18.6	18.5	19.5	19.8
哈萨克斯坦	13.9	13.7	15	14.8	13.9	14
伊朗	11.9	11.5	11.1	12.5	13.4	13.4
世界	741.2	735.2	757.2	756.8	730.2	767

资料来源：FAOSTAT。其中1971—2015年的数据为每5年的平均值。各国的百分数=该国的产量/世界总产量×100%。欧洲因一些国家的数据不可得，2005年之后的数字为欧盟的数据

二、国际价格走势

受气候条件、产量增长等因素影响，2019年小麦市场供需形势明显好转，上半年国际小麦价格有所下跌。美国墨西哥湾硬红冬麦（蛋白质含量12%）平均离岸价从1月的238美元/吨下跌至4月的216美元/吨，6月涨至237美元/吨；上半年（2019年1—6月）均价为228美元/吨，同比下跌5.6%（图1）。

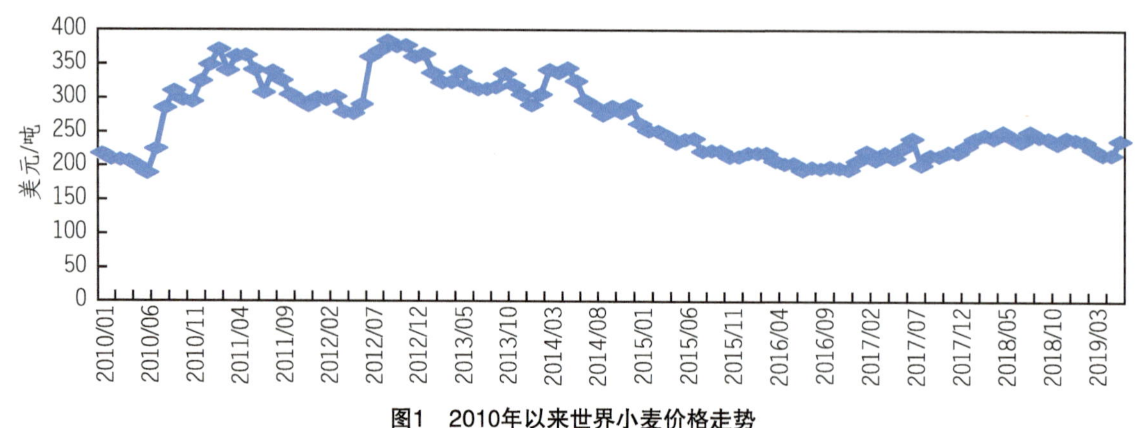

图1　2010年以来世界小麦价格走势

数据来源：联合国粮农组织

三、国际贸易格局

（一）国际贸易格局演变

总体来看，1961—2019年，世界小麦贸易量呈波动上升趋势（图2）。进入21世纪后，世界小麦贸易量一直保持在1.10亿～1.35亿吨，2007年达到1.33亿吨，此后一直下降，2010年为1.23亿吨，2011年大幅增至1.47亿吨，2012年降至1.4亿吨；2013年大幅上涨至1.57亿吨，2014年基本维持这一水平，2015年至2017年进一步上涨至1.77亿吨，2018年略减至1.71亿吨，2019年回升至1.74亿吨。

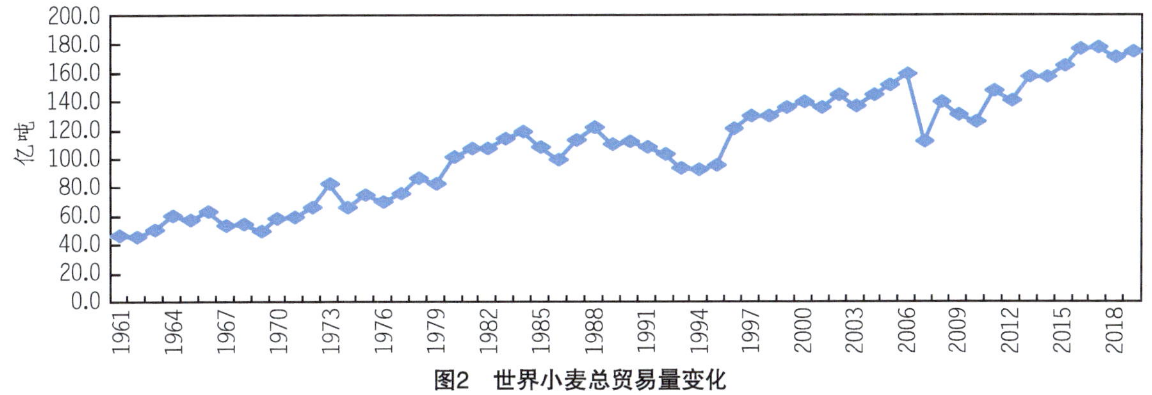

图2　世界小麦总贸易量变化

数据来源：FAO数据库贸易数据，其中2009—2019年贸易量来源于FAO《粮食展望》，其中2018年为估算值，2019年为预测值

分国别情况看，美国是世界最大的小麦出口国，年出口量占其国内总产量的40%～60%，最高出口量曾经达到4 300万吨左右。但近些年美国出口量有所减少，年均出口量在2 500万～2 800万吨，平均占世界总出口量的20%以上。法国也是传统的小麦出口国家，年均出口量1 800万吨，近几年有所增加，2014年至2019年稳定在2 000万吨左右，平均占世界总出口量的11%～15%。加拿大和澳大利亚也是传统的小麦出口国，加拿大小麦年均出口量1 900万吨，2014年达到2 419万吨，之后有所减少，2019年为2 300万吨。澳大利亚近10年出口量呈现出先增加后减少的趋势，2007年出口量为1 468万吨，2012年增加至2 354.9万吨，之后呈减少趋势，2015年至2018年平均出口量降至1 510万吨，2018年进一步降至1 400万吨。澳大利亚小麦出口量占其国内生产量的比例较高，但是受国内生产波动影响，年出口量波动较大。阿根廷也是世界重要的小麦出口国家之一，但出口量波动较大，2007年出口量均在960万吨左右，占世界小麦出口量的8%左右，2008年降至877万吨，2010年进一步降至404万吨，2011年和2012年猛增至819万吨和1 152万吨，2013年和2014年再降至242万吨和185万吨，2015年至2017年明显增长，平均为1 140万吨，2018年至2019年均为1 360万吨。

（二）2019年贸易形势

2019年世界谷物贸易量为4.13亿吨，同比增长0.5%。2019年世界小麦贸易量为1.74亿吨，同比增长1.6%。贸易量的增加主要由于发展中国家的进口量增幅较大，且主要出口国的小麦供应充足。2019年俄罗斯小麦增产，且价格非常有竞争力（目前黑海地区的小麦是全球最便宜的供应），因此进一步推动俄罗斯取代欧盟，成为全球头号小麦出口国。俄罗斯和欧盟一直稳步提高出口市场份额，而美国的份额逐渐下滑。在2013年之前，美国通常是全球头号小麦出口国。2016年美国仍是头号小麦出口国，但是这样的局势不会持续下去。2019年美国成为全球第三号小麦出口国，落后于俄罗斯和欧盟。2019年，俄罗斯小麦出口量预计为3 500万吨，欧盟小麦出口量为2 350万吨；加拿大小麦增产，出口量为2 300万吨；乌克兰小麦价格很有竞争力，出口量为1 700万吨；美国小麦出口量为2 700万吨，仍是小麦主要出口国。饲料小麦和低质量小麦的价格极其有竞争力，使亚洲和非洲一些国家的小麦进口量增加（表3）。

表3　世界小麦主要贸易国家（地区）

单位：百万吨

进　口	2015—2017年平均	2018年	2019年	增长（%）	出　口	2015—2017年平均	2018年	2019年	增长（%）
埃　及	11.9	12.5	12.6	0.8	俄罗斯	31.3	35	35	0.0
印度尼西亚	10.2	10.3	10.7	3.9	欧　盟	27.7	22	23.5	6.8
安哥拉	8.3	7	7.7	10.0	美　国	24.7	27.4	27	-1.5
巴　西	6.7	7.2	7.5	4.2	加拿大	21	24	23	-4.2
孟加拉国	5.3	6.2	6.1	-1.6	澳大利亚	17.8	10.6	14	32.1
日　本	5.6	5.8	5.8	0.0	乌克兰	17.8	16	17	6.3
菲律宾	5.4	6	6.3	5.0	阿根廷	11.4	13.7	13.6	-0.7
欧　盟	5.7	6	6	0.0	哈萨克斯坦	7.8	8	8	0.0
墨西哥	5	5.5	5.2	-5.5	土耳其	4.6	4.9	4	-18.4
尼日利亚	4.9	5.1	4.8	-5.9	墨西哥	1.2	1	1.3	30.0

资料来源：FAO

四、世界主要国家产业竞争力

重点国家成本收益变化

1. 美国

2017年美国小麦生产总成本为336.54元/亩，同比增长2.6%。小麦生产总成本中，运营成本为119.05元/亩，占总成本35.4%；间接费用为217.49元/亩，占总成本64.6%。运营成本中肥料费为主要开支，2017年为34.38元/亩，占总成本的10.2%；修理费为24.52元/亩，占总成本的7.3%，其他各项合计占总成本的17.9%；间接费用中固定资产折旧费为101.88元/亩，占总成本的30.2%，土地机会成本为70.15元/亩，占总成本的20.8%，其他各项合计占总成本的13.5%（图3）。

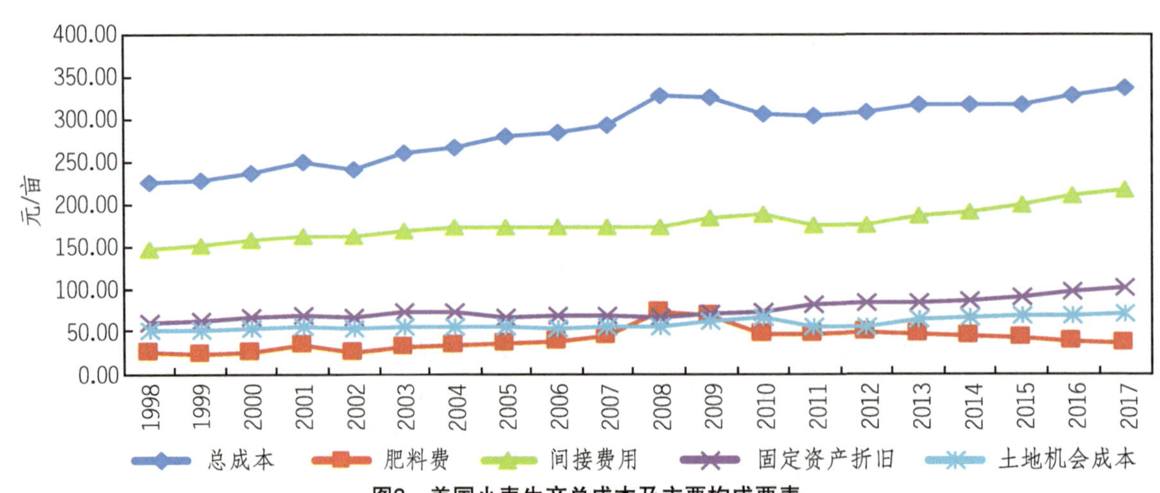

图3　美国小麦生产总成本及主要构成要素

数据来源：《全国农产品成本收益资料汇编》

自1998年以来，美国小麦生产成本总体呈增长趋势，但2009—2011年总成本略有回落，2012—2013年有所增长，2014年以来基本稳定。1998年至2017年，总成本从226元/亩增至337元/亩，年均增长2.1%；运营成本从79元/亩增至119元/亩，年均增长2.2%。其中，肥料费用与总成本表现出同样的增长趋势，在2009年至2010年，出现小幅回落，后继续缓慢增长，从1998年的25元/亩增至2017年的34元/亩，年均增长1.7%。

美国小麦间接费用自1998年以来总体呈增长发展趋势，2010年至2011年间接费用进入下降通道，之后低速增长。1998年至2017年，从147元/亩增至217元/亩，年均增长2.1%。其中，固定资产折旧呈现缓慢增长趋势，从1998年的59元/亩增至2017年的102元/亩，年均增长率达到2.9%。而土地机会成本呈现缓慢增长，从51元/亩增至70元/亩，年均增长1.7%。

2. 欧盟

欧盟小麦生产成本主要包括运营成本、人工成本、土地成本和间接费用等（图4）。其中，运营成本主要包括种子费、肥料费、农药费、外包作业费、燃料动力费、修理费、排灌费、其他直接费用。人工成本包括雇工费用和家庭劳动机会成本，而间接费用主要包括固定资产折旧和财务费。2017年欧盟小麦生产总成本为709元/亩，其中运营成本为387元/亩，占总成本54.6%；人工成本为121元/亩，占总成本17.9%；土地成本为58元/亩，占总成本的8.2%；间接费用为143元/亩，占总成本的21.2%。运营成本中肥料费为主要开支，2017年为95元/亩，占总成本的13.4%；燃料动力费为59元/亩，占总成本的8.3%；修理费为35元/亩，占总成本的4.9%，其他各项合计占总成本的27.9%。人工成本以家庭劳动机会成本为主，占人工成本的73.7%。间接费用中固定资产折旧费为94元/亩，占总成本13.3%，财务费为49元/亩，占总成本6.9%（图4）。

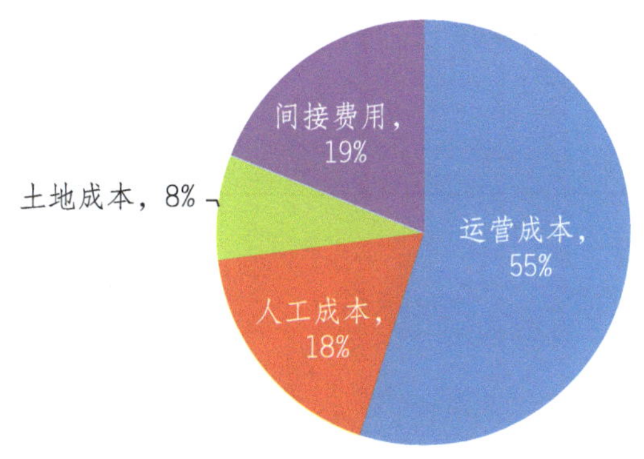

图4　欧盟小麦生产成本构成

数据来源：欧盟委员会

3. 生产成本比较

（1）成本水平。从总成本来看，中国小麦单位面积生产总成本高于美国和欧盟。美国小麦的直接生产费用低于我国平均水平，2017年我国直接生产费用为美国的3.6倍。在直接生产费用中，除机械修理费、燃料动力费用外，美国小麦的其他直接生产费用均比我国低。其中，种子费用少55元/亩，化肥费用少106元/亩，农药费用少6元/亩，美国小麦直接生产费用比我国平均水平少309元/亩。在小麦生产间接生产费用中，美国的家庭劳动机会成本与我国的家庭用工折价相对应，土地机会成本与我国的自营地折租相对应。由于美国土地资源实行私有制，所以为达到土地资源利用效率的最大化，土地费用在核算时采取的是土地机会成本。美国的固定资产折旧费和管理费分别比我国高98元/亩和13元/亩，税金与保险合计比我国高2元/亩；家庭劳动机会成本比我国低326元/亩，土地机会成本比我国低137元/亩，雇工费用比我国低11元/亩。美国小麦间接生产总费用比我国小麦低362元/亩。

从单位产品生产者价格看，中国小麦市场价格明显高于欧盟和美国。2017年，中国小麦总产值为1 013.74元/亩，而美国小麦产值为226.17元/亩，比我国低788元/亩。中国小麦生产获得利润仅为6.1元/亩，而美国小麦亏损110.4元/亩。按以上成本计算，中国小麦单位产品的成本为2.38元/千克，美国为1.83元/千克，我国小麦单位产品生产成本仍比美国高0.55元/千克（表4）。

表4　2017年中美小麦生产成本及收益

项　目	中　国	美　国	中国/美国
单产（千克/亩）	423.54	183.83	2.30
小麦价格（元/千克）	2.34	1.18	1.98
总产值（元/亩）	1 013.74	226.17	4.48
生产总费用（元/亩）	1 007.64	336.54	2.99
直接生产费用（元/亩）	427.80	119.05	3.59
间接生产费用（元/亩）	579.84	217.49	2.67
单位产品成本（元/千克）	2.38	1.83	1.30

注：直接生产费用中国为物质与服务费用，美国为运营成本；间接生产费用中国为总成本中除物质服务费用之外的费用加总，美国为间接费用

（2）成本稳定性。成本变化状况是衡量成本竞争力长期变动的一个重要指标。在农产品成本上升的总体趋势下，成本稳定性好，就意味着成本竞争力在提高。1998年以来，中美两国小麦生产成本都在上涨，但中国的上涨速度大大快于美国；2007年之后，中国小麦成本显著高于美国。1998年，中国小麦生产总成本为美国的1.6倍，2017年则扩大至3倍。1998年以来，美国小麦生产总成本从226元/亩增至337元/亩，累计上涨幅度仅为49.0%；而同期中国小麦生产总成本从357元/亩增至1 008元/亩，累计上涨了1.8倍（图5）。

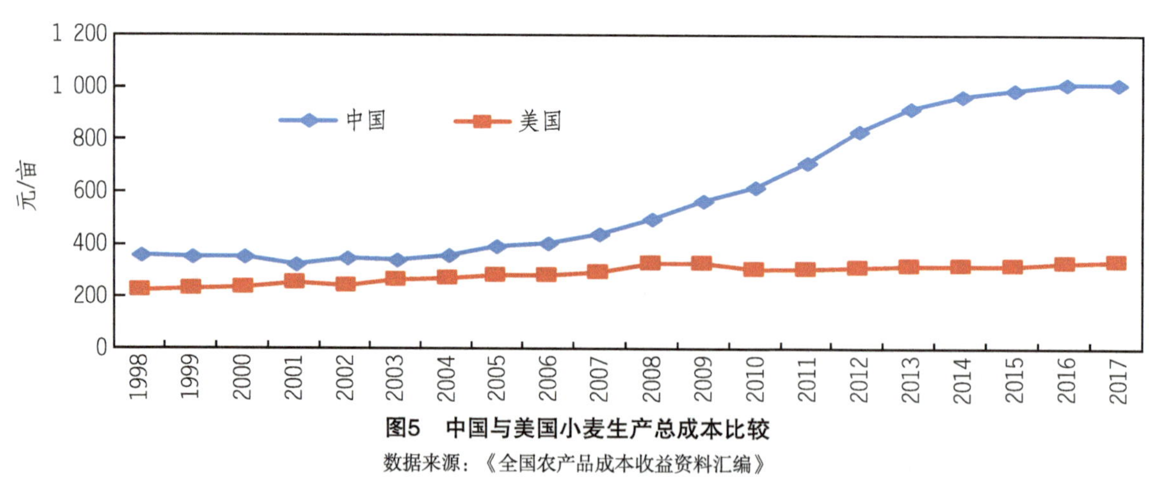

图5　中国与美国小麦生产总成本比较

数据来源：《全国农产品成本收益资料汇编》

五、世界供需形势展望

未来小麦产量的增加主要依靠单产的提高。预计2019年至2026年世界小麦单产仍可以保持0.84%的年均增长速度，按照这样的发展趋势，预计到2026年世界小麦产量将达到8.21亿吨，年均增长1.01%。

随着经济的增长和人民生活水平的提高，小麦的消费需求是刚性增长。预计到2026年，全球小麦的消费量将达到8.15亿吨，比2015年至2018年的7.41亿吨增加了9.99%。其中，食用消费为5.51亿

吨，占67.69%；饲用消费量将达到1.62亿吨，增长速度有所放缓，但仍然占消费总量的19.9%；用作生物燃料原料的消费量占消费总量的1.63%，较2010—2012年的1.18%下降了0.45个百分点。

从生产和消费两方面看，小麦未来10年的产量年均增长速度略小于消费的增长速度，但10年中的多数年份产量仍略高于需求量。全世界范围来看，小麦可能出现供大于求的局面，但个别国家仍然存在产不足需的状况。

参考文献

国家发展和改革委员会价格司. 2018. 全国农产品成本收益资料汇编[G]. 北京：国家发展和改革委员会价格司.

孟岩，马俊乐，徐秀丽. 2016. 大粮商大豆全产业链布局及对中国的启示[J]. 世界农业，2016（1）：62-67.

田甜. 2017. 国际粮食市场波动及利用研究[D]. 北京：中国农业大学.

专题二：哈萨克斯坦小麦生产潜力研究

中亚五国农业生产稳步发展，农业增加值总体呈逐年攀升态势。种植业和畜牧业是中亚五国传统的农业生产，种植业主要生产谷物、果蔬、油料作物和经济作物，畜牧业主要包括肉类、皮毛和鲜奶。其中哈萨克斯坦是谷物生产大国，主要包括小麦、大麦、稻谷三种，其中又以小麦产量最高，是世界重要的小麦生产国和出口国。2019年哈萨克斯坦小麦产量1 400万吨，比上年增长1%。

一、哈萨克斯坦小麦生产现状

小麦是哈萨克斯坦最主要的粮食作物和食物，约占全国粮食总产量的85%。哈萨克斯坦是世界上重要的小麦生产和出口国之一，年均产量约为1 300万吨。由于经常受气候干燥影响，近年来小麦产量大幅波动于1 000万吨至1 450万吨，年均小麦出口为600万～800万吨，主要销往欧洲、北非和中亚地区。哈国每年还生产约200万吨大麦，以及少量的燕麦、玉米和大米。哈国小麦生产的75%集中于中北部地区的3个州，即科斯塔奈州、阿克莫拉州和北哈萨克斯坦州。春小麦占全国小麦种植总面积的95%，冬小麦生产主要位于南哈萨克斯坦州。

哈萨克斯坦小麦种植面积1969年曾经达到1 960万公顷的历史最高纪录，但从20世纪70年代中期开始逐年减少。20世纪90年代初，政府就强令将产量低于0.6～0.7吨/公顷的粮食种植土地转变为永久性牧场。1993—1999年，全国粮食种植面积年均减少近200万公顷。随着国家农业补贴的逐步恢复，全国小麦种植面积于2000年开始出现增长，到2009年则增加了近70%，达到1 428万公顷；相比之下，大麦种植面积则稳定在170万～210万公顷（图1）。由于气候干燥，哈萨克斯坦小麦质量相对较好。通常情况下，75%的小麦属于具有制面品质的1、2、3级小麦。

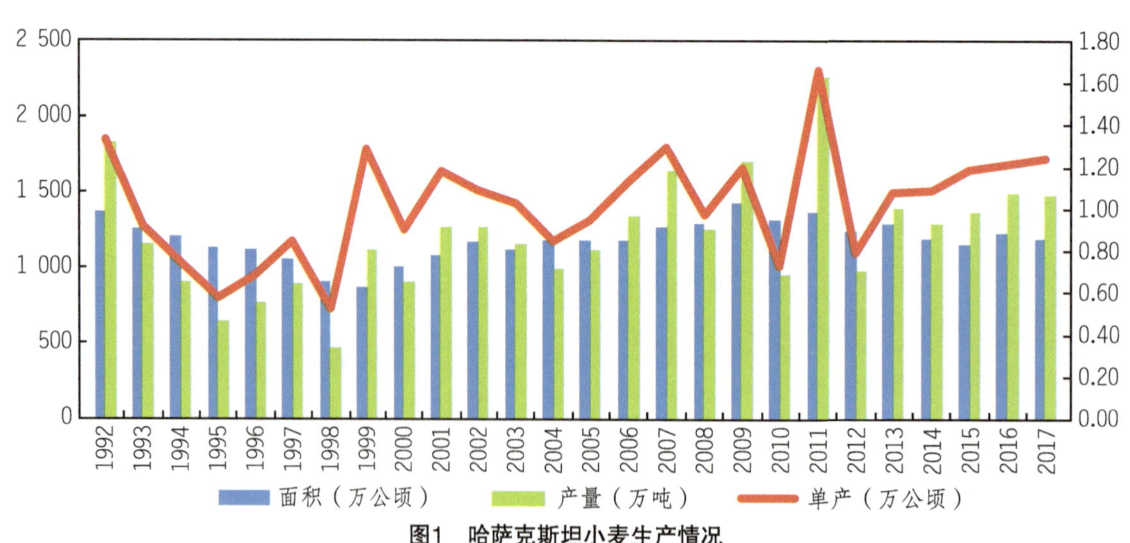

图1　哈萨克斯坦小麦生产情况

近年来，哈萨克斯坦平均年产粮食1 700万～1 900万吨，国内消费900万～1 100万吨，平均每年出口500万～750万吨，年均粮食出口潜力达700万～1 000万吨。2017年，哈粮食总产达2 370万吨，出口750万吨；小麦收获面积为11 191万公顷，单产为1.24吨/公顷，产量为1 480万吨，分别较

1992年减少13.2%、6.7%、19.0%，分别较2010年增长-9.3%、69.4%、53.6%。哈小麦面筋含量较高，质量非常好。哈粮食产量的一半以上用于出口，主要出口到中亚邻国以及中东、北非等地，中国也有少量进口。中亚国家、阿富汗和伊朗的总需求量为600万～650万吨。哈出口的粮食中小麦超过90%，是世界第六大粮食出口国、第五大小麦出口国。

2019年哈萨克斯坦小麦生产总体稳定，产量达到1 400万吨，同比增长1%；小麦消费量为640万吨，出口量800万吨，与2018年基本持平；库存量240万吨，同比增长9%（表1）。

表1　哈萨克斯坦小麦供需情况

单位：百万吨

	2012年	2013年	2014年	2015年	2016年	2017年	2018年	2019年
产　量	9.8	14	13	13.7	14.5	13.8	13.9	14
进口量	0	0	0	0.1	0.1	0.1	0.1	0.1
出口量	6.5	8	6.8	6.9	7	8.5	8	8
消费量	7.1	6.9	7.7	7.5	7.4	6.8	6.4	6.4
库存量		2.8	2	1.7	1.6	1.8	2.2	2.4

哈萨克斯坦农业“靠天吃饭”程度较高，产量极其不稳定。小麦产业仍存在仓储能力有限、粮仓等基础设施落后、农机设备老化且数量不足等问题。农业生产结构单一，小麦产量比例达80%以上，在出口的粮食中小麦占90%以上，因此极易受国际市场上小麦价格波动的影响，这些因素对哈农业发展影响巨大。

二、哈萨克斯坦小麦生产潜力分析

（一）小麦生产条件

从耕地资源来看，哈萨克斯坦适宜耕作土地面积为2 959万公顷，已耕种2 290万公顷，尚有潜在耕地面积669万公顷，可开发潜在耕地面积约为664万公顷。

从农业生产技术来看，哈萨克斯坦面积广大，人口稀少，劳动力不足，干旱缺水，所以该国农业长期以来一直处于粗放经营、广种薄收和靠天吃饭的状态。目前，哈萨克斯坦登记注册有20余万个农业组织，其中18.8万个农业组织在生产经营，但他们技术装备十分落后。只有6 000余家农业企业、股份公司、合伙公司等拥有农机设备，但基本都是一些被淘汰型号的农机。只有近10%农机设备可以算作现代化农机。农机设备每年折旧率在10%～15%，近几年农机设备更新速度仅有1%～2%。

从水资源条件来看，哈萨克斯坦虽然水资源总量丰富，但是河川径流多来源于他国，冰川分布于偏远地区。且水资源时空分布不均，有一般年份和枯水年的差异。哈萨克斯坦年降水量约为250毫米/年，内部可更新水资源约为64.35亿立方米/年。另外，哈萨克斯坦灌溉效率较低，大面积推广喷灌、滴灌和膜下灌溉以及定时定量供水控制的潜力较大，灌溉潜力约为376.8万公顷，设施灌溉占灌溉潜力之比为54.83%。

从经营规模来看，农业规模化经营能够为现代化农业装备的使用提供空间，符合国情的农场规模有助于提高农业投入效率和农民生产积极性，从而促进农业发展。哈萨克斯坦10%的农场的土地面积少于50公顷，30%的农场的土地面积在51～100公顷，60%的农场的土地面积超过100公顷，可见哈萨克斯坦平均农场面积较大。

从单产水平来看，自2000年开始，哈萨克斯坦小麦的单产水平开始逐步恢复，到2009年，已达到改革前的水平。但是，和世界其他主要谷物生产国的单产水平相比还有较大差距，同样的气候条件下，哈萨克斯坦的小麦单产是1.24吨/公顷，澳大利亚是1.42吨/公顷，俄罗斯是2.29/公顷，加拿大是2.65吨/公顷，与这些国家相比，单产水平仍有差距，而且这个差距通过投资和管理是可以实现的。

（二）小麦生产潜力

基于上述可开发潜在种植面积可以估算各国在目前土地开发法律政策限制、土地复种等条件下的潜在小麦产量。方法如下：

$$P_{ij} = PSL_j \times C_{ij} \times Y_i$$

其中P_{ij}表示第j国i品种（小麦）作物的潜在产量。PSL_j表示j国可用于耕种的潜在种植面积，C_{ij}和Y_j分别表示近年j国i品种（小麦）在该国种植面积最大的几种农作物品种的种植面积比重和单产。

哈萨克斯坦主要生产小麦、饲草、大麦、向日葵和亚麻籽，2017年小麦种植面积为1 191.2万公顷，饲草种植面积为254.0万公顷，大麦种植面积为166.2万公顷，向日葵种植面积为79.6万公顷，亚麻籽种植面积为35.5万公顷。由此计算，哈萨克斯坦潜在耕地可生产小麦567.88万吨，饲草416.28万吨，大麦80.77万吨，亚麻籽8.92万吨。根据哈萨克斯坦的潜在农产品产量，如果按照当前的出口比例不变，假设潜在耕地全部开发，则哈萨克斯坦潜在农产品出口量为：小麦为207.41万吨，大麦15.97万吨，亚麻籽6.29万吨。

三、中哈小麦贸易现状

哈萨克斯坦是世界粮食新兴出口国。虽然中哈粮食贸易合作起步较晚，对哈粮食资源的利用程度较低，但两国有贸易合作的优势。首先，中哈两国山水相连，文化相通，有着深厚的农业贸易往来基础。其次，双方边境口岸互通，运输距离近、时间短，运输方式多样。因此，2006年11月，中国与哈萨克斯坦签署协议，准许哈粮食进入中国市场。2008年4月，中国最大的粮食进出口公司中粮集团（COFCO）与哈萨克斯坦国家农业控股集团股份公司签署了《中哈小麦贸易合作谅解备忘录》。2010年，哈萨克斯坦小麦首次进入中国市场。截至2018年，中国新疆已有四个面向哈萨克斯坦的口岸（阿拉山口口岸、巴克图口岸、霍尔果斯口岸和吉木乃口岸）被指定为中国粮食进口口岸。

由于中国生产的小麦多数不适用于烘焙，因此对这些高品质小麦尤其是适用于烘焙的优质低筋小麦进口需求较大。但中国从哈萨克斯坦进口小麦的规模很小，且增长缓慢。2009年，中国首次从哈进口小麦，进口量2.4万吨，仅为当年进口小麦总量的1%。自2010年起，中哈签署配额合同，中国每年向哈提供小麦进口配额，配额内的小麦可免关税进口。2016年，哈向中国出口小麦41.4万吨，比上年增长近4倍，而2015年仅为11万吨。2016年，哈农业部同中国国家发改委谈判，向哈企业提供对华出口50万吨制粉小麦的配额，并将在今后三年提高到100万吨。2018年，哈向中国出口小麦已达56.9万吨，同比增长83.8%，占中国小麦进口量的18.4%。虽然近两年中国从哈进口小麦总量不断增长，但哈萨克斯坦小麦潜在出口量为207.4万吨，双边小麦贸易合作仍处于较低水平，还有很大的贸易合作潜力。

四、制约中哈小麦贸易的因素

（一）中哈小麦质量认证标准不同

哈萨克斯坦曾是苏联的一个加盟共和国，在经济领域各方面使用标准与西方国家主导的国际标准有较大不同，主要技术标准体系使用的是苏联标准。这给通常采用国际标准的中国企业造成很大困扰。哈萨克斯坦国家小麦标准以面筋含量定等级，中国国家小麦主要以容重定等级。由于小麦质量认证标准不同，中哈小麦贸易只能以交易双方实物认可的方式，而无法在共同的标准下进行。哈方出口中国市场的小麦多为混合麦，和中国市场的分级麦有差异。哈加工的面粉不适合中国市场的需求，限制了出口。同时，中国对自哈进口小麦的包装、运输、卫生要求比较严格，哈方有时难以达标，这也限制了中国对哈小麦的进口。

（二）受配额的制约

中国加入世界贸易组织（WTO）后，按照世贸组织的规定，通过配额制来调控进口粮食的数量，实行稳定的小麦进口许可证制度。我国《粮食进口关税配额申领条件和分配原则》明确规定，粮食进口关税配额量为：小麦963.6万吨，国营贸易比例90%；非国营贸易比例10%。由国家发改委决定配额的实际使用数量，中粮集团负责进口。2018年中国小麦进口总量309.9万吨，占配额总量的32.2%。进口小麦的数量虽有所增加，但年进口额并没有达到配额总量。同时受配额限制，国有企业是小麦进口的主体，而长期从事中哈粮食贸易的中方经营主体为30多家新疆私营企业，因此私营企业获取配额成为面临的主要问题之一。

（三）哈仓储运输能力有限

中哈口岸地区缺少用于临时存放粮食的大型仓库。粮食仓储能力不足，粮仓等基础设施落后，而且缺乏对粮食进行干燥处理的工艺设备。以科斯塔奈州为例，由于粮食收成比现有的仓储能力多出一倍有余，粮食收割后无法及时入库而在露天堆放，大量粮食被偷盗或被老鼠、鸟类偷食，以致粮农无法及时出口粮食。哈运输能力不足，运粮车数量短缺。铁路运输设施落后，特别是靠近主要小麦出口口岸的铁路运力不足、线路少，运输的连续性无法得到保障，物流发展滞后，这成为制约哈小麦出口的重要因素之一。

（四）远离中国粮食市场

中国国内大型粮食加工企业主要分布在东部沿海地区，该区是进口小麦的主要需求地。中哈小麦贸易经营主体以来自新疆的中小企业为主，远离中国主要粮食交易市场（如大连）。从美国、澳大利亚、加拿大等国经海上运输小麦到这些地区更为便捷，贸易成本更低。哈与中国新疆接壤，而新疆当地粮食加工能力较弱，对进口粮食的需求量极为有限，限制了对哈萨克斯坦粮食资源的利用。

五、中哈小麦贸易投资合作建议

2013年9月，习近平主席提出构建“丝绸之路经济带”的倡议，加强“五通”，其中政策沟通、道路联通、贸易畅通完全适用于中哈小麦贸易，形成区域大合作格局。中国是丝绸之路的起点，哈萨克斯坦处于丝绸之路经济带的核心区域，两国互为友好邻邦和全面战略伙伴，在共建丝绸之路经济带合作方面具有天然优势。从贸易角度来看，中国是世界最大的小麦进口国之一，哈萨克斯坦是世界十大小麦出口国之一，中哈两国互为市场，贸易合作潜力巨大。从投资角度来看，我国应在土地资源丰富、谷物出口量较大的哈萨克斯坦投资小麦生产的开发经营，为克服水资源和技术对提高单产的限制，在投资的同时应加强品种改良和节水灌溉技术方面的合作。

（一）建立贸易促进机制

由两国协商成立制定小麦质量认定标准，建立官方检验检疫机关协调和规范双边粮食贸易，以降低贸易风险。目前哈正在加速推进对华出口农产品所需检测和质量确认等相关工作，中亚小麦今后可由哈萨克斯坦认证合格后出口中国。阿拉木图州或东哈州正在建设符合中国国家质量监督检验检疫总局要求的标准农产品检测和认证中心，这意味着今后不仅哈萨克斯坦甚至整个中亚农产品在出口中国前，都可以通过检验中心获得出口认证，经哈萨克斯坦认证的产品将在中国享受免检待遇。中国应在国家层面上制定相关优惠政策，加强两国在农业领域的合作，促进哈小麦生产与出口潜力的释放，建立稳定的小麦贸易合作关系。

（二）加强中哈霍尔果斯国际粮食加工中心建设

中哈霍尔果斯国际边境合作中心是我国与周边国家建立的首个跨境自由贸易区，也是上海合作组织区域合作示范区。在丝绸之路经济带建设背景下，应充分利用霍尔果斯中哈经济合作区的政策，成立粮食合资生产加工企业，在互利共赢的前提下开展粮食贸易合作，一方面可以解决进口粮食运送到内地运输成本高、浪费大的问题；另一方面，通过进口粮食在口岸落地加工，能够稳定中哈粮食贸易关系，带动新疆进口粮食及食品加工产业的发展。

（三）加快物流运输建设

全面加快中哈贸易物流体系建设，提高双边国际商贸物流信息化水平，建立货运、客运业务的全面监管制度。充分利用新亚欧大陆桥交通走廊，中国内地已开通了多条经中国新疆、哈萨克斯坦的货运班列，缩短了运输时间并降低了成本。例如连云港市政府与哈国有铁路股份有限公司签署了中哈国际物流合作项目协议，哈小麦通过哈—中—越南运输走廊顺利抵越，为哈小麦出口提供了便利。霍尔果斯—连云港新运线的开通意义重大，将为丝绸之路经济带和光明之路对接合作发挥更大的作用。

（四）构建良好的贸易环境

中哈在“一带一路”大背景下，应进一步消除双边小麦贸易中的壁垒，构建良好的营商环境，把投资和贸易有机结合起来，以投资带动贸易发展。有针对性地根据小麦贸易的特点，在通关便利化、投资便利化等方面展开谈判，就双方在海关、商检、交通运输等方面的合作达成切实有效的协定，推动贸易便利化建设，为粮食贸易与合作扫除障碍。通过建立长效沟通谈判机制，及时针对贸易环境的变化进行相应调节，降低贸易风险。成立专门机构对已达成协议的执行情况进行监督，确保双方贸易与合作的顺利进行，实际合作共赢。

（五）加强投资服务平台建设

目前中国企业正积极走向哈萨克斯坦，但大多企业对哈法律法规、市场信息尚不了解，建议由政府出资搭建信息服务平台，让众多对哈投资企业参与进来，共同建设该平台。重点介绍哈方吸引外资的合作项目，时时关注其吸引外资动向，举办促进农业投资研讨会、洽谈会、展销会、招商会并建立论坛，以提供中介服务和商务信息等方式，鼓励农业企业利用自身农业优势与哈自然资源优势，到哈去投资农业，比如承包土地，开垦荒地，大力推行“走出去”战略。另外，政府要定期组织不同类型的农业企业交流在哈萨克斯坦的投资经验，为即将走向哈国的农业企业提供借鉴。

参考文献

薛旺兵. 2017. 中国与哈萨克斯坦小麦贸易与合作探析[J]. 西伯利亚研究，2017（12）：35-39.

朱晶，张庆萍. 2014. 中国利用俄罗斯、乌克兰和哈萨克斯坦小麦市场分析[J]. 农业经济问题，2014（4）：42-46.

OECD and FAO. OECD-FAO Agricultural Outlook 2017—2026[R].2017 July.

（农业农村部农村经济研究中心　姜　楠　孙　昊）

第三部分

玉　米

专题一：世界供需形势分析

玉米是世界第一大谷物品种，年产量占全球谷物产量的40%以上。2018/19年度，世界玉米产量明显增长，为历史第二高产年份。主产区仍然相对集中，美国、中国、巴西、欧盟、阿根廷玉米产量分列世界前五位。消费需求持续增长，并大于当年产量，全球玉米库存因此继续下降。2018/19年度全球玉米库存3.26亿吨，同比减少3.9%，库存消费比28.9%，比上年度下降2.2个百分点，全球玉米供大于求的矛盾继续得到缓解。国际玉米价格呈现低位震荡上升态势，2018年1月至2019年5月，国际玉米期货和现货平均价格分别上涨9.1%、7.4%。2018/19年度，全球玉米贸易量显著增长，并创历史新高，美国玉米出口减少，南美和乌克兰出口明显增加。美国作为全球最大的玉米生产国，2018年，玉米生产成本有所增加，主要是肥料费用增加较为明显。由于价格上升，美国玉米收益水平同比有所上升。预计2019年全球玉米面积增加，但单产下降，总产可能有所减少。未来3～5年，在需求增加和技术进步的作用下，全球玉米生产仍将保持增长势头。随着球人口增长和经济发展，未来全球畜牧业仍将保持稳定发展趋势，饲用消费将成为拉动玉米消费主要而持久的动力，年增长率有望保持在2%左右。随着消费需求的持续增长，全球玉米将继续去库存进程，预计未来全球玉米仍将出现产不足需局面，库存水平持续下降，玉米供给宽松的局面将进一步缓解，国际玉米价格正在逐步走出低迷态势，未来仍有可能继续有所上升。国际玉米贸易将继续扩大，贸易格局更趋分散化，特别是新兴经济体和发展中国家玉米需求增长强劲，进口将持续增加。

一、世界供需现状

（一）玉米产量明显增加，消费稳步增长

由于国际玉米价格低迷，2018年美国玉米播种面积继续减少，同时中国继续调减玉米面积，使全球玉米播种面积较上年略有下降。气候方面，中美两大主产国在播种期均受到不利气候条件影响，但后期气候条件改善，单产降幅均低于原来预期。其他主产国气候条件总体较好，特别是巴西、阿根廷、乌克兰等主产国单产大幅提高，带动全球玉米单产上升，总产也有明显提高，并达到历史次高水平。据美国农业部2019年5月发布的数据，2018/19年度，全球玉米收获面积1.91公顷，同比减少89.8万公顷，降幅0.5%；单产5.86吨/公顷，同比增加0.24吨/公顷，增长4.3%。其中，乌克兰单产达到7.84吨/公顷，同比增长44.1%；阿根廷8.31吨/公顷，同比增长35.1%；巴西5.71吨/公顷，同比增长15.6%。全球玉米总产达到11.19亿吨，同比增加4 105万吨，增长3.8%（表1）。

全球玉米消费量继续稳步增加，并创历史新高。2018/19年度玉米消费总量达到11.26亿吨，同比增加3 475万吨，增幅3.2%。其中，饲用消费7.0亿吨，同比增加2 682万吨，增幅4.0%，占玉米消费总量的62.1%，占比比上年提高0.5个百分点，饲料在全球玉米消费中的比重有所上升，饲料消费成为拉动玉米消费增长的主要来源。其余消费主要用于食用、种用和工业消费。

表1　全球玉米供需平衡表

单位：万吨

年　度	期初库存	产　量	进　口	消　费	饲料消费	出　口	期末库存
2017/2018	35 146	107 795	14 983	109 125	67 286	14 870	33 928

（续表）

年　度	期初库存	产　量	进　口	消　费	饲料消费	出　口	期末库存
2018/2019	33 928	111 900	16 399	112 600	69 968	17 032	32 594
总量变动	−1 218	4 105	1 416	3 475	2 682	2 162	−1 334
变动比	−3.5%	3.8%	9.4%	3.2%	4.0%	14.5%	−3.9%

数据来源：美国农业部供需报告

（二）全球玉米库存略有下降，但供应仍较充裕

尽管全球玉米产量与消费均有所增加，但当年消费需求大于当年产量，2018/19年度，全球玉米继续库存有所下降，供大于求状况得到一定程度的缓解，但总体供应仍较充裕。据美国农业部数据，2018/19年度，全球玉米期末库存3.26亿吨，同比减少1 333.7万吨，降幅3.9%。库存消费比28.9%，同比下降2.2个百分点，表明全球玉米仍处于去库存阶段，供求关系正从供大于求向供求基本平衡转变。

尽管世界玉米库存同比有所下降，但从库存绝对水平来看，2018/19年度库存仅次于2017/18年度，为历史次高水平。从库存下降的区域分布来看，玉米库存下降主要是由于中国玉米库存显著下降，2018/19年度，中国玉米期末库存减少1 269万吨，占全球玉米库存下降总量的95.1%。此外，欧盟、印度、美国、墨西哥期末库存也有不同程度的下降，分别比上年度减少229.9万吨、120万吨、114万吨、50万吨，降幅分别为23.4%、52.3%、2.1%、8.9%，库存减少量分别占世界库存减少总量的17.2%、9.0%、8.5%、3.7%。阿根廷、巴西玉米库存水平则大幅上升，期末库存分别比上年度增加370.5万吨、250万吨，增幅分别达到155.8%、34.2%。

（三）生产格局有所变化，南美洲所占份额明显上升

2018/19年度国际玉米生产依然保持分布范围较广，但生产相对集中的格局，但也发生了一些比较明显的变化，主要特点是南美洲所占份额明显上升，北美洲、亚洲、非洲有所下降。

从地区分布看，根据美国农业部2019年5月的数据，2018/19年度，受气候等因素的影响，南美洲玉米大幅增产，产量占全球玉米产量的比重显著上升，由上年度的11.67%提高到14.38%，上升了2.7个百分点；北美洲则普遍减产，产量占比下降，由上年度的38.29%下降到36.36%，降低1.93个百分点；亚洲因中国产量下降，占比有所降低，由上年度的31.23%下降到29.98%，降低1.25个百分点；欧洲因乌克兰增产，占比由上年度的10.17%提高到11.13%，上升0.95个百分点；非洲则由于草地贪夜蛾的发生产量下降，占比也有所降低，由上年度的7.5%下降到7.04%，降低0.46个百分点。

从主产国分布看，美国和中国仍然是世界两大玉米生产国，但均因面积减少而产量下降，占全球玉米产量的比重都有所降低。美国2018/19年度玉米产量3.66亿吨，同比减少1.3%，占全球玉米产量的比重由2017/2018年度的34.43%下降到32.73%；中国玉米产量2.57亿吨，同比下降0.7%，占全球的比重由上年度的24.03%下降到23%；南美的巴西和阿根廷玉米产量都大幅增加，占全球的比重明显上升。巴西2018/19年度玉米产量达到1亿吨，同比增长22%，居全球第三位，在全球的占比由7.61%提高到8.94%，上升了1.33个百分点；阿根廷产量达到4 900万吨，同比增幅高达53.1%，在全球的占比由2.97%提高到4.38%，上升了1.41个百分点；欧盟产量小幅增长，为6 340万吨，比上年度增长2.2%，但占全球的比重降到5.67%，比上年度下降0.09个百分点；乌克兰玉米产量大幅增长，达到3 580万吨，比上年度增长48.5%，跃居全球第六位，占全球玉米的比重上升到3.2%，比上年度提高0.96个百分点。其他国家中，印度、墨西哥、加拿大、俄罗斯、南非都略有减产，占比略有下滑，分别由上年度的2.66%、2.56%、1.31%、1.22%、1.22%下降到2.48%、2.39%、1.24%、

1.02%、0.98%，与上年度相比分别降低了0.18、0.17、0.070.20、0.23个百分点；印度尼西亚比上年略有增产，占比有所上升，由上年度的1.10%提高到1.13%，上升了0.02个百分点；尼日利亚产量于上年度持平，但占比由上年度的1.02%下降到0.98%，降低了0.04个百分点（表2）。

表2 2017/18、2018/19年度全球玉米主产国产量变化对比

国　家（地区）	2017/2018产量（万吨）	全球占比（%）	2018/2019产量（万吨）	全球占比（%）	占比增减（%）
美　国	37 110	34.43	36 629	32.73	-1.69
中　国	25 907	24.03	25 733	23.0	-1.04
巴　西	8 200	7.61	10 000	8.94	1.33
欧　盟	6 203	5.75	6 340	5.67	-0.09
阿根廷	3 200	2.97	4 900	4.38	1.41
乌克兰	2 412	2.24	3 581	3.20	0.96
印　度	2 872	2.66	2 780	2.48	-018
墨西哥	2 757	2.56	2 670	2.39	-0.17
加拿大	1 410	1.31	1 390	1.24	-0.07
印度尼西亚	1 190	1.10	1 260	1.13	0.02
俄罗斯	1 320	1.22	1 142	1.02	-0.20
南　非	1 310	1.22	1 100	0.98	-0.23
尼日利亚	1 100	1.02	1 100	0.98	-0.04

资料来源：根据美国农业部供需报告整理

二、国际价格走势

国际玉米现货价格和期货价格的代表性市场均来自美国，分别为美国墨西哥湾2号黄玉米的离岸价格（FOB价格）和美国芝加哥期货交易所的玉米期货价格。2018年以来，在国际玉米供求形势仍较宽松，原油及其他大宗农产品国际价格波动等因素的影响下，国际玉米价格总体仍保持低位震荡上升的态势。

（一）国际价格总体震荡上升

不考虑物价上涨因素，2018年1月至2019年5月，国际玉米价格震荡运行。从日价格来看，现货价格在154美元/吨～206.3美元/吨波动，区间波动幅度为34.0%。价格高点出现在2018年5月16日，低点出现在2018年1月15日。期货价格（近月合约日收盘价）在330.3美分/蒲式耳（折合130.01美元/吨）～425美分/蒲式耳（折合167.31美元/吨）波动，区间波动幅度为28.7%。高点价格出现在2019年5月28日，低点价格出现在2018年2018年7月13日。

从月平均价格来看，现货价格由2018年1月的月均156.42美元/吨上升到2019年的170.65美元/吨，涨幅9.1%。期货价格（主力合约收盘价格平均）由2018年1月的月均138.79美元/吨上涨到2019年5月的149.05美元/吨，涨幅7.4%（图1）。其间，现货价格上涨月份12个，涨幅在0.3%～5.4%，下跌月份5个，跌幅在0.1%～7.8%；期货价格上涨月份9个，涨幅在0.4%～4.9%，下跌月份8个，跌幅在0.6%～8.2%。现货月均最高价179.48美元/吨，出现在2018年5月，月均最低价156.42美元/吨，出现在2018年1月，区间波动幅度为14.7%；期货月均最高价（主力合约收盘价平均）158.15美元/

吨，出现在2018年5月，月均最低价138.79美元/吨，出现在2018年1月，区间波动幅度为14.0%。

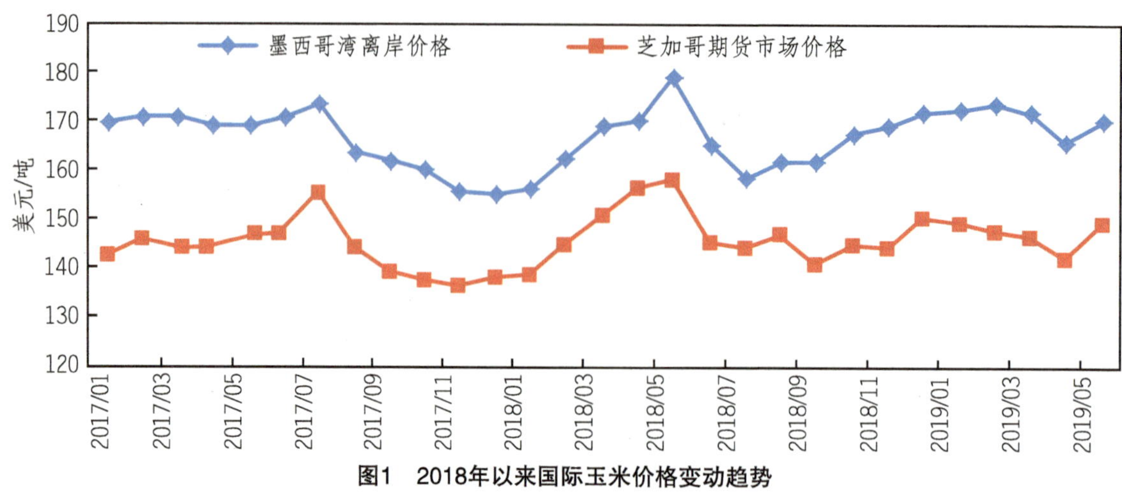

图1　2018年以来国际玉米价格变动趋势

（二）国际玉米仍保持低位运行态势

尽管国际玉米价格总体有所上升，但低位运行的态势仍然没有发生明显变化。主要是2013年以后，国际玉米产量明显增长，库存保持较高水平，供求形势持续宽松。2018年1月至2019年5月，玉米现货月平均价格167.64美元/吨，与2012年均价300.3美元/吨的高位价格相比，下跌44.2%；期货月平均价格147.03美元/吨，与2012年均价271.74美元/吨的高位价格相比，下跌45.9%。

（三）国际玉米价格呈阶段性波动特征

2018年以来，国家玉米价格波动呈现五阶段特点。第一阶段从2018年1月到5月，国际玉米价格持续上涨。现货价格由月均156.42美元/吨上涨到179.48美元/吨，上涨14.7%；期货价格由月均138.79美元/吨上涨到158.15美元/吨，上涨14.0%。第二阶段从2018年6月到9月，受美国、巴西、阿根廷等玉米主产国丰产预期的影响，玉米价格明显回落。现货价格由月均179.48美元/吨下跌到161.9美元/吨，下跌9.8%；期货价格由月均158.15美元/吨下跌到141.04美元/吨，下跌10.8%。第三阶段从2018年10月到12月，受阿根廷减产预期、美国播种进度推迟、中国播种面积下降等因素的影响，国际玉米价格有所上涨。现货价格由月均161.9美元/吨上涨到172.25美元/吨，上涨6.4%；期货价格由月均141.04美元/吨上涨到150.13美元/吨，上涨6.4%。第四阶段从2019年1月到4月，受美国玉米丰产预期影响，国际玉米价格有所下跌。现货价格由月均172.25美元/吨下跌到166.14美元/吨，跌幅3.5%；期货价格由月均150.13美元/吨下跌到142.09美元/吨，跌幅5.4%。第五阶段为2019年5月，由于大范围持续降雨，美国玉米播种明显延迟，国际玉米价格上涨较为明显。5月国际现货平均价格170.65美元/吨，比上月上涨2.7%，期货平均价格149.05美元/吨，比上月上涨4.9%。

三、国际贸易格局

（一）2018/19年度全球玉米贸易量显著增长

2018/19年度，由于全球玉米产量增加，特别是巴西、阿根廷、乌克兰等主要玉米出口国增产较多，全球玉米贸易量明显上升，并创历史新高。据美国农业部预计，2018/19年度，全球玉米贸易量达1.70亿吨，比上年度增加2 162万吨，增幅14.5%（图2）。

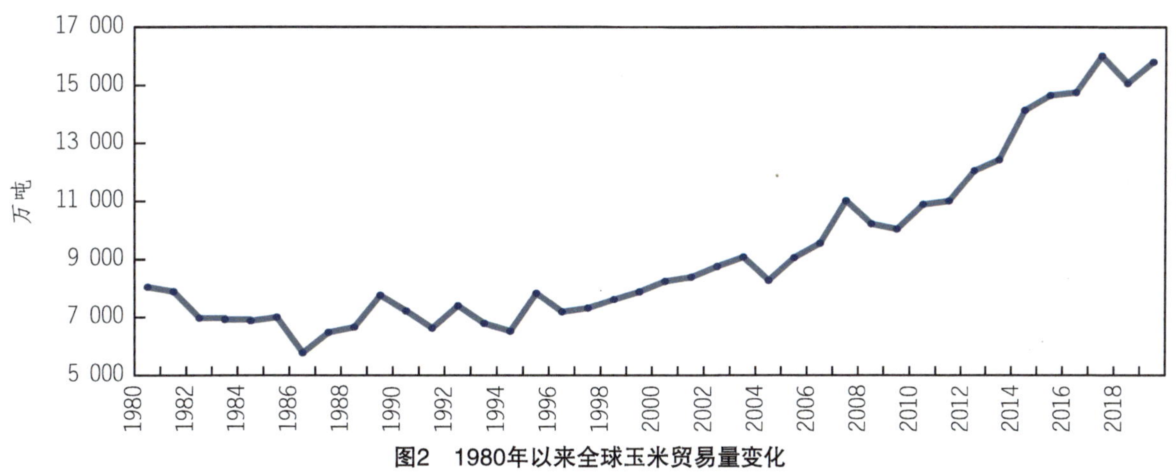

图2　1980年以来全球玉米贸易量变化

注：2018—2019年为美国农业部预计数，2017—2019年为市场年度数据，其余为日历年度数据

（二）南美和乌克兰玉米出口大幅增加，美国玉米出口减少

2018/19年度，世界玉米贸易仍维持出口区域相对集中、进口国相对分散的特点，但贸易格局有所变化。由于玉米出口主要来自主产国，因此，玉米主产国的产量变化对国际玉米贸易变化有比较明显的影响。玉米产量明显增加的南美和乌克兰出口大幅增加，出口份额明显上升；玉米产量下降的美国出口减少，出口份额下降。

世界玉米出口仍主要集中在美洲和欧洲。2018/19年度，美国虽仍为全球第一大玉米出口国，但玉米出口量有所减少，据美国农业部预计，2018/19年度，美国玉米出口量5 842万吨，比上年度减少351万吨，下降5.7%，占全球玉米出口的份额由上年度的41.6%下降到34.3%，降低7.3个百分点。俄罗斯、印度、墨西哥也因产量减少，玉米出口量下降。其中，俄罗斯玉米出口量由上年度的553万吨减少到300万吨，降幅45.8%，占全球玉米出口份额由上年度的3.7%降至1.8%，下降1.9个百分点；印度玉米出口量由上年度的108.9万吨下降到50万吨，降幅达54.1%，占全球玉米出口份额由0.7%降至0.3%，下降0.4个百分点；墨西哥玉米出口量由上年度的95.8万吨降至80万吨，降幅16.5%，占全球玉米出口份额由0.6%降至0.4%，下降0.2个百分点。与此同时，巴西、阿根廷和乌克兰玉米大幅增产，出口量也出现明显上升。其中，巴西玉米出口量由上年度的2 512万吨增加到3 200万吨，增幅达27.4%，占全球玉米出口份额由16.9%上升到18.8%，提高1.9个百分点；阿根廷玉米出口量由上年度的2 250万吨增加到3 150万吨，增幅达40%，占全球玉米出口份额由15.1%上升到18.5%，提高3.4个百分点；乌克兰玉米出口量由上年度的1 804万吨增加到2 950万吨，增幅达63.6%，占全球玉米出口份额由12.1%上升到17.3%，提高5.2个百分点。此外，塞尔维亚玉米出口量大幅增加，由上年度的82万吨猛增到270万吨，增幅达229.7%，占全球玉米出口份额由0.6%上升到1.6%，提高1个百分点；欧盟玉米出口量也有所增加，由上年度的175万吨增加到220万吨，增幅25.8%，占全球玉米出口份额由1.2%上升到1.3%，提高0.1个百分点（图3）。

（三）欧盟中国等玉米进口份额上升，日本韩国等进口份额下降

全球玉米进口分布依旧分散，仍以东亚、东南亚、中东、欧盟以及美洲的个别国家为主，但2018/19年度各国或地区的进口份额有所变动。据美国农业部预计，2018/19年度，全球玉米进口量较大的国家或地区依次为欧盟、墨西哥、日本、韩国、越南、埃及、伊朗、哥伦比亚、中国、沙特阿拉伯、阿尔及利亚、中国台湾和马来西亚，进口量分别为2 350万吨、1 750万吨、1 550万吨、1 020万吨、1 000万吨、970万吨、950万吨、550万吨、500万吨、500万吨、440万吨、410万吨、400万吨，与上年度相比，大多数国家和地区玉米进口量都有不同程度的增长，欧盟、越南、中国、沙特阿拉伯进口量增长较明显，增幅分别达到27.3%、16.3%、44.7%、25.5%，占世界玉米

进口份额分别由上年度的12.3%、5.7%、2.3%、2.7%上升到14.3%、6.1%、3.0%、3.0%，分别提高2.0、0.4、0.7、0.4个百分点；马来西亚进口量增幅达到9.7%，占世界玉米进口份额为2.4%，于上年度基本持平；墨西哥、韩国、埃及、伊朗、哥伦比亚、阿尔及利亚进口量增幅分别为8.5%、1.8%、2.5%、6.7%、5.7%、5.2%，低于全球玉米贸易平均增幅，占世界玉米进口的份额分别为10.7%、6.2%、5.9%、5.8%、3.4%、2.7%，比上年度分别下降0.1、0.5、0.4、0.1、0.1、0.1个百分点；日本、中国台湾进口量同比分别减少1.1%、7.0%，占世界玉米进口的份额分别为9.5%、2.5%，比上年度分别下降1.0、0.4个百分点（图4）。

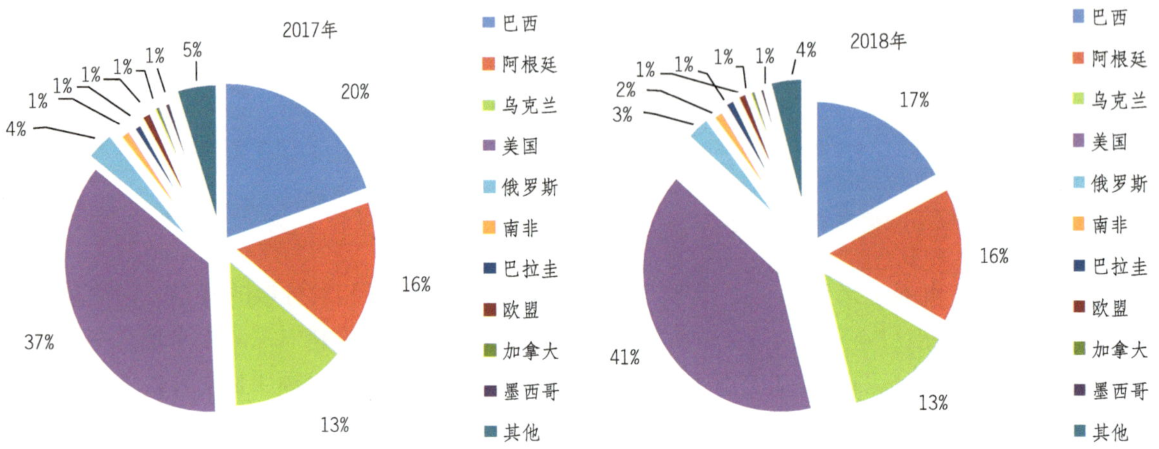

图3　世界玉米出口格局变化

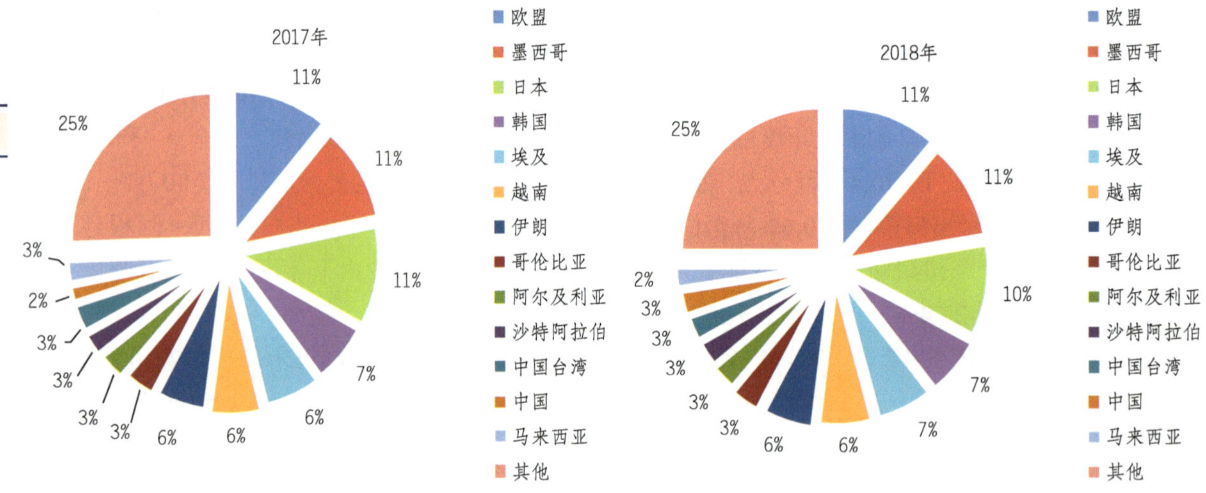

图4　世界玉米进口格局变化

四、世界主要国家产业竞争力

（一）美国玉米成本收益变化

2018年，美国玉米农场平均玉米经营规模为278英亩[①]（合1 627亩[②]），远超我国玉米户均2.9亩的规模。大规模的农场经营模式为降低生产成本，提高产业竞争力奠定了基础。

① 1英亩≈4 046.86平方米，1亩≈0.16英亩，全书同

② 1亩=666.67平方米，1公顷=15亩，全书同

美国玉米的成本主要包括两大部分，运营成本和间接费用。运营成本包括种子、肥料、农药、机械作业、燃料、润滑油和电力费、修理费、利息等，间接费用包括雇工费、家庭劳动机会成本、固定资产折旧、土地机会成本、税收与保险、管理费等。根据美国农业部的初步统计，2018年，美国玉米生产成本收益主要体现出以下特点。

1. **玉米总成本略有上升**

2018年，美国玉米单位面积总成本为679.64美元/英亩（合741.0元/亩①），比上年增加12.08美元，增幅1.8%。由于单产水平有所上升，美国玉米单位产品的成本下降更为明显一些。2018年美国玉米单产水平为184蒲式耳/英亩（合769.95千克/亩②），比上年略降1蒲式耳/英亩，降幅0.5%；单位产品总成本为3.69美元/蒲式耳（合0.15美元/千克，0.96元/千克），比上年增加0.09美元/蒲式耳，增幅2.4%（图5）。

2. **运营成本增加，肥料费用上升明显**

2018年，美国玉米运营成本为333.92美元/英亩，同比增加6.04美元，增幅1.8%。其中，肥料、机械作业、燃料与润滑油及电力费、修理费、灌溉、利息费用呈上升趋势，每英亩费用分别为113.74美元、22.48美元、29.33美元、33.9美元、0.27美元、3.45美元，同比分别上升4.6%、2.0%、7.8%、3.5%、3.8%、101.8%。肥料费用的增加对运营成本上升的贡献率达到82.1%。种子和农药费用则有所下降，每英亩费用分别为96.2美元、34.55美元，同比分别下降0.9%、9.2%（图6）。

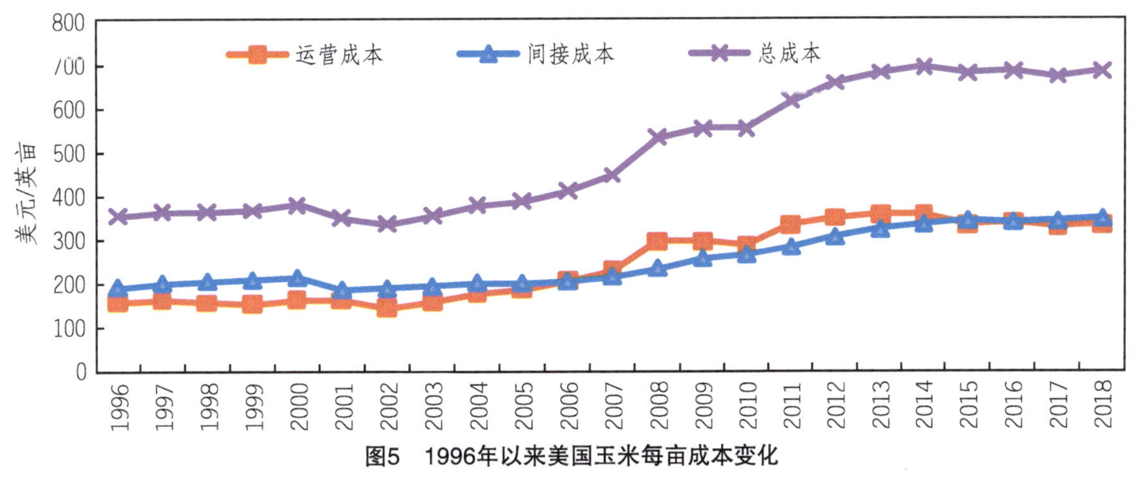

图5　1996年以来美国玉米每亩成本变化

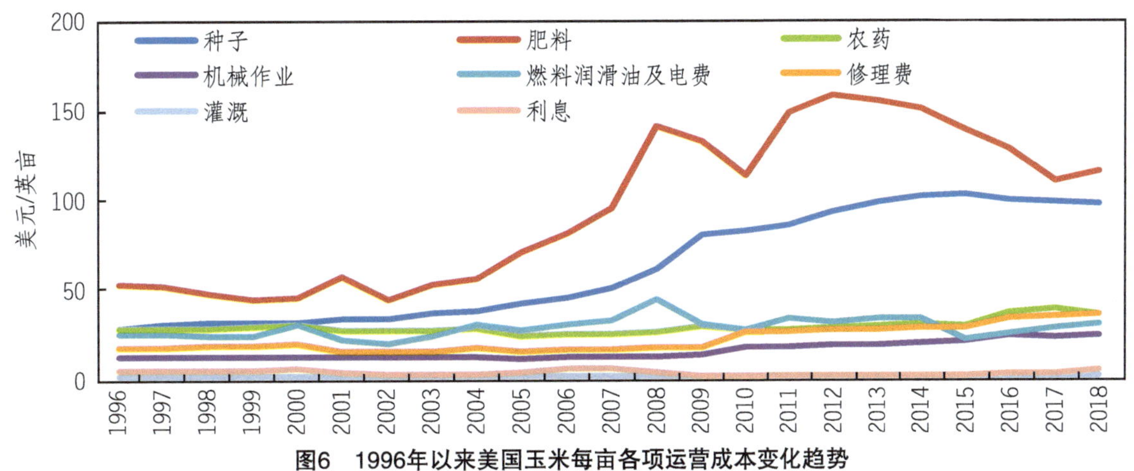

图6　1996年以来美国玉米每亩各项运营成本变化趋势

① 根据当年人民币兑美元汇率中间价全年平均计算

② 1吨玉米≈39.368 25蒲式耳

3. 间接成本同步增加

2018年，美国玉米间接费用为345.72美元/英亩，同比增加6.04美元/英亩，增幅1.8%。其中，每英亩雇工费用、劳动力机会成本、固定资产折旧分别为4.85美元、28.14美元、121.62美元，同比分别增加0.27美元、1.74美元、1.32美元，增幅分别为5.9%、6.6%、1.1%；土地机会成本、税收与保险费、管理费分别为160.63美元、11.79美元、18.69美元，同比分别增加1.90美元、0.11美元、0.70美元，增幅分别为1.2%、0.9%、3.9%（图7）。

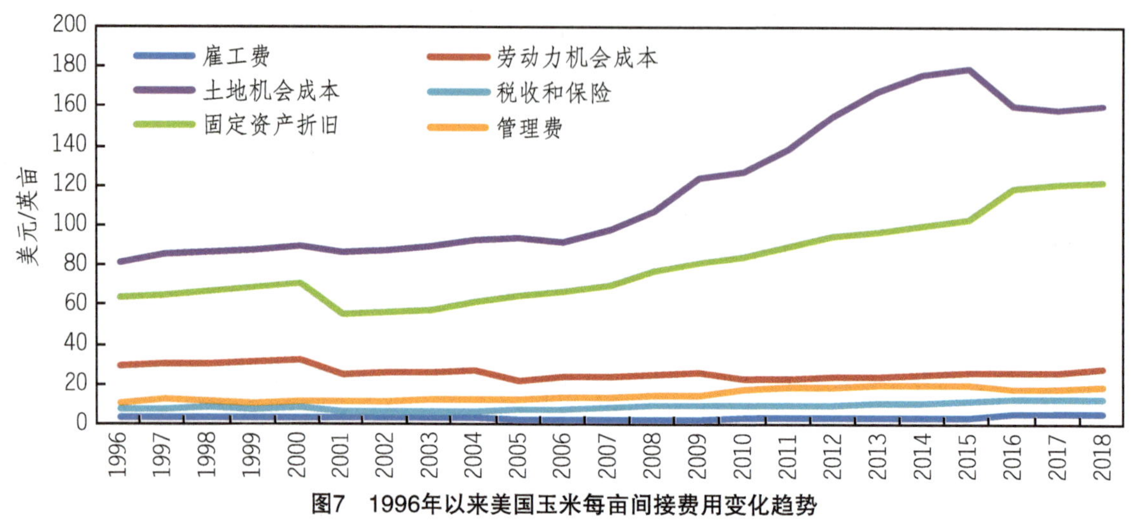

图7　1996年以来美国玉米每亩间接费用变化趋势

4. 收益水平有所上升

2018年，尽管美国玉米单产略有下降，成本有所增加，但由于价格上升，种植收益水平仍有所提高。2018年，美国玉米单产为每英亩184蒲式耳，同比略降0.5%；单位产品售价为每蒲式耳3.42美元，同比提高5.2%；每英亩主产品价值为629.28美元，同比增加28.03美元，增幅4.7%。加上副产品价值2.26美元，每英亩产值为631.54美元，同比增加28.26美元，增幅4.7%。扣除完全成本，每英亩净利润-48.1美元，比上年提高16.18美元，增幅25.2%。如果不扣除土地机会成本和家庭劳动力机会成本，2018年，美国玉米每英亩现金收益为140.67美元，比上年增加19.82美元，增幅16.4%（图8）。按单位农场计算，美国平均每个农场来自玉米的纯收入为39 106.3美元（不含补贴），同比增加5 509.96美元，增幅16.4%。

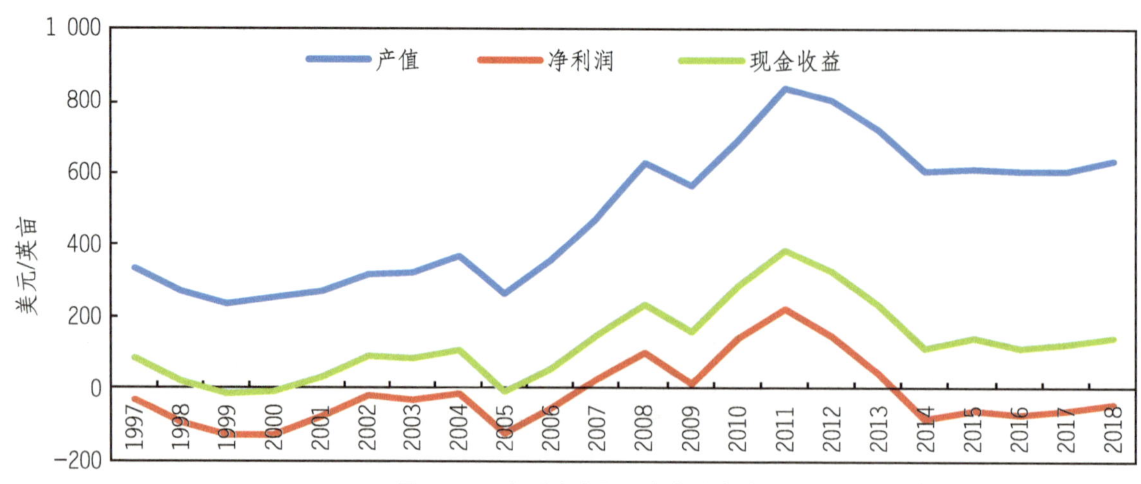

图8　1996年以来美国玉米收益变动

（二）中美玉米成本收益比较

由于中国2018年玉米生产成本收益的官方数据尚未公布，因此，本部分仅对2017年中美两国玉米生产的成本收益进行比较分析，数据来源于中国统计局和国家发改委编写的《主要农产品成本收益资料汇编2018》。

1. 2017年中国玉米生产成本继续下降，中美成本差距进一步缩小

2017年，中国进一步推进农业供给侧结构性改革，推行绿色生产方式和机械化作业，推进化肥农药零增长行动，玉米生产成本连续第二年下降。2017年，中国玉米每亩总成本1 026.48元，比上年减少39.11元，降幅3.7%。同时，美国玉米每亩总成本则略有上升，达到761.93元，比上年增加4.89元，增幅0.6%。中美两国玉米成本差距继续缩小，中国玉米每亩总成本比美国高264.55元，差距比上年缩小44元；中美两国的玉米每亩总成本比值由上年的1.41：1缩小为1.35：1。从单位产品成本来看，中美两国的玉米成本均有所降低，但中国玉米成本降幅更明显，因此，两国单位产品玉米成本差距有所缩小。2017年，中国每50千克玉米的成本为99.14元，比上年减少7.98元，降幅7.4%；美国每50千克玉米的成本为47.92元，比上年减少0.2元，降幅0.4%。中国玉米比美国多51.22元，高出106.9%，差距比上年缩小7.78元，中美玉米成本的比值由上年的2.23缩小到2.07（图9，表3）。

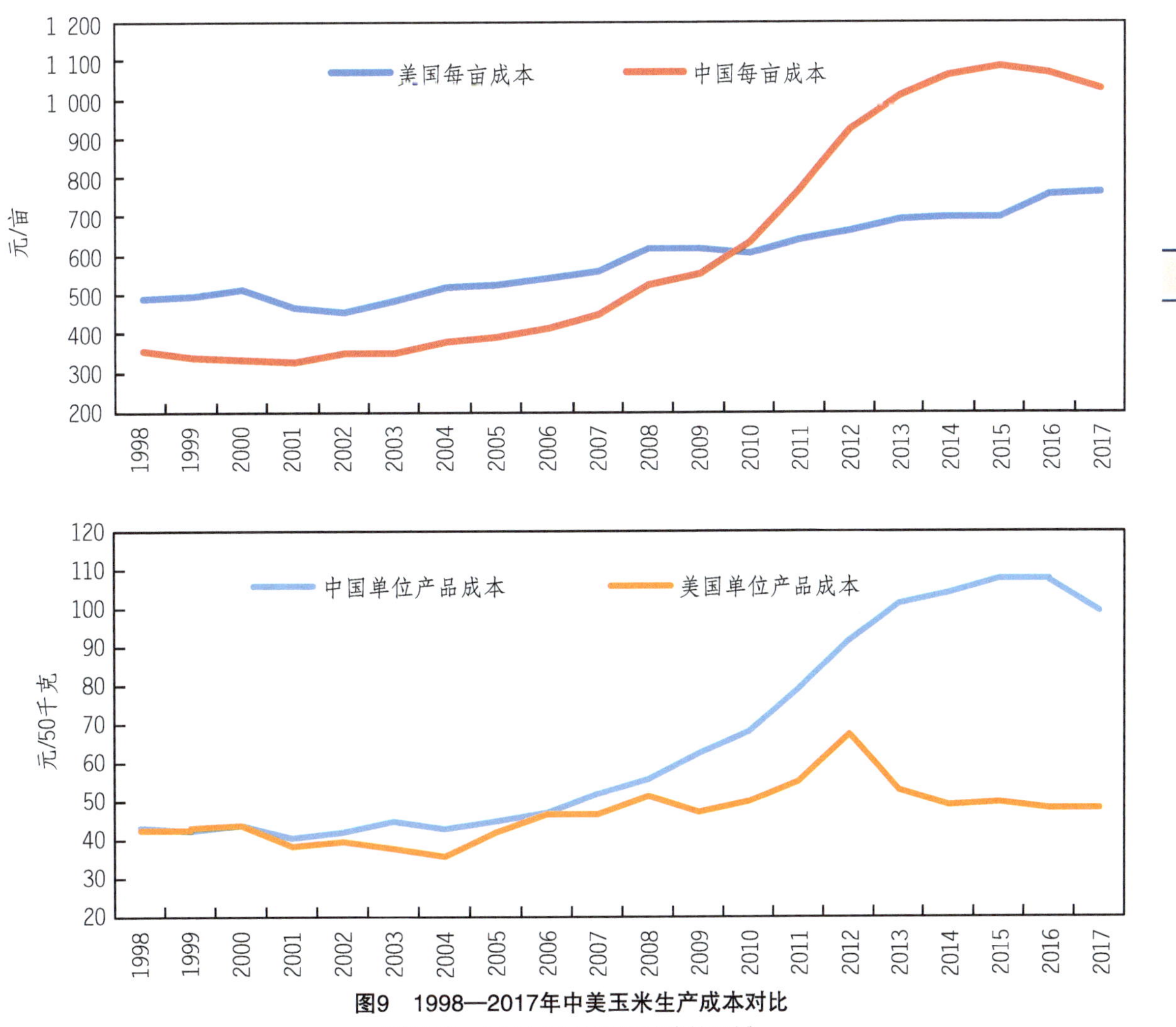

图9　1998—2017年中美玉米生产成本对比

资料来源：《全国农产品成本收益资料汇编》

表3　2017年中美玉米生产成本及收益

项　目	中　国	美　国	中国/美国
单产（千克/亩）	501.53	795.06	0.63
玉米价格（元/千克）	1.64	0.87	1.89
总产值（元/亩）	850.69	691.3	1.23
生产总费用（元/亩）	1 026.48	761.93	1.35
直接生产费用（元/亩）	362.94	374.93	0.97
间接生产费用（元/亩）	663.54	387	1.71
现金成本（元/亩）	425.03	548.26	0.78
现金收益（元/亩）	425.66	143.03	2.98
单位产品成本（元/千克）	1.98	0.96	2.06
单位产品现金成本（元/千克）	0.82	0.69	1.19

资料来源：《全国农产品成本收益资料汇编 2018》。本表根据可比性做了适当归类和调整

2. **成本结构差异仍然明显**

从成本结构看，中美两国的每亩直接生产成本差距不大，2017年中国比美国每亩还略低3.2%，但间接成本差距较大，中国比美国高出71.5%（表3）；中国直接成本占总成本的比例仅为35.4%，明显低于美国的49.2%。美国间接成本占总成本的50.8%，明显低于中国的64.6%。分项比较看，美国主要在种子、农药、修理、固定资产折旧、燃料动力等费用方面高于中国，税金与保险费和管理费用也高于中国。中国则在机械作业、排灌、人工、土地等方面成本高于美国。主要特点为：一是美国种子费用和占比均明显高于中国。2017年，美国每亩种子费用109.94元，比上年增长0.4%，比中国高98.3%，占总成本的比重达到14.4%，比中国高出9个百分点。二是肥料费用基本相当。2017年，美国每亩肥料费用129.52元，比上年减少8.0%，比中国低9.4%，占总成本的17.0%，比中国高3.1个百分点。三是美国农药费用高于中国。2017年，美国每亩农药费用39.63元，上年增加0.2%，比中国高37.5%，占总成本的5.2%，比中国高3.6个百分点。四是中国机械作业费明显高于美国。2017年，中国每亩机械作业费116.73元，上年提高2.0%，比美国高3.53倍，占总成本的11.4%，比美国高8个百分点。主要原因是：一方面中国土地规模小，机械作业的规模优势发挥不充分，另一方面中国机械作业多为外包服务，而美国机械作业主要为自己经营，这从修理费的比较也可得知。美国修理费用为中国的34.9倍，占总成本的4.8%，比中国高4.7个百分点；五是中国排灌费用明显高于美国。2017年，中国每亩排灌费17.47元，比上年降0.7%，比美国高61.8倍，主要是因为美国多为雨养农业，灌溉面积只占玉米面积的11%，而中国多为水浇地，灌溉面积占耕地面积的50%以上。六是美国固定资产折旧费用明显多于中国。2017年，美国每亩固定资产折旧费用135.12元，比上年增加3.9%，是中国的42.9倍，占总成本的比重达17.7%，明显高于中国的0.3%。七是中国人工成本远高于美国。2017年，中国每亩人工成本高达441.2元，比上年减少3.7%，但仍比美国高14.1倍，占总成本的比重达43.0%，比美国高39.1个百分点。八是中国土地成本高于美国，但差距不大。2017年，中国每亩土地成本210.3元，比上年降11.6%，但比美国高11.3%，占总成本的20.5%，比美国低4.3个百分点（图10）。

3. **中国亩均收益水平明显高于美国**

2017年，中国玉米价格有所回升，玉米收益水平提高，美国玉米收益水平也有所提高，但提高幅度小于，因此中国的玉米亩均收益继续明显高于美国，差距有所拉大。2017年，中国每亩玉米现金收益为425.66元，比上年增加84.45元，增幅达到24.8%。同期美国玉米每亩现金收益为143.03元，比中国每亩收益低282.63元，低66.4%。从单位产品收益水平看，中国也明显高于美国。2017年，中国每千克玉米现金收益达到0.82元，比美国的0.18元高出3.6倍。

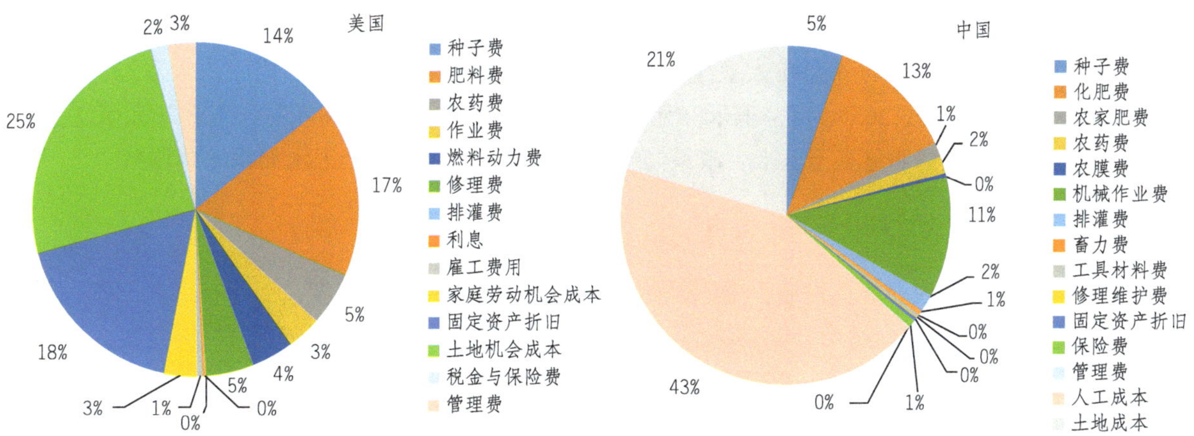

图10　中美玉米成本构成对比

五、主要国家产业支持政策新变化

2018年，中国在加快玉米去库存进程、继续实施玉米生产者补贴政策的基础上，根据国内外形势的变化特别是中美贸易摩擦的形势对玉米政策做出了相关调整，主要表现在以下几个方面。

（一）对原产于美国的高粱、DDGS实行反倾销反补贴措施

2018年初，中国对原产于美国的高粱启动了反倾销、反补贴立案调查，4月17日作出反倾销调查的初步裁定，自4月18日起，对进口美国高粱需征收178.6%的保证金。2017年1月11日，中国商务部发布公告，决定对原产于美国的进口干玉米酒糟产品征收反倾销税及反补贴税，税率分别为42.2%～53.7%及11.2%～12.0%不等，自2017年1月12日起实施，期限5年。2019年4月15日，商务部开始对美国进口DDGS双反措施进行复审。6月19日，中国商务部做出复审裁定，决定继续维持对原产于美国的进口干玉米酒糟的反倾销和反补贴措施。自中国对原产于美国的高粱、DDGS实行“双反”措施以来，中国自美国进口的高粱、DDGS数量锐减。

（二）对原产于美国的玉米及相关产品加征关税

2018年以来，国际贸易环境发生明显变化，单边主义和贸易保护主义加剧，贸易摩擦频繁，尤其是美国对从中国进口的产品加征关税等行为，挑起了中美贸易摩擦。为应对美国贸易保护主义，中国采取了反制措施，2018年7月6日开始中国对原产于美国的玉米、DDGS、高粱等产品加征25%的关税，2019年5月13日，中国决定对原产于美国的玉米、DDGS、高粱等产品维持加征25%关税的措施。这些措施实行以后，中国自美国进口的玉米数量大幅下降。自美国进口的高粱、DDGS数量在之前已实行反倾销、反补贴措施的基础上进一步减少。

（三）减少玉米生产者补贴标准

2016年6月，中国开始在东北三省和内蒙古自治区建立玉米生产者补贴制度。中央财政将一定数额的补贴资金拨付至省级财政，并赋予地方自主权，由各省区制定具体的补贴实施方案，确定本省区的补贴范围、补贴对象、补贴依据、补贴标准等。2017年开始统筹实施大豆与玉米生产者补贴，大豆和玉米生产者补贴资金统一发放到省，由各省自主调配比例。2018年，在中美贸易摩擦的背景下，中国将大豆作为反制美国的重要手段，对原产于美国的大豆加征25%的关税，为应对中美贸易摩擦对大豆的影响，中国东北各省区陆续提高了大豆生产者补贴标准，以鼓励大豆生产，并相应减少玉米生产者补贴标准。如黑龙江省2018年大豆生产者补贴标准为每亩320元，玉米生产者补

贴标准为每亩25元，比上年减少108元，两者相差近300元。2019年，东北产区生产者补贴继续向大豆倾斜，如黑龙江省明确今年每亩大豆生产者补贴比玉米高出200元以上，内蒙古大豆235元/亩，玉米100元/亩；吉林大豆265元/亩，玉米86元/亩；辽宁预计大豆270元/亩左右，玉米70元/亩左右，大豆生产者补贴标准都明显高于玉米。政策倾斜使大豆面积继续增加，玉米面积继续调减。

（四）进一步扩大轮作补贴试点范围

2016年，为推进农业绿色发展，中国开始实行耕地休耕轮作补贴制度，当年在东北三省一区安排轮作试点面积500万亩，每亩补贴150元。此后，中国耕地轮作休耕制度试点规模逐年扩大。2017年，轮作面积扩大到1 000万亩；2018年轮作补贴面积达到2 000万亩，轮作地区扩大到华北黄淮地区。2019年，轮作补贴试点面积进一步增加到2 500万亩。轮作的形式为“一主多辅”：“一主”是以籽粒玉米与大豆轮作为主，发挥大豆根瘤固氮养地作用；“多辅”是指籽粒玉米与马铃薯、花生、向日葵、杂粮杂豆等进行的轮作。轮作补贴和生产者补贴可以叠加，如实行“玉米-大豆”轮作，不但可以得到生产者补贴，还可以得到轮作补贴。轮作补贴试点范围的扩大，进一步促进了大豆种植面积增加，减少了玉米种植面积。

六、世界供需形势展望

（一）2019年全球玉米面积减少，产量高位回落

2019年，全球玉米面积将呈现稳中有增的态势，预计收获面积将达到1.93亿公顷，比上年增长0.8%，面积增加主要来自于美国、巴西、乌克兰、印度、墨西哥、阿根廷等。其中，受中美贸易摩擦影响，中国从美国进口大豆显著下降，美国大豆面积将明显减少，玉米面积相应增加，预计收获面积将达到3 383万公顷，比上年增加75.1万公顷，增长2.3%，占全球玉米面积增量的49.0%。不过，由于美国玉米播种季节降水明显偏多，播种延迟比较明显，实际播种面积可能低于预期。截至5月12日，美国玉米种植率仅为30%，明显滞后于上年同期的59%和五年平均的66%。巴西、印度、墨西哥、印度尼西亚、阿根廷玉米面积将较上年分别增长，3.4%、3.3%、2.8%、5.4%、1.7%，分别占全球玉米面积增量的39.1%、19.6%、13.0%、13.0%、6.5%。中国由于大豆面积增加，玉米面积相应缩减，预计2019年玉米面积4 100万公顷，比上年减少2.7%。从单产来看，由于美国玉米带气候不佳，播种持续延迟，玉米单产预期将受明显影响，南美和乌克兰在去年获得创纪录的大丰收后，今年单产水平都将有所回落。预计2019年，全球玉米单产将在上年创历史新高的基础上有所下降，每公顷玉米产量为5.74吨，比上年下降2.2%。其中，美国、巴西、阿根廷、乌克兰每公顷玉米产量分别为10.42吨、5.58吨、8.2吨、7.23吨，分别比上年降低5.9%、3.3%、3.5%、7.8%。中国玉米单产水平则有所提高，为6.2吨/公顷，比上年增长1.5%。由于单产降幅大于面积增幅，预计2019年，全球玉米产量将高位回落，为11.05亿吨，比上年减少1.6%。其中，美国、中国、阿根廷、乌克兰产量分别为3.52亿吨、2.54亿吨、5 000万吨、3 400万吨，分别比上年减少3.8%、1.3%、2.0%、5.0%。巴西产量为1.01亿吨，与上年持平。未来3～5年，全球玉米生产虽然将受气候变化及市场频繁波动影响，但在需求增长和技术进步的作用下，仍将保持增长势头。

（二）消费需求稳步增长，但2019/20年度饲料消费将略有减少

玉米既是最主要的饲料原料，也是重要的工业加工原料，还是世界许多地方居民的主要口粮。随着全球人口增长、经济发展和收入水平提高，未来全球肉类消费将持续增长，畜牧业将保持稳定发展趋势，带动玉米饲料消费持续增长，饲用消费将成为拉动玉米消费的主要而持久的动力。

不过，2019/20年度，中国受非洲猪瘟疫情影响，生猪产能持续大幅下降，玉米饲用消费将出现下降，美国玉米饲用消费也有所减少，全球玉米饲用消费量可能略有下降。工业消费方面，美国燃料乙醇几乎全部以玉米为原料，受国际原油价格走高的带动作用，未来几年美国燃料乙醇产量将小幅提高，但受其国内能源法案的影响，未来美国燃料乙醇加工用玉米数量将基本保持稳定，甚至有所下降，年消耗玉米1.4亿吨左右，占玉米总消费的35%左右。中国规划到2020年在全国范围推广使用燃料乙醇，燃料乙醇生产将扩大，但受未来供求关系趋紧的影响，中国燃料乙醇生产将主要使用非粮作物及部分陈化稻谷等其他原料，使用玉米生产燃料乙醇的规模将较为有限，其他深加工业如淀粉深加工等产能上升较快，预计未来中国玉米工业消费将保持较快发展，但增速将趋缓。其他国家玉米加工业基本也将保持增长势头。预计2019/20年度全球玉米消费总量有望达到11.3亿吨，比上年度增长0.6%。其中饲料消费6.96亿吨，占总消费量的61.5%，比上年度减少0.3%；食用、种用及工业等消费4.35亿吨，增长2.3%。未来3～5年全球玉米消费总量有望保持年均2%左右的速度增长。

（三）库存水平将继续下降，供求宽松格局进一步缓解

由于产量下降，消费需求增加，预计2019/20年度全球玉米将继续处于年度产不足需局面，库存水平将继续降低，全球玉米仍处于去库存阶段，供求关系将进一步改善。特别是中国临储玉米继续抛售，去库存进程继续，有助于改善全球玉米供求宽松的格局。据美国农业部数据，预计2019/20年度，全球玉米总供给16.02亿吨，比上年度减少1.5%；总需求11.327亿吨，比上年度增长0.6%；期末库存连续3年下降至2.99亿吨，比上年度下降9.1%，比历史最高的2016/17年度下降近14.9%；库存消费比26.4%，比上年度下降2.8个百分点，比2016/17年度下降6.7个百分点。

（四）玉米价格有所回升，未来仍有望有所上涨

当前全球玉米供给宽松的格局正逐步缓解，特别是2019年美国玉米带持续降水影响播种及生长，玉米产量预期降低，使国际玉米价格在经过持续多年低谷后出现明显反弹，预计2019/20年度国际玉米价格有望逐步摆脱持续低迷状态，总体将呈现波动上升的趋势，总体价格水平将明显高于上年度。但受气候等因素影响，国际玉米价格频繁震荡运行的特征仍将较为明显。随着消费需求增长，库存水平持续下降，国际玉米供求关系逐步改善，预计未来几年，国际玉米价格仍有望有所上涨，但由于全球玉米产量呈增长趋势，国际玉米价格上涨空间可能不会很大。在这一过程中，气候异常、全球金融及经济形势波动、大宗商品价格较大幅度变动以及美元汇率的明显变化等因素，都可能引发国际玉米价格的波动。

（五）玉米贸易将继续扩大，贸易格局更趋分散化

由于全球玉米需求持续增长，且呈现消费分散，而生产相对集中的特点，预计未来全球玉米贸易将继续呈扩大趋势，贸易量将稳步增加。预计2019/20年度，全球玉米贸易量将达到1.7亿吨的规模。从贸易格局看，出口格局总体变化不大，但竞争将日趋激烈，美国仍将保持世界第一大出口国地位，但出口份额将稳中趋降，预计2019/20年度，美国玉米出口量在5 460万吨左右，比上年略有增长。巴西、阿根廷、乌克兰玉米出口将继续保持较高水平，并巩固全球玉米出口第二、三、四的位置。进口格局将更趋分散化。新兴经济体和发展中国家的经济发展将增加肉类消费，玉米需求增长强劲，进口将持续增加，墨西哥、伊朗、越南、中国、埃及等国玉米进口将较快增长，日本、韩国、欧盟等玉米进口量基本稳定，仍将保持主要进口国家或地区的地位，但占全球玉米贸易的份额将趋于下降。

专题二：草地贪夜蛾对非洲及全球玉米市场的影响

一、草地贪夜蛾的基本情况

（一）生物学特性

草地贪夜蛾又名秋黏虫，属于鳞翅目夜蛾科灰翅夜蛾属，国际农业和生物科学中心（CABI）在《2017年世界植物现状报告》将该虫评为世界十大植物害虫之一。其生物学特征突出表现在以下4个方面。

一是寄主广泛。该虫为多食性，可为害80多种植物，对禾本科作物，如玉米、水稻、小麦、大麦、高粱、粟、甘蔗、黑麦草和苏丹草等杂草的为害尤其严重。也为害棉花、十字花科、葫芦科、花生、苜蓿、洋葱、菜豆属、甘薯、番茄、部分茄科植物以及多种观赏植物。

二是适生性强。草地贪夜蛾的适宜发育温度为11~30℃，在低温条件下，完成一个世代需要60~90天，如果在更加适宜的28℃条件下，30天左右即可完成。由于没有滞育现象，在气候、寄主条件适合的中、南美洲以及新入侵的非洲大部分地区，可周年繁殖。

三是生态多样。从取食偏好方面，草地贪夜蛾分为玉米品系和水稻品系两种单倍型，前者主要取食为害玉米、棉花和高粱，后者主要取食为害水稻和各种牧草。这两种单倍型外部形态基本一致，但在性信息素成分、交配行为以及寄主植物范围等方面具有明显差异。从生长形态方面，草地贪夜蛾一个世代要经历卵、幼虫、蛹和成虫四个阶段，成虫寿命可达两至三周，在这段时间内，雌成虫可以多次交配产卵，一生可产卵900~1 000粒。

四是能够迁飞扩散。草地贪夜蛾是一种典型的远距离迁飞害虫，成虫可在几百米的高空中借助风力进行远距离定向迁飞，每晚可飞行100千米。有报道称，如果天气条件适宜，草地贪夜蛾成虫在30小时内可以从美国的密西西比州迁飞到加拿大南部，长达1 600千米（幸福等，2019）。

草地贪夜蛾这4个方面的生物学特征使其成为重要的农业害虫，被称为“粮食杀手”。

（二）为害特征

在草地贪夜蛾的卵、幼虫、蛹和成虫4个虫态阶段中，取食为害阶段为幼虫期。幼虫又可以分为6个虫龄阶段，每个阶段均能产生取食危害，其中以6龄幼虫危害最为严重。1~3龄幼虫为低龄幼虫，通常隐藏在叶片背面和心叶，以取食叶片为主，被取食叶片多形成窗孔形半透明薄膜。低龄幼虫还可以吐丝，能够借助风力扩散转移，为害到附近的其他植株。4~6龄幼虫为高龄幼虫，取食后叶面会形成不规则的长形孔洞，也可将整株玉米的叶片取食光，还会取食玉米雄穗和果穗，严重时可造成玉米生长点死亡，影响叶片和果穗的正常发育，而且它们可以进入叶鞘、心叶、喇叭口、雄穗、苞谷为害，具有很高的隐蔽性。玉米苗期受害一般可减产10%~25%，严重危害田块可造成毁种绝收。有学者进行田间调查发现草地贪夜蛾幼虫的形态和田间为害特点与同属的甜菜夜蛾、斜纹夜蛾以及同科的黏虫较为相似，且经常混合发生。

二、草地贪夜蛾的发展情况

（一）草地贪夜蛾在全球的传播及分布情况

草地贪夜蛾原产于美洲热带和亚热带地区，广泛分布于美洲大陆，是当地重要的农业害虫。随着国际贸易活动的日趋频繁，自2016年以来在非洲、亚洲呈快速蔓延态势：2016年开始入侵非洲，2018年7月开始入侵亚洲，同年8月联合国粮农组织发出全球预警。如今草地贪夜蛾已入侵到撒哈拉以南的大部分地区以及亚洲的印度、泰国、也门、孟加拉国、斯里兰卡、缅甸、中国等国家，已经在世界上100多个国家引发虫灾，广泛分布在热带、亚热带以及温带的部分地区。由于南亚、东南亚和澳大利亚的气候条件也适合草地贪夜蛾生存定殖，因此，草地贪夜蛾有进一步向这些地区入侵蔓延的态势。

（二）草地贪夜蛾在非洲的传播情况

2016年1月，非洲首次发现入侵的草地贪夜蛾，发现地点为尼日利亚和加纳。随后扩散迅速，到2017年4月28日，已经有12个非洲国家官方报道了草地贪夜蛾的入侵；到2018年1月，仅用了两年的时间，就已经入侵到撒哈拉以南非洲几乎所有国家。2018年草地贪夜蛾在非洲造成的经济损失高达10亿～30亿美元，玉米毁种面积占总播种面积的5%～6%。

根据国际粮农组织监测数据显示，截至2019年7月19日，非洲至少还有坦桑尼亚、莫桑比亚、肯尼亚、马达加斯加、肯尼亚、塞内加尔等18个国家正在遭受虫害，虫害发生率从5.14%到52.14%不等（表1）。

表1　截至2019年7月19日非洲国家受灾面积占比

国　家	受灾面积占比	国　家	受灾面积占比
坦桑尼亚	33.77%	埃塞俄比亚	29.20%
马达加斯加	40.77%	布隆迪	8.99%
斯威士兰	33.33%	卢旺达	5.14%
莫桑比克	52.14%	乌干达	20.00%
津巴布韦	30.00%	南苏丹	7.25%
马拉维	37.75%	布基纳法索	15.86%
赞比亚	23.55%	加　纳	8.43%
肯尼亚	38.86%	科特迪瓦	11.14%
利比里亚	26.22%	塞内加尔	25.38%

注：根据fao监测数据整理

（三）草地贪夜蛾在我国的传播及分布情况

已确认入侵我国的草地贪夜蛾属于玉米品系，主要为害玉米、高粱和棉花，其中最主要危害玉米。2019年1月11日首次发现草地贪夜蛾入侵，地点为云南省江城县，截至当月28日，普洱市江城县、澜沧县、宁洱县、孟连县，德宏州盈江县、瑞丽市、芒市和陇川县，保山市施甸县、昌宁县和龙陵县3市（州）11县（市）发现草地贪夜蛾在冬玉米田发生危害。4月之后，随着华南地区春玉米种植和天气转暖，草地贪夜蛾在我国南方玉米区扩散更为迅速。到5月21日，已有云南、广西、贵州、广东、湖南、海南、福建、浙江、湖北、四川、江西、重庆、河南、安徽14省（自治区）的385个县（市、区）见虫，发生面积达9.23万公顷，5月22日又在上海市的奉贤区发现草地贪夜蛾，到7月下旬，虫害已经入侵到山西、甘肃、山东等地，地区已经扩大到21个省的1 240多个县，受害面积达到1 188万亩。短短不到7个月的时间，该虫就入侵到了我国华南、西南、华中、东部、华北、西北等部分地区。7月末以来华北地区持续多雨，使草地贪夜蛾的迁飞受到一定影响，扩散速度放缓。总体上看，草地贪夜蛾在我国影响的地区较多，对南方玉米生产的影响大于北方。

（四）我国草地贪夜蛾的防控情况及发展趋势

为做好草地贪夜蛾入侵防范，农业农村部提前谋划部署，各地全力配合，共同阻截虫害蔓延。一是在发现为害入侵之前积极防范，加强预警。2018年12月农业农村部即下发通知，并及时组织各地技术人员加密监测预警，在云南、广西等边境省（区）设立重点监测点，架设高空测报灯和黑光灯，开展灯诱成虫系统监测，力争做到对虫情的早发现、早报告、早预警。二是在发现入侵后及时应对，遏制危害蔓延。组织专家研究制定了《草地贪夜蛾测报调查方法》，制定印发了《2019年草地贪夜蛾防控技术方案（试行）》和《全国草地贪夜蛾防控方案》。在《技术方案》和《防空方案》中提出防治处置率要达到90%以上，绿色防控技术应用比例达到30%以上，综合防治效果达到85%以上，危害损失率控制在8%以内的总体防控目标；明确要求设立重点监测点开展大田普查等监测预警办法；重点介绍了生态调控及天敌保护利用、成虫诱杀技术、幼虫防治技术等主要技术措施；还分区强调了防控重点，指出云南、广西等周年繁殖区加强成虫诱杀、卵和幼虫防控，黄淮海夏玉米区及东北春玉米区加强迁飞成虫监测和防治。

在具体的防治手段方面，主要有物理防控、化学防控和生物防控。物理防控方面，高空测报灯和黑光灯的采用率较高，可以起到诱捕和监测的双重作用。糖醋诱杀，杨枝把诱杀等方法也在尝试使用。同时，对草地贪夜蛾敏感光谱的筛查工作也正在进行之中。化学防控方面，尽管虫害入侵之初我国没有登记在册的农药可用，但经过不断的实验和比对，已经完成了多种常用化学农药对草地贪夜蛾的防治效果评价，筛选出了一批针对性较强的高效、低毒的化学农药。6月3日农业农村部印发《农业农村部办公厅关于做好草地贪夜蛾应急防治用药有关工作的通知》，推荐了甲氨基阿维菌素苯甲酸盐、茚虫威、四氯虫酰等25种应急使用的农药产品。随着对虫害研究的深入，将会筛选出更多适用农药。生物防控方面，性诱剂以及一些生物农药正在被广泛使用，具有一定效果。天敌筛选工作也正在进行中，已经发现了蠋蝽、夜蛾黑卵蜂、螟黄赤眼蜂等取食和寄生天敌。

在各级部门的通力配合之下，草地贪夜蛾的防控工作取得了一定成效，基本能做到对入侵危害的早发现、早控制，区域性捕杀起到了一定的防控效果，7月末以来的虫害扩散速度有所缓解。但是，由于草地贪夜蛾繁殖能力强、迁飞扩散快等特点，防控形势仍然十分严峻，任务仍然紧迫艰巨，尤其是夏季随着华北地区天气转晴，为草地贪夜蛾的迁飞提供了较好条件，成虫可能会进一步迁飞扩展至华北其他地区，应继续提高警惕。10月以后，由于天气转凉，北方的草地贪夜蛾将逐步减少，冬季将主要集中在西南、华南地区。这些地区适宜草地贪夜蛾周年繁殖，而且临近其他被入侵国家，容易遭受越境入侵，需要全年提高防备。

三、草地贪夜蛾对全球玉米供需的影响

（一）草地贪夜蛾对非洲玉米供需的影响

1. 非洲玉米生产情况

玉米是全球性作物，分布于世界各地。玉米在非洲也分布广泛，从北非到南部非洲，从东非到西非，几乎每个国家均有种植，是非洲面积最大、产量最多的粮食作物。2017年，非洲玉米收获面积达到4 060万公顷，产量8 415万吨。非洲也是世界重要的玉米产区。2017年，非洲玉米收获面积占全球玉米面积的20.6%，产量占全球玉米产量的7.4%。近年来，非洲玉米生产发展出现以下特征：

一是玉米面积快速增加。由于玉米是非洲主要口粮，近年来玉米种植面积增长较快。2018年，非洲玉米收获面积达到3 812.5万公顷，比2008年增加31.5%，年均递增2.8%，比全球玉米面积年均增速快1个百分点。其中，撒哈拉以南地区是非洲的玉米主产区，2018年玉米种植面积3 714.4万公顷，占非洲玉米面积的97.4%，北非地区只占2.6%。玉米种植面积比较大的国家主要包括尼日利亚、坦桑尼亚、南非、埃塞俄比亚、肯尼亚、津巴布韦、安哥拉、马拉维、莫桑比克、刚果（金）、喀麦隆、乌干达、赞比亚、马里等，2018年玉米种植面积都在100万公顷以上，上述14国玉米面积占全非洲玉米面积的80.3%（表2）。

表2　2018年非洲玉米主要生产国情况

国　家	收获面积（万公顷）	占非洲的比重	单产（吨/公顷）	总产（万吨）	占非洲的比重
尼日利亚	650	17.0%	1.69	1 100	13.9%
坦桑尼亚	420	11.0%	1.29	540	6.8%
南　非	260	6.8%	4.42	1 150	14.5%
埃塞俄比亚	230	6.0%	3.61	830	10.5%
肯尼亚	220	5.8%	1.82	400	5.0%
津巴布韦	172.3	4.5%	0.99	170.1	2.1%
安哥拉	170	4.5%	1.38	235	3.0%
马拉维	170	4.5%	1.65	280	3.5%
莫桑比克	170	4.5%	1.44	245	3.1%
刚果（金）	150	3.9%	0.8	120	1.5%
喀麦隆	120	3.1%	1.83	220	2.8%
乌干达	120	3.1%	2.33	280	3.5%
赞比亚	108.6	2.8%	2.21	239.5	3.0%
马　里	100	2.6%	3.63	362.5	4.6%
加　纳	90	2.4%	2.51	226.3	2.9%
埃　及	85	2.2%	8	680	8.6%
北非地区	98.1	2.6%	7.09	695.1	8.8%
撒哈拉以南地区	3 714.4	97.4%	1.95	7 236.8	91.2%
合　计	3 812.5	100%	2.08	7 931.9	100%

数据来源：美国农业部网站

二是玉米单产水平低增速慢，且分布参差不齐。尽管非洲种植玉米面积增长较快，但生产技术水平总体较低，单产增长相对较为缓慢。2018年，非洲玉米单产平均为2.08吨/公顷，仅相当于全球玉米平均单产的35.4%，比2008年增长8.6%，年均递增0.8%，比全球玉米平均单产增速慢0.7个百分点。其中，北非玉米单产水平较高，撒哈拉以南地区单产水平很低。2018年，北非地区玉米平均单产达到7.09吨/公顷，比全球玉米平均单产还高20.8%，比2008年增长4.9%，年均递增0.48%。2018年，撒哈拉以南地区玉米平均单产为1.95吨/公顷，仅相当于北非地区的27.5%，相当于全球平均水平的33.2%，比2008年增长12.1%，年均递增1.1%，比全球玉米平均单年产增速慢0.4个百分点。

三是玉米总产增长较快。由于玉米面积增长较快，单产水平也保持增长态势，非洲玉米产量增长较快。2018年，非洲玉米总产7 931.9万吨，比2008年增长42.8%，年均递增3.6%，比全球玉米产量年均增速快0.3个百分点。其中，2018年，北非地区玉米产量695.1万吨，占非洲玉米总产的8.8%，比2008年增长2.7%，年均递增0.3%，比全球玉米产量年均增速慢3个百分点，因此北非地区玉米产量相对稳定。2018年，撒哈拉以南地区玉米产量7 236.8万吨，占全非洲玉米总产的91.2%，比2008年增长48.4%，年均增速达到4%，比全球玉米产量年均增速快0.7个百分点。玉米产量较多的国家主要包括南非、尼日利亚、埃塞俄比亚、埃及、坦桑尼亚、肯尼亚、马里、马拉维、乌干达、莫桑比克、赞比亚、安哥拉、加纳、喀麦隆等，产量都在200万吨以上，上述14国玉米产量占非洲玉米总产量的85.6%（表2）。

2. 非洲玉米消费

非洲玉米消费需求增长较快，预计2018/19年度消费总量可达1亿吨，占全球玉米总消费的8.9%；比2008/09年度增长54.8%，年均增速达4.5%，比同期世界平均增速快0.9个百分点。非洲玉米消费以食用为主，是非洲的主要口粮，饲用消费为辅，但增速较快。2018/19年度，非洲饲用消费总量为3 750.5万吨，比2008/09年度增长72.8%，年均增速5.6%，占玉米总消费的比重为37.3%。食用、种用、及工业消费6 292.3万吨，占总消费的比重达到62.7%。其中北非以饲用为主，撒哈拉以南地区以食用为主。北非饲用玉米消费占总消费的比重达到89.3%，食用、种用及工业消费比重仅为10.7%；而撒哈拉以南地区饲用消费占比仅为19.9%，食用、种用及工业消费比重高达80.1%，由于种用数量较少，玉米深加工消费更少，因此，撒哈拉以南地区玉米消费主要为食用。

3. 非洲玉米进出口

由于玉米是非洲的主要口粮，且饲用需求增长较快，而玉米生产水平不高，因此，非洲玉米以进口为主，且增长较快；出口总量较少，且呈下降趋势。2018/19年度，非洲玉米进口量2 207.3万吨，占全球玉米进口总量的13.4%，比2008/09年度增长70.5%，年均增速达到5.5%，但仍比全球玉米贸易年均增速慢1.6个百分点。2018/19年度出口量为168.5万吨，占全球玉米出口总量的1.0%，比2008/09年度减少22.0%。其中，进口以北非为主，2018/19年度，北非地区玉米进口量1 870万吨，占非洲玉米进口总量的84.7%，比2008/09年度增长88.8%，年均增速达到6.6%。进口国主要是埃及、阿尔及利亚、摩洛哥、突尼斯，2018/19年度进口量分别为970万吨、440万吨、280万吨、110万吨，四国合计占非洲玉米进口量的81.5%。撒哈拉以南地区进口量337.3万吨，占非洲玉米进口量的15.3%，比2008/09年度增长11.0%，年均增速1.0%。出口以撒哈拉以南地区为主，2018/19年度撒哈拉以南地区玉米出口量167.5万吨，占非洲玉米出口总量的99.4%，比2008/09年度减少21.7%。出口国主要是南非，2018/19年度出口量为100万吨，占非洲玉米出口量的59.3%。

4. 草地贪夜蛾对非洲玉米生产的影响

2016年1月草地贪夜蛾入侵非洲后开始迅速扩张蔓延，对受害国玉米产量形成一定影响。根据美国农业部统计数据，2016年，部分遭受虫害的非洲国家玉米单产出现下降，例如：斯威士兰下降了35.9%、肯尼亚下降了21.4%、坦桑尼亚下降了7.1%、赞比亚下降了8.8%。但也有一些受害国的玉米生产影响不大，例如最先报道虫情的尼日利亚2016年玉米单产反而小幅提高。

草地贪夜蛾对非洲玉米生产的影响到底有多大？学者们从不同的角度其进行了估算。我们以美国农业部公布的2013—2015年平均玉米产量为基准，参考其中比较有代表性的两种方法估算草地贪夜蛾对今年非洲玉米产量形成的影响。

第一种方法基于农民估算。2017年7月，国际应用生物科学中心在加纳和赞比亚进行了一项调查，让农民估算2016年遭受虫灾地块的产量损失（Day et al. 2019）。结果显示，加纳受灾地块玉米产量损失45%（22%～67%），赞比亚受灾地块玉米产量损失40%（25%～50%）。估算产量损失时可用受灾比例乘以二者平均值，即42.5%。

第二种方法基于田间调查。有学者按照分层抽样方案，在Chipinge和Makoni地区共分别选取了394个和397个农户进行调查。除了解种植情况外，还在每户的田内进行检测，根据地块内叶片的损害程度结合广义线性模型估算受灾情况。同时，选择了167个田块做产量损失测定（在每个田块中选取5个2米乘1米的样方测产）。结果表明，当田块受灾面积为32%～48%时，玉米减产11.57%，估算的损失结果小于第一种方法。取受灾中间数，这算下来，完全受灾地块，玉米产量损失为28.9%。

结合目前非洲国家受灾面积占比，分别用两种方法估计当前草地贪夜蛾可能造成的玉米产量损失（表3）。

计算方法为：受灾损失率×受灾率×基期产量

表3 非洲玉米产量损失预估

国 家	受灾面积占比	2013—2016年平均产量（万吨）	产量损失（万吨）	
			方法一	方法二
布基纳法索	15.86%	149.6	10.1	6.9
布隆迪	8.99%	15.0	0.6	0.4
科特迪瓦	11.14%	78.9	3.7	2.5
斯威士兰	33.33%	9.6	1.4	0.9
埃塞俄比亚	29.20%	720.3	89.4	60.8
加 纳	8.43%	173.9	6.2	4.2
肯尼亚	38.86%	364.4	60.2	40.9
马达加斯加	40.77%	35.9	6.2	4.2
马拉维	37.75%	346.5	55.6	37.8
莫桑比克	52.14%	127.5	28.3	19.2
卢旺达	5.14%	54.0	1.2	0.8
塞内加尔	25.38%	23.6	2.5	1.7
南苏丹	7.25%	19.3	0.6	0.4
坦桑尼亚	33.77%	599.9	86.1	58.5
乌干达	20.00%	271.9	23.1	15.7
赞比亚	23.55%	283.4	28.4	19.3
津巴布韦	30.00%	101.8	13.0	8.8
总 计		3 375.5	416.5	283.2

注：根据FAO和美国农业部数据整理。利比里亚数据缺失

以FAO截至2019年7月19日的监测数据为依据，通过方法一和方法二计算，因草地贪夜蛾引起的非洲玉米产量损失分别为416.5万吨和283.2万吨，如今，随着农药的使用、耕作方法的改进以及天敌的出现，草地贪夜蛾在非洲的影响已经有所遏制，因此我们认为第二种方法测算的结果更符合实情，对生产的影响小于之前社会预期。

5. 草地贪夜蛾对非洲玉米供需的影响

近年来，非洲玉米播种面积增加较快，总产量持续断攀升，相对于目前8 000万吨的年产量和1亿吨的年消费量来说，草地贪夜蛾所带来的玉米损失对整个非洲的玉米供需影响有限。按两种方法计算的玉米损失分别占目前虫灾发生国玉米产量的12.3%、8.4%，占2018年非洲玉米总产量的5.3%、3.6%。但不同国家灾害损失影响各不相同。其中草地贪夜蛾发生率较高的莫桑比克，按两种方法估算的产量损失分别高达22.2%、15.1%。马达加斯加、肯尼亚、马拉维安两种方法计算的损失率也都在10%以上。与其他地区不同的是，非洲玉米主要用于口粮，粮食供给不足可能带来的社会问题仍需深入研究，尤其是受灾面较大的国家，应给予高度关注。

进出口方面，个别国家受到虫害影响，但对非洲进出口总量影响不大。从总量上看，2016年，撒哈拉以南地区的玉米进口量415.7万吨，同比下降19.8%；而出口为348.3万吨，同比增加32.1%。受到影响较大的国家是坦桑尼亚和赞比亚，两国2016年出口量分别为10万吨和60万吨，同比分别下降了75%和40%。

（二）草地贪夜蛾对我国玉米供需的影响

草地贪夜蛾会对我国玉米供需产生一定影响，但影响很小。自虫害发生以来，由南到北逐渐蔓延，而我国玉米主产区集中在北方，玉米主产省尚未发生大范围虫害。如今已经进入8月中下旬，天气逐渐转凉，北方天气逐渐不适合草地贪夜蛾生存，预计东北玉米产区受害的概率不大。华北产区的虫害有可能进一步扩展，但玉米生长已经临近收获，对产量影响有限。到7月下旬，虫害实际发生面积1 188万亩，仅占全国玉米播种面积的1.9%，加之防控及时，预计产量总损失也能够控制在250万吨之内，占国内玉米产量的比重预计在1%以内。

（三）草地贪夜蛾对全球玉米供需的影响

目前草地贪夜蛾主要分布在南北美洲、非洲撒哈拉以南地区和亚洲的部分地区。南北美洲是草地贪夜蛾的原产地，防控手段已经很成熟，年际间影响的差异可以不计。因此，只需要分析亚洲和非洲的为害情况即可。结合前述分析，预计草地贪夜蛾对非洲的影响为300万吨左右，占全球玉米产量的比重仅为0.3%～0.4%。亚洲方面，根据FAO监测数据，报道的当前正在爆发虫害的国家有印度、尼泊尔和泰国等，受灾面积分别为16.2%、46.0%和10.0%。这些国家2018年玉米产量分别为2 900万吨、255万吨和520万吨，按照前面方法二计算，总产量损失为184.5万吨。加上中国的受灾情况，总产量损失也700万吨左右。据美国农业部6月供需报告预测，2019/20年度全球玉米产量11.08亿吨，虫灾造成的玉米产量损失占全球玉米总产量的比重仅在0.6%左右。既是考虑到有些国家没有监测数据的情况，预计全球玉米总产因草地贪夜蛾造成的损失也会在1%以内，对全球玉米供需的影响有限。

参考文献

江幸福，张蕾，程云霞，等. 2019. 草地贪夜蛾迁飞行为与监测技术研究进展[J]. 植物保护，45（1）：12-18.

杨普云，常雪艳. 2019. 草地贪夜蛾在亚洲、非洲发生和影响及其防控策略[J]. 中国植保导刊，39（6）：88-90.

郑庆伟. 2019. 农业农村部严防草地贪夜蛾蔓延[J]. 农药市场信息（10）：12.

吴秋琳，姜玉英，胡高，等. 2019. 中国热带和南亚热带地区草地贪夜蛾春夏两季迁飞轨迹的分析[J]. 植物保护，45（3）：1-9.

李依. 2019. 玉米贪夜蛾危害及防治措施[J]. 农业开发与装备（6）：174.

张春晓，韩丽，刘明霞，等，韩建英. 2019. 平山县多措并举防治草地贪夜蛾[J]. 现代农村科技（8）：30.

李志刚，吕欣，等. 2019. 粤港两地田间发现夜蛾黑卵蜂与螟黄赤眼蜂寄生草地贪夜蛾[J]. 环境昆虫学报，41（4）：760-765.

Day R，Abrahams P，et al. 2017. Fall armyworm：impacts and implications for Africa. Outlooks Pest anagement [J]. 28（5）：196-201.

Baudron Zaman-Allah et al. “Understanding the Factors Influencing Fall Armyworm（Spodoptera Frugiperda J.E. Smith）Damage in African Smallholder Maize Fields and Quantifying Its Impact on Yield. A Case Study in Eastern Zimbabwe.” Crop Protection [J]. Crop Protection，120：141-150.

（农业农村部农村经济研究中心　刁银生　吴天龙）

第四部分

马铃薯

专题一：世界供需形势分析

马铃薯是世界上第四大粮食作物，全世界超过10亿人食用马铃薯。各国选择种植马铃薯的原因差异较大，比如荷兰、美国等马铃薯产业发达，种薯生产和马铃薯加工先进，生产马铃薯主要用于加工或者出口；俄罗斯在居民膳食上对马铃薯作物具有偏好；中国人口较多，人均耕地有限，粮食安全保障压力大，马铃薯作为主食化食品在保障粮食安全中占有重要作用。

一、世界供需现状

（一）生产基本稳定，种植面积和总产量均稳中略有波动

随着全球马铃薯育种技术、栽培方式和田间管理等技术的不断发展，2018年全球马铃薯继续保持良好发展态势，尤其是中国、印度和欧洲地区的稳定发展，使得全球马铃薯种植面积和总产量均呈稳中略增态势。据统计，2018年，世界马铃薯收获面积19 349.65千公顷，比上年减少了47.01千公顷，减0.24%；总产量3.89亿吨，比上年增加了110.32万吨，增0.28%；单产方面，全球年均平均单产为20.12吨/公顷，每公顷比上年增加了8.11千克，同比增0.04%。2018年以来，欧洲大部分地区遭遇持续干旱，是近40年来发生最为严重、范围最为广泛的自然灾害之一，极大地影响了马铃薯等作物生长，这也是导致当年全球马铃薯减产的重要原因之一。2019年，西北欧5国预计种植面积609.6公顷，同比增2.4%、比过去5年平均水平提高8.4%，其中德国增长了3.6%（图1）。

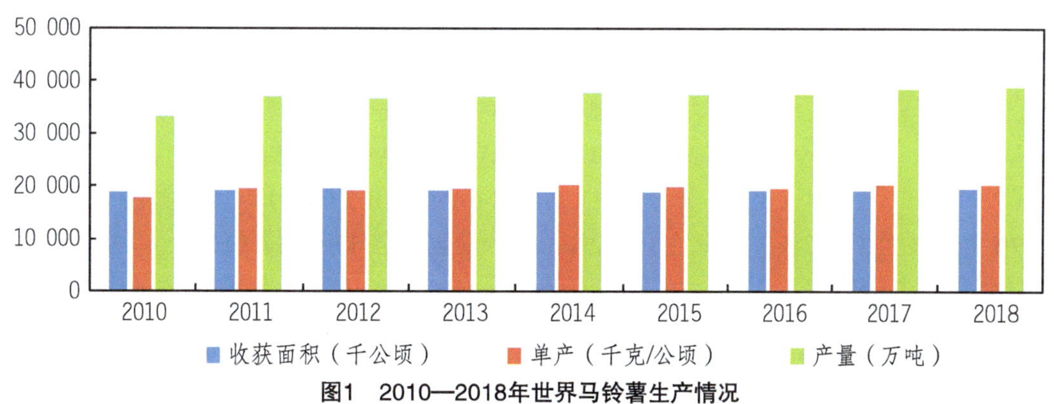

图1　2010—2018年世界马铃薯生产情况

数据来源：FAO、Euromonitor

从种植面积上看，2018年中国、印度、俄罗斯、乌克兰、美国、德国、孟加拉国、法国、波兰、荷兰的种植面积分别为578.98万公顷、218.98万公顷、186.65万公顷、132.63万公顷、41.39万公顷、25.18万公顷、50.25万公顷、17.41万公顷、33.15万公顷和16.13万公顷，分别比上年增0.39%、0.50%、减1.20%、增0.23%、减0.27%、增0.52%、增0.56%、增0.35%、增0.66%和增0.32%（图2）。从产量上看，2018年这10个国家的产量分别为9 957.57万吨、4 866.48万吨、2 918.44万吨、2 234.51万吨、2 001.78万吨、1 185.50万吨、1 031.21万吨、736.44万吨、945.75万吨和746.59万吨，与上年同期相比分别增0.37%、0.12%、降1.37%、增0.62%、持平、增1.15%、0.94%、0.30%、3.12%和1.00%（图3）。

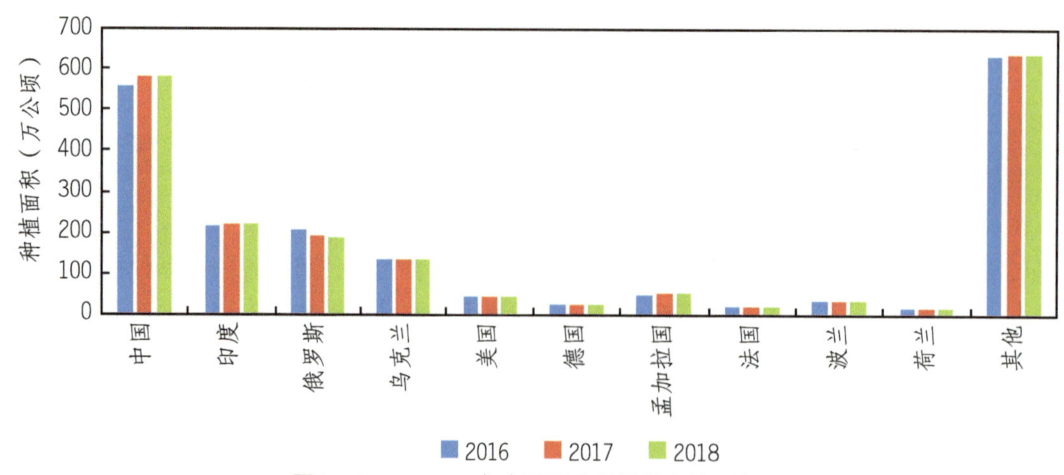

图2 2016—2018年主要国家马铃薯种植面积

数据来源：FAO、Euromonitor

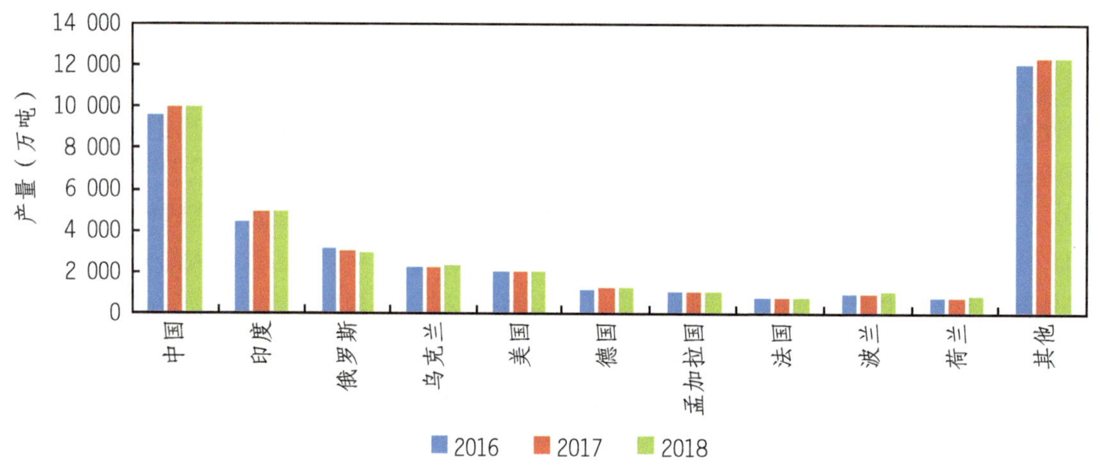

图3 2016—2018年全球主要国家的马铃薯生产情况

数据来源：FAO、Euromonitor

从占比上看，2018年全球马铃薯生产格局基本稳定，其中中国（25.58%）、印度（12.50%）、俄罗斯（7.50%）、乌克兰（5.74%）、美国（5.14%）、德国（3.05%）、孟加拉国（2.65%）、法国（1.89%）、波兰（2.43%）和荷兰（1.92%）的产量位居全球前10位（图4），其合计产量占全球总量的比重超过了60%。

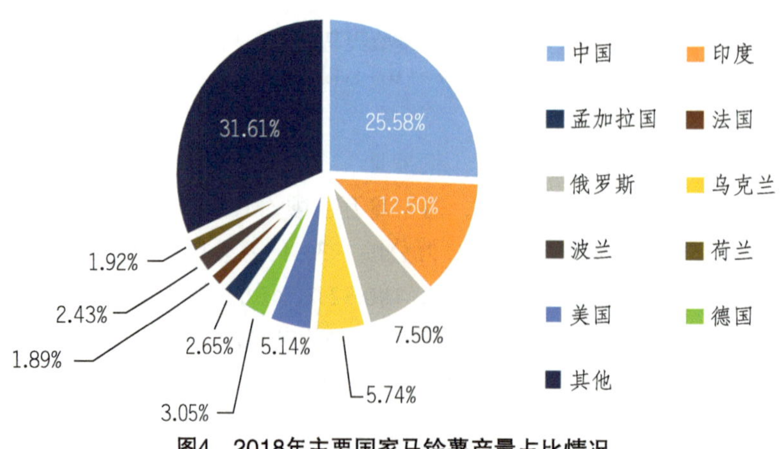

图4 2018年主要国家马铃薯产量占比情况

数据来源：FAO、Euromonitor

（二）消费稳步增加

随着人口不断增加、技术进步以及居民生活水平提高，世界马铃薯消费量也呈现增长趋势，食用消费增长明显且占比较大。据FAO统计，截至2013年马铃薯消费量增至3.78亿吨，其中食用消费呈快速上升趋势，增至2.39亿吨，1980—2013年均增2.05%；加工消费、其他消费以及损失都不同程度增加，种用消费和饲用消费量有所减少。据OECD数据显示（图5），2018年欧盟、印度、俄罗斯、乌克兰国家的马铃薯消费量分别为5 134.43万吨、4 817.65万吨、2 244.63万吨和2 201.10万吨，分别比2017年减46.59万吨、增6.80万吨、减96.17万吨、增17.30万吨，分别降0.90%、增0.14%、降低4.11%、增0.79%；而美国（2017年）的消费量为2 097.92万吨，比上年增235.17万吨，增12.62%。

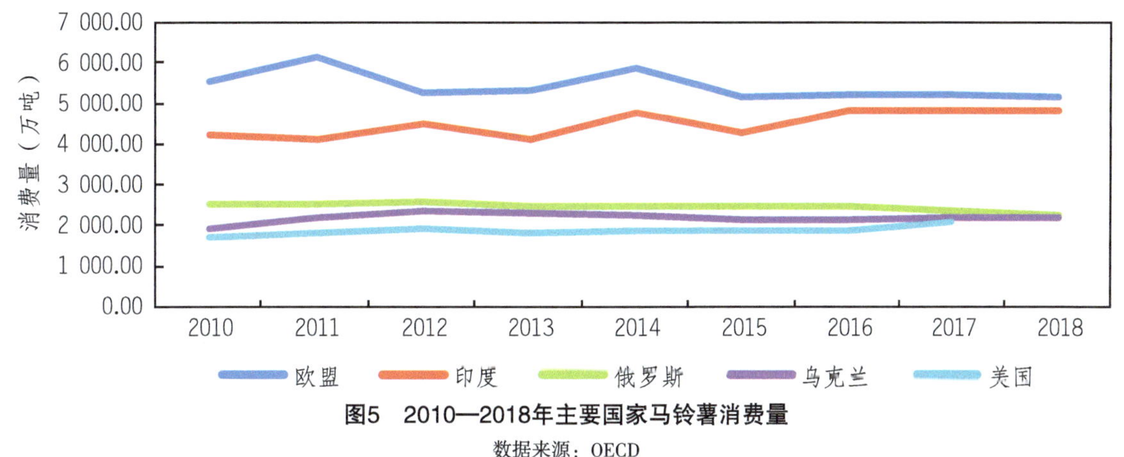

图5　2010—2018年主要国家马铃薯消费量

数据来源：OECD

就食用消费而言，俄罗斯和东欧国家是将马铃薯作为日常饮食中的主食，每年每人食用量均在120千克以上；西欧、北美国家的马铃薯消费，人均食用量为60～100千克；南欧国家人均食用消费量相对较低，每年仅为30～50千克。与欧洲不同，非洲卢旺达和马拉维也将马铃薯作为其热量的重要来源，年人均食用量也在100千克以上；亚洲是全球马铃薯消费增长最快的区域，中国和印度是全球最大的马铃薯消费国，占全球消费量的30%以上。

从饲用和种用消费看，东西欧之间存在较大差异：在东欧，约30%的马铃薯用于饲用，而在西欧和北欧饲用马铃薯比例不到10%；由于缺少完善的认证计划和种子低产，东欧种用马铃薯比例高达20%，而西欧种用马铃薯比例不到7%。在南美，马铃薯饲用消费是重要用途之一，但在中北美主要用于食用；受传统的小农生产方式仍大量存在等影响，拉美地区种薯消费量较高，厄瓜多尔和玻利维亚马铃薯种用比例达到15%以上。

二、国际价格走势

（一）全球马铃薯价格整体上涨

全球主要国家马铃薯生产者价格持续波动，价格呈上涨趋势。从生产者价格看（图6），2017年，欧洲地区荷兰生产者价格为178.40美元/吨，德国为197.2美元/吨，法国价格也高达272.6美元/吨；中国马铃薯价格则处于较高水平，这可能与生产成本有一定关系；美国马铃薯生产者价格为227.00美元/吨，较中国低30.26%；乌克兰等传统马铃薯主产国价格最低，为123.9美元/吨。值得注意的是，受欧洲大陆2018年以来持续干旱影响，主要产区尤其是西北欧四国产区的马铃薯价格超过了250欧元/吨。

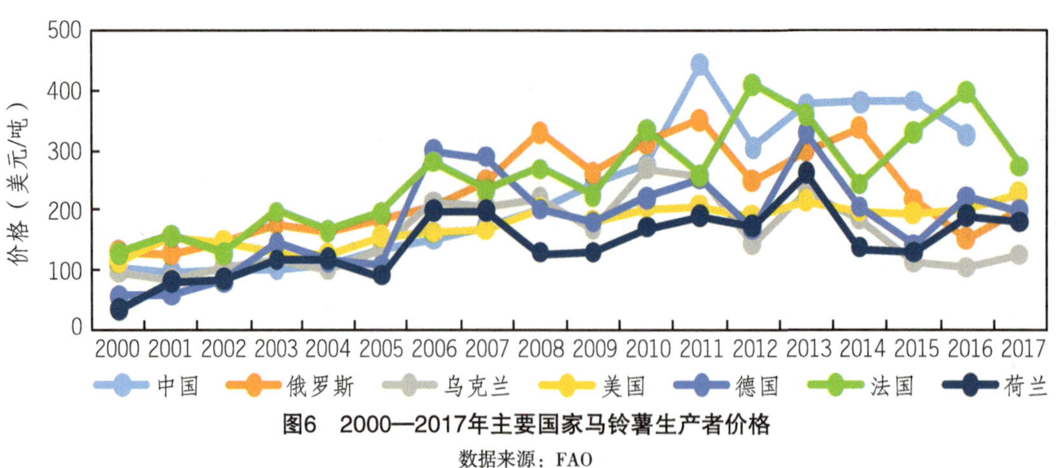

图6　2000—2017年主要国家马铃薯生产者价格

数据来源：FAO

（二）主要国家价格走势分化并呈现上升趋势

1. 美国

USDA数据显示（图7），美国市场上，2017年以来，鲜薯价格波动上涨，并于当年8月达到14.61美元/百磅的历史高位，之后快速回落，10月后保持在11美元/百磅的水平；直到2018年7月，鲜薯价格受供给增加等影响，连续3个月下降，并于10月降至8.65美元/百磅的当年最低价，之后逐步恢复性上涨。截至2019年5月，鲜薯价格为11.1美元/百磅。而加工用薯价格相对较低，波动幅度较相对较小，2017年价格在8.3 ~ 8.6美元/百磅波动。

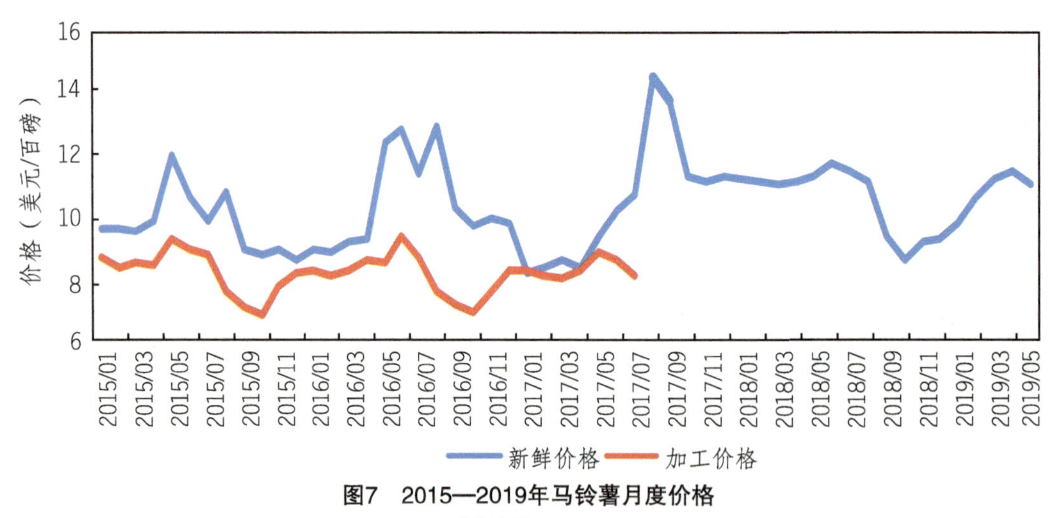

图7　2015—2019年马铃薯月度价格

数据来源：USDA

2. 英国

近年来，英国马铃薯价格呈明显的周期波动特征（图8）：大体在每年5—7月达到价格高点，随后开始下滑并于10月左右跌至波谷。2017年以来，马铃薯价格整体呈波动上涨态势；进入2019年，英国马铃薯价格呈现“小步震荡慢涨”态势，5月中旬，薯价涨至206.15英镑/吨，比1月上涨了5.44%，比上年同期上涨了24.46%。

3. 欧盟其他主要国家

从图9可知，欧盟主要国家马铃薯呈现明显的季节性特征，基本保持2年一周期，连续两年上升后迅速回落；而年度内价格呈现季节性变化，4—7月的价格到达高峰，后逐步下降。价格波动幅度也较大，部分国家波峰与波谷相差为最低价格的3～4倍之多，例如波兰、西班牙、比利时等；芬兰、德国的价格变动相对较小。

图8　2015—2019年英国马铃薯每周价格

数据来源：AHDB

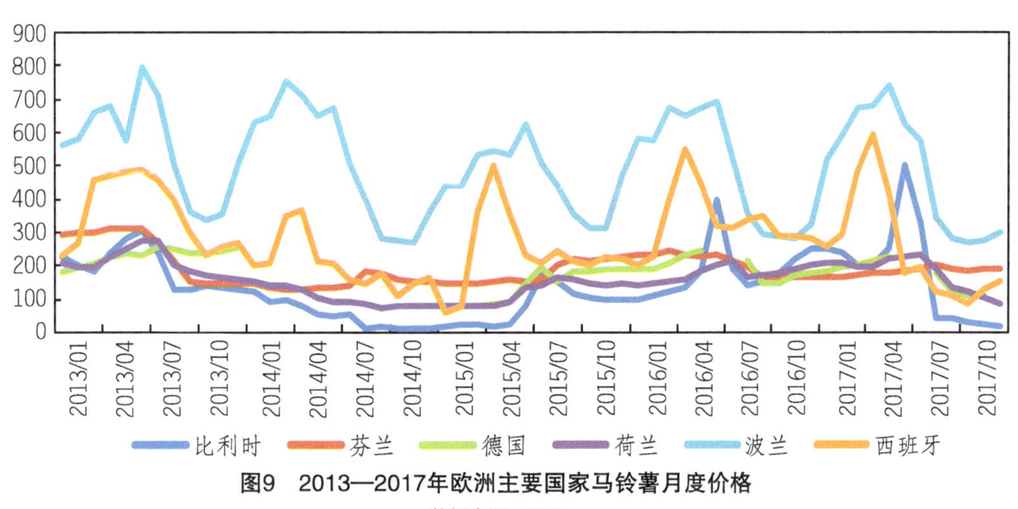

图9　2013—2017年欧洲主要国家马铃薯月度价格

数据来源：FAO

三、国际贸易格局

（一）全球马铃薯贸易格局基本稳定

近年来，全球马铃薯贸易总量波动增长。由图10可知，2016年世界出口马铃薯1 194.05万吨，出口总额为3 808.25百万美元，同比分别增4.60%、11.79%；进口马铃薯1 259.84万吨，进口总额为4 113.60百万美元，同比分别增5.37%、10.59%；与2000年相比出口量和出口额分别增53.80%和195.23%，进口量和进口额分别增58.39%和175.33%。

从区域上看，2010—2016年马铃薯进出口量及进出口额最大的是欧洲，美洲的进口量基本稳定，亚洲、大洋洲的进口量逐年增加，且亚洲更为明显；从贸易额上看，冷冻土豆产品在全球马铃薯贸易中比重较大，占全球马铃薯贸易总额的46%左右。FAO数据显示，近年来美洲、欧洲对冷冻马铃薯的进出口量稳定提升，亚洲冷冻马铃薯的出口量减少、进口量显著增加，非洲进出口都有一定程度的增加且出口量增速更为明显。

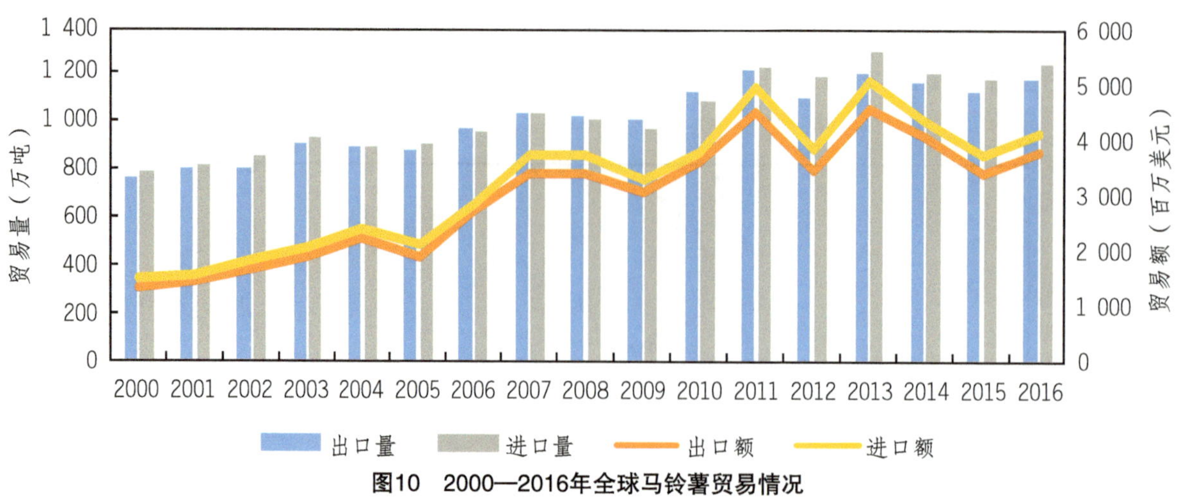

图10　2000—2016年全球马铃薯贸易情况

（二）主要国家马铃薯产品贸易有所分化

全球马铃薯及产品的进口来源地相对集中，主要集中在德国、英国、美国、比利时等发达国家，其中美国是世界马铃薯出口的第一大国，国际市场占有率稳居世界第一；英国是种用马铃薯重要的出口国之一，全球种用马铃薯贸易额接近7亿欧元；德国和比利时是西北欧马铃薯主产国的重要代表，在欧洲马铃薯产业中占有重要地位。

1. 美国

2000年以来，美国马铃薯鲜薯的进口逐渐加大，美国鲜薯贸易的顺差逐步缩小；冷冻马铃薯也是美国贸易的主要品种，2000年以后出口量逐年减少，转化为进口。UNcomtrade数据显示（图11），2018年，美国马铃薯及其制品出口有所减少，但仍明显高于2000年：鲜薯、种薯、冷冻薯、脱水马铃薯、马铃薯粉、雪花粉、马铃薯淀粉的出口量分别为46.15万吨、1.87万吨、97.72万吨、9.20万吨、0.59万吨、7.20万吨和0.82万吨，同比分别减6.81%、62.38%、2.06%、1.49%、12.81%、1.8%与23.10%，但比2000年分别增11.37%、减25.25%、增71.33%、减11.06%、增1.7%、增92%与增0.26%；与此同时，这些产品的进口量分别为41.34万吨、7.32万吨、101.52万吨、5.69万吨、0.77万吨、3.46万吨和11.60万吨，同比分别减14.62%、增52.99%、增3.07%、增14.82%、增38.55%、增2.41%与减4.34%，比2000年分别增106.11%、降5.41%、增87.23%、增229.31%、增123.86%、增666.49%与增134.37%。从出口市场来看，美国马铃薯及其制品出口中，对日本出口量下降1.4%、对韩国下降了6.8%、对中国的冷冻产品出口减少7%、对墨西哥增加13%，对欧盟和加拿大贸易也有所增长。菲律宾目前是美国第五大出口国，尽管美国对菲律宾的出口总额下降了4%，但美国对菲律宾的出口量却增长了1%。

2. 英国

英国是鲜薯、冷冻薯的主要进口国，也是世界上种薯的主要出口国之一，整体来看呈出口增加、进口减少态势。2018年，英国鲜薯、种薯、冷冻薯、脱水马铃薯、马铃薯粉、雪花粉、马铃薯淀粉的出口量分别为16.78万吨、9.90万吨、7.46万吨、5.59万吨、0.39万吨、0.04万吨和0.07万吨，分别比上年减4.95%、增1.26%、42.48%、6.71%、6.18%、185.48%与13.16%；进口量分别为16.27万吨、0.66万吨、65.14万吨、5.94万吨、2.44万吨、3.14万吨和11.60万吨，分别比上年减20.78%、13.53%、增加1.67%、13.70%、降低9.34%、增加25.62%和减4.37%，相比2000年减56.86%、减80.08%、增88.27%、减36.73、增69.36%、增309.19%和增134.34%（图12）。

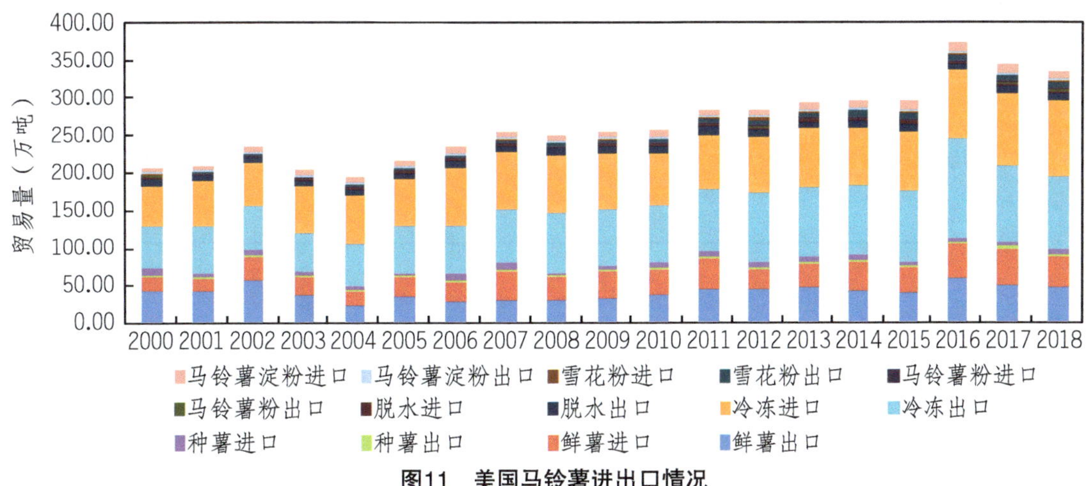

图11　美国马铃薯进出口情况

数据来源：UN comtrade

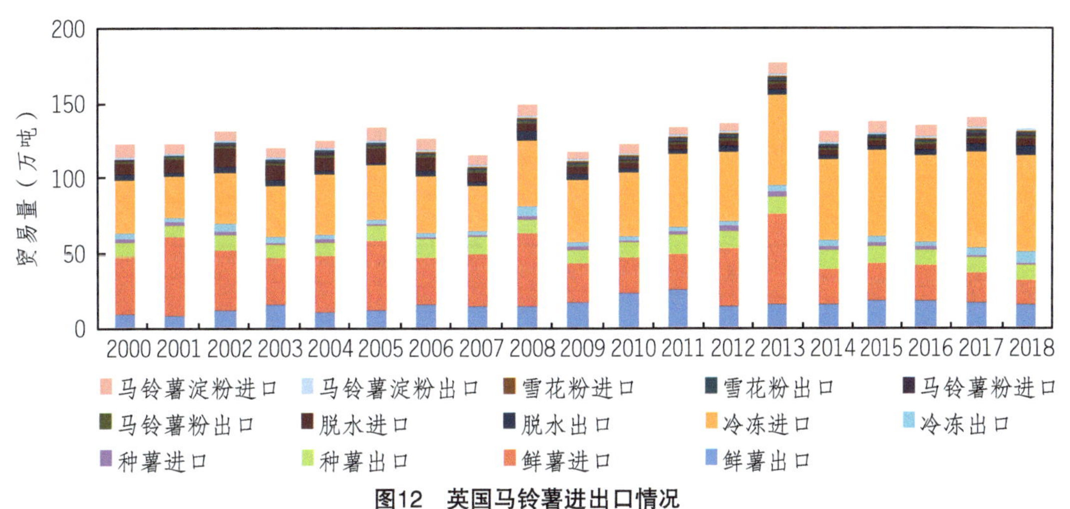

图12　英国马铃薯进出口情况

数据来源：UN Comtrade

3. 德国

德国是欧盟最大的马铃薯生产国之一，也是鲜薯、马铃薯淀粉的主要出口国、冷冻马铃薯的进口国之一。2018年，德国鲜薯、种薯、冷冻薯、脱水马铃薯、马铃薯粉、雪花粉、马铃薯淀粉的进口量分别为51.60万吨、8.71万吨、28.91万吨、14.41万吨、0.92万吨、2.27万吨和7.00万吨，同比分别增长0.63%、减0.78%、2.34%、减3.5%、增72.17%、增11.45%与57.14%，与2000年相比分别增14.74%、67.20%、19.22%、155.20%、101.24%、110.47%和120.79%；出口量分别为180.20万吨、9.12万吨、33.90万吨、8.15万吨、0.21万吨、15.14万吨和26.32万吨，同比分别减2.93%、7.89%、增6.37%、7.59%、减0.02%、减1.99%与6.47%，与2000年相比分别增36.22%、增192.48%、增242.18%、增97.8%、增14.41%、增293.25%和减25.52%（图13）。

4. 比利时

马铃薯是比利时第二大农耕作物并呈持续发展态势，使比利时成为了西欧的主要生产国之一。从贸易上看，鲜薯是比利时主要进口产品之一，且2015年呈逐年增加的趋势；同时冷冻薯也是其主要出口产品，超过90%的冷冻薯条用于出口。2018年，比利时的鲜薯、种薯、冷冻薯、脱水马铃薯、马铃薯粉、雪花粉的出口量分别为87.37万吨、9.20万吨、248.06万吨、20.07万吨、0.09万吨和7.31万吨，同比分别减2.69%、增22.20%、10.38%、减0.29%、25.22%和增246.88%，分别比2000年增2.14%、116.67%、361.39%、22.25%、363.30%和80.16%；与此同时，鲜薯、种薯、冷冻薯、脱水马铃薯、马铃薯粉、雪花粉、马铃薯淀粉进口量分别为244.17万吨、14.48万吨、19.60万吨、4.59万吨、0.15万吨、2.10万吨和6.02万吨，同比分别增21.50%、减1.80%、增3.18%、减2.55%、14.01%、66.36%与增41.16%，万吨比2000年增172.13%、增204.69%、252.41%、48.58%、减74.63%、增70.13%与183.47%（图14）。

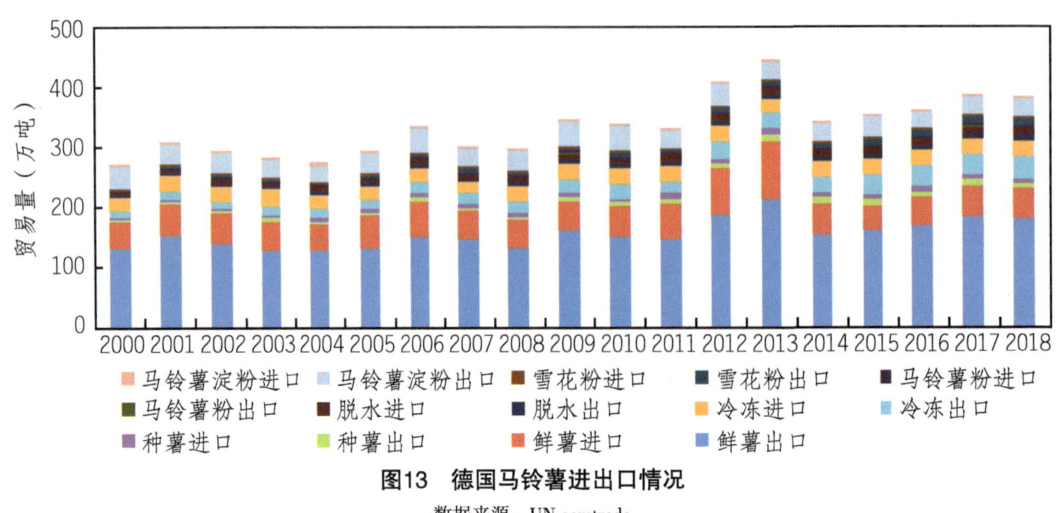

图13　德国马铃薯进出口情况

数据来源：UN comtrade

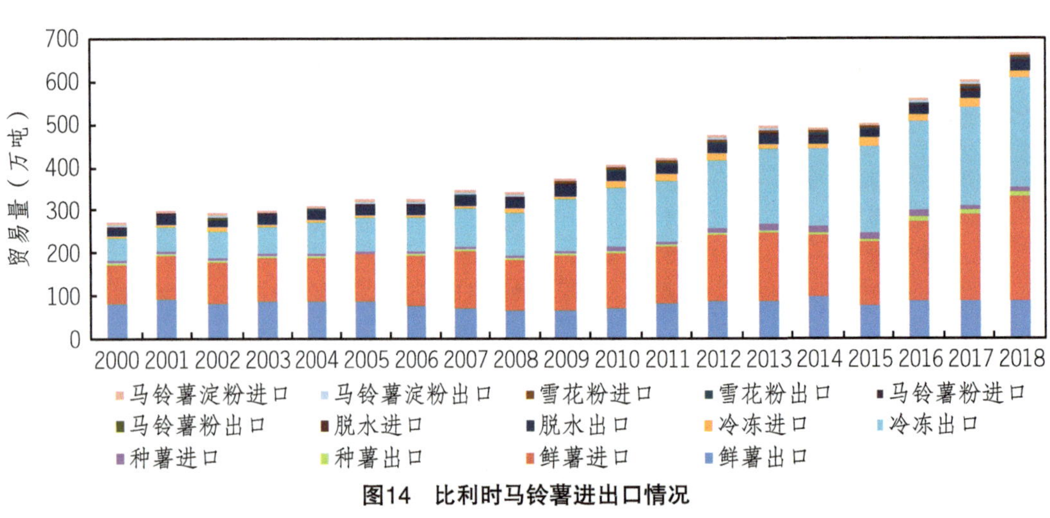

图14　比利时马铃薯进出口情况

数据来源：UN comtrade

四、世界主要国家产业竞争力

生产营业额、市场规模和生产成本是马铃薯市场竞争力的重要指标，反映了一个国家马铃薯产业在国际市场上的比较竞争力。从马铃薯主产国来看，美国马铃薯生产营业额远远高于其他国家，并保持上升趋势；全球马铃薯生产成本总体呈下降趋势，中国、法国、德国及荷兰马铃薯的生产成本整体下降。

1. **美国**

从生产成本看，近年来美国马铃薯生产成本呈总体波动增长态势。2018年，其年平均生产成本232.1美元/吨，同比增2.25%，比2011年增12.13%，年均增1.65%；从营业额看，美国马铃薯生产营业额呈整体增长态势，2018年全美马铃薯产品营业额为12 445.6百万美元，同比增2.84%，比2011年增32.94%，年均增3.73%；从市场规模看，美国始终是马铃薯市场规模最大的国家并一直保持增长趋势，2018年为18 996.70百万美元，同比增2.94%，比2011年增35.25%，年均增3.98%（图15）。

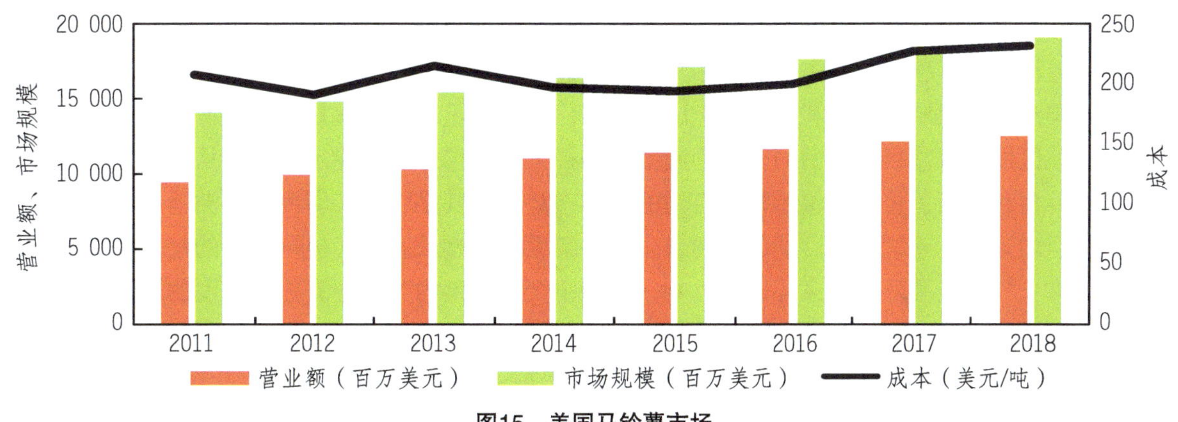

图15　美国马铃薯市场

数据来源：Euromonitor International

2. 欧盟主产国

从成本看，德国和荷兰的马铃薯生产成本呈相似的走势，而法国的马铃薯生产成本总体较高且近两年呈波动回落态势。Euromonitor International数据显示，2018年德国、荷兰和法国的马铃薯年均生产成本分别为177.73美元/吨、164.11美元/吨和240.75美元/吨，同比分别增27.33%、增29.41%和减33.59%，分别比2011年减25.87%、8.93%和2.66%。从营业额看，德国马铃薯产品营业额稳中有增，2018年为2 623.27百万美元，同比增2.69%，比2011年的2 419.80百万美元增8.41%；法国营业额为475.79百万美元，同比增1.86%，比2011年减56.98%。从市场规模看，2018年德国与法国的市场规模分别为5 981.60百万美元和1 656.00百万美元，同比分别增12.07%与3.26%，比2011年分别增11.44%与减36.95%（图16）。

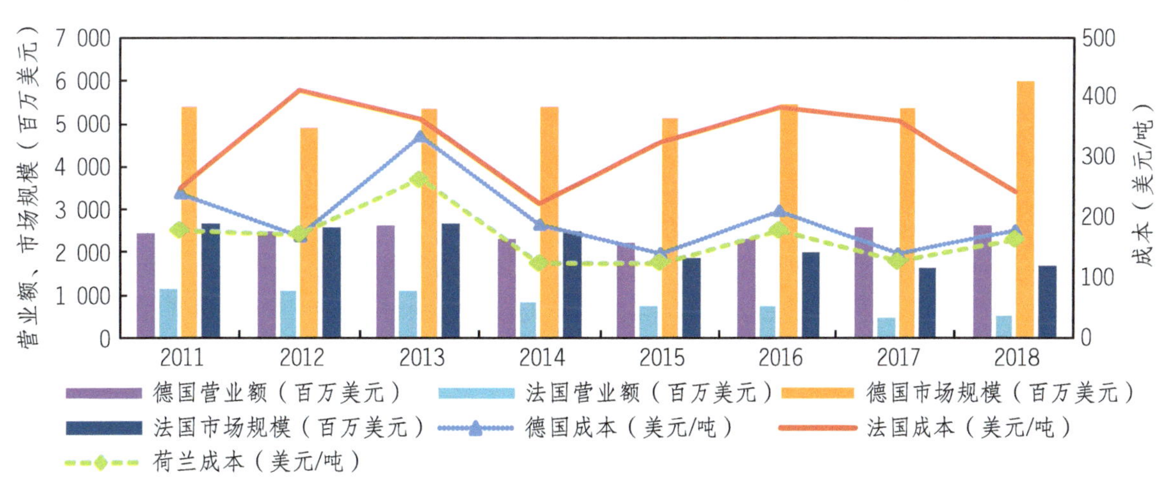

图16　欧盟主产国马铃薯市场

数据来源：Euromonitor International

五、世界供需形势展望

（一）全球马铃薯生产继续稳定增长，亚洲地区增速趋缓

马铃薯需要土地更少，能够适宜更加恶劣的气候条件，生产的营养更快，高达85%的部分可以

作为人类食物。作为全球主要食物资源之一，马铃薯在解决粮食安全危机、改善极度贫困和不发达地区的居民营养状况中具有重要地位和作用，受到联合国粮农组织等国际机构的广泛关注和重视，尤其是国际马铃薯中心加大对优良品种、栽培技术等在全球范围内加大技术指导和推广力度，并将“假如世界没有马铃薯”作为主题开展相关活动，进一步提升了马铃薯在区域食物安全中的作用。同时，中国产学研领域的专家和产业链上的企业家们也高度重视马铃薯技术和经济社会现象研究，并于贫困地区脱贫致富目标紧密结合，不断推动和提升马铃薯产业的稳定发展。从区域发展看，预计全球马铃薯种植面积将继续保持稳中有增的整体态势，尤其是中国、印度等亚洲地区仍将保持乐观态势，但增速可能趋缓，非洲地区马铃薯生产将继续保持增长态势。值得关注的是，受极端气候条件、异常天气和资源环境约束等因素影响，欧洲主产国短期内可能会有不同程度的减产，可能会给区域市场供给带来一定的冲击和影响。

（二）全球消费稳定增长，食用消费占比不断上升

随着人口不断增加、科技水平的提升以及居民生活水平的提高，马铃薯食用消费将继续保持稳定增长态势，尤其是中国、印度等人口大国，加上适合本国饮食文化的产品日趋丰富，将进一步为食用消费注入动力；加工消费是整个薯业重要的拉动力，也是增长潜力较大、发展作为迫切的领域，预计未来将随着加工技术，尤其是深加工技术的发展而继续保持一定增长速度；其他消费以及损失都不同程度增加，种用消费和饲用消费量有所减少。据国际咨询机构预计，2019—2022年全球冷冻马铃薯市场将保持4.0%年均复合增长率，2022年年底市场收入将达60.1亿美元；2021以前全球马铃薯淀粉市场的复合年增长率将达到4.05%。从消费格局上看，美国和欧洲仍将是全球最大的马铃薯及其制品的最大消费市场，占全球消费量有望继续保持在2/3左右，但整体增速将有所放缓；印度、中国、俄罗斯等国家则是未来市场的重要增长点。

（三）国际贸易量额稳定增长，进出口格局稳中有变

国际马铃薯贸易日趋活跃，虽然近年有所减少，随着马铃薯生产格局的变化、产业分工的转移，整体将呈继续波动增长态势，且全球马铃薯进口国多样化、来源国分散化的趋势也将趋于明显。长期来看，受生产格局、产业基础、消费习惯和贸易政策等多种因素影响，预计全球马铃薯国际贸易将呈现量额稳定增长的态势，贸易格局将保持稳中有变的总体态势；其中，欧洲地区出口份额在全球贸易中的比重将有所减少，而亚太地区在需求相对较强的带动下，进出口活力将进一步释放，量额齐增、占比提高的特点将进一步显现。另外，作为欧洲重要的生产国之一的英国，需进一步密切关注其“脱欧”进程可能会对马铃薯国际贸易的影响；同时，鉴于部分国家单边主义趋于明显的贸易政策倾向，应加密切关注可能会对马铃薯区域经贸的影响。

参考文献

蔡海龙，炎天尧. 2018. 欧盟马铃薯需求变化及原因分析[J]. 世界农业（10）：32-38.

李文娟，秦军红，谷建苗，等. 2015. 从世界马铃薯产业发展谈中国马铃薯的主粮化[J]. 中国食物与营养，21（7）：5-9.

王秀丽，王士海. 2017. 全球马铃薯进出口贸易格局的演变分析——兼论中国马铃薯国际贸易的发展趋势[J]. 世界农业（9）：123-130

王秀丽，王小虎. 2018. 瑞典、挪威与俄罗斯3国马铃薯的生产消费及对中国推进马铃薯主食产业化的启示[J]. 世界农业（3）：31-36.

Haverkort，A. J.，Sandana，P. and Kalazich，J. 2014. Yield gaps and ecological footprints of potato production systems in Chile. Potato Research[J]. 57（1）：13-31.

Hijmans , R. 2003. The effect of climate change on global potato production. American Journal of Potato Research[J]. 80（4）: 271-280.

Jong，H.D. 2019. Impacts of potato on society. American Journal of Potato Research [J]. 93（5）: 415-429.

Scott，G.J. 2017. Future Scenarios for Potato Demand，Supply and Trade in South America to 2030. Potato Research [J]. 60（1）: 23-45.

Yildiz，M. 2018. Potato：From Incas to all over the world. BoD-Books on Demand.

Zaheer，K and Akhtar，M.H. 2016. Potatoes production，usage，and nutrition-a review. Critical reviews in food science and nutrition[J]. 56（5）: 711-721.

专题二：欧美主要国家马铃薯消费及对中国薯业发展的启示

马铃薯营养丰富，是维生素C和维生素B_6的来源，还可以提供其他微量营养素和膳食纤维，在全球140多个国家种植，食用历史悠久、文化丰富。马铃薯起源于南美洲大陆中西部山区，最早在秘鲁和玻利维亚的阿尔蒂普拉诺种植，并在整个印加帝国时期成为该地区的主食。1532年，西班牙人抵达秘鲁寻找黄金时，第一次遇到了马铃薯；1570年马铃薯运抵西班牙后，少数西班牙农民开始小规模种植马铃薯。由于其高产、稳产，并且具有超强的环境适应能力，帮助欧洲从“马尔萨斯陷阱”中逃脱了出来。自此之后，马铃薯消费便逐渐成为欧洲的重要食物之一。

自500多年前传至欧洲，马铃薯的生产迅速发展，并成为“第二面包”，在人们日常食物消费中较为普遍的餐食；同时，随着欧洲人口向北美的迁移，实现了向北美洲的传播。在亚洲，马铃薯的食用也越来越普及，特别是一些高海拔或较干旱的地区，其更在食物结构中占有重要地位，甚至比水稻和小麦等主粮还重要。

一、欧美重要国家马铃薯消费现状分析

马铃薯在全球粮食安全中发挥着重要作用，年人均消费量平均约为35千克；但从区域发展上看，呈现明显的不平衡性，消费结构存在较大差异。

（一）美国

美国是世界重要的马铃薯生产国，加工产业也较为发达，在国际马铃薯市场占有重要地位。从种植历史上看，美国马铃薯种植可以追溯到300年前的1719年，新罕布尔州最先有马铃薯的生产和种植。从生产布局上看，美国几乎每个州都种植土豆，尽管大约一半的作物来自爱达荷州、华盛顿、威斯康星州、北达科他州、科罗拉多州、俄勒冈州、缅因州、明尼苏达州、加利福尼亚州和密歇根州，多数土豆是在9月和10月（秋天）收获。从消费历史看，薯条的加工消费可以追溯到17世纪末期和18世纪初期：有历史文献显示，在托马斯·杰斐逊（Thomas Jefferson）担任总统期间，第一批炸薯条在白宫供应。如今，薯条、薯片等在美国马铃薯消费中占有非常重要的地位，每年约有60%的马铃薯被加工成冷冻产品（如冷冻炸薯条）、薯片、脱水马铃薯等加工产品，约有1/3的马铃薯鲜食，仅有6%的马铃薯用作种子。

马铃薯加工产品主要有薯片、脱水马铃薯、冷冻薯条、其他冷冻产品、马铃薯罐头、其他罐装产品以及马铃薯全粉等7大类。据美国农业部数据显示，2017年，这7类产品的鲜马铃薯消耗量分别为298.47万吨、232.48万吨、791.48万吨、70.12万吨、5.85万吨、3.57万吨和31.30万吨，同比分别增20.82%、增16.22%、增55.22%、增4.89%、增0.41%、增0.25%和2.18%。从图1可知，冷冻薯条显著高于其他加工产品且保持持续增长态势，而马铃薯全粉的生产呈上升趋势，但消耗马铃薯的量仍较少。从份额来看，2017年薯片、脱水马铃薯、冷冻薯条、其他冷冻产品、马铃薯罐头、其他罐装产品以及马铃薯全粉占马铃薯产量的比重分别为13.29%、10.35%、35.25%、3.12%、0.26%、0.16%和1.39%，占马铃薯加工品的份额分别为20.82%、16.22%、55.22%、4.89%、0.41%、0.25%和2.18%。

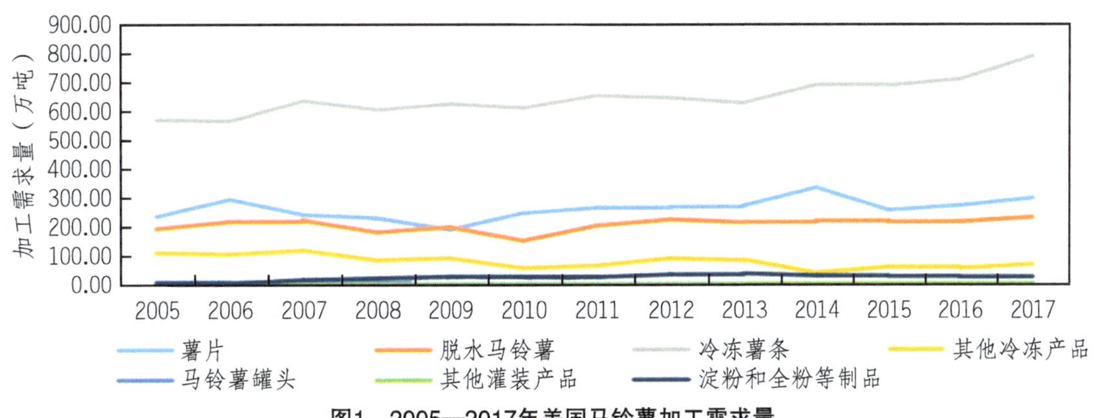

图1　2005—2017年美国马铃薯加工需求量

数据来源：USDA

从人均消费量看，近20年来，美国人均马铃薯消费量呈持续减少态势（图2），消费总量由2000年的人均138.01磅减至2018年的113.80磅，减17.54%，年均减1.13%。其中，鲜马铃薯消费量减少幅度最大，由人均47.15磅减至31.07磅，减了34.10%，年均减2.42%；加工产品人均消费量虽呈减少趋势，但减速明显慢于鲜马铃薯消费量，与2000年相比，2018年人均加工产品消费量减少8.95%，年均仅减0.55%。从占比情况看，冷冻马铃薯人均消费量在加工品消费中占有绝对重要（图3）。2018年，冷冻马铃薯、薯片、脱水马铃薯和马铃薯罐头占马铃薯加工品人均消费量分别为51.65磅、17.81磅、12.83磅和0.44磅，占比分别为62.43%、21.53%、15.51%和0.53%（图4）。

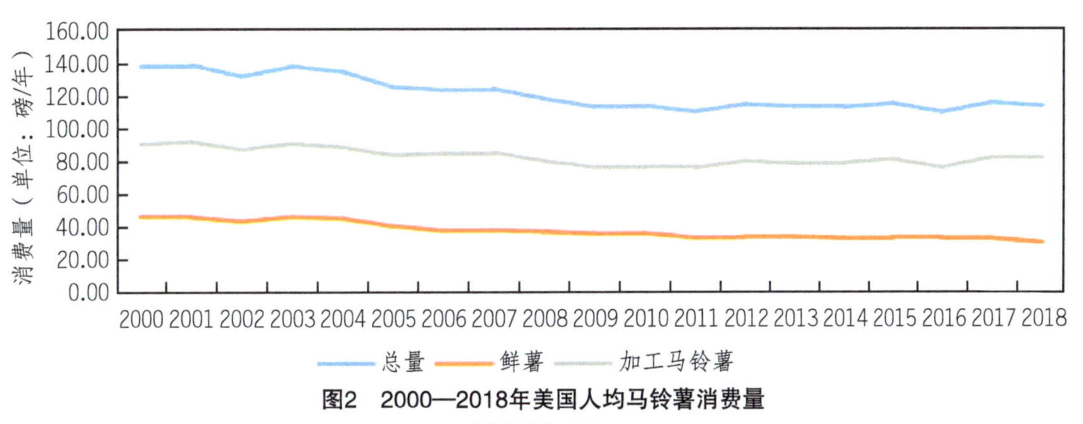

图2　2000—2018年美国人均马铃薯消费量

数据来源：USDA

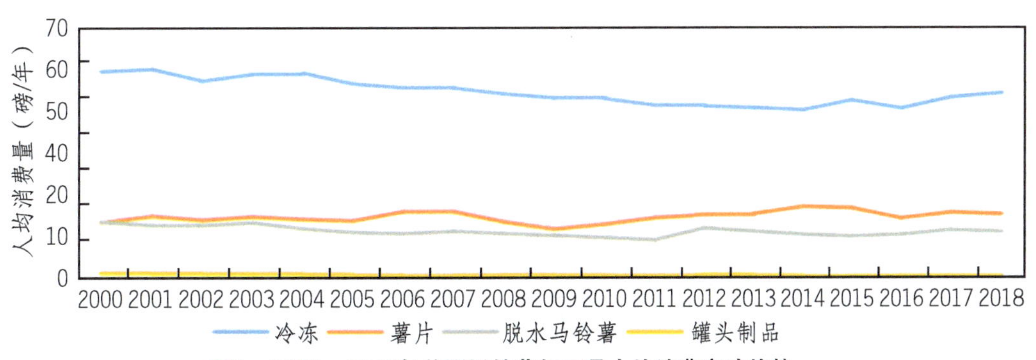

图3　2000—2018年美国马铃薯加工品人均消费变动趋势

数据来源：USDA

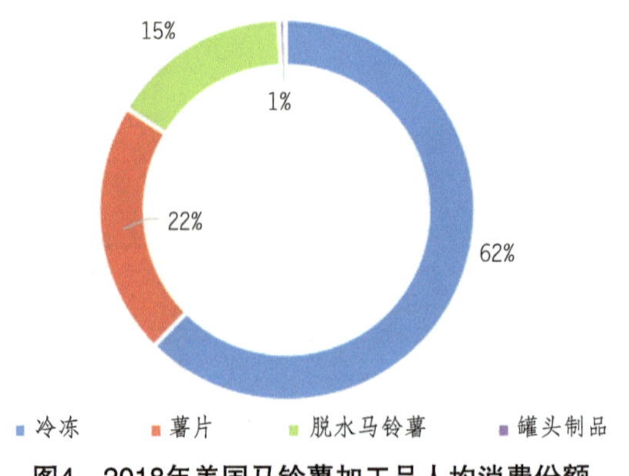

图4 2018年美国马铃薯加工品人均消费份额

数据来源：USDA

（二）英国

英国是欧洲重要的马铃薯生产国，也是世界重要的薯消费国之一。有研究显示，在英国，大部分消费表示马铃薯的饱腹感较强，容易操作和处理，并且不会造成肥胖、能够保持体型。因此，马铃薯已经成为英国人碳水化合物摄入的主要来源食物，占英国碳水化和物消费的45%，远高于面包、意大利面等传统主食的消费。

分品类来看，英国马铃薯市场中，鲜薯的消费量最大，占比34%，其次是薯片与冷冻薯，分别占比32%与25%。截至2018年8月，新鲜马铃薯的销量量增长了1.9%；薯片的销售额与销售量相比其他类型的马铃薯增长最快。该类产品的销售额增长了4.5%，销量增长了5.2%。在英国马铃薯高端化产品在过去一年的表现非常出色，包括手煮薯片和袋装混合薯片；冷冻马铃薯先营销额7.35亿英镑，其中63%来自冷冻薯片，37%来自其他冷冻马铃薯产品。2018年，冷冻马铃薯薯片营业额同比增长3.1%，交易量同比增长1.2%；其他冷冻马铃薯产品的营业额同比增长3.1%，销售量同比增长0.5%；冷藏马铃薯只占马铃薯市场的一小部分约为9%，但它是一个重要的增值品类。

从人均消费情况看，英国新鲜马铃薯消费量大幅下降，从1975年的人均每周1 300克降至2015年的400克，加工马铃薯消费量则翻了一番，从1975年的人均每周125克增加到2015年的250克；与此同时，薯片的消费量也在上升，从人均每周25克增加到75克。

此外，英国的有机马铃薯市场总量正在增长。2017年有机食品的消费者增加了11.7%，高端产品市场则增长了9%；虽然总市值同比下降4.1%至2.38亿英镑，但总市场成交量达到28.8万吨，同比增长6%。据有关部门统计，2018年，英国有机马铃薯市场总量增长了7%，达到10 806吨。

二、欧美主要国家马铃薯食用方式

（一）美国

在美国，马铃薯被视为糖类热量的主要来源，消费量居于蔬菜之首。人们对马铃薯的宠爱让它们在餐桌上“无孔不入”，从加工方式看，无论是制作汤食、凉拌沙拉、烧烤产品，亦或是作成主食面包等，马铃薯都是常用的粮菜兼用型食物的优良选择，值得关注的是，烤马铃薯受到很多美国人的青睐。此外，土豆泥基本上是美国人最喜欢享受新鲜马铃薯的方式，并与新鲜的籽粒玉米、胡萝卜等进行混合，添加其他配料等；从品种类型上看，土豆泥对品种的要求相对较低，无论哪种马铃薯都可以制作，但白薯和黄色的马铃薯的效果更好。土豆饼也一直是美国居民日常消费的重要主食之一，主要通过煎炸等方式制作，被广泛加入三餐中；而炸薯条、炸薯片常以配餐或者佐餐的形式融入美国人的日常食物消费，同时也是美国最爱食用的零食之一。

（二）英国

自15世纪马铃薯被引入英国，逐渐成为英国人每日三餐的主食，每年每人食用130千克左右，烹饪方式包括煮熟，烘烤，捣碎和切碎。在英国最常食用的品种是黄色马铃薯，富含维生素B_2，淀粉含量较高，味道好。人们经常用它来做土豆泥、炸薯条或者Jacket Potato等。例如，土豆泥的做法是在马铃薯煮熟脱皮碾压后同时加黄油和牛奶，增加口感的润滑度；土豆烤熟之后，将土豆切开撒上调料，既可以当菜又可以当主食来吃。马铃薯表面的皮是脆的，如同一个人穿的皮夹克，故起名为Jacket potato。还有一种较为常见的称为煎烤土豆块，也就是把土豆块煮八成熟之后，控干水分在锅里煎，使土豆表面变得粗糙，再放进已经预热食用油的烤盘里，把外表烤成焦黄即可。

英国最传统的食物是炸鱼薯条，因其方便食用且营养价值高被广泛推广。从19世纪后半期到20世纪，鱼和薯条贸易大大扩展，以满足英国不断增长的工业人口的需求，并在第二次世界大战中作为补充家庭营养饮食的重要餐品。鱼和薯条是蛋白质、纤维、铁和维生素的宝贵来源，从现代营养学角度来看，不失为一个非常好的选择。

（三）欧洲其他国家

与面包等主食加工相比，马铃薯种植方便、加工简单、便于运输、能饱口腹之欲，且营养成分丰富的马铃薯还有助于减轻坏血病等疾病的影响，使得马铃薯成为多数欧洲平民百姓的食物。在欧洲，早期对于马铃薯依赖程度最高的是爱尔兰。由于爱尔兰温暖潮湿、多山、泥沼，不适合谷物等作物耕种的地理环境，但却适合马铃薯生长。到十九世纪初期，马铃薯几乎成为爱尔兰人的唯一食物，这也使得爱尔兰人口从1700年的200万增至1841年的820万，增长了4倍多。但一场马铃薯晚疫病袭击了爱尔兰，致使马铃薯产量大减，100万人死于饥饿，150万人逃荒迁移，这一历史事件也佐证了马铃薯在爱尔兰人饮食中的地位。马铃薯对于爱尔兰人，恰如米饭馒头之于中国人，是爱尔兰大多数家庭餐桌上的主要食物。传统上，爱尔兰饮食的主食是马铃薯、谷物（特别是燕麦）和乳制品。马铃薯司康饼，类似于饼干或松饼，也是爱尔兰北部的特产。

德国人将紧实、口感较脆的马铃薯煎炸或煮沸，将蓬松、软糯的马铃薯烘烤或糖化。目前，德国市面上约有三十多种马铃薯。依德国人的烹调习惯，马铃薯可分为三种类型：第一种是比较结实、适用于沙拉与油煎的马铃薯；第二种是可拿来做为烤饼或焗类餐点的马铃薯；第三种马铃薯，则拥有最松软的特质，它适合用来制作马铃薯泥、马铃薯球等餐点。在荷兰的饮食中，马铃薯一直是主要的原料，它和肉类及蔬菜一起，从三餐到糕点，做出各种各样的口味不同的菜肴；大体上可以分为两类：一是将马铃薯削皮煮烂后，搅碎成泥，沾上各种调料；二是将马铃薯切条或块油炸。风靡西方世界的土豆泥，发源地在荷兰，在土豆泥中混上细碎的甘蓝叶、胡萝卜，浇上肉质，搭配上一根熏肠，就是荷兰人餐桌上最常见的一道菜。比利时在饮食上有着自己的独特习俗，制做马铃薯的方法颇有讲究，尤其是炸马铃薯更受欢迎；在市面上，专门经营炸马铃薯的店铺随处可见，用土豆做成的方便食品种类很多，如炸土豆条、炸土豆片、炸土豆丝、炸土豆球，二炸土豆片又有圆片、花片、方片、三角片等，炸土豆丝也分粗丝、细丝、长丝、短丝等。

三、对中国马铃薯产业发展的启示

近年来，随着马铃薯加工主食化的推进，马铃薯的曝光度和社会关注度大幅增加，产业发展形势普遍较好，尤其是种植业快速发展，但也面临着资源环境约束、产业链条较短、消费拉动不足等问题。如何借鉴国际经验，逐步构建以市场为导向、以消费指导生产的产业可持续发展新模式，是中国马铃薯产业在国际供需新形势、国内产业发展新格局背景下，必须重视的重要课题之一。从欧美发达国家看，马铃薯消费也经历了从初级加工品到包装产品的过程，并使其消费日常化、习惯化，成为一日三餐中的必备菜肴和食物，进而实现产业的总体稳定发展。

一是强化马铃薯市场新供给。2015年以来，我国马铃薯生产快速发展，总体上呈现供需平衡有余，但结构性、区域性和季节性略有失衡的特征。长期以来，我国马铃薯产业发展中，关注生产和产量的多、注重市场和消费的少。但随着我国居民收入水平的提高，对营养健康的诉求越来越高，同时消费方式、消费习惯加速推进了市场的变化，尤其是随着居民消费在外化、方便化和速食化趋势越来越明显。因此，要求马铃薯产品必须以市场为导向，指导生产和供给，加快推进不同马铃薯品种的加工和烹饪适应性研究，开发、培育和优选出适合煎、炸、蒸、煮、炖、烤、涮的特色品种，满足消费者对不同消费方式、消费地点的多层次多形式需求。

二是抓紧马铃薯增值新环节。从消费结构上看，我国马铃薯以鲜食为主，占总消费量的6成左右，而加工尤其是深加工在整个链条中占比较小，这也成为产业转型升级中最为迫切的环节。近年来，我国马铃薯产业快速发展，从品种培育、播种收获、田间管理到存储保鲜、分级加工、流通销售等中前端产业链体系相对完善，但与欧美发达国家相比，在面向消费者的产品创新、质量等级、冷链建设等存在明显短板。因此，应借鉴欧美发达国家马铃薯产业发展成功经验，以淀粉深加工产品、薯条等快消品为切入点，加大产品创新力度，加快从拼“量”拼“价”向拼“质”拼“服务”上转变，运用物联网和大数据技术持续提升流程监控、消费配给等的精准定位，向产业链的中后段要增值。

三是培育马铃薯消费新群体。产品价值的实现必须要有消费者的购买和使用，且与消费者的消费偏好、习惯和认知等有着极为密切的关系。在我国传统食物消费中，马铃薯常常用来解决温饱，对其作为粮菜兼用的特性尤其是营养特性认知较低，不仅消费形式相对单一，而且消费主力群体也以中老年为主。随着加工主食化项目试点地区的推进，关于马铃薯对人体健康的有益宣传持续加大，消费者对其营养价值的认可也逐步提高。值得关注的是，我国是一个多民族多文化的国家，马铃薯在不同地区不同民族的饮食习惯中有着不同的方式。从国际经验看，马铃薯消费只有与本地区本民族的饮食文化紧密结合，有广大的消费群体，才能实现产业的可持续发展。因此，应进一步系统梳理挖掘不同地区马铃薯的消费文化，运用互联网等新媒体开展科普宣教活动，以科学膳食为指导，将马铃薯营养和消费知识融入青少年食育体系，开发适宜不同年龄、不同地域人群消费的新产品，加快培育和扩大马铃薯消费群体，推动产业健康可持续发展。

（中国农业科学院农业信息研究所　李辉尚）
（中国农业大学　任金政　赵　鑫）

第五部分

棉　花

专题一：世界供需形势分析

2018/19年度，国际棉花产量小幅下降，受全球主要经济体经济稳定增长影响，棉花消费需求有所增加，棉花库存有所收紧。国际贸易形势严峻，贸易摩擦带来的不确定性加剧市场悲观情绪，棉花价格较往年同期有所下降。

一、世界供需现状

（一）棉花产量小幅下降

2018/19年度全球棉花产量小幅下降。据国际棉花咨询委员会（ICAC）2019年8月预测，2018/19年度全球棉花总产量为2 569万吨，同比减3.7%。分国别看，受降水不足影响，印度棉花产量下降至545万吨，同比减14.2%。美国由于干旱和飓风影响，产量下降至400万吨，同比减12.2%。巴基斯坦灌溉水不足，产量同比减7%，为167万吨。乌兹别克斯坦植棉面积减少，产量下降20%，为64万吨。中国植棉面积增加，产量增至604万吨，同比增2.5%。巴西植棉面积大幅增加，产量增加至267万吨的新高，同比增33.1%（图1，表1）。

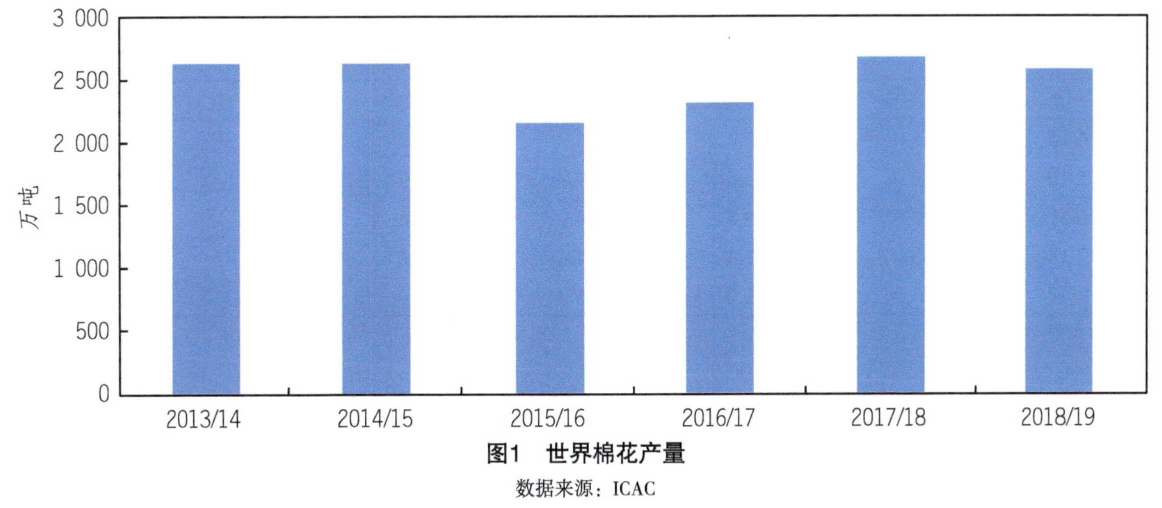

图1　世界棉花产量

数据来源：ICAC

表1　棉花主产国产量变化情况

单位：万吨

年　份	印　度	中　国	美　国	巴基斯坦	巴　西	乌兹别克斯坦
2014/15	656.2	660	355.3	230.5	156.3	88.5
2015/16	574.6	520.0	280.6	153.7	128.9	83.2
2016/17	586.5	490.0	373.8	166.3	153.0	78.9
2017/18	635.0	589.0	455.5	179.5	200.6	80.0
2018/19	545.0	604.0	400.0	167.0	267.0	64.0

数据来源：ICAC

（二）全球棉花消费有所增长

2018年，全球经济延续2017年的复苏势头，保持稳定增长，世界经济增速保持了较好态势。受全球主要经济体经济复苏影响，棉花消费有所增长。据ICAC 2019年8月最新预测，2018/19年度，全球棉花消费量为2 666.0万吨，同比增长1.2%。中国、印度、巴基斯坦、越南、美国和巴西是世界主要的棉花消费国，其中巴基斯坦、巴西棉花和越南消费呈现增加态势，分别为236万吨、73万吨和156万吨，增长0.6%、7.4%和2.0%。中国棉花消费小幅下降0.6%，为845万吨，中国仍然是世界最大的棉花消费国，2018/19年度消费量为845万吨，占全球棉花消费的31.7%。印度消费量为540万吨，下降0.4%，美国消费量为71万吨，下降7.4%（图2，表2）。

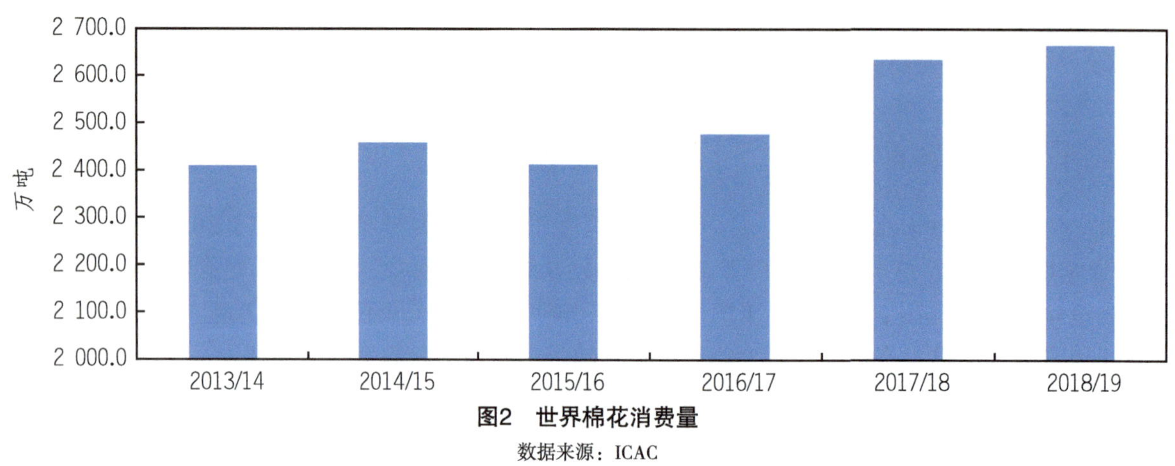

图2　世界棉花消费量

数据来源：ICAC

表2　世界主要棉花消费国消费量情况

单位：万吨

年　份	中　国	印　度	巴基斯坦	越　南	美　国	巴　西
2014/15	755.0	537.7	246.7	87.5	77.8	79.7
2015/16	760.0	529.6	214.7	100.7	75.1	66.0
2016/17	828.0	514.8	214.7	116.8	70.8	68.5
2017/18	850.0	542.3	234.6	153.0	76.8	68.0
2018/19	845.0	540.0	236.0	156.0	71.0	73.0

数据来源：ICAC

（三）国际棉花库存下降

2018/19年度，世界主要产棉国棉花生产减少，消费略有恢复，全球棉花库存下降。据国际棉花咨询委员会（ICAC）2019年8月最新预测，2018/19年度全球棉花期末库存为1 780万吨，较上年度减少5.2%，库存消费比从上年度的71.3%下降到66.8%，除中国外的库存消费比由55%下降到51%。中国继续处于去库存阶段，占全球棉花库存的比重由48.1%下降到47.8%，中国棉花的库存消费比为101%（表3）。

表3　世界棉花期末库存

单位：万吨，%

项　目	国　别	2013/14	2014/15	2015/16	2016/17	2017/18	2018/19
期末库存	全球	2 133.1	2 294.7	2 030.6	1 848.1	1 877.9	1 780.0
	中国	1 328.0	1 411.8	1 265.0	1 035.2	903.3	850.0

（续表）

项　目	国　别	2013/14	2014/15	2015/16	2016/17	2017/18	2018/19
库存消费比	全球（不含中国）	49.0	52.0	46.0	49.0	55.0	51.0
	中国	175.0	187.0	166.0	125.0	106.0	101.0

数据来源：ICAC

二、国际价格走势

2019年上半年国际棉花价格跌幅明显，价格低于往年。2018年以来，国际贸易形势严峻，贸易摩擦带来的不确定性导致市场悲观情绪浓重，棉花产业链受到较大冲击，全球棉花减产对价格的支撑作用有限，国际棉价低于往年。2019年1—7月，Cotlook A指数（相当于国内3128B级棉花）平均价格为每磅81.13美分，较上年同期下跌12.9%（图3）。

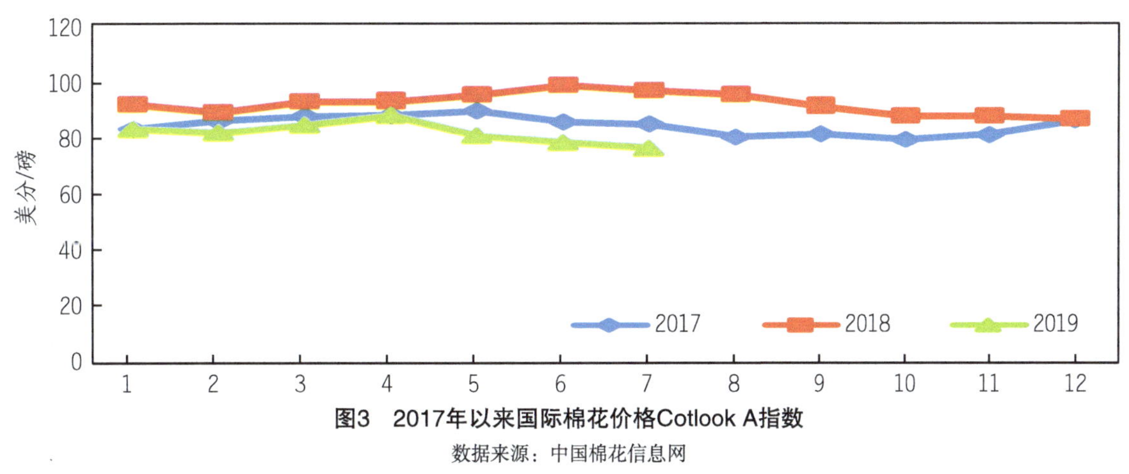

图3　2017年以来国际棉花价格Cotlook A指数

数据来源：中国棉花信息网

三、国际贸易格局

据ICAC数据，2018/19年度全球棉花出口940万吨，同比增4%，进口940万吨，同比增4.3%。美国、印度、巴西、澳大利亚和乌兹别克斯坦是世界主要棉花出口国，其出口量占世界出口总量的70.2%。2018/19年度5个棉花出口大国中，澳大利亚和巴西棉花出口增加，增长幅度分别为5.6%和77.1%。印度、美国和乌兹别克斯坦棉花出口有所下降，分别减少29.1%、8.4%和61.4%。越南、中国、土耳其和印度尼西亚是世界主要棉花进口国，其进口量占世界进口总量的比重为53.3%。2018/19年度，除土耳其外4个主要棉花进口国棉花进口均有所增加，其中中国进口194万吨，增长47%，印度尼西亚进口81.0万吨，增长6.3%，越南进口158.0万吨，增长0.9%。土耳其进口有所减少，为68万吨，同比减22.4%（表4，表5）。

表4　2017/18—2018/19年度棉花主要出口国棉花出口情况

国　别	2017/18（万吨）	2018/2019（万吨）	同比变化（%）
世　界	904	940.0	4.0
澳大利亚	85.2	90.0	5.6
巴　西	90.9	161.0	77.1
印　度	112.8	80.0	-29.1

（续表）

国　别	2017/18（万吨）	2018/2019（万吨）	同比变化（%）
美　国	345	316.0	-8.4
乌兹别克斯坦	33.7	13.0	-61.4

数据来源：ICAC

表5　2017/18—2018/19年度棉花主要进口国棉花出口情况

国　别	2017/18（万吨）	2018/19（万吨）	同比变化（%）
世　界	901.2	940.0	4.3
中　国	132.0	194.0	47.0
印度尼西亚	76.2	81.0	6.3
土耳其	87.6	68.0	-22.4
越　南	156.6	158.0	0.9

数据来源：ICAC

（农业农村部农村经济研究中心　翟雪玲　原瑞玲）

专题二：中美经贸摩擦对全球棉花市场和产业的影响

2017年8月以来，美国与中国之间的经贸摩擦不断升级，棉花和纺织品作为中美贸易的重要产品，不可避免的成为两国施行关税制裁的砝码，棉花市场经历大幅波动，产业发展面临极大困境。中国是世界重要的棉花生产国和消费国，也是纺织品服装的重要出口国。分析研判这次中美经贸摩擦对中国、对美国以及对全球棉花产销格局的影响，有利于准确把握我国棉花产业面临的形势，认清产业存在的短板，提出切实可行的政策建议，提升我国棉花产业发展竞争力，更好地应对国际贸易关系的变动。

一、2018年以来中美经贸摩擦中与棉纺产业相关的主要事件

自2017年8月14日美国总统特朗普授权美国贸易代表审查“中国贸易行为”，对中国发起“301调查”以来，中美经贸摩擦持续发酵。尤其是2018年3月8日，特朗普总统签署公告，决定于2018年3月23日起，对进口自中国的钢铁和铝产品加征关税（即232措施），中美经贸摩擦正式升级，开始了多个回合的相互加征关税制裁。其中与棉纺织业相关的措施主要有四次。

一是2018年4月4日，美国政府发布商品清单，对我国输美的1 333项500亿美元的商品加征25%的关税。针对这一制裁，经国务院批准，国务院关税税则委员会决定对原产于美国的大豆、棉花、汽车等14类106项商品加征25%的关税，这一措施于2018年7月6日正式开始实施。

二是2018年9月18日，美方提出对中方输美的约2 000亿美元商品加征10%额外关税，关税于2018年9月24日起生效。据中国纺织工业联合会初步整理，该清单中约有超过900个税号，927项纺织产品涵盖其中，涉及了HS50-60章的几乎所有产品。包括各种原料（棉、毛、丝、麻和化学纤维）的所有纱线、面料、织物，以及产业用纺织品和一部分纺织机械类产品，涉及的年对美出口金额约为40亿美元。此次清单不包括服装类产品和大部分家用纺织品。

三是2019年5月9日美国政府宣布次日起对自我国进口的2 000亿美元商品加征关税从10%提高到25%，5月13日宣布对自我国进口的约3 000亿美元商品拟加征25%关税清单征求公众意见。该清单一旦实施，涉及的纺织品服装类商品出口金额累计超过400亿美元。两份清单几乎涵盖了我国全部对美出口的棉纺类商品，占我国2018年纺织品服装出口总额的18%左右。

四是2019年8月13日，美国贸易代表办公室宣布对3 000亿美元征税的办法，分两批分别于9月1日和12月15日开始加征10%的额外关税。8月28日，美国贸易代表办公室再次发布公告，对2 500亿美元的中国产品加征的关税将从25%升至30%，9月1日起对剩余3 000亿美元中国进口商品将按15%的税率加征关税。目前，我国出口到美国的纺织服装产品中超过80%已经于9月1日开始加征了15%的关税。

二、中国棉花进口和棉纺产品出口受到的影响

由于我国棉花产需存在一定缺口以及下游纺织加工业对特定国家外棉存在依赖，2017年下半年以来，尤其是中美经贸摩擦进入实质性相互制裁之后，我国棉纺产品贸易显示出几个新的特点。

（一）自美进口棉花占比快速下降，市场被巴西等国取代

过去十年，我国棉花进口主要来自美国、印度和澳大利亚，从这三个国家进口的棉花占我国棉花进口总量的比例一直保持在70%以上。2015年之后，由于印度大力发展国内纺织产业，对棉花出口加以限制，同时我国收紧滑准税配额发放，高质量棉花成为我国进口配额的首要选择，因此前两大进口国变为美国和澳大利亚，2017年和2018年两国进口量之和占比分别为66.2%和60.5%。中美经贸摩擦开始以后，尤其是2018年7月加征关税以后，我国自巴西、乌兹别克斯坦、澳大利亚等国进口的棉花数量明显增加，弥补了美棉的市场缺口。2019年1—8月，美棉进口量为29.4万吨，占比下降至20.5%。巴西成为2019年以来我国棉花第一大进口来源国，进口占比22.9%，印度占比13.8%，乌兹别克斯坦占比5.3%，均比2018年有了明显增加（表1）。

表1　2010年以来我国棉花进口主要来源国情况

年　份	国家 占比	国家 占比	国家 占比	国家 占比	国家 占比
2010	美国 35.5%	印度 30.6%	乌兹别克斯坦 12.1%	澳大利亚 7.2%	巴西 3.1%
2011	印度 30.2%	美国 29.2%	澳大利亚 15.7%	巴西 6.4%	乌兹别克斯坦 5.0%
2012	美国 28.5%	印度 28.0%	澳大利亚 15.9%	巴西 7.1%	乌兹别克斯坦 6.0%
2013	印度 28.8%	美国 27.8%	澳大利亚 19.2%	乌兹别克斯坦 6.4%	巴西 3.8%
2014	印度 33.7%	美国 22.6%	澳大利亚 20.3%	乌兹别克斯坦 7.0%	巴西 5.9%
2015	美国 35.2%	澳大利亚 17.1%	印度 16.5%	乌兹别克斯坦 11.6%	巴西 9.6%
2016	美国 29.5%	澳大利亚 24.1%	印度 13.2%	乌兹别克斯坦 10.4%	巴西 8.9%
2017	美国 43.8%	澳大利亚 22.4%	印度 9.7%	乌兹别克斯坦 8.1%	巴西 5.8%
2018	美国 33.6%	澳大利亚 26.9%	巴西 11.8%	印度 10.9%	乌兹别克斯坦 3.9%
2019. 1—8	巴西 22.9%	美国 20.5%	澳大利亚 20.0%	印度 13.8%	乌兹别克斯坦 5.3%

数据来源：中国海关数据整理

（二）美棉具有一定不可替代性，一般贸易方式以外棉花进口增加

虽然美棉进口受制于25%的附加关税，进口成本激增，不具备价格竞争力，但一些纺织企业接受的订单被指定使用美棉，因此贸易方式发生明显变化。从关税实施的2018年7月开始，我国从美国进口棉花中，一般贸易方式的进口量基本上降为零。加工企业及时调整经营策略，进料加工、区内物流货物等方式进口棉花数量从2018年3月起大幅增加（此前各月进口量为零），到2019年8月，这两种方式进口美棉数量达到31.1万吨，占同期美棉进口总量的45.4%。这样的操作既避免了临时关税的影响，也尽量保持了对美订单的履行。

（三）政策调整期的抢进口现象明显

从2018年1月到6月，即我国对美棉进口加征关税之前，我国从美进口棉花保持较高水平。纺织企业和贸易商为避免加征关税的影响，选择提前进口美棉备用，形成了一个短期的美棉进口高峰。由于加征关税的实施给了企业较充分的窗口期做出调整，企业在使用美棉方面尽可能的保障了运营稳定（图1）。

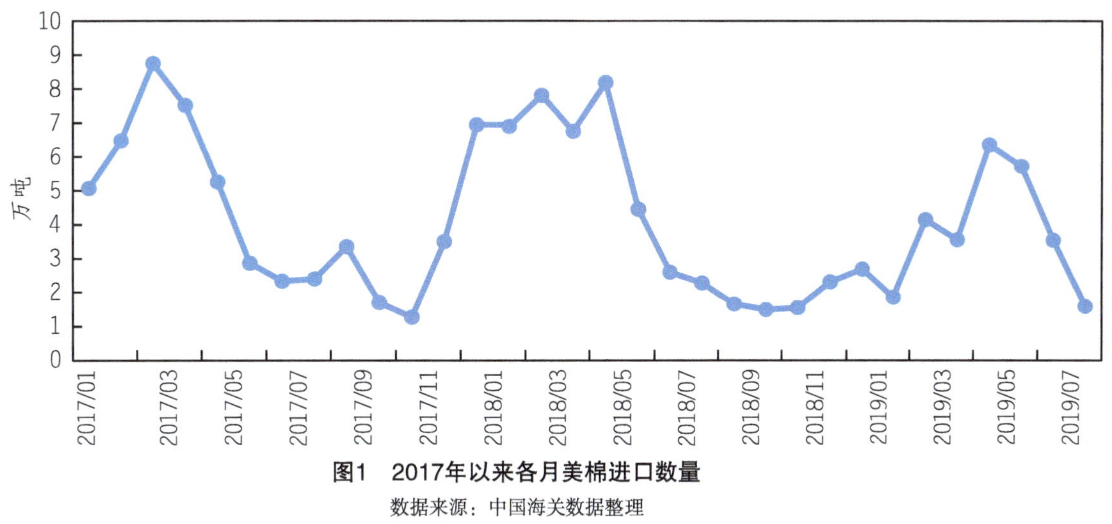

图1　2017年以来各月美棉进口数量

数据来源：中国海关数据整理

（四）棉纱进口基本平稳，替代现象并未出现

2012年起，我国棉纱进口量快速增长，到2016年后逐步稳定在每年200万吨的水平。从2018年初到目前，棉纱进口量基本上保持平稳，2019年1—8月棉纱进口133万吨，并未明显受到中美经贸摩擦影响。这一方面是进口棉纱在国内市场中的应用已经达到了一个阈值，纺织企业难以再扩大外纱使用量。另一方面是由于国内棉花价格低迷，外纱竞争优势明显降低，难以扩大进口规模（图2）。

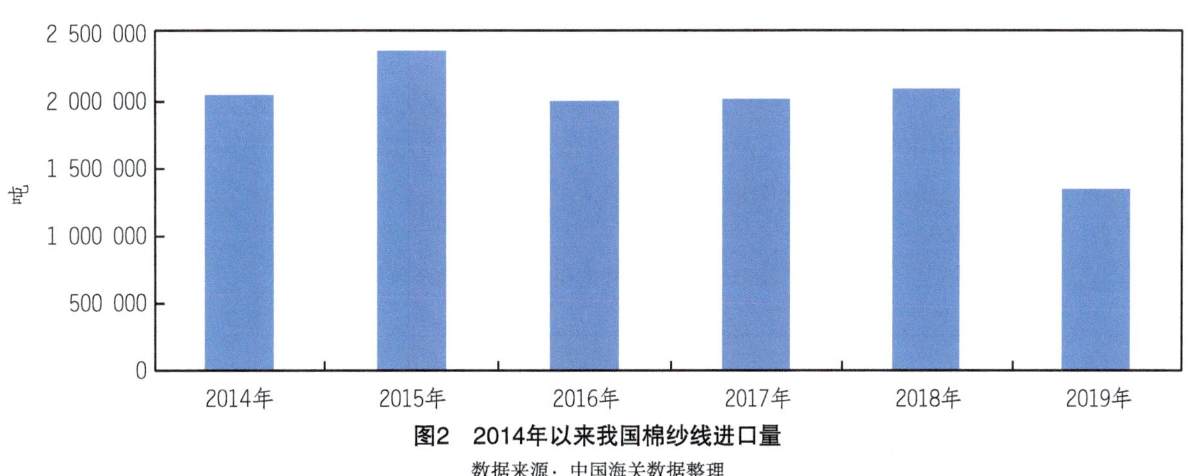

图2　2014年以来我国棉纱线进口量

数据来源：中国海关数据整理

（五）近期纺织品服装出口受到显著影响

2019年上半年我国纺织品服装出口趋势整体来说无明显变化，2月由于正值春节期间，出口额维持全年最低位，此后的纺织品服装出口同比基本保持稳定。但8月我国纺织品服装出口额为257.1

亿美元，环比减少6.6%，同比减少4.9%，降幅较为明显。1—8月我国出口纺织纱线、织物及制品累计1 774.7亿美元，同比下降2.5%；其中，纺织纱线、织物及制品累计出口额794.2亿美元，同比增长0.8%，服装及衣着附件累计出口额980.7亿美元，同比下降5.0%。由于美国对我国出口的3 000亿美元商品正式征税时间是9月1日，所以后期纺织品服装出口将明显受限，出口额将呈同比下行趋势（图3）。

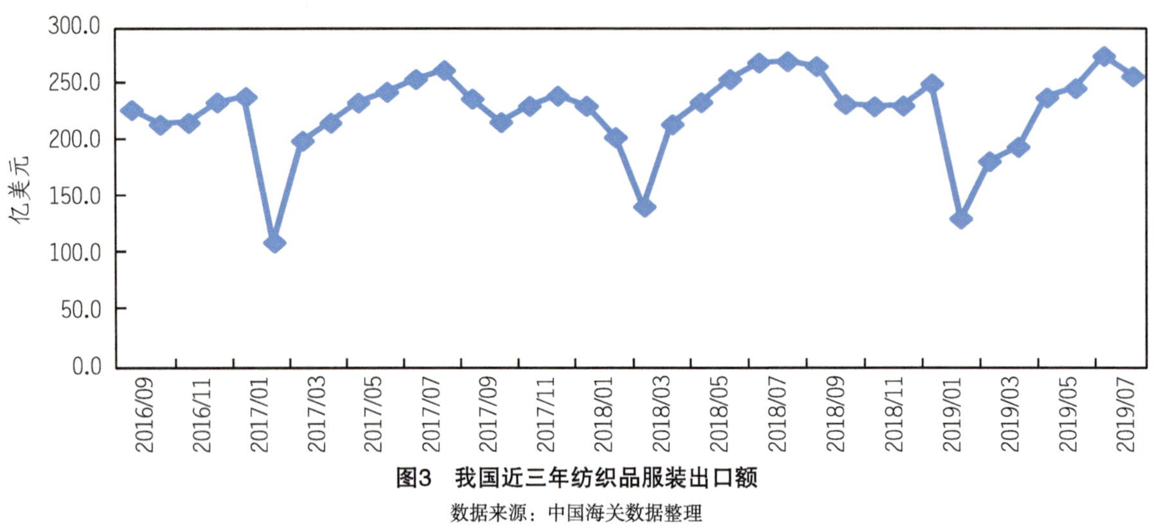

图3 我国近三年纺织品服装出口额

数据来源：中国海关数据整理

三、美国棉花出口和棉纺产品进口受到的影响

美国棉花出口占全部棉花产量的7成以上，自用比例不高，纺织品服装也是美国的重要进口产品。因此，中美经贸摩擦对美国的棉花出口和纺服消费也造成了一定的影响。

（一）美国棉花出口国别出现调整

中国一直是美国最重要的棉花出口国，2003年至2015年均是美棉第一出口对象，直到2016年中国缩减棉花滑准税额度后，中国进口美棉数量锐减，越南和土耳其在美国棉花出口的地位才超越中国。受中美经贸摩擦影响，2019年美棉出口主要转向东南亚国家。2019年1—8月，美棉对越南、土耳其、印度、孟加拉国的棉花出口已经超过2018年全年，越南利用其低关税优势，成为美棉销售的重点区域，美国棉花出口格局发生明显变化（表2）。

表2 2015年以来美棉主要出口目的地及数量

单位：万吨

2019（1—8）		2018		2017		2016		2015	
国　别	数　量	国　别	数　量	国　别	数　量	国　别	数　量	国　别	数　量
越　南	74.1	越　南	69.2	越　南	58.2	越　南	46.0	中　国	48.9
土耳其	38.6	中　国	49.8	中　国	49.0	土耳其	29.9	越　南	42.1
印　度	38.4	土耳其	38.5	土耳其	39.1	中　国	26.3	土耳其	33.5
中　国	30.4	巴基斯坦	32.6	印度尼西亚	27.2	墨西哥	19.7	墨西哥	20.1
巴基斯坦	28.6	印度尼西亚	32.0	墨西哥	21.3	印度尼西亚	17.2	韩　国	15.4
孟加拉国	22.3	孟加拉国	20.2	印　度	20.2	巴基斯坦	11.6	印度尼西亚	11.7

（续表）

2019（1—8）		2018		2017		2016		2015	
国　别	数　量	国　别	数　量	国　别	数　量	国　别	数　量	国　别	数　量
印度尼西亚	22.3	墨西哥	19.7	巴基斯坦	17.2	印　度	9.9	泰　国	8.0
墨西哥	15.9	印　度	15.4	韩　国	14.3	韩　国	9.4	秘　鲁	5.3
泰　国	10.7	泰　国	13.4	孟加拉国	13.8	泰　国	8.7	印　度	4.5
韩　国	7.6	韩　国	11.1	泰　国	10.7	孟加拉国	5.3	巴基斯坦	3.7
总　计	314.4	总　计	335.5	总　计	302.5	总　计	212.9	总　计	220.0

数据来源：中国棉花网数据整理

（二）美棉装运进度放缓，订单毁约率提高

中美经贸摩擦不断反复，全球棉纺织市场景气程度下滑，市场主体信心不足，采购积极性下降，毁约率提高。美棉出口装运进度同比落后，并且出口订单不断遭遇毁约，销售进度放缓，结转的棉花库存增加。美国农业部2019年8月的报告显示，2018/19年度美棉装运总量为298.44万吨，同比减少11%，共有167.2万吨陆地棉结转至2019/20年度。

（三）加征关税导致美国提前进口中国服装

由于市场各方明确预期来自中国的纺织品服装产品关税将会提高，因此提前采购中国纺织品服装。2019年1—7月，美国对中国服装进口有所增加。并且，来自越南的服装产品也有明显的增长，其中有部分订单可能是来自中国的服装产品转口至美国（图4）。由于9月1日美国开始对服装产品加征15%的关税，9月以后自中国进口的服装将明显下降。从其他国家来看，美国对柬埔寨服装进口量大幅减少，自孟加拉国进口的服装出现明显增长。

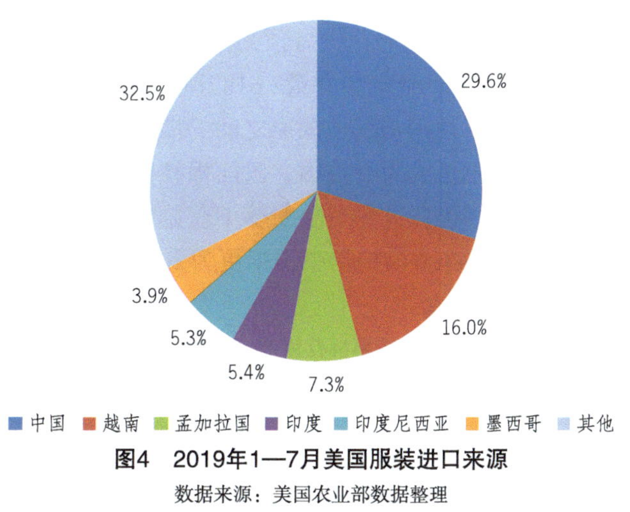

图4　2019年1—7月美国服装进口来源

数据来源：美国农业部数据整理

四、全球棉花市场与贸易受到的影响

中美经贸摩擦，不仅对中美两国棉纺产业产生了重大的影响，由此带来的市场预期的不确定性和消费信心的下滑，造成全球棉花市场大幅下行，贸易格局重新构建。

（一）国际棉花价格剧烈波动

2018年4月，中美两国的实质性关税措施出台以后，对国际棉花价格形成的严重的打压。国际棉花价格（Cotlook A指数）从2017年12月的97.7美分/磅跌至2018年8月的78.6美分/磅。此后，中美经贸磋商不断反复，市场价格经历了一波反弹之后，2019年持续下行，2019年9月国际棉花价格已经跌至77.8美分/磅。棉花期货市场更是大涨大跌，2019年7月中旬，美国洲际商品交易所ICE期棉主力合约跌至61.7美分/磅的三年低点（图5）。

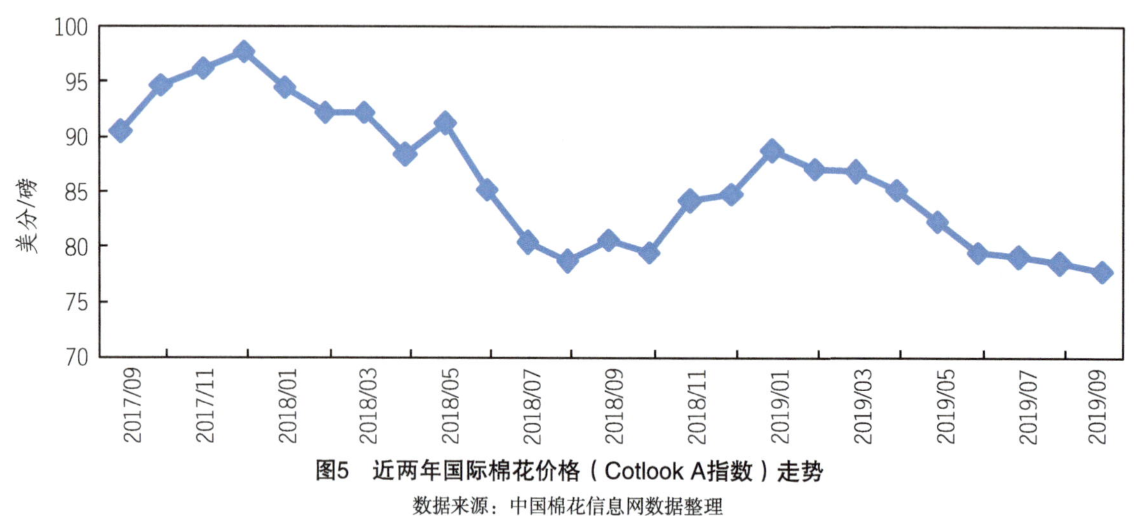

图5　近两年国际棉花价格（Cotlook A指数）走势

数据来源：中国棉花信息网数据整理

（二）全球棉花产销格局发生变动

中美经贸摩擦对棉花市场价格的影响在2018年上半年已经显现，并影响到全球范围的棉花生产，导致2018/19年度全球棉花产量下滑，市场景气程度下降也拉低了2018/19年度的全球棉花消费。据美国农业部2019年10月发布的全球棉花供需预测报告，2018/19年度全球棉花总产量2 591万吨，比上年度减少104万吨，减幅3.9%；全球消费量2 618万吨，比上年度减少55万吨，减幅2.1%。

中美之间棉花贸易的阻断增加了两国与其他国家之间的棉花贸易量，也降低了以出口为主的美国的棉花出口水平。这一过程中，巴西成为受益国，巴西棉替代了数十万吨的原本应该是美棉的中国棉花进口需求。而越南和孟加拉国也在这场贸易摩擦中获益，他们获得了原本由中国纺织企业承接的美国纺织品服装订单，在世界棉花贸易格局中占据更为重要的位置（表3）。

表3　近两个年度全球主要棉花生产、消费和贸易国产销情况

单位：万吨

国家＼年度	产　量		消　费		贸　易	
	2017/18	2018/19	2017/18	2018/19	2017/18	2018/19
印　度	631	577	526	523	37	39
中　国	599	604	893	860	124	210
美　国	456	400	70	65	354	321
巴　西	201	278	74	74	91	131
巴基斯坦	179	166	237	233	74	62
土耳其	87	81	162	148	88	76
乌兹别克斯坦	84	71	54	61	—	—

（续表）

国家＼年度	产量		消费		贸易	
	2017/18	2018/19	2017/18	2018/19	2017/18	2018/19
孟加拉国	—	—	163	161	166	157
越　南	—	—	144	152	152	150
澳大利亚	—	—	—	—	85	79
全　球	2 695	2 591	2 673	2 618	896	922

数据来源：美国农业部月度报告数据整理

注：贸易数据，印度、美国、巴西、澳大利亚为出口，中国、巴基斯坦、土耳其、孟加拉国、越南为进口

（三）我国棉花供需缺口长期存在且进口面临不确定性

中长期来看，我国棉花需求对生产带动作用减弱。在新疆与内地宜棉区域水土资源条件约束下，棉花生产成本高企，植棉比较效益将有所下降。并且国内外市场联动性增强，棉花及棉纱进口渠道畅通，我国棉花播种面积和产量将呈下滑趋势。同时，受国内劳动力成本提升、企业经营成本提高、环保政策收紧等宏观条件的制约，国内居民服装消费增长空间有限，纺织品服装出口面临下滑局面，化纤对棉花的替代进一步增强，纺织行业向外转移的规模加大，以及棉纱进口替代保持较高水平，我国棉花消费将会呈波动下降趋势。

未来几年，国内棉花供给减少，消费下滑，但产需缺口将持续存在。近两年国内棉花产需缺口在250万～280万吨的水平，未来几年这一缺口水平还将维持在200万吨以上。并且随着国储棉库存水平降至不能满足市场缺口的状态，我国棉花产需缺口将依靠外棉进口或者外纱进口来补充，可以预见未来几年，我国棉花进口量要高于近两年水平。

从过去20年世界棉花贸易规模看，年度贸易量一直保持在650万吨以上的水平，近10年的棉花贸易规模更是达到了800万吨以上，个别年度超过1 000万吨。从我国棉花进口来源国看，主要进口来源是美国、印度、巴西、澳大利亚、乌兹别克斯坦以及中亚、非洲的主要产棉国。美国一直是世界上最稳定的棉花出口国，每年可以提供300万吨以上的皮棉出口，但经贸摩擦导致中美间棉花贸易不畅。巴西近年来的棉花出口数量快速增长，未来也将成为世界上重要的棉花出口国，年度出口量将在200万吨以上，但巴西距离亚洲距离过远，运距长，时间久，成本高，并且巴西植棉规模将视国际棉价波动而动态调整，也不是可靠的进口来源。澳大利亚棉花全部用于出口，但生产规模非常不稳定，难以成为我国棉花进口的重要目标国。非洲棉花四国（贝宁、马里、乍得、布基纳法索）的棉花产量稳步增加，但非洲四国生产水平不高，品质不稳定，在一定程度上可以作为我国棉花进口的补充。东南亚包括印度、孟加拉国、巴基斯坦等国越来越重视棉纺产业发展，用棉需求不断增长，与我国用棉形成竞争。总之，经贸摩擦打乱了原有的贸易秩序，提高了保持我国棉花产需平衡的不确定性。

五、政策建议

中美经贸摩擦的演变和加剧超出了市场早期的预测，也影响全球棉花产销格局，这提醒我们要未雨绸缪，棉纺产业经营主体要主动谋划，积极调整，推动产业升级，重新布局全球市场，做好应对各种突发贸易争端的准备。

一是优化政策支持，保障国内生产能力。完善以棉花目标价格补贴为核心的生产支持政策体系，尽快落实重要农产品生产保护区的支持政策，以及配套的物流费用减免、用工用地用电用水补贴等政策，平衡新疆棉区和内地棉区的生产能力，保障国内棉花的稳定生产能力。做好棉花储备的

轮换工作，适时轮入棉花，保持合理的国储库存水平。无论外部环境如何调整，我国的棉纺产业能够确保拥有稳定的发展基础。

二是积极拓展出口市场，促进棉纺产品出口外销。在中美贸易摩擦升级的背景下，我国纺织服装行业要进一步扩大对其他国家和地区的开放力度，分散贸易摩擦冲击。一方面，要充分利用“一带一路”倡议带来的机遇，扩大、优化、升级我国与沿线国家现有的贸易关系与经济合作。另一方面，要加快“走出去”步伐，鼓励有条件的企业在全球范围内优化产业供应链，灵活调整和优化采购、生产、销售、资金等环节，深化国际产能合作，提升企业开展“全球化生产”的能力。

三是引导纺织企业转型升级，提高综合竞争力。随着我国经济增长方式的转变，纺织服装行业将进入需求导向、结构调整、创新驱动和绿色发展的全新阶段。中美贸易摩擦的不断升级，对纺织业既是挑战，也是转型升级的重要驱动力。纺织业要抓住机遇，顶住压力，加快制造智能化步伐，加强市场开拓，提升产品品质与品牌影响。政府要在企业转型发展、技术升级、市场开拓等方面加强政策引导与服务支持。

四是寻求谈判解决贸易争端，避免争端升级。中美互为重要的贸易伙伴国，也是世界棉纺产业最重要的主体，双方的互相限制无益于两国的生产者和消费者。因此，力争通过各种渠道各种方式，化解分歧，增进互信，寻求和平解决方法，避免贸易争端升级，是推进未来全球棉纺产业走向繁荣的必然途径。

（农业农村部信息中心　李　想）

第六部分

大　豆

专题一：世界供需形势分析

2018/19年度，全球大豆产量较上年度增加，增幅6.25%，豆油和豆粕产量均较上年度增加，增幅分别为2.05%和1.52%。大豆需求仍然强劲，消费量较上年度有所增加，增幅2.68%，豆油和豆粕消费量分别较上年度增加1.72%和1.37%；大豆和豆油期末库存上调，库存消费比分别较上年度提高3.23和0.05个百分点，豆粕期末库存下调，库存消费比较上年度下降0.35个百分点。

2018年全球大豆进出口量均较上年度略有增加（增幅分别为1.25%和1.46%），巴西出口份额大幅上升，达54.65%，较上年度提高了9.54个百分点，美国出口份额下降，降至30.34%，较上年度下降6.31个百分点，中国进口份额下降至59.03%，较上年度下降5.97个百分点；豆油进出口量均较上年度下降，分别下降了7.14%和4.15%，阿根廷出口份额下降至35.79%，较上年度下降5.41个百分点，美国和巴西出口份额略有提高，分别较上年度提高1.00和1.50个百分点，最大进口国印度进口份额达26.46%，较上年度下降2.04个百分点；豆粕出口量较上年度提高1.07%，进口量则下降了0.27%，阿根廷、美国和巴西出口份额分别为34.96%、25.12%和15.24%，主要进口地区欧盟进口份额略有下降，降至29.49%，较上年度下降1.10个百分点。

到2028/29年度，全球大豆产量预计将增长23%，大豆面积和单产分别增长12.10%和9.70%。随着大豆生产者适应新的贸易环境，到2028/29年度，全球大豆贸易预计增长23.40%，将增加3 700万吨，达到1.96亿吨；豆油贸易预计增长23%，增加260万吨，达到1 400万吨；豆粕贸易预计增长18.90%，增加1 250万吨，达到7 850万吨。

一、世界供需现状

（一）大豆

供给方面，2018/19年度全球大豆产量3.63亿吨，较2017/18年度增加2 133万吨，增幅6.25%。其中，主产国美国大豆产量1.24亿吨，较上年度增加359万吨，占全球大豆产量的34.08%，巴西大豆产量1.17亿吨，较上年度减少500万吨，占全球大豆产量的32.24%，阿根廷大豆产量5 600万吨，较上年度增加1 820万吨，占全球大豆产量的15.43%（表1）。

需求方面，2018/19年度全球大豆总消费量3.48亿吨，较上年度增加909万吨，增幅2.68%，压榨消费仍是主要消费形式，占总消费量的86.57%，较上年度下降0.61个百分点。中国仍是全球最大的大豆消费国，其次是美国、阿根廷和巴西。

库存方面，2018/19年度全球大豆期末库存量1.13亿吨，较上年度增加1 388万吨，增幅14.01%，库存消费比32.50%，较上一年度提高3.23个百分点。主要出口国大豆供给充足，主要进口国（地区）中，欧盟、东南亚和墨西哥均小幅度上调库存，东南亚和墨西哥库存消费比分别提高0.79和0.40个百分点，但欧盟由于消费增加，库存消费比下降0.54个百分点，中国小幅下调期末库存，库存消费比下降1.57个百分点，主要进口国大豆供需偏紧（表1）。

表1　全球和主要进出口国大豆年度供需平衡表

单位：百万吨

区　域	年　度	期初库存	产　量	进口量	国内压榨	国内消费	出口量	期末库存	库存消费比%
世　界	2017/18	96.16	341.54	152.92	295.14	338.56	152.96	99.10	29.27
	2018/19	99.10	362.87	148.83	300.96	347.65	150.16	112.98	32.50

（续表）

区　域	年　度	期初库存	产　量	进口量	国内压榨	国内消费	出口量	期末库存	库存消费比%
世界（除中国）	2017/18	75.50	326.34	58.82	205.14	232.26	152.83	75.58	32.54
	2018/19	75.57	346.97	63.83	214.96	244.55	150.04	91.78	37.53
美　国	2017/18	8.21	120.07	0.59	55.93	59.00	57.95	11.92	20.20
	2018/19	11.92	123.66	0.46	56.74	61.22	46.27	28.56	46.65
其他国家	2017/18	87.95	221.47	152.33	239.21	279.56	95.01	87.18	31.18
	2018/19	87.17	239.21	148.36	244.22	286.43	103.90	84.42	29.47
主要出口方/3	2017/18	60.65	170.10	4.89	85.32	94.08	84.32	57.22	60.82
	2018/19	57.23	184.83	6.51	88.18	97.81	94.35	56.41	57.67
阿根廷	2017/18	27.00	37.80	4.70	36.93	43.63	2.11	23.75	54.44
	2018/19	23.75	56.00	6.35	41.00	47.90	8.75	29.45	61.48
巴　西	2017/18	33.21	122.00	0.18	44.52	46.51	76.18	32.70	70.31
	2018/19	32.70	117.00	0.15	43.20	45.85	77.25	26.75	58.34
巴拉圭	2017/18	0.44	10.30	0.01	3.87	3.94	6.03	0.77	19.54
	2018/19	0.77	9.00	0.01	3.90	3.98	5.60	0.20	5.03
主要进口方/4	2017/18	23.11	19.02	121.28	113.68	137.01	0.43	25.97	18.95
	2018/19	26.17	19.79	118.42	114.7	139.99	0.34	24.05	17.18
中　国	2017/18	20.66	15.20	94.10	90.00	106.30	0.13	23.52	22.13
	2018/19	23.52	15.9	850.00	86.00	103.10	0.13	21.20	20.56
欧　盟	2017/18	1.15	2.54	14.58	14.95	16.60	0.28	1.40	8.43
	2018/19	1.40	2.68	15.80	16.60	18.26	0.18	1.44	7.89
东南亚	2017/18	1.15	0.85	7.73	3.48	8.82	0.02	0.88	9.98
	2018/19	0.88	0.66	9.09	4.20	9.56	0.04	1.03	10.77
墨西哥	2017/18	0.15	0.43	4.87	5.25	5.29	0.00	0.17	3.21
	2018/19	0.17	0.34	5.23	5.50	5.54	0.00	0.20	3.61

数据来源：USDA（2019年7月预估）

（二）豆油

供给方面，2018/19年度全球豆油产量5 630万吨，较上年度增加113万吨，增幅2.05%。中国仍是全球最大的豆油生产国，2018/19年度豆油产量1 541万吨，占全球豆油产量的27.37%，美国豆油产量1 104万吨，较上年增加26万吨，占全球豆油产量的19.61%，巴西豆油产量821万吨，占全球豆油产量的14.58%，阿根廷豆油产量800万吨，占全球豆油产量的14.21%，欧盟豆油产量315万吨，占全球豆油产量的5.60%（表2）。

需求方面，2018/19年度全球豆油消费总量5 557万吨，增幅1.72%。中国、美国、巴西和印度是主要消费国，2018/19年度中国豆油消费量1 611万吨，占全球豆油消费量的28.99%；美国和巴西豆油消费量分别为1 034万吨和713万吨，分别占全球豆油消费量的18.61%和12.83%；印度豆油消费量505万吨，占全球豆油消费量的9.09%（表2）。

库存方面，2018/19年度全球豆油期末库存363万吨，较上年度上调9万吨，库存消费比6.53%，全球豆油市场供需偏紧。主要出口国阿根廷和欧盟上调期末库存，库存消费比分别为13.92%和14.29%，巴西和美国下调期末库存，库存消费比分别为4.91%和8.22%。主要进口国中孟加拉国下调期末库存，库存消费比为4.76%，阿尔及利亚豆油期末库存与上年度持平，但由于消费增加，库存消费比较上年度下降0.37个百分点，印度和摩洛哥上调期末库存，库存消费比分别为3.56%和5.88%，分别较上年度提高了1.02和3.88个百分点。主要消费国中国下调期末库，库存消费比为3.17%，较上年度下降了0.28个百分点（表2）。

表2　全球和主要进出口国豆油年度供需平衡表

单位：百万吨

区　域	年　度	期初库存	产　量	进口量	国内消费	出口量	期末库存	库存消费比%
世　界	2017/18	3.79	55.17	9.72	54.63	10.51	3.54	6.48
	2018/19	3.54	56.30	10.85	55.57	11.30	3.63	6.53
中　国	2017/18	0.67	16.13	0.48	16.50	0.21	0.57	3.45
	2018/19	0.57	15.41	0.80	16.11	0.16	0.51	3.17
阿根廷	2017/18	0.28	7.24	0.00	3.08	4.13	0.31	10.06
	2018/19	0.31	8.00	0.00	2.73	5.20	0.38	13.92
巴　西	2017/18	0.29	8.54	0.05	6.94	1.51	0.42	6.05
	2018/19	0.42	8.21	0.05	7.13	1.20	0.35	4.91
美　国	2017/18	0.78	10.78	0.15	9.70	1.11	0.91	9.38
	2018/19	0.91	11.04	0.18	10.34	0.93	0.85	8.22
欧　盟	2017/18	0.16	2.84	0.28	2.23	0.90	0.16	7.17
	2018/19	0.16	3.15	0.33	2.31	1.00	0.33	14.29
印　度	2017/18	0.48	1.39	2.98	4.72	0.01	0.12	2.54
	2018/19	0.12	1.71	3.40	5.05	0.01	0.18	3.56
孟加拉国	2017/18	0.10	0.21	0.78	1.01	0.00	0.08	7.92
	2018/19	0.10	0.24	0.78	1.05	0.00	0.05	4.76
阿尔及利亚	2017/18	0.05	0.00	0.72	0.71	0.01	0.05	7.04
	2018/19	0.05	0.00	0.76	0.75	0.01	0.05	6.67
摩洛哥	2017/18	0.02	0.00	0.49	0.50	0.01	0.01	2.00
	2018/19	0.01	0.01	0.52	0.51	0.01	0.03	5.88

数据来源：USDA（2019年7月预估）

（三）豆粕

供给方面，2018/19年度全球豆粕产量2.36亿吨，增幅1.52%。中国、美国、巴西和阿根廷是主产国，除阿根廷豆粕产量略有增加（增加了302万吨），其他主产国的产量均呈不同程度地减少。2018/19年度中国豆粕产量6 811万吨，占全球豆粕生产总量的28.88%，美国豆粕产量4 433万吨，占全球豆粕生产总量的18.79%，巴西豆粕产量3 350万吨，占全球豆粕生产总量的14.20%（表3）。

需求方面，2018/19年度球豆粕消费量2.32亿吨，较上年度增加314万吨，增幅1.37%。中国、美国、欧盟和巴西是主要消费国（地区），2018/19年度中国的豆粕消费量6 719万吨，占全球豆粕消费总量的28.91%。美国豆粕消费量3 248万吨，占全球豆粕消费总量的13.98%，欧盟豆粕消费量3 108万吨，占全球豆粕消费量的13.37%，巴西豆粕消费量1 813万吨，占全球豆粕消费总量的7.80%（表3）。

库存方面，2018/19年度全球豆粕期末库存量1 179万吨，库存消费比下降0.35个百分点。主要出口国均不同程度调低库存，阿根廷、巴拉圭、巴西和美国库存消费比分别较上年度下降13.00、7.65、4.39和0.29个百分点。主要进口国中，除越南调低期末库存外（库存消费比下降1.13个百分点），欧盟、泰国和印度尼西亚均调高期末库存，库存消费比较上年度分别提高0.59、1.33和1.78个百分点（表3）。

表3　全球和主要进出口国豆粕年度供需平衡表

单位：百万吨

区　域	年　度	期初库存	产　量	进口量	国内消费	出口量	期末库存	库存消费比%
世　界	2017/18	13.24	232.35	59.99	229.26	63.88	12.42	5.42
	2018/19	12.42	235.87	62.73	232.40	66.86	11.79	5.07
中　国	2017/18	0.00	71.28	0.02	70.11	1.20	0.00	0.00
	2018/19	0.00	68.11	0.03	67.19	0.95	0.00	0.00
阿根廷	2017/18	3.34	27.93	0.00	3.00	25.35	2.92	97.33
	2018/19	2.92	30.95	0.00	3.19	28.00	2.69	84.33
巴　西	2017/18	3.32	34.50	0.02	17.71	16.06	4.06	22.92
	2018/19	4.06	33.50	0.03	18.13	16.10	3.36	18.53
美　国	2017/18	0.36	44.66	0.44	32.24	12.72	0.50	1.55
	2018/19	0.50	44.33	0.65	32.48	12.61	0.41	1.26
巴拉圭	2017/18	0.23	3.04	0.00	0.49	2.63	0.16	32.65
	2018/19	0.16	3.07	0.00	0.52	2.58	0.13	25.00
欧　盟	2017/18	0.49	11.81	18.35	30.04	0.40	0.21	0.70
	2018/19	0.21	13.11	18.50	31.08	0.35	0.40	1.29
越　南	2017/18	0.49	1.13	4.80	5.99	0.12	0.31	5.18
	2018/19	0.31	1.21	4.85	6.02	0.10	0.25	4.05
印度尼西亚	2017/18	0.32	0.00	4.45	4.50	0.00	0.28	6.22
	2018/19	0.28	0.00	4.85	4.75	0.00	0.38	8.00
泰　国	2017/18	0.11	1.09	3.19	4.25	0.05	0.10	2.35
	2018/19	0.10	1.56	2.90	4.35	0.05	0.16	3.68

数据来源：USDA（2019年7月预估）

二、国际价格走势

（一）大豆

1. 大豆出口价格

从全球大豆出口价格的年度变化来看，截至2019年7月，2018/19年度大豆离岸平均价格为340.67美元/吨，较2017/18年度下降9.32%。从大豆价格的月度变化来看，自2018年5月，大豆出口价格持续下降，一度降到2018年11月的312.90美元/吨；2018年12月大豆价格回升，上升到2019年2月的353.30美元/吨，随后开始下降，降到2019年5月的321.70美元/吨，6—7月，大豆价格回升，升至7月的340元（图1）。

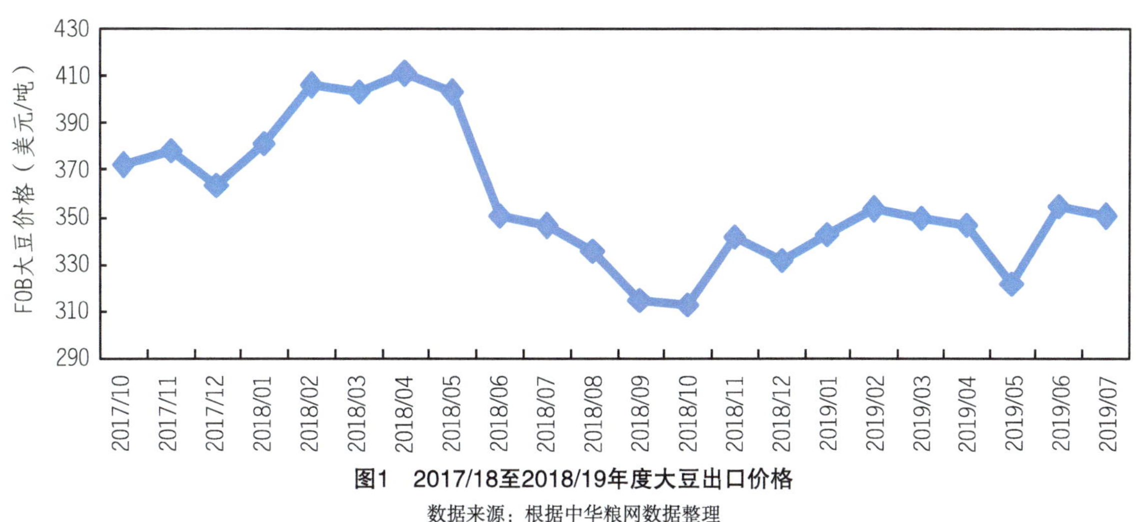

图1　2017/18至2018/19年度大豆出口价格

数据来源：根据中华粮网数据整理

从主产国大豆出口价格的年度变化来看，2018/19年度大豆出口价格低于2017/18年度。截至2019年6月，2018/19年度美国大豆出口价格平均339.88美元/吨，较上年度下降了8.80%；巴西大豆出口价格平均为359.44美元/吨，较上年度下降了9.21%；阿根廷大豆出口价格平均为348.44美元/吨，较上年度下降了9.69%（图2）。

从主产国大豆价格的月度变化来看，2018/19年度巴西大豆出口价格最高，美国最低，阿根廷居中。自2018年5月大豆出口价格大幅下降，巴西和阿根廷大豆价格分别从2018年4月的428美元/吨和424美元/吨下降到6月386美元/吨和382美元/吨，随后分别平稳上升至2018年10月的414美元/吨和395美元/吨，然后持续大幅下降；而美国大豆出口价格则一路下降至2018年9月的312美元/吨，随后逐渐回升，到2019年1月，美国大豆出口价格与巴西和阿根廷大豆出口价格基本处于同一水平，变动趋势也基本一致（图2）。

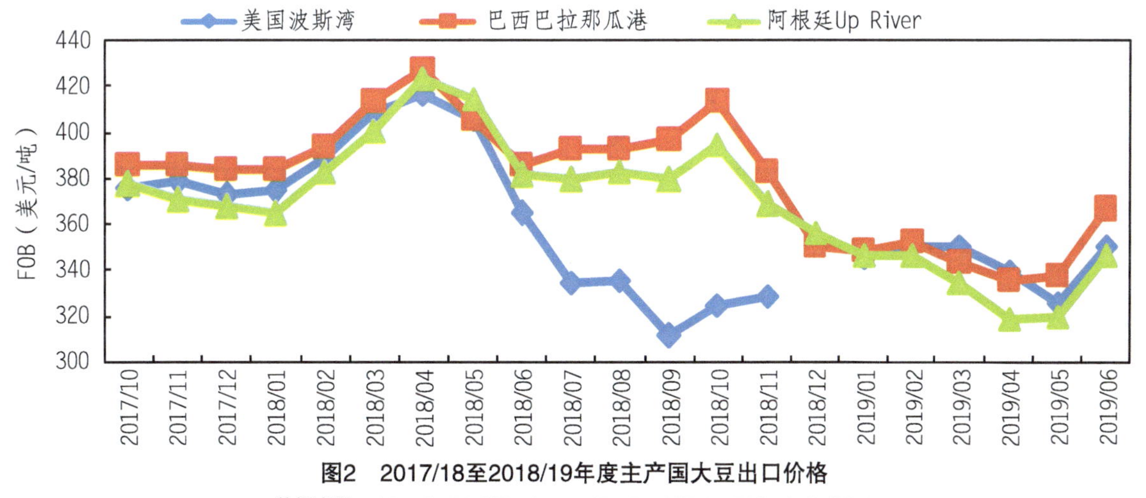

图2　2017/18至2018/19年度主产国大豆出口价格

数据来源：Oilseed：World Markets and Trade，USDA，FAS，07/11/2019

2. 大豆期货价格

从CBOT大豆期货市场价格来看，相较2017/18年度的大幅变动，截至2019年5月，2018/19年度大豆价格表现为低位平稳，价格自2018年4月的377.65美元/吨，一路下跌至2018年10月的308.28美元/吨，2018年11月至2019年4月，稳中有涨，价格在320美元/吨至337美元/吨之间波动，2019年5月下跌至301.57美元/吨（图3）。

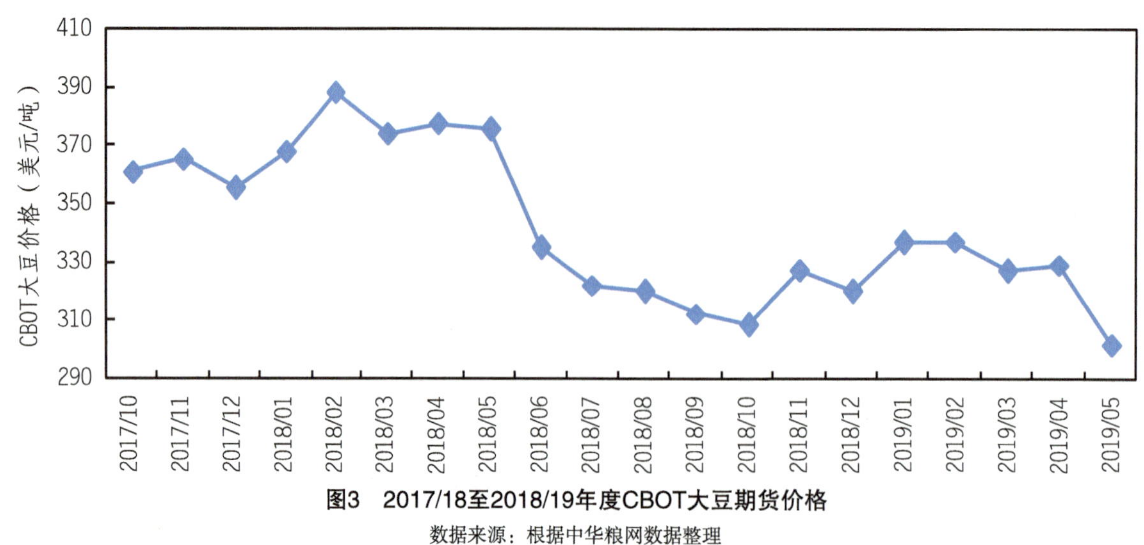

图3　2017/18至2018/19年度CBOT大豆期货价格

数据来源：根据中华粮网数据整理

3. 主产国内大豆价格

从美国国内大豆价格年度变动来看，2018/19年度大豆价格相较于2017/18年度明显下降，以美国NO.1 Yellow Cash Central Illinois的大豆价格为例，截至2019年6月，2018/19年度平均为306美元/吨，比2017/18年度下降31美元/吨，降幅达9.20%（图4）。

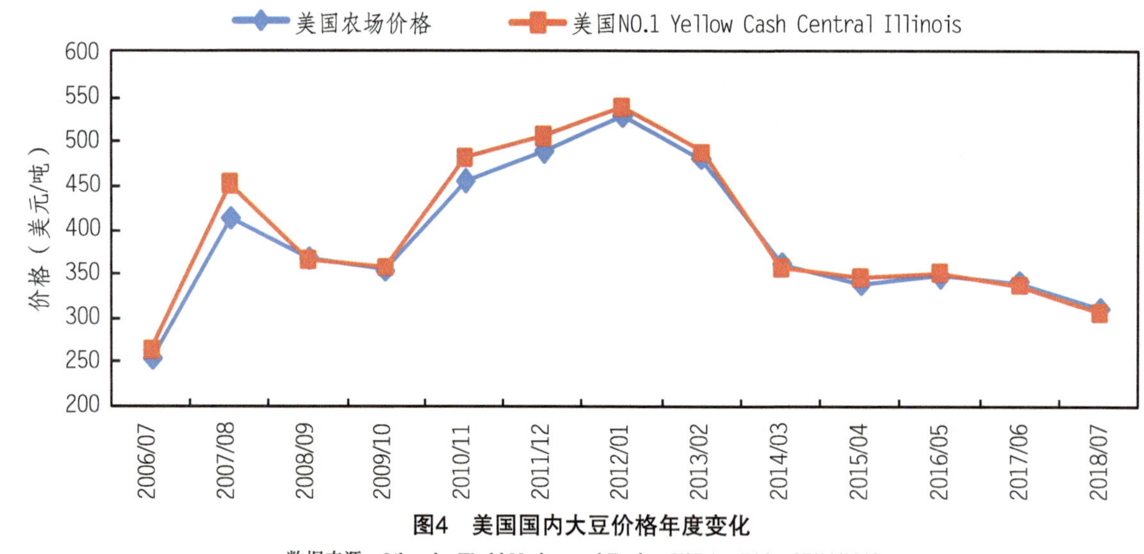

图4　美国国内大豆价格年度变化

数据来源：Oilseed：World Markets and Trade，USDA，FAS，07/11/2019

从美国国内大豆价格月度变化来看，2018年5—11月，美国农场大豆价格持续下降，从362美元/吨下降到308美元/吨，随后一直处于低位，2019年4月下降到306美元/吨；这期间，美国NO.1 Yellow Cash Central Illinois的大豆价格从2018年4月的367美元/吨持续下降到2018年9月的284美元/吨，随后回升至2019年2月的315美元/吨，然后又下降至2019年5月的288美元/吨，6月略有回升，价格回升到312美元/吨（图5）。

从巴西农场大豆价格年度变化来看，截至2019年第一季度，2019年各农场大豆价格较2018明显下降，南戈亚斯州的大豆价格下降幅度最大，下降了11.82%，西南皮奥伊州的大豆价格下降幅度最小，下降了4.34%。不同农场之间大豆价格差异较大，2019年第一季西北南里奥格兰德的大豆价格比北马托格罗索高出33.14元/吨，与2018年相比差距拉大（图6）。与2018年第一季度相比，巴西农场大豆价格最大降幅16.63%（南马拉尼昂），最小降幅7.74%（西北南里奥兰德）。

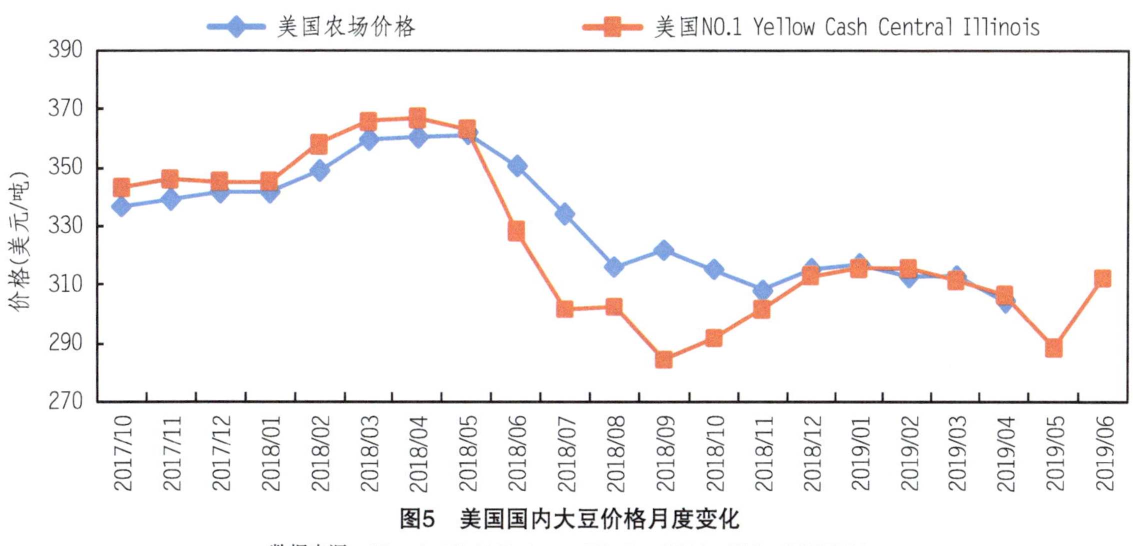

图5 美国国内大豆价格月度变化

数据来源：Oilseed：World Markets and Trade，USDA，FAS，07/11/2019

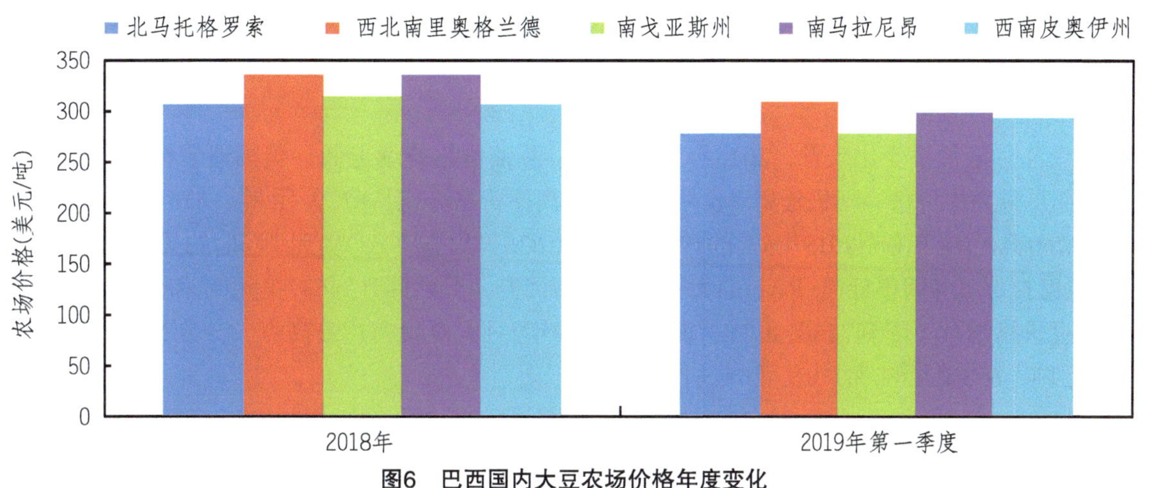

图6 巴西国内大豆农场价格年度变化

数据来源：Brazil Soybean Transportation，USDA

从巴西国内大豆农场价格季度变化来看，截至2019年第一季度，巴西国内大豆价格并无明显的季度变动特征，且不同地区之间价格差异较大。2019年第一季度北马托格罗索、西北南里奥格兰德、南马拉尼昂和西南皮奥伊州的大豆价格分别为275.28美元/吨、308.52美元/吨、298.43美元/吨和292.96美元/吨，分别较2018年第一季度下降6.15%、6.05%、8.54%和0.32%（图7）。

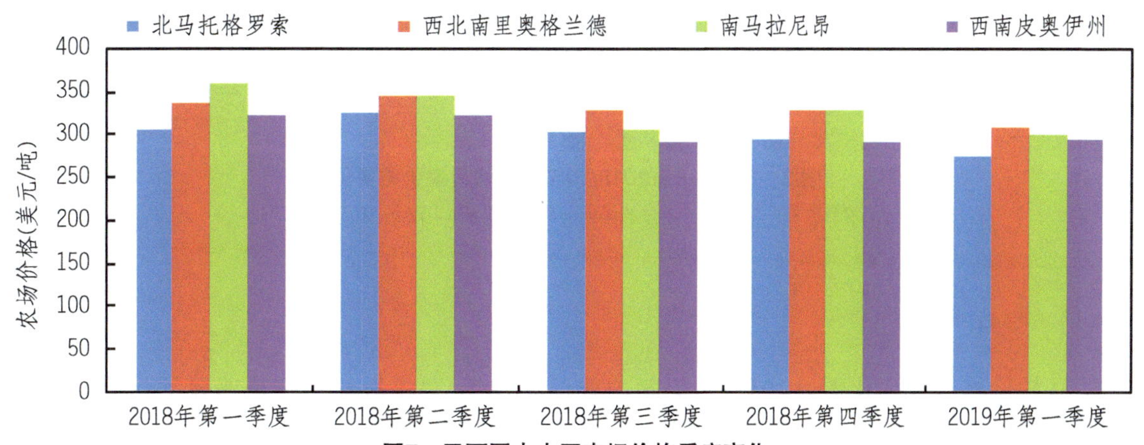

图7 巴西国内大豆农场价格季度变化

数据来源：Brazil Soybean Transportation，USDA

（二）豆油

从豆油价格的年度变化来看，2018/19年度相较2017/18年度明显下降（图8）。

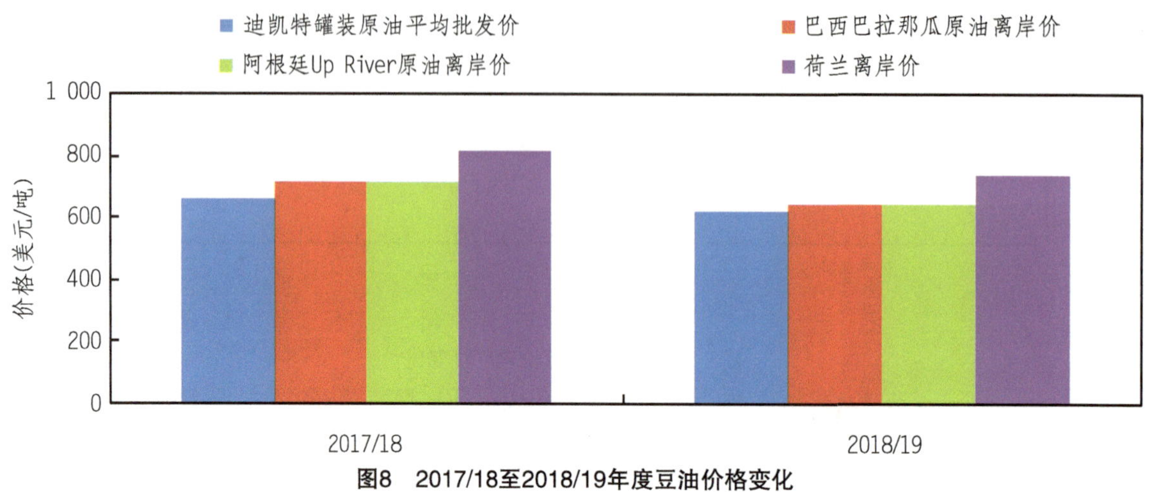

图8　2017/18至2018/19年度豆油价格变化

数据来源：Oilseed：World Markets and Trade，USDA，FAS，07/11/2019

从豆油月度价格变化来看，2018年10月以来，豆油价格持续走低，美国迪凯特批发价格、巴西巴拉那瓜港离岸价格、阿根廷离岸价格以及荷兰离岸价格分别从637美元/吨、676美元/吨、658美元/吨和760美元/吨下降至2019年5月的594美元/吨、626美元/吨、637美元/吨和733美元/吨，2019年6月巴西巴拉那瓜和阿根廷Up River的大豆价格略有回升，分别回升到637美元/吨和639美元/吨，荷兰的大豆价格继续下降到726美元/吨。其中，2019年2月大豆价格达最高点，分别为652美元/吨、683美元/吨、693美元/吨和770美元/吨（图9）。

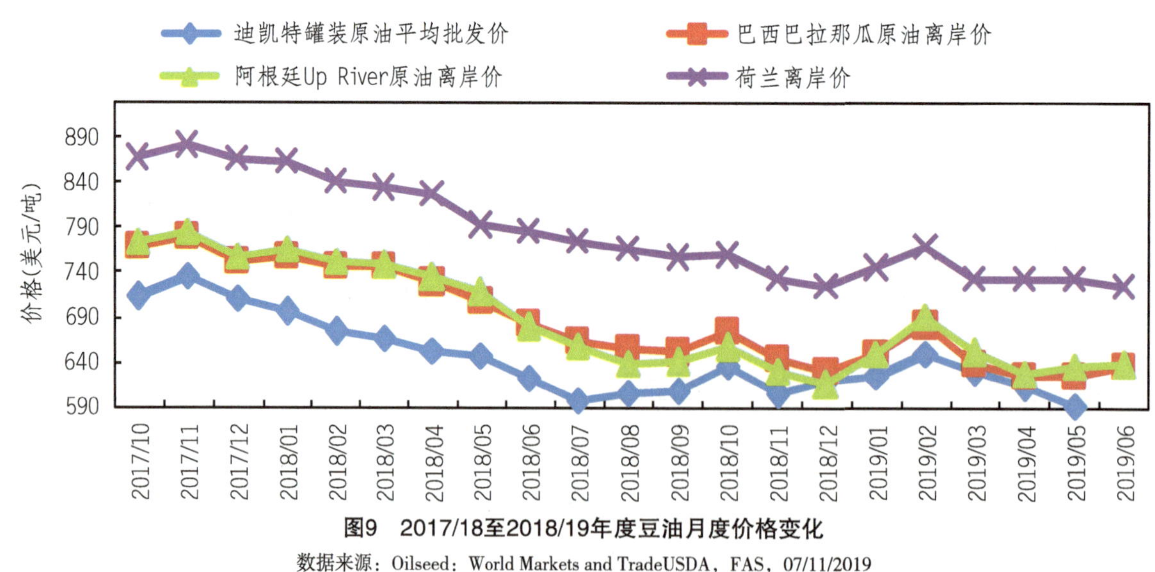

图9　2017/18至2018/19年度豆油月度价格变化

数据来源：Oilseed：World Markets and TradeUSDA，FAS，07/11/2019

（三）豆粕

从豆粕价格年度变化看，2018/19年度（截至2018年6月）豆粕价格呈明显下降态势。美国迪卡特批发价格、巴西巴拉那瓜港离岸价格、阿根廷离岸价格以及德国汉堡离岸价格分别为341美元/吨、331美元/吨、326美元/吨和333美元/吨，分别较2017/18年度下降了10.26%、10.05%、

13.07%和12.83%（图10）。

从豆粕价格月度变化来看，自2018年5月至2019年5月，豆粕价格持续下跌，美国迪卡特批发价格、巴西巴拉那瓜港离岸价格、阿根廷离岸价格以及德国汉堡离岸价格分别从高位的434美元/吨、419美元/吨、458美元/吨和447美元/吨下降到328美元/吨、312美元/吨、311美元/吨和320美元/吨，分别下降了24.42%、25.54%、32.10%和28.41%；2019年6月，除美国迪卡特批发价格外（无数据），豆粕价格略有回升，分别回升至334美元/吨、331美元/吨和337美元/吨（图11）。

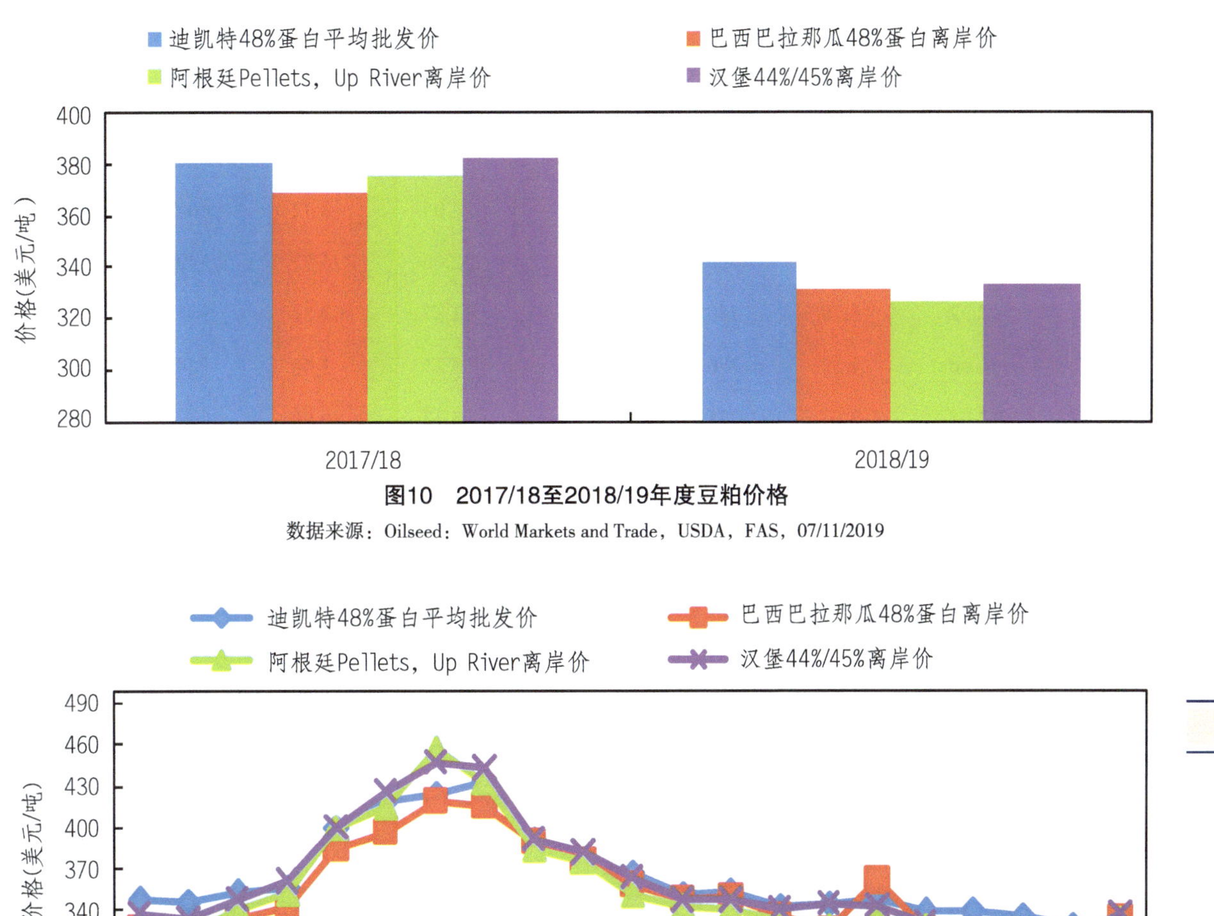

图10 2017/18至2018/19年度豆粕价格

数据来源：Oilseed：World Markets and Trade，USDA，FAS，07/11/2019

图11 2017/18至2018/19年度豆粕月度价格

数据来源：Oilseed：World Markets and Trade，USDA，FAS，07/11/2019

三、国际贸易格局

（一）大豆

1. 全球大豆贸易状况

2018年全球大豆出口量1.53亿吨，较上年度增加189.26万吨，增加了1.25%；出口贸易额592.66亿美元，较上年度增加11.57亿元，增加了10.99%。其中，主要出口国巴西大豆出口量占全球大豆出口总量的54.65%，较上年度提高9.54个百分点，出口额占全球大豆出口总额的56.00%，较上年度提高11.74个百分点，处于第一位（表4）。

表4 2017—2018年全球大豆出口情况

	2017年				2018年			
	出口额（亿美元）	占比（%）	出口量（万吨）	占比（%）	出口额（亿美元）	占比（%）	出口量（万吨）	占比（%）
全　球	581.09	100.00	15 110.00	100.00	592.66	100.00	15 299.26	100.00
巴　西	257.18	44.26	6 815.46	45.11	331.91	56.00	8 360.52	54.65
美　国	215.39	37.07	5 538.01	36.65	171.63	28.96	4 641.53	30.34
巴拉圭	21.32	3.67	612.39	4.05	22.05	3.72	602.87	3.94
加拿大	19.31	3.32	466.29	3.09	22.06	3.72	549.98	3.59
阿根廷	27.32	4.70	740.09	4.90	13.87	2.34	353.99	2.31
乌克兰	10.60	1.82	286.65	1.90	8.31	1.40	224.18	1.47
乌拉圭	12.00	2.07	325.12	2.15	5.35	0.90	137.83	0.90

数据来源：Https://www.trademap.org，08/02/2019

2018年全球大豆进口量1.49亿吨，较上年度增加214.72万吨，增加了1.46%，进口额653.27亿美元，较上年度增加22.84亿美元，增加了3.62%。全球大豆进口格局一个明显的变化是，阿根廷大豆进口量迅速增加，占全球大豆进口总量的4.32%，仅次于欧盟，居全球第三位（表5）。

表5 2017—2018年全球大豆进口情况

	2017年				2018年			
	进口额（亿美元）	占比（%）	进口量（万吨）	占比（%）	进口额（亿美元）	占比（%）	进口量（万吨）	占比（%）
全　球	630.43	100.00	14 697.99	100.00	653.27	100.00	14 912.71	100.00
中　国	396.38	62.87	9 553.42	65.00	380.78	58.29	8 803.36	59.03
阿根廷	7.01	1.11	189.78	1.29	25.06	3.84	644.32	4.32
墨西哥	17.32	2.75	434.13	2.95	20.02	3.06	517.58	3.47
荷　兰	15.63	2.48	384.52	2.62	17.16	2.63	427.80	2.87
德　国	12.33	1.96	301.94	2.05	14.80	2.27	363.82	2.44
西班牙	13.66	2.17	339.60	2.31	13.88	2.12	339.47	2.28
日　本	15.47	2.45	321.84	2.19	15.43	2.36	323.64	2.17

数据来源：Https://www.trademap.org，08/02/2019

2. 主要出口国出口去向

（1）巴西。2018年巴西出口大豆6 883.99万吨，较上一年度增加1 545.06万吨，增加了22.67%。其中82.34%出口中国，较上年度提高了3.41个百分点；其次出口到欧盟（3.86%出口到西班牙和荷兰）；其余出口到土耳其（1.56%）和伊朗（1.55%）等（表6）。

表6　巴西大豆出口去向

出口国家/地区	2017年		2018年		年度变动	
	出口量（万吨）	占比（%）	出口量（万吨）	占比（%）	变动量（万吨）	变动（%）
中　国	5 379.70	78.93	6 883.99	82.34	1 504.29	27.96
西班牙	201.69	2.96	188.90	2.26	−12.79	−6.34
荷　兰	158.71	2.33	134.02	1.60	−24.69	−15.56
土耳其	28.85	0.42	130.51	1.56	101.66	352.37
伊　朗	124.71	1.83	129.76	1.55	5.05	4.05
泰　国	165.28	2.43	119.45	1.43	−45.83	−27.73
俄罗斯	102.93	1.51	109.52	1.31	6.59	6.40
全球合计	6 815.46	100.00	8 360.52	100.00	1 545.06	22.67

数据来源：Https://www.trademap.org，08/03/2019

（2）美国。截至2019年5月，2018/19年度美国出口大豆3 242.33万吨，较上年度同期减少1 120.50万吨（减幅25.68%）。其中21.53%向中国出口，较上一年度下降了35.24个百分点；18.86%向欧盟出口，较上一年度提高了11.22个百分点；其余出口到墨西哥（10.66%）和埃及（6.06%）等国，一个明显的变化向阿根廷出口大豆176.36万吨，占美国大豆出口总量的5.44%（表7）。

表7　美国大豆出口去向

出口国家/地区	2017.10至2018.05		2018.10至2019.05		年度变动	
	出口量（万吨）	占比（%）	出口量（万吨）	占比（%）	变动量（万吨）	变动（%）
中　国	2 476.70	56.77	698.11	21.53	−1 778.59	−71.81
欧　盟	333.59	7.65	611.66	18.86	278.07	83.36
墨西哥	276.45	6.34	345.58	10.66	69.13	25.01
埃　及	161.66	3.71	196.52	6.06	34.86	21.56
阿根廷	0.03	0.00	176.36	5.44	176.33	587 767
日　本	159.11	3.65	170.14	5.25	11.03	6.93
印度尼西亚	155.52	3.56	165.78	5.11	10.26	6.60
中国台湾	135.30	3.10	134.28	4.14	−1.02	−0.75
泰　国	120.53	2.76	126.61	3.90	6.08	5.04
韩　国	65.48	1.50	83.61	2.58	18.13	27.69
全球合计	4 362.83	100.00	3 242.33	100.00	−1 120.50	−25.68

数据来源：United States Department of Agriculture Economic Research Service，07/05/2019

3. **主要进口国（中国）进口来源**

2018年中国进口大豆8 803.36万吨，较上年度减少750.06万吨，减少了7.85%。其中进口大豆的75.07%来自巴西，较上年度提高21.76个百分点；18.90%来自美国，较上年度下降15.49个百分点；

2.04%来自加拿大，较上年度下降0.11个百分点，其余主要从阿根廷（1.66%）和乌拉圭（1.36%）等国进口（表8）。

表8　中国大豆进口来源情况

进口国家/地区	2017年		2018年		年度变动	
	进口量（万吨）	占比（%）	进口量（万吨）	占比（%）	变动量（万吨）	变动（%）
巴　西	5 092.74	53.31	6 608.43	75.07	1 515.69	29.76
美　国	3 285.30	34.39	1 664.01	18.90	−1 621.29	−49.35
加拿大	204.84	2.14	179.19	2.04	−25.65	−12.52
阿根廷	658.10	6.89	146.40	1.66	−511.7	−77.75
乌拉圭	257.25	2.69	119.91	1.36	−137.34	−53.39
俄罗斯	50.81	0.53	81.72	0.93	30.91	60.83
埃塞俄比亚	1.49	0.02	1.80	0.02	0.31	20.81
哈萨克斯坦	6.92	0.07	1.72	0.02	−5.2	−75.14
乌克兰	2.08	0.02	0.11	0.00	−1.968	−94.62
全球合计	9 553.42	100.00	8 803.36	100.00	−750.06	−7.85

数据来源：中国海关总署

（二）豆油

1. 全球豆油贸易状况

2018年全球豆油出口量1 120.66万吨，减少了7.14%；出口额84.10亿美元，减少了7.48%。其中35.79%的出口量、33.38%的出口额来自阿根廷，分别较上年度下降了5.41和7.60个百分点；12.62%的出口量、12.19%的出口额来自巴西，分别较上年度提高了1.50和0.85个百分点；9.86%的出口量和10.40%的出口额来自美国，分别较上年度提高了1.00和0.69个百分点（表9）。

表9　2017—2018年全球豆油出口情况

	2017年				2018年			
	出口额（亿美元）	占比（%）	出口量（万吨）	占比（%）	出口额（亿美元）	占比（%）	出口量（万吨）	占比（%）
全　球	90.90	100.00	1 206.89	100.00	84.10	100.00	1 120.66	100.00
阿根廷	37.25	40.98	497.26	41.20	28.07	33.38	401.11	35.79
巴　西	10.31	11.34	134.25	11.12	10.25	12.19	141.46	12.62
美　国	8.83	9.71	106.96	8.86	8.75	10.40	110.54	9.86

数据来源：Https://www.trademap.org，08/04/2019

2018年全球豆油进口量1 122.80万吨，减少了4.15%，进口额87.71亿美元，减少了10.96%。其中印度的进口量和进口额分别占到26.46%和25.96%，分别较上年度下降2.04和1.98个百分点；其次是孟加拉国，其进口量和进口额所占份额为8.47%和7.44%，分别较上年度提高1.36和0.65个百分点；阿尔及利亚和中国的进口量所点份额分别为6.19%和4.89%，分别较上年度下降0.16和0.69个百分点，进口额所占份额分别为5.67%和4.99%，分别较上年度下降0.43和0.45个百分点（表10）。

表10 2017—2018年全球豆油进口情况

	2017年				2018年			
	进口额（亿美元）	占比（%）	进口量（万吨）	占比（%）	进口额（亿美元）	占比（%）	进口量（万吨）	占比（%）
全　球	98.51	100.00	1 171.46	100.00	87.71	100.00	1 122.80	100.00
印　度	27.52	27.94	333.87	28.50	22.77	25.96	297.13	26.46
孟加拉国	6.69	6.79	83.28	7.11	6.53	7.44	95.07	8.47
阿尔及利亚	6.01	6.10	74.37	6.35	4.97	5.67	69.45	6.19
中　国	5.36	5.44	65.34	5.58	4.38	4.99	54.91	4.89

数据来源：Https://www.trademap.org，08/04/2019

2. **主要出口国（阿根廷）出口去向**

2018年阿根廷豆油出口量为401.11万吨，较上年度减幅19.34%。其中，47.59%的豆油出口到印度，较上年度减少了2.51个百分点，16.16%出口到孟加拉国，较上年度提高5.15个百分点，其余向秘鲁（9.40%）、委内瑞拉（4.81%）和摩洛哥（4.69%）等国出口，所占份额分别较上年度提高了1.17、1.74个和1.38个百分点；4.33%向中国出口，埃及和伊朗所占份额明显下降（表11）。

表11 阿根廷豆油出口去向

出口国家/地区	2017年		2018年		年度变动	
	出口量（万吨）	占比（%）	出口量（万吨）	占比（%）	变动量（万吨）	变动（%）
印　度	249.14	50.10	190.89	47.59	−58.25	−23.38
孟加拉国	54.71	11.00	64.80	16.16	10.09	18.44
秘　鲁	40.90	8.23	37.70	9.40	-3.20	-7.82
委内瑞拉	15.29	3.07	19.30	4.81	4.01	26.23
摩洛哥	16.46	3.31	18.80	4.69	2.34	14.22
中　国	—	—	17.35	4.33	—	—
埃　及	23.03	4.63	12.48	3.11	−10.55	−45.81
伊　朗	22.54	4.53	—	—	—	—
全球合计	497.26	100.00	401.11	100.00	−96.15	−19.34

数据来源：Https://www.trademap.org，08/04/2019

3. **主要进口国（印度）进口来源**

2018年印度进口豆油297.13万吨，较上年度减少36.74万吨，减少了11.00%。其中67.00%来自阿根廷，较上年度下降了12.62个百分点，23.59%来自巴西，较上年度提高9.48个百分点，2.99%来自瑞士，1.40%来自巴拉圭，较上年度下降了3.84个百分点（表12）。

表12 印度豆油进口来源情况

进口国家/地区	2017年		2018年		年度变动	
	进口量（万吨）	占比（%）	进口量（万吨）	占比（%）	变动量（万吨）	变动（%）
阿根廷	265.81	79.61	199.07	67.00	−66.74	−25.11

（续表）

进口国家/地区	2017年		2018年		年度变动	
	进口量（万吨）	占比（%）	进口量（万吨）	占比（%）	变动量（万吨）	变动（%）
巴　西	47.11	14.11	70.08	23.59	22.97	48.76
瑞　士	—	—	8.87	2.99	—	—
巴拉圭	17.49	5.24	4.17	1.40	-13.32	-76.16
全球合计	333.87	100.00	297.13	100.00	-36.74	-11.00

数据来源：Https://www.trademap.org，08/04/2019

（三）豆粕

1. 全球豆粕贸易状况

2018年全球豆粕出口量6 712.02万吨，较上年度增加了1.07%，出口额266.13亿美元，较上年度增加了14.99%。其中主要出口国阿根廷出口量占全球豆粕出口总量的34.96%，较上年度下降了7.58个百分点，出口额占全球豆粕出口总额的33.45%，较上年度下降了5.79个百分点；其次是巴西，出口量占全球豆粕出口量的25.12%，较上年度提高了3.77个百分点，出口额占全球豆粕出口额的25.16%，较上年度提高了3.68个百分点；美国居第三位，出口量占比15.24%，较上年度提高2.28个百分点，出口额占比15.01%，较上年度提高1.54个百分点（表13）。

表13　2017—2018年全球豆粕出口情况

	2017年				2018年			
	出口额（亿美元）	占比（%）	出口量（万吨）	占比（%）	出口额（亿美元）	占比（%）	出口量（万吨）	占比（%）
全　球	231.43	100.00	6 641.08	100.00	266.13	100.00	6 712.02	100.00
阿根廷	90.82	39.24	2 825.54	42.55	89.03	33.45	2 346.84	34.96
巴　西	49.73	21.49	1 417.71	21.35	66.97	25.16	1 686.20	25.12
美　国	31.17	13.47	860.94	12.96	39.94	15.01	1 023.01	15.24

数据来源：Https://www.trademap.org，08/04/2019

2018年全球豆粕进口额275.22亿美元，较上年度增加25.19亿美元，增加了10.07%，进口量6 496.11万吨，较上年度减少17.82万吨，减少了0.27%（表14）。

表14　2017—2018年全球豆粕进口情况

	2017年				2018年			
	进口额（亿美元）	占比（%）	进口量（万吨）	占比（%）	进口额（亿美元）	占比（%）	进口量（万吨）	占比（%）
全　球	250.03	100.00	6 513.93	100.00	275.22	100.00	6 496.11	100.00
印度尼西亚	16.42	6.57	433.06	6.65	20.45	7.43	474.95	7.31
越　南	17.22	6.89	437.61	6.72	17.66	6.42	467.55	7.20
泰　国	11.70	4.68	295.87	4.54	12.57	4.57	295.53	4.55
法　国	10.79	4.32	289.33	4.44	11.57	4.20	289.25	4.45
荷　兰	11.45	4.58	300.67	4.62	11.35	4.12	268.23	4.13

数据来源：Https://www.trademap.org，08/04/2019

2. **主要出口国出口去向**

（1）阿根廷。2018年阿根廷出口豆粕2 346.84万吨，较上年度减少478.70万吨，减少了16.94%。其中，12.62%出口到越南，较上年度下降1.23个百分点，10.35%出口到印度尼西亚，较上年度下降0.06个百分点，5.95%出口到阿尔及利亚，较上年度提高1.73个百分点，5.92%出口到波兰，较上年度提高0.56个百分点（表15）。

表15　阿根廷豆粕出口去向

出口国家/地区	2017年		2018年		年度变动	
	出口量（万吨）	占比（%）	出口量（万吨）	占比（%）	变动量（万吨）	变动（%）
越　南	391.30	13.85	296.15	12.62	−95.15	−24.32
印度尼西亚	294.25	10.41	242.98	10.35	−51.27	−17.42
阿尔及利亚	119.14	4.22	139.75	5.95	20.61	17.30
波　兰	151.51	5.36	138.93	5.92	−12.58	−8.30
西班牙	167.91	5.94	128.81	5.49	−39.10	−23.29
意大利	174.89	6.19	125.72	5.36	−49.17	−28.11
全球合计	2 825.54	100.00	2 346.84	100.00	−478.70	−16.94

数据来源：Https://www.trademap.org，08/04/2019

（2）巴西。2018年巴西出口豆粕1 686.20万吨，较上年度增加268.49万吨，增加了18.94%。其中15.82%出口到荷兰，较上年度下降了2.79个百分点，14.40%出口到泰国，较上年度提高了1.04个百分点，10.55%出口到朝鲜，较上年度下降0.81个百分点，10.12%出口到印度尼西亚，较上年度下降0.30个百分点（表16）。

表16　巴西豆粕出口去向

出口国家/地区	2017年		2018年		年度变动	
	出口量（万吨）	占比（%）	出口量（万吨）	占比（%）	变动量（万吨）	变动（%）
荷　兰	263.81	18.61	266.76	15.82	2.95	1.12
泰　国	189.45	13.36	242.77	14.40	53.32	28.14
朝　鲜	161.05	11.36	177.88	10.55	16.83	10.45
印度尼西亚	147.68	10.42	170.70	10.12	23.02	15.59
法　国	156.75	11.06	152.36	9.04	−4.39	−2.80
德　国	123.74	8.73	114.51	6.79	−9.23	−7.46
全球合计	1 417.71	100.00	1 686.20	100.00	268.49	18.94

数据来源：Https://www.trademap.org，08/04/2019

四、世界主要国家产业竞争力

（一）中美大豆种植成本比较

从2017年中美大豆成本收益比较来看，中国大豆亩成本比美国高175.48元，高35.57%，亩产值比美国高32.11元，高6.35%，亩净利润比美国低143.37元，低11.48倍（表17）。

表17　2017年中美大豆亩成本收益

单位：元/亩

项　目	中　国	美　国	中美差额	中美差幅%
净利润	−130.89	12.48	−143.37	−1 148.80
产值合计	537.91	505.8	32.11	6.35
总成本	668.80	493.32	175.48	35.57
A. 物耗费用	191.02	175.84	15.18	8.63
1. 种子费	36.87	64.59	−27.72	−42.92
2. 肥料费	45.29	27.87	17.42	62.50
3. 农药费	16.96	29.84	−12.88	−43.16
4. 农膜费	—	—	—	—
5. 机械作业费	—	—	—	—
6. 外包作业费	82.07	11.48	70.59	614.90
7. 排灌费	2.05	0.07	1.98	2 828.57
8. 燃料动力费	1.38	15.09	−13.71	−90.85
9. 工具材料费	2.19	25.96	−23.77	−91.56
10. 其他直接费用	—	—	—	—
B. 人工成本	215.85	25.21	190.64	756.21
1. 家庭用工折价	193.29	21.58	171.71	795.69
2. 雇工费用	22.56	3.63	18.93	521.49
C. 土地成本	251.29	158.91	92.38	58.13
1. 流转地租金	76.42	—	76.42	—
2. 自营地折租	174.87	—	174.87	—
D. 间接费用	10.64	134.29	−123.65	−92.08
1. 固定资产折旧	1.28	101.21	−99.93	−98.74
2. 保险费	6.57	11.86	−5.29	−44.60
3. 管理费	2.25	20.3	−18.05	−88.92
4. 财务费	—	0.92	−0.92	—
5. 其他间接费用	0.54	—	0.54	—

数据来源：中国数据来源于《全国农产品成本收益资料汇编》；美国数据来源于USDA。美国数据采用2017年汇率6.751 8折算

注：中美差额和差幅中正值表示中国高于美国的绝对值或差幅；负值表示中国低于美国的绝对值或差幅

从2017年千克产品成本分析结果可以看出，中国大豆的成本竞争力依然弱于美国，中国大豆每千克产品的生产成本比美国高108.00%（+2.43元）（表18）。

表18　2017年中美大豆单位产品成本比较

国　别	亩成本	亩产	千克产品成本（元/千克）			单价（元/千克）		
	（元/亩）	（千克/亩）	成本	差额	差幅（%）	单价	差额	差幅（%）
中　国	668.80	142.86	4.68	2.43	108.00	3.77	1.47	63.91
美　国	493.32	219.70	2.25	基准	基准	2.30	基准	基准

从大豆产品结构来看，中国的土地成本在大豆总成本中最高（37.57%），美国的物耗费用则最高（35.64%）；物耗费用中，美国的种子费占比最高（36.73%），而中国的外包作业费占比最高（42.96%）；间接成本中，中国的税和保险比重最大（61.75%），而美国固定资产折旧比重最大（75.37%）（表19、表20）

从大豆成本的变化来看，一个显著的变化是2017年中国大豆生产成本实现了负增长（-1.42%），而美国大豆生产成本增速放缓（1.95%），增速较2016年下降了0.13个百分点（表21）。

表19　2017年中美大豆物耗费用与间接费用的结构比较

单位：%

项　目	中　国	美　国
A. 物耗费用	100.0	100.0
1. 种子费	19.30	36.73
2. 肥料费	23.71	15.85
3. 农药费	8.88	16.97
4. 农膜费	—	—
5. 机械作业费	—	—
6. 外包作业费	42.96	6.53
7. 排灌费	1.07	0.04
8. 燃料动力费	0.72	8.58
9. 工具材料和修理维护费	1.15	14.76
10. 其他直接费用	—	—
D. 间接费用	100.0	100.0
1. 固定资产折旧	12.03	75.37
2. 税和保险费	61.75	8.83
3. 管理费	21.15	15.12
4. 财务费	—	0.69
5. 其他间接费用（销售费）	5.08	—

注：“—”表示该国没有该统计指标或数据

表20　2017年中美大豆成本结构比较

单位：%

国　家	总成本	A. 物耗费用	B. 人工成本	C. 土地成本	D. 间接费用
中　国	100.0	28.56	32.27	37.57	1.57
美　国	100.0	35.64	5.11	32.21	27.22

表21　2016—2017年中美大豆亩成本增长率比较

单位：%

项　目	中　国		美　国	
	2016年	2017年	2016年	2017年
总成本	0.55	-1.42	2.08	1.95
A. 物耗费用	0.49	0.45	2.24	0.64
1. 种子费	-1.42	0.30	5.89	0.50

（续表）

项　目	中　国		美　国	
	2016年	2017年	2016年	2017年
2. 肥料费	-1.54	-5.72	-10.29	-8.74
3. 农药费	0.43	4.56	9.33	-0.30
4. 农膜费	—	—	—	—
5. 机械作业费	—	—	—	—
6. 外包作业费	2.75	0.00	8.01	-1.12
7. 排灌费	6.07	-30.98	16.67	0.00
8. 燃料动力费	-4.55	-6.12	-7.93	20.75
9. 工具材料和修理维护费	-5.71	-17.05	6.21	4.04
10. 其他直接费用	—	—	—	—
B. 人工成本	1.37	-1.04	9.32	4.30
1. 家庭用工折价	-0.71	-0.60	9.71	4.35
2. 雇工费用	22.54	-4.61	7.06	4.01
C. 土地成本	0.49	-2.98	-2.94	1.04
1. 家庭农地机会成本	8.77	-4.33	—	—
2. 租入土地地租	-2.81	-2.37	—	—
D. 间接费用	-11.22	-4.66	7.40	4.41
1. 固定资产折旧	8.85	4.07	7.24	4.28
2. 税和保险费	0.29	-6.01	6.08	3.04
3. 管理费	-31.81	-11.07	6.79	3.30
4. 财务费	—	—	185.71	130.00
5. 其他间接费用（销售费）	-46.05	31.71	—	—

注：“—”表示该国没有该统计指标

（二）巴西大豆生产成本

自2014年以来，巴西大豆的生产费用一直处于高水平（图12）。

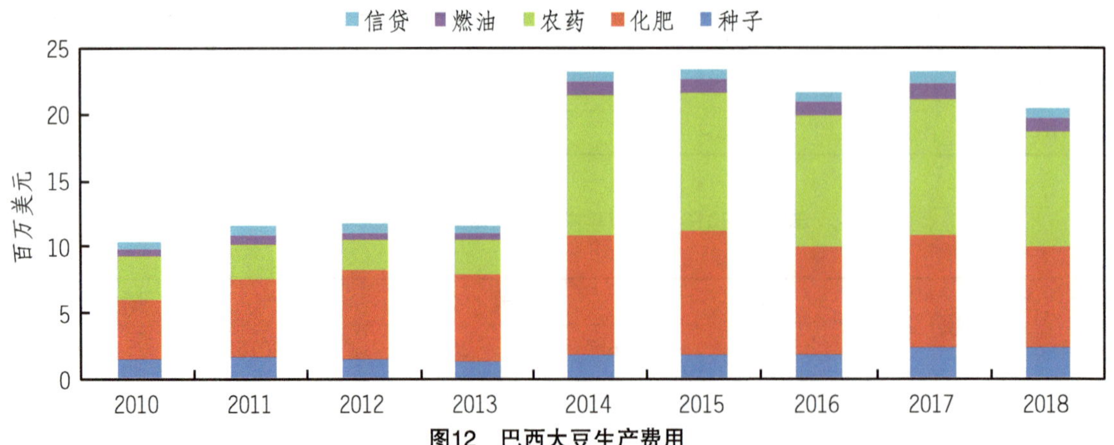

图12　巴西大豆生产费用

数据来源：CONAB（Brazil Ministry of Agriculture Marketing Agency）

（三）大豆运输成本

1. 美国到墨西哥的大豆运输成本

2018年从美国伊利诺斯州通过水路到达墨西哥韦拉克鲁斯的大豆到岸成本394.88美元/吨，其中总运输成本为50.22美元/吨，占到岸成本的12.70%；从内布拉斯加州通过陆路运到瓜达拉哈拉的大豆到岸成本为425.72美元/吨，其中总运输成本为97.57美元/吨，占到岸成本的23.00%（表22）。

表22　2018—2019年美国大豆到墨西哥运输成本

单位：美元/吨

运输方式	水路（到韦拉克鲁斯）				陆路（到瓜达拉哈拉）			
	2018年	2018年一季度	2019年一季度	变动%	2018年	2018年一季度	2019年一季度	变动%
	伊利诺伊州（IL）				内布拉斯加州（NE）			
卡车	12.14	13.87	8.78	−36.70	4.98	4.94	4.37	−11.54
铁路	—	—	—	—	92.59	91.51	94.21	2.95
海运	23.49	20.97	24.5	16.83	—	—	—	—
内河船运	14.59	13.97	13.89	−0.57	—	—	—	—
总运输成本	50.22	48.81	47.17	−3.36	97.57	96.45	98.58	2.21
农场价格	344.66	359.48	321.87	−10.46	328.15	341.72	302.89	−11.36
到岸成本	394.88	408.29	369.04	−9.61	425.72	438.17	401.47	−8.38
运输成本占到岸成本的%	12.7	12.0	12.8	0.8	23.0	22.0	24.6	2.6

数据来源：Mexico Transport Cost Indicator Report，USDA

从美国不同州出发，到达墨西哥不同城市，散装大豆铁路运费收费标准差异较大。2019年第一季度税及燃油附加费分别不同程度增加，较去年同期最高增加了3.97%，最低增加了1.67%（表23）。

表23　2018—2019年美国向墨西哥散装谷物运输的税及燃油附加费铁路费率

单位：美元/吨

出发地	目的地	税及燃油附加费			
		2018年	2018年一季度	2019年一季度	变动%
密苏里州（MO）	Bojay（Tula），HG	86.58	85.58	88.22	3.08
内布拉斯加州（NE）	瓜达拉哈拉，JA	94.24	91.51	94.21	2.95
艾奥瓦州（IA）	卡斯蒂略，JA	92.06	91.55	93.08	1.67
堪萨斯州（KS）	托雷翁，CU	79.60	78.52	81.64	3.97

数据来源：Mexico Transport Cost Indicator Report，USDA

2. 巴西大豆运输成本

2018年3月至2019年3月，从巴西出口大豆的卡车运输成本总体呈下降趋势（图13）。

自2018年第一季度以来，从巴西的不同港口到德国汉堡的大豆海运费用总体呈下降趋势（图14）。

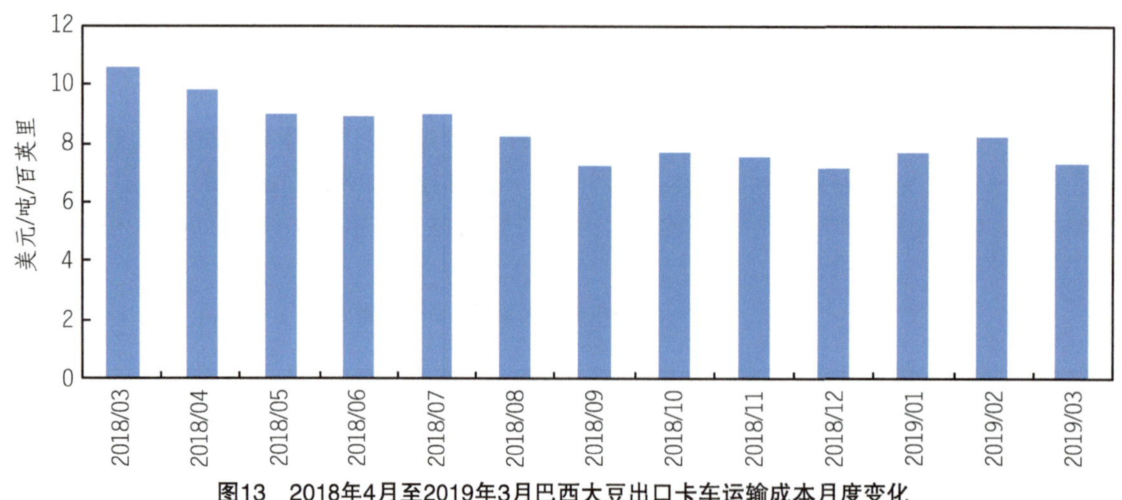

图13 2018年4月至2019年3月巴西大豆出口卡车运输成本月度变化

数据来源：Brazil Soybean Transportation，USDA

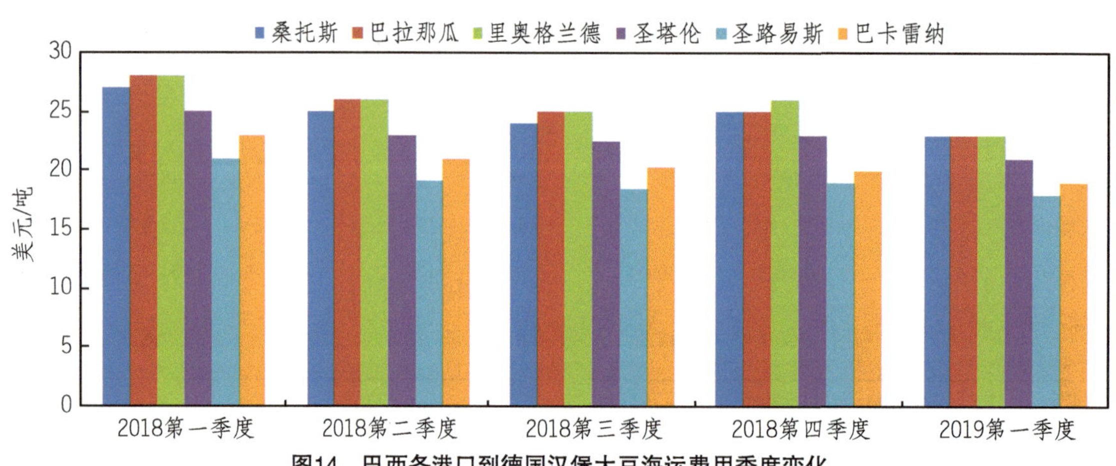

图14 巴西各港口到德国汉堡大豆海运费用季度变化

数据来源：Brazil Soybean Transportation，USDA

自2018年第一季度以来，从巴西的不同港口到中国上海的大豆海运费用总先降后升，以桑托斯港为例，运费从2018年一季度的32.50美元/吨下降到三季度的27.75美元/吨，然后回升到2019年一季度的32.25美元/吨，不同港口的大豆运费差异不大，2019年第一季度，运费最高33.75美元/吨（巴拉那瓜），最低31美元/吨（圣路易斯）（图15）。

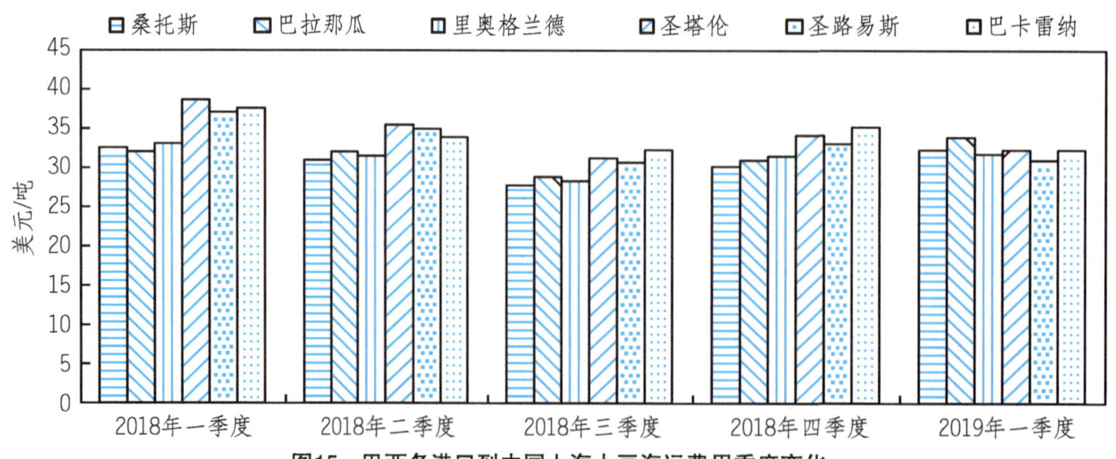

图15 巴西各港口到中国上海大豆海运费用季度变化

数据来源：Brazil Soybean Transportation，USDA

2019年第一季度，从巴西各州到中国上海的大豆运输成本较上年度同期均有所下降，下降幅度最高达15.80%（北马托格罗索-巴拉那瓜港），最低3.16%（西北南里奥格兰德-里奥格兰德港）（表24）。

2019年第一季度，从巴西各州到德国汉堡的大豆运输成本较上年度同期均有所下降，下降幅度最高达21.92%（北马托格罗索-巴拉那瓜港），最低3.13%（西南皮奥伊州-圣路易斯港）（表25）。

表24 巴西大豆从南部港口到中国上海的运输成本

单位：美元/吨

	北马托格罗索-桑托斯港（卡车）			西北南里奥格兰德-里奥格兰德港			北马托格罗索-桑托斯港（铁路）			北马托格罗索-巴拉那瓜港		
	2018第一季度	2019第一季度	变动%	2018第一季度	2019第一季度	变动%	2018第一季度	2019第一季度	变动%	2018第一季度	2019第一季度	变动%
卡车	93.44	81.92	-12.33	31.51	26.05	-17.33	39.07	29.89	-23.50	92.46	71.05	-23.16
铁路桑托斯	—	—	—	—	—	—	46.94	41.21	-12.21	—		—
海运	32.50	32.25	-0.77	28.00	31.58	12.79	32.50	32.25	-0.77	32.00	33.75	5.47
总运输成本	125.94	114.17	-9.35	59.51	57.63	-3.16	118.51	103.36	-12.78	124.46	104.80	-15.80
农场价格[3]	305.85	275.38	-9.96	334.43	308.52	-7.75	305.85	275.38	-9.96	305.85	275.38	-9.96
到岸成本	431.80	389.54	-9.79	393.94	366.2	-7.04	424.36	378.73	-10.75	430.31	380.18	-11.65
运输成本占到岸成本的%	29.17	29.3	0.13	15.11	15.7	0.59	27.9	27.3	-0.60	28.92	27.6	-1.32

	北马托格罗索-桑塔伦港			南马拉尼昂州-圣路易斯港			西南皮奥伊州-圣路易斯港		
	2018第一季度	2019第一季度	变动%	2018第一季度	2019第一季度	变动%	2018第一季度	2019第一季度	变动%
卡车	61.09	59.40	-2.77	36.57	37.04	1.29	44.3	45.24	2.12
海运	38.50	32.25	-16.23	37.00	31.00	-16.22	37.0	31.00	-16.22
总运输成本	99.59	91.65	-7.97	73.57	68.04	-7.52	81.3	76.24	-6.22
农场价格	319.69	275.38	-13.86	350.90	298.43	-14.95	334.2	292.96	-12.34
到岸成本	419.28	367.03	-12.46	424.47	366.47	-13.66	415.5	369.20	-11.14
运输成本占到岸成本的%	23.75	25.0	1.25	17.33	18.6	1.27	19.57	20.7	1.13

数据来源：Brazil Soybean Transportation，USDA

表25　巴西大豆从南部港口到德国汉堡的运输成本

单位：美元/吨

	北马托格罗索-桑托斯港（卡车）			西北南里奥格兰德-里奥格兰德港			北马托格罗索-桑托斯港（铁路）			北马托格罗索-巴拉那瓜港		
	2019第一季度	2019第一季度	变动%	2018第一季度	2019第一季度	变动%	2018第一季度	2019第一季度	变动%	2018第一季度	2019第一季度	变动%
卡车	93.44	81.92	−12.33	31.51	26.05	−17.33	39.07	28.89	−26.06	92.46	71.05	−23.16
铁路-桑托斯	—	—	—	—	—	—	46.94	41.21	−12.21	—	—	—
海运	27.00	23.00	−14.81	28.00	23.00	−17.86	27.00	23	−14.81	28.00	23.00	−17.86
总运输成本	120.44	104.92	−12.89	59.51	49.05	−17.58	113.01	94.11	−16.72	120.46	94.05	−21.92
农场价格[3]	305.85	275.38	−9.96	334.43	308.52	−7.75	305.85	275.38	−9.96	305.85	275.38	−9.96
到岸成本	426.30	380.29	−10.79	393.94	357.57	−9.23	418.86	369.48	−11.79	426.31	369.43	−13.34
运输成本占到岸成本的%	28.25	27.6	−0.65	15.11	13.7	−1.41	26.98	25.5	−1.48	28.26	25.5	−2.76

	北马托格罗索-桑塔伦港			南马拉尼昂州-圣路易斯港			西南皮奥伊州-圣路易斯港		
	2018第一季度	2019第一季度	变动%	2018第一季度	2019第一季度	变动%	2018第一季度	2019第一季度	变动%
卡车	61.09	59.4	−2.77	36.57	37.04	1.29	44.28	45.24	2.17
海运	25.00	21.00	−16.00	21.00	18.00	−14.29	21.00	18.00	−14.29
总运输成本	86.09	80.40	−6.61	57.57	55.04	−4.39	65.28	63.24	−3.13
农场价格	319.69	275.38	−13.86	350.90	298.43	−14.95	334.23	292.96	−12.35
到岸成本	405.78	355.78	−12.32	408.47	353.47	−13.46	399.51	356.20	−10.84
运输成本占到岸成本的%	21.22	22.6	1.38	14.09	15.6	1.51	16.34	17.8	1.46

数据来源：Brazil Soybean Transportation，USDA.

五、主要国家产业支持政策新变化

主产国中，2018—2019年美国和阿根廷的大豆产业政策发生了一些变化。

（一）美国调整大豆产业支持政策

2018年12月20日，美国颁布《2018农业法案》，营销援助贷款项目的贷款率进行了调整。由于价格损失保障计划和农业风险保障计划均与贷款率相关，因此也相应发生变化。

1. **营销援助贷款**（Marketing Assistance Loans，MALs）

2018农业法案延长了市场援助贷款项目，2019—2023年的作物有资格申请贷款，相对于2018年的作物水平，2018年的农业法案提高了2019—2023年作物的贷款率，大豆的贷款率由5.00美元/蒲式耳提高到6.20美元/蒲式耳（表26）。

表26　历年大豆贷款率

农业法案	贷款率（美元/蒲式耳）	适用期
1996农业法案	4.92 ~ 5.26	1996—2002
2002农业法案	5.00	2002—2003、2004—2007
2008农业法案	5.00	2008、2009、2010—2012
2012农业法案	5.00	2013—2017
2014农业法案	5.00	2014—2018
2018农业法案	6.20	2019

数据来源：USDA

2. **价格损失保障计划**（PRICE LOSS COVERAGE，PLC）

2002农业法案确定大豆目标价格5.80美元/蒲式耳（2002/03，2004/07），2008农业法案确定大豆的目标价格2008和2009年度为5.80美元/蒲式耳，2010—2012年度为6.00美元/蒲式耳，2014农业法案确定大豆的参考价格为8.40美元/蒲式耳，2018农业法案没有变化。但由于价格损失保障支付率等于法定参考价格减去国内贷款利率，大豆贷款率发生了变化，价格损失保障支付率也随着变化（表27）。

表27　2014/15—2018/19年度价格损失保障支付率

单位：美元/蒲式耳

营销年度[1]	法定参考价格A	国内贷款率B	最大价格损失保障支付率（A-B）
2014—2018	8.4	5.0	3.4
2019—2023	8.4	6.2	2.2

注：[1]营销年度指当年9月1日至翌年8月31日，如2014年的营销年度指2014年9月1日至2015年8月31日

数据来源：2014/15—2018/19数据来自USDA，2019/20—2023/24数据为计算所得

3. **农业风险保障计划**（Agricultural Risk Coverage，ARC）

2014—2018年市场年度大豆实际风险保障价格如表28所示。

表28　2014—2018年度大豆风险保障价格

单位：美元/蒲式耳

营销年度[1]	营销年度平均价格	国内贷款率	实际风险保障价格
2014年	10.10	5.00	10.10
2015年	8.95	5.00	8.95
2016年	9.47	5.00	9.47
2017年	9.33	5.00	9.33
2018年	8.50	5.00	8.50

注：[1]营销年度指当年9月1日至翌年8月31日，如2014年的营销年度指2014年9月1日至2015年8月31日

数据来源：USDA

4. **市场促进方案**（Market Facilitation Program，MFP）

市场促进方案分三批支付，第一批付款由生产者计算付款的50%或每英亩15美元中较高者组成，在2018年8月中旬至下旬支付。第二批和第三批付款根据市场条件和贸易机会进行评估，如果条件允许，第二批将在2018年11月进行，第三批将在2019年1月初进行。

（二）阿根廷调降大豆出口税

阿根廷的出口税改革提高了其大豆部门的竞争力。自2015年以来，税率的下调降低了农民的成本，提高了农民的营利能力，并降低了大豆出口价格（图16）。降低税率有助于缩小内陆和离岸价（船上交货）港口价格之间的差距，进一步的出口税改革可以提高阿根廷大豆部门的全球竞争力，并可能取代美国和巴西等其他国家的大豆出口。

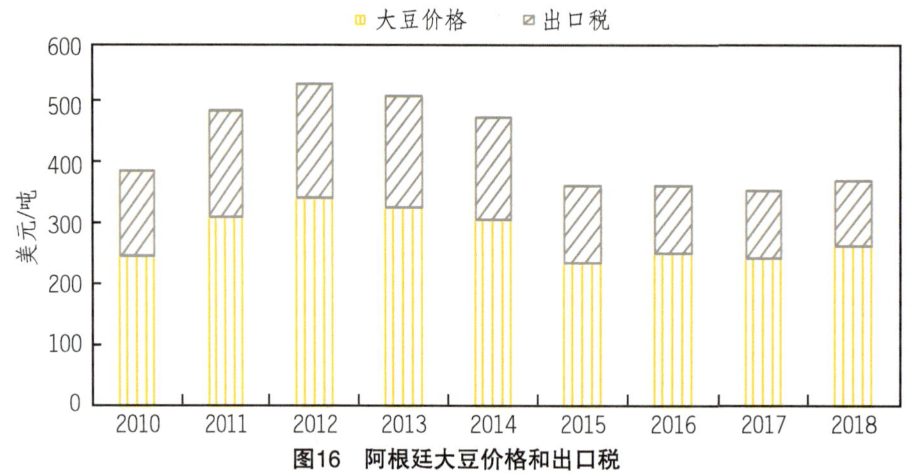

图16 阿根廷大豆价格和出口税

数据来源：SAGPyA. Free alongside ship（f.a.s.）Rosario terminal price and export taxes.

六、世界供需形势展望

（一）大豆价格预期上涨

美国和中国之间日益紧张的贸易关系实际上产生了两个全球大豆价格：一是中国—巴西价格（较高），二是世界其他国家价格（较低）。随着大豆市场对当前形势的调整，预计价格也将上涨。

（二）大豆生产预计小幅扩张

预计到2028/29年度，全球大豆产量将增长23%，大豆面积和单产分别增长12.10%和9.70%。

预计2019/20至2020/21年度，美国大豆种植面积将减少约260万公顷。未来十年美国大豆生产将慢慢恢复，预计到2028/29年度达到3 440万公顷左右。

在阿根廷，较低的生产成本、较低的出口税和持续的汇率疲软预计将鼓励农民将更多的土地转移到大豆生产中。阿根廷大豆产量的增长还得益于广泛的复种、作物牧场轮作的进一步调整以及该国西北部边缘土地的扩张。

加拿大的大豆种植面积已从安大略省南部的传统产区扩大到马尼托巴省东北部的大草原。大豆品种的改良和产量的提高促成了该地区的扩张。乌克兰货币贬值，使国内价格上涨，并鼓励大豆生产。

（三）大豆及其产品贸易继续增长

1. 大豆贸易增长预期放缓

未来十年，全球大豆贸易预计增长23.40%，到2028/29年度将增加3 700万吨，达到1.96亿吨。豆粕贸易增长19%，豆油贸易增长23%。

（1）大豆出口。2019/20至2028/29年度，巴西的大豆出口预计达到9 610万吨。巴西在世界大豆出口中所占份额将从38%上升到41.40%。阿根廷的大豆出口预计每年增长4%，到2028/29年度将达到1 410万吨，阿根廷在世界大豆出口中所占份额稳定在19.50%。巴西和阿根廷预计在2018—2028年的出口增长将达到2 720万吨。2028/29年度，美国大豆出口预计将从2019/20年度的5 650万吨略微增加到6 140万吨，出口份额将从2019/20年度的35.50%降至31.30%。美国大豆出口预计在10年内增长530万吨。美国、巴西和阿根廷这三大主要大豆出口国预计在未来十年将占世界大豆贸易的87.70%。

（2）大豆进口。中国大豆进口量占预计增长量的76%，预计在2018—2028年增长3 210万吨。尽管预计豆粕消费增长放缓，但到2028/29年度，中国大豆进口量将增加2 850万吨。东南亚饲料用大豆和豆粕的预计进口量分别以每年2.30%和3.20%的速度增长，豆粕进口占预测期全球豆粕进口的47%，到2028/29年度达到2 350万吨。欧盟大豆进口变化不大，预计到2020/21年，欧盟大豆进口量将增加至1 570万吨，但到2028/29年度，将逐渐下降至1 490万吨。东亚其他国家（日本、韩国和中国台湾）的大豆进口预计将从2019/20年度的720万吨略微增加到2028/29年度的740万吨。

2. 豆油贸易量预期增加

受食品和工业用途增加的支撑世界豆油进口量预计未来十年内将增加260万吨（23%），达到1 400万吨，但世界豆油贸易的增长预计将继续受到与棕榈油的竞争的制约，因为棕榈油贸易是国际上主要的植物油贸易。

（1）豆油出口。阿根廷、巴西、欧盟和美国是世界四大豆油出口国。在未来十年中，它们的总出货量预计将占世界豆油出口量的78%。预计到2028/29年度，阿根廷、巴西和美国将分别占世界豆油出口的44%、18%和8%。阿根廷的豆油出口预计将增至620万吨，比2019/20年度增长12%。巴西的豆油出口量将从2019/20年度的110万吨增加到250万吨。欧盟将豆油出口将从2019/20年度的110万吨增加到120万吨，占全球贸易的8.30%。美国豆油出口预计将达到110万吨，成为世界第四大豆油出口国，占全球贸易的7.90%。除阿根廷和巴西以外的南美国家豆油出口预计增加26万吨，达到130万吨。巴拉圭和玻利维亚是南美最大的豆油出口国，仅次于阿根廷和巴西。

（2）豆油进口。印度在2013/14年度超过中国成为世界上最大的豆油进口国。2028/29年度，印度豆油进口量预计将上升25.30%，达到400万吨。孟加拉国和巴基斯坦在未来十年豆油进口将从89万吨增加到106万吨。预计到2019/20年度，中国豆油进口量将增加到100万吨，到2028/29年度，将继续增加到160万吨。东南亚地区的进口量将增加6.50万吨，达到33.90万吨。北非、中东和拉丁美洲的收入和人口增长促进了豆油需求和进口的增长。其他北非和南美地区在2019/20年度进口130万吨和140万吨，到2028/29年度分别增长30万吨至160万吨和170万吨。在南美，最大的进口国是秘鲁、哥伦比亚和委内瑞拉。到2028/29年度，中美洲和加勒比地区的进口从50万吨增加到60万吨。

3. 豆粕贸易量预期增加

到2028/29年度，世界豆粕贸易预计将增加1 250万吨（18.90%），达到7 850万吨。

（1）豆粕出口。阿根廷、巴西和美国仍然是世界三大豆粕出口国。总之，他们在世界出口中的份额在未来十年里从87%略微上升到89%。到2028/29年度，阿根廷、巴西和美国分别占世界豆粕出口市场份额的46%、27%和16%。巴西豆粕的出口量在预计的十年内增加了590万吨（38.80%），到2023/24—2024/25年度将超过美国，成为第二大豆粕出口国，其在世界出口中的份额将从23%

增加到几乎27%。欧盟仍然是一个向俄罗斯和其他东欧国家出口豆粕的小型但稳定的出口国，在这些国家，牲畜产量预计将大幅增长。到2028/29年度，欧盟豆粕年出口量稳定在30万吨。印度国内家禽、鸡蛋和牛奶生产的饲料使用继续限制豆粕出口增长，到2028/29年度，豆粕出口预计将从2019/20年度的140万吨下降到60万吨。

（2）豆粕进口。欧盟仍然是世界上最大的豆粕进口国，到2028/29年度，欧盟豆粕进口量预计增加6.10%，达到1 980万吨。日本、韩国和中国台湾预计牲畜产量将适度增加，到2028/29年度，豆粕进口量将从360万吨增加到420万吨，其中大部分来自韩国。东南亚、北非、中东和拉丁美洲地区由于对牲畜饲料的需求增加，预计将成为更大的豆粕进口国。到2028/29年度，印度尼西亚、菲律宾、泰国和马来西亚豆粕进口增加到1 530万吨，增加310万吨。东南亚占世界豆粕贸易预计增长的44%。北非和中东国家的年进口量预计将增加170万吨，占世界贸易增长的14%。伊朗、阿尔及利亚、埃及和沙特阿拉伯是这两个联合区域最大的进口国。在2019/20年度，这四个国家预计将占该地区进口的46%。南美国家每年豆粕进口量预计增加26%，从2019/20年度的560万吨增加到2028/29年度的710万吨。

专题二：大豆海外投资现状、风险、趋势与对策

大豆海外投资是大豆产业对外合作（直接投资、大豆贸易、科技交流）的主要内容之一，也是当前大豆产业对外合作的重点。通过利用境外资源，培育跨国粮商，可降低进口来源地集中度、进口商集中度以及港口集中度，分散大豆供给渠道过度集中的风险。通过在“一带一路”沿线国家、南美洲非传统大豆生产国、非洲等国家投资大豆生产，提高非传统国家大豆产量，拓展更多的大豆进口来源地，优化大豆进口国结构，降低进口国过度集中的风险。加大我国跨国粮商培育支持力度，降低从国外大粮商进口的比重，多方位寻找大豆贸易伙伴，尤其提高我国国内大粮商在国际粮源的掌控力。通过从俄罗斯、哈萨克斯坦等“一带一路”沿线国家进口，提高陆路交通运输的便利化程度，降低成本，降低目前过度依赖海上运输、进口港口过度集中的现象。

一、大豆海外投资现状

（一）全国大豆海外投资概况

1. 投资主体与投资规模

根据农业农村部对外经济合作中心“农业‘走出去’信息采集系统”统计，目前，中国在境外从事大豆相关产业的企业共30家，除中粮集团、中国农业发展集团和安徽省农垦集团3个国有企业之外，其余27家均为民营企业，其中以黑龙江企业为主，有14家。虽然民营企业数量较多，但投资规模较小，平均投资约为5 400万元，不足国有企业的10%。因此，从投资规模来看，大豆投资主体仍以国有企业为主（表1）。

表1 大豆海外投资主体与投资规模

企业类型	境外数量（家）	投资规模（万元）	备 注
国有企业	3	>54 000	中粮集团、中国农业发展集团、安徽省农垦集团
民营企业	27	5 400	其中：黑龙江省14家
合 计	30	—	—

数据来源：农业农村部对外经济合作中心“农业‘走出去’信息采集系统”

2. 投资区域、投资领域和投资模式

投资区域主要集中在南美洲及俄罗斯等地区和国家。我国大豆“走出去”企业共分布在9个国家。从投资规模看，南美洲是最重要的投资区域，主要分布在巴西（3家）、阿根廷（1家）和玻利维亚（1家），共5家企业，主要投资港口、物流环节。从投资企业数量来看，在俄罗斯投资的大豆企业数量最多，有20家。在其他区域投资的企业比较分散，如乌克兰、安哥拉、津巴布韦、印度尼西亚和蒙古国均仅有1家企业。投资产业链集中在种植和流通环节。中小民营企业境外投资主要集中在种植、简易仓储加工和养殖环节，以在俄罗斯大豆投资企业为主。国有企业及大型民营企业境外投资主要集中在贸易、仓储和物流环节，以南美洲为主，近年也逐步在俄罗斯、黑海港口开始投资码头和仓储。国际粮源掌控能力逐步提升。

中国在俄罗斯、东南亚、中亚和拉美等地区先后建设了大豆生产基地（陈伟等，2012）。

表2　大豆海外投资区域和投资领域

国　家	企业数量（家）	投资领域	企业类型
巴　西	3	产业链：贸易、仓储和物流环节	国有企业和大型民营企业（近年来也在俄罗斯、黑海港口开始投资码头和仓储）
阿根廷	1		
玻利维亚	1		
俄罗斯	20	产业链：种植、简易仓储加工和养殖环节	中小民营企业
乌克兰	1		
安哥拉	1		
津巴布韦	1		
印度尼西亚	1		
蒙古国	1		

数据来源：农业农村部对外经济合作中心“农业‘走出去’信息采集系统”

（二）黑龙江省在俄罗斯大豆投资现状调查

黑龙江省对俄境外农业开发合作始于20世纪90年代初期，是我国对俄农业合作规模最大的省份，其对俄土地开发面积占我国对俄土地开发总面积的80%（约72万公顷），几乎全部种植大豆。据不完全统计，2015年在俄生产大豆总量为49.8万吨。目前，黑龙江省在俄规模化农业开发企业达到70多家，境外农业型园区8家，合作开发种植面积60多万公顷。

1. 不同投资主体的大豆生产经营情况

调查发现，黑龙江省在俄罗斯的大豆投资主体主要有企业、垦区①和个人，以企业为主。

（1）企业在俄大豆投资经营情况。2012年年末的数据调查，黑龙江省农业对俄投资境外企业的设立方式有三种，分别为设立子公司、联营公司、分支机构等。其中，子公司设立比重58.14%，联营公司比重为27.91%，分支机构比重为13.95%。

企业对俄农业开发模式共有大企业开发合作模式、中外政府间合作开发模式、农户联合经营开发模式以及种养业大户开发模式四种，其中大企业开发合作模式占50%，中外政府间合作开发模式占30%，农户联合经营开发模式占10%，种养业大户开发模式占10%（刘小宁，2015）。大豆投资开发模式主要有以下三种：一是企业采取与拥有大面积俄政府土地承包权的俄方企业合作的方式，分散租种土地，服从企业主统一经营管理；二是企业投资为俄方企业采购设备、农用物资，由俄方企业承包土地耕种，并将产出的大豆抵作投资还款；三是企业为俄方企业提供生产流动资金，俄方企业分期将产出的大豆抵作资金还款（表3）。

表3　2019年黑河市部分企业在俄罗斯大豆投资情况

企业名称	投资规模（万元）	投资区域	投资领域
黑河北丰公司	8 500	阿穆尔州罗姆内	大豆生产基地、加工、养殖
黑河顺兴公司	5 300	阿穆尔州伊万诺夫卡	大豆生产基地
黑河龙洋公司	3 000	乌苏里斯克市滨海边疆区	大豆生产基地

① 垦区在俄大豆投资经营方式不同于企业

（续表）

企业名称	投资规模（万元）	投资区域	投资领域
黑河长源公司	2 500	阿穆尔州尼古拉	大豆生产基地
黑河金禾公司	1 300	犹太自治区	大豆生产基地
黑河恒业公司	1 000	阿穆尔州罗姆内	大豆生产基地
合　计	21 600	—	—

数据来源：黑河市农业局

（2）黑龙江垦区在俄罗斯大豆投资经营情况。黑龙江垦区对俄罗斯的大豆投资始于1996年，二九〇农场职工辛喜平在犹太自治州下列区巴布斯托娃，开荒种植大豆30多公顷（500亩），2014年，耕地面积达500多公顷（7 500余亩）。

垦区在俄大豆投资，在经营管理上与国内垦区管理一致。以宝泉岭远东农业开发有限公司的大豆投资为例，2007年在俄种植大豆183公顷，年纯营利达42万元人民币，到2019年，该公司种植面积达4 500公顷，其中包括租赁政府耕地3 500公顷，租金约300元/公顷，从俄罗斯农户租地1 000公顷，租金约500元/公顷，租金也因地域不同而有所差别，比如下列区2 800卢布/公顷（合300元/公顷），阿尔比勒区大概1 500卢布（合160元/公顷），由宝泉岭下辖的4个农场（绥滨、共青、军川、普阳）的农户进行大豆种植（表4）。

表4　黑龙江垦区在俄罗斯大豆投资情况

农　垦	投资区域	在俄公司	投资领域	投资时间
二九〇农场	犹太自治州下列区巴布斯托娃	个人	大豆种植	1996
建三江管理局洪河农场	犹太自治州	东方龙健有限公司	大豆种植	2003—2005
绥化管理局	哈巴罗夫斯克市	乌尔米有限公司	大豆种植	2004
宝泉岭农垦远东农业开发有限公司	犹太自治州	3个子公司	大豆种植	2004
红兴隆管理局	犹太自治州列宁区	远东曙光公司	大豆种植	2005
牡丹江管理局新友谊农场	滨海边疆区	东宁华信集团、俄罗斯阿尔玛达公司（合作）	代耕代收 大豆种植	2011 2011年以后
哈尔滨管理局松花江农场	卡缅区美丽谷诺夫卡村	中俄种稻者有限责任公司	大豆种植	2015—2016

资料来源：胡中禄（2014），实地调研

（3）个人在俄罗斯大豆投资经营情况。按照俄罗斯的法律规定，只有本国自然人和法人可租赁土地，因此个人在俄罗斯的投资也必须挂靠到企业。

（4）不同投资主体大豆生产成本收益比较。俄远东地区大规模承租土地每亩10元左右，少量承租每亩40～50元。2018年，俄下列区每公顷土地的租金约700元，俄方柴油等农资价格也比国内低20%～40%。在俄种植大豆的人工成本每公顷约2 600元，俄方大豆产量一般1.5吨/公顷左右，国内大豆产量每公顷可达2吨，赴俄种植大豆的生产经营收入每公顷在1 500元左右（安玉书等，2019）。2018年不同经营主体由于经营规模不同，投资区域自然条件差异导致的地租和大豆单产水平不同，收益差距较大，如表5所示。

表5　不同投资主体大豆生产成本收益

成本收益 \ 投资主体	企　业（黑河市企业平均）	垦区农户（规模500公顷）	个　人（规模1 000公顷）
净收益（元/公顷）	1 395 ~ 1 590	440	350
总收益（元/顷）	3 780 ~ 4 200	3 750	约3 000
单产（吨/公顷）	1.8 ~ 2.0	1.5	1.2 ~ 1.3
价格[1]（元/吨）	2 100	2 250	2 250
总成本[2]（元/公顷）	2 190 ~ 2 805	3 310	3 150
其中：种子（元/公顷）	—	250	220
农药（元/公顷）	—	320	420[3]
化肥（元/公顷）	—	440	500
人工（元/公顷）	—	600	650 ~ 700
地租（元/公顷）	195 ~ 300	800 ~ 1 000	260
燃油（元/公顷）	—	300	350
维修+辅油（元/公顷）	—	200	200
资金占用（元/公顷）	—	200	—

数据来源：实地调查

注：[1]大豆价格是俄罗斯境内价格；[2]总成本中不包含机械折旧；[3]个人投资的农药费用中还包括虫药和叶面肥

2. *在俄投资种植的大豆销售情况*

黑龙江省在俄生产的大豆主要通过贸易形式销售到国内，不在俄罗斯当地销售，主要原因是：一是俄罗斯人习惯食用葵花籽油，极少食用大豆油；二是俄远东地区大豆油加工规模企业少，而向俄其他地区运输的成本偏高；三是赴俄豆农少有包装、结算等设备，不甚了解俄方市场，在俄销售渠道窄。

据黑河市商务部门统计，2018年粮食进口48.98万吨、94 474万元，同比分别增长74%和51%，分别占全省比重的29%和23%，其中：大豆进口42.60万吨（民间称回运）、89 336.80万元，同比分别增长52%和44%，分别占全省比重的27%和23%。从黑河口岸（含逊克口岸）回运大豆在国内全部进行深加工，其中90%为油脂加工。

投资种植大豆运回与进口俄罗斯大豆在海关费用区别：投资种植的大豆运回是劳务合同，进口俄罗斯大豆是一般贸易，劳务的关税完税价格较一般贸易低。海关关税3%，增值税10%，劳务合同的限价为310美元，即劳务合同价格如低于310美元，按310美元征收关税和增值税，如高于310美元，则按合同金额征收；一般贸易限价为325美元。若汇率按6.85算，劳务合同的关税增值税约283元/吨，一般贸易为296元/吨（表6）。

表6　黑河海关进口大豆费用标准

夏季吨袋散装船		夏季集装箱船运	
收费项目	金　额	收费项目	金　额
装卸费及运费	55元/吨	集装箱运费及装卸费	1 200元/箱
过磅费	毛重*0.30元/吨	过磅费	毛重*0.30元/吨
海关关税及增值税	283元/吨（劳务）296元/吨（一般贸易）	海关关税及增值税	283元/吨（劳务）296元/吨（一般贸易）
—	—	—	—
单证费	200元/票	单证费	200元/票

（续表）

夏季吨袋散装船		夏季集装箱船运	
收费项目	金　额	收费项目	金　额
港建费	1.40元/吨	—	—
仓库储存费	0.50元/吨天	仓库储存费	0.50元/吨天
短途倒运	10元/吨	短途倒运	150元/箱
代理费	5元/吨	代理费	5元/吨
—	—	—	—
夏季轮渡		冬季浮桥	
收费项目	金　额	收费项目	金　额
船运费	1 800元/车（中方船双程）单程900元	—	—
车运费	70～80元/吨（随行就市）	车运费	70～80元/吨（随行就市）
海关关税及增值税	283元/吨（劳务） 296元/吨（一般贸易）	海关关税及增值税	283元/吨（劳务） 296元/吨（一般贸易）
港务费	7元/吨	港务费	3.50元/吨
单证费	200元/票	单证费	130元/票
港建费	1.40元/吨	—	—
仓库储存费	0.50元/吨天	仓库储存费	0.50元/吨天
仓库装卸	25元/吨	仓库装卸	25元/吨
代理费	100元/车	代理费	100元/车
司机食宿	300元/天	司机食宿	300元/天

数据来源：黑河市海关

3. **国内各级政府的相关政策支持**

截至2013年，牡丹江管理局新友谊农场在俄投资得到国家部委、黑龙江省政府和农垦总局的高度重视，获得1.8亿元购置大型机械设备补助的国家农业综合开发项目。2014年10月23日，国务院办公厅发布《国务院办公厅关于加强进口的若干意见》（国办发〔2014〕49号），鼓励企业加快海外投资。继续利用外经贸发展专项资金等现有政策，支持境外能源资源开发，鼓励战略性资源回运。2015年国家商务部给宝泉岭管理局在俄大豆投资机械补贴3 900万元，机械全部配套，补贴标准为个人承担农机费用的23%，国家补贴农机费用的77%。2016年我国取消了俄罗斯大豆进口（回流）配额限制。2018年国家给予牡丹江管局在俄大豆投资补贴1.2亿元。2019年7月25日，海关总署发布2019年第124号公告，允许俄罗斯全境大豆进口，进口俄罗斯大豆可采用水路、铁路、公路、航空等方式运输。原《俄罗斯玉米、水稻、大豆和油菜籽输华植物检疫要求议定书》中规定大豆产地仅限俄罗斯哈巴罗夫斯克边疆区、滨海边疆区、后贝加尔边疆区、阿穆尔州、犹太自治州，输华大豆应采取袋装方式或专用运粮车运输，避免在运输途中撒漏。这一公告进一步促进中俄大豆种植、贸易、产业的发展，给双方的生产贸易企业提供了有力的政策保障，对全面深化中俄大豆全产业链合作提供了机遇。

2016年12月，黑龙江省人民政府下发《黑龙江省人民政府关于印发黑龙江省促进外贸回稳向好若干措施的通知》（黑政发〔2016〕34号），提出扩大重要物资进口，支持境外农业合作园区生产的粮食等农产品回运，简化大豆等回运审批流程。2016年12月，黑龙江省出台《中共黑龙江省委、黑龙江省人民政府关于支持民营经济发展的若干意见》，鼓励民营企业“走出去”开拓市场。鼓励在境外设立生产基地、研发机构和合作园区，对企业发生的前期费用、贷款利息、资源回运等方面给予支持。2018年7月，为继续贯彻落实《黑龙江省人民政府关于印发黑龙江省促进外贸回稳向好若干措施的通知》（黑政发〔2016〕34号）精神，黑龙江省政府制定并印发了《黑龙江省支持对外贸易发展十条措施》，鼓励对周边国家开展资源开发合作，扩大资源类产品进口，根据在我黑龙江省落地加工量给予补贴。促进企业扩大进口，延伸产业链，提高进口加工利用率。推进通关便利化，成立由省分管领导为召集人，海关、边检、商务、财政、物价监管等部门联合组成的黑龙江省对外贸易企业协调议事机构，办公室设在省商务厅，重点协调解决外贸企业遇到的贸易环节制度性障碍及有关困难，联手打造优良的外贸营商环境。推进符合国际贸易标准版“单一窗口”建设，到2018年末实现70%覆盖，2019年争取实现100%覆盖；加强对外贸企业乱收费行为的监督检查，降低制度性交易成本。

根据《国务院关于边境贸易有关问题的通知》（国发〔1996〕第2号），规定边境口岸进口原产于毗邻国家的商品，进口关税和进口环节税按法定税率减半征收，2008年以前，黑河市企业进口大豆关税减半，税率为8.5%，增值税税率11%，2008年以后取消，执行17%关税，2009年以转移支付政策的形式补回来。2015年后，开始把国家转移支付由地方政府统一支配，以奖励方式补给企业。为进一步加大对边贸企业的扶持力度，推动边贸稳步健良发展，黑河市根据国家和省、市有关法律、法规、政策，制定了《黑河市扶持连贸企业发展优惠政策》，黑河市从2008年11月起，在国家边贸专项转移支付资金拨付额度框架内，按照企业边贸项下进口缴纳海关关税50%，增值税12.5%比例给予支持，由于该政策违反了财政部《关于印发连境地区专项转移支付资金管理办法的通知》（财预〔2009〕31号）文件的规定，按照财政厅下发的《黑龙江省边境地区转移支付资金管理办法》（黑财预〔2013〕48号）的规定，边境地区转移支付资金管理和使用中不再按边贸企业税收拨付资金，因此，黑河市原使用边境地区转移支付资金给予边贸企业补助调整为使用地方财政资金奖励边贸企业，重点奖励经营额度大的边贸进口企业，进口贸易额年度300万美元以下（仅限资源回运类边贸企业），按每美元给予0.20元人民币奖励；进口贸易额年度达到300万美元，按每美元给予0.22元人民币奖励；进口贸易额达到500万美元，按第美元给给予0.26元人民币奖励；进口贸易额年度达到1 000万美元，按每美元0.30元人民币奖励，每半年兑付一次，按全年竞争标执行，年终达到兑付条件，一次性补齐所差奖励金额。此外，对资源回运类，从境外起运地至国内口岸间的运保费，按不超过企业实际支付费用的20%给予补助。计算运保费的资源产品进口数量以海关统计数据为准，2018年黑龙江省取消该项补贴。2019年5月，黑河市财政局和商务局根据《黑龙江省人民政府关于印发黑龙江省促进外贸回稳向好若干措施的通知》，制定了《黑河市促进外贸增长若干政策措施》，利用财政资金支持企业融资，鼓励金融机构提升外贸企业贷款额度和信用度，对有订单，效益明显的外贸企业贷款给予一定贴息补助，具体规定如下：年进出口贸易额达到2 000万元及以上，按10%补助；年进出口贸易额达到4 000万元及以上，贷款贴息按20%补助；年进出口贸易额达到8 000万元及以上，贷款贴息按30%补助（国家和省已经支持的部分不重复支持）。鼓励企业扩大进口，鼓励对周边国家开展资源开发合作，扩大资源类产品进口和落地加工，重点支持包括粮食等在内的产品进口，年进口贸易额达到2 000万元以及上，按照年度实际缴纳税收总额的30%给予支持，最高补贴额度不超过500万元。

二、对俄罗斯大豆投资风险

从近十几年来黑龙江省在俄罗斯大豆投资的情况来看，确实取得了一定成效：投资规模不断扩大，投资领域不断深化，投资主体日益多元化，龙头企业效应显著，等等。但受自然、市场、政治、经济、文化等环境因素影响，投资主体陆续退出大豆投资等现象也日益凸显，在俄大豆投资面临的风险也日益加大。

（一）自然风险和市场风险

尽管一些企业目前在俄大豆投资从种植业拓展到养殖和加工等领域，但单一的大豆种植产业仍是目前黑龙江省在俄投资的主要领域。种植业很难抵御较大自然风险和市场风险。

另外，大豆种植投资是长线投资，短期内经济效益、社会效益不会明显。由于黑龙江省农民赴俄进行大豆种值的大都是企业行为和民间自发行为，缺乏强有力的组织和政策引导，处于粗放型基础开发阶段，自身实力不强。开发主体多为家庭经营的小农型经济，规模小，资本少，投入严重不足，特别是个别人抱着“境外种植成本低，能快速发洋财”不切实际的想法走出国门。而且赴俄种植的土地大都是荒地或撂荒地，前期开垦投入大，土壤杂草基数大，不投入充足的生产要素资本根本不可能种植好开垦的土地。此外，俄当地农业生产服务体系没有建立起来，市场渠道不通畅。

（二）政策风险和法律风险

一是政策不稳定。俄罗斯经济转轨以来，由于政局多变导致法律法规频繁变化，使远东地区中俄农业合作受到很大影响。

二是中国投资者对俄法律遵守性差。在种植环节，俄罗斯对农业种植有着严格的标准规定，但多年来黑龙江省在俄大豆的大豆投资主体以小投资和散户为主，基本还停留于初级状态，生产装备陈旧，技术与管理水平很低，为降低成本及增产，对俄方农业安全性要求遵守较差。

三是俄对外来劳务限制日益严格。由于俄罗斯农业劳动力资源短缺，我国对俄农业合作企业需从国内输出劳务，从总体上看，俄罗斯不排斥中国的劳务人员，但主要需要有技能的农业人才，而不是农民工和城市待业者。

四是农用机械出口报关费用过高。据调查，根据现行政策，俄罗斯农业设备进口税率为5%～15%。其中，小型农场用拖拉机（HS编码87019）俄方关税税率5%；农业拖拉机（HS编码8701）俄方关税税率15%；普通农业设备（HS编码8432-8438）俄方关税税率5%。增值税率为18%。即总的缴费标准为23%～33%。

五是大豆运输成本高，通关速度慢。由于俄罗斯国内粮食等农产品市场狭小，我国企业在俄远东地区所生产大豆大部分选择销售到国内市场。以同江县在俄下列区的大豆为例，从俄田间地头到俄海关货场，因火车车皮紧张，大豆汽运更为普遍。运输距离长，短则100千米，长则超过200千米；运输成本高，1吨大豆的平均运输成本超过100元；检查项目多，检查标准严，也增加企业成本。

（三）社会舆论风险

首先，在社会心理因素方面，远东地区持“中国威胁论”的人还不少。虽然现在已经不是主流意识，但对中俄农业合作产生了不利影响（周贵义，2012）。

其次，引进外籍劳务给失业人数与日俱增的远东劳动力市场增加了一定的压力，在俄大豆投资的企业或个人，90%以上不用当地人，除了租用当地土地资源，与俄方再无半点关系，这种随意惯了的“中国式”生产与投资方式，也造成了俄罗斯对中方农业团体的反感。

最后，农业开发工作受不到当地各界应有的重视和关注，没有相应的社会经济地位，必然影响当地政府对我国赴俄农业开发的态度及相关政策的稳定，当地政府官员在内的俄罗斯人有限的积极热情也逐渐淡化，出现了很多不和谐现象。

（四）融资渠道窄，经营融资难

远东地区是俄罗斯大豆的主产区，少数企业和自然人从俄政府手中承包土地，直接雇工耕种；

多数企业通过出资金、设备、物资、人力等形式，与掌握大量土地资源的俄方实力企业或中方境外投资企业相互合作，共同开发。企业需以俄境内的固定资产作为抵押物，按评估价值50%～60%的比例获得贷款，期限一般为三年，贷款利率较高，通常是国内银行同期贷款利率的一倍以上，年利率可达17%左右，但可在俄境内提供固定资产抵押物的企业稀少（安玉书等，2019），即便如此，境内多数商业银行也不愿给境外开发企业提供商业贷款，个别境外开发企业由于缺少资金支持，已签订的土地种植合作协议无法完全履行，使企业陷入进退两难的困境。

三、对俄罗斯大豆投资趋势

尽管两国国情和政策之间巨大差异，加之开发初期总体规模小、起点低、经验少，开发过程中会遇到一些困难和风险。但从发展趋势看，对俄远东大豆投资前景广阔。

（一）投资领域趋向农工综合体

早在1994年5月27日，中国和俄罗斯就签订了关于农工综合体经济与科技合作协定，近年来，俄罗斯联邦政府大力支持农业综合体发展，2017年俄罗斯联邦政府第1528号命令，批准向农工综合体提供贷款优惠利率不超5%，自2017年1月1日开始实施，并于当年列出2017—2020年农工综合体国家发展规划的拨款，2017年拨款2 158亿卢布，2018年为1 979亿卢布，2019年为1 940亿卢布，2020年为了940.60亿卢布。但实际上，2019年拨款较2018年增加636卢布。2018年俄罗斯农工综合体产品出口额达258亿美元，远东农工综合体产品出口额达33亿美元。

（二）投资经营趋向规范化法制化

在全球经济一体化大背景下，随着俄罗斯政策和法律的日趋完善，以及监管执行的日趋严格，加之俄罗斯远东地区吸引了大量的日本、韩国和新西兰等国家的投资者，可以预见，未来在俄罗斯农业投资面临的国际竞争将更加激烈。

（三）投资主体趋于企业化集团化

实施企业化集团化投资的优势：一是生产能力和生产规模的优势。企业化、集团化发展使得资金实力和机械化程度大幅度提高，种植面积大都在1万亩以上，形成规模化和集约化产业链。二是在种植品种上由单一种植业向农业综合开发发展。由种植业向畜牧养殖、农产品加工、农产品批发市场建设等诸多领域延伸。三是经营向科技、规范型发展。企业化、集团化发展具有管理、科技、人才储备的优势形成强强联合，利用国有大型农业企业的机械、技术、人才、管理等优势，实现优势结合，形成“对俄农业开发龙头企业（东宁华信集团）+中国大型农业集团（北大荒集团）”的对俄农业开发新模式。

四、对俄罗斯远东地区大豆投资潜力

俄罗斯大豆主要集中在两大产区，即西部欧洲地区和东部地区两个产区分别形成2个不同市场。欧洲地区大豆生产主要集中在中央区、南方区和伏尔加，2018/19年度，欧洲地区大豆面积129.10万公顷，产量220.90万吨（图1，图2），单产1.71吨/公顷，其中，中央区、南方区和伏尔加大豆种植面积分别为91万公顷、27.80万公顷和10.30万公顷，产量分别为170.20万吨、37.60万吨和13.10万吨。东部地区大豆生产主要集中在远东地区，2018/19年度东部地区大豆种植面积164万公顷，产量181.40万吨（图1，图2），单产1.11吨/公顷，其中远东地区大豆面积148.30万公顷，产量164.90万吨。

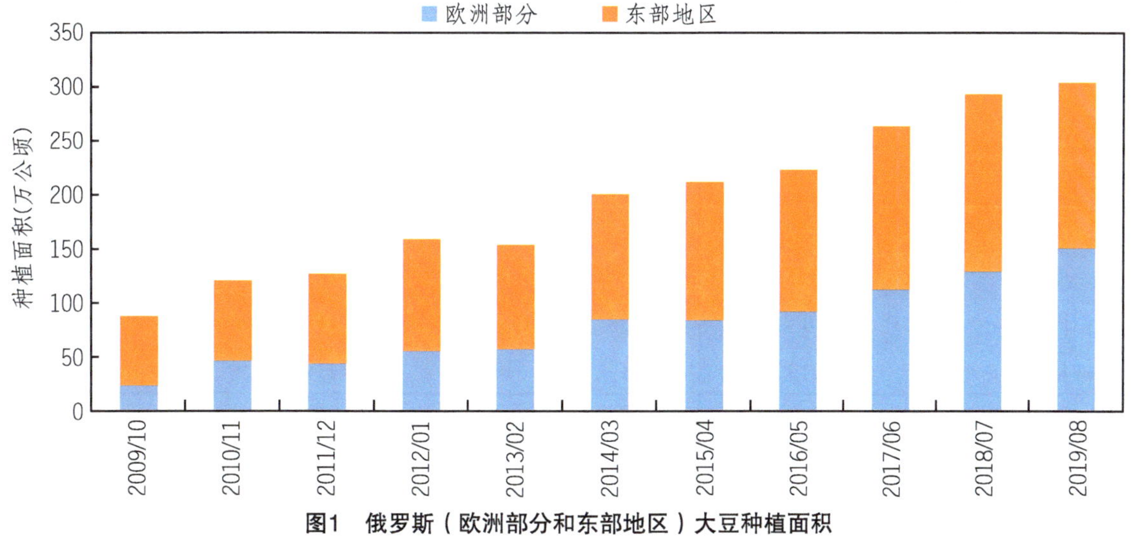

图1　俄罗斯（欧洲部分和东部地区）大豆种植面积

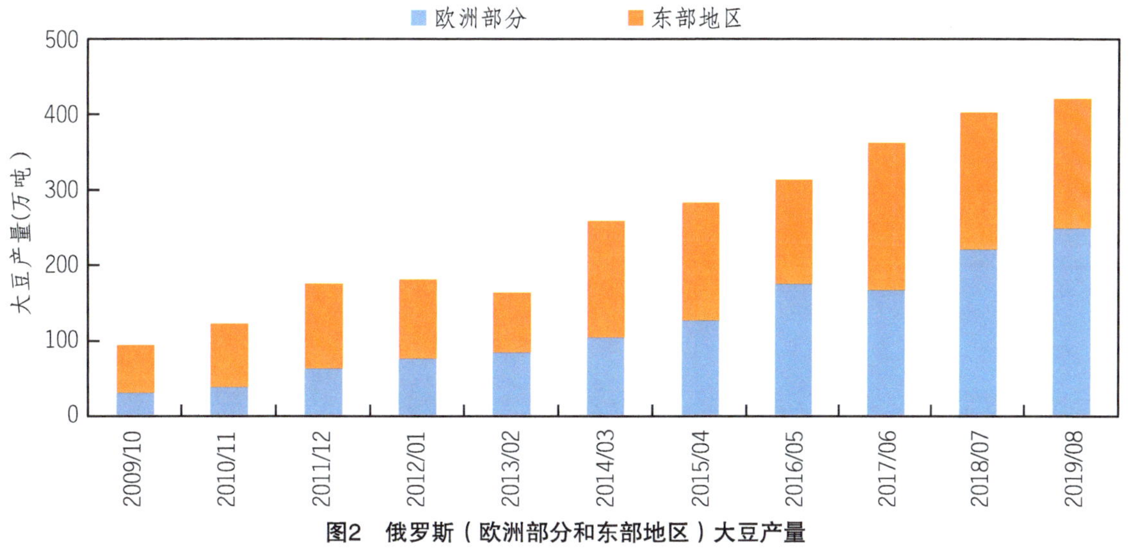

图2　俄罗斯（欧洲部分和东部地区）大豆产量

（一）俄远东地区大豆投资环境

1. 自然资源丰富

远东联邦区是俄罗斯最大的联邦区，包括滨海边疆区、哈巴罗夫斯克边疆区、堪察加边疆区、阿穆尔州、萨哈林州、犹太自治州、马加丹州、萨哈共和国、楚科奇民族自治区9个联邦主体。远东地区土地面积为61 693.29万公顷，占全俄罗斯土地总面积的36.08%，其中农业土地面积801.33万公顷，耕地面积275.72万公顷（刘佛翔，2018），人均耕地0.94公顷，是黑龙江省人均耕地的2.18倍（黑龙江省人均耕地0.41公顷）。

2. 大豆增产空间大

近十年来，俄罗斯大豆面积和产量不断增加，东部地区大豆面积和产量分别从2009/10年度的64万公顷和63.70万吨增加到2018/19年度的164万公顷和181.40万吨，其中，远东地区大豆种植面积和产量分别从62.70万公顷和62.70万吨增加到148.30万公顷和164.90万吨，增长率分别为10%和11.30%。在不考虑单产提升的情况下，预计2019/20年度东部地区大豆种植面积和产量将分别下降到153.10万公顷和171.60万吨，其中远东地区大豆面积和产量预计分别下降到132.70万公顷和150.80万吨。

3. **大豆蛋白含量和质量稳定**

从表7可以看出，俄罗斯远东地区较其他地区大豆蛋白质含量较高且相对稳定。

表7 俄罗斯各地区与其他主产国大豆质量参数平均值对比

单位：%

	远 东	中央区	南方区	乌克兰	巴 西	美 国	巴拉圭
湿 度	10.4	11	10.6	11.3	11.9	10.5	11.4
蛋白质	34.5	30～34	34～35	31～32	36～37	34.3	35.8
含油量	18.1	19.1	19.8	19.4	20.1	19.2	20.3

4. **中国是远东地区大豆出口的最好市场**

虽然俄罗斯远东地区大豆、豆油和豆粕产量不断增加，但当地需求停滞不增，大豆及其主要产品产量过剩，加上东部地区动物饲料需求减少，扩大了东部地区大豆出口潜力。俄罗斯欧洲地区大豆产量不断增加，大豆需求增长更迅速，大豆供不应求（图3）。

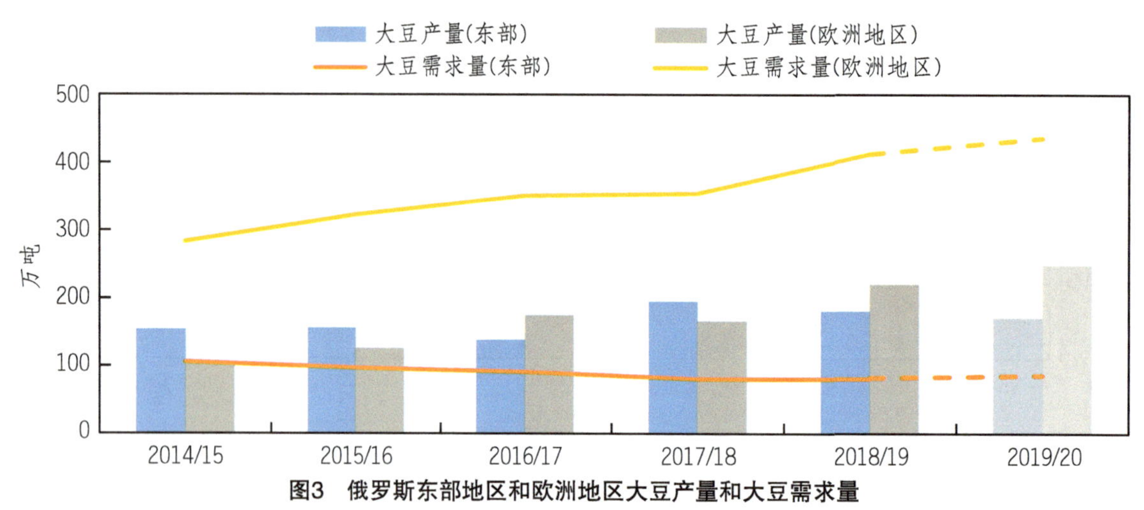

图3 俄罗斯东部地区和欧洲地区大豆产量和大豆需求量

（二）黑龙江省具备对俄大豆投资的基础与条件

一是地缘优势。黑龙江省与俄罗斯边境线接壤长达2 981千米，与俄罗斯的阿穆尔州、滨海边疆区、犹太自治州、哈巴罗夫斯克边疆区等隔黑龙江相望或土地相连，有15个为中俄两国政府确认的边境口岸和10个边民互市贸易区，公路口岸、铁路口岸、水运口岸等相互开放交通运输十分便捷。地缘优势可以保证农产品进出口运输的便利性。黑河是俄罗斯大豆出口到中国的最主要口岸（图4）。

二是具有对俄大豆投资的经验。自20世纪90年代对俄开展农业合作以来，尽管赴俄罗斯从事大豆种植的投资者成功的并不多，但总体来看，投资区域不断扩展，投资规模也不断扩大，合作领域延长，贯穿农业产业链，由过去种植发展到生猪、肉牛等养殖业及粮食、饲料、食品加工业以及仓储、物流运输、农产品批发等诸多领域，在多年的对俄农业合作实践中，逐步形成了政府主导、企业开发合作、农户联合开发等多种合作模式。

三是生产技术条件能够满足需要。黑龙江省的粮食总产量、年均增长量、商品量、人均产量等四项指标均居全国第一位。同时，黑龙江省主要农作物综合机械化程度达到96.80%（2017年），机耕、机播和综合机械化程度始终在全国名列前茅，已形成了具有很高水平和地域特色的农业技术，特别是垦区粮食生产的机械化、规模化、标准化水平已接近或超过发达国家水平，具备了向国外输出农机设备和技术的实力。

四是农业劳动力资源丰富。海外农业开发基本属于土地密集型与劳动密集型相结合的产业。黑龙江省懂技术（会种地）的人多，剩余农民多。随着农业机械化及新型农业经营主体的普及，剩余劳动力会逐年增加，他们在大豆种植、田间管理、农机操作等农业生产中积累了丰富的经验，为对俄大豆投资提供了有力的劳动力资源保障。

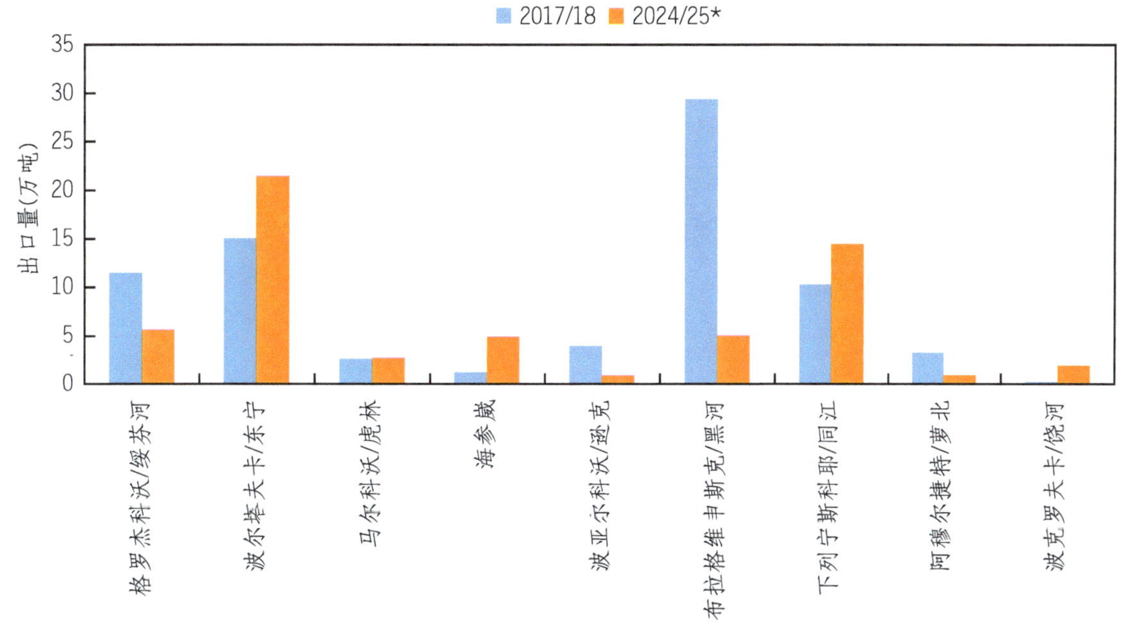

图4 俄罗斯大豆向中国出口渠道

五、对俄罗斯远东地区大豆投资的对策

为使对俄大豆投资能健康持续发展起来，走长期发展道路，就要吸取对俄边境贸易初期的教训，加强省一级宏观调控和规范，以市场容量和效益为引导，逐步扩大，走规模适度、经营规范、标准高的路子，防止“一哄而上，一哄而散”。

（一）加强政府层面的沟通，建立良好的境外投资环境

对俄罗斯大豆投资，涉及中俄双方的长期利益，会不断遇到各种问题，要有长远规划和相应的政府支持。政府在对俄农业开发工作中既是规划者、引导者也是服务者。政府可做的工作有：一是要加强对俄罗斯社会经济制度及与农业开发相关的法律法规的研究，做好调研，为对俄罗斯大豆投资者提供政策咨询和法律服务，指导对俄大豆投资工作；二是国家和省政府同俄联邦或地方政府积极协商，中俄地方政府之间或大型农业企业之间可根据需要签订相关的框架协议，把现在企业和家庭农场自发的大豆种植提升为两政府间经济合作的大框架之中，签订一系列投资保护协定和避免重复纳税协定，保障赴俄劳务人员正当权益和人身财产安全。中国与俄罗斯已签订了《中俄投资合作规划纲要（2009年）》及《俄罗斯远东及西伯利亚地区同中国东北地区间合作规划纲要（2009—2018年）》，从宏观上规范和调控投资规模和行为，减少中间环节，帮助投资主体解决涉外问题，减少盲目性和风险，但国家和区域层面的合作规划要进一步落实到黑龙江省的操作层面；三是借鉴日、韩国在俄远东农业投资的经验，设立“农业走出去”基金。韩国在2009年成立了海外发展基金

并把对俄远东地区的农业开发作为重点投资项目。日本早已在俄远东地区设立了农工经济特区并和俄罗斯政府达成对日本企业和个人在俄远东地区进行农业开发给予土地和税收优惠的协议。现代农业开发，一次性投入大、周期长，企业单凭自身逐一沟通与解决各类问题，困难巨大，应建立中俄政府间农业沟通协调机制，凡是企业遇到的问题均可通过这个机构统一处理。

（二）壮大投资主体，产业化经营，融入当地的社会经济

未来随着市场竞争的加剧，必然要淘汰一批竞争力差的投资者，因此，一方面加快扶持和打造一批中国农业大型企业集团和跨国公司，发挥大型企业在开发境外农业资源示范和带动作用，争取在获取境外重大农业资源开发项目、农业技术合作项目上有更大的突破；另一方面整合现有分散的对俄农业开发企业，根据市场需求，科学安排、统筹兼顾、规范田间管理，实行产品收购、加工和销售一条龙加快境外农业合作企业产业化发展进程。实现农业种植的提档升级。加大大型农机具的引进，实行统一的跨区域耕作和收购减少低水平、小规模个体企业投资减少外派劳务用工，缓解外派劳务的压力。

（三）加强对出境劳务人员的法律和生产生活习俗等培训

对俄农业开发需要多种专业人才，要注重对生产组织、农业技术、市场营销和翻译人才的培养，加强对出境劳务人员的培训，重点是法律培训。尽管黑龙江省国家税务局编著了《中国居民赴俄罗斯投资税收指南》（2017）一书，并在书中详细介绍了俄罗斯的税收制度，指出中国企业赴俄罗斯投资，既有中俄两国国内税法规定的税收优惠，又有中俄税收协定优于两国国内税法的税收协定待遇，同时也有需要企业遵从的中俄两国税收管理规定；中文版《俄罗斯法概要——外国投资者法律指南》（第二版）（2015年）一书，综合介绍了俄罗斯法律制度、司法制度以及外国投资企业的法律规则，详细说明了俄罗斯投资和贸易法律的主要内容及其司法实践，重点阐释了俄罗斯实行市场经济体制以来商事法律的主要修改与发展。

（四）扩展境外企业和个人的融资渠道

国内的银行业、担保公司等企业要协调拓展国外业务，把国内的一些成熟产品推广到国外去。建立信用评级制度，扩展境外企业和个人的融资渠道。积极利用农业担保公司的农业为贷款的担保作用，为对俄大豆投资的农业企业融资贷款担保。在银行层面，创新金融融资产品，为对俄大豆投资企业量身定做融资产品，解决企业资金难题。进一步发挥境外企业的带头、纽带和窗口作用，采取以点带面、分批推进、重点扶持的做法，推动对俄大豆投资全面发展，实现双方互惠互利共同发展的局面。

（五）中俄双方协商解决基础设施建设问题

对取得长期经营权的农田要加强基础设施建设，投入问题建议由中俄双方协商解决。新友谊农场所经营的土地基本都是苏联解体后国营农场弃耕20年左右的撂荒地，基本没有农田路，水利设施湮没，进出道路亟须疏通维护。为此，农田基础设施建设所需投资巨大，且受益方主要为俄罗斯。因此，农田基础设施建设投入问题应由中俄双方协商解决。此外，俄罗斯口岸基础设施还有提升空间，需要加强建设。

（六）开展对外农业投资保险

纵观国际上对外农业投资发展良好的国家，对外农业投资开办之初，都是保险先行，为对外农

业投资的发展提供良好保障。日、韩、美国及欧盟等国的对外农业投资能够日益壮大，保险的保障作用功不可没。通过开展对外农业投资保险，逐步实现减轻对俄农业投资者的后顾之忧，涉外农业生产及经营者及时得到赔付资金开展生产自救，保险公司保本微利经营的目标。一是把国内保险公司的成熟产品，如：阳光农业种植保险、农机安全保险、人身财产安全等推广到在国际社会发展的企业和个人中去；二是制定专门的对外农业投资保险条例，增强对外农业投资保险实施过程中的规范化和制度化，明确对外农业投资保险的政策性，指定对外农业投资保险范围的标准，规定对外农业投资保险的经营目标是对外农业投资者得到最大效益的保护。

参考文献

于敏，柏娜，姜明伦. 2018. 中国大豆产业“走出去”现状及对策[J]. 农业展望，14（11）：91-95.

陈伟. 2012. 中国农业“走出去”的现状、问题及对策[J]. 国际经济合作（1）：32-37.

刘小宁，宋静波. 2014. 黑龙江省对俄农业投资开发研究[J]. 西伯利亚研究，41（3）：5-10.

胡中禄. 2014. 论新友谊农场对俄农业开发的模式创新[J]. 中国农垦（11）：27-30.

蔡依明，孙莹. 2019.“一带一路”倡议下中国东北对俄远东地区农业合作发展研究[J]. 现代营销（下旬刊）（3）：5-7.

丁宝根. 2018. 中国对俄远东地区农业投资动力、风险及策略[J]. 对外经贸实务（12）：76-79.

杨学峰. 2018. 中国东北与俄罗斯远东农业合作问题及对策[J]. 对外经贸（9）：6-7+10.

刘佛翔. 2018. 对中俄农业合作中的共识与分歧的研究[J]. 农业经济（8）：15-17.

张凤林. 2016.“龙江丝路带”建设助推对俄农业开发与合作[J]. 知与行（3）：158-160.

桂英，郑伟. 2015. 借力俄远东地区开发助力农业“走出去”——牡丹江市对俄境外农业发展情况调查[J]. 黑龙江金融（10）：47-49.

王永春，徐明，宋雨星，等. 2015. 中国对俄罗斯远东农业投资潜力、制约因素及对策[J]. 农业经济问题，36（10）：96-101.

张忠明，杜楠，童俊，等. 2015. 中国对俄罗斯远东农业开发的前景及现实困境——基于滨海边疆区的调查[J]. 世界农业（8）：176-181.

黄玉凡，那文国. 2014. 关于黑龙江省对俄境外农业开发合作情况的调研[J]. 农村财政与财务（2）：32-34.

周贵义. 2012. 关于黑龙江省对俄农业开发问题研究[J]. 黑龙江金融（11）：33-35.

张宝生，张蔷. 2012. 黑龙江垦区农业“走出去”调研报告[J]. 农场经济管理（10）：48-51.

贯昌福，林艳. 2006. 对俄远东农业开发展望及建议[J]. 商业研究（1）：137-139.

安玉书. 2019. 对俄农业合作之大豆种植贸易现状分析——以黑龙江省同江口岸为例[J]. 银行家（6）：139-140.

安玉书，王玉强. 2019. 对俄大豆种植农业合作的实践与思考[J]. 黑龙江金融（4）：57-59.

（黑龙江八一农垦大学　杨树果）

第七部分

油菜籽

专题一：世界供需形势分析

2018/19年度，世界油籽供需形势继续延续宽松格局。全球油籽产量创下历史新高。世界油菜籽产量受气候影响减少，加工消费量同比增加，由于期初库存较大，油菜籽期末库存继续增加。受供需宽松以及主要国家贸易政策调整影响，世界油菜籽价格弱势运行。展望2019/20年度，世界油菜籽产出规模预期显著缩减，减幅大于消费减幅，油菜籽供需形势由宽松向产销紧平衡转变，国际贸易政策调整面临较大的不确定性，全球贸易摩擦趋于常态化背景下，世界油菜籽贸易格局面临新的调整。

一、世界供需现状

（一）2018/19年度世界油籽供需形势

近十年来，全球油籽供需持续呈现宽松态势，突出表现为产量和消费量稳步增加、贸易规模不断扩大、库存消费比不断增加。2018/19年度，全球油籽产量和库存量均创下历史新高，供需宽松格局继续延续（表1）。

2018/19年度，受益于全球气候适宜，油籽继续丰产，产量首次突破6亿吨，比上年度增加3.73%。与2008/09年度相比，产量增幅高达50.73%，年均增长4.21%。全球油籽消费稳步增长，本年度达到5.85亿吨，比上年度增长2.13%，与2013/14年度相比，消费量增幅达到44.36%，年均增长3.73%，低于产量绝对增幅和相对增速。由于消费增长弱于产出增速，全球油籽期末库存继续增加，并创下历史新高，达到1.31亿吨，较上年度增加1 470万吨。库存消费比也创下近十年来的最高，达到22.37%。

表1　2010/11—2018/19年度世界油籽供需形势

单位：亿吨，%

年　度	产　量	进　口	出　口	消　费	期末库存	库存消费比（%）
2008/09	4.00	0.95	0.94	4.05	0.61	15.05
2009/10	4.47	1.03	1.08	4.25	0.78	18.23
2010/11	4.60	1.05	1.08	4.46	0.89	19.89
2011/12	4.47	1.13	1.11	4.66	0.72	15.46
2012/13	4.75	1.15	1.18	4.71	0.72	16.49
2013/14	5.04	1.34	1.34	4.94	0.82	18.41
2014/15	5.38	1.44	1.47	5.20	0.96	17.85
2015/16	5.24	1.54	1.53	5.26	0.94	19.81
2016/17	5.75	1.66	1.71	5.55	1.10	20.21
2017/18	5.81	1.74	1.76	5.73	1.16	22.37
2018/19	6.02	1.70	1.73	5.85	1.31	22.37
比上年度增幅（%）	3.73	−2.20	−1.69	2.13	12.68	—
比2008/09年度增幅（%）	50.73	80.30	84.11	44.36	114.27	—

数据来源：美国农业部

全球主要油籽产量增减不一，供给结构中大豆占比进一步提高。2018/19年，大豆产量创下历史新高，达到3.62亿吨，较上年度增加6.01%，增幅高于油籽总产增幅；占全球油籽产量比重60.25%，较上年度增加1.41个百分点。油菜籽为全球第二大油籽，受全球气候影响，产量比上年度减少2.84%，为7 278万吨；占油籽总产比重为12.11%，较上年下降0.75个百分点。全球消费需求拉动影响下，第三大油籽葵花籽产量保持增长趋势。2018/19年度葵花籽产量5 151万吨，同比增长7.70%，增幅为所有油籽之首；占油籽总产比中为8.57%，较上年增加0.33个百分点。其他主要油籽中，花生和棉籽产量均不同程度减少，占油籽总产比重分别为7.61%和7.21%。从全球油籽增产来源来看，大豆和葵花籽做出了主要贡献（图1，图2）。

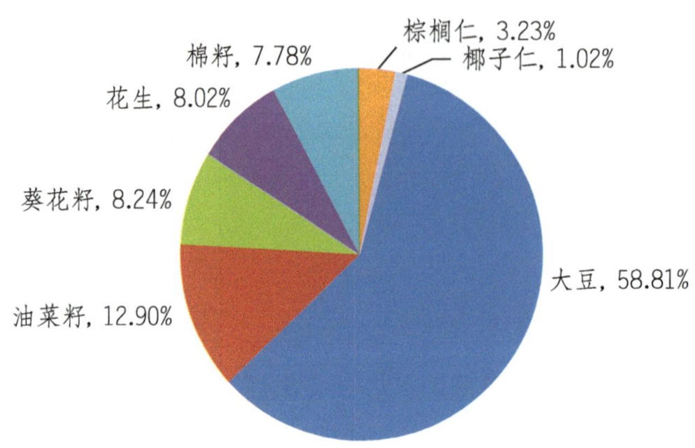

图1　2017/18年度世界油籽产量结构

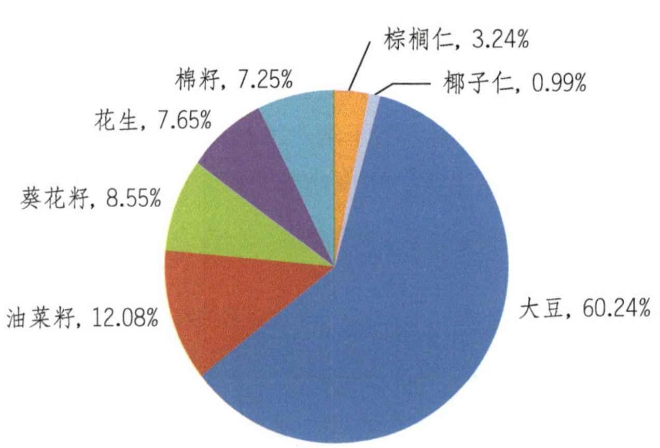

图2　2018/19年度世界油籽产量结构

（二）2018/19年度世界油菜籽供需形势

近十年来，全球油菜籽产量总体增长，年际间波动性增强，消费量持续稳步增加，供需形势整体受生产影响较为明显。2018/19年度，受气候影响，全球油菜籽产量减少，但由于油菜籽库存量较高，油菜籽供需总体延续宽松格局。

从十年增长趋势来看，全球油菜籽消费量绝对增幅和相对增速都高于产量。其中，十年来全球油菜籽产量增幅达到25.12%，年均增长2.27%；消费量增幅30.53%，年均增长2.70%。从未来趋势来看，随着新兴国家经济增长和人口增加，以及全球生物质能源需求增长，全球油菜籽消费仍将保持增长趋势，相比其他主要油籽如大豆，油菜籽的供需趋势总体会趋于偏紧，产量对全球油菜籽供需形势的影响将进一步凸显（表2）。

表2　2013/14年度至2017/18年度世界油菜籽供需形势

单位：万吨

年　度	期初库存	产　量	进口量	出口量	消费量	期末库存	库存消费比
2008/09	4.53	58.17	12.15	12.2	54.99	7.66	13.93%
2009/10	7.66	60.79	10.81	10.9	59.66	8.70	14.58%
2010/11	8.7	60.52	10.18	10.93	59.79	8.68	14.52%
2011/12	8.68	61.23	13.24	12.99	63.34	6.83	10.78%
2012/13	6.83	63.31	12.83	12.57	64.89	5.50	8.48%
2013/14	5.5	70.59	15.55	15.1	68.82	7.73	11.23%
2014/15	7.73	70.43	14.32	15.11	70.11	7.26	10.36%
2015/16	7.26	68.74	14.15	14.35	69.62	6.17	8.86%
2016/17	6.17	69.43	15.51	15.8	70.32	4.99	7.10%
2017/18	4.99	74.91	15.33	16.2	71.66	7.38	10.30%
2018/19	7.38	72.78	15.33	16.11	71.78	7.60	10.59%
比上年度	47.90%	-2.84%	0.00%	-0.56%	0.17%	2.98%	—
比2008/09年度	62.91%	25.12%	26.17%	32.05%	30.53%	-0.78%	—

数据来源：美国农业部

1. 全球油菜籽产量减少

2018/19年度，全球油菜籽产量7 278万吨，较上年度减少2.84%。其中，全球油菜籽收获面积3 653万公顷，与上年度一致；单产1 992千克/公顷，比上年度减少2.84%（图3）。

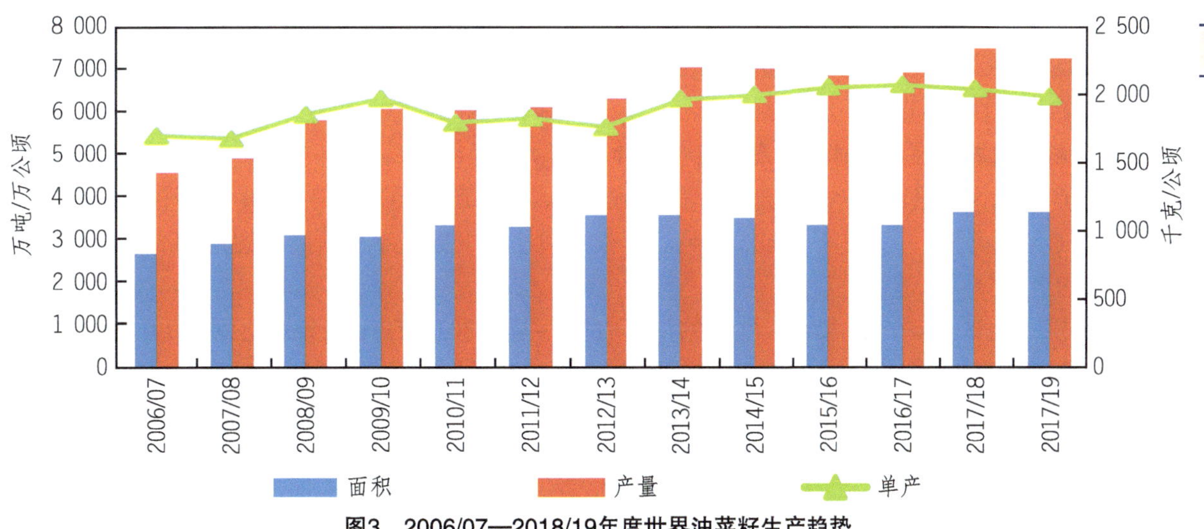

图3　2006/07—2018/19年度世界油菜籽生产趋势

分国别（地区）看，世界油菜籽前两大主产国家（地区）欧盟和加拿大均不同程度减产。其中，受气候和新型杀虫剂禁用影响，欧盟油菜籽减产幅度最大。2018/19年度，欧盟油菜籽产量预计为2 006万吨，较上年度减少9.52%。欧盟第一大主要油菜籽产地法国冬季天气温和，春季降雨过量，病虫害压力大。由于欧盟禁止使用新烟碱杀虫剂，病虫害对油菜籽单产造成严重的破坏。气候因素方面，2018年5月到6月，由于欧洲中部地区降水不足正常水平的一半，德国、英国等主要产地油菜籽生长发育受到影响。

加拿大油菜籽产量为2 110万吨，比上年度减少1.07%。产量下降主要源自加拿大油菜种植面积较上年度略有下降，2017/18年度加拿大油菜籽种植面积创下历史新高，2018/19年度加拿大农场主种植油菜意向有所下降，但仍处于历史高位。中国目前是世界油菜籽第三大主产国，2018/19年度中国油菜籽产量1 285万吨，比上年度减少3.19%。

与世界主要油菜籽产出国不同程度减产不同，印度以及黑海地区等主要国家油菜籽不同程度增产。其中，油菜籽是印度主要的冬播油籽作物。印度气候条件总体良好，2017/18年度印度油菜籽价格上涨，大大提高了国内农户种植油菜的积极性。2018/19年度，印度油菜种植面积约664万公顷油菜籽，显著高于上年的639万公顷。加之全年气候条件良好，印度油菜籽单产预计会较上年度进一步提高。总产预计达到8 000万吨，较上年度增加12.70%。黑海地区，乌克兰2018/19年度油菜籽产量预计为260万吨，高于上年的221.70万吨。俄罗斯2018/19年度油菜籽产量预计为180万吨，高于上年的149.70万吨。黑海地区油菜籽增产主要源于两方面原因：一是中国提出的一带一路倡议在沿线国家和周边国家不断深入，中国与乌克兰、俄罗斯等国农产品经贸合作日益密切。二是黑海地区可利用耕地和单产潜力较大，同时气候条件等均较为适宜，增产潜力较大。

2. 全球油菜籽消费量略有增加

2018/19年度，油菜籽消费量进一步增长至7 178万吨，较上年度增加0.17%。分国别（地区）看，欧盟仍是全球油菜籽第一大消费地区。2018/19年度欧盟油菜籽消费量为2 430万吨，同比上年度减少3.95%。

中国是第二大油菜籽消费国。2018/19年度中国油菜籽消费量1 720万吨，同比上年度减少3.64%。2018年以来，中国油菜籽和菜籽油价格总体处于高位，受全球大豆和棕榈丰产影响，中国和国际市场豆油、棕榈油价格均较低，菜籽油和豆油、棕榈油巨大的价差导致菜籽油消费需求被豆油和棕榈油替代，影响油菜籽消费同比有所下降。

在人口和经济增长带动下，印度油菜籽消费增长显著。2018/19年度，印度油菜籽消费量7 800万吨，较上年度增加8.79%，成为全球油菜籽消费增长幅度最大的国家。印度油菜籽消费增加的主要动因：一是本国油菜籽产量增长显著，菜籽油也成为印度主要消费的食用植物油之一；二是2018年10月中国发布公告，允许从印度进口符合检验检疫要求的菜粕，在很大程度上增加了印度压榨加工油菜籽的积极性。

3. 全球油菜籽库存量和库存消费比有所回升

尽管产量减消费量增，但由于期初库存水平较高，加之产量仍高于消费量，全球油菜籽期末库存继续增加至760万吨，较上年增加22万吨。库存消费比创下近五年来新高，达到10.59%，比上年度增加0.29个百分点。

分国别（地区）看，加拿大、欧盟的油菜籽库存量在2018/19年度分别达到340万吨、182万吨，比上年度分别增加36.05%、12.08%；中国2018/19年度油菜籽产量减幅大于消费减幅，油菜籽期末库存继续减少，降至70.3万吨，降幅达到41.56%。印度油菜籽期末库存大幅增加至56.9万吨，增幅达到54.20%。

二、国际价格走势

2018/19年度世界油菜籽价格走势总体呈持续下跌、跌幅明显的趋势特征。其中，主要生产和贸易国加拿大油菜籽期现货价格跌幅尤为突出。

（一）世界油菜籽期现货价格均大幅走低

国际市场油菜籽期货价格主要由加拿大温尼伯商品交易所油菜籽期货市场形成。2019年上半年洲际交易所（ICE）旗下的加拿大温尼伯商品交易所油菜籽期货市场价格大幅下跌。2019年1月2日至6月28日，ICE油菜籽期货价格从488.8美元/吨跌至452美元/吨，跌幅高达7.53%（图4）。

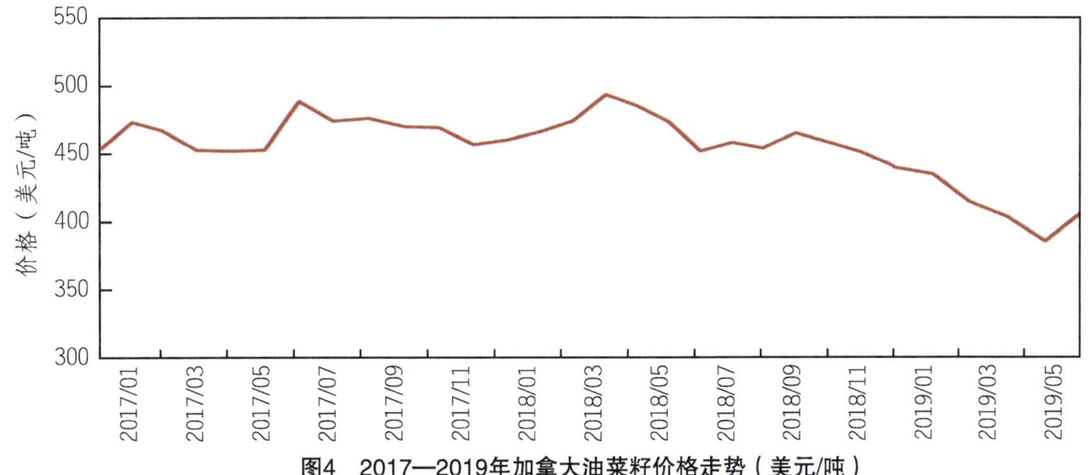

图4　2017—2019年加拿大油菜籽价格走势（美元/吨）

国际市场油菜籽现货市场价格呈现不同程度下跌。加拿大油菜籽价格是国际市场价格形成风向标。自2018年10月以来，加拿大油菜籽价格持续下跌。2019年以来，由于加拿大油菜籽出口显著减少，出口需求弱势影响加拿大油菜籽价格持续下跌。1—5月，加拿大油菜籽CNF报价从439美元/吨跌至385美元/吨，跌幅高达12.30%。加拿大国内油菜籽市场价格也从562.8加元/吨跌至531.9加元/吨，跌幅5.49%（图5）。

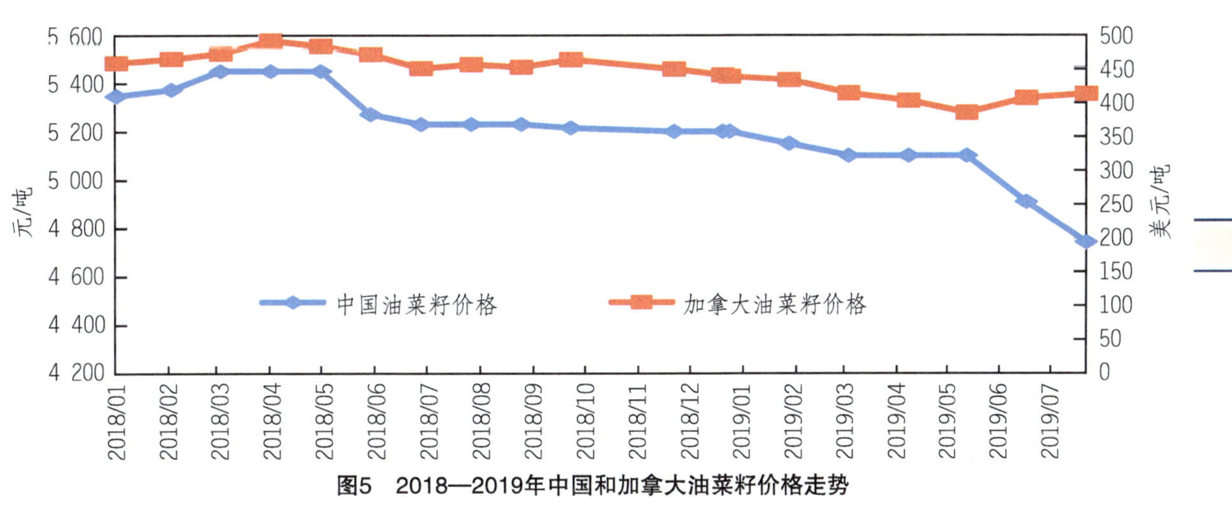

图5　2018—2019年中国和加拿大油菜籽价格走势

除加拿大以外，世界其他主要国家油菜籽价格也不同程度走低。2018年10月至2019年7月，中国油菜籽价格从5 215元/吨跌至4 741元/吨，跌幅高达9.09%。

（二）世界油菜籽价格走低的主要原因

2018/19年度，油菜籽期现货价格大幅下跌，主要影响因素既有全球油脂油料供需基本面因素，也有主要国家贸易政策调整因素。

首先，近两年全球油料油脂供需整体呈宽松格局影响，全球油料油脂价格总体处于低位，油菜籽价格也受此影响缺乏上涨动力。其次，油菜籽消费呈现弱势。2018/19年度全球油脂消费总体增加，但增长主要来自豆油、棕榈油和葵花籽油等丰产、价低的品种。豆油、棕榈油和葵花籽油对世界菜籽油消费形成替代，相应的全球范围内对油菜籽加工消费的需求总体偏弱。2018/19年度全球食用植物油消费量从1.92亿吨增至1.99亿吨，但菜籽油消费从2 896万吨降至2 807万吨。最后受中国取消加拿大油菜籽贸易许可影响，加拿大油菜籽出口大幅减少，受此影响，加拿大油菜籽库存高企压制油菜籽价格走势，进而影响全球油菜籽价格走低。

三、国际贸易格局

（一）世界油菜籽贸易规模总体趋稳，主要国家贸易规模变化较大

2018/19年度，世界油菜籽贸易规模总体趋稳，国别间调整明显。全球油菜籽出口量1 611万吨，略低于上年度1 620万吨。油菜籽进口量1 533万吨，与上年度基本持平。

一是传统贸易国家出口规模减小，新兴国家油菜籽出口规模增加。2018/19年度加拿大油菜籽出口量从上年度1 085万吨缩减至1 060万吨。澳大利亚油菜籽出口量预计减少35%以上，降至150万吨左右。欧盟由于油菜籽减产，出口量也显著减少，从13万吨减至6.50万吨。其他国家油菜籽出口显著增加，出口量从522万吨增至545万吨，基本填补了加拿大油菜籽出口减少的空缺。其中，乌克兰油菜籽出口量预计275万吨，较上年度增加17%。俄罗斯油菜籽出口量预计从38万吨增至58万吨，增幅超过50%。

二是中国油菜籽进口量大幅缩减，低于欧盟，成为第二大进口国家（地区）。2018/19年度，中国油菜籽进口量预计为385万吨，较上年度472万吨减少18.43%。受减产影响，欧盟油菜籽进口量大幅增加，从上年度400.70万吨增加至450万吨，增幅高达12.30%。日本油菜籽进口量同比略增，2018/19年度预计达到245万吨，同比增加2.76%。墨西哥、巴基斯坦等国油菜籽进口量总体与上年度持平，分别为140万吨和82万吨。

（二）油菜籽菜籽油区域间贸易格局有所调整，黑海地区贸易趋于活跃

2018/19年度，世界油菜籽进出口贸易格局均有所调整。

一是加拿大油菜籽出口结构均出现明显调整。据加拿大统计局近5年数据显示，中国、日本和墨西哥是加拿大油菜籽的主要进口大国，三国进口量约占加拿大油菜籽出口量的80%左右。其中，中国是加拿大第二大农产品出口市场和第一大油菜籽出口市场，出口至中国的油菜籽占加拿大油菜籽出口总量的40%。对日本和墨西哥出口占比分别为25%和15%左右。2019年，受油菜籽出口中国许可政策调整影响，加拿大油菜籽出口形势变化明显。1—5月，加拿大累计出口油菜籽328.97万吨，同比减少23.19%；出口菜籽油129.3万吨，同比增加0.7%。从出口结构来看，加拿大油菜籽对中国出口比重明显减少，对墨西哥和美国出口比重提高。1—5月，加拿大对中国、墨西哥和美国出口油菜籽占比分别为28.49%、13.32%和8.23%。比去年同期分别减少15.29个百分点、增加2.89和0.41个百分点。菜籽油方面，加拿大出口结构略有调整。对中国和美国出口规模总体稳定，出口份额基本维持在54%和32%左右。对韩国和墨西哥出口规模增加，2019年加拿大对两国出口菜籽油分别为3.5万吨和7万吨，比上年同期分别增加1.2和1.9万吨，出口占比分别为2.7%和5.4%，相比2018年同期分别增加0.9和1.6个百分点。

二是中国油菜籽进口规模和进口结构有所调整。2019年1—6月，中国累计进口油菜籽192.4万吨，与去年同期相比减少了28.96万吨。其中自加拿大、俄罗斯、蒙古和澳大利亚进口的油菜籽分别为175.99万吨、11.83万吨、3.56万吨和1.05万吨，占比分别为91.46%、6.15%、1.85%和0.55%。与2018年同期相比，自加拿大进口的油菜籽规模减少了13.75万吨，进口占比下降了1.8个百分点。自俄罗斯进口的油菜籽占比增加了1.6个百分点。

三是黑海地区油菜籽和菜籽油贸易较为活跃。乌克兰和俄罗斯是黑海地区近年来油料油脂活跃度较高的两个主要国家。其中，两国主要向欧盟地区和中国输出油菜籽和菜籽油。2018/19年度，受中国减少加拿大油菜籽进口影响，俄罗斯向中国输出的油菜籽有所增加，同时乌克兰、俄罗斯出口至中国的菜籽油显著增加。海关数据显示，2019年上半年，中国自俄罗斯进口油菜籽11.83万吨，同比增加18.31%。2018年10月至2019年6月，中国从俄罗斯和乌克兰分别进口菜籽油4.89万吨和3.25万吨，比上年度同期分别增加1.6倍和108.2倍。

四、世界主要国家产业竞争力

加拿大是世界油菜籽生产和出口第一大国。我国是加拿大第一大出口目标国。近年来，自加拿大进口的油菜籽总量维持在350万～450万吨，占进口总量比重超过95%。加拿大油菜籽价格优势明显是其具有出口竞争力的重要原因。2015年，我国油菜籽临储政策调整后，油菜产业市场化改革基本完成，同时也意味着在压榨加工领域，国产油菜籽将面临国际市场激烈的竞争。为更清晰的判断中加油菜籽竞争差距，从生产环节入手，对新一年度中加油菜籽生产成本进行比较分析，探究两国油菜成本构成差异。

中加两国油菜籽的生产成本构成要素基本相同，但在分类上存在一定差异。因此，在对比分析前，需要将相应构成要素统一分类。中国的油菜籽生产成本分为物质与服务费用、人工成本和土地成本三大项，其中物质与服务费用主要包括种子费、化肥费、农家肥费、农药费、租赁作业费、燃料动力费、工具材料费、修理维护费、固定资产折旧费和保险费等；人工成本由家庭用工折价和雇工费用所构成；土地成本由流转地租金和自营地折租两部分构成。加拿大的油菜籽生产成本由经营成本、固定成本和劳动成本三部分构成，其中经营成本包括种子处理费、肥料费、除草剂费、杀菌剂费、杀虫剂费、燃料费、机械费、机械投入费、租赁和定制费、保险费、土地税、烘干费和利息；固定成本有土地投资成本、机械折旧费、机械投入费、存储成本；劳动成本包括雇工费用和家庭劳动机会成本（表3）。

从分类看，两国生产成本统计差异总体不大，仅个别要素项归口类别不同。为便于统计分析，遵循不影响成本支出属性和大类原则，同时增强中加两国油菜籽成本的可比性，将两国油菜籽生产成本的构成要素进行整合，统一划分为物质与服务费用、人工成本和土地成本三类。其中，把中国油菜籽生产成本中的化肥费和农家肥费统称为肥料费，将修理维护费合并到机械作业费，其他费用为销售费、工具材料费、畜力费、排灌费；将加拿大油菜籽生产成本中的除草剂费、杀菌剂和杀虫剂费归入农药费，将机械费、机械投入和机械租赁费合并为燃料动力费，其他费用为土地税、烘干费、利息和存储成本。整合后的物质与服务费用为种子费、化肥费、农药费、燃料动力费、机械作业费、固定资产折旧费、保险费和其他费用（表4）。

表3　中国和加拿大油菜籽成本构成类别及要素

中　国	物质与服务费用	种子费、化肥费、农家肥费、农药费、租赁作业费、燃料动力费、工具材料费、修理维护费、固定资产折旧费、保险费
	人工成本	家庭用工折价、雇工费用
	土地成本	流转地租金、自营地折租
加拿大	经营成本	种子处理费、肥料费、除草剂费、杀菌剂费、杀虫剂费、燃料费、机械费、机械投入费、租赁和定制费、保险费、土地税、烘干费和利息
	固定成本	土地投资成本、机械折旧费、机械投入费、存储成本
	劳动成本	雇工费用、家庭劳动机会成本

表4　各项成本包含的具体内容

项　目	中　国	加拿大
物质与服务费	种子费、化肥费、农药费、燃料动力费、机械作业费、固定资产折旧费、保险费、销售费、工具材料费、畜力费、排灌费	种子费、化肥费、农药费、燃料动力费、机械作业费、固定资产折旧费、保险费、土地税、烘干费、利息、存储成本
人工成本	家庭用工折价和雇工费用等	雇工费用和家庭劳动机会成本
土地成本	流转地租金和自营地折租	土地机会成本

受统计数据获取限制，本文选取了加拿大曼尼托巴省油菜籽生产成本数据，该省油菜产量居国内第三，生产具有较强的代表性。中国油菜成本收益使用2016年成本数据，加拿大使用2017年数据。

（一）总成本：中国为加拿大的2.08倍，中国人工成本占比63%

通过比对中加两国油菜籽生产总成本，中国油菜总成本是加拿大总成本的2.08倍。从结构构成来看，中国油菜成本构成人工成本占比最大，达到63%，其次是物质服务费用，占比为24%，土地成本占比为13%。加拿大与我国油菜生产成本差异较大，其首要成本构成为物质服务费用，占比达到79.2%，土地成本占比次之，为13.4%，人工成本占比仅为7.4%，较上年下降0.6个百分点（表5）。

两国油菜生产的土地成本占比基本一致，但人工成本和物质服务费用占比差异极大。加拿大人工成本占比较低也与其机械化程度较高密切相关。

表5　中加油菜生产成本主要构成

单位：元/亩，%

	物质服务费用	占　比	人工成本	占　比	土地成本	占　比
中　国	221.3	24.0	580.1	63.0	119.9	13.0
加拿大	350.4	79.2	32.8	7.4	59.1	13.4

数据来源：根据中加油菜生产成本收益统计数据整理计算

（二）物质服务费用：加拿大显著高于中国，种子和农药费用高于中国，机械作业费低于中国

从物质服务费用成本对比来看，加拿大油菜物质与服务费用高于中国。其中，中国物质与服务费用为221.27元，加拿大油菜籽亩均物质与服务费用为350.37元。

从物质与服务费用结构构成来看，中国油菜以肥料、机械作业和种子为主，三项成本占物质服务费用比重分别为43.19%、34.39%和8.54%，合计占比接近90%。加拿大油菜物质服务费用主要发生在肥料、农药、种子和固定资产折旧等方面（表6）。

表6　中国、加拿大油菜籽亩均物质与服务费比较

单位：元/亩，%

项　目	中国（2016年）		加拿大（2017年）	
	费用	占比	费用	占比
物质与服务费	221.27		350.37	
种子费	18.90	8.54%	65.65	18.74%
肥料费	95.57	43.19%	75.85	21.65%
农药费	14.56	6.58%	57.04	16.28%
燃料动力费	1.06	0.48%	20.46	5.84%
机械作业费	76.09	34.39%	27.1	7.73%
固定资产折旧	5.90	2.67%	54.34	15.51%
保险费	3.42	1.55%	16.36	4.67%
其他费用	5.77	2.61%	33.57	9.58%

两国物质服务费用构成主要有以下特点：加拿大种子成本、农药费用、机械折旧和保险费显著高于中国。其中，2017年加拿大亩均种子费和农药费分别为65.65元和57.04元，分别是中国种子费

和农药费的3.5倍和3.9倍。加拿大机械自有率较高，这一点在农机折旧费用一项体现较为突出。加拿大油菜籽亩均固定资产折旧费为54.34元，是中国亩均固定资产折旧费的9.2倍。另外，加拿大保险费用高于中国。加拿大油菜籽亩均保险费为16.37元，是中国的4.8倍，这也显示加拿大油菜种植主体保险意识总体较强，另一个侧面也反映出农场主收入保障程度相对高于中国。由于加拿大经营规模普遍较大，机械作业成本低于中国。目前，中国油菜籽亩均机械作业费是加拿大的2.8倍。

（三）人工成本：加拿大油菜人工成本仅为中国的5.6%

2016年中国油菜亩均人工成本为580.08元，占总成本的63.0%；加拿大油菜籽亩均人工成本为32.83元，占总成本不到8%，仅相当于中国冬油菜亩均人工成本的5.6%。从我国人工成本构成来看，家庭用工仍是主要来源，油菜亩均家庭用工折价为572.4元，占人工成本均接近100%（表7）。

与加拿大相比，我国人工成本高主要有两方面原因：一是受资源禀赋限制，我国人均耕地面积较少，加之土地流转有限，经营规模受到制约，同时冬油菜主产区多山地、丘陵等地貌，机械化推广和使用有限，因此生产过程中需耗费人工较多，目前，我国仅在内蒙古、新疆、青海以及湖北部分地区可实现油菜全程机械化；二是近年来我国城镇化进程加快，人力成本快速上升，导致了用工折价刚性上涨。而加拿大户均经营规模近200公顷，机械使用条件较好，机械化水平极高，在很大程度上替代了劳动力，人工成本相应较低。

表7　中国、加拿大油菜籽亩均人工成本比较

单位：元/亩，%

项　目	中国油菜		加拿大春油菜	
	费用	占比	费用	占比
人工成本	580.08	100	32.83	100
家庭用工折价	572.40	98.70	—	—
雇工费用	7.68	1.30	—	—

（四）土地成本：加拿大仅为我国的一半

中加油菜生产成本中土地成本在占比均在13%左右，但中国油菜种植的土地成本绝对数大幅高于加拿大。2016年中国油菜亩均土地成本为119.85元，加拿大油菜亩均土地成本59.09元，仅为我国油菜土地成本的49.3%。加拿大地广人稀，且土地可以自由买卖，土地成本相对较低。我国土地成本总体偏高，随着城镇化进程加快，土地流转成本持续增加。

五、主要国家产业支持政策新变化

（一）中国

（1）允许自印度进口菜粕2018年10月22日，中国海关总署公告发布2018年第137号（关于进口印度菜籽粕检验检疫要求的公告）。根据中国相关法律法规和《关于印度菜籽粕输华安全卫生条件的议定书》，符合《进口印度菜籽粕检验检疫要求》的菜籽粕允许进口。

（2）取消自加拿大进口油菜籽许可2019年以来，中国陆续在黄埔、大连、南宁、深圳海关连续从进口加拿大油菜籽中检出油菜茎基溃疡病菌、十字花科黑斑病菌、法国野燕麦、苍耳属（非中国种）、长芒苋等检疫性有害生物。为保护中国农业生产和生态安全，防止有害生物传入，根据《中华人民共和国进出境动植物检疫法》及其实施条例、《进出境粮食检验检疫监督管理办法》等相关规定，中国发布加强进口加拿大油菜籽检疫的警示通报。海关总署分别于2019年3月1日和3月26日分别暂停受理加拿大Richardson International Limited及其相关企业、Viterra Inc. 企业及其相关企业的注册登记，暂停其油菜籽进口。

（二）加拿大

加拿大是世界油菜籽生产和贸易大国。近年来加拿大对油菜产业高度重视，积极支持和鼓励油菜产业发展，加拿大油菜籽生产和贸易规模持续增加，在国际市场中的地位越发凸显。2017/18年度，加拿大油菜籽产量占世界总产比重接近30%，出口占世界出口总量比例接近70%。

加拿大实施出口导向型油菜籽产业发展战略，扣除压榨后的出口菜籽油，加拿大国内消费量不足5%，即生产的油菜籽95%用于出口。为发展油菜产业，加拿大政府综合运用直接补贴、作物保险与税收优惠政策稳定农业收入，重视转基因油菜品种技术研发、推广与行业服务。除原有实施的农业生产直接补贴，农作物保险；投入大量资金，积极支持生物技术的研发与成果推广；充分发挥油菜籽协会在产业发展中的重要功能；对农业实施税收优惠政策；以及推动本国油菜籽消费，推行实施生物燃油战略等，2017/18年度，加拿大政府也在科研和贸易领域，继续对油菜产业大力支持。一是实施生产支持。为进一步促进加拿大油菜籽国际竞争力、提升加拿大油菜籽产出水平，加拿大于2017年5月启动政府和私人合作研究的模式，以进一步扩大高产油菜籽品种类别。二是积极鼓励和促进出口。2017年4月，加拿大与印度签署合作备忘录。主要目的是促进加拿大菜籽油出口商和印度进口商或零售商的理解，从而促进加拿大菜籽油出口至印度。

（三）欧盟

生物柴油是欧盟交通使用的主要生物燃料，约占其生物燃料市场的70%（其余主要为生物乙醇）。菜籽油是欧盟加工生物质燃油的主要原料，这也是欧盟油菜籽消费迅速扩大的重要原因之一。政策主要包括：①通过指令和税收减免激励生物质燃料消费。欧盟《可再生能源指令》（2009/28/EC）要求，到2020年欧洲全部能源消费中可再生能源比例达到20%，各成员国在2020年运输业的汽油和柴油消费中，生物质能源至少占10%。目前，欧盟已有10个成员国采取强制性混合要求政策，有20个成员国对生物柴油混合品进行税收削减。强制性混合要求政策的成本主要由消费者负担，而税收减免政策由公共财政负担。②对进口的生物质燃料征收较高关税，鼓励欧盟内生物质能源生产。欧盟对进口的未变性的酒精征收0.192欧元/升、变性酒精0.102欧元/升、酒精汽油混合物6.5%的最惠国关税，生物柴油进口税率为6.5%。此外，欧盟实施了促进生物燃料生产和市场营销产业链发展的政策框架，包括促进研发和科技进步的措施、促进产能投资、发展混合燃料动力车的安全协议等。

除以上政策外，2017年，欧盟围绕油菜籽进口与主要国家签署了自由贸易协定，调整了部分进口贸易及关税政策。5月17日，欧盟与澳大利亚就未来的自由贸易协定范围内容进行界定，以协助未来澳洲油菜籽更加便利的出口欧盟。2017年9月21日，欧盟根据经济贸易协定（CETA）临时取消对加拿大菜籽油进口的关税。

六、世界供需形势展望

2018年以来，全球农产品经贸合作日益加深趋势未改，但与此同时，主要贸易国家之间以及重要农产品贸易领域内的摩擦也在显著增多。全球农产品贸易摩擦常态化正成为气候和灾害等自然因素以外影响全球农产品生产和贸易、加剧全球重要农产品供需形势不确定性和风险性的重要因素。2018/19年度，贸易政策调整背景下，全球油菜籽供需格局和价格走势均受到了不同程度影响。综合世界油脂油料供需基本面、主要国家政策调整以及贸易摩擦趋于常态化等因素，世界油菜籽供需形势展望如下。

（一）全球油菜籽供需基本面有望趋紧

1. 全球油菜籽面积产量不同程度下降，黑海地区主要国家油菜籽产量预期显著增加

受价格低迷和出口弱势影响，2019/20年度全球油菜籽面积预期减至3 498万英亩，比上年度下降4.24%；产量预期降至7 178万吨，比上年度下降1.37%。其中，加拿大2019/20年度油菜籽面积大幅下降，产量预期下降至2 000万吨以下，较上年度减幅将高于5%。欧盟、印度等主产国受比较效益低下影响，油菜种植面积也不同程度下降。其中，欧盟产量预期下降至1 870万吨，较上年度减少6.78%。但出口形势较好的俄罗斯、乌克兰等国油菜籽产量预期大幅增加2019/20年度，俄罗斯油菜籽产量预期达到564万吨，较上年度增加10.80%。

2. 全球菜籽油产量增加

2019年1—5月加拿大菜籽油出口同比略有增多，但目前影响尚不显著。下半年，加拿大油菜籽去库存压力会更大，国内压榨加工的菜籽油产量有望增加，同时，其用于国内消费和出口的菜籽油规模将不同程度增加。从而增加全球菜籽油产出水平，2019/20年度全球菜籽油产量预期增至2 802万吨，比上年度增加0.18%；消费量增加至2 840万吨，比上年度增加1.16%。随着全球菜籽油产量增加，用于生物质燃料加工消费需求有望增加。

3. 全球油菜籽和菜籽油期末库存不同程度下降

由于全球油菜籽产量减少、消费增加，菜籽油消费增速快速产量增速，2019/20年度全球油菜籽期末库存有望下降至672万吨，比上年减少11.60%，全球菜籽油库存下降至222万吨，比上年度减少17.55%。

（二）全球油菜籽贸易格局面临调整

加拿大、中国和欧盟是世界油菜籽主要生产和贸易国。近年来，加拿大油菜籽出口量占世界出口总量近2/3。其中，40%左右出口至中国。中国油菜籽进口量占世界进口总量近30%。其中，95%进口自加拿大。欧盟油菜籽进口量占世界进口总量也接近30%。但因欧盟地区严禁进口转基因油菜籽，进口主要来自欧盟国家以及澳大利亚、美国等国。基于中加以及欧盟在世界油菜籽贸易中占据的重要地位，随着对中加两国贸易持续影响，世界油菜籽进口格局必将面临调整。

一是油菜籽主要出口国出口规模和流量面临调整。基于生产规模和贸易规模，2019/20年度加拿大仍将是全球第一大油菜籽出口国，但受产量下降影响，加拿大油菜籽出口规模会有所缩减，与此同时，菜籽油加工和出口规模会有所增加。受主要出口市场中国减少油菜籽进口影响，加拿大也会寻找和开拓新的市场，全球油菜籽贸易格局和重心会逐渐调整，考虑到加拿大传统出口市场日本和墨西哥油菜籽市场相对稳定，需求量难以大幅增加，短期内增加对日本和墨西哥油菜籽出口规模的可能性较小。中长期来看，若持续取消对加拿大油菜籽主要企业进口许可，加拿大有可能将油菜籽转而出口至墨西哥、印度、巴基斯坦、俄罗斯、乌克兰等其他国家和地区。

二是油菜籽主要进口国进口来源面临调整。中国和欧盟是世界油菜籽主要消费和进口国。受经济增长和人口增加带动，中国油菜籽消费需求仍然保持较高水平，但贸易政策影响下与加拿大的贸易合作会继续受到影响，菜籽油消费量预期同比有所减少。为满足消费需求，中国将更多从周边国家和其他地区进口油菜籽和菜油满足消费需求。2019/20年度预计中国油菜籽进口量将恢复性增至450万吨左右。基于检验检疫许可，目前中国仅能从除加拿大以外的俄罗斯、澳大利亚和蒙古三国进口，政策影响下，中国会加大从以上三国油菜籽进口量。其中，俄罗斯具有广阔的黑土地和较大的油菜籽增产潜力，同时与中国边贸通关优势突出，2019/20年度俄罗斯和乌克兰等国油菜籽出口规模预计将继续保持高速增长趋势。此外，如果中国允许从欧盟地区进口油菜籽，欧盟将会成为另一个油菜籽进口来源地区。

专题二：加拿大出口形势变化对全球油菜籽市场供需形势影响

近两年主要国家频繁调整农产品贸易政策，全球贸易环境不确定性和风险性显著增加，油料油脂市场供需形势和价格走势也出现新的变化。中国是世界油料油脂贸易和消费大国，分析研判主要国家供需、贸易格局变化对全球油料油脂供需形势的影响对于科学把握全球油料油脂贸易动向，及时规避市场风险和产业风险具有重要意义。本报告以油菜籽主产国加拿大为研究对象，分析政策调整背景下加拿大油菜籽出口形势变化对全球市场供需形势的影响。

一、全球油料贸易政策环境不确定性增加

自2018年以来，世界主要国家纷纷调整油料油脂产品贸易政策。美国2018年3月对中国发起301调查引发中美贸易摩擦不断升温，中美双方对主要输出农产品互相加征关税，其中大豆进口加征关税税率达到25%。2019年1月以来，因检测出加拿大油菜籽携带茎基溃疡病菌、十字花科黑斑病菌、法国野燕麦、苍耳属（非中国种）、长芒苋等检疫性有害生物。为防止有害生物传入，中国海关总署公布了《关于加强进口加拿大油菜籽检疫的警示通报》，并于3月相继取消了加拿大Richardson和Viterra公司油菜籽出口至中国的许可。大豆和油菜籽是全球主要油料产品，关税税率的调整和出口许可调整对主要贸易国的贸易成本和规模均产生重要影响，进而影响全球油料油脂市场供需形势和价格走势，相应的全球油料油脂贸易风险和不确定性也随之增加。

二、加拿大在全球油菜籽市场中占据重要地位

加拿大是全球油菜籽主要生产和贸易国。近年来加拿大油菜籽生产稳步发展，2018/19年度油菜籽产量2 110万吨，为全球第一大生产国，占全球总产近30%。加拿大油菜籽产业是典型的外向型产业，国内超过50%的油菜籽以原料形势出口至国际市场，40%左右油菜籽加工成菜籽油对外出口。目前加拿大油菜籽和菜籽油出口量占全球总出口比重均在65%左右，是全球第一大出口国。由于在全球油菜籽生产和贸易中占据重要地位，加拿大也是全球油菜籽价格形成中心，世界油菜籽价格走势基本以加拿大油菜籽价格为基准，受加拿大供需形势、贸易格局和价格走势影响较大。

三、加拿大油菜籽出口形势变化特征

油菜籽是加拿大第一大出口农产品，出口额约占加拿大农产品出口总额的50%。据加拿大统计局近5年数据显示，中国、日本和墨西哥是加拿大油菜籽的主要进口大国，三国进口量占加拿大油菜籽出口量的80%左右。其中，中国是加拿大第二大农产品出口市场和第一大油菜籽出口市场，出口至中国的油菜籽占加拿大油菜籽出口总量的40%。对日本和墨西哥出口占比分别为25%和15%左右。2019年，受家拿到油菜籽出口中国许可政策调整影响，加拿大油菜籽出口形势变化明显。

（一）加拿大油菜籽出口总量缩减、菜籽油出口略有增加

2019年1—5月，加拿大累计出口油菜籽328.9万吨，同比减少23.2%；出口菜籽油129.3万吨，同比增加0.7%。由于中国是加拿大最大的油菜籽进口国，中国海关取消加拿大油菜籽进口许可直接影响其对中国油菜籽输出量。目前取消进口许可的两家加拿大企业分别为其国内油菜籽出口的第一和第二大企业。其中，Richardson公司出口到中国的油菜籽约占加拿大对中国出口总量的35%左右，Viterra公司对中国出口油菜占比为16%左右。禁止两家公司对中国出口菜籽预计将影响加拿大对中国至少50%油菜籽。

（二）加拿大油菜籽出口结构调整明显，菜籽油出口略有调整

2019年上半年，加拿大油菜籽对中国出口比重明显减少，对墨西哥和美国出口比重提高。1—5月，加拿大对中国、墨西哥和美国出口油菜籽占比分别为28.5%、13.3%和8.2%。比去年同期分别减少15.3个百分点、增加2.9和0.4个百分点。菜籽油方面，加拿大出口结构略有调整。对中国和美国出口规模总体稳定，出口份额基本维持在54%和32%左右。对韩国和墨西哥出口规模增加，2019年加拿大对两国出口菜籽油分别为3.5万吨和7万吨，比上年同期分别增加1.2万吨和1.9万吨，出口占比分别为2.7%和5.4%，相比2018年同期分别增加0.9和1.6个百分点。

四、加拿大出口形势变化对全球油菜籽供需格局影响分析

（一）加拿大油菜籽生产加工和贸易格局影响分析

1. 加拿大油菜籽加工和贸易布局面临新的调整

由于油菜籽出口减少，加之短期内增加油菜籽出口至其他市场规模有限，加拿大将油菜籽在国内压榨并向国际市场出口菜籽油是短期内的最佳解决办法。目前加拿大国内油菜籽压榨产能在1 160万吨左右。2018年加拿大油籽油菜籽压榨量928万吨，占总产量的45.6%，压榨产能利用率80%左右。通过加工在短期内应对出口减少的难题，但菜籽油出口面临豆油、棕榈油的低价竞争，出口利润会受到影响。

2. 加拿大油菜籽价格持续下跌

近两年受全球油料油脂供需整体呈宽松格局影响，加拿大油菜籽价格总体处于低位。2019年以来，由于加拿大油菜籽出口显著减少，出口需求弱势影响加拿大油菜籽价格持续下跌。1—5月，加拿大油菜籽CNF报价从439美元/吨跌至385美元/吨，跌幅高达12.3%。加拿大国内油菜籽市场价格也从562.8加元/吨跌至531.9加元/吨，跌幅5.5%。

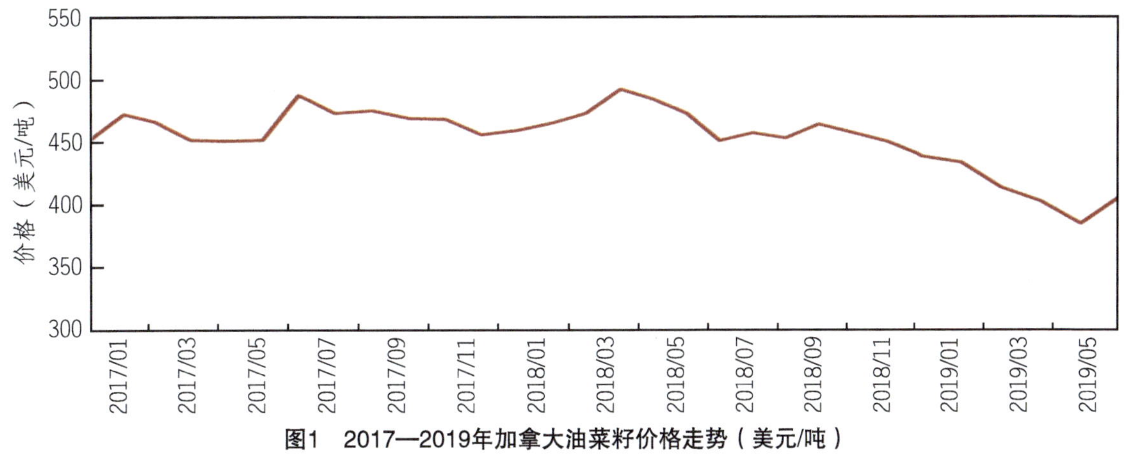

图1　2017—2019年加拿大油菜籽价格走势（美元/吨）

3. 加拿大新年度油菜籽种植面积减少

由于加拿大菜籽出口持续受限，加之价格持续下跌，加国内农户种植油菜籽积极性相应减少。2019年4月，加拿大统计局对农户的调查显示，受出口受阻影响，许多油菜籽农户打算转种春小麦。2019年加拿大农户计划播种2 131.4万英亩油菜籽，创下三年来的最低水平，比2018年减少150万英亩，减幅达6.6%。美国农业部预计2019/20年度加拿大油菜籽产量为2 010万吨，比上年度减少4.7%。

（二）世界油菜籽、菜籽油供需形势和贸易结构影响分析

受加拿大油菜籽供需和贸易格局影响，全球油菜籽供需形势也相应出现新的调整。突出表现如下。

1. 全球油菜籽面积产量不同程度下降

受价格低迷和出口弱势影响，加拿大2019/20年度油菜籽面积大幅下降。欧盟、印度等主产国受比较效益低下影响，油菜种植面积也不同程度下降。受此影响，2019/20年度全球油菜籽面积预期减至3 498万英亩，比上年度下降4.24%；产量预期降至7 178万吨，比上年度下降1.4%。

2. 全球菜籽油产量增加

加拿大油菜籽出口减少后，1—5月菜籽油出口同比略有增多，但目前影响尚不显著。下半年，加拿大油菜籽去库存压力会更大，国内压榨加工的菜籽油产量有望增加，同时，其用于国内消费和出口的菜籽油规模将不同程度增加。从而增加全球菜籽油产出水平，2019/20年度全球菜籽油产量预期增至2 802万吨，比上年度增加0.2%；消费量增加至2 840万吨，比上年度增加1.2%。随着全球菜籽油产量增加，用于生物质燃料加工消费需求有望增加。

3. 全球油菜籽贸易格局面临调整

基于生产规模和结构占比影响，2019/20年度，加拿大仍为全球第一大油菜籽出口国，但受产量下降影响，国内油菜籽出口规模会有所缩减，菜籽油国内消费加工比例增加，菜籽油出口规模会有所增加。主要消费国来看，中国受经济增长和人口增加带动，油菜籽消费需求仍然保持较高水平，但贸易政策影响下与加拿大的贸易合作会继续受到影响，菜籽油消费量预期同比有所减少。为满足消费需求，中国将更多从周边国家和其他地区进口油菜籽和菜油满足消费需求。如果中国允许从欧盟地区进口油菜籽，欧盟将会成为另一个油菜籽进口来源地区。

4. 全球油菜籽和菜籽油期末库存不同程度下降

由于全球油菜籽产量减少、消费增加，菜籽油消费增速快速产量增速，年度内全球油菜籽期末库存有望下降至672万吨，比上年减少11.6%，全球菜籽油库存下降至222万吨，比上年度减少17.5%。

（三）世界油菜籽、菜籽油价格走势影响分析

受加拿大油菜籽出口减少影响，全球油菜籽价格显著下跌，菜油价格不同程度上涨。油菜籽方面，2019年上半年洲际交易所（ICE）旗下的加拿大温尼伯商品交易所油菜籽期货市场价格也大幅下跌。1月2日至6月28日，ICE油菜籽期货价格从488.8美元/吨跌至452美元/吨，跌幅高达7.5%。菜油方面，由于原料贸易量显著减少，全球菜油价格明显上涨。2019年1—6月，荷兰菜油价格从715美元/吨涨至758美元/吨，涨幅6.0%；德国菜油价格从798美元/吨涨至832美元/吨，涨幅4.7%。

五、趋势判断与对策建议

（一）趋势判断

随着全球农产品经贸合作力度日益加深，主要贸易国家之间以及重要农产品贸易领域内相关的

摩擦会相应增多。全球农产品贸易摩擦的常态化将是除气候和灾害等自然因素外影响未来全球贸易不确定性和风险性的重要来源。目前来看，贸易政策和经贸合作大环境影响下，加拿大油菜籽出口形势已经呈现明显变化，且对全球油菜籽供需格局和价格走势已有不同程度的影响。考虑到贸易受船期影响具有一定的滞后性，下半年对全球贸易格局的影响还会更加显著。

趋势展望来看：一是全球油菜籽供需基本面有望趋紧。当前贸易政策环境背景，加拿大国内油菜籽库存高企、出口需求弱势的格局短期内难以显著改善，全球油菜籽市场供需格局仍将延续供给总体宽松。下半年若中加关系仍未有明显改善，加拿大油菜籽种植面积和产量预期下调背景下，全球油菜籽供给将有望趋紧，价格预期上涨。二是全球油菜籽贸易格局变化日益清晰。中国与周边国家的油菜籽贸易将会有所增加，加拿大油菜籽贸易延续弱势，但加拿大也会寻找和开拓新的市场，全球油菜籽贸易格局和重心会逐渐调整，考虑到日本和墨西哥油菜籽市场相对稳定，需求量难以大幅增加，短期内增加对日本和墨西哥油菜籽出口规模的可能性较小。中长期来看，若持续取消对加拿大油菜籽主要企业进口许可，加拿大有可能将油菜籽转而出口至欧盟、俄罗斯等其他国家和地区。

（二）对策建议

在全球油菜籽供需形势和价格走势新动向背景下，中国油料油脂市场平稳运行需关注供给安全和市场风险。基于此，提出以下对策建议。

一是适度增加油料油脂进口规模，确保国内食用植物油供给稳定。短期内可增加俄罗斯油菜籽和菜籽油，乌克兰、哈萨克斯坦等国菜籽油进口规模补充国内菜籽油供给缺口，防止菜籽油价格过快集中大幅上涨；适度增加豆油、葵花籽油、棕榈油等其他油脂进口量，确保国内食用植物油市场供给总体稳定，满足国内消费需求。

二是加强与一带一路沿线国家经贸合作，优化油料油脂进口产品和来源国结构。受耕地、水资源和环境约束，国内油料面积增加的空间有限，国内油脂消费需求总量增加、结构升级趋势下，仍需通过国际市场调剂余缺。近年来，我国与沿线国家油料油脂贸易合作势头良好，未来可在进口品种以及来源国多元化方面进一步深化合作。

三是深入推进油菜产业供给侧结构性改革，切实提升产业综合竞争力。积极支持双低优质油菜保护区建设，推广油菜生产节本增效模式，稳步提升国产油菜产能和生产效益；支持和鼓励国产菜籽油加工企业设备升级改造，提升国产浓香菜籽油品质和竞争力；积极拓展油菜产业多功能，深入挖掘产业综合效益。

四是做好油菜籽市场价格和产业运行的监测与预警。短期内，受进口油菜籽减少影响，国内新上市油菜籽以及菜籽油价格预期会出现一定上涨。建议加强对国内油菜籽和菜籽油期现货市场价格走势、沿海加工企业生产加工运行情况、国内菜粕供给情况的监测和分析。加强对全球油菜生产国产量、贸易以及供需等信息搜集及研判。

（农业农村部农村经济研究中心　张雯丽）

第八部分

食　糖

专题一：世界供需形势分析

2018/19年度，世界食糖产量同比减少而消费量稳中有增，受到供需基本面、汇率因素（美元走强、巴西雷亚尔贬值）、国际原油价格波动等因素的冲击，世界食糖价格呈现波动下降趋势。2019/20年度，预计巴西、中国、欧盟等食糖产量有所上升，泰国、印度等将出现大幅下降，使世界食糖市场供给偏紧，国际食糖价格有望触底反弹。

一、世界供需现状

根据美国农业部2019年5月公布的数据，2018/19年度世界食糖结束了连续两年的增产趋势，总产量17 892.6万吨，同比减少1 557万吨，减幅8.01%；消费量依然保持稳中略增的趋势，达17 395.2万吨，同比增加36.8万吨，增幅0.21%；产大于需497.4万吨，同比减少1 593.8万吨，减幅76.21%，世界食糖供给由宽松转向偏紧。

受气候、乙醇政策等的影响，世界食糖主产国位次发生变动，美国农业部数据显示，2018/19年度世界食糖生产量排名前五的国家（地区）依次是印度、巴西、欧盟、泰国、中国。印度食糖产量略有下降。2018/19年度，印度食糖产量3 307万吨，同比减少123.9万吨，减幅3.61%，但仍超过巴西，成为世界上最大的产糖国。巴西食糖产量大幅下降。2018/19年度，巴西食糖产量2 950万吨，同比减少937万吨，减幅24.11%。欧盟食糖产量降幅明显。2018/19年度，欧盟食糖产量1 817.5万吨，同比减少264.8万吨，减幅12.72%。泰国食糖产量略有下降。2018/19年度，泰国食糖产量1 419万吨，同比减少52万吨，减幅3.54%。

中国食糖产量小幅增加。截至2019年7月底，2018/19年度中国食糖生产已经结束，中国产量1 076万吨，同比增加45万吨，增幅4.36%。其中，产甘蔗糖944.5万吨（增幅3.15%），产甜菜糖131.5万吨（增幅14.41%）。根据2019年7月《中国农产品供需形势分析》的估计，2018/19年度中国食糖消费量预计1 520万吨，同比增加10万吨，增幅0.66%；食糖进口量290万吨，同比增加47万吨，增幅19.34%；食糖出口量15万吨，同比下降3万吨，降幅16.67%。

由此可看出，印度、巴西、泰国、欧盟等食糖主产国2018/19年度的食糖产量同比均有不同幅度的下滑，中国食糖产量虽有增加，但是增幅较小，不足以弥补其他主产国（地区）减少的产量，这也导致2018/19年度世界食糖产量出现下滑的主要原因。

二、国际价格走势

受供需基本面、汇率因素（美元走强、巴西雷亚尔贬值）、国际原油价格波动等因素的影响，2018/19年度国际食糖价格在震荡中下跌，截至2019年6月底，2018/19年度纽约11号原糖期货平均价格12.62美分/磅，同比下降0.69美分/磅，降幅5.18%。

从月度价格走势来看，截至2019年7月底，各月呈波动状态，无明显规律，主要是受到干旱气候、汇率、国际原油价格波动，以及国家政策等因素的冲击。涨幅最大的是在2018年10月，为13.18美分/磅，大幅环比上升2.39美分/磅，降幅最大的是在2019年5月，降至11.81美分/磅，环比下降0.72美分/磅，这也是2018/19年度的最低月度均价。

三、国际贸易格局

美国农业部2019年5月公布的数据显示，2018/19年度世界食糖出口量5 644.2万吨，同比减少805.6万吨，减幅12.49%；世界食糖进口量5 106.7万吨，同比减少362.1万吨，减幅6.62%。

分国别来看，食糖出口量较大的国家有巴西、泰国、澳大利亚、印度、墨西哥等，出口量分别为1 960万吨、1 150万吨、380万吨、340万吨、207.1万吨，五个国家合计出口食糖4 037.1万吨，占世界食糖总出口量的71.53%。

与相对集中的食糖出口相反，世界食糖进口相对分散。根据美国农业部的预测，2018/19年度食糖进口量较大的国家为印度尼西亚、中国、美国、阿尔及利亚、孟加拉国，进口量分别为486万吨、430万吨、259万吨、239.7万吨、233万吨，五个国家合计进口食糖1 647.7万吨，占世界食糖总进口量的32.26%。值得关注的是，由于国内外食糖价格差别较大，食糖走私仍是影响中国国内食糖市场正常运转的阻碍。

四、世界供需形势展望

美国农业部2019年5月的数据显示，2014/15年度至2018/19年度，世界食糖需求由16 803.7万吨稳步增加至17 395.2万吨，以年均0.87%的幅度稳步增长；世界食糖供给则波动较大，从2014/15年度的17 758.2万吨，大幅降至2015/16年度的16 486.8万吨，随后又急剧上升至2017/18年度的19 449.6万吨，而2018/19年度又有所回落，故主要从世界食糖供给侧出发进行分析，分别考察世界主要食糖生产国的供需形势、世界食糖供需的总形势。

（一）主要国家供需形势分析

1. 巴西食糖产量波动上升

美国农业部预计，巴西糖产量在2019/20年度将反弹250万吨，增至3 200万吨，其中，约38%的甘蔗将用于食糖加工，62%的甘蔗将用于乙醇加工，该制糖比例较之于2018/19年度有所提升，有利于巴西糖产量回升。

从国内情况来看，一方面，厄尔尼诺现象导致巴西不规则降雨问题严重，干旱影响了甘蔗的正常生长，从源头上造成了食糖供给能力的不确定性，但巴西2月和3月的稳定降雨将有助于改善甘蔗产量；另一方面，由于巴西汽油价格上涨及经济前景改善的预期，巴西仍将维持甘蔗用于乙醇生产在一定的比例，以获得更多收益，使食糖产量增幅有限。

从国际情况来看，美国玉米价格飙升也对巴西乙醇价格有所提振，使巴西糖厂以牺牲食糖为代价，大力推行乙醇生产。此外，根据RPA咨询公司数据，由于美元兑雷亚尔升值，未来将带来更多糖厂不开榨，影响食糖产量。

2. 泰国食糖产量持续下降

尽管泰国政府在2018/19年度采取了甘蔗补贴计划，对蔗农实施了156亿泰铢补贴，补贴后的甘蔗价格提高至800泰铢/吨，高于2017/18年度的680泰铢/吨，但仍然低于900泰铢/吨的种植成本，无法有效提振蔗农种植积极性，加之木薯价格恢复，将导致蔗农在2019/20年度种植的甘蔗将大幅减少，进而降低泰国食糖供给。

据泰国甘蔗糖业协会表示，预计泰国在2019/20年度将生产约1 300万吨食糖，较上年同期下降7%。而甘蔗和食糖理事会则预计，降雨不足加之甘蔗种植面积减少，2019/20年度甘蔗产量将减少8%左右，同时，预计甘蔗价值将低于每吨700泰铢（22.73美元），为10年来最低的水平，进一步降低了蔗农的积极性。此外，泰国政府正在打造东南亚化工中心的计划，有意用甘蔗汁生产化工产品，削减了部分糖产量，也减少了泰国食糖的出口。

3. 印度食糖产量大幅下降

上年度蔗款兑付情况、本年度甘蔗收购价、自然条件、乙醇生产政策是影响印度食糖供给的四大主要因素。

第一，蔗款拖欠是影响蔗农种植积极性的消极因素。对于印度食糖产业，现金流一直是制约其发展的重要因素，糖企拖欠蔗农货款较为常见，对此，2019年3月，经印度内阁批准，斥资105.4亿卢比（1.48亿美元）向食糖行业提供贷款利息，为期一年，希望帮助糖厂向蔗农支付拖欠的货款。

第二，当期收购价提高是提振农户种植积极性的重要因素。为维持蔗农种植积极性，印度政府在2018/19年度将甘蔗公平报酬价格（FRP）上调至2 612.5卢比/吨（9.5%出糖率），或2 750卢比/吨（10%出糖率）；还将精炼糖出厂最低价自29卢比/千克上调至31卢比/千克，旨在提高国内糖零售价，进而提高蔗农收益；此外，印度政府直接支付给甘蔗种植者的补贴金额从2017年的每吨55卢比提高到每吨138卢比，也是影响蔗农种植决策的手段。

第三，恶劣的自然条件是威胁印度甘蔗生产的关键因素。一方面，2019年持续的干旱使印度多达10座大型水坝的蓄水量不足总库容的30%，40%以上的地区可能面临干旱（其中近一半的地区正在面临严重乃至罕见的旱情），季前降水不足为近6年之最；另一方面，白虫病、红腐病也严重威胁着甘蔗产量。

第四，乙醇生产政策是影响食糖产量的重要外部因素。印度长期以来致力于提高乙醇产能以及乙醇掺混比，在2018/19年度，印度政府批准了直接用甘蔗汁生产乙醇，一来削减了制糖的甘蔗量，二来促进乙醇产能，并出台了提高乙醇收购价的配套政策；同时，印度政府宣布为制糖厂增加1 290卢比的软贷款，提高乙醇产能，并向以糖蜜为生产原料的独立酒精工厂提供260亿卢比的软贷款，以扩大产能和新厂投资；此外，2018年印度新生物燃料政策提到，2030年前实现在汽油中的乙醇掺混比达到20%的目标，将使部分糖产量被乙醇所替代。

由上述分析可知，尽管政府为保证甘蔗产量做出了很大的努力，但受自然灾害以及甘蔗产品结构调整的影响，印度糖厂协会（ISMA）预计，印度2019/20年度食糖产量将大幅下降至2 820万吨，较2018/19年度的3 295万吨减少14.42%。

4. 中国食糖产量小幅增加

中国政府对食糖产业发展十分重视，继2017年4月国务院发布《关于建立粮食生产功能区和重要农产品生产保护区的指导意见》（国发〔2017〕24号）后，2019年中央一号文件《关于坚持农业农村优先发展》中又强调，将糖料蔗“双高”基地建设范围覆盖到划定的所有保护区，在提质增效基础上，巩固糖料生产能力。

根据2019年7月《中国农产品供需形势分析》的预测，2019/20年度中国糖料种植面积将小幅增加，由2018/19年度的147.7万公顷，增加至2018/19年度的148.2万公顷，增幅0.34%；受种植面积增加的影响，食糖产量也有望实现小幅增加，预计2019/20年度中国食糖产量为1 088万吨，同比增加12万吨，增幅1.12%；预计2019/20年度中国食糖消费量为1 520万吨，同比基本持平；进口量304万吨，同比增加14万吨，增幅4.83%；出口量18万吨，同比增加3万吨，增幅20%。

5. 欧盟食糖产量温和上升

欧盟甜菜生产在2018/19年度备受旱情困扰，欧洲东南部、德国、法国东部比荷卢三国、乌克兰和俄罗斯中部地区降水量严重不足，缺乏降雨和温暖天气，影响了甜菜等作物的收割以及冬季作物的播种和萌芽。但据美国农业部预计，2019/20年度欧盟甜菜产量将有所恢复，产量预计增加130万吨，达到1 940万吨，回归平均产量。随着供应量的增加，预计出口量将增加20%至240万吨，库存略有增长。

（二）世界供需形势分析

综合来看，2019/20年度，世界糖料产量受自然灾害的影响存在不确定性，加之印度、巴西等主要食糖生产国受乙醇政策的影响仍将投入大量的甘蔗用于乙醇加工，国际食糖产量可能有所下降；而受人口规模、饮食习惯等因素的影响，国际食糖消费预期将保持小幅稳定上涨，全球食糖市场或出现缺口。

国际糖业组织（ISO）于2019年8月预计，2019/20年度，由于全球糖产量下降，全球食糖供给将出现350万吨缺口，但全球大量的糖库存和食糖需求的放缓，或将抑制世界食糖市场复苏。

美国农业部于2019年5月预测，2019/20年度，世界食糖产量将为18 073.4万吨，较2018/19年度增长1.01%，主要是由于巴西和欧盟的产量增加抵消了印度8%的下降所致。在食糖需求方面，2019/20年度食糖消费量为17 644.9万吨，同比增加1.44%。全球食糖市场供应过剩428.5万吨，比上一年度有所缩小。

国际资产控股公司INTL FCStone公布的2019/20年度全球糖市供应平衡表显示，预计全球将出现570万吨的缺口，而2018/19年度的糖缺口仅为30万吨。FCStone表示，2019/20年度不仅巴西的糖产量，印度、中国的糖产量也预计下降，但由于预计2018/19年度全球糖库存高达近7 400万吨，食糖价格上涨空间受到抑制。

未来几年，如果接连遭受恶劣自然灾害的打击，主要食糖生产国持续提高将糖料转化为生物燃料的比例，世界食糖产量将不断下降。而消费量的趋增将造成产需缺口，但这有利于消化国际食糖库存，国际糖价有望触底反弹。值得注意的是，全球现有多个国家开始反食糖消费，加之政府政策调控具有波动性，将使世界食糖供需情况存在较大不确定性。

专题二：外部环境变化对中国食糖产业的影响

一、中国食糖市场面临的主要外部变化

（一）世界供需由宽松转向偏紧

根据美国农业部、国际糖业组织（ISO）、KINGSMAN等主要机构的预测，世界食糖供需正由宽松转向偏紧。根据美国农业部海外农业局（FAS）2019年5月发布的数据，2019/20年度全球食糖产量18 073.4万吨，同比增1.01%；食糖消费量17 644.9万吨，同比增1.44%；产需过剩量由2018/19年度的497.4万吨减少到428.5万吨。造成这一形势的原因是多方面的：一是巴西、印度等发展乙醇加工业，用于制糖的甘蔗量减少，如巴西参议院于2017年12月12日通过国家生物燃料政策（RENOVABIO），计划在2020年1月之前实施，旨在提高所有生物燃料，包括乙醇和生物柴油在巴西的使用量，以及提高能源安全和减少温室气体排放。预计到2028年需要增加70%的乙醇供应，甘蔗面积由150万公顷增加到300万公顷。用于制糖的甘蔗比重仍有下降的可能。二是干旱天气影响糖料作物的种植面积和单产水平，如长期干旱导致印度、巴基斯坦等国糖料种植情况不及预期，食糖减产形势严峻。三是竞争作物对糖料种植构成压力，如国际糖业组织预计2019/20年度泰国食糖产量将下降200万吨，主要原因是竞争作物——木薯的价格不断上涨，甘蔗价格表现欠佳，促使农民的种植意愿在良种作物之间摇摆（表1）。

表1　世界主要机构对最近两个市场年度的预测情况

机构名称	预测时间	2018/19年度	2019/20年度
ISO（国际糖业组织）	2019年6月	过剩183万吨	—
F. O. Licht（李奇）	2019年5月	供需缺口20万吨	供需缺口310万吨
FCSTone（福四通）	2019年5月	供需缺口30万吨	供需缺口570万吨
Rabobank（荷兰合作银行）	2019年6月	—	供需缺口420万吨
Green Pool	2019年6月	过剩410万吨	供需缺口162万吨

（二）食糖保障措施即将到期

2017年5月，在经历了9个月的立案调查后，商务部发布了2017年第26号公告，宣布对进口食糖采取保障措施。保障措施采取对关税配额外进口食糖征收保障措施关税的方式，实施期限为3年，自2017年5月22日至2020年5月21日，实施期间措施逐步放宽，三年保障措施关税税率分别为45%、40%和35%。与此同时，商务部也制定了一个副条例，即“对于来自发展中国家（地区）的产品，如其进口份额不超过3%，且这些国家（地区）进口份额总计不超过9%，不适用保障措施。进口商需提供来自不适用保障措施的国家（地区）的产品原产地证明。”2018年7月16日，在保障措施实施满一年后，公告所附《不适用保障措施的发展中国家（地区）名单》符合副条例条件，因此自2018年8月1日起，商务部发布2018年第58号公告取消不适用名单。至此，意味着我国对所有的食糖进口国“一视同仁”，所有国家对我国的食糖出口回到同一个起跑线上。

保障措施的实施，提高了我国食糖的整体进口成本，减少了国内外食糖价差，同时使我国食糖进口来源更加分散。在保障措施实施之前，我国食糖进口的传统来源地和进口份额相对稳定。来源地主要有巴西、古巴、泰国、澳大利亚和韩国，各来源地份额相对固定。其中，巴西来源糖占比达到我国进口总量的70%以上。保障措施实施之后，我国食糖来源地从集中走向分散，前三大来源国的食糖进口规模在食糖进口总量中的占比由2016/17年度的72.7%下降到2017/18年度的34%，食糖进口更多地分散于萨尔瓦多、危地马拉等新出现的来源地。

但是保障措施的出台与实施也面临着较大的外部压力，如2018年10月，巴西就中国对进口食糖采取的进口管理措施提起世贸组织争端解决机制下的磋商请求。因此，在2020年5月到期后，保障措施是否延续值得关注。

（三）糖料定价机制向市场化方向迈进

1990年至2019年2月，中国的糖料收购价定价政策经历了从国家定价到国家指导价再到省级政府定价与市场调控相结合的转变。糖料收购价省级政府定价政策。2011年，国家发展改革委员会出台《完善糖料收购价格政策的通知》，明确规定，广西、广东、云南、海南和新疆五个主产区糖料价格要纳入政府定价目录，统一实行省级政府定价。具体做法是由国家发展改革委员综合考虑各地糖料生产者成本收益情况、市场价格、制糖企业成本效益等因素，制定出基准价格和浮动范围，具体由主产区省级物价部门在规定范围内自行制定。后来，除广西外，其他几个主产区陆续放开甘蔗价格。2019年2月，广西自治区政府出台《关于深化体制机制改革加快糖业高质量发展的意见》（桂政发〔2019〕8号），深化糖料购销体制改革，充分尊重种植主体和制糖企业的自主权，由双方签订糖料蔗订单合同，明确糖料蔗收购价格、收购范围等。自治区糖业主管部门制定订单合同规范文本。至此，我国糖料收购价在形式上已全部放开。

（四）食糖走私方式不断翻新

近年来国际食糖市场供大于求，市场价格低迷。2016/17年度以来，国际糖价震荡下跌，从期初的22.67美分/磅下跌至目前的12.5美分/磅，其间跌破10美分/磅。国内糖价与关税配额内食糖进口成本价差较大，最大时接近3 000元/吨。随着国内供应过剩的到来，国内糖价下跌，但内外价差仍维持在2 000元/吨左右。价差过大导致走私糖难以遏制，冲击国内市场。虽然国家有关部门开展了一系列打击食糖走私的专项行动，但由于管控手段不足，食糖走私未得到根本抑制，涉及地域和范围越来越广。边境地区一些加工厂使用走私糖生产冰糖和糖粉，改头换面进入国内市场。此外，海关查处的走私糖大都通过公开拍卖进入国内市场，价格普遍低于国内市场价格，冲击国内市场，同时也为走私分子提供了获取合法票据的可乘之机。

二、外部变化对中国食糖产业的影响

（一）外部变化对中国食糖产业影响的传导机制分析

1. 生产政策影响糖料种植成本和食糖加工成本，进而影响食糖产业基础竞争力

成本是制约产业竞争力的关键因素，当前，我国糖料种植成本居高不下，导致我国食糖产业竞争力羸弱。国家可通过直接补贴、等政策措施，在保障糖农收入稳定的条件下降低糖料种植成本，进而降低下游制糖成本，提升产业竞争力。反之，如果不出台相应的补贴政策，而实行市场化的糖料定价机制，则在食糖价格下行的时候，糖厂有降低糖料收购价格的动因，那么糖农收入将得不到有效保障，进而影响其种植积极性，长期来看不利于糖厂的原料供应。如果糖厂在食糖价格下行的背景下保持糖料收购价格相对稳定，虽然短期内稳定了原料供应，但是糖厂则会陷入“产得越多、亏得越多”的怪圈。因此，生产扶持政策是短期内保障农民收入、降低生产成本、提升产业竞争力的有效办法。

2. 贸易政策影响食糖进口规模和国内供给形势，进而影响国内食糖价格

我国食糖产不足需，对进口食糖存在刚性需求，是世界上重要的进口国。因此，我国食糖贸易政策对国内外食糖市场均具有广泛影响。尤其是在国内外食糖价格差客观存在的当前形势下，宽松的贸易政策将造成食糖无序、过量进口，在增加国内食糖供给、压低国内糖价的同时，改变国内食糖产业格局，内陆地区的制糖企业将面临较大的经营压力，沿海地区的原糖加工企业将获得快速发展。适度偏紧的贸易政策则会使进口食糖仅发挥满足国内缺口的作用，使得国内供需保持相对平衡，国内食糖价格保持合理水平，制糖企业得到有序发展的同时原糖加工企业因为缺少原料而发展受限。

在关注正规进口的同时，不应忽视食糖走私这一非正常进口对国内市场的影响，走私糖不仅逃避了关税，拥有更低的价格，而且其进口量无法准确估计，对国内市场信心有较大的不利影响。

3. 国际供需形势影响国内食糖价格，并进而影响行业效益和食糖消费

当前，国内外食糖市场联系紧密，国内外食糖价格联动密切，而国际糖价是国际供需的直接体现，因此，国际供需形势的变化通过影响国际糖价并进一步传导至国内糖价，而国内食糖价格直接影响制糖企业的效益，并对食糖消费有明显影响。当国际供需形势宽松时，国际糖价承受较大压力，国内糖价也很难独善其身，从而导致国内制糖企业效益受损，但是较低的食糖价格也提高了食糖在甜味剂市场上的竞争力，有助于提振食糖消费。反之，当国际供需形势较紧时，国际糖价上升，国内食糖价格也随之有较大的上升空间，从而有助于提高国内制糖企业的营利水平，但与此同时，较高的食糖价格也会对食糖消费产生不利影响，刺激用糖主体转向其他的甜味剂。

（二）外部变化对中国食糖产业的影响分析

1. 进口压力增加

虽然世界供需形势正由过剩转向偏紧，但是庞大的食糖库存仍将在一定时间内对国际糖价产生抑制作用。此外，即便国际糖价上涨，短期内国内外食糖价差只会缩小却不会消除。所以，随着食糖保障措施的到期，我国的食糖进口压力将会增加。

目前南宁现货价格约为5 240元/吨，制糖企业成本在5 800～6 000元/吨，以目前12.3美分/磅（1美分/磅≈141.06元/吨）的原糖价格计算，配额内进口食糖成本3 268元/吨，内外价差高达1 972元/吨。由此可见，国内市场和产业对食糖保障措施的依赖度极高，如果到期后不延期，且无其他替代措施，按目前价格计算，国内糖价仍低于配内外进口成本1 093元/吨。届时，国内食糖市场将不可避免地面临巨大冲击，国内制糖业则要面临一场严峻的考验。

2. 走私压力持续不减

由于近年来国内外价差始终存在并不断扩大，食糖走私难以根本抑制，且新情况不断出现。一是涉及地域和范围不断扩大，逐渐向我国东南沿海地区蔓延，走私分子从泰国、缅甸等国购买食糖经中国台湾地区“转口”，在公海接驳，经更换包装甚至不换，直接运往销区；二是一些小型加工厂使用走私糖为原料加工糖分转而流入国内市场；三是海关查处的走私糖大都通过公开拍卖进入国内市场，价格普遍低于国内市场价格，冲击国内市场。据业内估计，近两年，每年食糖走私量在100万～200万吨。

3. 企业生产经营举步维艰

目前我国食糖价格严重倒挂，高收购价抬高食糖生产成本，制糖企业面临亏损。以广西为例，按照目前的甘蔗收购价计算，广西吨糖成本达到5 800～6 000元/吨，平均每吨糖亏655～855元。综

合考虑国际国内市场供求，未来价格上涨空间有限。因此，广西制糖企业对此次政策调整普遍存在担忧，一方面担心未来糖价持续低迷，2018/19年度的甘蔗款有的尚未结清，下一制糖期又面临兑付大量糖料款，企业负担持续加大，甚至面临倒闭；另一方面蔗区全面放开，企业对各自蔗区前期的投入难回收，同时如果出现跨区抢甘蔗现象，将扰乱蔗区秩序，加大企业原料保障难度。

4. 糖农种植意愿下降

广东湛江、云南已经放开甘蔗价，2018/19年度收购价格分别为380元/吨和420元/吨，远低于广西。通过实地调研来看，糖农种甘蔗的意愿并不高，尤其是湛江一些发展速度比较快的、传统的甘蔗主产区，已经大面积改种水果等种植效益高的经济作物。云南由于“双高”和糖料生产保护区等补贴项目的支持和约束，种植面积有一定保证，但出于经济收益考虑，不少农户内心并不愿意种植糖料。广西方面，虽然从新年度合同签订的情况来看，农户对于目前的收购价大多比较满意，但如果没有政府和项目支撑，已经通过“双高”基地建设改善了土地和水利条件的农民并不愿意种甘蔗，调研中我们了解到一些大户在享受“双高”基地补贴后，不再愿意继续种植。

三、促进中国食糖产业发展的对策建议

（一）严格控制食糖进口

目前国外进口食糖加征保障措施关税后在国内市场销售仍有利润，进口糖对国内产业的冲击是不言而喻的。因此要进一步加强食糖进口管理。争取延长食糖保障措施，为行业转型升级争取时间；继续支持行业协会加强行业自律，做好食糖自动进口许可管理相关工作；严格配额管理，将食糖进口管理与国家宏观调控紧密结合。

（二）严厉打击食糖走私

建议全国打私办协调公安、海关、海警、市场监管等执法部门形成打击合力，建立健全常态化的联合执法长效机制，规范和整治国内食糖市场秩序。规范走私糖拍卖，支持由行业竞拍走私糖。建立健全信用体系，推进二维码防伪溯源体系建设，对走私糖仓储、运输、销售、使用等环节进行查处整治。

（三）完善利益连接机制

由于糖料不同于棉花、粮食等农产品，糖料只能卖给制糖企业，再由制糖企业加工成食糖进入市场销售，从而实现其商品价值。这也决定了糖农和制糖企业之间是天然的唇齿相依的关系。因此要产业长远稳定就需要让糖农享受到更多的食糖加工环节利润，让糖厂更多参与糖料生产，让这种关系更为紧密。

（四）建立食糖市场调控新机制

我国食糖生产土地等基础资源禀赋差，规模化、机械化程度还不够高，综合生产力不具比较优势，要稳定糖料种植面积，保证自给为主，必须建立以有效发挥市场机制为主，政府作用为辅的食糖宏观调控新体系。从目前形式来看，实施糖料直补能短期内降低糖料收购价，缓解企业成本压力。长远来看，实施目标价格管理补贴政策能够更好地发挥市场因素在食糖价格形成中的作用，有效引导糖农种植和制糖企业生产经营，实现我国制糖行业的转型升级。

（农业农村部农村经济研究中心　马　凯　张哲晰）

第九部分

乳制品

专题一：世界供需形势分析

一、世界供需现状

（一）全球牛奶供应增长放缓，消费需求放缓

2010年以来，全球牛奶产量以平均每年约796万吨的速度持续增长，年均增长1.70%，全球牛奶消费量以平均每年约71万吨的速度保持增长，年均增长0.41%，因此每年消费量占牛奶产量的比重呈现逐年下降趋势。短期看，牛奶产量的增速在2014年出现了小高峰，2015年开始减速，2016年增速最慢为0.28%。2018年全球牛奶产量5.06亿吨，比2017年提高1.47%，仍低于近8年1.70%的年均增速；消费量1.77亿吨，比2017年提高0.25%，也低于近8年0.41%的年均增速（图1）。可见2017/18年度全球牛奶供需呈现“供应减缓、需求也放缓”的整体形势。

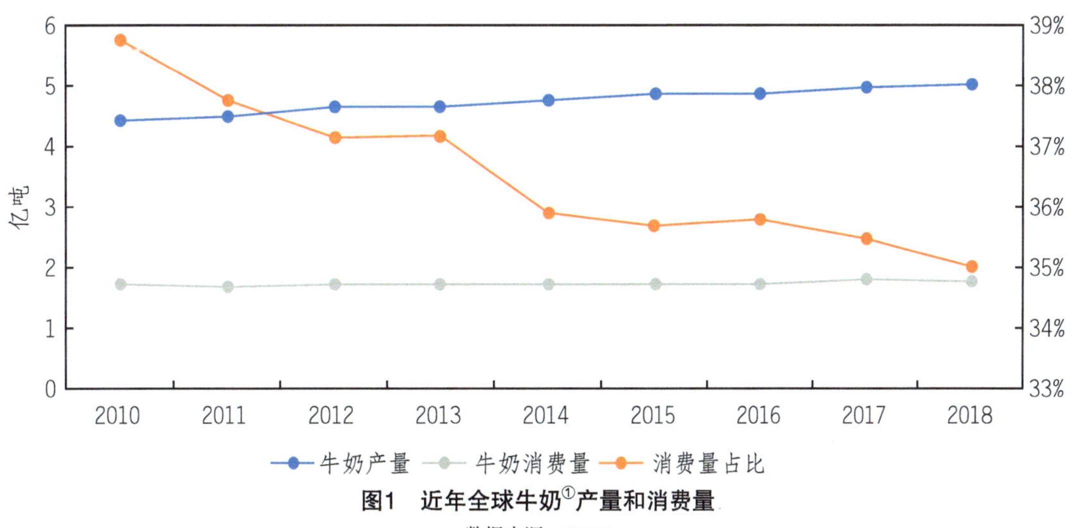

图1　近年全球牛奶[①]产量和消费量

数据来源：USDA

（二）欧美依旧产量主力，印度增速稳定领先

从地区来看，欧盟和美国依然是全球最大的牛奶生产基地，2018年牛奶产量分别为1.55亿吨和0.99亿吨，供应了全球31%和20%的牛奶产量（图2）。其次为印度0.76亿吨，占全球的15%，中国和俄罗斯均为0.31亿吨，各占全球的6%。虽然欧盟和美国的产量依然是全球主力，但近年也不可避免地出现了增速乏力的迹象。如2015年欧盟取消牛奶生产配额制度之后，2016年产量比2015年增加80万吨，2017年的产量比2016年增长240万吨，而2018年的产量比2017年仅增长118万吨，增速仅为0.77%；美国2016年产量比2015年增加179万吨，2017年产量比2016年增加140万吨，2018年产量比2017年增加93万吨，增速持续下滑（表1）。

① 仅指牛奶，不包括水牛奶和羊奶等

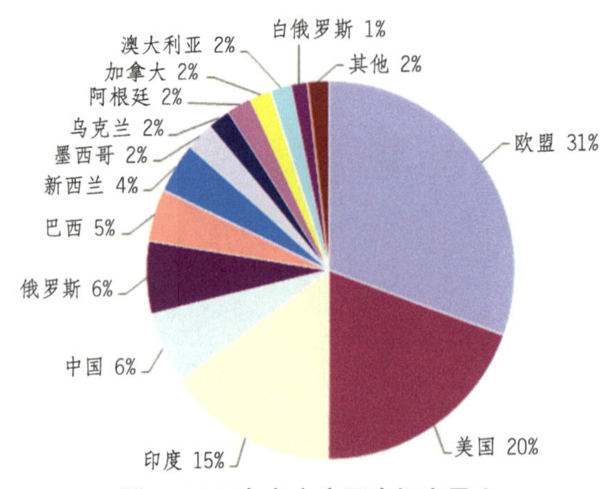

图2　2018年各主产国牛奶产量比

数据来源：USDA

在主要奶源地国家中，印度、阿根廷的增速最为明显。2018年印度牛奶产量7 600万吨，虽然仅占全球牛奶产量的15%，但与2017年比增产400万吨（同比增5.56%），比2016年提高了800万吨，比2015年提高了1 200万吨，以年均5%～6%的增速，远高于全球牛奶产量的平均增速。2018年阿根廷牛奶产量1 084万吨，占全球牛奶产量的2%，但与2017年比增产74.70万吨（同比增7.40%）。此外，新西兰、墨西哥、加拿大等国家的同比增速超过2%，美国、俄罗斯、中国等国家的同比增速接近或超过1%。但是，中国的牛奶产量2015—2017年连续三年呈现下降趋势，由2015年的3 217万吨，到2016年的3 102万吨，再到2017年的3 077万吨，年均减产2.20%左右，远低于全球牛奶产量平均增速，到2018年产量有所回升至3 114万吨，比2017年增加1.20%，预计2019年产量还将下行。乌克兰、澳大利亚两国2015—2018年一直在减产（表1）。

表1　2018全球牛奶生产量

单位：×1 000吨

国　家	2018产量	比2017		比2016		比2015		2019估计产量
		变化量	变化率	变化量	变化率	变化量	变化率	
欧　盟	154 575	1 175	0.77%	3 575	2.37%	4 375	2.91%	156 200
美　国	98 690	929	0.95%	2 324	2.41%	4 112	4.35%	100 063
印　度	76 000	4 000	5.56%	8 000	11.76%	12 000	18.75%	80 000
俄罗斯	31 450	516	1.67%	940	3.08%	902	2.95%	31 875
中　国	31 135	369	1.20%	115	0.37%	−1 037	−3.22%	29 985
巴　西	22 659	−965	−4.08%	−67	−0.29%	−2 111	−8.52%	23 150
新西兰	22 012	482	2.24%	788	3.71%	425	1.97%	22 200
墨西哥	12 368	247	2.04%	412	3.45%	632	5.39%	12 380
乌克兰	10 070	−205	−2.00%	−305	−2.94%	−514	−4.86%	9 900
阿根廷	10 837	747	7.40%	646	6.34%	−715	−6.19%	11 380
加拿大	9 940	265	2.74%	859	9.46%	1 167	13.30%	10 115
澳大利亚	9 297	−165	−1.74%	−189	−1.99%	−794	−7.87%	9 300
白俄罗斯	7 350	30	0.41%	210	2.94%	306	4.34%	7 350
日　本	7 230	−51	−0.70%	−164	−2.22%	−149	−2.02%	7 275

（续表）

国　家	2018产量	比2017		比2016		比2015		2019估计产量
		变化量	变化率	变化量	变化率	变化量	变化率	
韩　国	2 045	−36	−1.73%	−25	−1.21%	−124	−5.72%	2 030
其　他	16	1	6.67%	2	14.29%	3	23.08%	17
全　球	505 674	7 339	1.47%	17 121	3.50%	18 478	3.79%	513 220

数据来源：USDA

（三）脱脂奶粉和全脂奶粉库存下调，黄油、奶酪和脱脂奶粉消费量增长

从全球乳制品生产类别看，黄油、奶酪、脱脂奶粉和全脂奶粉2018年库存均保持在一个较低的水平，其中黄油58.3万吨、奶酪82.4万吨、脱脂奶粉78.1万吨、全脂奶粉91.9万吨。黄油近几年呈现稳定缓慢增长态势，产量和消费量均以年均3%的速度同步增长，预计2019年产量和消费量增速分别为3.45%和3.32%，库存稍有上升至61.6万吨。奶酪增势平稳，2018年的产量和消费量较2017年增长2%，与过去8年的平均增速一致，预计2019年产量和消费量均下降，产量增速0.94%，消费增速1.49%，库存下调至72.3万吨。全脂奶粉和脱脂奶粉产量虽远小于黄油和奶酪，但脱脂奶粉产量继2016年、2017年连续两年略微下调后有所回升，2018年产量较2017年增长0.51%，但需求量较2017年大幅增加3.20%，预计2019年脱脂奶粉的需求量仍继续提升，同时随着产量的上涨，库存会略微提高至79.1万吨。全脂奶粉2018年产量和消费量都在下降，较2017年均减少5%，其中全脂奶粉产量于2015年达到高峰期，近3年年均降幅4%，预计2019全脂奶粉生产量和消费量均将上行，库存增加至99.2万吨（表2）。

表2　全球乳制品生产消费和库存量

单位：×1 000吨

	供　需	2011	2012	2013	2014	2015	2016	2017	2018	2019[②]
黄　油	生产量	8 688	9 027	9 254	9 651	9 900	10 021	10 210	10 449	10 810
	消费量	8 164	8 490	8 721	9 037	9 199	9 442	9 669	9 866	10 194
	库存量	524	537	533	614	701	579	541	583	616
奶　酪	生产量	17 482	18 103	18 186	18 733	19 270	19 556	20 179	20 586	20 779
	消费量	17 033	17 549	17 618	18 051	18 525	18 876	19 379	19 762	20 056
	库存量	449	554	568	682	745	680	800	824	723
脱脂奶粉	生产量	3 731	4 059	4 041	4 524	4 760	4 740	4 728	4 752	4 885
	消费量	3 193	3 449	3 485	3 517	3 720	3 609	3 848	3 971	4 094
	库存量	538	610	556	1 007	1 040	1 131	880	781	791
全脂奶粉	生产量	4 408	4 500	4 568	4 961	5 097	4 629	4 804	4 561	4 826
	消费量	3 389	3 496	3 648	3 763	3 945	3 952	3 820	3 642	3 834
	库存量	1 019	1 004	920	1 198	1 152	677	984	919	992

数据来源：USDA

② 2019为预测值

（四）乳制品生产和消费日趋集中，中国是全脂奶粉产消第一大国

从国家和地区乳制品产量和消费量占全球的比例来看，不同乳制品中排名靠前的国家和地区日趋集中和稳定。其中，印度是黄油生产和消费第一大国，而欧盟是奶酪第一生产和消费地区。如图3和图4可以看出，2018年黄油生产前三名的国家和地区分别是印度（54%）、欧盟（22%）和美国（8%），黄油消费前三名的国家也是印度（56%）、欧盟（22%）和美国（9%）。从图5和图6可以看出，2018年奶酪生产前两位是欧盟（49%）和美国（29%），占全球产量的78%，其中欧盟占全球奶酪产量的近一半，同期奶酪消费量前两位的国家和地区依然是欧盟和美国，分别为47%和29%。

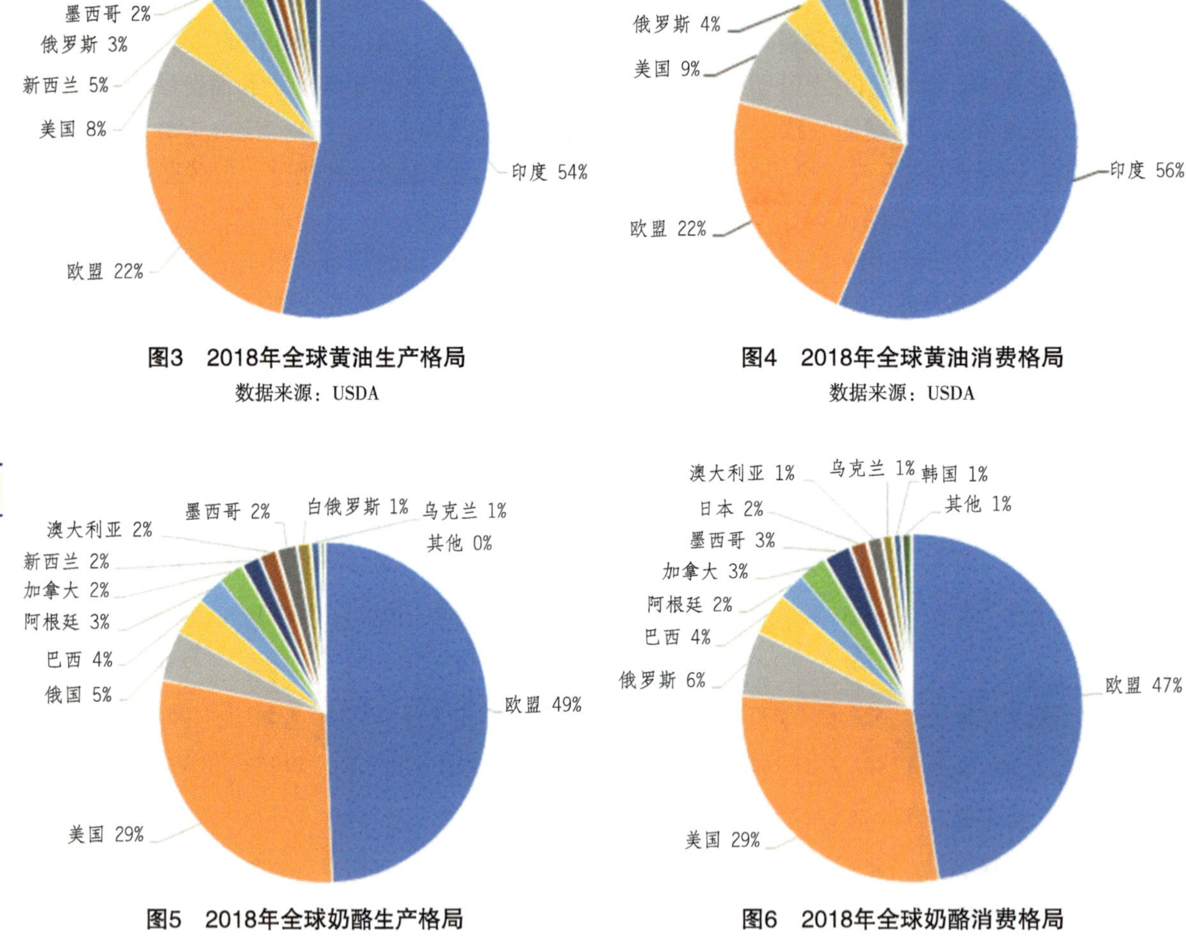

图3 2018年全球黄油生产格局

数据来源：USDA

图4 2018年全球黄油消费格局

数据来源：USDA

图5 2018年全球奶酪生产格局

数据来源：USDA

图6 2018年全球奶酪消费格局

数据来源：USDA

从奶粉生产量和消费量来看（图7至图10），2018年欧盟和美国依然是脱脂奶粉主产地，共产出全球59%的脱脂奶粉。但排名靠前的脱脂奶粉消费大国除了欧盟和美国外，还包括印度（13%）。虽然中国并非脱脂奶粉的生产大国，消费量也仅占全球8%，但中国全脂奶粉的生产位居世界第二，消费位居世界第一，2018年生产量（24%）仅次于新西兰（32%），消费量接近全球消费量的一半（45%），其次是巴西（18%）。

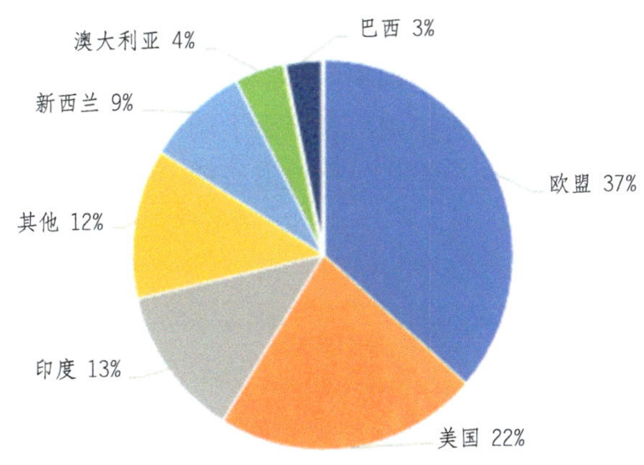

图7　2018年脱脂奶粉生产格局

数据来源：USDA

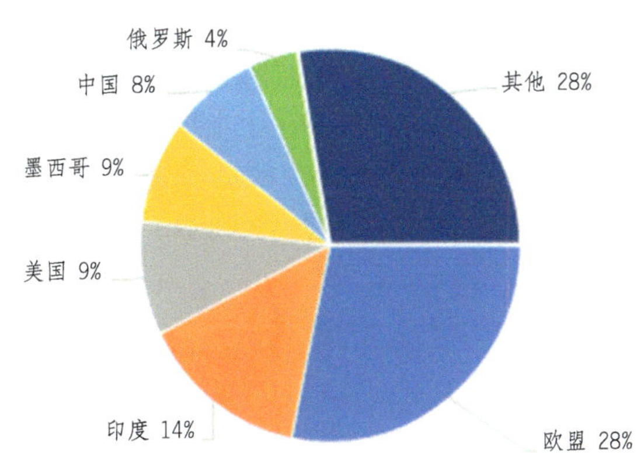

图8　2018年脱脂奶粉消费格局

数据来源：USDA

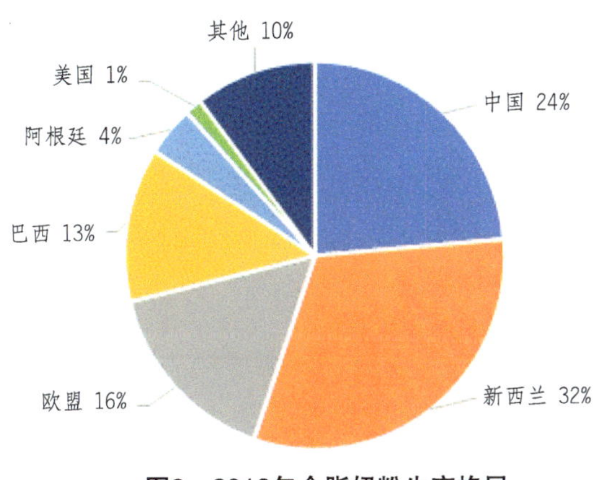

图9　2018年全脂奶粉生产格局

数据来源：USDA

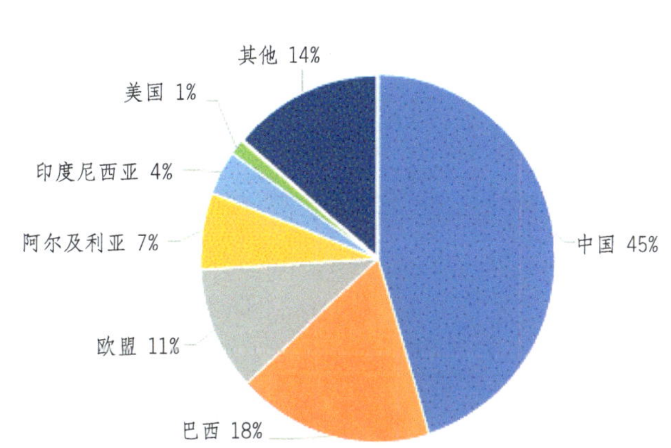

图10　2018年全脂奶粉消费格局

数据来源：USDA

二、国际价格走势

（一）全球奶价历经新的周期，2019年持续走高

根据国际牧场联盟（IFCN）发布的反应奶类商品国际价格变化的乳品价格指数，全球奶价于2018年又历经了一个新的短暂升降周期。全球奶价自2016年年中回升以来，2017年奶价整体呈现出波动的状态，这个新的价格周期特点在于价格下行持续时间很短，之后迅速恢复上涨。如图11所示，2018年上半年先经历了一个短暂的升降周期，然后在波动中于2018年5月上升至37.9美元/100千克，但2018年下半年价格却逐步下降至30.9美元/100千克。新的价格上升周期出现在2019年上半年，且增速较快。

（二）黄油价格波动走高，脱脂奶粉价格轻微上行

如图12所示，从整体看，黄油价格显著高于其他乳制品，而且价格差距在2017—2018年逐步加大。另外，2018年，脱脂奶粉的价格比2017年有所回升，其他乳制品价格均从年初的低位上涨，至5月、6月时涨至全年高点后开始回落。其中黄油价格的升降幅度显著大于其他乳制品，2018年1月黄油价格为4 877美元/吨，6月迅速上升至6 033美元/吨，上涨24%；下半年又逐步跌至4 610美元/吨，跌了24个百分点，没有达到2017年的最高价格水平。2018年价格上涨的原因可能在于

2018年第一季度的黄油产量减少以及需求强劲。2019年上半年价格也在逐步攀升，5月升至5 124美元/吨。相比之下，奶酪和全脂奶粉的价格波动幅度很小相对平稳，2018年平均价格分别为3 528美元/吨和3 207美元/吨，2019年上半年也有小幅上升。脱脂奶粉的价格则出现轻微上调，从2018年年初的1 672美元/吨上调至年末的2 005美元/吨，增长20%，2019年上半年价格也继续保持上升趋势，5月在2 358美元/吨左右（图11，图12）。

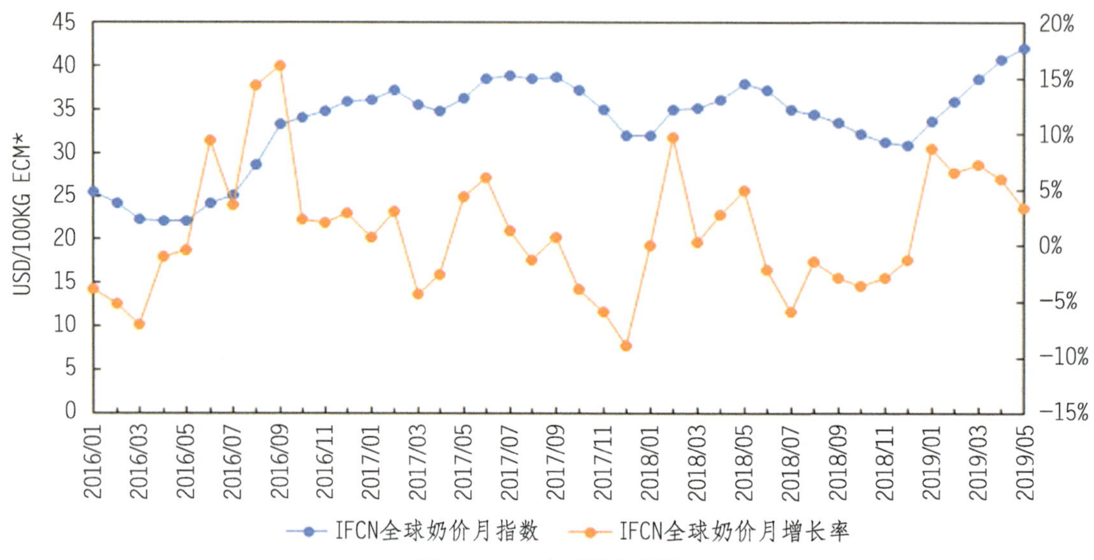

图11　IFCN全球奶价指数

数据来源：IFCN Dairy Data[③]

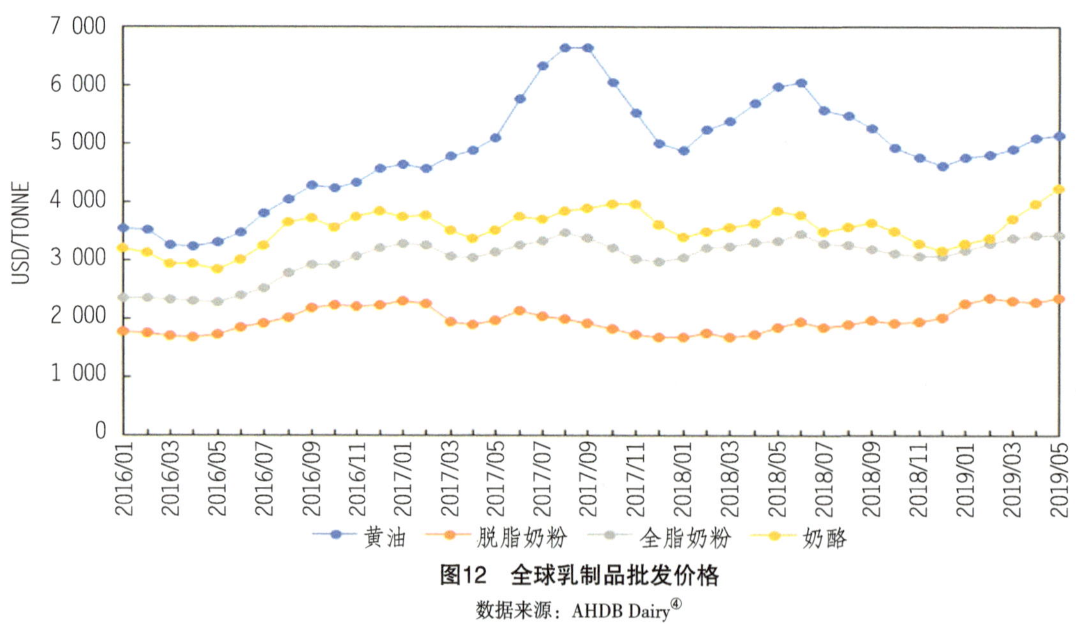

图12　全球乳制品批发价格

数据来源：AHDB Dairy[④]

（三）主产区原奶价格基本一致，中国原奶价格居高不下

各主产国和地区的原奶收购价格2017年明显趋于一致，欧盟小幅上涨，新西兰保持平稳，美国小幅下降。2018年欧盟和新西兰的原奶价格保持平稳，虽然新西兰与美国和欧盟的原奶价格差距逐

③　https://ifcndairy.org/about-ifcn-neu/ifcn-dairy-research-center-method/

④　http://dairy.ahdb.org.uk/market-information/milk-prices-contracts/wholesale-prices

步缩小，但仍保持不太显著的低成本原奶价格优势。美国小幅上涨，原奶价格最高为9月到了34.85欧元/100千克，中国的原奶收购价格从2018年1月48.13欧元/100千克迅速降至4月40.39欧元/100千克，7月又很快升到了51.79欧元/100千克，下半年基本稳定在50欧元/100千克以上，但2019年上半年出现小幅降价，也基本稳定在47欧元/100千克（图13）。

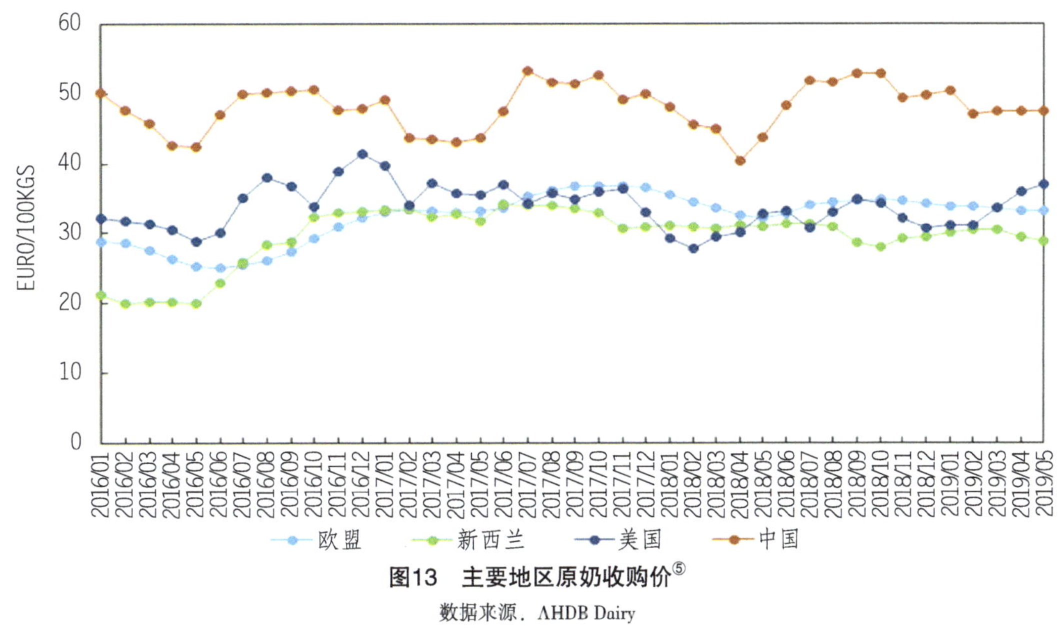

图13 主要地区原奶收购价[⑤]

数据来源：AHDB Dairy

（四）欧盟主导黄油高价市场，澳新奶酪持续超越美国

2017年1—5月，欧盟、美国、澳大利亚和新西兰的黄油批发价格逐步上涨，聚合程度最高，6月开始欧盟的上涨幅度最大，其次是澳新（图14），9月涨至高点后开始回落，于2018年1月价格再次聚合。2018年上半年，欧盟、澳大利亚和新西兰的黄油价格再次逐步上涨，上涨幅度最大的还是欧盟，其次是澳新，下半年欧盟和澳新开始大幅回落，美国黄油价格则基本保持平稳，澳新于2018年12月黄油价格跌至近两年最低。例如欧盟黄油价格从2018年1月的505美元/吨一路飙升至2018年6月的7 163美元/吨，提价43%。澳大利亚和新西兰则从4 763美元/吨提高到5 700美元/吨，提价20%。与此同时，美国从4 844美元/吨小幅提高到5 237美元/吨，提价8%。虽然2018年下半年开始三个国家和地区的价格都有所下调，2018年12月价格分别跌至4 971美元/吨、3 917美元/吨和4 944美元/吨，分别下跌31%、31%、6%。2019年澳新价格上涨，于2019年3月开始价格于澳新、美国再次聚合。

与黄油价格走势相似，2017年澳大利亚和新西兰的奶酪价格在11月前均略高美国，2017年12月价格差距逐渐缩小。2018年，澳大利亚和新西兰奶酪价格从2018年1月的3 429美元/吨慢慢升至2018年5月的4 094美元/吨，累计增幅19%。美国则从3 346美元/吨提高到3 605美元/吨，提升8%。虽然2018年下半年澳大利亚和新西兰、美国价格都有所下调，12月价格分别为3 304美元/吨、3 030美元/吨，但自2019年1月开始价格开始上涨，且差距逐步扩大，2019年5月澳大利亚和新西兰的奶酪价格为4 731美元/吨，比美国高989美元/吨（图15）。

---

⑤ Farmgate milk prices，非实际销售价格，按照脂肪含量4.2%、蛋白质含量3.4%的统一规格调整后计算所得

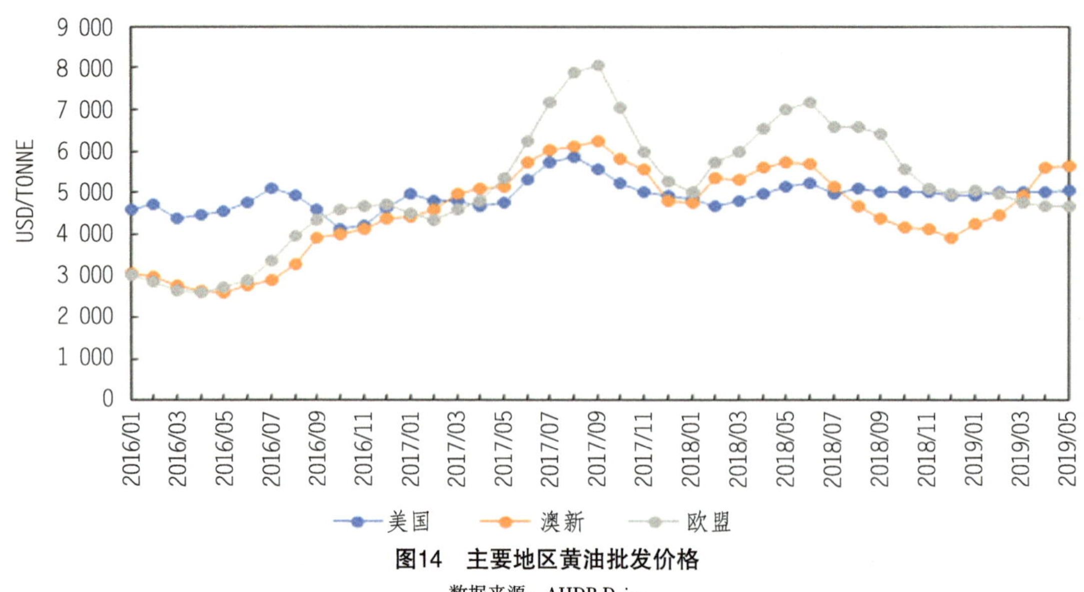

图14　主要地区黄油批发价格

数据来源：AHDB Dairy

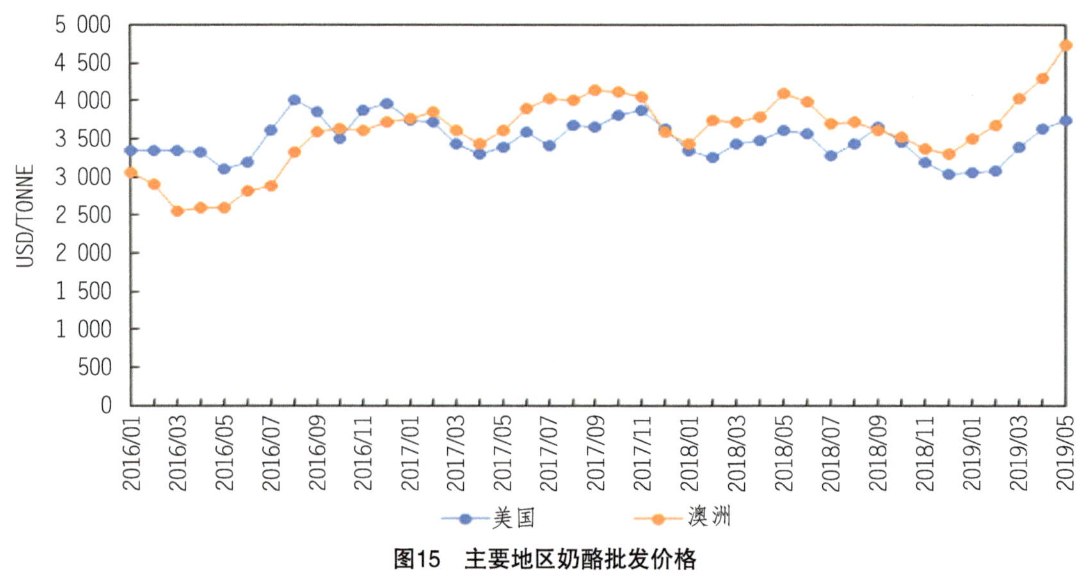

图15　主要地区奶酪批发价格

数据来源：AHDB Dairy

（五）脱脂奶粉市场价格波动频率一致，澳大利亚和新西兰价格提升幅度最大

各主产国和地区脱脂奶粉2018年价格差距比2017年扩大，但波动频率近乎一致。图16可以看出，澳大利亚和新西兰在脱脂奶粉出口中的价格有所提升，2018年全年价格均高于欧盟和美国，且一直持续至今，2019年上半年澳大利亚和新西兰脱脂奶粉与美国和欧盟差距逐渐扩，价格优势减弱，2019年3月与欧盟脱脂奶粉的价差再次拉大至369美元/吨，与美国脱脂奶粉的价差为461美元/吨。

（六）全脂奶粉澳大利亚和新西兰价格波动最大，美国价格持续走高

三个主产区价格聚合程度在2018年上半年全脂奶粉的表现上最明显，2018年下半年澳大利亚和新西兰全脂奶粉的价格波动幅度相对较大，从1月2 950美元/吨降至11月的全年最低2 656美元/吨，降低了10%。虽然美国受到了关税贸易影响，但是全脂奶粉的价格自2018年9月以来一直在稳步提高，且持续至今，2019年5月美国全脂奶粉3 657美元/吨，提升了11%（图17）。

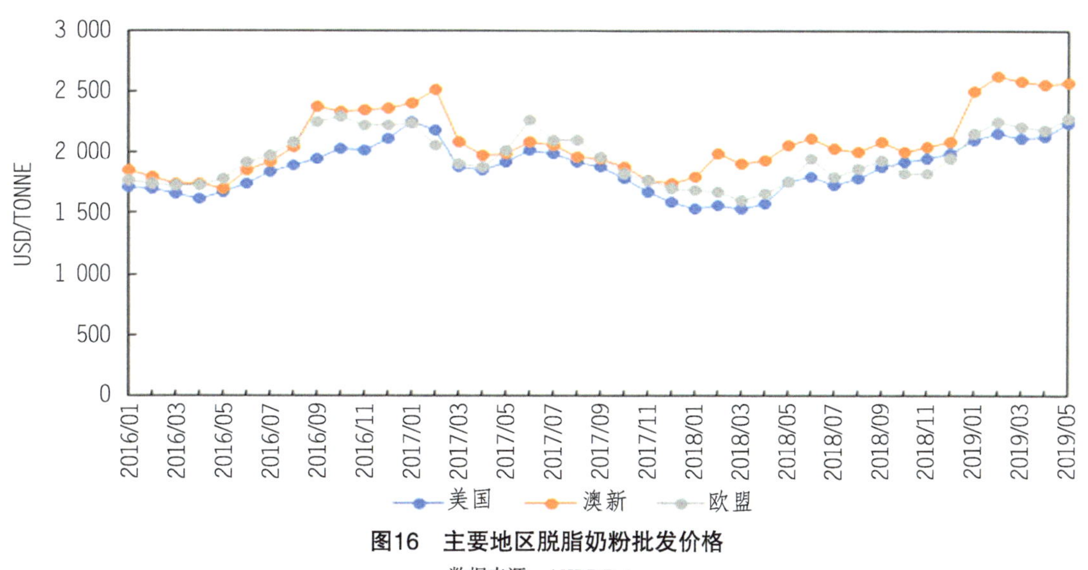

图16　主要地区脱脂奶粉批发价格

数据来源：AHDB Dairy

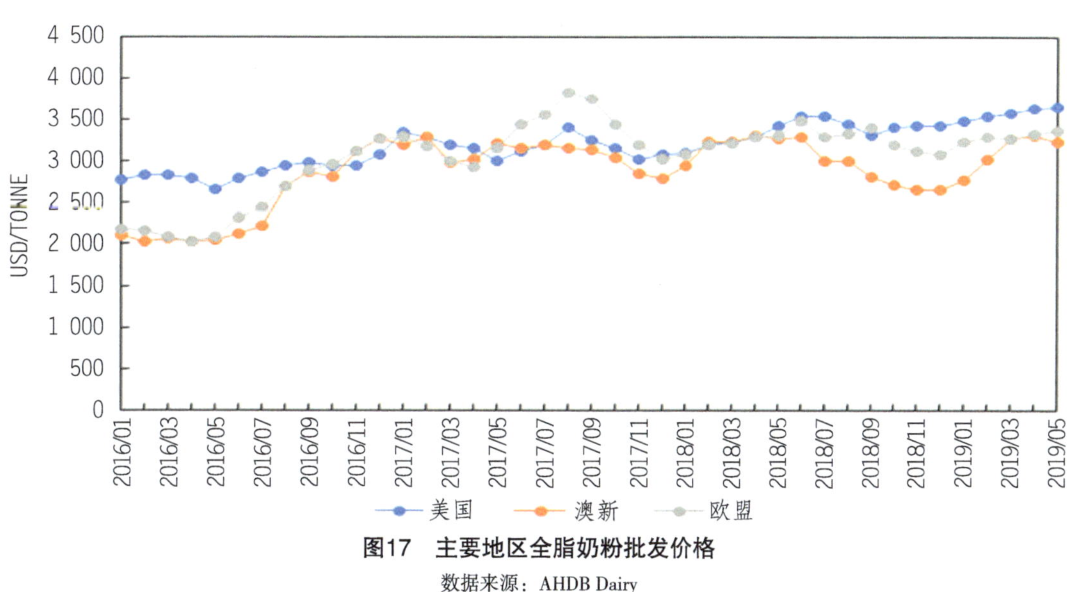

图17　主要地区全脂奶粉批发价格

数据来源：AHDB Dairy

三、国际贸易格局

（一）脱脂奶粉的贸易量最大，黄油的进出口量最小

2018年各乳制品的进出口量分别如图18所示，脱脂奶粉的进出口量最大，分别为139.1万吨和238.3万吨。其次是奶酪和全脂奶粉，奶酪的进出口量分别为123.3万吨和199.1万吨；全脂奶粉的进出口量分别为107.6万吨和197.4万吨。贸易量最小的乳制品是黄油，其进出口量分别为31.3万吨和88.8万吨。

图19至图22依次展示了黄油、奶酪、脱脂奶粉和全脂奶粉进出口量的逐年变化。其中黄油的出口贸易量有所回升，2018年88.8万吨，同比增加7.38%，2019年预计出口量为88.5万吨，与2018年比持平，进口量有所下降。近年来奶酪贸易量一直平稳，预计2019年贸易量无显著变化。脱脂奶粉和全脂奶粉的进口贸易量均比2017年小幅增加，分别增长了4.12%、3.26%，不同的是脱脂奶粉的出口

贸易量呈现了增长趋势，增速为7.44%，而全脂奶粉的出口量无显著变化。预计2019年，全球脱脂奶粉的贸易量保持平稳，全脂奶粉的进口量减少，出口量增加。

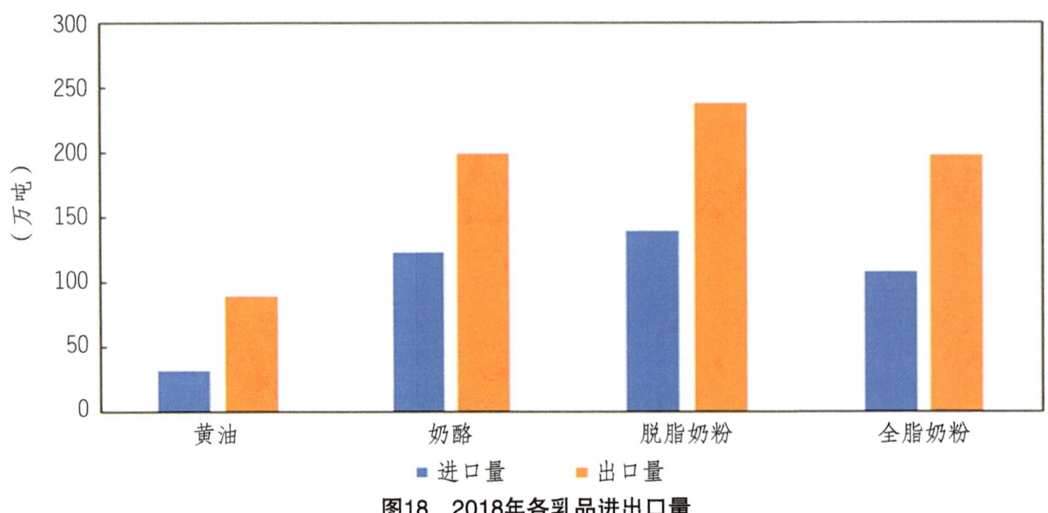

图18　2018年各乳品进出口量

数据来源：USDA

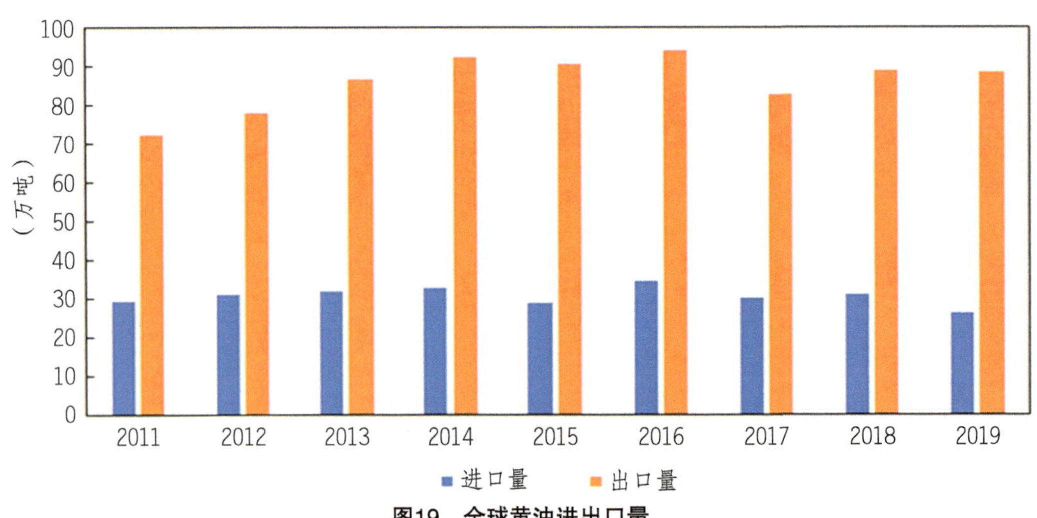

图19　全球黄油进出口量

数据来源：USDA

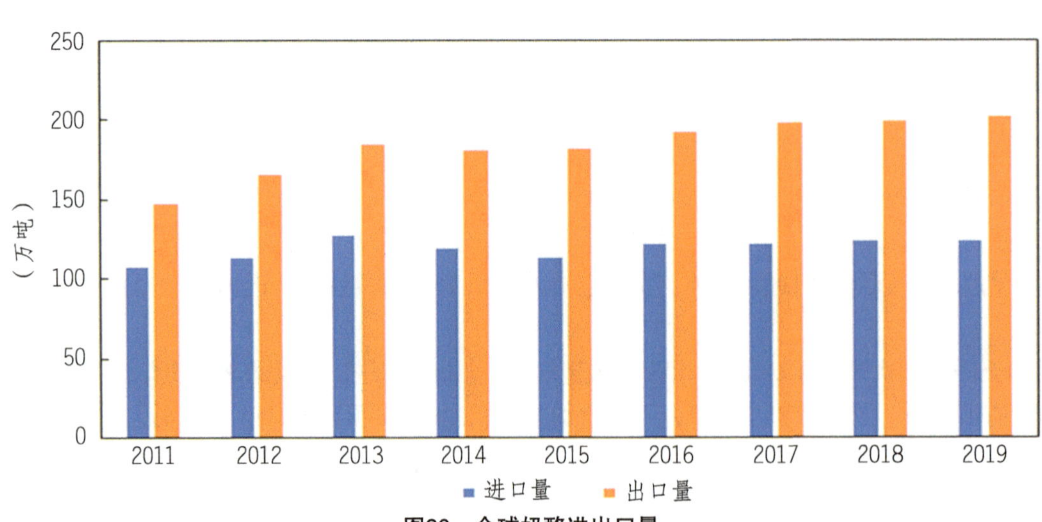

图20　全球奶酪进出口量

数据来源：USDA

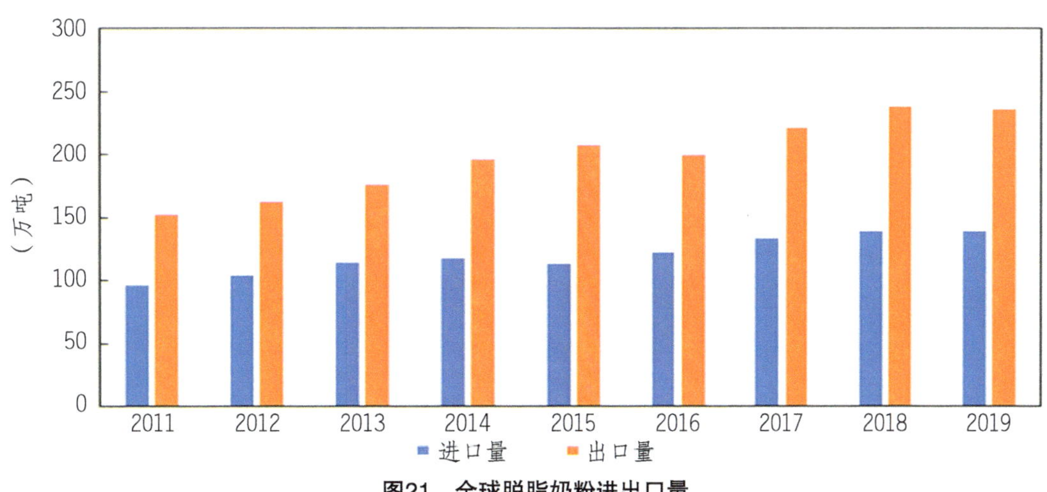

图21　全球脱脂奶粉进出口量

数据来源：USDA

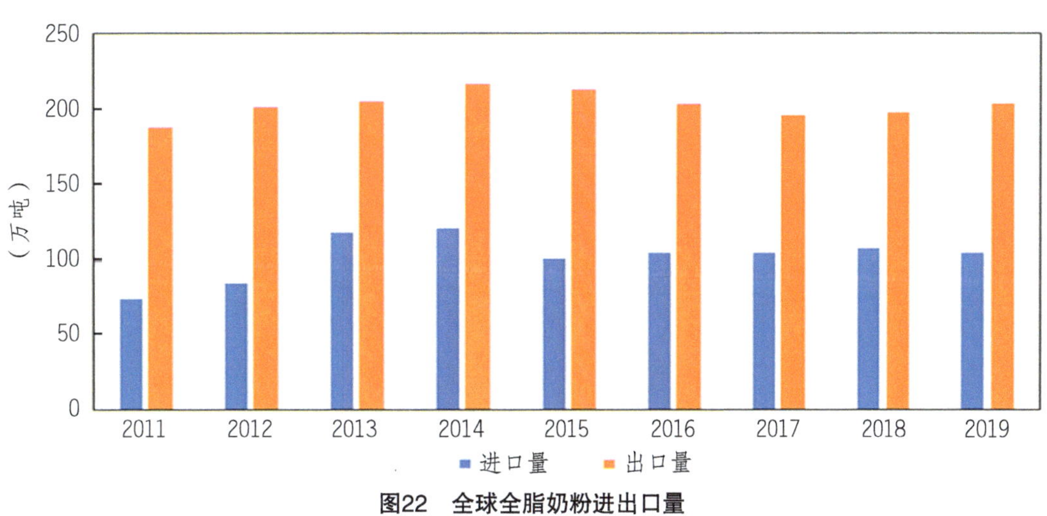

图22　全球全脂奶粉进出口量

数据来源：USDA

（二）黄油出口主体是新西兰和欧盟，进口主体是俄罗斯和美国

如图23和图24所示，2018年新西兰和欧盟共占据74%的世界黄油出口市场，其中新西兰56%，欧盟18%。另外9%的市场份额属于白俄罗斯，美国仅占6%。在黄油进口市场中，俄罗斯的进口量最大占28%，其次是美国占19%，墨西哥占11%。

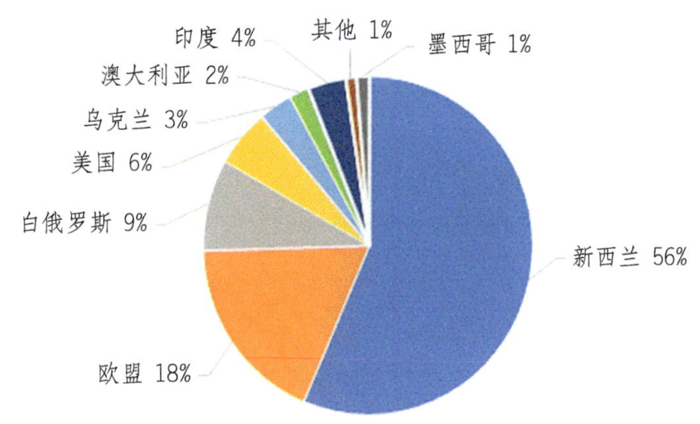

图23　2018年全球黄油出口格局

数据来源：USDA

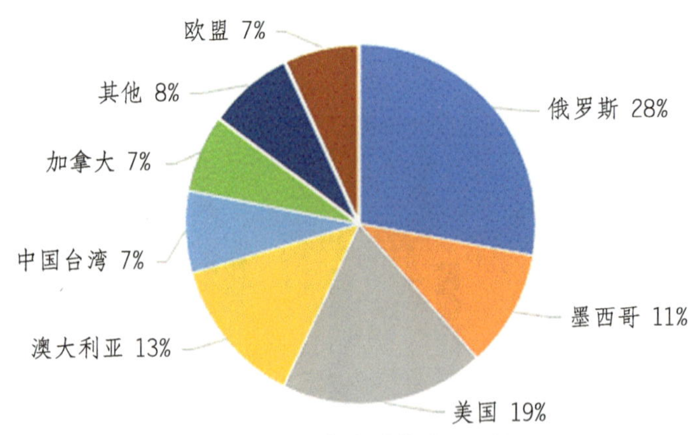

图24　2018年全球黄油进口格局

数据来源：USDA

（三）奶酪出口主体是欧盟和新西兰，进口国主要是日本和俄罗斯

与黄油出口市场相似，2018年欧盟和新西兰共占据58%的世界黄油出口市场，其中欧盟占42%，新西兰占16%（图25和图26），另外17%的市场份额属于美国。在奶酪进口市场中，日本进口量最大占23%，其次是俄罗斯占20%。

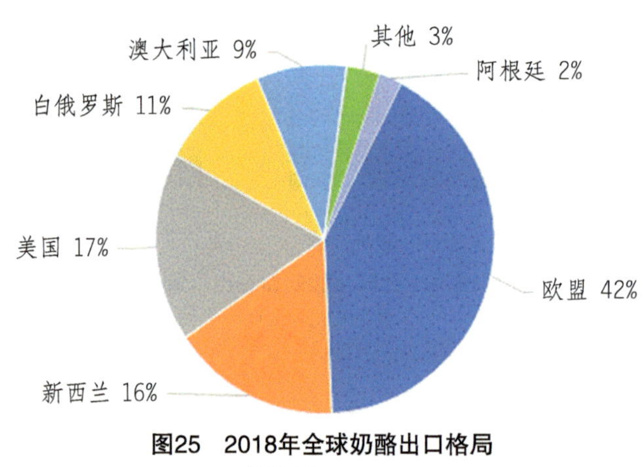

图25　2018年全球奶酪出口格局

数据来源：USDA

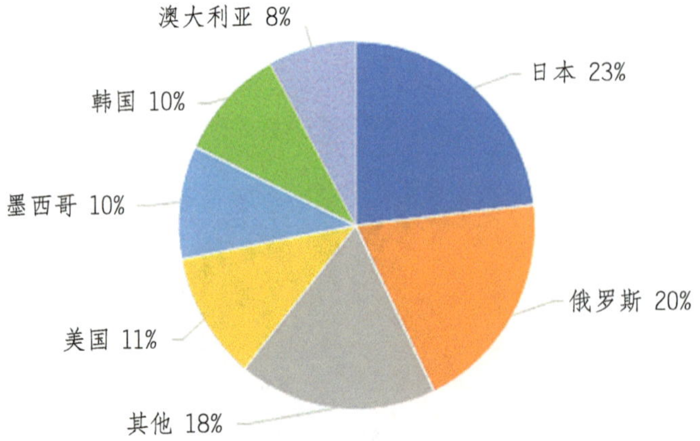

图26　2018年全球奶酪进口格局

数据来源：USDA

（四）脱脂奶粉出口主体是欧盟和美国，进口国主要是墨西哥和中国

如图27和图28所示，2018年欧盟和美国共占据64%的世界脱脂奶粉出口市场，其中欧盟占34%、美国占30%。另外15%的市场份额属于新西兰，澳大利亚仅占6%。在脱脂奶粉进口市场中，墨西哥的进口量最大为26%，其次是中国20%，印度尼西亚和阿尔及利亚并列第三占12%，菲律宾第五占11%。

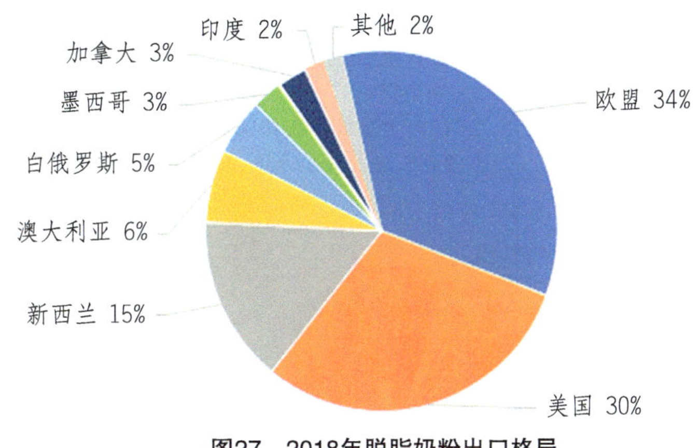

图27　2018年脱脂奶粉出口格局

数据来源：USDA

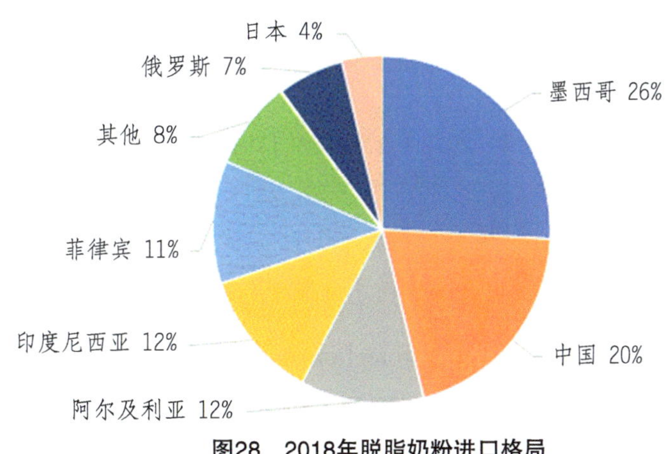

图28　2018年脱脂奶粉进口格局

数据来源：USDA

（五）全脂奶粉出口主体新西兰和欧盟，中国是主要进口国

如图29和图30所示，2018年新西兰和欧盟共占据86%的全球全脂奶粉出口市场，其中新西兰占69%，欧盟占17%。在全脂奶粉进口市场中，中国的进口量最大，甚至超过一半（52%），其次是阿尔及利亚占26%。

四、主要国家产业支持政策新变化

2019年6月17日，美国正式与本国奶农签订新的“乳制品毛利润覆盖计划”合同，该计划取代了《2014年食物、农场及就业法案》中推出的“乳制品毛利润保障计划”。欧盟2018年继续强化“牛奶市场一揽子计划”的执行。2018年3月签订的“全面与进步跨太平洋伙伴关系协定”将进一步扩大澳大利亚和新西兰的乳制品出口。

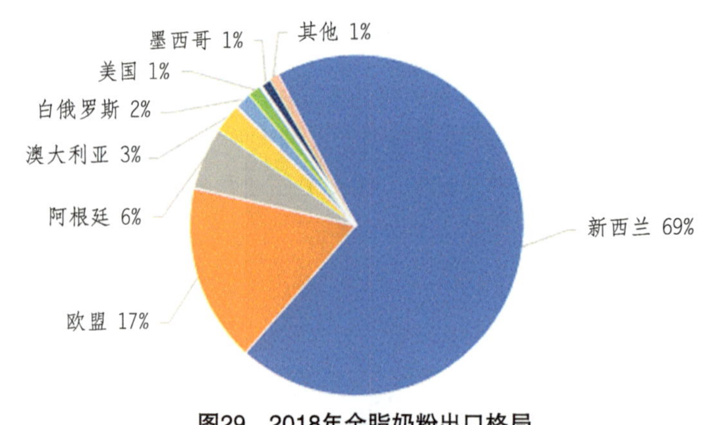

图29　2018年全脂奶粉出口格局

数据来源：USDA

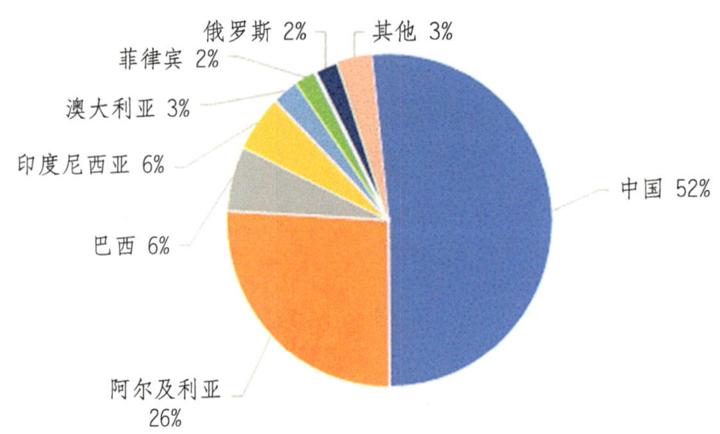

图30　2018年全脂奶粉进口格局

数据来源：USDA

（一）美国实施新的“乳制品毛利润覆盖计划”，加大对奶农权益的保障

与“乳制品毛利润保障计划”（Margin Protection Program forDairy，简称MPP计划）相比，“乳制品毛利润覆盖计划”（Dairy Margin Coverage Program，简称DMC计划）加大了对乳制品利润的保障力度，受到了美国奶农的拥护和支持。

DMC计划实施后，奶农只需要缴纳100美元的管理费、以及根据乳制品价格和饲料成本的差额等级来确定的保费，差额也由原来MPP计划规定的最高8美元/美担提升为9.5美元/美担，但是能购买9.5美元/美担级别的牛奶只能是每个牧场自2019年1月1日以来的每年前500万磅牛奶产量（约2 250吨，大约200头泌乳牛的全年产量）的95%。若乳制品的实际利润低于你购买的差额利润，政府就会给予补偿。

DMC计划实施可追溯至2019年1月1日。据美国农业部国家农业统计局（NASS）数据，2019年4月，终端市场的乳制品平均价格与饲料差额为8.96美元/美担，在最高等级条件下（9.5美元/美担）需补偿0.54美元/美担；2019年3月，乳制品价格比4月高0.2美元/美担，但是饲料价格（苜蓿价格提升较高，玉米和大豆价格稍降）总体提升了0.09美元/美担，所以补偿金额为0.43美元/美担。截至2019年6月5日，计划补偿金额平均为0.45美元/美担，除去保费0.15美元/美担，还剩余0.3美元/美担的补偿。

此外，MPP计划不允许奶农同时申请MPP-Dairy和LGM-Dairy（Livestock Gross Margin-Dairy，由美国农业部下属的风险管理局授权商业保险公司运作，美国政府为养殖者提供保费补贴，同时为保险公司提供管理与运营费用补贴和再保险支持），而DMC计划则允许奶农同时申请DMC和LGM-Dairy，并且对2018年由于MPP-Dairy计划未允许加入的月份依据MPP计划进行赔付。巨灾风险保障水平（保障的最低额度）也由原来的4美元/美担提高到了5美元/美担（表3）。

表3 DMC计划与MPP-Dairy计划的对比

	DMC计划	MPP-Dairy计划
执行时间	2019年1月1日开始实施，2019年6月17日起与奶农签订合同	从2014年9月2日开始，2018年12月30日废除
保障毛利率水平	可以在5～9.5美元/美担之间进行选择，巨灾风险保障水平（CAT）为5美元/美担	可以在4～8美元/美担之间进行选择，巨灾风险保障水平（CAT）为4美元/美担
保障数量	每年可选择历史产量的5%～95%作为保障数量	每年可选择历史产量的5%～90%作为保障数量
是否可以同时加入LCM-D计划	可以，且对2018年由于MPP-Dairy计划未允许加入的月份依据MPP计划进行赔付	不可以
优惠	2019—2023年选择相同的保障水平，保费可以打75折	无优惠，每年都可调整保障水平

备注：1美担=100磅=45.359千克

（二）欧盟将继续强化“牛奶市场一揽子计划”的执行

在市场波动加剧时，欧盟使用多种机制来保护奶业生产。在严重市场失衡的情况下，主要通过公共干预和私人储备援助的形式进行市场干预，为乳制品生产提供保护网。公共干预是指由政府相关部门购买商品，并在需要时将其存放在公共仓库中，直到市场条件允许其重新投放市场为止。就乳制品行业而言，可以对黄油和脱脂奶粉（SMP）进行公共干预。

欧盟的奶业政策可追溯到20世纪60年代，这些政策分别在不同阶段不同方面为欧盟牛奶生产者和加工者创造了稳定的市场条件，且这些政策在持续不断的更新。2018年和2019年欧盟乳品行业的政策重点在于继续强化“牛奶市场一揽子计划”的执行。

从过去欧盟乳品政策的演变来看，欧盟委员会正在从“全职市场经理”逐渐转变为“积极的观察员”。在未来，欧盟在分析干预措施、关税配额管理甚至出口退税等措施上的时间慢慢减少，工作重点将越来越多地放在贸易政策、贸易壁垒（在欧盟内外）以及收集和评估市场信息等，并将重点关注供应链的关系，政策的环境表现以及对价格波动的适应能力。随着牛奶产量的增长，欧盟将越来越依赖其出口来实现市场平衡。因此贸易方面的政策会逐渐成为欧盟乳业政策的主要方向。

（三）全面与进步跨太平洋伙伴关系协定（CPTPP）助力新西兰和澳大利亚进一步扩大乳业出口

澳大利亚和新西兰于2018年3月8日在贸易部长会议上签署了包括加拿大、智利、日本、马来西亚、墨西哥、秘鲁、文莱达鲁萨兰国、新加坡和越南在内的“全面与进步跨太平洋伙伴关系协定”。该协定将消除自由贸易圈内98%以上的关税，这将极大的有助于促进澳洲和新西兰的出口包括乳业出口，推动经济增长。

澳大利亚政府已经推出了新的食品原产地标签规则，向澳大利亚消费者提供关于产品来源的更清晰和更一致的原产地信息。新标签已在市场上出现，并将于2018年6月30日起强制执行。该计划会使乳制品的来源更加清晰，包括用作其他食品成分的地方。为了改善健康星评级系统并协助消费者做出健康的饮食选择，乳业界提出了三项主要建议：①对目前HSR评分算法系统进行调整，改善对于小于3星核心乳制品的HSR评分，旨在更紧密地将HSR系统与ADG对齐；②基于行业的特殊性考虑，希望维护一个自愿的HSR系统（而不是强制性的）；③希望政府开展全面的公共教育健康和营养活动，帮助民众了解乳制品对健康的重要性。

五、世界供需形势展望

（一）全球生鲜乳产量预计将以每年1.7%的速度增长

2019—2028年，全球生鲜乳产量预计将以每年1.7%的速度增长，到2028年达到9.81亿吨。与过去10年相比，未来10年，奶牛单产水平较低的国家，畜群数量年均增长率达到1.2%，高于单产水平0.4%的年均增长率。

未来10年，印度和巴基斯坦将成为全球奶业生产增长的新星，全球生鲜乳产量增量中超过一半的数量预计由这两个国家贡献，增长主要来自户均不足10头的奶牛或水牛养殖，预计2028年生鲜乳产量将占到全球的30%以上。

欧盟生鲜乳产量增速将低于世界平均水平。基于欧盟对奶酪、黄油、奶油等需求的小幅增长以及全球乳制品需求增加，在奶牛单产水平提高的推动下，2019—2028年欧盟生鲜乳产量预计年均增长1.1%。欧盟将有超过10%的奶牛进行有机生鲜乳生产，主要分布在奥地利、瑞典、拉脱维亚、希腊和丹麦，占欧盟生鲜乳产量的3%以上。

美国和加拿大的牛群数量未来基本稳定，产量增长将来自单产的进一步增加，北美依旧是奶牛平均单产最高的地区。土地利用率和环境承载能力是新西兰奶业发展的限制，在高效的草地管理和全年可放牧的自然条件下，以出口为导向的生产模式将促进新西兰生鲜乳产量保持增长趋势。

非洲大地畜群数量也将出现增长，这些畜群除了产奶外，还兼做役用牛、肉用牛、肉用羊等，来自山羊和绵羊的生鲜乳将占据相当部分。展望期末，非洲大地畜群数量将达到全球的1/3以上，产奶量占到全球5%左右。

（二）预计全球黄油加工量较快增长

全球超过70%的生鲜乳用于加工牛奶、酸奶等新鲜液态奶，不到30%的生鲜乳用于黄油、奶酪、脱脂奶粉、全脂奶粉和乳清粉等产品的加工。黄油和奶酪以满足直接食用需求为主，特别是奶酪，在欧洲和北美占了固体乳制品消费的大部分。未来10年，黄油产量将以年均1.9%的速度增长；奶酪因欧洲和北美食品市场增长缓慢，年均增速放缓至1.2%。脱脂奶粉和全脂奶粉主要用于糖果、婴幼儿配方奶粉和烘焙等食品加工领域，贸易量很大，未来10年，年均增速分别为1.3%和1.2%。

（三）全球鲜奶消费增长将快于过去10年

在发展中国家收入和人口增长的推动下，全球鲜奶消费占乳制品消费比重未来将会增加，预计全球人均新鲜乳制品消费量将以年均1.0%的速度增长，略高于过去10年。世界各地乳制品消费量将呈现较大差异。乳制品消费除与人均收入有关外，地区消费偏好的影响更加显著，所以印度和巴基斯坦人均消费量显著高于中国。欧洲和北美地区乳制品消费将逐渐由牛奶、酸奶等液态奶向奶酪等固态奶制品转移。这既与消费者逐渐认识到乳制品脂肪对健康具有积极作用有关，也与收入增长有关。

（四）全球黄油价格将略有下降，脱脂奶粉价格将上涨

2015年以来，国际市场乳脂需求强劲，黄油价格涨幅超过了脱脂奶粉，并在2017年达到历史高点后处于下降态势。未来，黄油的价格将略有下降。近年来欧盟公共干预库存的持续释放阻止了脱

脂奶粉价格的上涨，但这些库存在2018年和2019年持续释放，未来库存处于低位，脱脂奶粉价格将由目前的较低水平出现上涨。全球全脂奶粉和奶酪的价格预计将随着黄油和脱脂奶粉价格的变化而变化。

参考文献

Dairy NZ. 2019. DairyNZ Economic Survey 2017/2018[R]. New Zealand：Dairy NZ.

OECD. 2019. Agricultural Outlook 2019—2028[R]. Paris：OECD.

（中国农业科学院农业信息研究所　王　晶　董晓霞）

专题二：全球奶业大国奶业发展现状及与我国乳制品贸易合作潜力分析

奶业资源不平衡是全球奶业发展面临的问题之一，全球化发展是未来奶业的趋势所向，新西兰、澳大利亚、美国、荷兰和德国是全球前五强的奶业大国。在乳制品贸易方面，对中国有着非同小可的作用，中国也广泛利用奶业强国的环境资源优势，积极布局在其内部的发展，实现双向促进。本文重点介绍全球奶业前五强国家的资源优势和与中国的乳制品贸易现状，发掘未来进一步深化合作的可能。

一、全球奶业前五强国家的资源优势

新西兰、澳大利亚、美国、荷兰和德国分属不同的南北半球，但在气候条件、自然资源和畜牧业发展上均具各自不同且得天独厚的优势。

（一）新西兰是世界上人均饲养奶牛头数最多的国家

新西兰属于温带海洋性气候，四季温差不大，雨量充沛，生态环境良好，草地资源丰富，面积1 400万公顷，占国土面积的51.80%。全国有牧场54 239家，占地面积900多万公顷。新西兰从事农牧业生产的人口120万人，占农业人口的80.00%。新西兰统计局数据显示，2017年奶牛存栏653万头，人均饲养奶牛54.41头，是世界人均饲养奶牛最多的国家。在牧场的养殖方式方面，存栏100～349头的牧场在新西兰仍然处于主导地位，占所有牧场数量的50.00%，但较大规模牧场比重（存栏400头以上）比10年前明显增加。由于国际市场需求的拉动，新西兰不断提高奶牛存栏和单产水平，以提高本国的牛奶产量。2017年6月至2018年5月，实现牛奶产量2 090.20万吨，奶牛单产4 151千克。

新西兰依赖广阔的草地资源和适宜的自然条件，采用露天放牧的饲养方式，极大降低了牧场的饲养成本。新西兰统计局数据显示，2017年6月至2018年5月，新西兰每千克乳固体成本为4.60美元（折合成人民币，生鲜乳为2.50元/千克），在国际上处于较低水平，远低于我国3.40元/千克的生产成本。同时，新西兰具有完善的社会化服务体系，鼓励动物福利法的实施，执行严苛的生物安全管理，使奶牛的平均使用胎次延长到5～6胎，进一步降低了牛奶的生产成本。

（二）澳大利亚是畜牧业发达国家

澳大利亚横跨地球热温两带，雨量充沛，气候湿润，畜牧业发达。农业用地37 272万公顷，牧业用地34 076万公顷，占到农业用地的91%。根据澳大利亚统计局数据，2017年6月至2018年5月，奶牛存栏156万头，年产牛奶920.90万吨，奶业产值4.30百万欧元。1980—2018年，澳大利亚奶牛及牧场数量不断减少，平均饲养规模不断扩大，单产水平大幅提高。2018年，牧场数量5 699家，平均饲养规模274头，单产水平为6 019千克。

澳大利亚为了防控动物疫病，建立了较为完备的动物标识和疫病追溯体系，2005年7月1日，全面强制使用牛电子耳标，纳入国家牲畜标识系统管理，并终身跟踪，实现了动物疫病的可追溯。

（三）美国是世界上农业最发达国家

美国位于北美洲中部，气候多样，以温带大陆性气候为主，是世界上农业最发达的国家，耕地面积1.87多亿公顷，占国土面积的20.00%以上，是世界上耕地面积最大的国家。天然草原面积2.49多亿公顷，占国土面积的26.50%。美国畜牧业资源丰富，畜牧业产值占农业总产值的50.00%左右，畜产品绝对数量大，人均占有量高。美国奶牛生产优势区域主要集中在东北部和西部，以家庭牧场为主，奶牛养殖规模正在逐渐变大，2017年500头以上牧场数量为3 464家，占全国牧场数量5.46万家的6.30%，存栏量占全国存栏939.40万头的66.00%，成为美国牛奶产量的主要贡献者。随奶牛集约化和规模化的导向发展以及科学管理和饲养，牛奶总产量和单产一直呈上升趋势，并且保持了较快的增长势头，2018年，美国牛奶产量达9 864.50万吨，单产水平1.00万吨。

（四）荷兰是世界第二大农产品出口国

荷兰位于欧洲西北部，属于海洋性温带阔叶林气候，非常适合牧草生长。农业在荷兰国民经济中占有重要地位，与欧盟其他国家相比，农业占有较大份额，约为国内生产总值（GDP）的1.60%。荷兰约有58.00%的土地用于农业用地，而其中牧草和玉米种植面积114.00万公顷，占农业用地的63.00%。在农业构成中，畜牧业占52.60%，是农业中最重要的部分。荷兰畜牧业以优质、高产、高效闻名于世界，有“牧场之国”的美誉。荷兰的奶牛养殖以家庭牧场为主，2000—2017年，呈现出牧场数量不断减少，养殖规模不断扩大，奶牛数量波动上升，单产不断提升的态势。2017年，荷兰牧场数量1.81万家，100头以上规模的牧场6 660家，占比36.90%。奶牛存栏169.40万头，单产水平8 561千克，年产牛奶1 450.00万吨。

（五）德国是欧盟畜牧业生产大国

德国地处欧洲的心脏地带，属于西欧海洋性与东欧性气候间的过渡性气候，气候湿润，年平均气温6～8℃，年平均降水量500～1 000毫升。德国北部发展牧草产业，适宜发展畜牧业。2018年，德国农业生产总值为600亿美元，占国内生产总值（GDP）的1.50%，畜牧业生产总值为305.80亿美元，占农业生产总值的51.00%。

德国畜牧业生产发达，是德国大多数家庭农场的重要收入来源。畜产品产量居欧盟首位，占欧盟畜牧业总产值的19.20%。根据2016年6月至2017年5月的德国乳制品统计年报显示，德国奶牛养殖业呈现出牧场数量不断减少、饲养规模不断扩大，奶牛单产不断提高的态势。2018年，德国奶牛存栏488万头，100头以上规模奶牛场占15%。单产水平9.00吨，年产牛奶3 250万吨。

二、全球奶业前五强国家的乳品加工业现状

新西兰、澳大利亚、美国、荷兰和德国不但具有发达的奶牛养殖业，同时也具有先进的乳品加工业和较大的跨国乳品企业。

（一）三大乳制品公司主导新西兰乳业市场

新西兰乳制品加工市场由合作企业和大投资商两种形式的乳制品加工企业构成。合作企业主要有恒天然集团（Fonterra）、威士兰乳业公司（Westland）和塔图阿乳品公司（Tatua），占了全国96.0%的牛奶收购量。牧场主在合作企业中不但提供奶牛，也占有企业的股份。其中恒天然是新西兰最大的乳制品加工企业，也是世界最大的乳制品出口商，拥有10 500个牧场，向全球客户提供包括奶粉、油脂、蛋白和干酪等十几种产品，出口到150多个国家和地区，占世界乳制品贸易量的30.00%。2013—2018年新西兰主要乳制品生产情况详见表1。

表1　2013—2018年新西兰主要乳制品生产情况

年　份	鲜奶/万吨	奶酪/万吨	黄油/万吨	奶粉/万吨
2013	2 020.00	31.10	53.50	130.00
2014	2 189.30	32.50	58.00	146.00
2015	2 158.70	35.50	59.40	138.00
2016	2 122.40	36.00	57.00	132.00
2017	2 151.00	37.80	52.50	138.00
2018	2 215.50	38.00	53.00	142.00

数据来源：世界各国数据指标档案

（二）上市跨国公司主导澳大利亚的乳制品加工业

澳大利亚的乳品企业主要本土企业和上市跨国公司。上市跨国公司处于主导地位，主要包括新西兰恒天然、日本麒麟公司、法国兰特黎斯等，拥有鲜奶、酸奶、黄油、干酪、奶粉和乳清等完整的产物组合，并会根据市场需求和产品营利能力自主决定生产品种及数量。2012年6月至2018年5月，澳大利亚主要乳制品生产情况详见表2。

表2　2012年6月至2018年5月澳大利亚主要乳制品生产情况

年　度	鲜奶/亿升	奶酪/万吨	黄油/万吨	无水乳脂/万吨	脱脂乳粉/万吨	全脂乳粉/万吨
2012/13	173.00	33.80	9.90	1.90	22.40	10.90
2013/14	193.30	31.20	10.20	1.40	21.10	12.60
2014/15	226.90	34.40	10.20	1.70	24.20	9.70
2015/16	231.60	34.40	9.90	2.00	25.60	6.60
2016/17	238.70	34.90	8.50	1.50	22.20	6.30
2017/18	244.50	37.80	8.00	1.30	19.10	8.20

数据来源：Australian Dairy Industry In Focus，2018

（三）美国六家乳品企业位列全球二十大乳品生产商

美国乳品企业集中在美国东北部和西部，行业集中度较高。美国农业部显示，美国本土分布着300多家乳品企业，其中美国奶农公司是美国最大的奶农合作社，旗下拥有8 500家牧场。迪恩公司是美国最大的乳业公司，乳品加工厂和分公司遍布美国38个州，拥有50多个乳制品品牌。美国奶农公司和迪恩公司分别以120.00亿元和115.00亿元销售量位居全球十大乳品公司。除此之外，美国还有四家比较大的乳品企业，分别是加利福尼亚公司、格兰比亚集团、安格普、施雷柏食品。这六家乳品企业均位列全球二十大乳品生产商，据国际奶业经济学会（IFCN）统计，2018年6家企业收奶量6 360.00万吨，占全球牛奶产量的7.60%。2013—2018年，美国主要乳制品生产情况详见表3。

表3　2013—2018年美国主要乳制品生产情况

年　份	鲜奶/万吨	黄油/万吨	脱脂奶粉/万吨	美国干酪/万吨	其他干酪/万吨	乳清/万吨	乳糖/万吨
2013	9 128.00	84.00	96.00	200.00	303.00	43.00	47.00
2014	9 347.00	84.00	105.00	208.00	314.00	39.00	51.00
2015	9 462.00	84.00	103.00	213.00	324.00	44.00	48.00

（续表）

年　份	鲜奶/万吨	黄油/万吨	脱脂奶粉/万吨	美国干酪/万吨	其他干酪/万吨	乳清/万吨	乳糖/万吨
2016	9 635.00	83.00	105.00	216.00	336.00	43.00	50.00
2017	9 773.00	84.00	107.00	230.00	344.00	47.00	51.00
2018	9 865.00	85.00	104.00	234.00	352.00	46.00	51.00

数据来源：美国农业部（USDA）

（四）荷兰具备鼎盛的乳品加工业

截至2017年底，荷兰有25家乳品加工和销售企业，53家乳品加工厂。主要乳品企业包括Royal FrieslandCampina、Vreugdenhil Dairy Foods、DOC Kaas、Royal A-ware、Bel Leerdammer。2017年，荷兰乳品企业共加工生鲜乳141.40万吨，用于生产奶酪、黄油、全脂乳粉等产品，其中生产奶酪87.40万吨，乳制品加工总产值为7.70亿欧元。2016—2017年荷兰主要乳制品生产情况详见表4。

表4　2016—2017年荷兰主要乳制品生产情况

年　份	液态奶/万吨	奶油/万吨	奶酪/万吨	黄油和无水黄油/万吨	全脂奶粉/万吨	脱脂奶粉/万吨
2016	55.70	1.00	88.80	23.20	16.60	7.00
2017	51.40	1.10	87.40	22.70	18.40	6.60

数据来源：Dutch Dairy in Figures 2017，ZuivelNL

（五）德国乳清和奶酪产量明显增长

2016年，德国有乳品企业152家，比较具有规模和知名度的是DMK Deutsches Milchkontor、Theo Müller、Arla Food、SachsenMilch等，其中DMK Deutsches Milchkontor是德国最大的乳制品公司，每年收购约780.00万吨生鲜乳，拥有约7 700名员工和7 500名奶农。

德国乳制品主要为生产奶酪、黄油、奶粉、奶油和鲜奶等。根据德国乳制品统计年报，1990—2017年，除乳清和奶酪产量有较明显的增长外，其他乳制品的产量变化不大。在各类乳制品中，鲜奶和奶酪产量占到了德国奶制品年产量的70.00%，液态奶产量基本维持在500.00万吨左右，脱脂奶粉产量接近40.00万吨，详见表5。

表5　2015—2017年德国主要乳制品生产情况

年　份	液态奶/万吨	乳饮料和发酵乳/万吨	奶油/万吨	黄油和无水黄油/万吨	奶酪/万吨	全脂和半脱脂奶粉/万吨	脱脂奶粉/万吨	乳清/万吨
2015	506.90	306.60	56.70	51.70	232.20	23.90	40.00	40.0
2016	505.70	312.40	58.60	51.40	232.50	24.60	43.60	36.00
2017	481.70	311.70	57.80	49.70	230.50	25.70	43.00	34.50

数据来源：国际乳品联合会（IDF）

三、全球奶业前五强国家的乳制品出口情况

新西兰、澳大利亚、美国、荷兰和德国在维持本国乳制品消费的同时，也大量出口乳制品，惠及全球。

（一）新西兰是全球重要的乳制品出口国，以奶粉、黄油和奶酪为主

根据新西兰奶业统计网站的新闻和联合国商品贸易统计数据库，新西兰生产的牛乳制品国内只能消费5.00%，其余的95.00%出口，创造了全球贸易额30.00%以上的份额。新西兰是世界上最大的奶粉和黄油出口国。根据联合国商品贸易统计数据库数据，2018年，新西兰乳制品出口量为299.49万吨，其中奶粉出口量174.29万吨，占乳制品出口量的58.20%；黄油出口量45.85万吨，接近世界总出口量的50.00%，是排名第二的爱尔兰的两倍多，是排名第三的英国的七倍多。同时，新西兰也是世界第二大奶酪出口国，2018年出口量32.33万吨，仅次于丹麦38.76万吨。2018年新西兰主要乳制品出口情况详见表6。新西兰乳制品出口至全球152个国家和地区，属于典型的出口型奶业。新西兰乳制品出口最多的5个国家分别是中国（30.01%）、澳大利亚（5.53%）、阿拉伯（3.94%）、马来西亚（3.85%）和日本（3.82%）。

表6　2018年新西兰主要乳制品出口情况

乳制品类别	鲜奶	奶粉	酸奶	乳清	黄油	奶酪	其他	合计
出口量/万吨	33.53	174.29	4.03	9.46	45.85	32.33	—	299.49
出口额/万美元	5.13	49.88	0.94	3.92	26.09	13.19	2.61	101.76

数据来源：联合国商品贸易统计数据库

（二）澳大利亚乳制品贸易额占全球6.00%，主要市场集中在亚洲地区

澳大利亚乳制品产量远高于国内的消费需求，长期以来，30.00%～60.00%的生鲜乳经加工后用于出口。奶粉、奶酪、黄油是澳大利亚前三位的乳制品出口品种，其中奶粉出口占其乳制品出口量的90%以上，详见表7。2017/18年度，澳大利亚乳制品出口额达3 021.00澳元，占全球乳制品贸易额的6.00%，出口地区主要集中在亚洲，出口额占比接近85.00%；出口额前五大市场为大中国地区（包括中国大陆、香港和澳门，35.00%）、日本（16.00%）、印度尼西亚（5.00%）、新加坡（5.00%）和马来西亚（5.00%）；出口量前五大市场包括大中国地区（27.00%）、日本（13.00%）、新加坡（9.00%）、马来西亚（7.00%）和印度尼西亚（7.00%）。

表7　2017/18年度澳大利亚主要乳制品出口情况

乳制品类别		排　名				
		1	2	3	4	5
全脂奶粉/万吨	出口地区	大中国地区	泰国	孟加拉国	新加坡	中国台湾
	出口量	4.71	0.9	0.57	0.50	0.22
脱脂奶粉/万吨	出口地区	印度尼西亚	大中国地区	马来西亚	新加坡	泰国
	出口量	3.38	3.03	1.34	1.16	1.10
奶酪/万吨	出口地区	日本	大中国地区	韩国	马来西亚	菲律宾
	出口量	8.68	2.26	0.91	0.81	0.71
黄油/万吨	出口地区	大中国地区	新加坡	马来西亚	中国台湾	韩国
	出口量	0.28	0.17	0.17	0.07	0.05

数据来源：Australian Dairy IndustryIn Focus，2018

（三）美国在全球乳制品贸易中地位重要，是主要的干乳制品出口国

2016—2018年，美国乳制品的出口量逐渐增加，除液态奶有小幅下降外，其他乳制品均增加。

脱脂奶粉和黄油增加幅度最大。2018年，美国乳制品出口量为98.80百万吨，占全球乳制品出口总量的33.40%，出口的脱脂奶粉、乳清、奶酪和液态奶量分别为71.20万吨、53.71万吨、34.87万吨和11.52万吨，详见表8。美国的乳制品主要出口北美（加拿大）、南美（墨西哥）、东亚（中国、韩国、日本）等地区。

表8　2016—2018年美国主要乳制品出口情况

乳制品类别	脱脂奶粉/万吨	奶酪/万吨	乳清/万吨	液态奶/万吨	黄油/万吨
2016	59.40	28.62	49.06	11.77	2.50
2017	60.58	34.03	53.59	10.57	2.90
2018	71.20	34.87	53.71	11.52	4.52

数据来源：USDA，FAS

（四）荷兰是乳制品净出口国家，出口贸易总额保持领先

2017年，荷兰乳制品出口贸易量占全球贸易总量的5.00%以上，排名世界第五，贸易额为79.00亿欧元，出口量最多的主要是奶酪、黄油和无水奶油以及全脂乳粉，详见表9。是荷兰乳制品主要出口地区有欧盟其他国家、中国（包括香港）、日本和阿尔及日利亚。

表9　2015—2017年荷兰主要乳制品出口情况

乳制品类别	脱脂乳粉/万吨	全脂乳粉/万吨	黄油和无水奶油/万吨	奶酪/万吨
2015	11.50	17.61	26.24	84.10
2016	10.12	19.67	30.42	91.23
2017	12.63	19.45	29.80	91.26

数据来源：Dutch Dairy in Figures 2017，ZuivelNL

（五）乳制品是德国农业及食品经济对外贸易中最为重要的产品

2016年，德国乳制品出口额占整个德国出口额的1.00%，达到了84.30亿欧元。2000—2016年，德国乳制品出口量总体呈增长趋势，占其国内乳制品产量的40.0%、50.0%，详见表10。奶酪、液态奶和乳清是德国三大出口乳制品，德国统计数据显示，2016年德国出口奶酪超过117.80万吨。德国乳制品出口地区包括欧盟其他国家、中国、日本、美国、加拿大、韩国和瑞士等。

表10　2016年德国主要乳制品出口情况

乳制品类别	奶酪/万吨	黄油/万吨	乳清/万吨	脱脂奶粉/万吨
2017	121.00	14.90	49.20	39.90
2018	122.10	14.10	48.30	40.90

数据来源：MIV 2016/2017德国乳制品统计年报

四、全球奶业前五强国家乳制品出口中国的情况

中国是乳制品进口大国，中国和新西兰、澳大利亚、美国、荷兰和德国进行了广泛的乳制品贸易合作。

（一）新西兰是中国乳制品进口最大来源地

从新西兰进口的乳制品占中国乳制品进口总量的41.40%。2017年，中国从新西兰进口的乳制品总量84.60万吨，占中国乳制品进口总量的40.9%，详见表11。中国是新西兰最大的奶粉出口国，2018年出口中国的奶粉64.00万吨，占中国奶粉进口总量的73.90%。

表11　2017年中国从新西兰进口乳制品情况

乳制品类别	鲜奶	奶粉	酸奶	乳清	黄油	奶酪	合计
中国进口总量/万吨	66.75	74.36	3.41	52.95	9.14	10.80	206.62
新西兰进口量/万吨	21.00	54.98	0.43	0.33	7.86	5.49	84.60
百分比/%	31.46	73.94	12.61	0.62	86.00	50.83	41.44

数据来源：联合国商品贸易统计数据库

（二）中国是美国最大的乳制品出口市场

美国出口中国的乳制品总额为5.77亿美元。中国是美国乳清产品主要的出口目的地，是美国脱脂奶粉的第四大海外市场，是美国奶酪的第六大出口国。美国是中国第二大乳制品进口来源国，详见表12。

表12　2017中国从美国进口主要乳制品情况

乳制品类别	奶粉	乳清	奶酪	婴幼儿配方奶粉
数量/万吨	3.38	29.05	1.29	0.10
总进口量占比/%	4.71	54.85	11.94	0.34
金额/万美元	8 305.70	28 082.50	6 023.50	1 710.90

数据来源：海关总署

（三）荷兰、澳大利亚和德国是中国的主要乳制品贸易合作伙伴

荷兰的乳制品除主要出口欧盟其他国家外，主要出口到中国（包括中国香港），占非欧盟国家的12.00%。中国从澳大利亚进口奶粉的数量仅次于新西兰。2017年，中国从澳大利亚进口乳制品17.30万吨，进口额5.06亿美元。主要进口种类和数量分别为：鲜奶7.60万吨、奶粉4.60万吨、奶酪2.10万吨、婴幼儿配方乳粉1.20万吨。2018年，中国从德国进口乳制品26.38万吨，占当年乳制品总进口量的12.10%。近10年来，中国进口德国乳制品的进口量与进口额呈同步增长趋势，主要进口种类和数量分别为：鲜奶和奶油22.1万吨、乳清1.6万吨、奶酪2.3万吨。

五、中国和奶业前五强的乳制品贸易合作潜力分析

（一）新西兰、欧盟、美国和澳大利亚未来仍是最主要的乳制品出口国

通过新西兰、澳大利亚、美国、荷兰和德国等奶牛养殖业和乳品加工业数据的研判，不难看出，在奶牛养殖业上，以上国家均经历了从数量型到质量型生产结构不断优化的奶牛养殖发展过程，主要表现在牧场数量减少，奶牛存栏减少，大规模牧场数量比例提高，单产水平提高等方面，实现了生鲜乳产量和质量的提高。在乳品加工业上，则形成了各自国家的乳制品规模生产以及

大型跨国乳品企业，并打出了比较知名的品牌。而最为重要的是，这些国家的乳制品自给率均超100.00%，国内乳制品消费只占本国乳制品生产的50.00%左右，又由于受国际需求的拉动，生产的乳制品将在未来持续大量出口国外。

根据经济合作与发展组织（OECD）和联合国粮食及农业组织（FAO）发布的《世界农业展望报告（2019—2028）》中的预测，到2028年，新西兰、欧盟、美国和澳大利亚（地区）奶酪、全脂奶粉、黄油、脱脂奶粉的出口量分别占全球的75.00%、78.00%、79.00%和81.00%。

（二）中国将继续成为全球主要的乳制品进口国

由于中国的环境资源、人力成本等方面的限制，中国生鲜乳生产成本一直高于在世界平均水平，但中国正处在乳制品消费升级阶段，是全球最大的乳品新兴市场。人们对乳制品的量和质都处于高要求时期。按照进口来源国的乳品进口量计，2018年，排在前6为的依次为新西兰、美国、德国、荷兰、法国、澳大利亚，前6位来源国进口量占总进口量的82.80%；按照进口来源国的乳品进口金额，排在前6位的依次为新西兰、荷兰、德国、法国、澳大利亚、美国，前6位来源国进口总额占总进口量的81.20%，而这一现状在短时间内不会有所改变。具体分析如下。

1. 中国与新西兰、澳大利亚两国的乳制品贸易将持续加强

根据《中新自贸协定》，2019年，中国从新西兰进口奶制品的协定关税降为0；2021年，鲜奶、黄油、奶酪关税将降至0；2023年，奶粉关税将降至0。根据《中澳自贸协定》，2019年，中国从澳洲进口乳清的关税降为0；2024年，酸乳、黄油、乳酪关税降为0；2026年，所有乳制品关税降为0。因此，随着关税税率的逐步下降，中国与新西兰和澳大利亚两国的乳制品贸易将进一步增强。

2. 中国与荷兰、德国在乳业方面合作将有突破性进展

2019年，第五届中德农业会议上，中国和德国在确保食品安全，尤其是乳制品等方面达成了共识；而中国和荷兰则在奶业人才培训、奶业全产业链质量安全控制技术方面进行了广泛的合作。这预示着，中国与荷兰和德国在未来将进一步加强相互间的对话与合作。

3. 中国与美国的乳制品贸易将在波折中前进

美国一直是中国第二大的乳制品进口国。中国也是美国第二大乳制品出口国。乳清中的饲料用乳清是中美贸易中最主要的产品。但受到2018年下半年中美贸易摩擦，部分商品加征25.00%关税的影响，两国乳制品贸易合作进程放缓。2019年9月，经国务院批准，国务院关税税则委员会公布第一批对美加征关税商品第一次排除清单，其中包括了饲料用乳清，这一消息可能会利好与中美两国乳清方面合作的恢复，但总体看，中美贸易摩擦将是一个持久战，是否能持续扩大发展，取决于两国政府高层之间的博弈。

参考文献

付颖. 2019. “一带一路”新闻语篇的人际意义分析[J]. 新闻战线（10）：2-3.

孙圣福，商爱国，王雷之，等. 2017. 澳大利亚动物疫病防控体系简介[J]. 中国动物检疫34（5）：90-93.

毕若林. 中美双方正就第十三轮经贸高级别磋商有关安排进行沟通[N]. 2019-09-16.

（中国农业科学院农业信息研究所　王礞礞　董晓霞）

第十部分

猪　肉

专题一：世界供需形势分析

一、世界供需现状

（一）世界猪肉生产情况

世界猪肉产量平稳增长。1960年以来，全球猪肉生产大致经历了快速增长、中低速增长和低速增长三个阶段，2018年全球猪肉产量增长至1.13亿吨（胴体当量，下同）。①1960—1979年，在亚洲地区生猪生产高速增长的带动下，世界生猪生产快速增长。根据美国农业部数据，世界生猪产量由1960年的1.32亿头增长至1979年的7.67亿头，年均增幅达到9.7%；世界生猪屠宰总量由2.22亿头增长至6.75亿头，年纪增长6.0%；世界猪肉产量由1960年的1 935.4万吨增长至1979年的4 692.2万吨，年复合增长率达到4.8%。②1980—1999年，受资源约束、疫病等因素影响，世界生猪生产逐步放缓，进入中低速增长阶段。世界生猪产量1980年为7.04亿头，1999年增长至10.98亿头，年均增长2.0%；生猪屠宰量由1980年为6.75亿头，1999年增长至10.47亿头，年均增长2.1%；世界猪肉产量1980年为4 942.2万吨，1998年突破8 000万吨，1999年为8 557.0万吨，年均增长2.9%。③2000年之后，在生猪生产基础较大、粮食供需紧张、饲料价格上涨、中国等主要生产国生产增速下滑的影响下，全球生猪生产进一步放缓，进入低速增长阶段。2000—2010年期间，世界猪肉产量年均增长幅度下滑至2.0%，2010—2018年进一步下滑至1.1%。世界生猪产量2000年为10.53亿头，2017增长至12.81亿头，2018年为12.69亿头，2000—2018年年均增长1.4%；世界生猪屠宰量2000年为10.38亿头，2018年增至12.51亿头，年均增长1.0%；世界猪肉产量2000年为8 476万吨，2017增至1.31亿吨，年均增长1.6%。2018年猪肉产量较2016年增加96.7万吨，增0.9%（图1）。

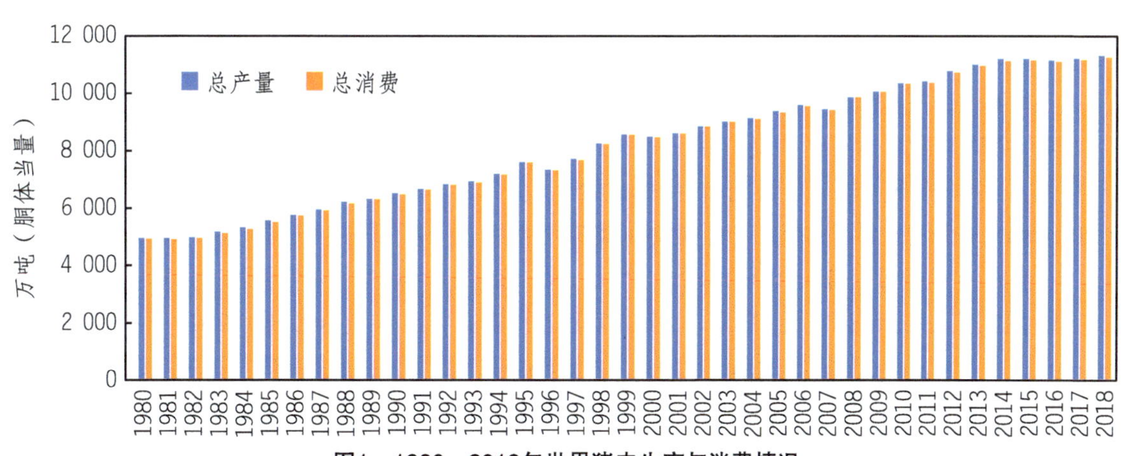

图1 1980—2018年世界猪肉生产与消费情况

数据来源：万得，美国农业部

全球猪肉生产主要集中在中国、欧盟27国等少数国家。根据美国农业部数据，中国、欧盟27国及美国猪肉产量合计占全球猪肉产量的79.9%，2018年年末生猪存栏量占世界生猪存栏量的84.9%。60年代欧洲和美洲为世界猪肉主产区，但随着中国猪肉产量的快速增长，亚洲逐步成为世界上最大猪肉产区。根据联合国粮农组织（FAO）数据，2017年亚洲猪肉产量占全球产量的55.8%，欧洲占24.3%，美洲占18.2%，非洲和大洋洲仅1.2%和0.5%；2017年中国（大陆）、美国、德国、西班牙、巴西、越南和俄罗斯猪肉产量占全球猪肉总产量比重分别为的45.5%、9.7%、4.6%、3.6%、3.2%、3.1%和2.9%。根据美国农业部数据，2018年中国、欧盟27国、美国、巴西、俄罗斯和越南猪肉产量分别占全球总产量的47.8%、21.5%、10.6%、3.3%、2.8%和2.5%（图2）。

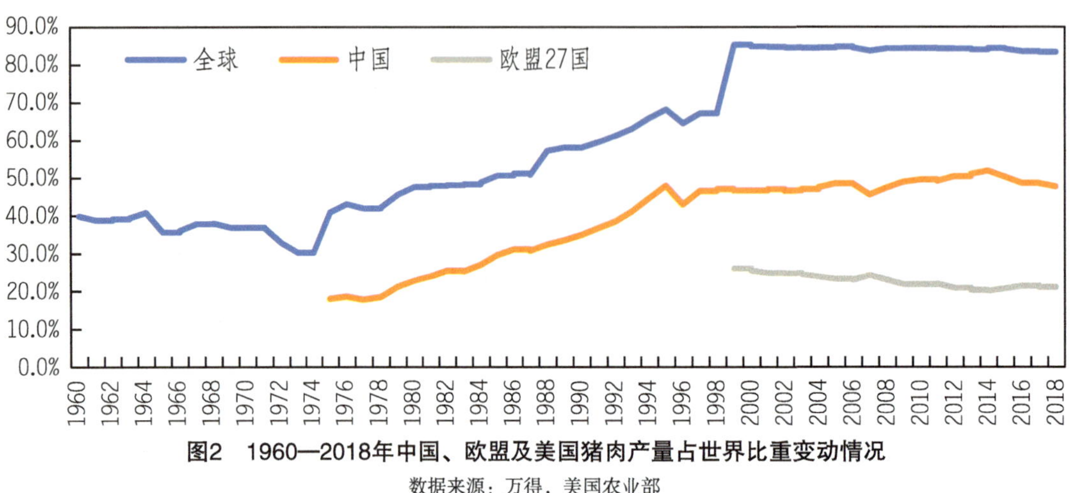

图2　1960—2018年中国、欧盟及美国猪肉产量占世界比重变动情况

数据来源：万得，美国农业部

（二）世界猪肉消费情况

世界猪肉消费量持续增长，猪肉消费总量增速放缓。根据FAO数据，世界猪肉消费量由1980年5 205.03万吨增至1990年6 839.42万吨，年均增速2.8%；1992年突破7 000万吨，1998年突破8 000万吨，2000年达到8 537.52万吨，90年代年均增速放缓至2.2%。2006年世界猪肉消费量突破1亿吨，2013年达到1.12亿吨，2000年至2013年期间年均增速2.1%。根据美国农业部数据，世界猪肉消费量由1980年的4 912.80万吨（胴体当量）增至2008年的9 867.00万吨，2009年突破1亿吨，2018年达到1.12亿吨。

世界人均猪肉消费出现下滑。世界猪肉人均消费量70年代年均增加2.0%，80年代年均增幅降低至1.1%，90年代进一步降低至0.8%。2000年后，以中国为代表的亚洲地区收入的增加推动了消费结构的改善，猪肉消费增速有所提高，2000—2013年均增速为0.9%，2013年全球人均猪肉消费量达到16.02千克/人/年。根据美国农业部与世界银行数据，世界人均猪肉消费量[①]由1980年11.08千克/人/年增至2014年15.34千克/人/年，但2017年世界人均猪肉消费量下滑至14.86千克/人/年。

中国猪肉消费类量占据全球猪肉消费量近一半，近二十年发展中国家人均猪肉消费量逐年增加，而发达国家人均猪肉消费量则未发生大幅变化。根据美国农业部数据，2017年中国消费猪肉5 054万吨，占全球猪肉消费类总量的49.3%。另据FAO数据，北美国家在27千克/年上下浮动，欧洲国家在33千克/年上下浮动；大洋洲国家则由1980年13.5千克/年稳步增长至2013年22.69千克/年，南美洲国家由1980年7.21千克/年增至2013年11.35千克/年，亚洲国家由1980年的6.13千克/年增至2013年的15.82千克/年；受经济发展水平、饮食习惯等因素的影响，非洲国家人均猪肉消费量非常低，近二十年来非洲国家的猪肉人均消费量一直徘徊在1～2千克，2013年仅为1.47千克/年。根据美国农业部与世界银行数据，欧盟人均猪肉消费量基本维持在40千克/年以上；美国人均猪肉消费量在

① 人均猪肉消费量=猪肉消费总量/人口数量，其中猪肉消费总量来自于美国农业部，人口数量来自于世界银行

29千克/年上下浮动，2017年为29.35千克/年；中国人均猪肉消费量实现快速增长，由1980年的11.39千克/年增至2014年41.92千克/年，2018年为39.78千克/年（图3）。

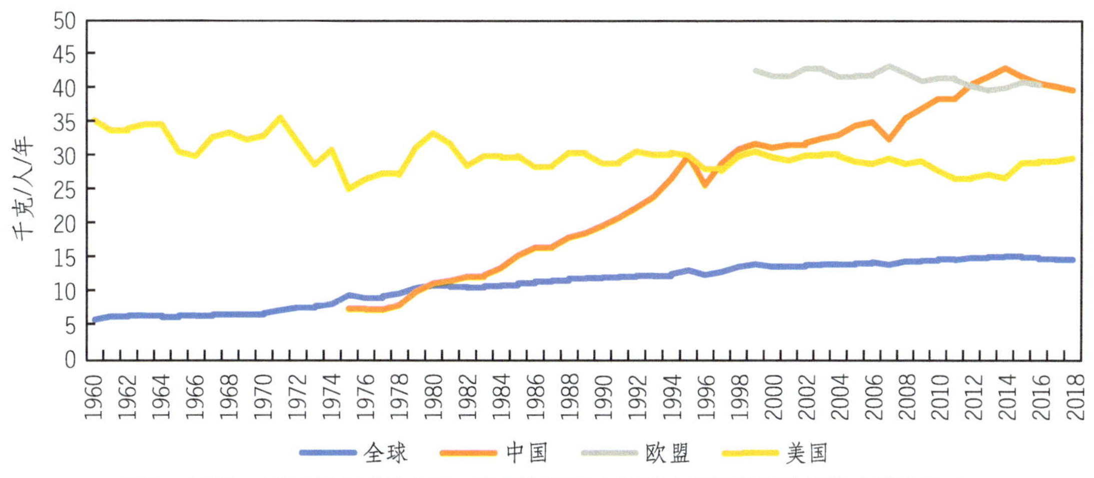

图3　1980—2018年全球及中国、欧盟和美国人均猪肉消费量变化趋势（千克/人）

数据来源：FAO

（三）世界猪肉库存情况

2018年全球猪肉库存量较2017年增加10.4%。全球猪肉库存量在1992年达到109.2万吨的高峰后迅速回落，1996—2008年基本维持在70万～85万吨波动，2009年之后基本维持在60万～70万吨波动，2017年为66.6万吨，2018年为73.2万吨，较2017年增加6.9万吨（图4）。

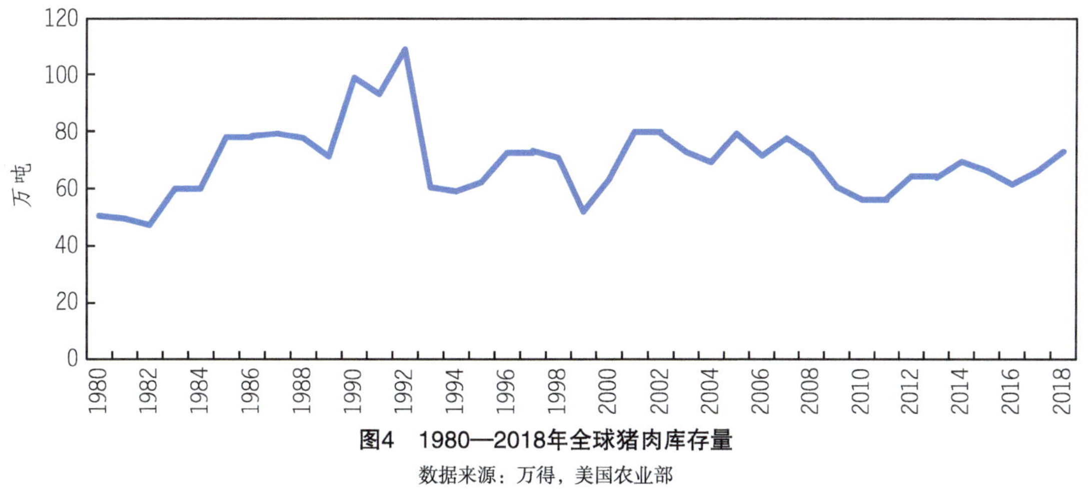

图4　1980—2018年全球猪肉库存量

数据来源：万得，美国农业部

近十年世界生猪年栏量[①]呈下滑趋势。世界生猪存栏量在1995年增长至8亿头，1996年锐减9 535万头至7.05亿头后逐年恢复，2007年增至8.26亿头的历史高峰后呈现下滑趋势，2018年下滑至7.68亿头。

中国生猪存栏量占世界生猪存栏量的比重超过50%。中国生猪存栏量占世界生猪存栏量的比重在70年代维持在42%左右，2013年提高至59.4%后出现下滑，2018年下滑至55.8%；欧盟27国生猪存栏量占世界生猪存栏量的比重在2012年下滑至18.3%后逐年提升，2018年提升至19.4%；美国生猪存

① 以期末（年末）存栏量计算

栏量占世界生猪存栏量的比重由2000年的7.6%提高至2018年的9.7%，巴西则由4.1%提高至5.0%。2018年，中国、欧盟27国、美国和巴西生猪存栏量总量占世界生猪存栏量的89.9%（图5）。

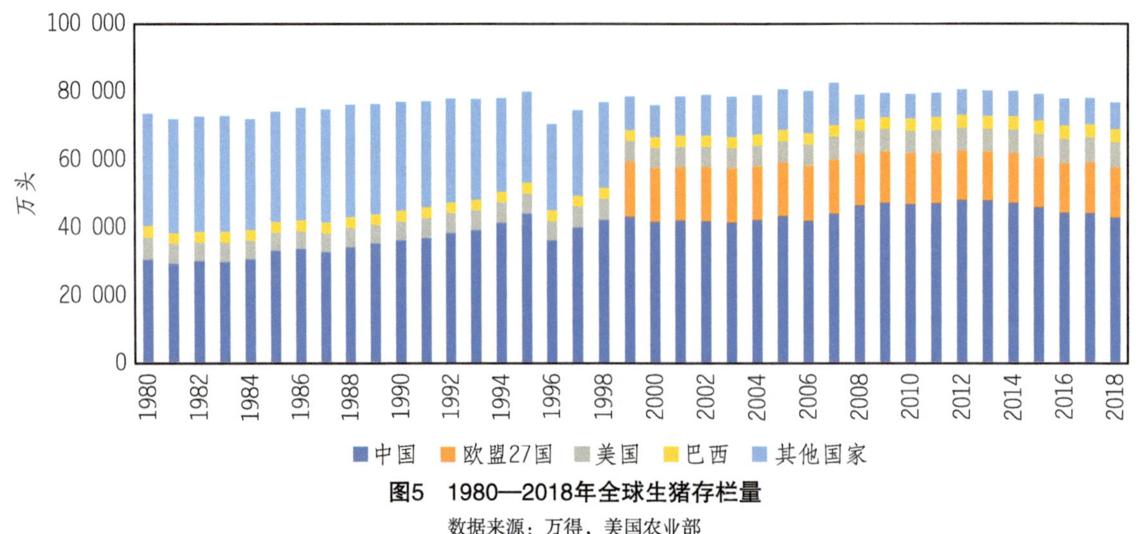

图5　1980—2018年全球生猪存栏量

数据来源：万得，美国农业部

二、国际价格走势

美国和欧盟是世界最大的猪肉出口国（地区），对世界猪肉价格有着深刻影响。

美国是世界上最主要的猪肉出口国之一，对国际市场有着深刻影响。根据美国农业部数据，美国猪肉（猪肉切块）批发价格2000—2013年基本在0.5～1美元/磅波动，2014年7月涨至1.34美元/磅的历史高点后迅速回落至1美元/磅以下。2017年以来，美国猪肉批发价格基本在0.7美元/磅至0.9美元/磅之间徘徊，2019年6月为0.80美元/磅。

欧盟猪肉价格基本与美国猪肉价走势相同。根据欧盟委员会数据，欧盟猪肉（E级胴体）2001—2010年基本维持在1.20欧元/千克至1.50欧元/千克，2011—2014年维持在1.50欧元/千克之上。2015年至今，欧盟猪肉价格经历了两轮“下跌—上涨”走势。最近一轮上涨始于2019年2月，2019年6月已涨至1.77欧元/千克（图6）。

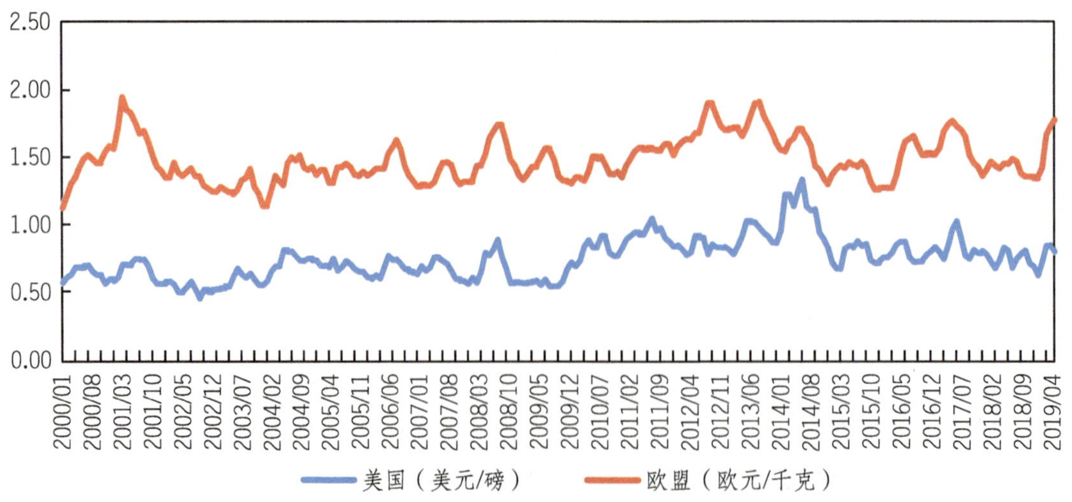

图6　2000年1月至2019年6月美国和欧盟猪肉批发价格变化趋势

数据来源：美国农业部，EU

三、国际贸易格局

随着世界猪肉产量、需求量的增加及全球化的发展，世界猪肉贸易量也逐步增加。世界猪肉贸易大致经历了快速增长和缓慢增长两个阶段。①2010年之前，世界猪肉贸易量快速增长。根据FAO数据测算，1961—2010年，世界猪肉出口量年均增长率高达7.7%，进口量年均增长率高达7.6%；②2010年之后，在市场趋于饱和等因素影响下，世界猪肉贸易量增速急速下滑。根据FAO数据测算，2011年至2018年期间，世界猪肉出口量年均增长率放缓至1.7%，进口量年均增长率放缓至2.0%（表1）。

表1　1961年至2018年世界猪肉贸易量增长速度

年　份	进口量年均复合增长率（%）	出口量年均复合增长率（%）
1961—1970年	10.9	11.6
1971—1980年	6.2	5.9
1981—1990年	6.1	6.2
1991—2000年	6.2	5.8
2001—2010年	6.3	6.9
2010—2018年	2.0	1.7

数据来源：1961—2016年数据来源于FAO；2017年数据来源于UN；2018年数据来源于UN，但中国数据来源于中国海关

从猪肉贸易格局来看，世界猪肉贸易洲际间流动主要是从欧洲与美洲流向亚洲，趋势较为明显。德国、美国、西班牙、丹麦、加拿大、荷兰等欧洲和北美国家主导全球猪肉出口市场，中国、意大利、日本、波兰、韩国等国家则为主要猪肉进口国。

（一）世界猪肉出口情况

欧洲、北美地区主导全球猪肉出口贸易。根据联合国商品贸易统计数据库（UN Comtrade）数据，欧洲、美洲猪肉出口量占世界猪肉出口总量的比重达到90%以上。其中，欧洲在世界猪肉产品贸易中占据绝对主导地位，2018年欧洲猪肉出口量占世界出口总量的比重高达67%以上。北美洲是世界第二大猪肉出口地区，2017年猪肉出口量占世界猪肉出口总量比重达23.8%。南美是世界第三大猪肉出口区域，猪肉出口量占世界猪肉出口总量的比重超过7%。

德国、美国、西班牙、丹麦、加拿大、荷兰等国家主导世猪肉出口。德国是世界头号猪肉出口国，猪肉出口量由2001年的43万吨增长至2018年的179万吨，年均增长率达到8.7%。同期，美国猪肉出口总量则由49万吨增至181万吨，年均增长率高达8.0%；西班牙从36万吨增至154万吨，年均增8.9%；丹麦猪肉出口量稳中有增，从99万吨增至112万吨；加拿大猪肉出口量翻番，从50万吨增至96万吨，年均增3.9%；荷兰也实现了稳步增长，从64万吨增至2016年的91万吨，年均增2.1%（图7）。

（二）世界猪肉进口情况

世界主要猪肉进口国为中国、德国、意大利、日本、波兰、韩国等国家。在经济发展刺激国内猪肉需求增加的影响下，中国由净出口变为净进口国，并逐步成为全球最大的猪肉进口国。根据UN Comtrade数据，中国猪肉进口量从2001年9万吨增至2016年162万吨，年均增速高达28.2%，2017年中国猪肉进口量降低至122万吨，另据中国海关数据，2018年为中国猪肉进口量为119万吨。日本则猪肉进口量由2001年71万吨增至2018年93万吨，年均增1.6%。意大利稳中有增，从85万吨增至101万吨。墨西哥国从21万吨增至89万吨，年均增8.9%；波兰从2万吨增至76万吨，年均增24.9%；韩国从10万吨增至57万吨，年均增10.9%（图8）。

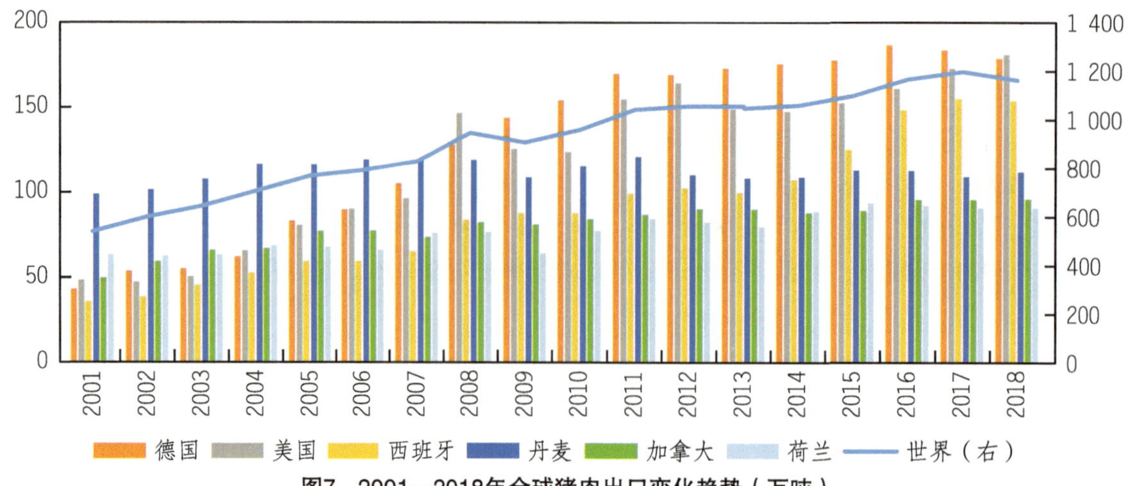

图7 2001—2018年全球猪肉出口变化趋势（万吨）

数据来源：2001—2017年数据来源于UN；2018年数据中国部分来自中国海关，其余来自UN

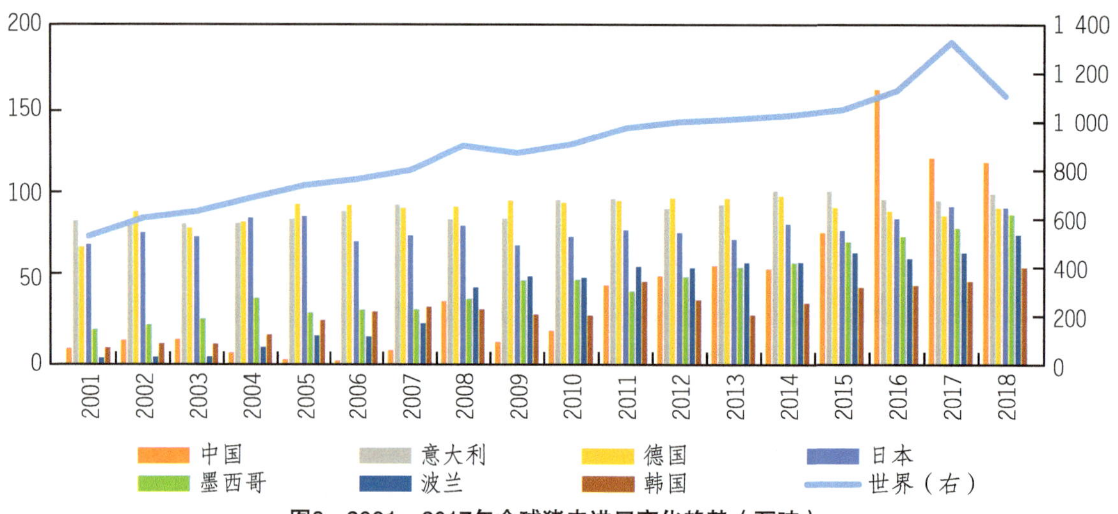

图8 2001—2017年全球猪肉进口变化趋势（万吨）

数据来源：2001—2017年数据来源于UN；2018年数据中国部分来自中国海关，其余来自UN

四、世界主要国家产业竞争力

丹麦生猪产业位居世界前列，在生猪产业方面取得了巨大的成功。2017年丹麦猪肉产量153.24万吨，占全球猪肉产量的比重仅为1.3%，位居全区第12位，但却出口了112万吨猪肉，位居全球第4位，是一个产量虽小、却生产力极强的猪肉生产强国、“猪肉王国”。2017年，丹麦人均生猪屠宰量为3.03头，是中国的6倍、德国的4倍之多；人口占全球的比重不到0.1%，却生产了全球1.3%、出口了全球的9.1%猪肉[①]。

整体来看，丹麦生猪产业的竞争优势在于：①一流而完善的种猪繁育体系；②科学合理的营养标准与饲喂技术；③健全的生猪疾病防控体系；④严格的法律约束手段，健全和规范的粪污处理机制；⑤高效运转的合作社经营管理机制。

① 人口数据来自世界银行，生猪屠宰量、猪肉产量数据来自FAO，猪肉出口数据来自UN Comtrade

（一）一流而完善的种猪繁育体系

丹麦极其种植种猪的繁育，为了推动国内生猪种质资源的改善与生猪产业的发展，丹麦设立了丹麦国家生猪委员会，并由丹麦国家生猪委员会组织联合丹麦农业科学研究所、丹麦皇家兽医和农业大学等科研院所和生猪养殖者实施了“丹麦种猪育种计划“，建立起了全球管理最完善和最有效的种猪繁育体系。

该种猪繁育体系以丹育大白、兰德瑞斯、汉普夏和杜洛克等全球知名品种的纯种体系为基础，根据生产性能、繁殖能力、胴体形状等因素确定核心种群；在核心种群的基础上，依次培育种猪繁殖群、生猪生产群；在生猪生产群的基础上，用不同的母猪和公猪交叉繁育，生产屠宰商品猪。

丹麦生猪生产者和屠宰场联合会根据市场情况（如消费者对猪肉类型的消费偏好）制订育种计划，负责育种。在种猪育种方法上，丹麦采用无特定病原菌法进行育种，该方法在高度卫生条件的猪场进行，由专业机构进行技术指导。为了协调生猪养殖者和屠宰场的利益，丹麦生猪生产者和屠宰场联合会将所有生猪养殖者和屠宰场发展成会员，生猪生产者合作经营屠宰场，并参与屠宰场的利润分配。生猪育种所需要的资金来源于生猪生产/屠宰税，生猪生产者缴纳4.9克朗/生产一头商品猪、屠宰场5.5克朗/屠宰一头猪。

丹麦还在全国建立了人工授精供精站点，采集经测定选育出的优秀公猪提供精液。丹麦养猪研究中心统一负责与人工授精有关的研究及技术改进，并定期检查、突击检查公猪站精液品质，将检查结果公布到养猪研究中心网站上，便于猪生产者可以选择品质最好的精液。

（二）科学合理的营养标准与饲喂技术

丹麦根据生猪的生长特性，不断提高生猪营养标准与饲喂技术的科学性、合理性，对不同年龄段、不同体重、不同类型的生猪采取相对应的饲喂方法。以后备母猪为例，丹麦通过降低日粮氨基酸、粗蛋白等营养元素的摄入水平等措施，对后备母猪的体重和背膘进行有效控制，延长母猪的使用年限。而为保障后备母猪的正常发育和良好的繁殖性能，丹麦对后备母猪的采食量进行了精准控制（表2，表3）。

表2　丹麦能繁母猪SID赖氨酸、蛋白质摄入水平

后备母猪体重	SID赖氨酸需求量	SID蛋白水平
30～65千克	0.71%	11.7%
65～105千克	0.54%	10.2%
105千克以上	0.43%	9.6%

表3　丹麦不同阶段后备母猪的饲喂方法

后备母猪所处阶段		每日采食量
体重在30千克之前		自由采食
到授精（140千克左右）	发情前	不超过2.5千克
	配种前10～14天	短期优饲，逐渐增加到3.1千克

而为了对生猪采食量进行精准控制，丹麦生猪养殖业采用了液体饲喂系统，以记录饲喂量确切数据，实现对生猪采食量的精准调控。同时，丹麦养猪研究中心与相关专家、生猪养殖这共同对生猪饲喂方法进行改进，以减少饲料浪费，提高生猪养殖的效益。

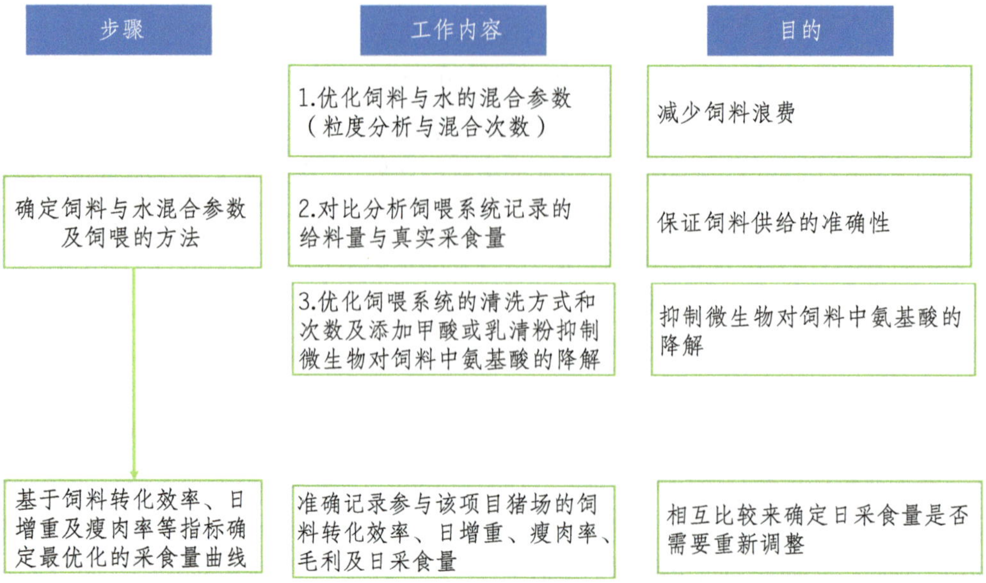

步骤	工作内容	目的
	1.优化饲料与水的混合参数（粒度分析与混合次数）	减少饲料浪费
确定饲料与水混合参数及饲喂的方法	2.对比分析饲喂系统记录的给料量与真实采食量	保证饲料供给的准确性
	3.优化饲喂系统的清洗方式和次数及添加甲酸或乳清粉抑制微生物对饲料中氨基酸的降解	抑制微生物对饲料中氨基酸的降解
基于饲料转化效率、日增重及瘦肉率等指标确定最优化的采食量曲线	准确记录参与该项目猪场的饲料转化效率、日增重、瘦肉率、毛利及日采食量	相互比较来确定日采食量是否需要重新调整

图9　丹麦生猪采食量控制的基本原理

（三）健全的生猪疾病防控体系

丹麦生猪健康水平非常高，主要得益于丹麦生猪产业健全的疾病防空体系。

首先，丹麦从养殖源头对生猪疾病进行控制。丹麦建立起了高效的SPF健康管理体系，在该体系下，丹麦设立了专门机构负责对生猪进行SPF健康检查，并将数据在网上进行公布；所有生猪养殖场每月必须提供生猪血液样本进行SPF健康检查；病猪必须送检，进行加剖观察及采样。同时，建立起了高规格的兽药使用管理体系，丹麦现已全面停止在饲料中使用抗生素。此外，丹麦的生猪养殖场必须采取消毒、隔离及SPF认证等措施，从源头上降低生猪疾病的发生概率。

其次，丹麦实行全程兽医卫生监管机制。在养殖环节，猪场注册、耳标佩戴、动物福利、抗生素使用、养殖场消毒与隔离、疾病监测等情况受丹麦国家兽医食品局严格的审查。在运输环节，丹麦养猪研究中心出资在国境边界上设立汽车清洗站，所有入境的拉生猪运输车辆必须经过严格清洗、消毒合格发证后方准进入丹麦，并由专门检查机构定期对清洗场地和运输工具进行微生物分析，以避免病原菌通过运输工具进入丹麦国内。在屠宰环节，屠宰厂设立审批严格，设备现代化程度高，丹麦政府还委派官方兽医对屠宰厂生产过程、相关法律执行及兽医卫生条件进行不定期检查，每天对批发市场进行抽检，对零售商不定期抽检。

最后，丹麦构建起了健全的质量追溯体系。丹麦所有猪场必须在中英畜禽数据库注册获得唯一登记号，并负责及时将生产过程信息录入到数据库。屠宰厂对每头猪进行唯一性编码，记录来源农场号、胴体重及兽医卫生检验等信息，实现全程可追溯。生猪交易、屠宰加工及流通都附有相应单证，以保证发生疫情或出现质量安全问题能追溯到每头猪及所在猪。

（四）严格的法律约束手段，以降低生猪养殖的环境污染

为了有效控制生猪养殖所带来的环境污染问题，丹麦政府制定了严格的法律法规，并结合多样化的鼓励措施，激励生猪养殖者强化粪污管理、减少粪污排放。

首先，包括生猪养殖场等在内的畜禽养殖场必须在丹麦政府规定的登记机构进行登记，生猪养殖场需配备合格的粪污存储设施，新建、扩建或变更畜舍、粪污贮存设施必须事先向相关机构进行报备。

其次，丹麦政府对粪污用作有机肥的施肥方式进行了明确规定。根据丹麦政府的规定，粪肥必须以直接深施到土壤中的方式施放到土地中；在施用中必须考虑天气条件，以避免融雪或降雨等自

然原因导致粪肥溢流到河流、湖泊之中。

最后，丹麦政府对生猪等畜禽养殖的规模进行了约定。根据丹麦法律规定，每公顷养殖规模不得超过2.5个家畜单位，超过该指标的养殖者必须交纳粪便费。

（五）高效运转的组织管理体系

丹麦生猪产业的组织管理体系可以分为合作社经营管理机制、农场经营资格制度、农业咨询服务体系、健全的法制和有效的食品安全监督体系四个部分。

合作社经营管理机制。丹麦构建起了生产、加工、营销“三位一体”的合作社经营管理机制，以确定生猪产业链利益的最大化。丹麦生猪生产者和屠宰场联合会将丹麦所有生猪养殖者和屠宰场发展成会员，生猪生产者合作经营屠宰场，并参与屠宰场的利润分配。丹麦生猪生产者和屠宰场联合会主要职责为种猪育种、生猪饲养、屠宰、市场营销、检疫防疫、猪舍建设等的协调和组织实施工作。

农场经营资格制度。丹麦构建起了严格的土地获得制度和农场经营资格制度，保障了包括生猪生产者在内的农场主的高素质。丹麦法律只允许个人拥有农场土地，不可以建设合作制和股份制农场，所有农场只能通过购房方式获得；土地面积超过30公顷的农场，农场主必须接受正规培训并获得“绿色证书”方可经营农场，同时农场主必须居住在农场。而获得“绿色证书”的前提条件是，必须接受9至10年的基础教育、完成3～5年的专业课程学习和农场实习经验、通过全国统一考试。

农业咨询服务体系。为了促进农场主持续进步、农业的高效可持续发展，丹麦构建起了高效的农业咨询服务体系。该体系由国家和地方农业咨询服务中心组成，面向全国所有农场主提供农业咨询服务，包括专业技术管理服务（如饲料）、科研成果推广、技能培训等。农业咨询服务中心是农民组织（丹麦农民联合会和丹麦家庭农民协会）自由、自营、自负盈亏的经济实体，丹麦政府主要是给予政策支持（如财政补贴）。

健全的法制和有效的食品安全监督体系。目前，丹麦已经建立起了可追溯、健全的食品生产、流通监管体系，对丹麦生猪产业的发展也起到了巨大的推动作用。

五、主要国家产业支持政策新变化

（一）欧盟生猪产业政策变化情况

2018—2019年，欧盟生猪产业政策的变化主要体现在兽医医药产品、饲料药物残留方便的规定。

2019年，欧盟先后颁布了*Regulation*（*EU*）2019/6 *on veterinary medicinal products*和*Regulation*（*EU*）2019/4 *on medicated feed* 两部法案。

尽管欧盟和美国发生了贸易摩擦，但欧盟在生猪产业方面的价格支持政策、补贴政策、补贴偿付政策、牲畜保险政策、饲料支持政策、生产服务补贴及其他贸易政策未发生变化。

（二）美国生猪产业政策变化情况

为了降低由全球贸易摩擦所引起的生猪产品及其他农产品出口减少所带来的影响，美国政府实施了对农民的临时性援助补贴；并实施食品采购和流通项目，购买120亿美元受贸易影响的农产品；此外，还着手开发其他未受贸易战影响的市场。

美国生猪产业政策乃至美国农业政策的最大变化在于2018年通过的《2018年农业提升法案》（*AGRICULTURE IMPROVEMENT ACT OF* 2018）。根据《2018年农业提升法案》，美国将实施建立一项新的动物疾病预防和应对计划，以提高美国免受外来有害生物威胁的机能。

六、世界供需形势展望

短期来看，受主要生产国中国等国家2018年爆发的非洲猪瘟影响，全球猪肉产量预期将出现下滑，并在短时间内对猪肉价格产生影响。而受全球经济摩擦加剧的影响，全球生猪产品贸易形势愈加不明朗。

长期来看，在全球经济触底、进入上行周期后，全球猪肉产量和需求预期将会增长，但增速将会出现明显放缓。在生产方面，中国、越南等主要发展中国家猪肉产量增加，将推高全球猪肉产量，但受环境保护、资源承载能力、人口规模、消费水平等多重因素的影响，增速将明显放缓。

在贸易方面，随着中国、越南等发展中国家生产能力的提升，自给率将逐步提高，影响猪肉进口，全球猪肉贸易预期小幅增加。

在消费方面，中国人均猪肉消费已达到较高水平，叠加牛羊肉及其他蛋白质产品的替代效应，猪肉消费难以大幅增长。越南、菲律宾等以猪肉消费为主的亚洲发展中国家，尽管存在消费增长的潜力，但在全球经济增长疲软的背景下其未来经济是否能够保持高速发展，将对其猪肉消费的增长带来深刻影响。美国、欧盟等发达国家和地区的猪肉消费将会稳中略增。

从国际市场价格来看，随着猪肉进口国中国、俄罗斯猪肉产量的增长，进口需求将出现下滑，给全球猪肉价格带来影响。

专题二：中国猪肉进口对全球猪肉市场影响

2018年8月我国首次发生非洲猪瘟疫情，疫情致死、扑杀、恐慌性出栏、环保拆迁等因素叠加猪价下行周期产能调减，能繁母猪存栏量下滑逐月加快，猪肉价格自2019年2月以来整体持续上涨，8月涨速加快并创新高。国务院及相关部委、各省相继出台保障生猪生产恢复、稳定猪肉价格的多项政策，但短期内猪肉供给仍然面临压力，适度增加猪肉等肉类产品进口是缓解短期供需缺口的有效措施之一。国家有关部门已经在积极扩大肉类进口以缓解市场压力，猪肉以及消费替代的牛肉、禽肉等产品的进口量均出现大幅增长。全球猪肉出口量800余万吨，而猪肉出口国和进口国均较集中，在全球猪价上涨和中美贸易摩擦背景下，如何利用好国际市场猪肉资源调控国内市场、稳定猪价具有重要意义。

一、全球生猪产品贸易分析

（一）全球猪肉价格

2002年12月至2014年6月全球猪肉价格指数处于上涨通道，之后总体下降，2019年再次进入上涨通道。2002年12月FAO全球猪肉价格指数降至83.20后开始上涨，2008年受中国等国家猪肉价格上涨影响，8月达到历史高点173.91，之后全球供给面改善，猪肉价格指数冲高回落，2009年2月降至123.25后再次上涨，2014年6月在全球饲料价格上涨背景下，欧美国家猪肉价格上涨推动全球猪肉价格指数达到184.57，再创历史新高，之后总体处于下降通道，2016年3月降至周期低点，为108.18，之后开始回升，2019年9月猪肉价格指数为142.09个点，环比跌0.31个点，同比增20.98个点（图1）。

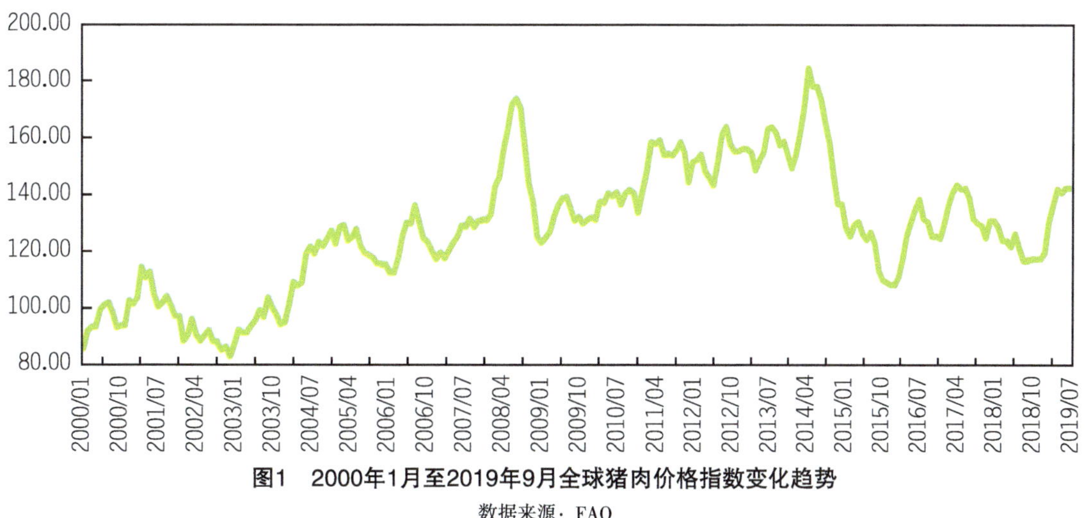

图1　2000年1月至2019年9月全球猪肉价格指数变化趋势

数据来源：FAO

美国和欧盟是世界最大的猪肉出口国（地区），其猪肉价格对世界猪肉贸易及价格有着深刻影响。美国国内产量的增加及规模化发展稳定了其猪肉价格的波动，并助推其在90年代成为猪肉净出口国。而随着出口量的增加，美国国内猪肉市场受国际市场的影响也越来越大。根据美国农业部数据，美国猪肉（猪肉切块）批发价格在2000年至2013年基本在0.5美元/磅至1美元/磅之间波动，2014年3月突破1美元/磅，达到1.23美元/磅，2014年7月达到1.34美元/磅的历史高点后迅速回落。自2017年以来，美国猪肉批发价格基本在0.7美元/磅至0.9美元/磅之间徘徊，2018年1月后进入下行区间，由2018年1月0.81美元/磅下行至2019年2月0.63美元/磅，4月开始受贸易影响明显回升，8月涨至0.84美元/磅。

欧盟猪肉价格基本呈现出与美国猪肉价格相同的走势。根据欧盟委员会数据，欧盟猪肉（E级胴体）价格由2000年1月1.13欧元/千克迅速上涨至2001年3月1.94欧元/千克，随后又快速回落。2001年至2010年基本维持在1.20欧元/千克至1.50欧元/千克之间。2011年至2014年维持在1.50欧元/千克之上。随后，欧盟猪肉价格经历了一轮“下跌—上涨—下跌”的猪周期。2017年6月，欧盟猪肉价格在涨到1.77欧元/千克的高点后进入下行通道，2019年1月跌至1.34元/千克，2月开始回升，9月为1.82欧元/千克，环比涨1.6%，同比涨23.8%。

（二）全球猪肉贸易

随着世界猪肉产量、需求量的增加，以及世界猪肉生产向中国、欧盟27国、美国、巴西等国家和地区的进一步集中，世界猪肉贸易量也逐步增加。从猪肉贸易发展历史来看，世界猪肉贸易大概经历了四个阶段：①20世纪60年代和70年代高速增长阶段。根据FAO数据测算，在这一阶段，1961年至1979年，世界猪肉进口量从17.9万吨增至119.81万吨，年均增速分别为13.6%和9.0%，出口量从19.43万吨增至134.75万吨，年均增长率高达13.0%和8.9%；②温和增至阶段。80年代进口量从1981年的130.34万吨增至1989年的242.19万吨，年均增7.1%，出口量从148.37万吨增至233.07万吨，年均增5.1%；③慢速增长阶段。90年代进出口增速明显放缓，出口量从1991年的248.47万吨增至1999年的281.40万吨，年均增1.4%，进口量从245.17万吨增至272.60万吨，年均增1.2%；④进出口再次加速阶段。进口量从2000年的260.54万吨增至2016年的610.36万吨，2000—2010年和2011—2017年年均增速分别为5.7%和7.1%。出口量从2000年的248.93万吨增至2016年的616.92万吨，2000—2010年和2011—2017年年均增速分别为4.7%和8.4%（图2）。

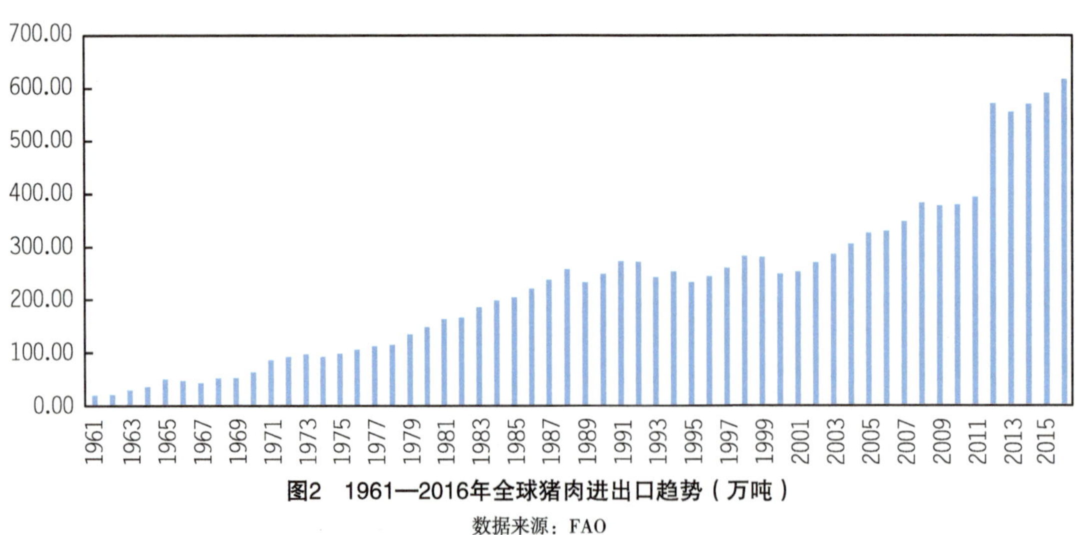

图2　1961—2016年全球猪肉进出口趋势（万吨）

数据来源：FAO

总体看，世界猪肉贸易洲际间流动主要是从欧洲与美洲流向亚洲，趋势较为明显。欧洲、美洲主导世界猪肉产品出口贸易，猪肉产品贸易量占世界猪肉产品贸易总量的比重达95%以上，其中，欧洲在世界猪肉产品贸易中占据绝对主导地位，比重达68%。从出口国别看，德国、美国、西班牙、丹麦、加拿大、荷兰等为猪肉主要出口国，据欧盟统计，2017年出口量分别为182万吨、173万吨、155万吨、109万吨、96万吨和93万吨，合计808万吨，其中德国、美国、西班牙猪肉出口量2001—2017年年均增长率超过8%。世界主要猪肉净进口国为中国、意大利、日本、墨西哥、波兰、韩国等，2017年进口量分别为122万吨、97万吨、91万吨、80万吨、66万吨和49万吨，合计505万吨，其中中国、波兰进口量2001—2017年年均增长率超过25%，墨西哥和韩国在8%～10%，意大利、日本小幅增长。2018年欧盟猪肉出口232.96万吨（猪肉及产品393.94万吨），美国猪肉出口约180万吨（猪肉及产品266万吨），加拿大出口约96万吨（猪肉及产品126万吨），巴西出口约55万吨（猪肉及产品约63.5万吨），合计509万吨。主要进口国和地区为中国、日本、墨西哥、韩国和中国香港，2018年分别进口119万吨、92万吨、75万吨、46万吨和36万吨，约占全球猪肉出口总量的61%。

二、中国生猪产品贸易分析

（一）猪肉贸易

猪肉出口市场高度集中，进口市场相对分散。欧盟、美国、加拿大和巴西是世界四大猪肉出口市场，占全球猪肉出口量比重从2000年的88.1%提高至2018年的90.7%。主要净进口市场为中国、日本、墨西哥、韩国、中国香港、澳大利亚、中国台湾等，占全球猪肉进口量比重从61.2%增至76.1%，其中中国、墨西哥、日本、韩国和中国香港是最主要的进口市场，合计约占68%。

2/3进口猪肉来自欧盟，北美仅少数年份是最主要进口来源。2008年开始我国成为猪肉净进口国，2016年成为全球最大的猪肉进口国。猪肉进口量从2008年37.33万吨增至2016年162万吨，2017年和2018年猪肉进口呈现高位并保持平稳。2008—2018年，猪肉进口来源欧盟占2/3，南美国家近两年市场份额迅速提升，进口市场呈现多元化，我国累计从欧盟进口476万吨猪肉，占总进口的61.8%，主要来自德国、西班牙和丹麦，累计分别占总进口量的15.4%、17.5%和10.9%；北美是第二大进口来源，美国和加拿大累计分别占19.1%和11.8%，美国仅在2008年和2011年国内猪价较高时猪肉出口占比较大，在50%上下；南美国家2016年成为主要进口来源之一。2015年以前南美进口猪肉占比不足5%，巴西和智利自2016年开始猪肉出口持续增加，尤其是巴西，2018年我国自巴西进口量达到15.01万吨，超过了美国，占2018年进口总量的12.6%，带动南美猪肉占比达到16.3%。2019年1—7月中国猪肉进口100.09万吨，同比增36.0%，4月开始进口量明显增加，同比增幅从4月24.0%提高至7月107%，其中欧洲占61.5%，北美占24.7%，南美占13.8%，主要来自西班牙、德国、加拿大、巴西和美国，分别占19.0%、16.7%、15.5%、10.2%和8.8%，2019年自加拿大和美国累计进口量分别同比增加21.9%和54.5%，此外荷兰、丹麦、英国、法国、爱尔兰等国同比增幅也较明显（表1）。

猪肉出口价格远高于进口价格，进出口价格总体趋势一致，主要受国内供给和猪价走势影响。猪肉出口价格从2003年3月1 177美元/吨稳步上涨至2016年8月5 490美元/吨，2016年四季度依然保持高位，2017年开始持续下跌，2018年7月跌至4 320美元/吨后回升，12月为4 765美元/吨；进口到岸价格前期处于较低水平，2007年6月之前大部分年份不足1 000美元/吨，2003年10月最低仅508美元/吨，2007年7月至2009年10月保持在1 000～2 000美元/吨，2010年有所下跌，2010年8月再次上涨至1 000美元/吨以上，2011年12月涨至2 099美元/吨，之后有所回落，2014年和2015年中国猪价低迷，带动进口价格跌至1 655美元/吨，2016年中国猪肉进口再次激增，9月进口到岸价创最近几年高点，为2 049美元/吨，之后总体回落，2018年非洲猪瘟等因素再次导致猪价低迷，2018年9月进口到岸价跌至1 527美元/吨，之后有所回升，12月为1 726美元/吨（图3）。

表1　2009—2018年中国猪肉进口数据

单位：万吨

进口来源国	2008	2009	2010	2011	2012	2013	2014	2015	2016	2017	2018
总　计	37.33	13.5	20.11	46.77	52.23	58.35	56.43	81.73	162.02	121.68	119.28
欧　盟	15.44	8.41	13.2	16.28	26.86	36.85	36.86	57.99	109.85	79.38	75.10
欧盟占比	41.4%	62.30%	66.10%	34.80%	51.40%	63.20%	65.30%	74.60%	67.80%	65.20%	63.0%
西班牙	0.02	2.51	2.83	4.53	6.72	7.05	9.15	13.66	26.01	23.75	21.96
西班牙占比	0.04%	18.60%	14.10%	9.70%	12.90%	12.10%	16.20%	17.60%	16.10%	19.50%	18.4%
德　国	0.002		1.78	2.46	9.49	11.49	10.67	20.53	34.43	21.18	22.84
德国占比	0.01%		8.80%	5.30%	18.20%	19.70%	18.90%	26.40%	21.30%	17.40%	19.1%
丹　麦	7.62	4.62	7.42	6.01	5.12	6.39	6.76	8.13	15.89	8.87	7.23
丹麦占比	20.4%	34.20%	36.90%	12.90%	9.80%	10.90%	12.00%	10.50%	9.80%	7.30%	6.1%
加拿大	4.18	2.83	3.9	4.95	5.32	7.43	5.21	6.13	17.9	16.67	16.03
加拿大占比	11.2%	21%	19.40%	10.60%	10.20%	12.70%	9.20%	7.90%	11.10%	13.70%	13.4%
美　国	17.65	2.22	2.88	25.25	18.67	11.92	11.72	10.14	21.55	16.57	8.57
美国占比	47.3%	16.40%	14.30%	54.00%	35.70%	20.40%	20.80%	12.40%	13.30%	13.60%	7.2%
南　美	0.002			0.18	1.29	2.15	2.64	3.47	12.71	9.05	19.40
南美占比	0.01%			0.40%	2.50%	3.70%	4.70%	4.50%	7.80%	7.40%	16.3%
巴　西					0.3	0.156	0.09	0.33	8.06	4.87	15.01
巴西占比					0.60%	0.30%	0.20%	0.42%	5.00%	4.00%	12.6%
智　利				0.18	0.99	1.99	2.55	3.14	4.63	4.03	4.38
智利占比				0.40%	1.90%	3.40%	4.50%	4.00%	2.90%	4.30%	3.7%

数据来源：中国海关

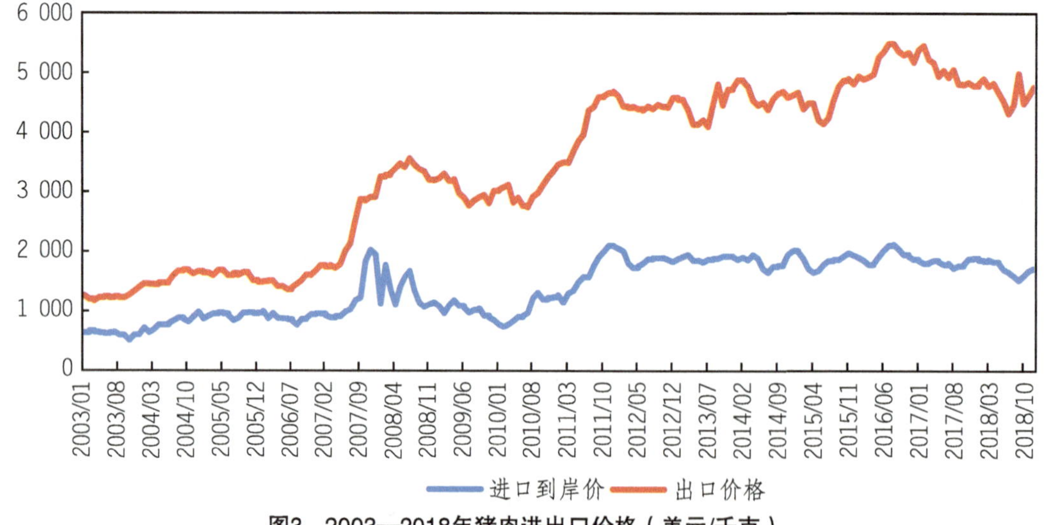

图3　2003—2018年猪肉进出口价格（美元/千克）

数据来源：中国海关

（二）猪杂进口

由于消费偏好差异，2007年以后我国杂碎进口量一直保持较高水平，欧盟2008年以来占比一半以上，但美国是猪杂碎最大的进口单体市场，杂碎进口来源多样化。猪杂碎进口量2000—2006年大部分年份不足20万吨，2007年快速增至38.73万吨，之后持续增加，2016年增至149.13万吨，2011年以后基本保持在80万吨以上，2017年开始有所回落，2018年为96.06万吨。欧盟合计占杂碎总进口量的56%，美国占31%。2009年猪杂碎前5大进口市场分别为丹麦、法国、美国、加拿大和爱尔兰，分别占猪杂进口总量的34.1%、32.5%、21.9%、9.3%和2.1%；美国生猪生产成本优势明显，国内猪副产品消费量较少，大量杂碎有利于增加其生猪养殖附加值。2018年猪杂碎进口96.06万吨，同比减25.1%，主要来自美国、丹麦、德国、加拿大和西班牙、荷兰，分别占18.4%、14.8%、13.9%、12.6%和11.7%、11.4%，合计占82.7%（表2）。

表2　2008年至今杂碎进口总量

单位：万吨

年　份	进口总量	美　国	占　比
2008	54.03	11.83	21.9%
2009	39.27	5.44	13.9%
2010	70.22	15.39	21.9%
2011	88.26	54.83	62.1%
2012	84.81	40.31	47.5%
2013	81.88	24.53	30.0%
2014	82.02	26.42	32.2%
2015	81.73	14.05	17.2%
2016	147.56	44.57	30.2%
2017	128.17	41.79	32.6%
2018	96.06	17.70	18.4%

数据来源：中国海关

三、未来中国猪肉进口趋势分析

（一）未来全球猪肉出口趋势

全球猪肉产量预期明显下降。2019年全球猪肉产量预计1.06亿吨，较2018年下降681万吨，出口量预计940万吨，增加96万吨。欧盟生猪存栏稳定，美国等出口国生猪存栏呈有所增加。欧盟短期内增量有限，猪价上涨带动2020年猪肉产量和出口增加，美国猪肉产量保持较快增长态势。受能繁母猪产能减少和环境限制生产，欧盟2019年猪肉产量预计为2 379万吨，预计下降1.0%，在欧盟主产国中，只有西班牙受出口增长影响产量增加。德国、荷兰和波兰等国产量则呈现不同程度的下降。2020年欧盟生产能力恢复后，生产将适度增长（1.4%左右），预计增量在35万吨左右。受近年猪肉出口增加影响，美国猪肉产量稳步增加，2019年和2020年猪肉产量预计分别为1 253万吨和1 289万吨，分别较2018年增加60万吨和95万吨。加拿大2019年猪肉产量预计为195万吨，稳中略增、增幅有限，猪肉出口增量在10万吨以内。巴西受出口拉动影响，2019年猪肉产量398万吨，预计增加20万吨，增量将绝大部分出口。阿根廷和智利产量较小，预计出口增量合计在10万吨以内。

综合来看，在不与其他市场抢占市场份额、不考虑贸易摩擦的背景下，与2018年相比，中国2019年能够增加的进口量为100万吨（美国60万吨、巴西20万吨、加拿大10万吨、智利和阿根廷

10万吨），2020年进口增量可以达到150万～200万吨（美国95万吨、欧盟35万吨、其他国家合计70万吨上下），预计进口量将分别达到200万吨和300万吨。

（二）中国猪肉进口增加对全球市场影响

中国猪肉进口需求带动全球猪肉价格二季度开始明显上涨。全球猪肉价格指数进入上涨周期。中国猪肉需求激增，2019年开始欧盟猪肉价格明显上涨，2—8月德国和西班牙E级猪肉批发价格已经累计分别上涨35.6%和41.8%。2019年1—7月出口生猪产品259.6万吨，同比增15.7%，出口中国113.89万吨（含猪杂），同比大幅增加45%，占比43.9%，出口日本29.05万吨，同比增8%，出口韩国17.84万吨，同比减少11%。2019年1—8月美国猪肉出口小幅增加，对中国出口激增。累计出口猪肉183万吨，同比增3.5%，8月出口23万吨，同比增16.2%，其中1—8月中国大陆21.42万吨，同比增90.9%，8月出口中国大陆4.23万吨，同比激增479%

猪肉进口价格2010年以来总体呈现上涨趋势，当前价格创历史高位。进口到岸价格前期处于较低水平，2007年6月之前大部分年份不足1 000美元/吨，2003年10月最低仅508美元/吨，2007年7月至2009年10月保持在1 000～2 000美元/吨，2010年有所下跌，2010年8月再次上涨至1 000美元/吨以上，2011年12月涨至2 099美元/吨，之后有所回落，2014年和2015年中国猪价低迷，带动进口价格跌至1 655美元/吨，2016年中国猪肉进口再次激增，9月进口到岸价创最近几年高点，为2 049美元/吨，之后总体回落，2018年非洲猪瘟等因素再次导致国内猪价低迷，2018年9月进口到岸价跌至1 527美元/吨，2019年进口增加带动进口价格上涨，2019年6月超过2016年9月水平，7月涨至2 271美元/吨，创历史新高。

（三）中国猪肉进口面临不确定性

中国猪肉进口面临墨西哥、日本、韩国和越南等猪肉进口国竞争，越南进口需求显著增加，日韩未来或显著增加。据Comtrade数据，2018年日本、墨西哥和韩国进口猪肉分别为92.5万吨、88.6万吨和57.1万吨，2018年中国、日本、墨西哥和韩国冷鲜/冷冻猪肉进口均价分别为1.74美元/千克、4.76美元/千克、1.56美元/千克和3.03美元/千克。中国进口冷冻猪肉主要用于食品加工，日韩进口冷鲜/冷冻猪肉用于直接消费和加工。相对于中国，猪肉出口日本和韩国更具有价格优势，中国要抢占日韩进口猪肉份额，要提价70%～180%。越南猪肉产量约280万吨，消费占肉类消费比重的70%，由于非洲猪瘟影响，约500万头猪被扑杀，占存栏的20%，2019年下半年猪肉进口需求增加超过50万吨。近期，日本发生猪瘟疫情，以及扑杀13万头生猪，韩国也首次发生非洲猪瘟，疫情后期防控水平会影响未来日韩猪肉进口需求。总体来看，墨西哥国内生猪产能增加，进口需求增加不多，且在进口价格上不具备优势。在不考虑疫情情况下，韩国进口则有所下降，日本进口增量也在10万吨以内，但具有进口价格优势；如果疫情进一步扩大，日韩猪肉进口将会增加20万吨以上。因此传统的猪肉进口国总体进口需求平稳或略有增加，中国需要与越南、墨西哥等国家竞争出口猪肉资源。

猪肉进口具有多重不确定性。从具体进口结构（国别）上看，猪肉进口面临多重不确定性。首先，由于加拿大输华猪肉产品被查出莱克多巴胺（瘦肉精）残留，我国已要求加政府自6月25日起自主暂停签发对华出口肉类证书。此外，除了中国，越南、柬埔寨、朝鲜、蒙古和老挝等6个亚洲国家都发生了非洲猪瘟疫情，随着疫情持续蔓延和对当地基础产能的损害，越南将转向猪肉净输入国，越南以及日韩将会与我国争夺猪肉进口资源。另外，随着中美贸易摩擦的持续存在不确定性，美国对华猪肉出口量已开始高于上年同期、到岸价快速上涨，加征关税后也推高了进口成本。

四、政策建议

总体而言，随着新一轮猪周期开启，可以预见的是猪肉进口量将上升。2019年预计中国猪肉进口将会在180万～200万吨，到2020年猪肉进口需求继续增加，预计猪肉进口将会增至300万吨左右。保障和推动国内产能恢复是稳定猪肉市场的根本，但由于生猪生产周期长、且决定产能的基础母猪明显下降，短期内有效利用进口猪肉稳定供给、抑制猪价过快上涨是一种有效的手段。

一是立足国内生猪生产恢复，开拓猪肉进口来源。即使全球猪肉出口配额850万吨猪肉全部供应我国国内，也远无法填补供给缺口。我国居民肉类消费中对猪肉依赖非常强，猪肉消费传统习惯根深蒂固，短期内其他肉类替代性有限，猪肉供给需要依赖国内生猪产能的恢复。短期来看，俄罗斯近两年猪肉产能增加明显、出口需求强，因此可以加快与俄罗斯相关检疫协定的签署，此外智利、墨西哥、阿根廷、巴西等国家猪肉出口也具有进一步开发潜力，加大对南美和欧盟其他猪肉生产国如爱尔兰、英国等国家猪肉出口资源，有利于加大进口，短期内弥补猪肉供给缺口。

二是合理引导肉类消费结构和消费习惯转变。其他肉类的替代供应能够弥补部分猪肉缺口，其中补充效果最好，速度最快的就是禽肉，因为禽类生长周期短，禽肉产能充分释放后预计能够补充200万吨上下的猪肉缺口。从消费者的角度来看，通过宣传引导中国肉类的消费结构向禽肉倾斜，中国的禽肉比例约占整个肉类的23%，未来预计可以达到30%以上。此外，引导消费习惯向冷鲜肉和深加工肉制品转变，缓解南方销区热鲜肉供给偏紧局面，通过冷鲜肉和深加工肉制品调节区域间和季节间供给不平衡。

（中国农业科学院农业信息研究所　朱增勇）

第十一部分

禽肉

专题一：世界供需形势分析

2018年，全球禽肉产量达到1.24亿吨，比2017年增长1.3%。全球禽肉出口量增至1 326万吨，比2017年增长1.0%。贸易增速基本保持与产量增速一致，但比2015年、2016年的增速明显放缓。2018年全球禽肉价格指数为160，比2017年的169下降了9个点。巴西和美国仍是全球前两大禽肉生产和出口国，禽肉价格均有所下跌，特别是巴西价格下跌对全球禽肉价格走势的影响较大。预计未来10年内，受生产成本低、饲料转化率高和产品价格低等因素影响，禽肉仍然是世界生产者和消费者的主要肉类选择。但随着动物蛋白需求多元化选择的发展，未来禽肉消费的增速将明显放缓。

一、世界供需现状

（一）产量维持缓慢增长态势

全球禽肉产量继续保持小幅增长态势。根据联合国粮农组织数据显示，2018年全球禽肉产量1.24亿吨，比2017年增长1.3%，禽肉库存也有所上升。全球重要的禽肉生产国国家和地区主要集中在亚洲、美洲、欧洲，亚洲区域生产量为4 470万吨，占总产量的35%，其中中国占比接近一半，其次为印度、印度尼西亚、日本等国。美洲地区中北美洲产量略高于南美洲，美国作为世界第一大禽肉生产国，产量在北美洲的占比超过90%，巴西作为南美洲产量最高的国家，占比超过60%。欧洲地区欧盟产量占比接近70%，俄罗斯在多年生产扩张之后，产量占比也超过20%（图1）。

全球主要禽肉生产国除巴西以外产量均保持增长态势。2018年，美国禽肉产量达到2 226万吨，比2017年增长1.6%；在强劲的国内需求、较低的饲料价格和实施现代农场管理措施的支持下，墨西哥禽肉生产增速达到2.8%；受国内价格走弱等因素的影响，作为全球第五大生产国的俄罗斯禽肉产量增长幅度被限制在1.4%左右，远低于2017年的7.6%。而同样作为全球重要禽肉供应国的巴西，其出口因进口国更加严格的质量标准而导致贸易受限，特别是阿拉伯地区实行严格清真肉类要求，进一步加剧了国际市场份额的下降，2018年巴西禽肉产量下降1.9%。

中国作为全球第二大禽肉生产国，产量回升。2018年的禽肉产量回升至1 994万吨，同比增长0.6%。

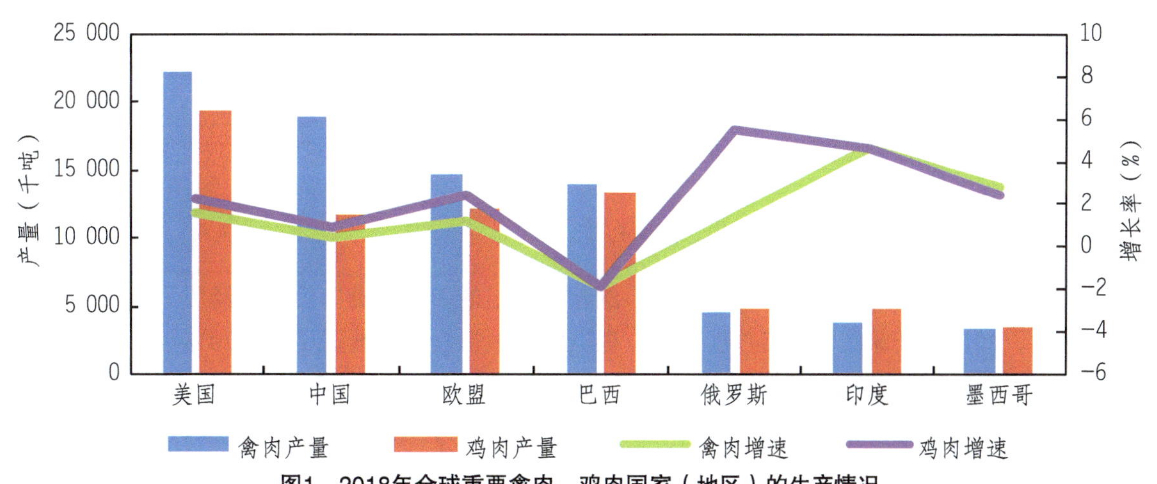

图1　2018年全球重要禽肉、鸡肉国家（地区）的生产情况

数据来源：联合国粮农组织和美国农业部

从全球鸡肉生产情况来看，鸡肉产量增速高于禽肉产量增速。据美国农业部数据显示，2018年全球鸡肉产量9 550万吨，比2017年增长2.0%。其中，俄罗斯、印度增速较快，分别为5.5%、4.6%；欧盟、墨西哥、美国增速相对稳定，分别为2.4%、2.4%、2.2%；中国增速缓慢为0.9%；巴西鸡肉产量下降1.9%。

（二）消费增长主要来自新兴经济体

联合国粮农组织数据显示，2018年全球禽肉消费量继续增加，达到1.23亿吨，比2017年增长1.4%。全球重要的禽肉消费国家和地区集中在亚洲、美洲、欧洲等主要生产区域，亚洲消费量4 904万吨，占比达到40%，供需缺口超过400万吨，因此亚洲也是禽肉贸易的主要进口区域。其中，中国消费量占比最高，超过40%，供需缺口80万吨。日本作为亚洲供需缺口最大的国家，达到120万吨，消费量的1/3都需要依赖进口。美洲地区中北美禽肉消费量达到世界禽肉消费量20%，欧洲地区欧盟的禽肉消费量略低于产量，俄罗斯禽肉消费量略高于产量。

全球主要禽肉消费国的消费量都有所上升，但增速差别较大，新兴经济体增速较快，发达经济体增速相对稳定。根据美国农业部数据显示，2018年全球鸡肉消费量为9 363万吨，较2017年增长1.9%。其中，泰国、俄罗斯、印度、南非消费增速较快，分别为5.4%、4.9%、4.7%、3.2%；欧盟、中国、阿根廷消费增速缓慢，分别为1.7%，1.1%、1.0%；日本、墨西哥、美国增速相对稳定，维持在2%～3%（图2）。

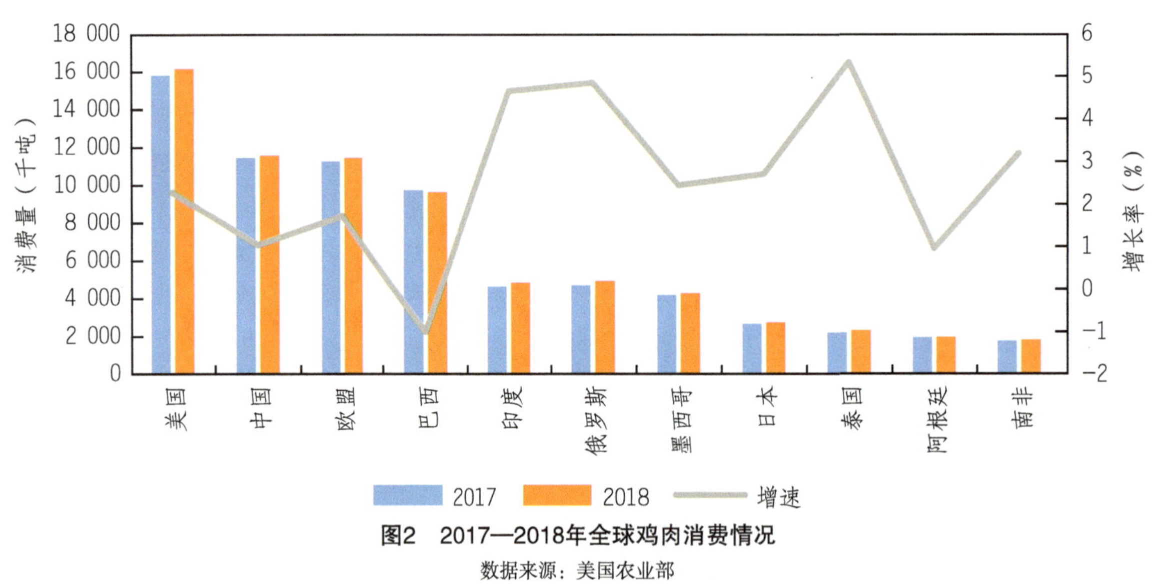

图2　2017—2018年全球鸡肉消费情况

数据来源：美国农业部

二、国际价格走势

（一）价格总体呈走低态势，2019年逐步回暖

受国际饲料价格较低和国际市场上禽肉供给相对充足的影响，禽肉价格在经历了2017年价格短暂回升之后，2018年全球禽肉价格再次下降。根据联合国粮农组织数据显示，2018年全球禽肉价格指数为160，比2017年的169下降了9个点。

2018年，全球禽肉价格先上升后下降最后趋于平稳。从月度价格变化来看，从1月到4月，全球禽肉价格不断攀升，4月达到峰值168，价格指数提高了7个点，随后价格开始回落，7月以后保持相对平稳的状态。

2019年1—8月，禽肉价格持续走高。1月后扭转2018年的跌势，价格缓慢回升，3月价格指数回升至160；4月延续涨势，价格稳步提升；5月价格快速上涨突破170，8月继续走高达到176，预计后期价格将会持续上涨（图3）。

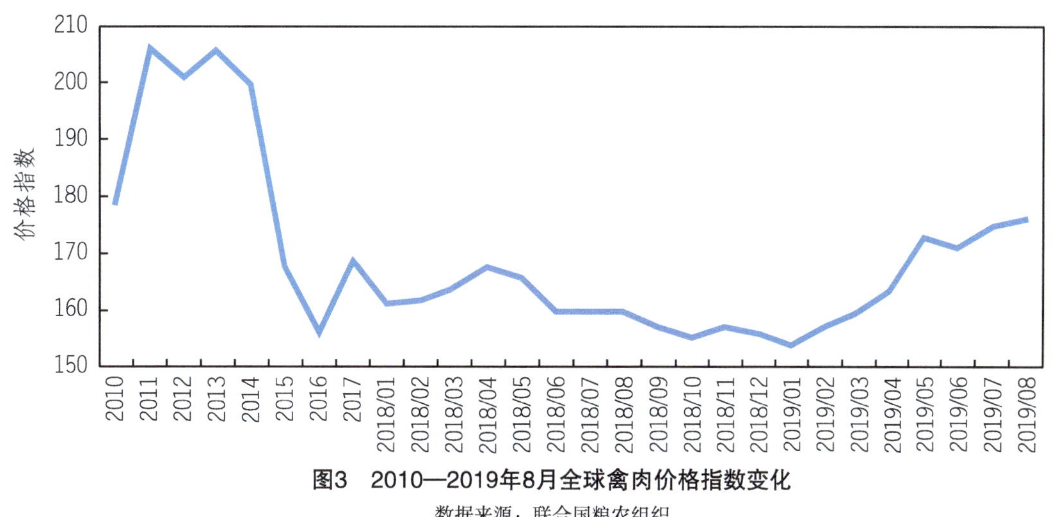

图3　2010—2019年8月全球禽肉价格指数变化

数据来源：联合国粮农组织

（二）重要供应国价格均下跌，2019年上涨明显

巴西和美国作为全球第一大、第二大禽肉出口国，2018年的禽肉价格均有所下跌。其中，巴西禽肉价格为1 552美元/吨，比2017年下跌6.1%。美国禽肉价格为971美元/吨，比2017年下跌2.8%。

2018年以来，全球禽肉价格呈先涨后跌再涨的走势。1—4月价格上涨，4月至2019年1月禽肉价格处于震荡下行的阶段，2019年2月开始价格有所反弹，这主要是受来自中国、日本等国的强劲进口需求推动影响，消费市场增长拉动价格上涨，但同时重要禽肉生产国提高产能对价格上升造成压力。2018年1月至2019年1月，巴西、美国禽肉价格走势出现分离，美国禽肉价格震荡下行，巴西禽肉价格虽然有所震荡但总体保持稳定，因此，此段时间的全球禽肉价格下跌主要受美国禽肉价格下跌的影响。2019年1—8月，美国、巴西禽肉价格均处于上涨阶段，美国禽肉价格涨幅达26.8%，巴西禽肉价格涨幅相对较小，为8.1%，全球禽肉指数上升超过14.3%，说明美国禽肉价格大幅上涨是推动全球禽肉价格上涨的主因（图4）。

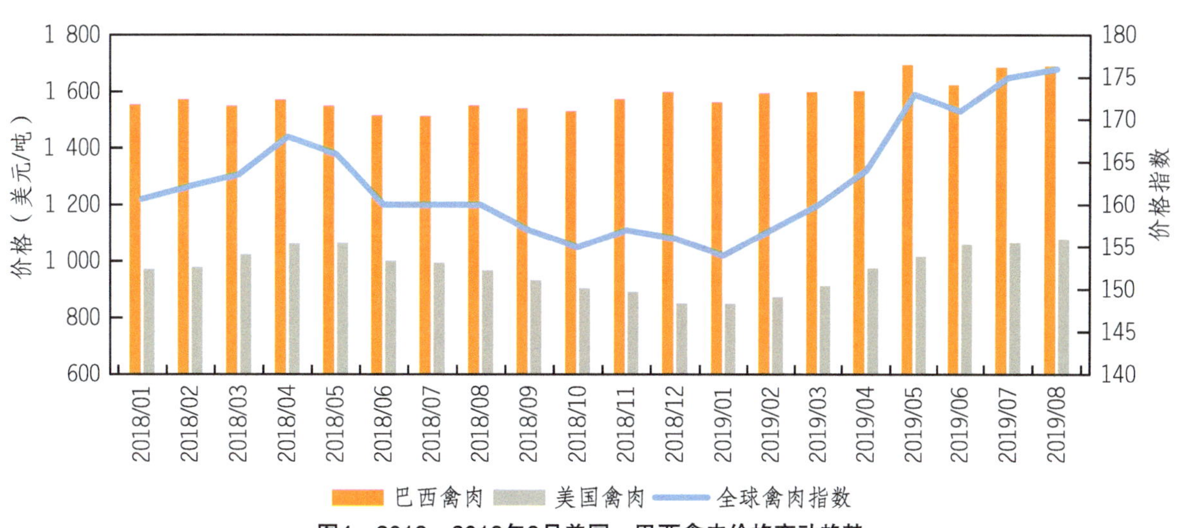

图4　2018—2019年8月美国、巴西禽肉价格变动趋势

数据来源：联合国粮农组织

三、国际贸易格局

（一）出口稳步增加，巴西出口下滑，俄罗斯和乌克兰异军突起

在国际需求增长的带动下，2018年全球禽肉出口继续稳步增加，出口量达到1 326万吨，较上年增长1.0%。其中，鸡肉出口量为1 124万吨，比2017年增长1.9%。美洲地区是世界禽肉出口量最高的地区，其中南美洲出口量略高于北美洲，各占世界禽肉出口的1/3。巴西出口量虽然大幅下降但仍为世界最大的禽肉出口国，美国紧随其后，是北美地区最重要的禽肉出口国。欧洲地区禽肉出口仍然以欧盟为主，乌克兰出口量大幅增加。亚洲出口主要来自泰国和土耳其，分别占地区出口量的50%和20%（图5）。

分具体国家来看，全球禽肉出口虽然受巴西出口大幅下降的影响，但泰国、土耳其、俄罗斯、欧盟和乌克兰的出口增加填补了相应的市场份额。

泰国禽肉出口增加迅速。由于受到亚洲强劲的需求和充分利用欧盟等贸易伙伴提供的关税配额等有利因素的影响，2018年泰国禽肉出口增加8%以上。全球禽肉出口上的重大突破，说明泰国禽肉质量得到了越来越多国外消费者的承认，在改善动物福利和提升抗菌能力上的努力获得了应有的回报。

土耳其扩大了对中东国家的禽肉出口量，特别是对伊拉克、利比亚和阿拉伯联合酋长国的出口。

俄罗斯的禽肉出口量增长将近25%，达到21.7万吨，其中对越南、乌克兰和中亚国家的出口大幅增加。

欧盟禽肉出口也有所增长，增幅为6.4%。主要原因是国际市场需求旺盛，尽管对中国香港、贝宁、沙特阿拉伯和南非等重要目的地的出口量减少，但对加纳、乌克兰和菲律宾出口的增长填补了相应的出口份额。

乌克兰的禽肉出口快速发展，2018年出口量同比增长21%，巨大的增幅来自欧盟和中东对于高价值禽肉加工品的进口需求增加。

相比之下，重要的禽肉出口国巴西在2018年的禽肉出口量减少5.5%，主要原因是贸易限制和沙特阿拉伯严格的清真要求。

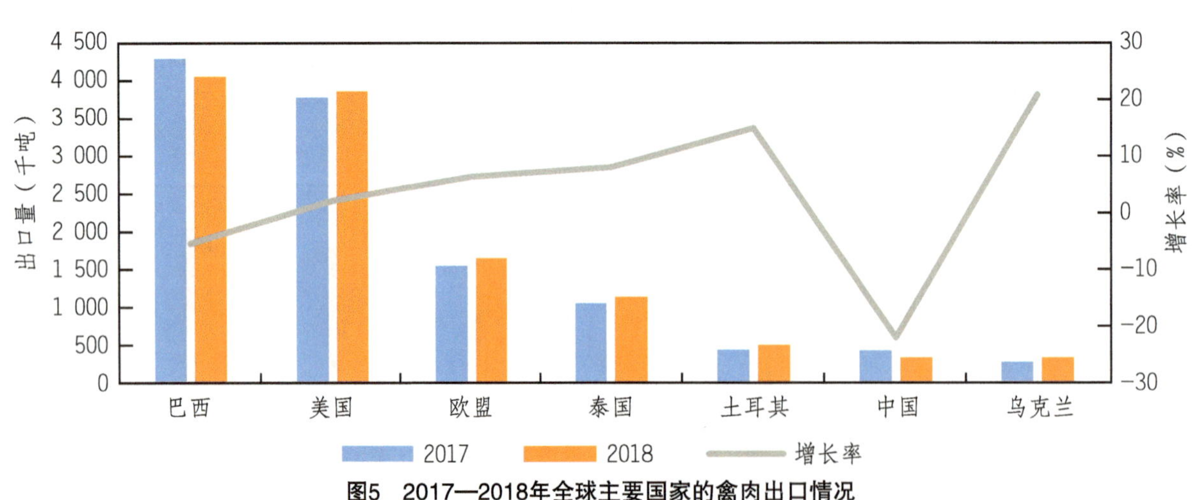

图5　2017—2018年全球主要国家的禽肉出口情况

数据来源：联合国粮农组织

（二）进口增加相对较快，越南进口大幅增加

2018年全球禽肉进口量达到1 255万吨，较上年增长1.9%，其中鸡肉进口量为936万吨，较上年

增长0.5%。2018年，亚洲仍然是禽肉产品进口最多的地区，其中禽肉进口最多的国家为日本和中国（包括中国的香港、澳门和台湾地区），进口量分别为132万吨和113万吨。禽肉进口增长最快的国家和地区为土耳其、越南等国。非洲作为世界上第二大禽肉进口区域，其中南非和安哥拉为主要进口国家，南非进口量保持稳定，占消费量接近1/4，安哥拉禽肉消费基本都依赖进口解决且相比较2017年进口大幅增加17%。中美洲地区也是禽肉的重要进口区域，进口量占消费量26%，其中墨西哥、古巴进口为该地区重要的禽肉进口国（图6）。

越南禽肉进口大幅上升。在较低的国际价格的背景下，越南在2018年的禽肉进口量急剧增加，特别是来自中国香港、美国、欧盟和俄罗斯的进口。

日本禽肉进口量为132万吨，相比较2017增加2.6%。主要原因是近年来日本国内饮食习惯正逐步由其他肉类转为禽肉，强劲的国内禽肉需求带动进口量的稳定上升。

墨西哥禽肉进口量微弱上升。虽然受到禽流感影响，但是禽肉作为廉价肉类来源，进口及需求量仍然保持稳定。

南非禽肉进口相比较2017年微增1.5%，主要原因是受本地禽肉产业逐步复苏、国内经济疲弱、需求不足等因素影响，使得禽肉进口增长率低于预期。

中国、沙特阿拉伯禽肉进口分别受到禽流感、严格的进口政策等不利因素影响，进口量有明显下降。

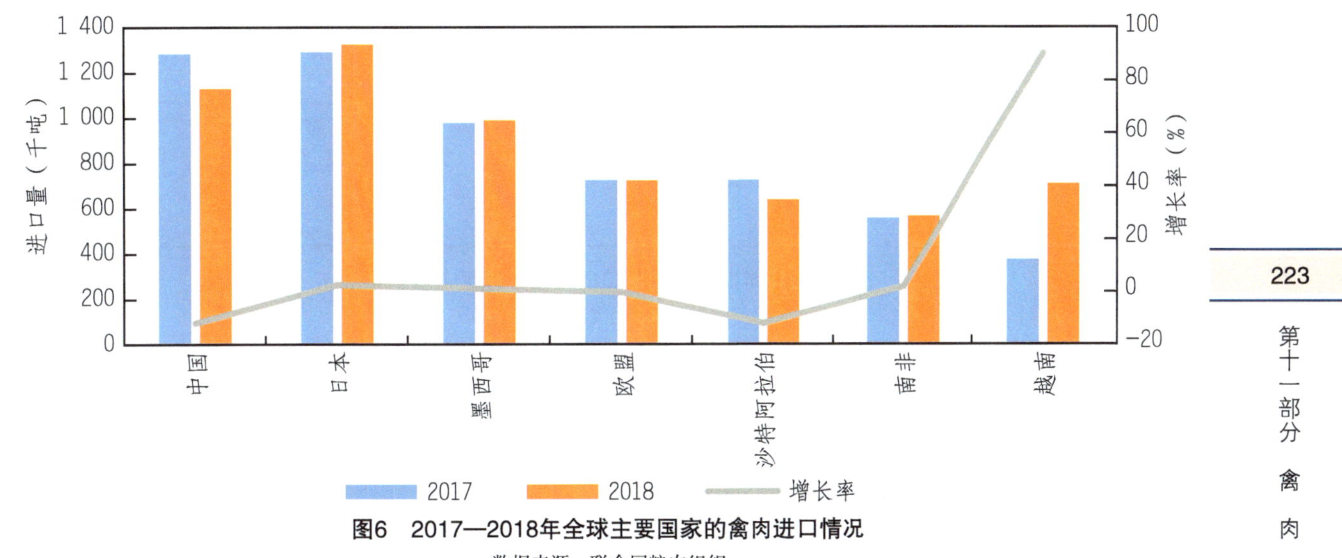

图6　2017—2018年全球主要国家的禽肉进口情况

数据来源：联合国粮农组织

四、世界主要国家产业竞争力

（一）美国

根据联合国粮农组织数据显示，2018年美国禽肉产量达到2 250万吨；根据美国农业部数据显示，2018年美国鸡肉产量为1 935万吨，比2017年增加2.2%，受到对亚洲主要市场出口减少的影响，鸡肉出口仅增长0.6%。预计2019年美国鸡肉产量增长1.7%，将达到1 965万吨；鸡肉消费量增速与生产增速保持一致，鸡肉出口将稳中有升，增幅为0.7%；进口量基本与2018年持平。

美国是全球第一大禽肉生产国和第二大禽肉出口国。2018年，美国禽肉产量在全球的市场占有率为18.5%，比2017年提升0.2个百分点，出口占比28.6%，比2017年降低0.1个百分点。近年来，美国的禽肉生产、消费、出口比较稳定（表1）。

1. **市场占有率**

表1　2017—2018年美国禽肉生产和出口在全球的市场占有率

单位：%

年　份	产　量	出　口
2017	18.3	28.7
2018	18.5	28.6

数据来源：联合国粮农组织

美国鸡肉出口前10个国家（地区）中有7个国家（地区）出口量上升，3个国家（地区）下降。其中，美国对越南（31%）、中国台湾（29%）、安哥拉（19%）、菲律宾（9%）、墨西哥（8%）、南非（3%）和危地马拉（2%）的出口增加，对中国香港（-12%）、加拿大（7%）和古巴（-6%）的出口量则有不同程度的下降（图7）。

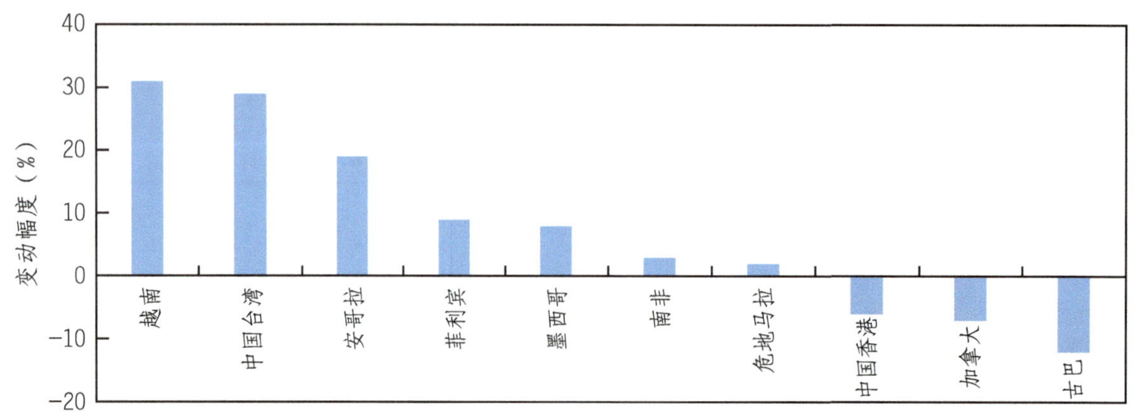

图7　2018年美国鸡肉出口前10国（地区）变化情况

数据来源：美国农业部

美国鸡肉进口量增幅明显，主要进口国家的进口量变动出现较大差异。2018年，美国鸡肉进口量6.3万吨，比2017年增长6.8%，其中来自美国最大供应国智利的产品（占进口总量的58%）增加了20%，而来自第二大供应国加拿大的产品（41%）减少了30%。

2. **禽肉的显示性比较优势**

显示性比较优势指数是指某一定时期内一个国家某种商品出口额占其出口总额比重与世界同种商品出口额占世界出口总额比重之比，反映了一国某产品出口贸易的强度和专业化优势。一般认为，显示性比较优势指数大于2.5，表明该出口产品具有极强的竞争力；指数在1.25～2.5，表明该出口产品具有较强的竞争力；指数在0.8～1.25，表明该出口产品具有中度竞争力；指数小于0.8，表明该出口产品的竞争力较弱。指数不断增大，表明竞争优势逐渐增强；而指数不断下降，则表明竞争优势不断削弱。

2018年美国显示性比较优势指数为3.34，比2017年的3.30有微弱的上升，由此表明，美国禽肉在全球禽肉市场具有极强的竞争力，且禽肉贸易地位稳定。

3. **影响禽肉产业竞争力的相关因素分析**

（1）产品价格趋于低位稳定。根据美国禽肉的年度价格变化分析，2009—2013年为快速上升阶段，2013年后直到2016年禽肉价格快速下跌，2016年后禽肉价格止跌回升，但呈震荡态势。

从月度价格变化来看，2018年4月到2019年1月之间禽肉价格快速下降，价格创近10年来的新低，2019年1月以后，禽肉价格快速回升并保持上涨趋势（图8）。

（2）生产成本处于上升通道。美国豆粕价格不断下跌，玉米价格波动明显。2018年，豆粕价格为344.33美元/吨，玉米价格为132.92美元/吨。从月度价格走势来看，2018年豆粕价格呈先涨后跌走势，在5月达到峰值393.55美元/吨，随后价格持续下跌，到12月相比峰值下跌20.8%，为311.70美元/吨。2019年1—8月豆粕价格依然延续上年末的低位运行态势，平均价格为307.88美元/吨，比上年同期下跌14.2%。玉米价格波动明显，1—5月价格不断上涨，在达到146.85美元/吨后，持续下跌，9月达到谷底，比相对峰值价格下跌17.0%。10月开始价格再次回升，12月达到137.60美元/吨。2019年1—4月小幅走低，5月反弹快速回升，6月达到164.96美元/吨的高位，7月基本维持稳定，8月快速下滑，比6月峰值下跌13.1%（图9）。

总体来看，禽肉饲料中豆粕价格下跌趋势并未逆转，整体价格维持在低位运行，对于饲料成本下降是一个利好。从2018年禽肉价格走势来看，玉米作为重要饲料价格的快速回升也推动了禽肉价格的上涨。2019年1—8月玉米平均价格高于上年同期水平，预计年内维持在高位，将成为推高饲料成本进而推升禽肉价格的重要因素。

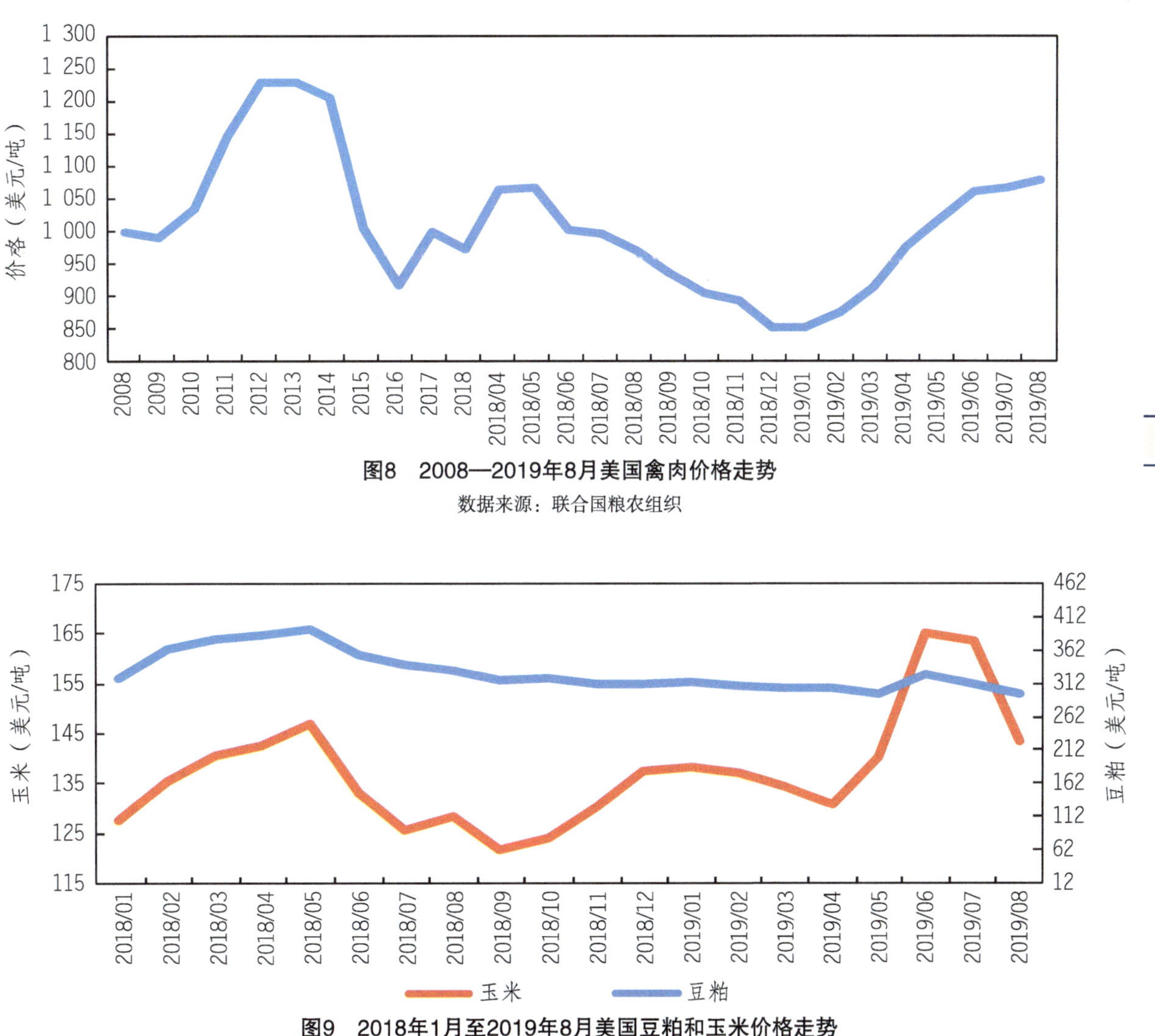

图8　2008—2019年8月美国禽肉价格走势

数据来源：联合国粮农组织

图9　2018年1月至2019年8月美国豆粕和玉米价格走势

数据来源：美国农业部

（3）贸易政策有利于出口。2018年3月美国政府与韩国达成一项新的禽肉出口贸易协定，该协议规定，如果美国再次检测到高致病性禽流感，仅在州一级而不是在国家一级实行贸易限制，这一举措加强了美国和韩国之间业已牢固的贸易关系，并将防止2015年因检测到HPAI年而使得美国所有家禽、家禽产品和鸡蛋而被禁止的贸易行动重演，该项协议保护了美国禽肉出口。

2018年8月7日，华盛顿特区—美国贸易代表罗伯特·莱特希泽和美国农业部长桑尼·珀杜宣布，摩洛哥政府公司已同意允许美国禽肉类产品的商业进口，美国产品首次可以进入摩洛哥。

2019年4月17日，美国贸易代表罗伯特·莱特希泽和美国农业部长桑尼·珀杜宣布，突尼斯政府和美国已经确定了美国的出口证书，允许美国牛肉、禽肉和蛋类产品进入突尼斯。

（二）巴西

2018年，巴西鸡肉生产商和出口商面对的形势较为严峻。在国内，卡车司机罢工事件严重打击了巴西家禽和养猪业，损失估计为10亿美元。国际上，欧盟、中国、沙特阿拉伯出于不同的原因对巴西鸡肉出口采取限制措施，导致几十年来巴西鸡肉出口的首次大幅下降。预计2019年巴西国内经济增长2.5%，通货膨胀率控制在4%之下，因此消费者收入的可能增长，这将导致2019年国内鸡肉需求的反弹，并且预计饲料成本的涨幅将低于上年，猪肉和牛肉替代竞争也将减弱，但出于继续采取调整鸡肉供应和需求的战略，保持利润率的目标，并且担忧来自传统进口市场（主要来自沙特阿拉伯和欧盟）的限制，预计2019年巴西鸡肉产量为1 364万吨，比2018年增长1.8%。

1. 市场占有率

巴西作为全球排名第一位的禽肉出口国和排名第四位的禽肉生产国，2018年禽肉生产量为1 324万吨，比2017年减少3%。受全球鸡肉需求强劲以及巴西经济预期增长所带来的国内需求增加而导致的出口反弹，预计2019年产量将增长2%左右。受沙特阿拉伯和欧盟这两个主要进口市场的进口限制影响，2018年巴西禽肉出口占比为30.7%，比2017年下降2个百分点（表2）。

表2　2017—2018年巴西禽肉生产和出口在全球的市场占有率

单位：%

年　份	产　量	出　口
2017	11.4	32.7
2018	10.9	30.7

数据来源：联合国粮农组织

根据美国农业部报告显示，2018年巴西禽肉产品出口408万吨，其中鸡肉出口369万吨。2018年，巴西向163个国家出口鸡肉，比前一年高出15%。出口集中在10个主要市场，占全部出口的近70%。2018年出口总量，包括美国农业部数据未涵盖的类别，下降了5.2%，降至略高于400万吨。整鸡出口占出口总额的67.5%，其次是分割鸡肉部分，占27.6%。其余鸡肉出口的情况是高附加值加工鸡肉占2.5%，盐渍鸡肉占2.4%。与2017年相比，2018年鸡肉出口下降的大部分是咸鸡肉（减少34%），其次是高附加值的加工鸡肉（减少31%）和整鸡（减少11%）。2018年巴西肉类出口总收入近65亿美元，比上年下降4.2%。

2. 禽肉的显示性比较优势

根据联合国粮农组织和世界贸易组织的数据计算，2018年巴西显示性比较优势指数为24.97，比2017年的26.59有所下降，表明虽然巴西2018年受到了多种不利因素的影响，但巴西禽肉在全球市场上仍具有极强的竞争力。

3. 影响禽肉产业竞争力的相关因素分析

（1）产品价格低位盘整。根据巴西禽肉的年度价格变化分析，2009—2011年为价格快速上升阶段，2011年后直到2016年禽肉价格快速下跌，2016年后禽肉价格处于低位盘整。

从月度价格变化来看，2018年4月到2018年7月间禽肉价格持续下跌，2018年7月以后到2019年8月之间，禽肉价格震荡上行，提振了全球禽肉价格（图10）。

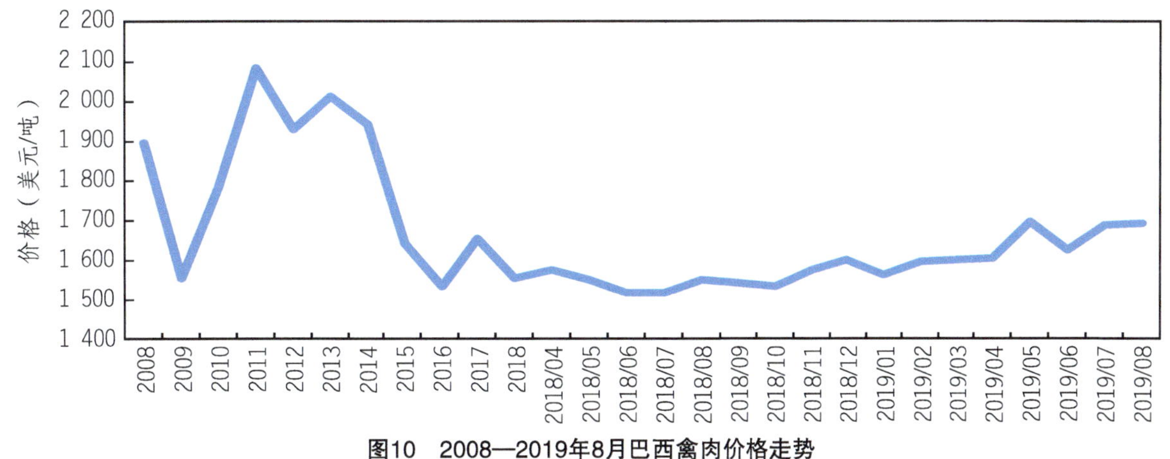

图10　2008—2019年8月巴西禽肉价格走势

数据来源：联合国粮农组织

（2）生产成本不断提高。2018年，巴西玉米价格上涨19.7%，豆粕价格上涨21.2%。2019年，由于高科技生物技术的使用、补贴信贷的提供、大豆和玉米供应量增加等有利因素的影响，预计饲料价格会保持稳定。玉米和豆粕在巴西禽肉生产成本中的占比为68%。从肉鸡养殖的总生产成本来看，2019年上半年比2018年同期有所上升，增幅为1.8%。同时，受汇率波动不确定性影响，禽肉生产商未来利润率变化的风险增加（表3，图11）。

表3　2018—2019年巴西肉鸡生产成本比较

单位：雷亚尔/千克

月　份	2018年	2019年
1	2.48	2.82
2	2.58	2.79
3	2.70	2.80
4	2.84	2.73
5	2.92	2.76
6	2.91	2.83
平均	2.74	2.79

数据来源：巴西农牧科学院

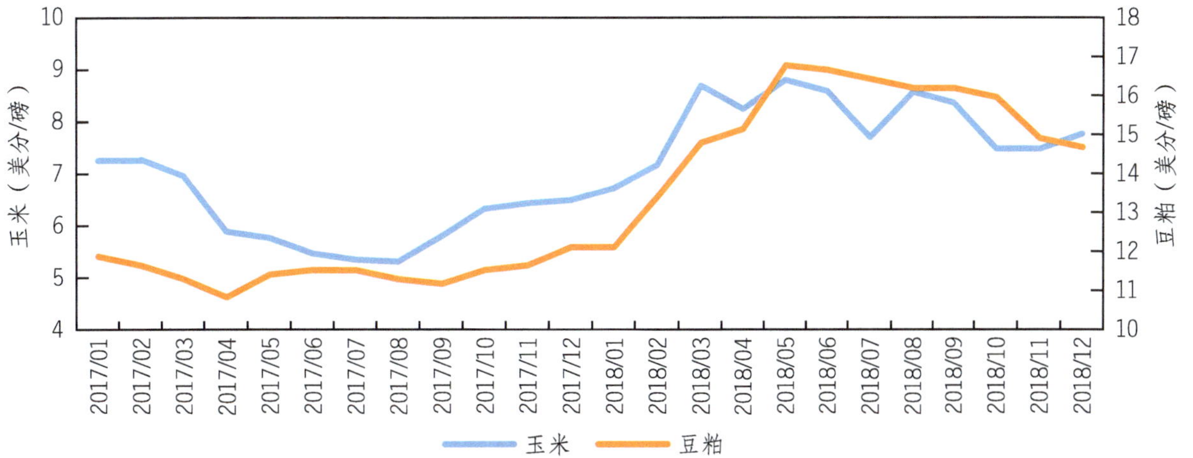

图11　2017—2018年巴西豆粕和玉米价格走势

数据来源：美国农业部

2019年，巴西禽肉出口受到多重因素叠加的综合影响，预计出口量仍将温和增长，增幅约为1.3%。值得关注的是，2019年巴西货币汇率波动将趋于平稳，这也有助于提高巴西产品在全球市场上的竞争力。

（三）欧盟

根据联合国粮农组织数据显示，2018年欧盟禽肉生产增长2.2%，达到1 491万吨；根据美国农业部的数据显示，鸡肉产量1 232万吨，预计2019年度鸡肉产量再次小幅增长1.3%，这既是国内需求，也是出口需求。近年来，由于鸡肉更为便宜，更容易烹饪，欧盟的消费者已经从其他种类的肉类转向鸡肉。预计2019年欧盟禽肉进口将略有增长，约有15%的进口将来自乌克兰。目前，乌克兰已成为欧盟的主要禽肉供应国。

1. 市场占有率

欧盟作为全球排名第三位的禽肉生产国和禽肉出口国，2018年禽肉产量为1 491万吨，比2017年增长2.2%。具体来看，波兰虽然是目前欧盟的主要鸡肉生产国，在2018年产量实现了2.5%的增长，出口近50%的产品，但受到饲料价格上涨、荷兰等环境法规的影响，大多数欧盟国家的增长速度已经放缓，同时德国鸡肉产量有所下降，这导致欧盟整体鸡肉产量增速放缓。据预测，2019欧盟鸡肉产量将比2018年增长1.3%，与其他家禽生产相比，肉鸡养殖业缺乏营利能力，以及缺乏对更新生产设施的投资限制了西欧国家更强劲的增长（表4）。

表4　2017—2018年欧盟禽肉生产和出口在全球的市场占有率

单位：%

年　份	产　量	出　口
2017	12.2	11.7
2018	12.3	11.9

数据来源：联合国粮农组织

2018年，欧盟禽肉出口占比为11.9%，比2017年略有增长。2017年由于与HPAI相关的禁令以及对欧盟来源的鸡肉征收特别关税，欧盟鸡肉出口大幅下降。2018年欧盟出口相比较2017年有所上升，但增长缓慢。2018年对南非的鸡肉出口停滞不前，2019年不太可能增长；受到巴西的竞争的影响，法国对沙特阿拉伯的传统冷冻整只鸡肉出口也暴跌了16%。

2. 禽肉的显示性比较优势

根据联合国粮农组织和世界贸易组织的数据计算，2018年欧盟显示性比较优势指数为1.00，相比较2017年的0.98有所上升，但欧盟在全球禽肉市场上的竞争力属于中等。

3. 影响禽肉产业竞争力的相关因素分析

（1）产品价格保持低位。欧盟禽肉价格一直维持低位水平。从2013年到2016年年初（特别是2015—2016年），欧盟28国的谷物和饲料粮价格大幅下降，导致鸡肉价格大幅下跌，使肉类在国内和出口市场更具竞争力。然而，2017年后随着欧盟内部禽肉需求的不断提升，提振了欧盟禽肉价格。2018年内禽肉价格呈现先升后降的总体趋势，2019年年初，禽肉价格受全球禽肉价格上涨和欧盟禽肉人均消费量预期增长等因素的影响而温和上升，8月价格止涨回落（图12）。

在欧盟成员国之间，鸡肉价格差异很大。德国禽肉价格最高，达到2 759欧元/吨，波兰鸡肉价格最低，仅为1 275欧元/吨，这解释了为什么波兰鸡肉运往其他成员国的数量急剧增加，甚至取代了西欧进口的巴西鸡肉。英国鸡肉价格受到英镑兑欧元贬值的影响为1 646欧元/吨，在欧盟内部价格相对较低，恢复了部分竞争力。

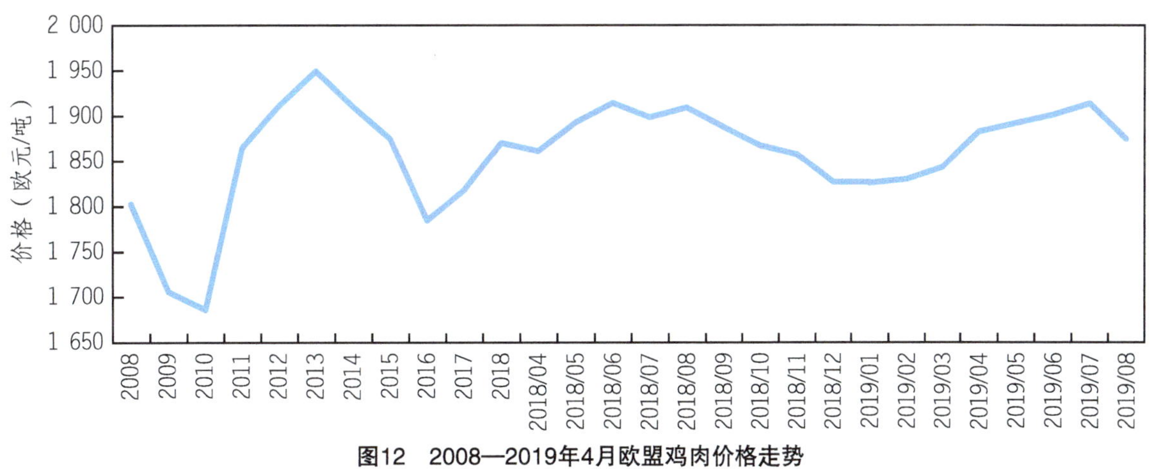

图12　2008—2019年4月欧盟鸡肉价格走势

数据来源：欧盟委员会

（2）生产成本总体上升。2018年欧盟饲料玉米价格大部分时间高于2017年的水平，2018年平均价格为166.28欧元/吨，比2017年的162.62欧元/吨上涨2.2%。2019年，饲料玉米价格有走低的趋势。2018年内玉米价格总体呈先涨后跌的趋势，7月价格达到峰值，比年初1月上涨5.6%，随后快速下跌，11月后有回升走稳的趋势。该趋势在2019年2月后未能延续，5月跌至谷底后反弹回升，8月价格达到167.03欧元/吨（图13，图14）。

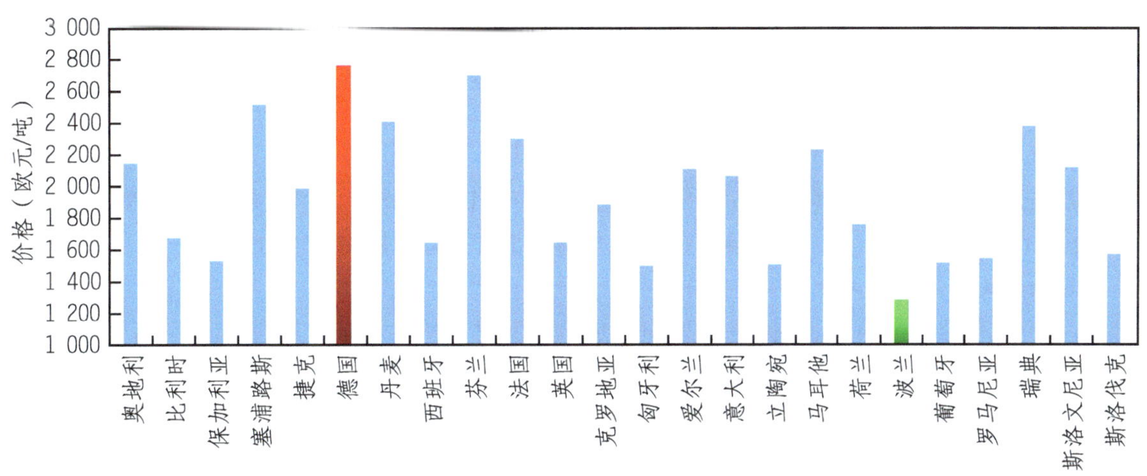

图13　2018年欧盟国家的禽肉价格

数据来源：欧盟委员会

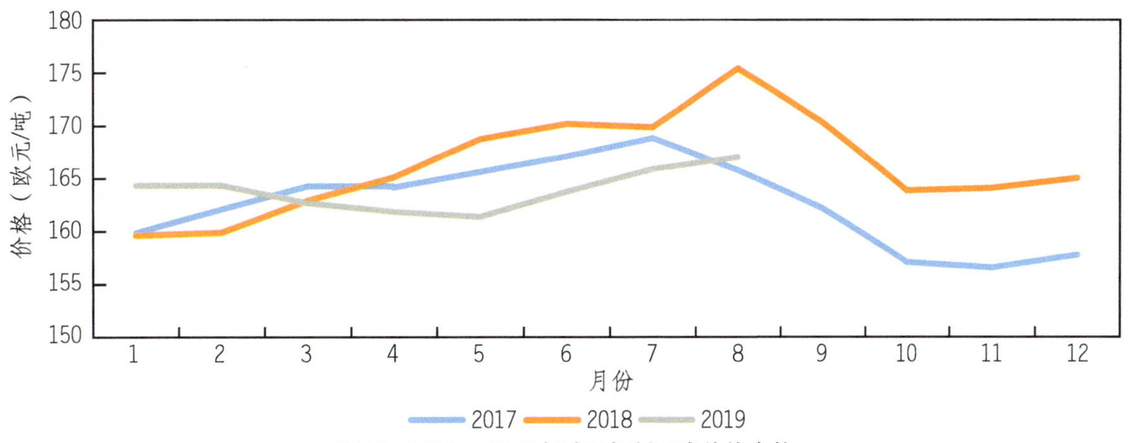

图14　2017—2019年欧盟饲料玉米价格走势

数据来源：欧盟委员会

（3）采取关税配额保护国内市场。欧盟家禽生产商敦促欧盟委员会堵住乌克兰家禽进口漏洞。2016年1月1日，乌克兰开始受益于其与欧盟的深度和全面自由贸易区（DCFTA）协议。根据这一自由贸易协定，欧盟允许乌克兰免税进入欧盟禽肉市场，关税配额为1.6万吨，5年后逐步增加到2.0万吨。然而，乌克兰开始出口鸡肉，包括HS 02071370和HS 02071470项下的小翼骨，从而从配额漏洞中受益。这些超出配额的数量在两年内增长了10倍。乌克兰出口从2016年的3 650吨增加到2017年的2.71万吨，2018年鸡肉出口超过5万吨。目前，乌克兰已超过俄罗斯和加拿大，成为欧盟三个主要鸡肉供应国之一。2019年2月初，欧盟驻乌克兰代表团宣布，欧盟委员会愿意重新谈判乌克兰与欧盟之间的互惠关税配额。

（四）泰国

2018年泰国鸡肉消费量增长2.4%，达到228万吨，低于鸡肉生产量，但由于出口持续强劲，活鸡和鸡肉价格小幅上涨。2018年鸡肉出口量继续增长8%，将从2017年的75万吨增至85万吨，预计2019年将进一步增长6%，达到90万吨，主要原因是对日本和其他非欧盟市场的出口将继续增长。

1. 市场占有率

泰国是全球第四大禽肉出口国，2018年禽肉出口占比为8.9%，比2017年提高了0.9个百分点。泰国是东南亚重要的禽肉出口国，根据联合国粮农组织数据显示，2018年禽肉出口量达到118万吨，比2017年增长12.3%。其中鸡肉出口增长8%，达到85万吨。预计2019年泰国鸡肉出口量将达到90万吨。

尽管2018年大部分时间价格低迷，饲料成本上涨，但由于出口和国内需求增长的预期、农业和农场生物安全措施的改善和新遗传技术的使用，预计泰国肉鸡肉产量将从2018年的312万吨进一步增长4%，2019年达到325万吨（美国农业部报告）。

2. 禽肉的显示性比较优势

根据联合国粮农组织和世界贸易组织的数据计算，2018年泰国显示性比较优势指数为6.86，比2017年的6.01上升了0.85个点，说明泰国在国际禽肉市场上具有极强的竞争力。

3. 影响禽肉产业竞争力的相关因素分析

（1）产品价格不断下跌。在面临更高饲料成本的同时，从2017年10月到2018年7月，泰国肉禽业也在艰难地应对鸡肉盈亏平衡价格。活鸡价格从9月的1 141～1 173美元/吨降至2018年前7个月的888～1 015美元/吨。肉雏鸡价格的下跌也导致一日龄雏鸡的价格从2017年年中的0.44～0.48美元/只暴跌到2018年前7个月的0.25～0.32美元/只。

（2）生产成本持续攀升。泰国豆粕和玉米的价格稳中有升。2018年豆粕价格为22.4美分/磅，比2017年上涨5.1%，玉米价格为14.3美分/磅，相对2017年上涨22.9%（图15）。

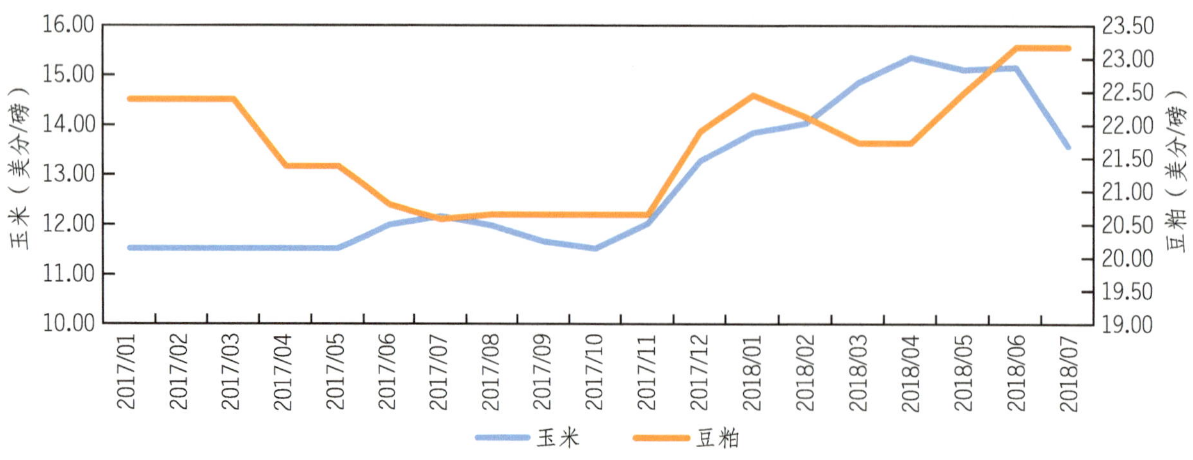

图15　2017—2018年7月泰国肉鸡饲料价格走势

数据来源：美国农业部

（3）实施差异化贸易政策。2018年，泰国对出口日本市场的熟制鸡肉产品和生鲜产品，整体出口价格继续保持优惠。运往日本市场的熟制无骨鸡腿肉平均价格为4 600～4 800美元/吨，而未熟制的冷冻无骨腿肉价格为2 900～3 000美元/吨。

作为对欧盟出口的主要商品之一，熟制无骨鸡胸肉出口价格基本保持在3 500～4 000美元/吨的水平，与2017年的平均水平大体相当。

目前，泰国最大的家禽、牲畜和水产养殖综合公司Charoen Pokphand Food Public Company已经在波兰第三大家禽生产商拥有了部分所有权，从而加强该公司对欧盟的鸡肉销售。此外，泰国CPF食品在越南的出口鸡肉加工厂，年产5 200万只肉鸡，按照计划2019年已投入使用。

五、主要国家产业支持政策新变化

本部分以美国、巴西为例，从多个角度对禽肉产业支持政策进行分析，同时梳理全球部分国家（组织）最新出台的禽肉产业相关政策。

（一）美国禽肉产业支持政策

美国联邦政府通过美国农业部和其他联邦机构管理并发布有关家禽业相关问题的政策及法规。家禽业保单涵盖了从家禽保险到环境保护等项目。联邦政府关于粪便储存和处理、动物健康和安全、强制性价格报告和原产国标签的规定影响着禽肉的生产和销售。

1. 禽肉价格相关政策

（1）价格支持政策。当禽肉业生产者面临肉禽价格压力时，美国农业部的农业营销服务可能会购买肉类、家禽、蛋类产品用于国内营养计划，通过其食品购买计划来稳定价格。

（2）价格强制报告政策。美国农业部于2001年4月实施了强制性价格报告（MPR）计划，以响应畜牧业生产者、包装工和其他市场参与者在营销链的不同阶段对更多价格信息的要求。改进的美国农业部价格和供应报告使生产者能够更有信心地签订采购合同并评估供需状况，确保禽业产品在市场上的公平竞争。

2. 禽肉生产和销售相关政策

（1）禽肉生产保障政策。《2018年农业法案》根据3个项目向畜牧业生产者提供灾难援助：畜牧业赔偿项目；牲畜饲料项目；为牲畜、蜜蜂和养殖鱼类提供紧急援助。美国农业部动植物健康检查局负责监督美国农业部的疾病根除、动物健康监测系统和应急管理反应系统。联邦政府的政策是根据公平的市场价值对任何因公共或动物健康原因而被扣押和销毁的动物支付赔偿。

（2）家禽粪便管理政策。美国环境保护署颁布并执行家畜粪便法规。饲料场的操作是在集中动物饲养操作规则下进行的，其中要求家禽的整个生命周期一般都被关在狭小的空间里。

（3）家禽疾病管理政策。畜牧法规管理从其他国家的进口、饲养方法和肉类产品的食品安全。这些法规由不同的联邦机构管理，旨在保护畜牧生产企业和食品消费公众。美国农业部的APHIS负责检查进口活动物，还负责确保家畜健康和动物福利。美国食品和药物管理局对牲畜饲养的监督保障了美国的食品供应和公共健康。食品和药物管理局还颁布规定，所有动物饲料成分必须正确标识，以防止动物副产品，如肉类和骨粉，进入反刍动物食品供应链。联邦法规进一步管理屠宰前的牲畜检验和屠宰后的肉制品检验。美国农业部的食品安全与检验服务（FSIS）检查屠宰设施、动物和肉制品。FSIS还通过检查屠宰场、屠宰前评估动物健康状况、对有症状的动物进行尸检以及对屠宰动物进行常规检查，以确保产品质量和安全，从而预防相关疾病。

（4）国家原产地标记政策。2002年的《农业安全与农村投资法》要求零售商在最终销售点告知消费者商品的原产国。目前，涵盖的动物产品商品包括碎肉和羊肉、山羊肉和鸡肉；以及野生和农场养殖的鱼类和贝类。美国农业部的农业营销服务部门负责管理和执行相关的规定。

（5）家禽环保生产政策。美国联邦政府计划向参与保护自然资源和环境的畜牧业生产者支付费用。这些项目主要是为了加强或保护土壤和水资源。美国农业部的自然资源保护署管理着几个牲畜经营项目。其中包括环境质量奖励计划，该计划向符合条件的农民和牧场主提供技术、教育和财政援助，以一种对环境有利和具有成本效益的方式解决他们土地上的土壤、水和相关自然资源问题。

（二）巴西禽肉产业支持政策

1. 禽业金融支持政策

（1）禽农收入支持政策。巴西政府第6459/2013号法案规定了融合系统模式下农民与家禽企业之间的关系，该法案是改变不利局面的一种手段，该措施是影响农民金融可持续性的主要问题之一。

（2）家禽企业发展支持政策。通过BNDES向经济的特定部门提供低息贷款，以鼓励发展巴西的大型跨国公司可以作为全球市场的领导者参与竞争，禽肉行业是这一政策的受益者，它帮助巩固了JBS和BRF集团作为巴西家禽生产绝对领导者的地位。

2. 禽肉价格支持政策

农产品支持和价格保证机制。1996年，巴西颁布了第79号法令，规定以联邦最低担保价格购买农产品的联邦政府工具。巴西对玉米、大豆等主要农作物采取价格保证与支持措施，从而间接支持和保障禽业的持续发展。

3. 禽业生产支持政策

融合系统制度。巴西禽肉行业大部分采用“融合系统”模式管理的，通过该系统，公司可以给农民提供雏鸡、饲料和药品。作为回报，农民必须把准备屠宰的家禽卖给为他们提供原料的公司，公司扣除前期代付的成本以后付款给农民。目前，巴西正在讨论新的立法，以规范融合系统中工业企业与农民之间的关系。

（三）欧盟禽肉产业相关法规

1. 环境保护方面

（1）硝酸盐指令。该令旨在控制欧洲的污染和保护水质，防止来自农业来源的硝酸盐污染地下水和地表水，并促进使用良好的耕作做法。该指令制订了由农民执行的行动方案，例如限制化肥的使用和每年每公顷可施用的畜禽粪便（170千克氮）。一些国家制定了额外的国家环境立法，限制粪肥扩散到特定时期或特定土壤类型。由于此项立法，这些地区的家禽养殖户必须为粪便的处置支付费用。在欧盟，通过立法要求拥有40 000多个鸟类场所的所有家禽养殖场持有环境许可证。经营者必须按照其环境许可证开展活动，必须使用“最佳可得技术”，以实现高水平的环境保护。

（2）能源税收指令。2003年10月27日，欧洲联盟部长理事会通过了“能源税收指令”，重组了欧洲共同体对能源产品和电力征税的框架。该指令扩大了欧盟能源产品最低费率制度的范围，此前仅限于矿物油，现在包括煤炭、天然气和电力在内的所有能源产品。税收导致养鸡场农民能源价格上涨，导致取暖和机械通风的成本上升。

（3）死亡家禽的处理。对在正常生产周期期间农场死亡家禽的处置遵循法律（第1069/2009号条例）的控制，法律规定了允许的处理方法。这些措施包括农场焚化（须经主管当局批准）和通过特许处置经营者的非农场处置方法。

2. 食品安全方面

（1）饲料安全。该立法规定了饲料材料的流通和使用规则、饲料卫生要求、动物饲料中不良物质的规定、关于转基因食品和饲料的立法以及在动物营养中使用添加剂的条件。此外，欧洲联盟委员会还发起了一项欧盟战略，以应对人、动物和植物健康的抗菌抗药性威胁。该战略包括逐步淘汰用于动物非医疗用途的抗生素，并涵盖在数据收集、监测、研究和提高认识等领域在欧盟和国家一级采取的一系列行动。

（2）普通食品法及卫生一揽子条例。该法律规定，农民等食品经营者对食品安全负有首要责任。农民特别受到关于实施良好农业做法和沙门氏菌控制的立法的影响，这也导致饲料成本上升。

（3）人畜共患病指令。在欧盟，关于沙门氏菌的立法框架旨在减少家禽中的肠道沙门氏菌和鼠伤寒沙门氏菌的发病率。该法律确保采取适当和有效的措施，在生产、加工和分销的各个阶段，特别是在初级生产阶段，包括饲料生产阶段，检测和控制沙门氏菌和其他人畜共患病剂。

3. 动物福利方面

欧盟《欧洲动物保护公约》其中载有适合其需要的有关动物圈舍、饲料和护理的原则（理事会第98/58/EC号指令）。其目的是避免动物在3个主要领域遭受不必要的痛苦：生产、运输和屠宰。制定了最低限度的动物福利标准，以保护和避免各成员国生产者之间的竞争扭曲。最重要的标准涉及自然行为、空间、饲料和水供应、照明、手术、兽医援助和良好的畜牧技术。

（四）全球禽业政策变化

2018年以来，全球许多国家都先后出台了有关禽业发展的政策，在生产、消费、贸易等维度上对产业带来一定的影响。

2019年2月，厄瓜多尔拟加入太平洋联盟并与美国签署贸易协定引发厄养猪业、家禽养殖业和饲料行业担忧。南非通报了对美国骨鸡进口使用关税配额分配的修订指南，并于2019年4月1日生效。韩国对含有鸡蛋的冰激凌产品证书的澄清，以及关于免除强制性生物技术标签要求的农业和食品产品的文件要求。

2018年12月，欧盟同意中国开放新的禽肉配额，包括6 600吨鸭肉国别配额和5 000吨鸡肉全球配额，预计于2019年一季度前后正式实施。缅甸要求对于来源非高致病性禽流感地区的禽肉产品需要获授权兽医主任签署的健康证明书，以确保人们可以安全的消费该禽肉产品。印度政府的印度食品安全和标准管理局通知了2018年“食品安全和标准（食品产品标准和食品添加剂）修正条例”，该条例涉及禽业产品。

2018年11月，越南国民议会通过《畜牧法》的非正式译文。该法为牲畜生产、牲畜品种、动物饲料、牲畜的人道主义待遇、畜产品的加工和销售以及国家对畜牧业的管理提供了一个法律框架。本法自2020年1月1日起施行，取代2004年的《畜牧条例》。南非国际贸易委员会宣布收到国内家禽业增加冷冻鸡肉进口关税的申请。该申请要求对无骨鸡肉和鸡骨征收的进口税从分别为12%和37%增加到82%。

2018年9月，欧盟委员会专员团发起为期1年的欧盟公民倡议“结束笼子时代”签名活动，剑指产蛋鸡、蛋种鸡、肉种鸡、鸭、鹅、鸽子等所有被残忍虐待的农场动物，并呼吁欧盟委员会对此立法。

2018年7月，欧盟与美国发布联合声明，双方承诺将推进零关税，废除贸易壁垒；欧盟承诺将进口美国农产品。联合国粮农组织、世界卫生组织、世界动物卫生组织联合发布报告，敦促各国加快解决人类和动物卫生等领域的抗微生物药物耐药性问题，并落实国际标准、适当的国家立法和加强兽医服务。

2018年5月，世界卫生组织（WHO）发布指导意见，计划在炸鸡、烘焙等全球食品供应中即刻、全面和永久停用工业生产的反式脂肪酸。2018年4月，美国政府发布对中国输美的家禽饲养机械等1 333项500亿美元的商品加征25%的关税。

2018年，中国香港禁止注射水或其他液体的肉类；中国台湾要求家禽及家禽肉制品必须包括屠宰及包装日期，提交给台湾农委和台湾食药监局进行产品检疫和进口检验（表5）。

表5　2018年以来全球禽肉贸易政策变化

出台时间	政策内容
2019年9月	印度尼西亚对巴西家禽及其产品的进口管制措施进行调整，在鸡肉及鸡肉产品方面给予巴西贸易优惠，但进口鸡肉产品必须符合国际卫生标准和印度尼西亚清真食品标准
2019年4月	突尼斯政府解除从美国进口禽肉的禁令
2019年3月	中国解除从法国进口禽肉的禁令，主要因为禽流感疫情减弱
2019年2月	中国香港和澳门取消对亚洲部分国家的家禽产品禁令，包括韩国、越南、日本、泰国、柬埔寨、老挝、印度尼西亚、中国台湾和中国大陆三个省（广西、湖北、湖南），主要因为高致病禽流感疫情的削弱
2019年2月	中国批准从俄罗斯农场供应禽肉产品的市场准入
2019年2月	中国宣布免征14家巴西公司禽肉进口产品的反倾销税，前提是它们必须严格按照规定的价格进行销售
2019年2月	韩国对巴西9家家禽加工企业的禽肉产品进口实施禁令
2019年2月	阿联酋暂停从科威特进口禽肉，由于发现了高致病禽流感病毒
2019年1月	沙特阿拉伯宣布将巴西有资格出口禽肉的有工厂数量减少到25家
2018年11月	墨西哥授权巴西26家禽肉加工厂向该国出口鸡肉产品
2018年11月	突尼斯准许从乌克兰进口禽肉及相关制品
2018年10月	中国取消对波兰禽肉的进口禁令，主要由于禽流感疫情的削弱
2018年10月	泰国扩大进口美国肉制品的管制范围，其中包括鸡肉及相关商品
2018年10月	阿曼禁止从柬埔寨、马来西亚和越南进口禽肉产品，主要源自上述地区发生了高致病禽流感疫情
2018年9月	南非对进口欧盟的有骨鸡肉征收35%的保障税，削弱了其在国内市场上的竞争力
2018年9月	沙特阿拉伯启动新的清真识别系统，旨在保证出口到沙特阿拉伯的所有禽肉产品都符合伊斯兰教法标准
2018年8月	俄罗斯取消美国家禽运往哈萨克斯坦的特殊条件障碍，因为美国解除了禽流感危机
2018年8月	俄罗斯宣布2019年欧亚经济联盟禽肉进口的关税配额，减少吉尔吉斯斯坦禽肉进口的关税配额，并取消亚美尼亚的关税配额
2018年8月	摩洛哥政府解除从美国进口禽肉的禁令
2018年8月	科威特取消对进口美国得克萨斯州和密苏里州的禽肉的限制
2018年7月	中国对包括禽肉在内的545种美国产品征收25%的报复性关税
2018年7月	俄罗斯对美国禽肉的禁运期延长至2019年12月31日
2018年6月	中国宣布对从巴西进口的禽肉征收临时反倾销税，自6月9日起，进口商必须向中国海关缴纳18.8%～38.4%的倾销押金
2018年6月	中国与乌克兰签署关于两国间禽肉贸易的合作谅解备忘录，扩大双边贸易。
2018年5月	纳米比亚正式开放美国加工和未加工禽肉产品市场，因为该国主要禽肉生产商无法满足当地的消费需求
2018年5月	摩洛哥发布扩大禽肉的农业出口补贴范围。该计划规定，在一定的条件下，1吨出口将有资格获得158美元的补贴

（续表）

出台时间	政策内容
2018年4月	哈萨克斯坦简化禽肉出口兽医检验程序，减轻企业办理贸易手续的工作量
2018年4月	欧盟通过决议，禁止从巴西20家肉类加工厂进口禽肉
2018年4月	科威特禁止从美国得克萨斯和密苏里州、丹麦、英国、巴基斯坦、墨西哥进口活禽、种蛋和雏鸡，主要源自高致病禽流感疫情
2018年3月	美国与韩国签署区域化协议，主要减少禽流感疫情对美国贸易的负面影响
2018年3月	南非暂停从巴西涉及肉类丑闻的禽肉生产企业中进口肉类及相关产品
2018年3月	中国暂停从美国得克萨斯、法国和墨西哥进口禽肉。主要由于上述地区暴发高致病性禽流感疫情
2018年1月	阿尔及利亚暂停进口新鲜和冷冻禽肉，以减轻政府公共支出负担
2018年1月	欧盟将从乌克兰进口禽肉的关税配额提高到1.76万吨
2018年1月	沙特阿拉伯禁止从匈牙利、乌克兰、波兰、荷兰、法国和印度进口禽肉产品，源于世界动物卫生组织公布上述国家暴发禽流感疫情

六、世界供需形势展望

（一）近期展望

1. 生产展望

受世界重要禽肉出口国（地区）巴西、泰国、美国和欧盟的生产更加趋于平衡影响，2019年全球禽肉市场逐步改善。预计全球禽肉产量增幅在3%左右。在相对较低价格的饲料供应充足，没有广泛的高致病性禽流感暴发，以及全球需求稳定的利好条件下，所有主要生产者都将获益。巴西主要受出口复苏和国内需求增长的影响，预计禽肉产量将反弹增加，2020产量达到1 398万吨，增幅为2.5%。美国因不断提高屠宰单体重，导致产量提升，预计2019年产量增加1.7%，2020年产量继续保持1%以上的增速。欧盟由于国内和出口需求的增长，预计产量也将达到新的记录。

2. 贸易展望

2019年的贸易市场相对前两年有所改善，预计出口增长4%左右。主要出口国巴西和美国将取得最大的收益，欧盟、泰国和乌克兰的出口增幅也将较大。巴西有能力适应新的沙特阿拉伯市场状况，并能够从关键的中东市场的强劲需求中获益，出口将恢复增长。来自亚洲的强劲需求，特别是中国香港地区、日本和菲律宾的进口需求，将使俄罗斯、白俄罗斯等许多其他禽肉出口国获益。与此同时，安哥拉、古巴和加纳等发展中国家的禽肉消费继续保持增长弹性，也将刺激贸易的恢复性增长。2019年上半年，美国因对加拿大和以色列的鸡肉出口大幅下降，鸡肉出口下降3.6%，预计下半年出口增加，全年出口量增长0.7%，2020年继续保持1%左右的增长。

3. 价格展望

2019年，随着全球禽肉市场的回暖，价格逐步上涨。特别是鸡爪和加工禽肉价格明显上涨，而在非欧盟市场，鸡胸肉和鸡腿肉价格较低，拖累了整个禽肉市场价格。中国市场会对全球市场带来显著影响。预计中国猪肉的进口需求增加会影响到全球禽肉贸易，进而推升全球禽肉价格。总体而言，短期内全球禽肉价格将呈上涨趋势。

（二）中期展望

在发展中国家快速增长的带动下，禽肉将继续作为肉类供应增长的主要推动力量，预计禽肉生产增量将为世界肉类生产增量贡献45%。禽肉消费方面，增速将明显放缓，但禽肉仍是主要的消费肉类，消费增量占肉类消费增量的比例将达到44%。与此同时，饲料成本将缓慢上升，亚洲、拉丁美洲和非洲等地区发展中国家的收入增长或将超过预期。在这些因素的影响下，中期内禽肉价格将温和上涨。

参考文献

John Fereira. 2018. Livestock and Poultry：World Markets and Trade[R]. USDA.

John Fereira. 2019. Livestock and Poultry：World Markets and Trade[R]. USDA.

Sakchai Preechajarn，Agricultural Specialist. 2018. Thailand Poultry and Products Annual 2[R].USDA.

João F. Silva，Agricultural Specialist. 2018. Brazil Poultry and Products Annual：2018 Poultry and Products Annual Report[R]. USDA.

João F. Silva，Agricultural Specialist. 2019. Brazil Poultry and Products Semi-annual：2019 Poultry and Poultry Products Semi-Annual Report[R]. USDA.

Xavier Audran. 2019. EU–28 Poultry and Products Semi-annual 2019[R]. USDA.

Russell Knight and Lekhnath Chalise. 2019. Livestock，Dairy，and Poultry Outlook[R]. USDA .

Food and Agriculture Organization of the United Nations. 2019. Meat Market Review：Overview of global meat market developments in 2018 [R]. 2019.

Daniel Hellerstein，Dennis Vilorio，and Marc Ribaudo. 2019. Agricultural Resources and Environmental Indicators [R]. USDA.

Food and Agriculture Organization of the United Nations. 2007. Poultry In The 21ST Century Avian Influenza And Beyond[R]. FAO

Chris to pher Del gado，Mark Rosegrant，Henning Steinfeld，Simeon Ehui，Claude Cour bois. 1999. Livestock to 2020 The Next Food Revolution[R]. International Food Policy Research Institute.

Steve Knight. 2019. EU–28 Grain and Feed Annual 2019[R]. USDA.

Food and Agriculture Organization of the United Nations. 2018. Agriculture Outlook 2018—2027[R]. FAO.

专题二：非洲猪瘟疫情下全球禽肉贸易格局研究

自2018年以来，全球非洲猪瘟疫情暴发十分活跃，俄罗斯、中国、越南、柬埔寨、日本、韩国、欧盟等25个国家和地区相继发现猪瘟病例6 500多起，疫情数量增长了25%。非洲猪瘟的广泛传播，严重影响了全球部分国家的生猪产业。与此同时，不同国家的海关部门也会加大对疫情发生国的动物产品进出口检疫，甚至禁止疫情国家和地区的猪、野猪及产品进口，从而改变全球猪肉贸易格局。在非洲猪瘟疫情背景下，伴随着全球生猪生产和贸易的改变，禽肉作为猪肉的优先替代品，生产、消费和贸易也会受到较大的影响。

一、全球肉类生产、消费与贸易格局

（一）生产区域相对比较分散

全球肉类生产区域分布广泛，各大洲均有肉类生产。但主要集中在亚洲、欧洲、北美洲和南美洲，上述四大区域的肉类产量占全球总产量的89%以上。肉类产量排名前5位的国家（地区）分别是中国、欧盟、美国、巴西和俄罗斯，产量占全球肉类总产量的65.5%。根据联合国粮农组织数据，2018年全球肉类产量3.37亿吨，比2017年增长0.9%。肉类产量增加主要来自美国、欧盟、俄罗斯、中国、巴西的肉类产量增长停滞（图1）。

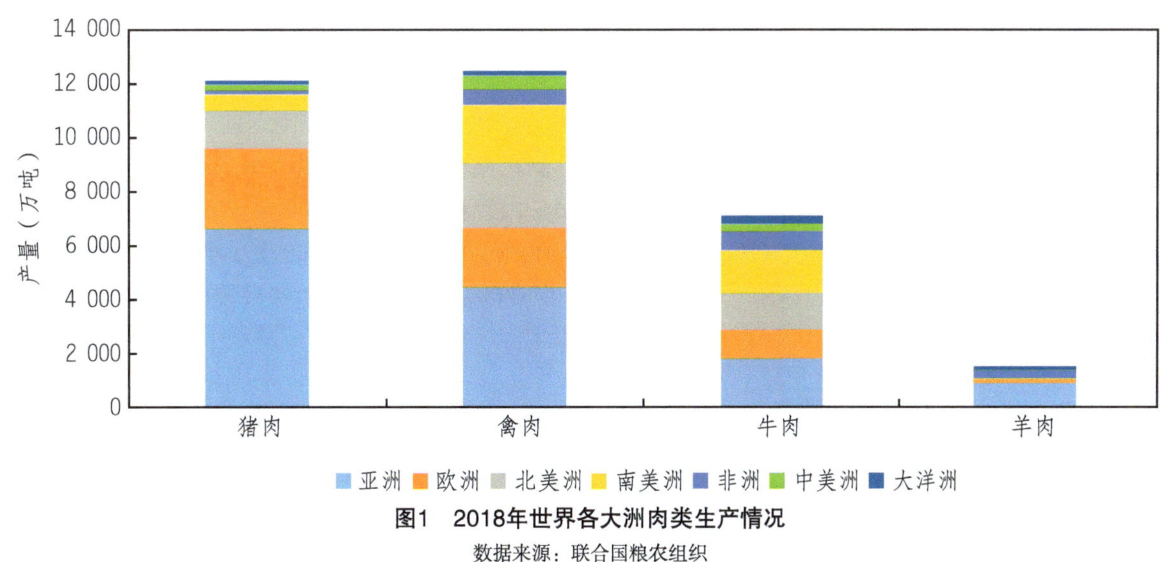

图1　2018年世界各大洲肉类生产情况

数据来源：联合国粮农组织

近年来，在世界所有主要区域，特别是欧洲和北美洲的肉类产量不断提高。肉类产量增长主要得益于相关区域内各国在肉类生产领域采用了简化的生产工艺和新技术，以及良好的管理实践，进一步提高了生产效率。2018年，世界气候反常变化在一定程度上影响了全球的肉类供应，包括美国上半年发生干旱，欧盟夏季干旱，以及澳大利亚几乎全年发生旱灾，导致动物屠宰率上升。

全球猪肉生产区域集中在亚洲、欧洲和北美洲。根据联合国粮农组织数据，2018年全球猪肉产量1.20亿吨，同比增长0.5%。亚洲、欧洲和美洲的猪肉产量占全球总产量的比重分别为55.2%、

24.7%、11.7%。中国、欧盟和美国是最主要的三大生产国（地区），三国（地区）合计产量占全球猪肉产量的近80%。中国作为世界上最大的猪肉生产国，猪肉产量虽有所下降，仍占世界猪肉总产量的46%。欧盟和美国位列第二和第三位，分别占20%和10%。俄罗斯、越南、巴西等国的猪肉产量较少，合计占比不足10%。

全球牛肉生产主要集中在亚洲、南美洲、北美洲和欧洲。根据联合国粮农组织数据，2018年全球牛肉产量7 115万吨，同比增长1.5%。亚洲、北美洲、南美洲和欧洲产量分别占全球牛肉总产量的25.6%、22.5%、19.0%、15.0%。美国、欧盟、巴西、中国和阿根廷是世界主要牛肉生产国（地区），产量占比分别为17.2%、15.0%、13.9%、9.1%、4.3%。2018年主产国的牛肉产量均有不同程度的增加，其中增幅最明显的是阿根廷和巴西，分别增长7.3%、4.0%。

全球羊肉生产区域高度集中，主要分布在亚洲和非洲。根据联合国粮农组织数据，2018年全球羊肉产量1 525万吨，同比减少0.7%。亚洲和非洲的产量占全球羊肉总产量的60.1%、20.1%，欧洲和大洋洲仅占8.5%、7.9%。中国是世界上最大的羊肉生产地，2018年产量约占世界羊肉总产量的1/3。其次，欧盟、澳大利亚、印度等国家和地区的羊养殖规模相对较大，但羊肉产量占世界总产量的份额较小。

全球禽肉生产主要集中在亚洲、北美洲、欧洲和南美洲。根据联合国粮农组织数据，2018年全球禽肉产量1.25亿吨，同比增长2.3%。上述四洲的产量占全球禽肉总产量的比重分别为32.6%、19.1%、17.8%、17.3%，合计占比86.8%。美国、中国、欧盟和巴西最重要的禽肉生产国（地区），四国（地区）产量占比达到56.6%。相对上述国家而言，俄罗斯、印度、墨西哥、南非、土耳其等国的禽肉产量较小，但随着国内外需求的提升，生产不断扩大，产量增幅较为明显。

（二）消费区域与生产区域基本保持一致

全球肉类主要生产区域也是重要的消费区域，特别是亚洲、欧洲和美洲地区。根据联合国粮农组织数据，2018年全球肉类消费量为3.36亿吨，比2017年增长0.6%。亚洲、欧洲、北美洲、南美洲的消费占比分别为45.9%、18.3%、13.3%、10.9%。中国、欧盟、美国、巴西、俄罗斯等是肉类消费大国（地区），五国（地区）合计占全球肉类消费总量的62.5%。

分品种看，全球猪肉消费主要集中在以中国为主的亚洲地区和欧盟各国，而美洲地区对猪肉的消费量相对较少。2018年全球猪肉消费量1.12亿吨，同比增长0.7%。由于中国消费者对猪肉的喜爱程度远远超过世界其他国家和地区，中国成为世界第一大猪肉消费国，2018年猪肉消费量为5 540万吨，占世界总消费量的49.3%。欧盟和美国的猪肉消费量分别为2 138万吨和975万吨，占比为19.0%、8.7%。俄罗斯、巴西、墨西哥、越南、日本、韩国、菲律宾等国家的猪肉消费量较低（图2）。

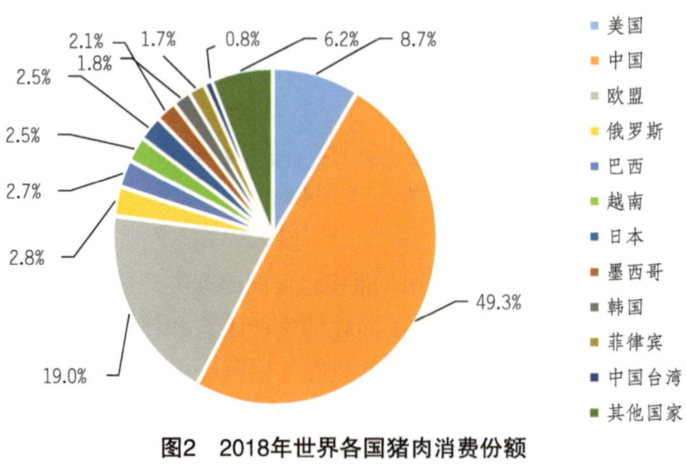

图2　2018年世界各国猪肉消费份额

数据来源：美国农业部

全球牛肉消费区域相对稳定，美国、欧盟、巴西等欧美国家（地区）是世界上重要的牛肉消费市场，中国因经济快速发展，也日益成为世界主要的牛肉消费市场之一。2018年全球牛肉消费量为6 026万吨，同比增长2.7%。美国、欧盟、巴西、中国的牛肉消费占比分别为20.2%、13.4%、13.1%、13.1%。2018年除阿根廷的牛肉消费有小幅减少以外，其他主要国家的消费量均增加，中国由于暴发非洲猪瘟（ASF）疫情，牛肉成为猪肉的替代品，消费需求增加（图3）。

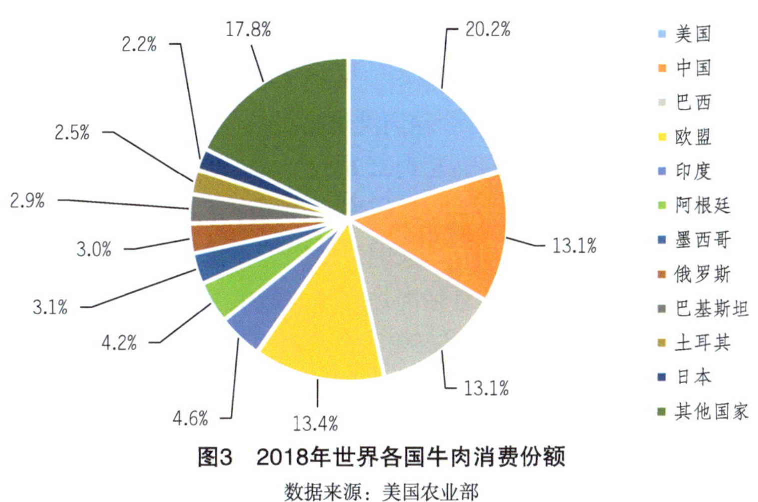

图3　2018年世界各国牛肉消费份额

数据来源：美国农业部

全球禽肉消费区域与生产区域高度吻合，主要是亚洲、欧洲、北美洲和南美洲。亚洲是最重要的消费市场，占全球的份额达39.5%，欧洲占17.0%、北美洲占16.3%、南美洲占14.1%。2018年全球鸡肉消费量为9 363万吨，同比增长1.9%。美国、中国、欧盟和巴西是主要的鸡肉消费市场，这四国（地区）在全球鸡肉消费总量中的占比分别为17.3%、12.4%、12.3%、10.3%。此外，俄罗斯、墨西哥、日本、泰国、阿根廷以及南非等国家的鸡肉消费量也相对较大（图4）。

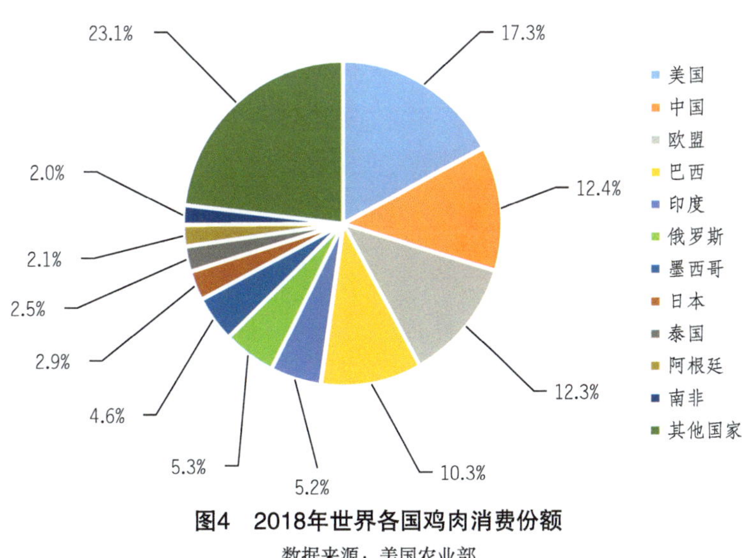

图4　2018年世界各国鸡肉消费份额

数据来源：美国农业部

（三）北美洲、南美洲、欧洲和大洋洲出口，亚洲、非洲、中美洲进口

从全球肉类贸易大格局来看，北美洲、南美洲、欧洲和大洋洲是肉类净出口区域，亚洲、非洲、中美洲是肉类净进口区域。全球肉类出口市场主要集中在北美洲、南美洲、欧洲和亚洲，主要

肉类出口国家和地区是美国、巴西、欧盟、澳大利亚、加拿大、印度、泰国和新西兰。2018年，全球肉类出口3 380万吨，比2017年增长2.9%。上述八国（地区）的合计出口量占全球肉类出口量的82.5%。肉类出口增加主要来自美国、澳大利亚、阿根廷和欧盟的出口增加，印度、中国和巴西肉类出口则下降。从出口肉类品种结构来看，禽肉占比最高，为39.3%，其次是牛肉32.2%，猪肉24.8%，羊肉占比最小，仅为3.1%。2018年，世界肉类出口增速最快的为绵羊肉，增长幅度达到9.4%，其次是牛肉增6.1%、猪肉增1.6%，禽肉出口增速最慢，仅为1.0%。

全球肉类进口市场主要集中在亚洲、美洲和欧洲，主要肉类进口国家是中国、日本、墨西哥、美国、越南、韩国、欧盟、沙特阿拉伯和俄罗斯。2018年，全球肉类进口3 229万吨，比2017年增长2.4%。上述9国（地区）的合计进口量占全球肉类进口量的61.1%。从进口肉类品种结构来看，禽肉占比最高，为38.9%，其次是牛肉31.4%，猪肉25.6%，羊肉最低，仅为3.3%。

分品种来看，全球猪肉进口集中在亚洲，尤以中国为核心，出口集中在欧洲和美洲，特别是欧盟、美国和加拿大。中国是世界上的猪肉消费大国，猪肉进口量也位居世界首位。因此，全球猪肉贸易形成了以中国为核心的贸易格局。尽管猪肉是世界上最主要的生产和消费肉类品种，但与其他肉类相比，进出口规模较小，年贸易量保持在800多万吨。猪肉进口以中国、日本、韩国等亚洲国家为主，其中，中国占亚洲总进口量的1/3。此外，墨西哥的猪肉进口也较多，进口量在世界排名第三位。

全球牛肉进口集中在亚洲和北美洲，出口集中在南美洲、北美洲和大洋洲。牛肉的年贸易量在1 000万～1 100万吨。中国、美国、日本、韩国、俄罗斯是主要的牛肉进口国，合计占比超过50%。巴西、美国、澳大利亚和印度是主要的牛肉出口国，合计占比超过60%。全球羊肉贸易量较小，约100万吨，主要进口区域是亚洲、北美洲和欧洲，主要出口区域是大洋洲。中国是最大的羊肉进口国，其次是欧盟和美国，三国（地区）合计占进口总量的六成以上。澳大利亚和新西兰是主要的羊肉出口国，两国合计占全球羊肉出口量的90%。

全球禽肉进口主要集中在亚洲和非洲，出口集中在美洲和欧洲。禽肉是世界上最大的贸易肉类品种，年贸易量保持在1 300万吨左右。巴西、美国、欧盟和泰国是主要出口国家和地区，日本、中国、欧盟、墨西哥、沙特阿拉伯、南非是主要进口国家和地区。中国大陆的禽肉进口量不大，但中国台湾、香港、澳门地区的禽肉进口需求较大。

二、全球禽肉贸易格局

（一）区域流动模式

目前，全球禽肉贸易形成了从南、北美洲流向亚洲、非洲、欧洲的格局。南美洲为世界最大的禽肉出口地区，占比33%。北美洲出口量略低于南美洲，其次为欧洲、亚洲的出口占比为18%、17%。中美洲、大洋洲、非洲的占比不高于1%。

亚洲地区进口量最高，占世界进口的52%，其次是非洲，进口量占比为17%，中美洲进口量占比为14%，欧洲进口量占比为10%。大洋洲和南、北美洲进口量不高，均不高于3%。

总体来看，全球禽肉进口市场集中度较高，亚洲起到支配作用。出口市场相对进口市场来说略为分散，南美洲和北美洲是世界最主要的禽肉出口区域，欧洲、亚洲起到重要的补充作用。亚洲、中美洲、欧洲和非洲在禽肉进口上对全球市场有重要的影响，北美洲、南美洲和欧洲对全球禽肉出口市场的影响较大（图5，图6）。

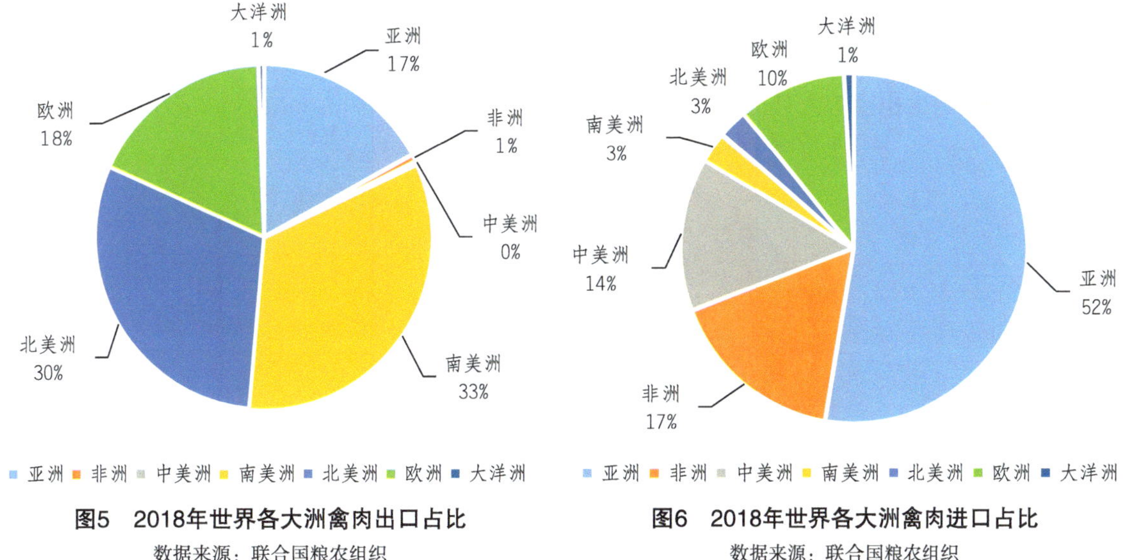

图5 2018年世界各大洲禽肉出口占比

数据来源：联合国粮农组织

图6 2018年世界各大洲禽肉进口占比

数据来源：联合国粮农组织

（二）重点国家流动模式

1. 巴西

巴西作为世界第一大禽肉出口国，2018年向全球163个国家共出口鸡肉401.31万吨，同比下降5.2%。巴西的出口市场主要集中在沙特阿拉伯、中国、日本、南非、阿联酋、中国香港、欧盟、科威特、韩国和墨西哥这10个国家和地区，占巴西鸡肉总出口量的约70%。巴西鸡肉出口主要得益于其在国际市场的快速开拓，韩国、墨西哥、智利等新兴市场的进口量增加，以及传统贸易伙伴中国因中美贸易摩擦，大大增加了对巴西鸡肉的进口。巴西主要出口的鸡肉产品是整鸡和分割鸡，占比分别为27.6%和67.5%，加工鸡肉的占比非常小。目前，巴西是世界上最大的整鸡出口国，主要出口沙特阿拉伯（图7）。

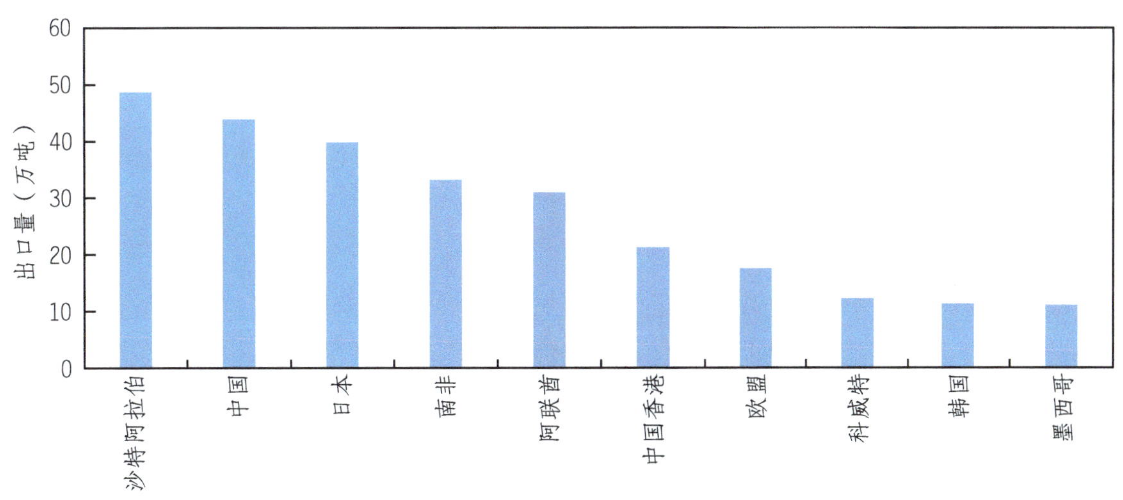

图7 2018年巴西鸡肉出口情况

数据来源：美国农业部

2. 美国

美国是全球第二大禽肉出口国，2018年禽肉出口量达到320.64万吨，同比增长4.2%。目前，墨西哥是美国最大的禽肉出口市场，2018年的进口量为65.09万吨，占美国禽肉总出口量的1/5。尽管受中美禽肉贸易封关禁令影响，美国对中国的禽肉出口受阻，同时中美贸易摩擦中，中国也将对从美国进口的禽肉产品加征高昂的关税。但美国禽肉出口总量并未受到影响，主要原因是其传统贸易伙伴仍然维持大量的进口需求，这些国家和地区包括墨西哥、安哥拉、中国台湾、危地马拉和菲律宾等。此外，美国也积极扩大其他出口市场（图8）。

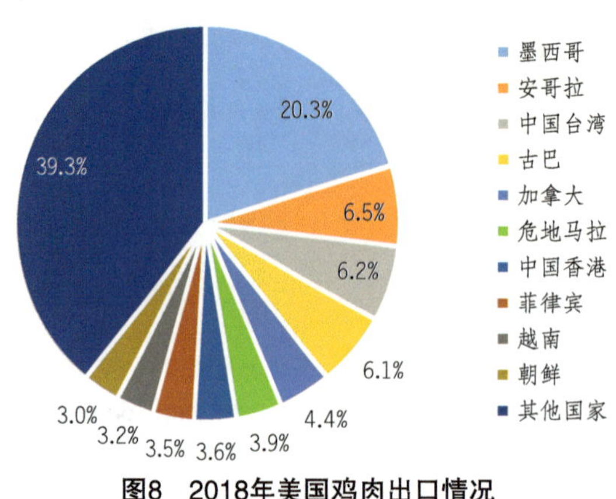

图8 2018年美国鸡肉出口情况

数据来源：美国农业部

3. 欧盟

欧盟的禽肉贸易维持顺差格局，2018年贸易顺差显著增加。主要原因是巴西的20家鸡肉生产商退市导致进口减少。欧盟主要进口鸡胸肉和加工鸡肉，出口鸡腿、鸡翅、鸡爪等副产品。由于泰国鸡肉产品质量较高，欧盟进口商对来自泰国的盐渍和冷冻鸡肉的进口量一直在稳步增加，泰国有望成为欧盟最大的鸡肉供应国。2014年，乌克兰与欧盟签署全面自由贸易协定（DCFTA），此后乌克兰成为欧盟的第三大鸡肉供应国。虽然泰国和乌克兰的进口量逐渐增加，但来自泰国和乌克兰的进口量并未完全弥补来自巴西的进口减少。欧盟禽肉出口量持续增加，2018年出口145万吨，来自南非国家加纳、贝宁、刚果和加蓬的进口需求增长最为强劲。此外，菲律宾、越南等亚洲国家对于欧盟低价的带骨鸡肉需求较多。沙特阿拉伯对欧盟鸡肉的需求弹性较大，当前沙特阿拉伯的鸡肉进口量正在减少（图9）。

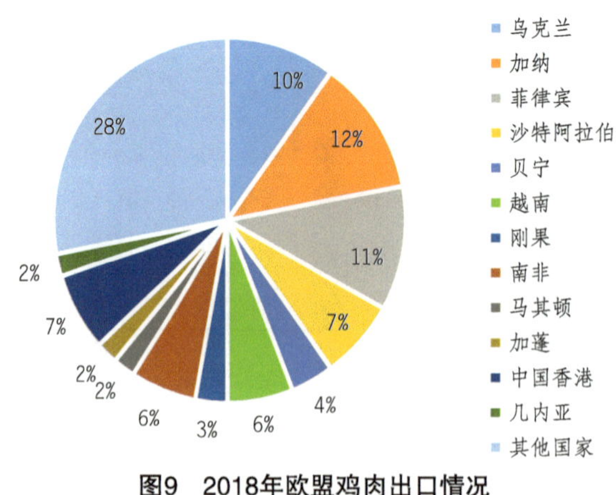

图9 2018年欧盟鸡肉出口情况

数据来源：美国农业部

4. 泰国

泰国禽肉出口以熟制鸡肉产品为主，占比六成以上。日本和欧盟是泰国的两大主要鸡肉贸易伙伴，2018年泰国出口鸡肉47.08万吨，其中日本继续加大对泰国的进口订单，导致对日本的鸡肉出口增长9%。受沙门氏菌的严格检疫，限制了泰国对欧盟出口未烹饪的冷冻鸡肉，因此对欧盟的出口增长仅限于熟食鸡肉。目前，泰国的大型鸡肉生产商已经在欧盟、越南设立加工厂，以促进泰国鸡肉出口增长（图10）。

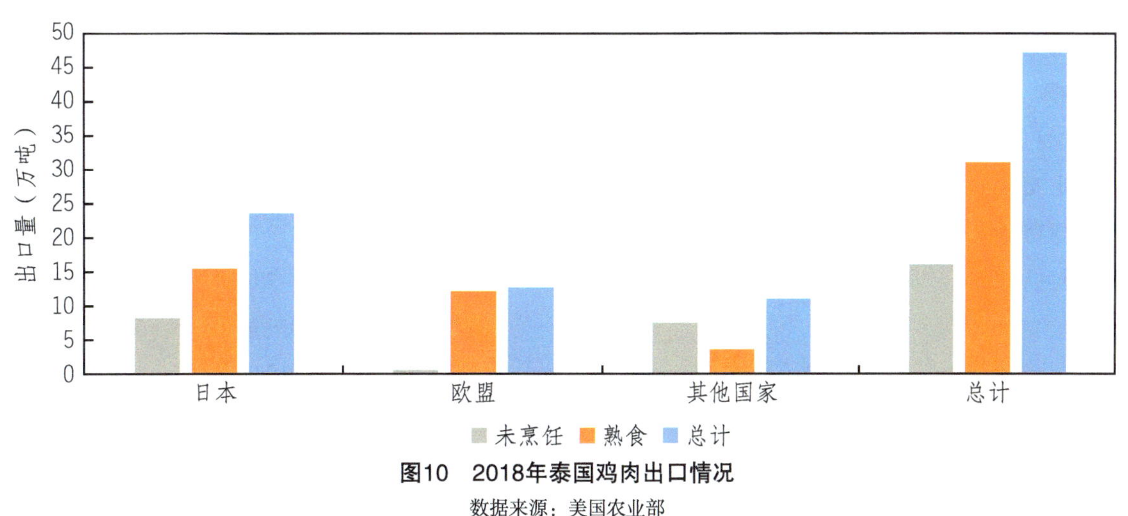

图10 2018年泰国鸡肉出口情况

数据来源：美国农业部

5. **中国**

中国禽肉出口以加工制品为主，近年来鲜冷冻禽肉出口量增加，但禽肉出口总量不大。2018年中国出口禽肉51.81万吨，其中加工禽肉出口量29.70万吨，同比增长11.1%，主要出口日本、韩国以及荷兰、英国、德国和爱尔兰等欧洲国家。中国的冰鲜、冷冻禽肉及杂碎出口占比为42.7%，主要出口到中国香港和澳门地区及马来西亚、阿富汗、巴林、蒙古国、格鲁吉亚、塔吉克斯坦、哈萨克斯坦等国家。

三、非洲猪瘟疫情对全球肉类生产的影响

（一）非洲猪瘟疫情的暴发情况

非洲猪瘟（ASF）是一种高度传染性和致命的病毒疾病，非洲猪瘟在世界许多国家均有发现，特别是在撒哈拉以南的非洲，影响到所有年龄的家猪和野猪。非洲猪瘟并不对人类健康构成威胁，该病毒不能从猪传染给人类。

近年来，非洲养猪业快速发展，一些国家在不到十年的时间里将其猪的数量增加了一倍多，人员和产品在全球的流动也急剧增加，导致非洲猪瘟的扩散传播半径扩大，特别是高加索和东欧地区受到了非洲猪瘟的较大影响。2018年以来，非洲猪瘟已经蔓延至中国、日本、蒙古国、越南、柬埔寨、老挝、菲律宾、朝鲜和韩国等亚洲国家，以及欧盟的部分地区，但从未在美国被发现。

根据欧盟委员会动物疾病通报系统（ADNS）发布的报告（表1），2019年1—8月，在欧洲境内共发生3 780次野猪非洲猪瘟疫情，874次家猪非洲猪瘟疫情。尤其是在波罗的海各国以及波兰，非洲猪瘟已经在野猪之间广泛蔓延，而罗马尼亚的家猪也受到了最为严重的感染。

表1 欧盟各国非洲猪瘟疫情暴发情况（2019/01/01—2019/08/04）

家猪非洲猪瘟（ASF）			野猪非洲猪瘟（ASF W.B.）		
国 家	最新一次暴发日期	暴发次数	国 家	最新一次暴发日期	暴发次数
保加利亚	2019/08/02	30	比利时	2019/07/18	478
意大利	2019/01/25	1	保加利亚	2019/08/02	27

（续表）

家猪非洲猪瘟（ASF）			野猪非洲猪瘟（ASF W.B.）		
国　家	最新一次暴发日期	暴发次数	国　家	最新一次暴发日期	暴发次数
拉脱维亚	2019/07/05	1	爱沙尼亚	2019/07/24	55
立陶宛	2019/07/30	13	匈牙利	2019/08/01	803
波　兰	2019/07/30	33	意大利	2019/04/11	26
罗马尼亚	2019/08/03	766	拉托维亚	2019/08/01	203
斯洛伐克	2019/07/30	2	立陶宛	2019/08/01	327
乌克兰	2019/08/02	28	波　兰	2019/08/03	1496
			罗马尼亚	2019/08/03	356
			乌克兰	2019/07/25	9
合计		874	合计		3 780

数据来源：欧盟委员会动物疾病通报系统

https://ec.europa.eu/food/sites/food/files/animals/docs/ad_adns_outbreaks-per-disease.pdf

2018年8月3日，中国辽宁省发生首例非洲猪瘟。随后经过各方努力，中国非洲猪瘟防控取得阶段性成效。截至9月20日，全国共发生154起非洲猪瘟疫情（家猪150起，野猪4起），其中152起已经解除了疫区封锁。目前，疫情发生已覆盖31个省份。2019年中国共报告发生非洲猪瘟疫情55起，除4月外，月均发生起数都保持在个位数。

2018年9月，日本中部的岐阜县发生非洲猪瘟，这是时隔26年日本再次出现非洲猪瘟疫情。2019年9月，日本埼玉县相继出现2例非洲猪瘟，疫情首次扩散至关东地区。

2019年1月14日，蒙古国通报布尔干省、鄂尔浑省、中戈壁省和中央省等4省发生非洲猪瘟。该国采取了划定疫情封锁区，禁止所有生猪及相关产品流出封锁区，禁止生猪运入封锁区等应急措施。

2019年2月19日，越南洪元省和泰平省首次发现非洲猪瘟疫情。所有受感染的农场和周围地区的猪都被扑杀，以阻止猪瘟的进一步蔓延。自越南暴发非洲猪瘟以来，联合国粮农组织已为越南农业和农村发展部动物卫生司提供了技术援助，帮助其制订ASF应急方案和国家ASF应对行动计划，并对老挝蔡省ASF暴发反应进行了风险评估和模拟演习。越南全国62个省份或地级市发现疫情，共扑杀约400万头生猪，约占全国生猪存栏总量的13%。

2019年4月2日，柬埔寨拉达那基里省（Ratanakiri）发生首例非洲猪瘟，该省位于与老挝和越南接壤的东北部。柬埔寨农业、林业和渔业部（MAFF）立即宣布将管制措施列入全国范围内的部长级声明。随后，柬埔寨政府与联合国粮农组织开展合作，共同应对该国报告的第一次非洲猪瘟疫情。

2019年5月23日，朝鲜慈江道零时郡北上合作农场发生非洲猪瘟疫情，朝鲜首次公布疫情流入境内。朝鲜采取张贴防疫标语、禁止外部人员出入、对运输工具和养猪场进行消毒工作等多种防控措施，严防非洲猪瘟疫情的扩散。

2019年6月20日，老挝农业与林业部向世界动物卫生组织（OIE）通报称，老挝发生非洲猪瘟疫情。随后，老挝连续发生多起非洲猪瘟疫情，涉及中北部川圹省、华潘省、丰沙里省等16省，总损失达150亿基普，已经导致猪肉短缺。

2019年9月9日，菲律宾北部的黎刹省和布拉干省发生非洲猪瘟疫情。疫区及疫区周围一千米以内的超过7 400头生猪被扑杀。菲律宾农业部呼吁全国的养猪户和从事生猪、猪肉及猪肉制品销售和运输的商户及时采取有效措施，应对疫情。

2019年9月17日，韩国发现首例非洲猪瘟疫情。韩国农林畜产食品部立即将非洲猪瘟警戒水平提高至最高级别的“严重”。发生疫情的农场近4 000头猪全部被扑杀，韩国开始全面禁止餐饮厨余进入养猪场，并加强对边境地区的野猪监控。

截至目前，北美地区还没有发现非洲猪瘟，但为了应对非洲猪瘟的全球威胁，加拿大食品检验局（CFIA）和美国农业部（USDA）已同意在两国中任何国家报告非洲猪瘟时允许安全贸易继续进行。为保持业务连续性，加拿大和美国已修改其出口证书，允许活猪、猪精液、宠物食品和动物副产品及肉类贸易在ASF暴发时在批准的无疾病区继续进行贸易。2019年8月，美国、加拿大、墨西哥三国在北美动物卫生委员会（NAAHC）第十八次会议上制定了北美洲的非洲猪瘟基本防疫策略。根据该策略，关键是疫情综合监测、应急计划、边境安全、具有传播疫病风险的动物及相关制品转运业务的连续性以及加强协调风险沟通，未来将建立区域和亚区域伙伴关系，共同防控非洲猪瘟。

（二）非洲猪瘟对全球肉类生产的影响

1. 中国等国家猪肉产量大幅降低

作为全球最重要的猪肉生产和消费国，非洲猪瘟对中国猪肉供给产生了重大影响。中国国家统计局工业产出统计数据表明，2019年1—2月，猪肉加工厂的“新鲜和冷冻肉”产量比2018年同期下降17.3%，这引起了猪肉价格的飙升，在国内和芝加哥期货交易所都上涨了50%，到2019年4月，疫情已蔓延到中国所有主要地区。非洲猪瘟对中国的生猪生产带来持续重挫，猪肉产量显著下滑。据中国农业农村部数据显示，截至2019年8月，中国生猪存栏量同比减少38.7%，能繁母猪存栏量同比减少37.4%。

2. 美洲、欧洲猪肉生产商利好

在越南、老挝、柬埔寨、蒙古国、韩国等地暴发的非洲猪瘟可能加剧亚洲猪肉生产的短缺，进一步导致整个区域对饲料谷物和豆粕的需求减少。在这种情况下，欧洲和美洲的生产商将受益最大。

3. 全球禽肉生产商利好

在欧盟内部，荷兰、波兰和比利时可以受益于更多的出口和更高的出口价格。2019年前8个月，美国、巴西、乌克兰、俄罗斯以及部分欧盟国家的禽肉产量和出口均有所增长。

综合来看，非洲猪瘟对全球经济和未来肉类生产市场前景都产生了一定影响。猪肉供应的减少和随之而来的价格上涨产生了溢出效应，从而转化为对鸡肉和其他禽肉的更高需求。根据欧洲的一项经济分析显示，60%的消费者同等重视鸡肉和猪肉。因此，全球猪肉供应下降的60%很可能通过禽肉需求的增加来满足，从而会增加对其他地区肉类的进口需求。

根据联合国粮农组织的预测，在非洲猪瘟的影响下，2019年亚洲肉类生产和消费均下降，从而驱动全球肉类生产和消费下降。分品种看，猪肉生产和消费下降，亚洲下降是主因，非洲基本保持稳定，中美洲略增，南美、北美、欧洲的猪肉生产增加，出口也将增加。禽肉生产和消费增加，产量增加主要来自亚洲，占增量的约60%，北美洲、南美洲、欧洲的产量增加各占约10%。禽肉消费增加也主要来自亚洲，占增量的2/3，其中中国、印度和日本的消费增幅较大，欧盟和巴西的消费增加也比较明显。牛羊肉生产和消费增加，主要来自亚洲、北美洲、南美洲，欧洲、大洋洲生产和消费均减少。

四、非洲猪瘟疫情下全球禽肉贸易趋势

2019年，受非洲猪瘟疫情的影响，预计禽肉贸易形势将会得到显著改善。据相关研究机构预

计，2019年全球禽肉出口量将达到1 380万吨，同比增长3.7%。亚洲地区尤其是作为世界最大猪肉生产和消费国的中国，暴发非洲猪瘟导致了肉类消费的巨大缺口，作为猪肉替代的禽肉进口需求强劲，中国将成为全球家禽贸易的主要推动力之一。此外，越南、柬埔寨等亚洲国家因为生猪生产受到非洲猪瘟疫情影响，国家出台政策大力发展家禽业，预计禽肉进口也将有所增加。

美洲地区是全球最大的猪肉出口区域，非洲猪瘟目前还没有在美洲地区发现，因此美洲地区猪肉生产商是一个重大利好，有望扩大对中国的出口。与此同时，全球禽肉出口主要来自美洲地区，占世界的2/3以上，美洲的禽肉出口将进一步增加，特别是巴西、阿根廷、智利等国受益较大。

从具体国家来看，巴西作为全球最大禽肉的出口国。2019年上半年，巴西共出口约202万吨鸡肉，同比增长12.1%；其中中国进口占22.7%，中国已成为巴西鸡肉的最大贸易伙伴。

俄罗斯受中国向其开放禽肉市场等有利因素影响，预计2019年的禽肉出口量将增长6%以上。俄罗斯每年可以对华出口15万～20万吨各类禽肉产品，但以鸡翅和鸡爪为主。泰国同样受益于中国的强劲需求，出口增长幅度较大。2019年前8个月，泰国出口到中国的禽肉4.64万吨，比2018年同期增长7.7倍，预计未来出口还会增加。泰国已跃升为中国第三大禽肉进口来源国，位居巴西和阿根廷之后；中国也从泰国鸡肉产品出口的第七大市场上升至第三大市场，仅次于日本和英国。此外，白俄罗斯、乌克兰等国家也会在中国的非洲猪瘟疫情中获益，进一步扩大对中国的禽肉出口。

综合来看，非洲猪瘟疫情加速了全球禽肉贸易流动，并推动全球禽肉贸易恢复繁荣。禽肉贸易格局将发生一定的改变，中国（包括中国的台湾、香港、澳门地区）禽肉进口进一步增加，可能会成为世界第一大禽肉进口国；乌克兰、俄罗斯、土耳其将进一步增加，成为重要的禽肉出口国；阿根廷和智利的出口增幅有限，基本保持在一定的规模；泰国和土耳其的出口增加，将在全球贸易中占有重要地位。

五、全球禽肉贸易的不确定性因素

（一）全球经济环境

根据《世界经济形势及2019年前景》报告，2019年和2020年全球经济增长预计将保持在3.0%，但全球经济扩张的稳定速度掩盖了可能加剧世界许多地区发展挑战的下行风险增加。全球经济正面临着风险的融合，这可能会扰乱经济活动，对长期发展前景造成损害。这些风险包括贸易争端升级、全球金融状况的突然收紧以及气候风险的加剧。

宏观经济环境将会对全球禽肉贸易带来重要影响。

（二）各国的贸易政策

世界各国的贸易政策变动频繁，成为影响全球禽肉贸易的主要因素。2020年全球贸易仍存在众多的不确定性，贸易行为是促进世界禽肉贸易格局形成的主要力量，贸易政策的变动因素最终会影响全球禽肉贸易量和贸易流向。

（三）禽肉消费需求变动

随着经济的发展和饲养技术的进步，家禽饲养周期逐步缩短，饲养规模不断扩大，家禽活动量减少，管理精细化，禽肉供应量不断增加，使得禽肉从几十年前的奢侈消费品，变成现在的大众消费产品。由于禽肉价格相对其他肉类较为低廉，不仅在发展中国家，在部分发达国家例如日本也出现了禽肉代替其他肉类的一种趋势。未来20年，全球动物蛋白的需求增加中，禽肉的增幅最大。

但同时也存在部分高端消费者对禽肉品质提出更高要求，例如较少或者不使用激素、适当延长家禽生长周期、增加家禽活动量、保证家禽更好的生长环境等，因此预计未来禽肉消费需求仍会快速上升，尤其是高品质禽肉市场将继续扩大。但是，随着经济社会的发展，需要关注日渐增长的植物蛋白质市场是否会牵制禽肉的需求增长。未来国际消费需求的变化将会显著影响全球禽肉贸易的发展。

参考文献

联合国粮食及农业组织. 肉类市场回顾. [EB/OL]（2019-03）[2019-08-15]. http://www.fao.org/3/ca3880en/ca3880en.pdf.

美国农业部. 牲畜和家禽：世界市场和贸易. [EB/OL]（2019-04-09）[2019-08-15]. https://apps.fas.usda.gov/psdonline/circulars/livestock_poultry.pdf.

美国农业部. 泰国：家禽和产品年度报告. [EB/OL]（2018-09-06）[2019-08-15]. https://gain.fas.usda.gov/Recent%20GAIN%20Publications/Poultry%20and%20Products%20Annual_Bangkok_Thailand_9-6-2018.pdf.

美国农业部. 欧盟：家禽和产品年度报告. [EB/OL]（2019-09-05）[2019-08-15]. https://gain.fas.usda.gov/Recent%20GAIN%20Publications/Poultry%20and%20Products%20Annual_Paris_EU-28_05-09-2018.pdf.

美国农业部. 巴西：家禽和产品年度报告. [EB/OL]（2019-07-08）[2019-08-15]. https://gain.fas.usda.gov/Recent%20GAIN%20Publications/Poultry%20and%20Products%20Annual_Brasilia_Brazil_8-7-2018.pdf.

郭俊芳，武拉平. 2013. 世界鸡肉主要出口国的竞争优势及发展潜力[J]. 世界农业（11）：16-19.

联合国粮食及农业组织. 2019年全球食品市场前景展望. [EB/OL]（2019-05）[2019-09-10]. http://www.fao.org/3/ca4526en/ca4526en.pdf.

（中国农业科学院农业信息研究所　张　莉）

第十二部分

牛　肉

专题一：世界供需形势分析

美国农业部（USDA）报告显示，预计2019年全球牛肉产量增至6 260万吨，同比增近0.6%。牛肉消费量6 075万吨，同比增0.8%。21世纪，由于牛肉需求旺盛，国际竞争加剧，国际牛肉价格逐渐上涨。2014年达到历史高位，而后国际牛肉价格回落，2017—2018年价格呈现逐步回升态势。2019年（1—4月）国际市场牛肉价格指数205.5，比肉类平均价格指数水平高，相比其他肉类品种，处于价格指数最高水平。从贸易来看，2019年全球牛肉出口预计达1 084万吨，增长2.7%，预计进口898.5万吨，增长4.4%。

全球牛肉主产国和贸易国高度重视牛肉国际市场，针对国际市场竞争加剧，澳大利亚红肉行业采用“3D打印”技术，提高产品增值，保持全球竞争力；美国农业部升级胴体牛肉等级标准；阿根廷牛肉产业逐步恢复市场；东南亚（缅甸、老挝）活牛贸易正式化政策稳步推进。中国牛肉进口对国际市场影响巨大，正逐步解除欧盟市场禁令，扩展“一带一路”及更多国际市场牛肉进口，牛肉贸易方式也呈现多元化发展。

展望未来，全球牛肉市场生产依旧稳步推进，预计全球牛肉产量继续增加，主要来自巴西、美国和中国的增产。未来五年内，全球牛肉生产预计仍然维持低速增长态势。随着经济水平的提高，消费者对蛋白质的需求显著增加，许多发展中国家牛肉需求旺盛，但同时澳大利亚等传统生产国依然受到干旱等恶劣天气的威胁，长期来看全球牛肉供给依然偏紧。各国积极引进国际先进畜牧科技，出台支持畜牧业发展的多项政策，均会提高未来全球牛肉生产效率和供给水平。

一、世界供需现状

全球牛肉供需基本平衡，近年来供需缺口逐渐削减。美国农业部（USDA）2019年《畜禽全球市场与贸易》报告。预计2019年全球牛肉产量增至6 260万吨，同比增近0.6%。牛肉消费量6 075万吨，同比增0.8%。由于资源禀赋和产业发展不同，部分发展中国家对牛肉的需求偏高而产量供应不足，需要从其他国家大量进口，带动全球牛肉贸易持续升温。

（一）生产

从生产来看，2019年全球牛肉产量增至6 260万吨，同比增近0.6%。当前全球主要的生产国家和地区有美国、巴西、欧盟、中国、印度、澳大利亚等。其中2019年巴西、美国和中国的牛肉产量都取得了一定的进展。中国的增产主要由经济增长推动和猪肉生产下降刺激。中国不断增长的牛肉需求，对中国牛肉产量增长产生积极的影响。巴西、墨西哥和印度的牛肉增长是由出口改善推动的。受两个主要肉牛主产州的干旱影响，澳大利亚的牛肉产量继续下降。美国严重洪灾造成了牲畜损失。同样，干燥的天气条件预计将影响欧盟牛肉生产。2019年全球牛肉产量增长0.6%（图1）。大多数国家的牛肉产量均增长，增幅最快的是巴西、墨西哥，产量增幅均高于3%，美国预计增长1.5%，中国增长2.1%，巴基斯坦增长1.1%。

（二）消费

从消费来看，全球牛肉消费量6 075万吨，同比增0.8%。随着人口增加与收入的提高，绝大多数国家牛肉消费稳步增加。当前全球主要的消费国家有美国、中国、巴西、欧盟、阿根廷、墨西哥、俄罗斯、巴基斯坦、日本等。其中美国、中国、巴西和欧盟的牛肉消费量占全球消费量的60.2%。其中中国牛肉消费量进一步增长，2019年预计增至824万吨，涨幅4.2%。美国牛肉消费继续增长，预计为1 232万吨，增幅为1.2%。巴西消费量预计为804万吨，增长2.2%。同时，欧盟、阿根廷、印度的牛肉消费量分别下降了2.8%、3.9%、3.8%。其他国家墨西哥、巴基斯坦、俄罗斯的牛肉消费量稳定，预计分别增加1.8%、1.1%、1.2%，土耳其的牛肉消费量预计下降2.5%。日本消费量增加2.8%（图2）。从消费习惯来看，全球越来越多的国家牛肉消费需求增加，越来越多的人接受牛肉及牛肉产品，特别是发展中国家牛肉增速很快。我国消费者肉类消费正在转型升级，带动着我国牛肉产业产品的更新换代。冷鲜肉、肉类加工品等更加营养健康、快捷方便的肉类产品得到青睐。

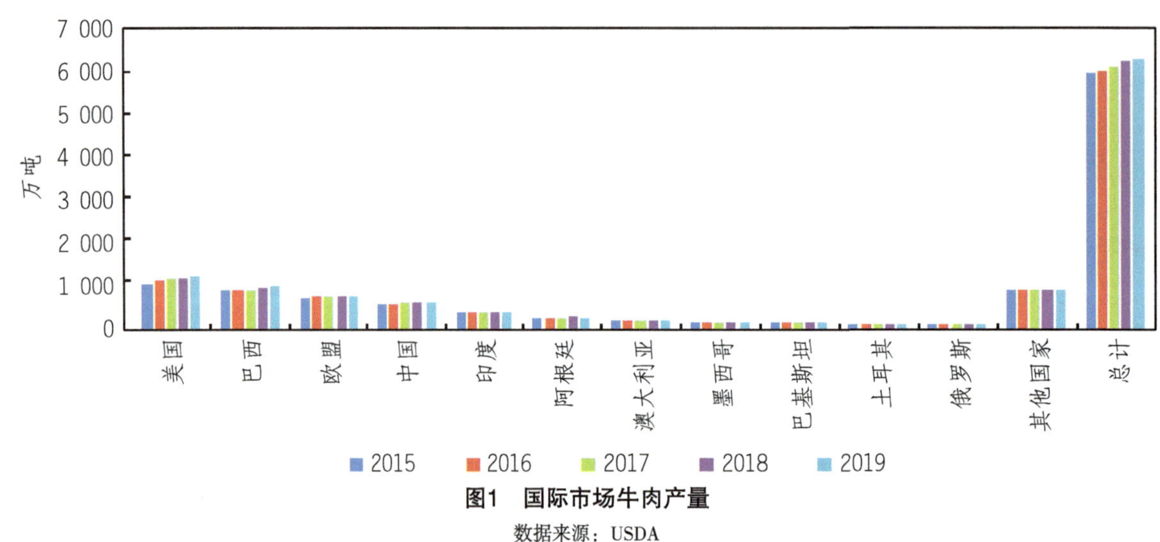

图1　国际市场牛肉产量

数据来源：USDA

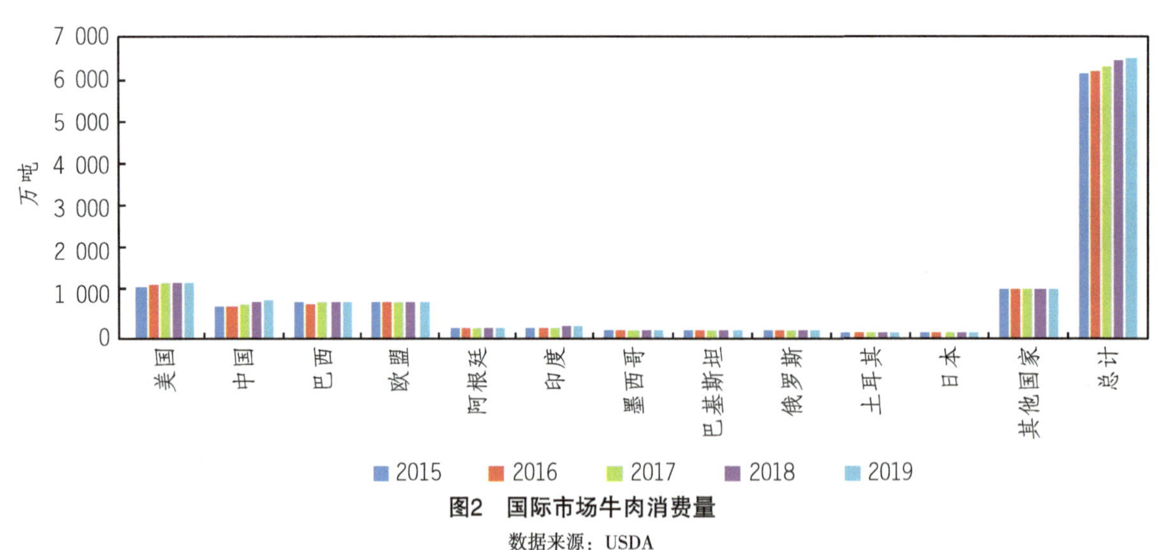

图2　国际市场牛肉消费量

数据来源：USDA

二、国际价格走势

2019年全球肉类价格指数平均水平为164，其中牛肉价格增加1个点，羊肉价格在去年高点后回落了23个点，澳大利亚展望报告显示澳大利亚干旱导致今年冬季和明年春季供给受限，屠宰量修正下调，预计同比降7%，2019年4月后澳洲羊肉价格预期上涨。全球猪肉、禽肉价格分别下降了3个点。其中牛肉价格指数205.5，在肉类平均价格水平（164）以上，高于猪肉（121.2）和禽肉（157），仅次于羊肉（204.8）（图3）。

从国际市场出口价格来看，2019年6月FAO最新食物展望报告显示，美国牛肉出口价格最高，其次是澳大利亚，巴西价格较低。从我国进口牛肉价格来看，海关数据显示，2019年（截至6月）美国牛肉进口单价（根据进口额/进口量测算）8.2美元/千克，加拿大（8.5美元/千克）、澳大利亚（5.7美元/千克）、新西兰（4.9美元/千克）、巴西（4.7美元/千克）、阿根廷（4.4美元/千克）和乌拉圭（3.6美元/千克）价格。从进口价格来看，美洲国家价格最高，加拿大牛肉价格超越美国价格位列最高，其次是大洋洲国家，南美洲国家仍然具有价格优势，牛肉价格最低。

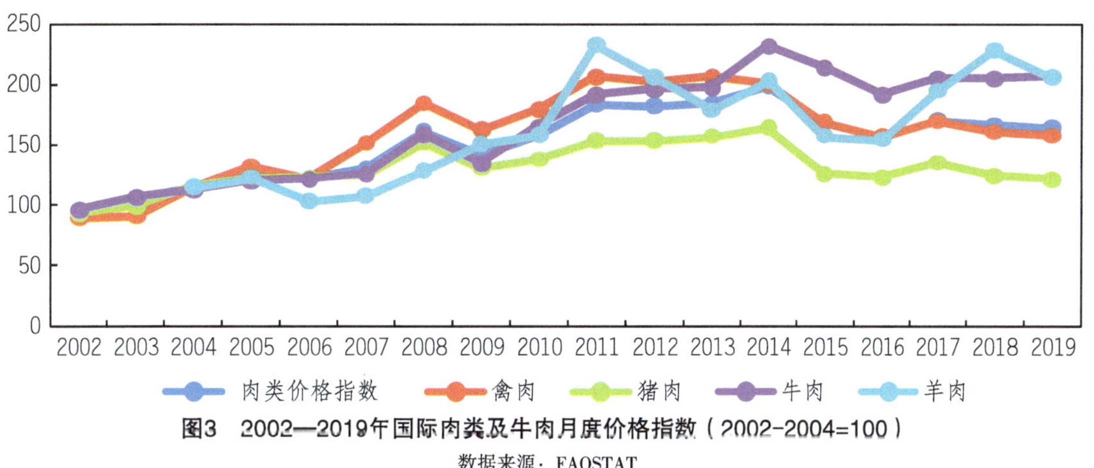

图3　2002—2019年国际肉类及牛肉月度价格指数（2002-2004=100）

数据来源：FAOSTAT

三、国际贸易格局

从贸易来看，牛肉2019年全球牛肉出口预计达1 084万吨，增长2.7%，领涨世界肉类市场（图4）。世界牛肉贸易的强劲增长受到全球强劲需求的推动和有竞争力的价格。巴西、印度、澳大利亚及美国仍是主要牛肉出口国，2019年四国牛肉出口预计分别为221万吨、170万吨、157.5万吨和147.6万吨，分别增长6.1%、9.3%和3.1%，澳大利亚牛肉出口预计下降5.2%。2019年牛肉出口增长主要来自巴西、阿根廷、印度和美国，抵消了澳大利亚、新西兰和乌拉圭的减产。巴西和阿根廷仍然是中国最大的牛肉供应商，引领供给增加。澳大利亚产出仍然受干旱影响，出口受限，但这些负面影响暂时被日本、韩国和中国对澳的关税调减而抵消。

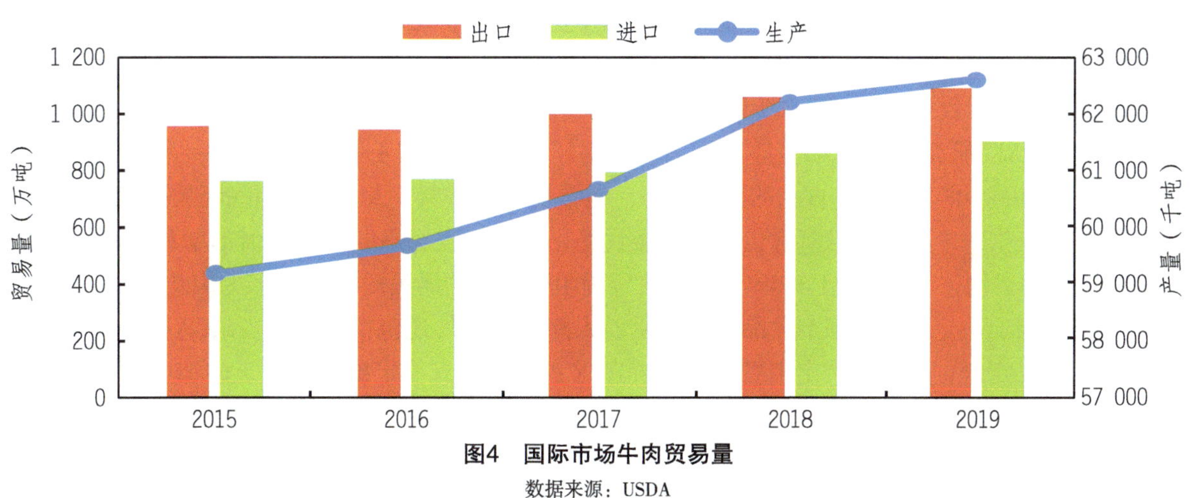

图4　国际市场牛肉贸易量

数据来源：USDA

从主要生产国和贸易国来看，美国出口预计增长最多。随着美国牧群数量的持续增加，美国2019年预计产量将达到1 244万吨，同比增1.5%，至创纪录水平。出口预计147.6万吨，将增长3.1%；进口136.5万吨，同比增0.4%。巴西牛肉产量1 020万吨，同比增3.0%，出口221万吨，同比增6.1%。印度产量434万吨，同比增0.9%，出口170万吨，同比增9.3%。中国预计产量658万吨，同比增2.1%，进口168万吨，同比增14.5%。

四、主要国家产业支持政策新变化

（一）美国农业部更新牛肉评级标准

美国农业部农业营销服务局（AMS）将升级美国胴体牛肉等级标准。企业依据USDA质量等级标准向购买者提供牛肉嫩度、多汁性和风味的指标信息，这些是决定牛肉和活牛价值的主要标准。这一标准的更新将为使用USDA评级标准的企业提供更多选择，能够通过牙齿和年龄信息确定牲畜成熟度，并确保30月龄（含）以下的牛被纳入成熟度最小标准“牛肉”（成熟度类别之一）。同时，仍将使用骨骼和肌肉指标来确定大于30月龄牛的成熟度。

（二）巴西今年再遇疯牛病，短期出口受到影响

巴西是中国最大的牛肉进口来源国，2019年前6个月，中国进口巴西牛肉总量约14.92万吨，同比增加11.9%。但由于2019年5月31日，巴西马托格罗索州公布称发现疑似疯牛病病例，当天巴西农业部发布消息，经过加拿大食品检验局实验室检测，确认该病例，属非典型性H型疯牛病。2019年6月3日，巴西农业部发布消息，根据2015年巴西和中国签署的牛肉输华议定书，巴西方面暂时停止发放输华牛肉卫生证书，待中方评估后做结论。2019年5月31日以后装运的所有牛肉预计将返回巴西。据海关数据显示，6月，中国进口巴西牛肉2.54万吨，同比增1.0%，进口数量受到影响。

2018年巴西政府推出“诚信农业企业计划”，借以鼓励农业企业界提高透明度和采用良心手法经营。在该计划下，按规定经营的农业企业可获授诚信农业企业印章。一个由政府、商界和民间代表组成的委员会负责审核参与计划企业的营商手法。倘若企业的营商手法符合各方面（例如防止欺诈行为、防贪，以及履行社会和环保责任等）的规定，委员会便会向其颁授“诚信农业企业印章”。

（三）澳大利亚红肉3D打印提高国际竞争力

近日，来自澳大利亚肉类和家畜协会（MLA）的最新研究表明，澳大利亚的红肉产品可以为澳大利亚红肉行业增加显著价值，特别是针对老年护理行业。MLA认为，二次切割可以变成一个3D打印的“肉墨”。根据MLA的最新研究发现，3D打印可以为肉类行业提供一个有趣的增值解决方案，旨在以成本效益的方式消除所谓的“次级”切割以及修剪和副产品的问题。

根据MLA的研究证明，3D打印的红肉产品对于老年护理部门是特别理想的一种产品，在那里，对易于咀嚼和消化的营养食品的需求很高。通常情况下，老年人不爱吃那些咀嚼困难的食品，但食品可以提供一个更精致且富含蛋白质的替代品，同时，也可以制作成任何形状和大小。MLA提出了德国的案例，其中超过1 000家养老院已经为咀嚼困难的居民提供3D打印的肉类产品。

如果红肉业决定采用添加剂食品技术，受益人除老人之外还包括其他人。MLA报告建议，红肉产品也可以定制，以满足特定消费者的营养需求，例如具有特定维生素缺乏的那些人群。报告称，3D打印与当前消费者健康趋势的疾病预防方面密切相关，因为营养可以个性化，例如针对女性消费者的高铁产品或针对儿童或运动员的高蛋白质。

（四）阿根廷牛肉产业逐步恢复市场占有

今年以来阿根廷的一些牧场主正在以30年来的最快速度产出牛肉，希望能加大对中国的牛肉出口。据悉，该国相关行业近段时间因为陷入了经济困局，希望能借助扩大牛肉出口缓解经济压力。

去年5月，中国和阿根廷又签订了冰鲜带骨及剔骨牛肉、冷冻带骨牛肉的供应协议。而到今年前6个月，从阿根廷进口的牛肉有所增加，进口量为15.14万吨，同比增加1.3倍。

有数据显示，如果阿根廷保持这一生产牛肉的速度的话，到2020年，可能会使那些牧场减少约40多万头牛。但因为紧缩的货币政策和高达60%左右的高利率，近来阿根廷农产品行业出现了融资难的问题。于是，该国牧场主们不得不考虑扩大出口销售，以在短期内摆脱此次经济困境。

（五）东南亚（缅甸、老挝）活牛贸易正式化政策稳步推进

当前，在"一带一路"倡议下，我国正与缅甸政府努力推进中国与缅甸两国活牛贸易正式化进程。缅甸活牛存栏是东南亚地区是最高的国家。但是，缅甸民众多数信佛教，牛是神圣不可宰杀的，牛肉消费水平比较低。所以，国内有大量活牛等待出口。从市场价格来看，缅甸牛肉比云南昆明低50%左右。从2017年10月以来，缅甸政府宣布对中国进行为期一年的10万头活牛的出口，2017年11月，缅甸出口活牛禁令被取消，2016—2018年，中国和缅甸因为活牛跨境疫病检查、出口商品质量标准等具体事宜进行了磋商。当前缅甸正在试出口阶段。目前，云南正在加紧建立跨境动物疫区管理试点，试点工作将分三个阶段进行，第一阶段在瑞丽、景洪、勐腊地区的试点建设正在进行中。第二阶段，扩大试点，将试点范围扩大到临沧耿马县、普洱孟连县、宝山区腾冲。第三阶段，全面开放中缅、中老活牛边境贸易。中方在"一带一路"倡议下，还将支持缅甸方在边境地区的隔离、检疫、屠宰场等基础设施建设。

同样，我国也在推动与老挝的活牛贸易进程，正在筹划建立的"中国与老跨境动物疫病区域化管理试点项目"建设，是中国与老挝合作实施的罂粟替代种植项目之一，是参与"一带一路"倡议和中国—中南半岛经济走廊建设、加快建设面向东南亚、南亚重要枢纽，促进边境地区社会经济持续健康发展的一项重要举措。

（六）非洲猪瘟等动物疫病引发畜牧业疫病防控全球思考

据世界动物卫生组织消息，截至2018年10月，全球已有37个国家和地区向OIE（世界动物卫生组织）报告发生非洲猪瘟疫情。这次非洲猪瘟给我国生猪市场甚至整个畜牧业带来了重大影响，为了防范传染性的动物疫病，全球都在思考通过且实可行的措施防范猪瘟等畜牧疾病的发生，并且尽量减少对人力的需要，提高畜牧业的效率。

一是构建疫病国际协防网络。世界动物卫生组织各成员国通过查询OIE网站，可第一时间获得关于疫情的全部通报信息及有关国家采取的措施和相关报告。通过对OIE通报的疫情进行分析，可以了解疫情在全球的流行情况，对于暴发比较严重的国家，需要采取更加严格的贸易检验检疫措施。对于已暴发疫情的国家，可借鉴国际上其他国家采取的防控措施，争取最大限度地控制和消灭疫情。发生疫情国家及有风险传入的国家加强跨境动物防控国际合作，形成防控国际协防网络。各国根据本国疫情发生的实际情况和牲畜分布情况制定防控措施，并加强与国际组织合作。

二是各国还需加强流行病学调查。根据FAO和OIE独立常设专家组的意见，很多国家需要加强流行病学调查，找出本国疫情发生的原因；需要加强实验室对病毒的快速监测能力，升级地方兽医部门的实验设备，并加强实验人员的培训；需要考虑到疫情大范围暴发的潜在风险，要尽早建立应对疫情大范围暴发的检测能力和预案。

三是还需建立较高水平的动物卫生标准及配套政策法规，强化养殖场的生物安全措施，提升养殖场生物安全水平。FAO官员表示，欧盟有较高水平的动物卫生标准、法规和政策，使得养殖环境

较为洁净卫生，能够减少蜱虫等传染媒介，生产出的产品也较为安全。这也是西欧大多数国家暂时还没有发现非洲猪瘟病毒的原因。

四是各国加强监测体系建设。欧盟对于精准禽畜饲养很重视，近年来赞助了多个项目。如在2011年投入运营的PCM项目，旨在对猪咳嗽进行记录、监控。该项目相比人工观察，能更早发现猪的呼吸系统疾病，便于兽医迅速介入，及早治疗。法国农业科学研究院则通过在牛群中安装传感器，对牛的实时位置、体重、食物摄入量、甲烷排放量等进行统计，强化对牲畜行为的研究和分析。

五、世界供需形势展望

（一）短期

展望2019/20年，全球牛肉市场生产将继续稳步推进，预计产量增幅达到2%。进口增幅15%，领涨所有肉类产品。中国依旧为全球最大进口国（USDA预测）。巴西、阿根廷、乌拉圭占70%中国进口市场，预计依旧为最主要供给国，澳大利亚、新西兰继续维持其市场份额。

根据巴西农业展望报告，巴西2019年牛肉产量为846.8万吨，到2029年牛肉和小牛肉产量为1 029.4万吨，累计增长24.6%，预计年增长率为1.7%。巴西的展望报告比OECD/FAO的报告要低。OECD/FAO（2018）中显示，在未来十年，巴西牛肉产量将继续快速增长。2019年牛肉和小牛肉消费量627.7万吨，到2029年745.9万吨，累计增长18.8%，预计年增长率1.0%。

根据澳大利亚展望报告，澳大利亚是中国牛肉产业转型为全球进口大国的受益国之一，随着消费驱动，2018年澳大利亚对华牛肉出口增长48%。冷冻谷饲牛肉和草饲牛肉的出口量分别增长了78%和33%。2018年，对中国活牛的出口同比增长44%，达到10.9万头，主要是种牛。受技术措施影响，有资格向中国出口冷冻牛肉的工厂数量还是有限。

根据新西兰展望报告显示，预计2019年肉牛屠宰重量增加，肉牛和存栏下降2.5%，产量下降0.3%，出口预计增加8.7%。主要是由于出口价格上涨了2.7%。在接下来的几年里，由于牛群数量的减少，出口价格依旧高企，预计未来几年牛肉价格还将继续上涨。

根据美农部畜牧业供需报告，美国牛肉产量2019年预计将增长2%，出口预计将增长3%，达到创纪录的150万吨，几乎占美国生产的12%。美国正准备扩大其在日本、韩国的主要市场。澳大利亚是美国牛肉在亚洲的最大竞争对手，由于受天气影响，其生产受到影响，导致可出口供应减少。但受目前美国出口中国受中美贸易关系紧张限制。巴西牛肉生产预计2019年的产量可能会增长3%，根据整体经济及金融的前景乐观，可提供大量的牲畜库存，更实惠的饲料成本和良好的出口环境。印度2019年预计产量仅增长1%，尽管影响前景的因素相对复杂。新兴的有利外部贸易环境可能会提供帮助增产的机会，法律制约运输和屠宰奶牛，可能会阻碍经济增长。中国预计2019年牛肉生产将增加1.5%，大规模经营不断扩张逐渐抵消小农的贡献，由于饲养成本的上升，养牛继续把效率较低的生产者挤出市场行业。

（二）中长期

未来几年内，全球牛肉生产维持低速稳定增长态势。随着收入的增加，对蛋白质的需求可能会显著增加。许多发展中国家对牛肉的需求将会增加。据荷兰合作银行称，预计到2020年，中国对牛肉的进口将增长近100万吨，其中巴西会是主要的来源。中国在牛肉的生产中有结构性的短缺。

2020年巴西向中国出口的牛肉将达到200万吨，占巴西总出口的一半。另外，也有一些国家努力增加本国牛肉产量和贸易量。例如印度尼西亚和俄罗斯极力提高本国产量，阿根廷牛肉产业正加紧恢复市场占有率。中国在畜牧业转型升级，提高本国牛肉生产能力和竞争力的同时，试图扩展更多的进口来源国家。此外，各国引入国际先进畜牧技术保证牛肉供给和消费者的多元化需求，如澳大利亚3D打印红肉以满足全球特定消费者的营养需求。EBVs（育种值估计）技术会提高牛肉生产效率和产量。智慧畜牧业的发展可以防范猪瘟等畜牧疾病的发生和传播。

参考文献

FAO.（2019）. Food outlook[R]. 2018.11，2019.6.

MLA.（2019）. Australian-cattle-industry-projections[R]. MLA market information.

MOPI.（2019）. Situation and Outlook for Primary Industries[R]. 2019.6.

USDA.（2019）. World Agricultural Supply and Demand Estimates[R]. 2019.5.10.

USDA.（2019）. Livestock and Poultry：World Markets and Trade[R]. 2019.4.

巴西农业展望报告2018/19—2028/29[R]. 2019.

司智陟，曲春红，朱聪. 2019. 中国农业展望-牛羊肉篇[R]. 4.

专题二：中国与缅甸活牛贸易正式化进程研究

缅甸是东南亚地区牛存栏最多的国家，据粮农组织统计，2016年缅甸牛存栏1 703万头。近五年来，缅甸牛存栏增长率达到了3.3%。但由于宗教文化因素影响，缅甸多数国民信佛教不吃牛肉，本国牛肉消费需求不大，缅甸牛只多用于役用。从2003年开始，为了防止缅甸没有耕种的牛可用，缅甸政府发布禁令，禁止向任何国家出口活牛。但由于国外市场需求巨大，禁令反而使走私活牛的价格飙升，并不能有效控制缅甸活牛流向国外。2017年10月9日，缅甸政府正式解除了活牛出口禁令，并且获得中国活牛进口批准。当前，中缅双方都在为活牛贸易的正式化而共同努力，从2017年12月底到2018年，缅甸方正试出口活牛到我国，我国也在加紧建设边境地区的活畜隔离和检验检疫等基础设施，缅牛正式进口指日可待。

一、缅甸活牛生产情况

1. 活牛存栏多

缅甸活牛（包括黄牛和水牛）存栏数量是东南亚地区最多的国家。根据FAO最新数据，2017年缅甸活牛总数达到了2 089万头（包括黄牛和水牛），其中黄牛1 715万头。同期，相比其他东南亚国家，高于印度尼西亚、越南、泰国、菲律宾、老挝等国家，位列东南亚地区之首。缅甸国拥有丰富的、物美价廉的肉牛资源（图1）。

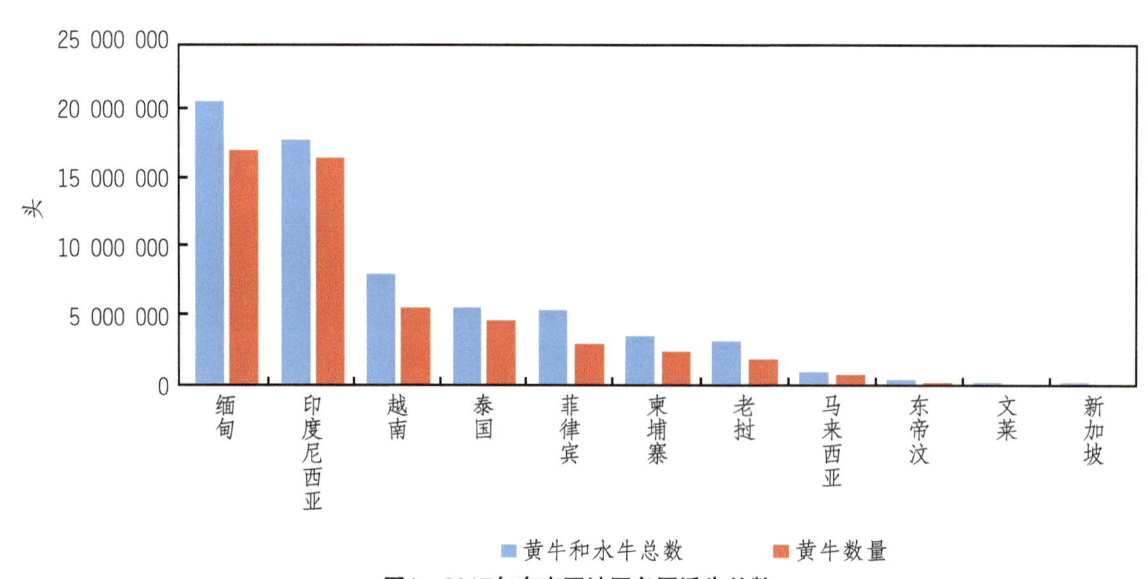

图1 2017年东南亚地区各国活牛总数

2. 产量逐年增长

根据FAO最新数据，缅甸牛肉总产量（黄牛和水牛等）呈现逐年稳步增长态势。2017年达到了42.59万吨，同比增5.9%，增幅较大。但是，由于缅甸民众多数信奉佛教，在佛教中牛是神圣不可宰杀的，因此缅甸大众对牛肉消费水平比较低，国内有大量活牛等待出口（图2）。

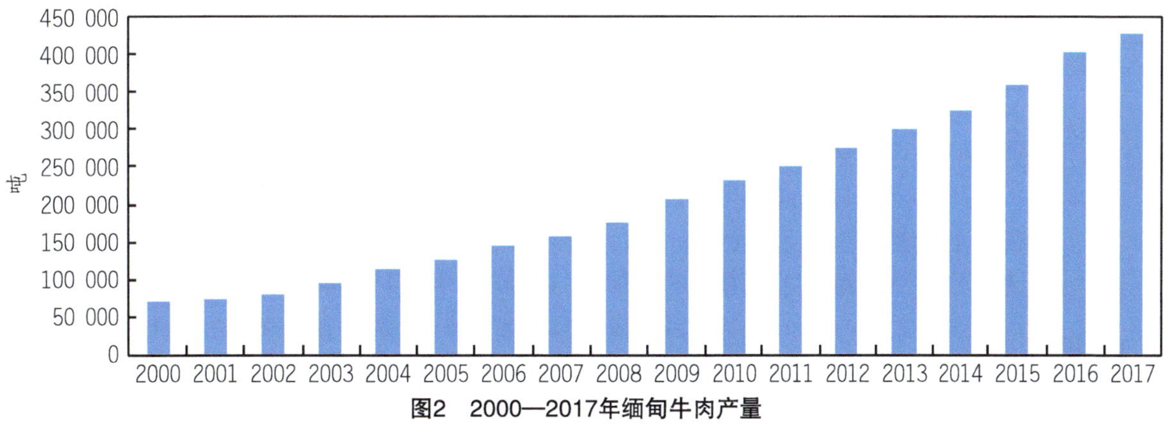

图2　2000—2017年缅甸牛肉产量

3. 市场价格低

从市场价格来看，缅甸市场牛肉价格低于我国市场价格。根据市场价格信息发布，同样类型的牛肉后腿肉，云南省昆明市牛肉价格比缅甸高54.1%左右，北京市的价格比缅甸高31.8%左右。所以，缅甸从业者向政府提出来与其让走私商从中获取暴利，不如合法出口活牛，让缅甸的养殖户们能够得到应得的利益（表1）。

表1　中国与缅甸活牛市场价格差

价　格	中国，北京	中国，云南昆明	缅甸，仰光
牛肉圆（1千克） （或相当于后腿的红肉）	US $10.13 （Rmb64.15）	US $11.84 （Rmb75.00）	US $7.68 （Rmb48.66）
价格差（中国与缅甸）	+31.8%	+54.1%	—

二、双方贸易情况

1. 中国和缅甸两国没有正式活牛贸易

对中国来说，由于缅甸是口蹄疫疫区，中国一直禁止从东南亚，包括缅甸进口活牛及牛肉制品。从缅甸方来说，为保护役用牛的数量，活牛也是禁止向其他国家出口的。但我国云南省与越南、缅甸、老挝三国接壤，其中中缅边境1 997千米。云南沿边有16个国家级口岸、7个省级口岸、20多条出境公路、93条边贸通道。中缅边境线长，通道多，边境线是走私动物制品和活牲畜的主要通道。肉类走私严重危害我国畜牧产业的发展，违反国家的进出口政策，破坏国家的税收制度。更重要的是，不经过检验检疫的产品流入我国，危害国民健康和生态环境。

2. 半正式贸易

（1）中缅双方推进活牛贸易进程。从供需形势来看，我国牛肉产量增长缓慢，但是需求呈稳步增长的态势。而传统牛肉进口渠道难以扩大。我国正在拓展牛肉、活牛进口渠道，特别是“一带一路”国家和周边国家，可以弥补消费者对“鲜牛肉”的刚性需求。近年来，我国着手推进缅甸进口活牛的正式化进程。2016—2018年，中国和缅甸因为活牛跨境疫病检查、出口商品质量标准等具体事宜进行了磋商。进一步推动了中缅活牛贸易的正式化进程。从2017年10月以来，缅甸政府宣布对中国进行为期一年的10万头活牛的出口。据缅方数据，2017年12月至2018年5月，缅甸出口到中国的活牛已达到5.0万头。这些活牛都是从我国临时通道进入中国，仍然存在疫病隐患，因此活牛进口正式化进程亟待稳步推进（表2）。

表2　中缅双方推进活牛贸易的政策

日　期	中缅双方推进活牛贸易的政策
2016.8	中缅两国政府就掸邦北部地区进行了磋商和建设会议，考虑在进入中国之前对动物进行病毒和疾病检测的跨境检查设施
2017.5	中国商务部与缅甸商务部签署关于建设中缅边境经济合作区的谅解备忘录
2017.12	缅甸工商会联合会（UMFCCI）与云南省总商会（YPGCC）联合举办的论坛上，中国国家质量监督检验检疫总局（AQSIQ）与缅甸讨论了进出口商品的法律出口和质量标准问题
2017.10	缅甸商务部于2017年10月9日正式批准活牛出口，旨在建立独立的牲畜市场，为农民创造就业机会。出口流程需要按照LBVD（缅甸商务部，2017）的规章制度进行操作
2017.11	据商务部和林业厅的官员表示，缅甸出口活牛的禁令将被取消，并计划允许为期一年的活牛出口试点。（缅甸商务部，2017）
2018.6	云南在西双版纳成立了第一个“牛业进口商会”。该商会主要由中国境内的跨境养牛企业组成。政府计划从2018年到2020年，帮助15万到20万养殖户发展和参与跨境贸易，并计划每年进口50多万头牛（戴振华，2018）
2018.9	中缅两国政府签署谅解备忘录，同意建立中缅经济走廊

（2）基础设施建设和投资-云南建立跨境动物疫区管理试点。云南跨境动物疫病区域化管理试点正在建设中，预计缅甸牛正式进口还需要一定的时间与程序。2017年5月3日，《农业部、商务部、海关总署、质检总局关于支持云南省在边境地区开展跨境动物疫病区域化管理试点工作的函》，要求进口屠宰用肉牛应来自境外指定区域，明确德宏州瑞丽市、西双版纳州景洪市和勐腊县为三个试点区域，以瑞丽口岸弄岛通道、勐腊磨憨口岸和景洪勐龙240通道为三个进口屠宰用肉牛试点口岸（通道）。试点工作将分三个阶段进行。①第一阶段在瑞丽、景洪、勐腊等地已开展试点。②扩大试点，将试点范围扩大到临沧耿马县、普洱孟连县、宝山区腾冲。③全面开放中缅、中老边境畜牧业贸易（表3）。

口岸建设：设施包括住宿，检查区，检查等候区，庭院，停车场，称重，动物健康检查，监督和隔离场所等。勐拉磨憨口岸（勐满通道），投资2.82亿元；景洪勐龙（240通道），投资1.92亿元；瑞丽口岸弄岛通道，投资6 000万元人民币，占地2.4公顷，用于临时检查。

隔离和检疫站：云南省政府根据《西双版纳跨境动物疫病区域管理实施方案》（西政办函〔2017〕122号）和《瑞丽跨境动物疫病区域管理试点工作进展》等政策，拟建设3～5个检疫站。

屠宰和加工场：云南省政府还提出建设四个屠宰场和加工基地（50万头规模）。

境外饲养场：帮助缅甸和老挝建立5个或更多的育种和饲料场基地。基地将位于直径从3千米到50千米不等的非疫区。

表3　支持跨境动物疫病区域管理试点政策

日　期	支持跨境动物疫病区域管理试点政策
2014.12	《云南省政府关于非法进口偶蹄类动物的指示要求》（云政报〔2014〕60号）
2015.3	《农业部、商务部、海关总署、质检总局原则上同意云南省跨境动物疫病区域管理试点工作》（农医函〔2015〕1号）（27.3.2015）
2015.9	《云南省跨境动物区域管理与产业发展试点项目实施情况》（2015.9云南省政府向农业部提交的报告）
2015.10	《云南边境畜牧业发展项目应用指南》（云牧函〔2015〕255号）
2015.12	《云南省跨界动物区域化管理试点项目实施方案相关问题补充说明》（农办医函〔2016〕1号）（12.30.2015）

（续表）

日　期	支持跨境动物疫病区域管理试点政策
2017.5	“农业部、商务部、海关总署、国家质量监督检验检疫总局支持云南跨境动物疫病区域管理试点工作”（农医函〔2017〕1号）
2017.9	《西双版纳跨界动物疫病区域管理试点工作实施方案》（西政办函〔2017〕122号）
2018.6	云南省政协十二届一次会议013号提案复文。（云农医函2018]28号） 在原有工作的基础上，将试点范围扩大到临沧耿马县、普洱孟连县、宝山区腾冲

（3）进口贸易流程。根据《西双版纳州跨境动物疫病区域化管理试点工作实施方案》与海关相关文件，为规范入境动物检验检疫程序，有效提高入境动物的通关效率，进口屠宰用肉牛贸易流程（图3）：

①屠宰用肉牛进境。外经贸企业及其代理人境外组织收购进口屠宰用肉牛，须在境外指定的区域接受隔离检疫，并加施身份标识，出入境检验检疫部门应及时派人现场检疫，经境外预检合格后，由进口商提前向出入境检验检疫、海关、边检预报其数量、运输工具种类、启运时间、途径口岸、进境时间、入境目的地和原始舱单电子数据等。经检验检疫机构认可的检疫处理从业单位，对进境动物的场地、通道、用具进行彻底消毒。在检验检疫、海关和边检机构的监督下，经指定入境口岸（通道），凭随运输工具携带的国外官方出具的正本《动物健康证书》《进出境动植物检疫许可证》、运输工具“消毒处理证明书”等办理动物入境通关手续。

②境内隔离检疫监管。进口的屠宰用肉牛需在指定的隔离设施内接受隔离检疫，运输工具到达隔离场后，应核对动物的数量及健康状况。

按每个圈舍规定的数量将动物放归圈舍；动物进入指定圈舍后未经检验检疫监管人员批准，不得移动至其他圈舍。

饲养人员应在24小时内登记每个圈舍的动物数量、动物耳号。检验检疫机构驻场兽医应对相关情况认真核查，发现与证书不符的立即上报。

自动物全部进入隔离检疫场所之日起，须在7日内全部屠宰完毕。检验检疫机构对整个隔离检疫过程实施监管。

需要延长隔离检疫监管期限的，应当报请国家质检总局批准。

隔离检疫期间，检验检疫机构驻场兽医、农业部门人员、隔离场饲养人员、管理人员应严格遵守《进境动物隔离检疫场使用监督管理办法》（2009年122号）的相关规定。

隔离检疫期间，如发现动物一类和二类传染病、寄生虫病和其他异常情况，按照《进境屠宰用肉牛重大动物疫病应急处置预案》处置。

隔离检疫结束后，应按照相关规定对剩余饲料、用具、隔离检疫场所、动物粪便、污水进行处理。

在检验检疫过程中发现不合格动物的，应出具《检验检疫处理通知书》和《动物卫生证书》，对不合格动物做扑杀、销毁（包括深埋、焚烧或高温化制）处理。

检验检疫机构对实施扑杀销毁的全过程实施监管，按规定进行拍照、摄像，收集和保留相关资料；监督对不合格动物可能污染的场地、圈舍、用具进行有效的防疫消毒。

③屠宰前监管及屠宰加工。检疫合格屠宰用肉牛调出隔离检疫场所3天前，进口商需按每天屠宰量制定《进境屠宰用肉牛屠宰计划》，报检验检疫机构监管人员核准后方可实施。

检验检疫机构对调出隔离检疫场所的屠宰用肉牛实施分批核销管理。每批动物运往屠宰厂（场）需填写《进境屠宰用肉牛分批核销单》。

检验检疫机构对调出隔离检疫场所的屠宰用肉牛出具《进境屠宰用肉牛调离单》，准予运至屠宰厂（场）进行屠宰。

进口商凭检验检疫部门出具的《中华人民共和国进口货物通关单》向海关申报，在完结海关相关手续后，进入屠宰场加工场。

进口屠宰用牛进入屠宰场前，由出入境检验检疫机构和试点县市动物卫生监督机构办理交接，共同核对屠宰用肉牛数量、耳号等信息并在《进境屠宰用肉牛调离单》上签字确认。核对无误后，屠宰用肉牛即进入待宰圈等待屠宰。屠宰时，由试点县市动物卫生监督机构派驻的官方兽医实施屠宰检疫监督。

监督机构指定的专人进行宰前宰后检疫。发现异常问题立即报告动物卫生监督机构监管人员，并严格按要求妥善处理（图3）。

入境肉牛屠宰作业一经完成，由指定人员负责收集肉牛耳牌交动物卫生监督机构查验信息，确认无误的，试点县市人民政府主管部门及时与检验检疫部门联系交接工作，并负责完成后续的监管工作，包括对屠宰生产的肉制品及副产品加工、污水污物及废弃物处理等进行日常监管。

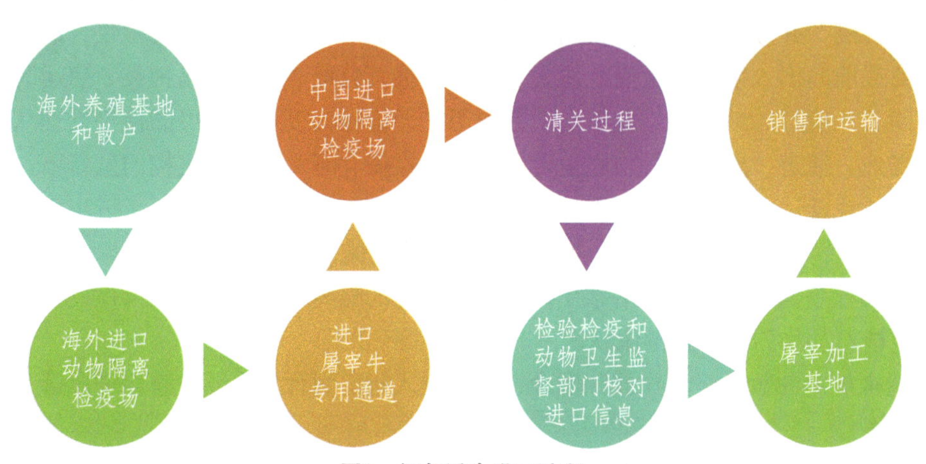

图3　缅甸活牛进口流程

（4）缅甸基础设施建设。根据缅甸方调研，缅甸的养牛场出口活牛主要来自集中中部干旱区。需要投资商业养牛场，目前仍在讨论中。

缅甸拟投资设立检疫站，升级检验设施，对动物进行病毒和疾病检测，满足出口国检疫标准。

缅甸沿边界地区共有6个检查站和一些实验室。缅甸畜牧兽医局LBVD计划向木姐（Muse）和妙瓦底（Myawady）投资311万美元，2023年前升级边境动物检查站，动物和动物产品贸易流程。

三、成本收益比较与分析

云南尚未正式开始通过指定渠道正式进口牛只，部分原因是边境检疫隔离站尚未建成，目前进口的半正规牛主要通过云南临时检疫站进口。从缅甸进口的牛已经在云南边境地区接种了两次疫苗，隔离并育肥了两个月。检疫期满后，由有关部门签发检验证书，允许进口活牛进入中国市场。如果活牛有患病症状的，禁止转移或者屠宰。

根据缅甸方数据，通过正规渠道进行贸易的成本包括在许可证审核过程中为期一个月的饲料及养料费用，从缅甸中部干旱区-妙瓦底-木姐的国内运输费用，过路费，检查费，在木姐的饲料费、维护费，还有代理费和预扣税。每头牛的国内平均运输成本在16万～20万缅元。每头牛的非正式交易通行费从3 000～5 000缅元不等。在出口到中国之前，这些牛被饲养在临时农场，而饲养和维护每头牛的成本为15 000缅元。他们也可以给每头牛4万给获得合法许可的人喂养，直到它们到达木姐。在木姐，每头牛的售价在20万～25万缅元，价格随人民币汇率而变化。按照活牛平均质量出口计算，每头牛收益16.10万缅元，折合人民币716元。按照优质质量活牛出口计算，每头牛收益23.23

万缅元，折合人民币1 033元，收益还是比较可观的（表4）。

表4 牛只出口成本收益分析

变　量	合法渠道	
	平均出口质量	最优出口质量
平均成本（每头牛）	1 507 066	1 807 066
牛只市场价格，经销商及经纪人	1 200 000	1 500 000
饲料及养料费用在许可证审核过程中（为期一个月）	45 000	45 000
国内运输（中部干旱区-妙瓦底-木姐）	200 000	200 000
过路费	3 000	3 000
检查费	6 666	6 666
在木姐的饲料费、维护费	15 000	15 000
代理费	5 000	5 000
预扣税	32 400	32 400
平均出口价格（每头牛）	1 668 089	2 039 409
平均收益（每头牛）	161 023	232 343

数据来源：（105 miles Trade Zone and Respondents，Myanmar. Theingi Myint，2018）

四、缅甸活牛进口对我国市场影响研究

缅甸牛进口对我国市场的影响主要从进口数量、质量、价格、疫病风险等几方面考虑：

第一，缅甸出口量占我国市场份额有限。中国和缅甸政府签署第一年试出口10万头活牛。中国政府计划从缅甸进口100万头牛，以满足日益增长的市场需求。但根据缅甸畜牧兽医局（MOC of Myanmar，2018）的数据，缅甸每年只有50万的出口能力。假设每年出口10万～30万头活牛，活重为500千克/头，屠宰率按50%计算，每年进口相当于2.5万～8万吨牛肉。这将仅占中国官方进口的2.4%～7.8%，以及全部牛肉供给的0.4%～1.2%。相比澳大利亚承诺每年向中国出口100万头牛来说，缅甸市场份额供给有限。

第二，缅甸牛肉品质欠佳，消费市场有限。从牛种看，缅甸牛属于婆罗门瘤牛，牛种高大，但日增重和出肉率都不及本地杂交改良牛“云岭牛”。以相同饲草料喂养的出肉率对比，“云岭牛”出肉率能达到1.5千克/天，而缅甸牛只有0.8～1.0千克/天，相差1/3左右。从生产周期看，缅甸法律规定，活牛出口须在保障国内市场供应和农业正常开展的前提下，且出口活牛必须有5年以上的年龄。市场上缅甸牛年龄普遍偏大，肉质口感差，多被用作炖食和辣食加工，销往我国内地城市。四川新希望与景洪市签协议，在景洪市勐龙镇建肉牛产业园区，来源主要来自缅甸，每年供应10万头牛到四川市场。

第三，缅甸牛价格具有一定优势，但多数需要育肥。据缅甸价格网站，缅甸仰光的牛肉（后腿肉，2018年3月统计）价格为48.66元/千克，同种类牛肉在昆明的价格为75.00元/千克，高于缅甸35.1%。同时，活牛价格也存在差距，据调研，在交易市场上，缅甸活牛的交易价格为11元/斤，而本地黄牛要12.5元/斤，一只500千克缅甸牛价格要比本地牛低1 500元左右。但是，缅甸牛骨架较大，瘦骨嶙峋，虽然价格便宜，屠宰效益并不看好。在调研中养殖者普遍认为缅甸牛太瘦，当架子牛育肥几个月后才好卖。粗略计算，购牛成本加上物流、育肥成本，缅牛价格优势有所缩减，竞争力受限。

五、缅甸活牛进口未来展望

第一，将是中低端、加工牛肉市场的重要进口来源。目前缅甸活牛具有“低价效应”进口不仅价低还免税，未来将供应我国中低端市场，满足我国对进口鲜牛肉的需求。白牛是理想的育肥品种，将缓解我国架子牛短缺的现象。

第二，市场对缅甸牛依然存在疫病担忧。由于缅甸养殖方式原始落后，防疫和检疫条件较差，除了口蹄疫，世界动物卫生组织（OIE）将炭疽热、出血性败血症（HS）和黑区（BQ）等疾病列为缅甸的地方病。活牛贸易会增加疾病的传播。缅甸目前没有健全的检验检疫程序，缅甸管控疾病风险差。LBVD签发的健康证明并没有完全符合国家质检总局（AQSIQ）进出口商品质量标准，检验检疫基础设施也有待考量。中国寻求加快在缅甸和老挝在内的边境国家的养殖、检疫、口岸和自贸区等基础设施建设。

第三，未来缅甸活牛供应可持续性问题。根据缅甸的政策限制，母牛是不允许出口的，因此缅甸市场上母牛的价格只有公牛价格的60%。在利益的驱动下，缅甸出现了母牛被屠宰的现象。根据缅甸养牛业的落后水平，活牛出口的增加将导致缅甸活牛存栏逐年下降，再加上基础母牛数量的减少，无疑雪上加霜，有可能出现出口后续不足的现象。

第四，中国将助推缅甸肉牛产业发展。未来缅甸肉牛产业的发展，可能很大程度上与我国的对外政策和投资力度相关，我国“一带一路”倡议的实施将为沿线国家的经济注入新的活力。未来我国将继续加大对沿线国家的基础设施建设的投资，鼓励中方企业“走出去”，越来越多的企业在国家政策支持下，有意愿在缅甸建立肉牛繁殖、屠宰、加工基地，这些都将带动缅甸的肉牛产业发展。

参考文献

《农业部、商务部、海关总署、国家质量监督检验检疫总局支持云南跨境动物疫病区域管理试点工作》（农医函〔2017〕1号）

《西双版纳跨界动物疫病区域管理试点工作实施方案》（西政办函〔2017〕122号）

Sizhizhi，Scott Waldron，Colin Brown，Yang Guorong，2018. Developments in the China-Myanmar cattle trade.

Theingi Myin，2018. 105 miles Trade Zone and Respondents.

Theingi Myint，Sein Sein Mu，Khin Nyein San，2018. Recent Developments in the Cattle Trade between Myanmar and China.

（中国农业科学院农业信息研究所　司智陟）

第十三部分

羊　肉

专题一：世界供需形势分析

羊肉在全球肉类总产量中所占的比重不大，基本维持在4.5%左右的份额。2018年全球羊肉产量较上年略有增加，消费量增幅略高于生产量增幅。受需求趋旺影响，羊肉价格呈现上涨趋势。羊肉具有优质的口感和丰富的营养价值，深受消费者的青睐，国际市场上羊肉贸易总量不断攀升，2018年全球羊肉出口量达到155.44万吨，较上年增加4.1%；羊肉进口量156.54万吨，较上年增加7.5%，亚洲作为羊肉主要进口地区以及大洋洲作为羊肉主要出口地区的格局将继续保持下去。通过对近十年来羊肉主要生产国和贸易国的供需情况分析，预计未来一段时期，世界羊肉生产和消费继续保持温和增长，羊肉贸易将继续保持微弱的增长态势。

一、世界供需现状

（一）产量略有增加

2018年世界羊肉产量达到1 506.81万吨，较上年增0.7%（图1）。近几年世界羊肉产量增长乏力，主要是由于部分主产国进入了畜群重建阶段。与2017年相比，中国、澳大利亚、巴基斯坦和新西兰的羊肉产量分别增长1.2%、1.3%、0.9%和4.3%，印度、土耳其、尼日利亚和欧盟的羊肉产量分别减少0.6%、0.1%、0.6%和2.5%。从2016—2018年世界羊肉生产情况看，全球及各主产国产量波动不大。与其他畜禽养殖业相比，羊肉生产受气候变化的影响更大。根据OECD-FAO的数据，2007—2017年，全球羊肉产量的复合年增长率为1.1%，远低于猪肉（1.7%）和禽肉（3.2%）。尽管预计全球羊肉产量将继续增长，但在未来十年中，羊肉占全球肉类产量的比重将继续保持在5%以下。

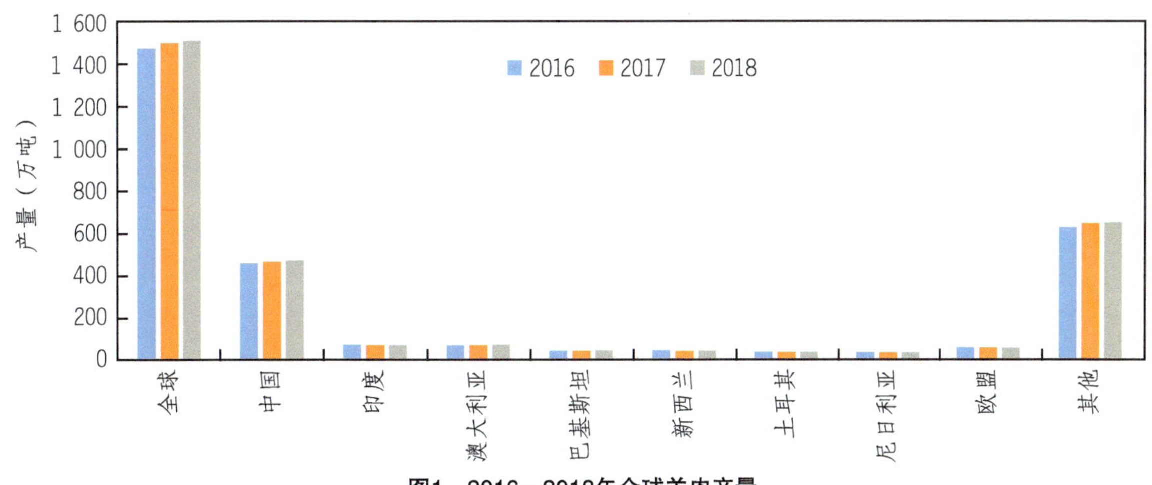

图1　2016—2018年全球羊肉产量

数据来源：OECD-FAO Agricultural Outlook 1990—2028

注：2018年数据为估计数

2018年羊肉产量排名前5位的国家分别是中国、澳大利亚、印度、巴基斯坦和新西兰，合计占世界羊肉产量的47.5%，其中中国羊肉产量占世界的31.4%。2013—2017年，中国羊肉产量年均增长3.5%，2018年仅增长0.8%，主要是能繁母羊数量有所减少。2019年羊肉价格持续高位运行，一定程度上刺激羊出栏数量的增加，从而导致上半年羊肉产量同比增加1.5%。预计2019年欧盟羊肉产量略有减少，主要是因为2018年母羊死亡率有所上升。由于澳大利亚干旱天气将一直持续到2019年，牧场条件进一步恶化，预计澳大利亚羊肉产量将下降，出口量由此可能会减少。新西兰由于奶业的发展，羊只数量在2007—2014年期间减少了23%，之后也持续在减少，但减幅有所放缓，因胴体重的增加，预计2019年羊肉产量下降不会太多。

（二）消费量持续增长

2018年全球羊肉消费量为1 509.39万吨，较上年增1.0%，高于0.7%的羊肉生产增长率（图2）。由于发展中国家对羊肉的偏好程度逐年增加，因此未来10年发展中国家人口数量的增长将成为全球羊肉消费量增长的主要动力来源。2019年全球羊肉消费量预计为1 504.83万吨，较上年减0.3%，主要是由于羊肉价格上涨较多，将抑制部分人群的消费量。发展中国家消费量预计为1 223.63万吨，较上年减0.5%，发达国家消费量预计为281.19万吨，较上年增0.7%，仅为发展中国国家羊肉消费量的23.0%。

2018年羊肉消费量排名前5的国家为中国、印度、巴基斯坦、土耳其和尼日利亚，羊肉消费量分别为504.91万吨、71.33万吨、46.66万吨、40.10万吨和39.51万吨。与2017年相比，中国、印度和巴基斯坦羊肉消费量分别增2.6%、0.3%和0.9%，土耳其和尼日利亚羊肉消费量分别减0.1%和0.6%。

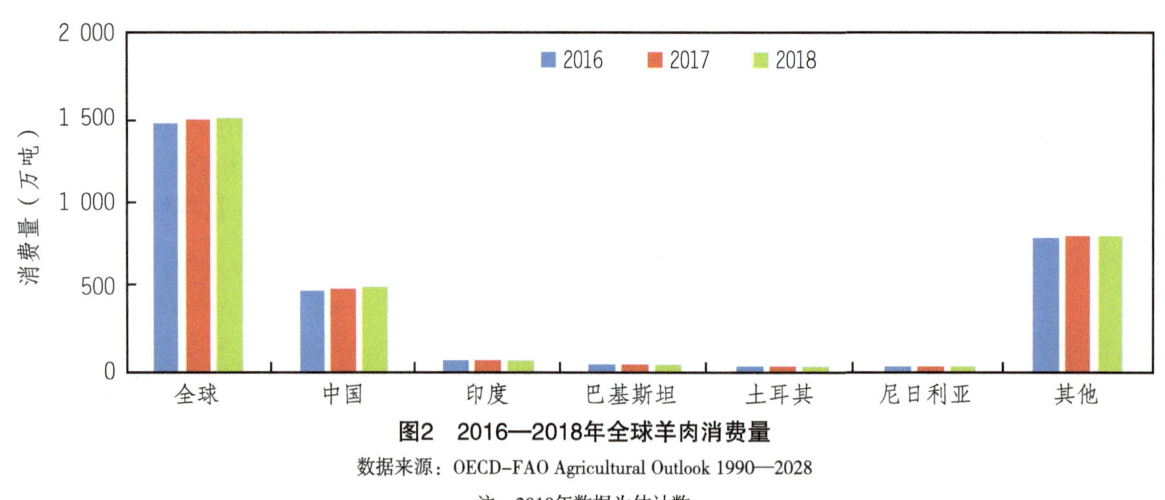

图2　2016—2018年全球羊肉消费量

数据来源：OECD-FAO Agricultural Outlook 1990—2028

注：2018年数据为估计数

二、国际价格走势

（一）FAO羊肉价格指数波动上升

从FAO肉类价格指数看（图3），2018年羊肉价格指数是四个肉类品种（猪肉、禽肉、牛肉、羊肉）中最高的，平均为227，较上年提高17.0%。进入2019年，羊肉价格指数先降后涨，1—4月价格下跌，4月价格指数为202，较上年同期下降9.0%，主要是由于出口量增加导致价格下跌，5—9月价格上涨，9月价格指数为232，较上年同期下降3.0%。1—9月羊肉价格指数平均为214，较上年同期下降5.0%。

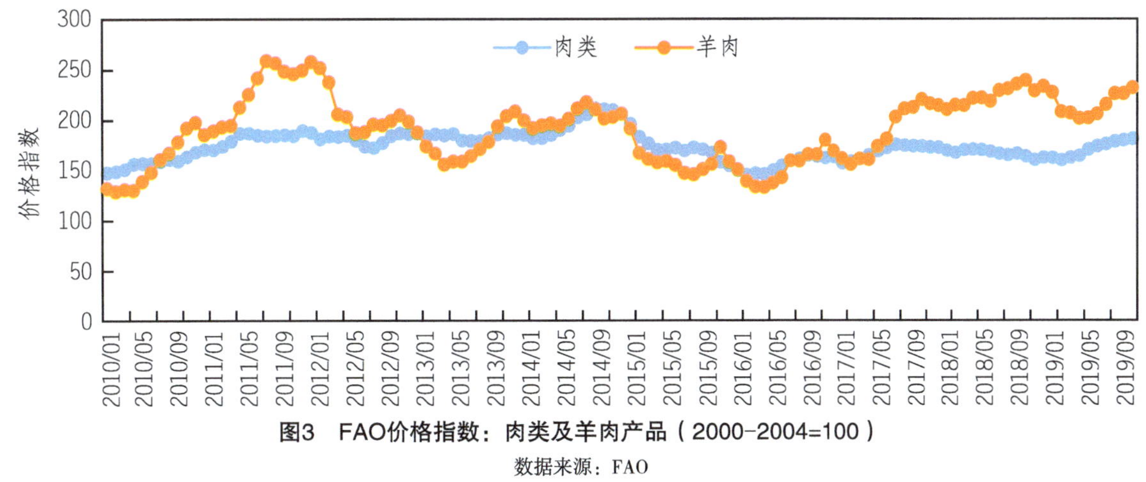

图3　FAO价格指数：肉类及羊肉产品（2000-2004=100）

数据来源：FAO

注：羊肉价格指数根据新西兰羔羊肉（17.5千克，cwt）出口价格计算

（二）澳大利亚羊肉价格高位运行

2017—2019年，澳大利亚羊肉销售价格呈现出逐年递增趋势（图4）。2017年1—12月羊肉销售价基本平稳，平均价格为6.23澳元/千克。2018年澳大利亚羊肉销售价格逐渐上涨，9月达到最高值8.75澳元/千克，10月价格降至6.71澳元/千克，降幅达23.3%，11、12月价格小幅波动，2018年平均价格为6.85澳元/千克，较上年涨10.1%。2019年3—7月羊肉销售价格呈明显上涨态势，8月有所回落，1—8月平均价格为7.52澳元/千克，较上年同期涨13.7%。从年均价格看，2017—2019年，澳大利亚的羊肉价格呈上涨态势。

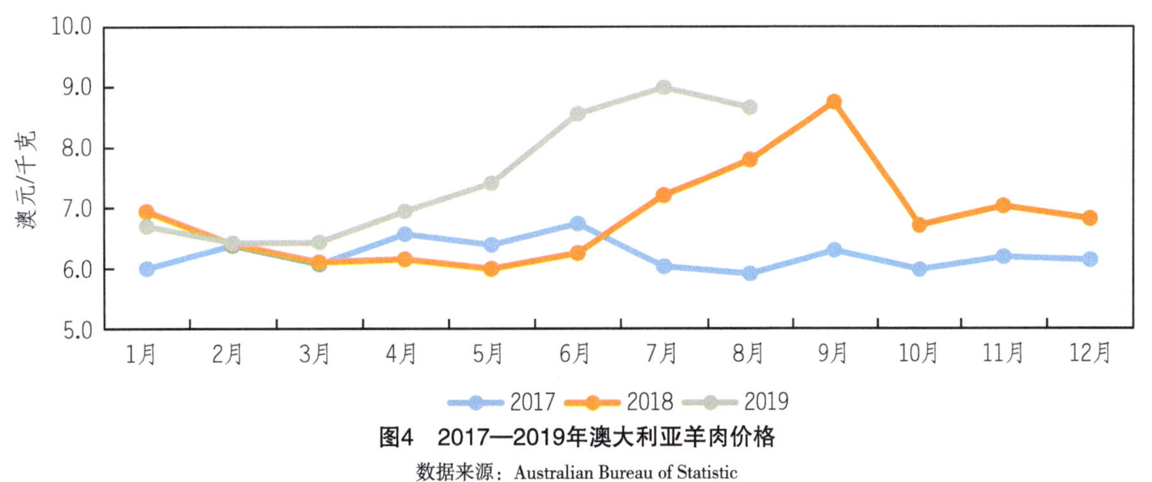

图4　2017—2019年澳大利亚羊肉价格

数据来源：Australian Bureau of Statistic

澳大利亚价格上涨的主要原因是羊肉出口需求强劲和澳大利亚国内供应量减少。尽管羊肉和羊毛价格高企为羊业发展提供了强大的动力，但由于长期干旱以及土地一直倾向用于种植业的发展，澳大利亚2018/19年度羊群数量急剧减少，已降至1904/1905年度以来的最低水平。羊群扩张还将受到繁殖能力低、补栏成本高和春季干旱条件等的限制。

（三）新西兰羊肉价格小幅上涨

2017—2019年，新西兰羊肉销售价格呈现出小幅增加的趋势（图5）。2017年和2018年的羊肉价格具有相似的变动趋势。这两年1—12月羊肉销售价格变动情况分两个阶段，1—10月，价格处于上升趋势，10—12月处于下降趋势。2017、2018年分别由1月的6.96新西兰元/千克、8.86新西兰元/

千克上涨到10月这一年中的最高价格9.9新西兰元/千克、10.60新西兰元/千克，10月过后价格开始下降到12月的8.74新西兰元/千克、8.98新西兰元/千克，2017年、2018年平均价格分别为8.48新西兰元/千克、9.45新西兰元/千克。2019年1—6月新西兰羊肉销售价格逐渐上涨，从1月的8.86新西兰元/千克一直上涨到6月的10.10新西兰元/千克，涨幅达14.1%，平均价格为9.49新西兰元/千克，较上一年的同期9.16新西兰元/千克，上涨了3.7%。从平均价格看，2017—2019年，新西兰的羊肉价格呈小幅增加态势，增幅有放缓趋势。

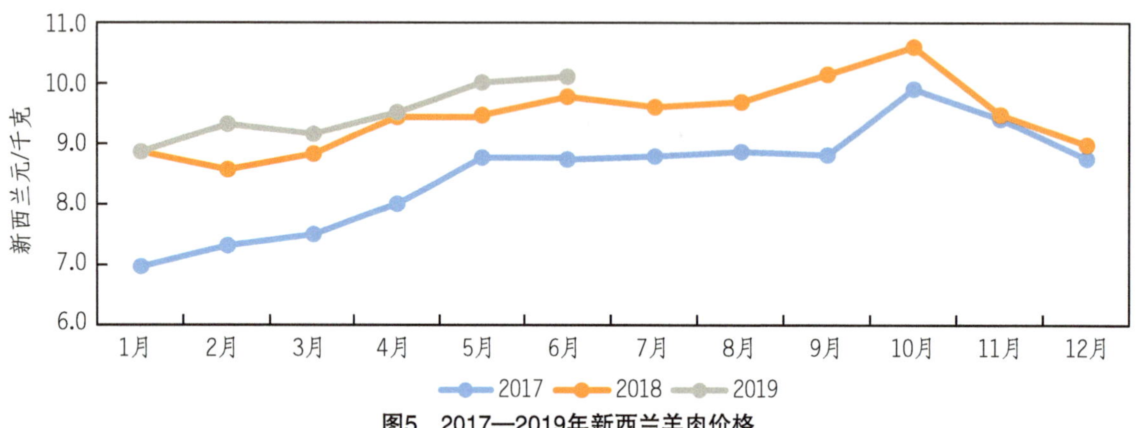

图5 2017—2019年新西兰羊肉价格

数据来源：Compiled by MIA from Statistics New Zealand overseas merchandise trade data

三、国际贸易格局

（一）贸易格局保持稳定

亚洲作为羊肉主要进口地区以及大洋洲作为羊肉主要出口地区的格局将继续保持下去。2018年，亚洲羊肉进口量占全球的64.5%，较上年提高2.3个百分点；大洋洲羊肉出口量占全球的64.5%，与上年基本一致。

2018年世界羊肉出口量155.44万吨，较上年增加4.1%，其中，澳大利亚羊肉出口增加3.9%，新西兰羊肉出口增加4.4%（图6）。羊肉出口继续以澳大利亚和新西兰为主，两国出口量合计占世界羊肉出口量的64.5%。其他出口国家还有英国和印度等，出口量较上年分别减少5.0%和17.7%。全球羊肉出口仍然受新西兰母羊数量下降和澳大利亚持续干旱的制约。

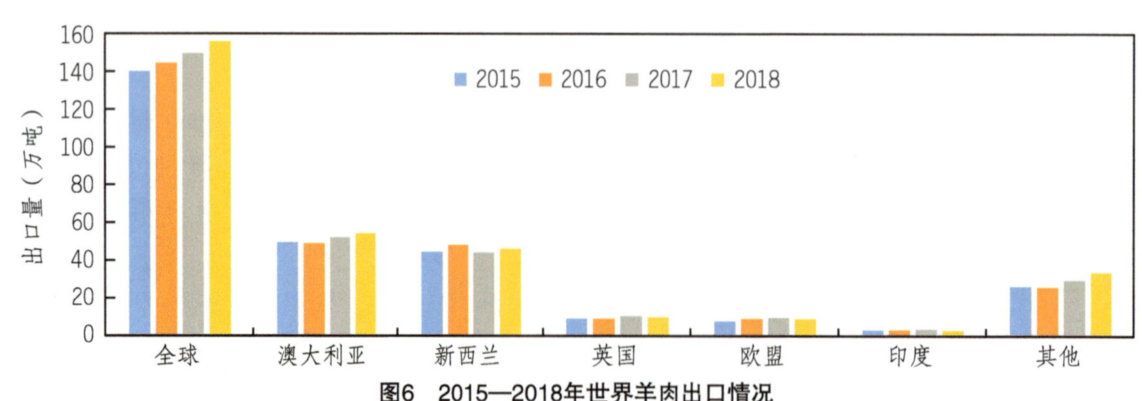

图6 2015—2018年世界羊肉出口情况

数据来源：OECD-FAO Agricultural Outlook 1990—2028

注：2018年数据为估计数。欧盟合计数不含英国

2018年世界羊肉进口量156.54万吨，较上年增加7.5%（图7），其中，中国羊肉进口增加28.1%，欧盟羊肉进口增加1.9%，英国羊肉进口增加1.7%，美国羊肉进口减少4.7%。上述国家和地区进口量合计占世界羊肉进口量的46.3%。

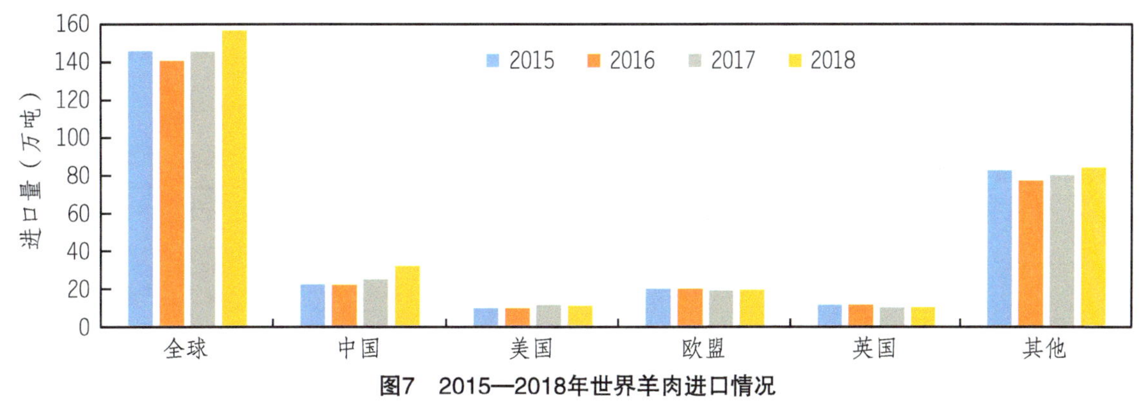

图7　2015—2018年世界羊肉进口情况

数据来源：OECD-FAO Agricultural Outlook 1990—2028

注：2018年数据为估计数。欧盟合计数不含英国

（二）2018年澳大利亚羊肉出口增加，主要出口美国和中国

因美国、中国和中东市场需求强劲，2018年澳大利亚羊肉出口继续增加。其中，羔羊肉出口量26.83万吨，达到历史最高水平，较上年增加6.6%；成羊肉出口量18.00万吨，较上年增加22.6%。2019年1—9月，澳大利亚羔羊肉出口量20.69万吨，同比增加4.6%，成羊肉出口量12.18万吨，同比减少1.1%。预期2019年全年羔羊肉出口量将会减少8%，为24.70万吨，成羊肉出口量减少16%，为15.10万吨。美国仍然是澳大利亚最大的羔羊肉出口市场（图8）。美国的羔羊肉消费量很小，通常集中在东西沿海城市的一些群体。随着美国国内羊肉供应的减少，出口美国市场继续保持稳定增长趋势。由于澳大利亚羔羊肉供应紧张，以及来自其他市场的竞争，使得美国进口羔羊肉价格保持涨势。2019年1—9月澳大利亚出口美国羔羊肉量为4.27万吨，同比增6.3%。中国作为羊肉生产和消费大国，近年来对羊肉的需求日益强劲，2018年澳大利亚出口中国的羔羊肉和成羊肉分别为5.29万吨、5.49万吨，分别较2017年增长9.8%、57.0%。2019年1—9月，澳大利亚出口中国的羔羊肉为5.10万吨，同比增长27.0%。中东仍将是澳大利亚羊肉出口的重要市场，其中阿拉伯联合酋长国仍是澳大利亚在该地区的最大市场，2018年出口羊肉（羔羊肉+成羊肉）2.98万吨，较上年增长3.5%。对卡塔尔的羊肉出口增幅较大，2018年出口羔羊肉2.78万吨，较上年增加37.8%。

（三）2018年新西兰羊肉出口增加，主要出口中国

2018年新西兰羔羊肉出口量31.22万吨，较上年增加6.6%；成羊肉出口量9.46万吨，较上年增加9.3%。由于牧场条件较好，羔羊数量及屠宰重量有所提高，但由于母羊数量较上年同期减少3.3%，预计2019年羔羊肉产量为37万吨，仅略高于上年水平。未来几年，预计羊的数量将继续下降，只有提高羔羊比例和胴体重量，才有可能实现羔羊产量的增长，从而增加出口。新西兰羔羊肉主要出口中国、英国、美国、德国、荷兰、法国、加拿大、沙特阿拉伯等（图9），其中，2018年出口中国、英国和美国的羊肉占比达到61.4%，2019年前7个月该比例为64.8%。2019年1—7月，新西兰累计出口羔羊肉20.91万吨，同比减2.1%，其中，对中国、英国和美国的羔羊肉出口量分别为9.47万吨、2.62万吨和4.08万吨，同比分别增19.4%、减23.1%、减15.7%。累计出口成羊肉5.55万吨，同比减12.6%，其中，对中国、马来西亚和德国的成羊肉出口量分别为4.21万吨、0.76万吨和0.71万吨，同比分别增7.6%、减38.4%、减41.2%。

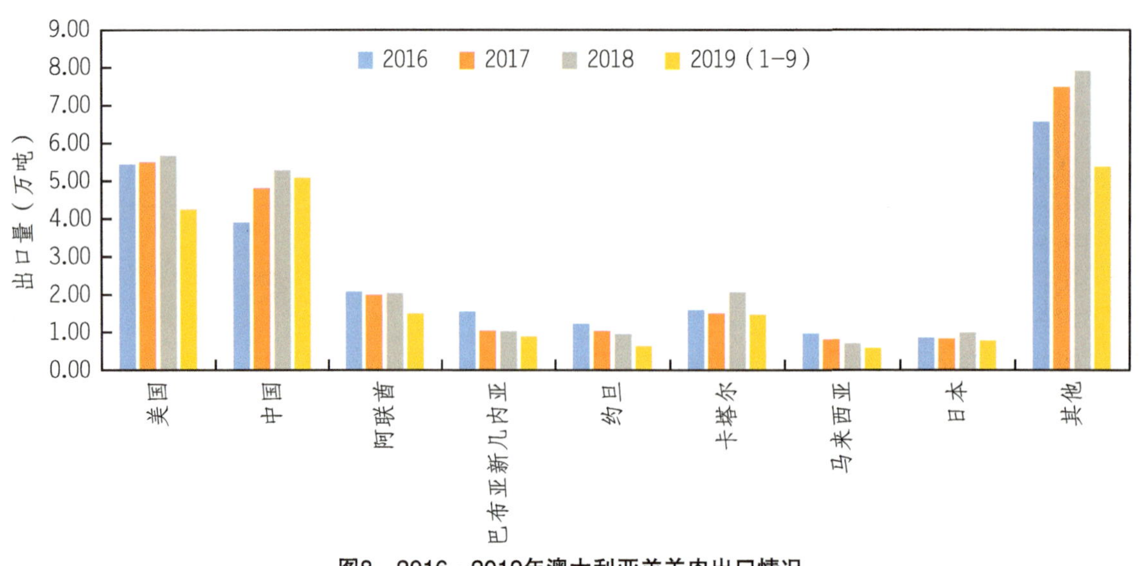

图8　2016—2019年澳大利亚羔羊肉出口情况

数据来源：DAFF

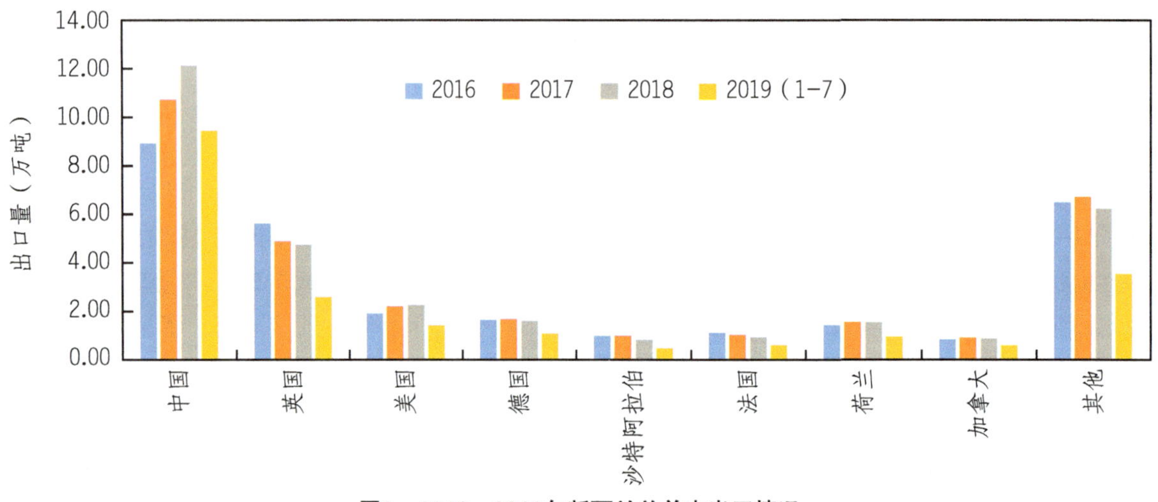

图9　2016—2019年新西兰羔羊肉出口情况

数据来源：DAFF

四、世界主要国家产业竞争力

（一）澳大利亚羊肉产业竞争力分析

澳大利亚羊肉产业在规模化养殖、完善的羊肉产业链、现代化的生产模式等方面提升了产业竞争力。

1. 澳大利亚羊肉产业规模化、集约化养殖程度高

澳大利亚作为一个发达的畜牧业国家，养殖规模化集约化程度较高。根据澳大利亚农业和水资源部（ABARES）调查数据（表1），2017/18年度，羔羊养殖场有17 580个，较上年度增加2.1%，但与2000/01年度相比减少了10.6%。大多数羔羊养殖场呈现多元化发展态势，其中绝大多数养殖场将羊毛作为副产品，只有小部分农场将羔羊肉作为唯一的产出，这严重影响了羔羊养殖场的数量和专业化特征。从2005年开始，用于屠宰的大型羔羊养殖场数量有所增加，以绵羊、羔羊和羊毛生产为重点的小型农场的数量有所减少。从羔羊养殖场规模（按羔羊出栏数量）看，中规模

（500～2 000只）养殖场个数最多，所占比例为51.8%，较上年度提高1.2个百分点，其出售的羔羊占比为57%，较上年度提高7个百分点；其次是小规模（200～500只）养殖场，占比为39.9%，较上年度提高1.6个百分点，其出售的羔羊占比为14%，与上年度相同；大规模（2 000～4 000只）和超大规模（4 000只以上）养殖场的比例分别为6.7%和1.6%，分别较上年度减少1.8个百分点和1.1个百分点，其出售的羔羊占比分别为19%和11%，分别较上年度减少3个百分点和4个百分点。目前澳大利亚肉羊养殖的主体虽然为专业化的中大型农场，但是当地通过发展适度规模经营，使得种养兼营农场数量不断增加，同时种养兼营农场提供的肉羊数量和羊肉产量占比也不断增加。培育家庭农场，发展适度规模经营是未来的发展方向，重要的是适度规模的种养兼营农场，不仅有利于草场的循环利用，而且有利于羊群疫病防控。

表1　2017/18年度澳大利亚羔羊养殖场规模

农场规模	农场数量（个）	农场比例（%）	出售羔羊比例（%）
小规模（200～500只出栏）	7 020	39.9	14
中规模（500～2 000只出栏）	9 100	51.8	57
大规模（2 000～4 000只出栏）	1 170	6.7	19
超大规模（4 000只以上出栏）	290	1.6	11
总　计	17 580	100	100

数据来源：ABARES澳大利亚农牧业调查

2017/18年度，绵羊总成本的增加抵消了绵羊、羔羊和羊毛价格的上涨，使得绵羊养殖户平均经营利润下降了4%。羔羊养殖户的经营利润下降了5%，主要原因是季节性干旱导致饲料支出增加，购买羊只和劳动力支出增加，另外，羔羊生产商增加投资也增加了折旧和财务成本。按实际价值算，2016/17—2017/18年度，农场平均每千克绵羊活重的生产成本增加了2%，主要原因是绵羊和羔羊的收购价格上涨。近三年，绵羊养殖户的总生产成本是平均每千克活重351澳分，羔羊养殖户的成本是每千克活重338澳分（表2）。对于羔羊养殖户而言，随着养殖规模的增加，平均总成本是下降的。最小规模养殖户（销售200～500只羔羊）的总生产成本平均为每千克410澳分，最大规模养殖户（销售超过2 000只羔羊）的为299澳分。羔羊养殖户规模越大，经营利润越高，羊肉和羊毛的生产成本也随之降低。从近三年的平均成本看，各种规模羔羊养殖户（包括小规模在内）获得的收益足以支付所有的生产成本。

表2　2015/16—2017/18年度澳大利亚每千克肉羊（活重）平均生产成本及收入

	羔羊养殖户					所有养羊户
	200～500只羔羊出栏	500～1 000只羔羊出栏	1 000～2 000只羔羊出栏	超过2 000只羔羊出栏	平均	
每千克活重收益（澳分/千克）						
羊肉和羔羊肉	252	253	254	272	259	256
羊毛	214	177	149	139	162	177
总计	466	430	403	411	421	433
生产成本（澳分/千克）						
架子羊和羔羊费	27	34	37	47	38	37
雇工费	5	8	10	14	10	10
劳动力机会成本	97	66	44	22	50	55

（续表）

	羔羊养殖户					所有养羊户
	200～500只羔羊出栏	500～1 000只羔羊出栏	1 000～2 000只羔羊出栏	超过2 000只羔羊出栏	平均	
总成本（所有现金成本、融资、折旧和劳动力机会成本）	410	364	325	299	338	351
养殖利润	56	66	78	112	83	83

数据来源：ABARES澳大利亚农牧业调查

2. 澳大利亚完善的羊肉产业链

澳大利亚建立了以科研院所为引擎，以信息技术为平台的完善的肉羊产业链模式，即科研院所为肉羊业的发展提供良种引繁、品种选育、疾病防治、检疫监测及其保鲜供应、农民培训等方面的服务，同时兴办自己的农场、饲料加工厂和屠宰加工厂，发挥引擎作用。此外，纵向产业链条各环节之间的联系高度信息化，各经营主体通过计算机、电话、传真机等现代化的信息工具进行产品买卖、信息发布与咨询、科研交流等活动。

3. 现代的生产模式提升羊肉加工效率及羊肉品质

澳大利亚拥有现代化的羊肉生产模式，即标准化、机械化、信息化的生产模式。一是肉羊生产经营严格遵循政府的标准体系和质量管理体制和行业协会制订的农产品等级标准、种养殖标准、质量管理和保证标准等技术性管理规范；二是大部分农牧场在饲养各环节都采取机械操作，大型农牧场还使用计算机信息化管理，甚至利用直升机管理畜群、喷药除草等；三是多数牧场在合作社的支持下，借助互联网络探寻新的销售渠道，构建羊肉销售电子商务模式，提升销售、结算的效率。

综上所述，首先，规模化和集约化为澳大利亚羊肉行业生产者提供了强大的经济动力、降低了养殖成本，可以扩大羊肉产量并提高营利能力。其次，澳大利亚采用标准化、机械化、信息化的生产模式提升羊肉加工效率及羊肉品质，最后，澳大利亚建立完善的羊肉产业链提升了肉羊产业在国际上的竞争力。

（二）新西兰羊肉产业竞争力分析

在国际市场上，新西兰草场建设、良种繁育、社会化服务等方面提升羊肉产业的竞争力。

1. 重视草场建设

新西兰充分利用优质的天然草场资源，建立了有效的草场建设机制，一方面，拥有设备齐全的牧草种子经营公司和种子繁殖农场，注重牧草种子的选育、繁殖、加工、检验；另一方面，绝大部分为人工种植和改良的草地，超过910万平方公顷（约占全国草场总面积的70%）。人工草场每半个月轮牧一次，每公顷养羊1 520只，比植被好的天然草场高5～6倍。

新西兰还实施“以草定畜、依畜配草”策略，科学测算用草量；重视淡季牧草储备，严格限定载畜量，建起以白三叶与黑麦草为主的混播草地，牧草种群进行生态调控，通过豆科牧草根瘤固氮改良土壤，促使草场土质肥沃，豆科和禾本科按比例播种，注重不同牧草的合理搭配，以达到草场生态系统中的草畜平衡和投入成本与产出效益的平衡，使草场在数十年内保持稳定的生产力，也保证肉羊营养平衡，满足生长发育需要；同时，以家庭牧场为基本单位，实行围栏和分区轮牧，加强对肉羊的控制，提高草地利用率和产出率，重视测土配方施肥和综合措施防除杂草。

2. 培育优良品种

新西兰科研机构和种羊公司极其重视种羊培育，重视产羔率、年怀孕次数、存活率，而且从国外引进的肉羊品种必须经过严格的隔离、检疫、选育，按照不同气候、饲养条件进行胚胎移植、杂交组合，目前饲养的肉羊已全部良种化，基本都是改良杂交羊，繁殖成活率达到130%，培育出了肉毛兼用的新品种，如萨福克羊、罗姆尼羊，是目前世界上肉质好、生长快、又能产毛的顶级绵羊品种。

2010—2018年，新西兰每年的羊存栏数整体上继续呈下降趋势。根据草场载畜量要求，再加上羊肉产业相对于其他肉类产业利润率下降，许多农场主纷纷转向饲养奶牛或改种经济作物和饲料牧草，从2010年的3 256万只减少到2018年的2 729万只，年均减少2.0%。虽然羊的存栏数不断减少，但是新西兰通过培育优良品种提高羊的繁殖力、牧场草的营养供给、动物福利和生产管理技术水平等方面提升肉羊生产效率，为羊肉的生产提供了充足的原料储备。

3. 便捷的公共服务方面

新西兰的教学、科研、推广服务机构（经费由政府拨款）按经济区合理设置且设置完备，拥有农牧业研究所、农牧业技术研究服务中心、畜牧业生产技术培训中心，各部门之间密切合作，畜牧技术推广部门和科研机构紧密联系生产实际，在肉羊良种引繁、品种选育、疾病防治、检疫监测、灾害预测防范、产品保险与供应等方面均紧密合作，服务全国各地肉羊养殖场，在生产技术、市场信息、经营管理等方面为农牧场提供服务。此外，科技人员经常直接向农场主推广新技术定期举办融合理论学习和技术操作的培训班，学员只有毕业获得三级以上培训证书，方可成为一名合格的牧场主。

总之，新西兰为了提升肉羊产业在国际市场上的竞争力，重视草场建设来培育优质牧草、通过良种繁育培育优良品种、便捷的社会化服务提升养殖业的生产效率。

五、主要国家产业支持政策新变化

（一）澳大利亚

1. 制定新的肉类产品出口管制规则，推动澳大利亚羊肉出口

澳大利亚政府于2018—2019年致力于起草《2020年出口监督条例草案-肉类和肉类产品》磋商草案，该草案中描述了对肉类和肉类产品出口的管制，草案一旦最终确定，新的肉类产品出口管制规则将取代现行的立法文书，其中包括2005年肉类和肉类产品的出口管制令以及2017年的出口管制法案和出口管制规则。这将提高政府适应不断变化的市场条件的能力，并且可以更好的满足进口国对于澳大利亚肉类产品的各种要求。该草案落实后将会在一定程度上推动澳大利亚羊肉的出口。

2. 制定绵羊繁殖研究开发和推广战略，提高绵羊繁殖率

澳大利亚行业协会制定了提高绵羊繁殖率的新战略。提高农场繁殖率是澳大利亚绵羊和羊毛生产商最关心的问题，澳大利亚绵羊生产商（SPA）、羊毛生产商、肉类和牲畜、羊毛创新和动物健康等组织合作制定了绵羊繁殖研究开发和推广战略。合作计划是生产商、行业峰会组织（PICs）和研发公司（RDCs）等通过合作来解决绵羊繁殖方面问题（包括提高羊羔成活率）的最佳方式，以此不断提升羊肉和羊毛行业的生产力、营利能力。该战略将通过在相关牧场的生产实践中，对绵羊繁殖问题进行有针对性地研发，发现提高母羊及羔羊成活率的最佳方法是进行人为干预，包括增加孕期检查、优化营养、围场选择和羊群规模。为此，行业峰会组织和研发公司会继续进行研究成果的推广及应用。绵羊繁殖问题关系着农场的生产经营，对农场的经济效益有着重要影响。它是改良种群遗传的基础，决定着绵羊的产量。澳大利亚行业协会将尽全力通过这项工作的开展，来保障羊肉和羊毛在国内和国际市场的供应。

（二）新西兰

1. 采取自由贸易化以及便利投资化等经济刺激政策，促进畜牧产品出口

新西兰的经济发展非常依赖对外贸易，羊肉产业发展更是离不开对外贸易，92%的羊肉产量用

于出口。在2007年世界经济危机之后，新西兰的外贸和国内经济发展受到了强烈的冲击。在受到金融危机影响之后，新西兰政府果断采取自由贸易化以及便利投资化等经济刺激政策，以促进畜牧产品的出口。

2. 制定草地资源的平衡利用措施，促进畜牧业的可持续发展

新西兰在畜牧业中制定了饲养策略，核心内容是充分利用草地资源，考虑牛羊等牲畜的营养需要和环境的承载力，通过平衡的利用，以最低的成本获得最大的产出，实现畜牧业的可持续发展。这个策略也决定了新西兰羊的养殖规模依赖于草场资源，即使国际羊肉价格持续走高的背景下，羊的饲养规模也不会大量的增长。

六、世界供需形势展望

全球羊肉产量继续温和增加。羊的养殖规模普遍较小，与规模化程度高的猪肉、家禽生产不同，产量的增长比较缓和。预计2020年将继续保持微弱的增长态势。中国是世界上羊肉最大的生产国、消费国和进口国，为满足人们对羊肉的数量需求和质量要求，政府继续加大对草食畜牧业的支持力度，标准化规模养殖稳步推进，羊肉产量继续增长，由于面临结构调整，近年来产业一直处于恢复发展阶段，增速有所放缓。澳大利亚养羊业继续恢复重建。尽管羊肉和羊毛价格高企，为重建羊群提供了强大的动力，由于扩大羊群规模要受到母羊数量少、补栏成本高以及预期干旱仍将继续的限制，羊的数量处于继续减少趋势。但澳大利亚畜牧行业重视畜牧科技的发展，母羊产羔率和胴体重不断提高，在一定程度上弥补了养殖数量的减少，羊肉产量减幅放缓。新西兰羊只数量开始恢复。2013年起新西兰羊只数量逐年减少，2018年减至2 730万只，累计减少13.3%，预计2019年恢复至2 739万只，较上年增加0.4%。

全球羊肉消费依然增长，主要受发展中国家人口和家庭收入增长的推动。澳大利亚生产的羊肉占世界羊肉供应的小部分，但出口占全球的近40%，是全球市场最大的出口国。与牛肉、家禽和猪肉相比，在大多数市场，羊肉仍然属于消费者饮食中的利基产品。据MLA预测，未来几年，全球羊肉消费量将以每年1.7%～1.9%的速度增长，其在全球肉类消费中所占份额将逐步上升，但仍低于5%。以亚洲为主的发展中市场是羊肉消费增长的驱动力，占未来羊肉消费增长量的90%以上。但羊肉价格仍然是影响许多消费者消费需求的主要障碍。发达国家羊肉消费受购买力的影响较小，主要受消费者的认知、可获得性和偏好等的影响。如美国、英国和澳大利亚，消费者比较偏爱诸如羔羊肉之类的产品。

全球贸易量受主要出口国产量有限的抑制。预计2019年贸易量将下降1.9%，主要是澳大利亚和新西兰两大羊肉出口国的羊肉产量增加有限，2019年澳大利亚羔羊肉和成羊肉出口量分别比上年减少1%和8%，考虑市场的需求和羊群重建速度等，未来几年羔羊肉出口量将增加，成羊肉出口量将减少。2019/20年度新西兰羊肉出口预计增加，其中羔羊肉出口30.5万吨，与上一年度基本持平，成羊肉出口9.0万吨，较上一年度增加8.7%。因对羊肉的需求增加，以及中国羊肉产量增长缓慢，中国对羊肉的进口量将继续增加，预计2019年中国羊肉进口量可达35万吨，2020年该数值将会达到38万吨，而美国、阿拉伯国家、马来西亚和加拿大的羊肉进口量预计将略有增加。未来，澳大利亚和新西兰将继续供应全球羊肉市场，中国和中东地区继续扩大冷链运输的发展，对澳大利亚和新西兰的冷鲜羊肉的需求会继续增加。

专题二：新西兰羊肉供应链分析

新西兰位于太平洋西南部，由南岛、北岛及一些小岛组成，面积约27万平方千米，人口492万（2019年6月）。新西兰畜牧业经济发达，农牧产品出口约占出口总量的50%。羊肉和奶制品出口量居世界第一位，羊毛出口量居世界第三位。在100多年的肉类出口历史上，较其他产地的肉类，新西兰肉类产品以品质优良、健康安全而著称。

新西兰为了使羊肉在国际上拥有强大的竞争力，在羊肉供应链的每个环节都坚持高标准，在羊肉供应链的每个环节都采用纯天然的方式生产羊肉。新西兰羊肉供应链不同环节的主体包括羊的养殖环节的农场主，羊肉加工环节的加工企业及羊肉销售环节的销售商。养殖环节是保证羊肉品质的基础，在育种、饲草等方面进行大量的科研投入；新西兰在加工环节致力于羊肉的加工、存储和运送的研发和创新，使得羊肉送达超市时能保持出厂时的良好状态，来满足高品位消费者的需求；能够保证羊肉在整个供应链中保持高品质离不开强大的监管体系。

一、农场主养羊环节

新西兰的优质草场资源使得畜牧业拥有天然的发展优势。重要的是，制定合理的利用草场制度，使得畜牧业在发展的同时还保护了草原生态环境。通过大规模放牧、轮牧与小面积围栏的方式将广阔的草场划分不同区域，不同生长阶段和用途的羊在不同的区域里放养。再加上培育优质的牧草提高了天然草场供给饲草能力，延长了草场使用寿命和增强了草场的恢复能力。所以，新西兰充分利用天然的草场资源以科学合理的养殖方式形成了独特的养殖模式。

（一）新西兰羊的养殖分布情况

新西兰的主要牧羊区位于坎特伯雷、奥塔哥、和马纳瓦图等地。这些牧羊区主要养殖绵羊，绵羊品种有罗姆尼、美利奴、考力代、萨福特等品种，其中，罗姆尼为绵羊的主要品种，约占羊存栏总数的一半。新西兰畜牧业对罗姆尼经过多年品种改良，使得该品种不仅盛产羊毛，还能够提供优质的羊肉，罗姆尼已成为一种毛肉兼用的优良品种。

新西兰养殖规模逐年增加，羊存栏数在20世纪80年代初达到最高峰7 000多万只，约人均20只羊。之后，草场资源开始退化，新西兰为了草场生态的恢复制定了以草定畜的载畜制度，农场主减少了羊的饲养，不到15年的时间，新西兰羊的存栏量在1994年快速地减少到4 947万只。1994—2018年的这14年间，每年的羊存栏数继续呈下降趋势，到2018年，减少到2 730万只（4亩地一只羊）（图1）。新西兰山羊的比重很小，不到1%，仅占0.4%。

新西兰羊的养殖由注重数量转到注重质量，优质的羊为羊肉供应链的加工环节提供了优质的加工原料。虽然羊的存栏数不断减少，但是通过提升肉羊生产效率，新西兰养羊业生产水平不仅没有降低，还以每年2.5%的增速提高。提升生产效率使得羊肉总产量只减少7%。提升肉羊生产效率的措施有选育高产的品种、提升牧场草的营养成分、加强生产管理技术水平等。

（二）新西兰养殖羊的特点

优良羊的品种是生产高品质羊肉的基础，在羊的养殖环节，新西兰将育种放在首位。经过多年选育，培育出了优良绵羊品种，有罗姆尼、美利奴、考力代、萨福特等。为了保障育种在养殖环节的首要地位，在制度层面，新西兰构建的育种机制是以市场需求为导向、科研机构和企业为主体、政府支持引导。在技术层面，通过使用标准的技术规范、大力推广人工授精技术和液氮冷冻精液技术等先进育种技术，提高配种率，进而来提高羊的繁育能力。

在羊的养殖管理方面，农场主建立了一整套种羊信息整理收集系统，将种羊的血统、投产时间、年龄、生产次数、体重、产羔率、等信息集中在耳标，并将相应的信息在存储到信息系统，利用收集的数据进行系统分析，根据优良品种生产的各项指标来筛选，如种羊首次生产时间，每次生产数量以及生产出的羊的发育状况。这样可以通过记录每只羊的生产信息来进行科学的数据分析，及时对种羊进行筛选淘汰。

由于新西兰劳动力成本很高，大多数农场都是家庭农场。他们都是参与农场管理的家庭成员。为了提高农场效益，新西兰的农场主改良羊的品种意识非常强，对种羊的筛选非常严格。他们希望通过培育优良的品种来提升每只羊的单产水平。

（三）养殖羊的科研投入

新西兰在养殖羊的科研投入和技术创新上是非常重视的，承担科研和实验工作的大学有8所。这些大学不仅承担了肉质研究、冷藏及包装方法等方面的课题，还提供羊养殖方面的咨询服务工作。此外，新西兰还有很多私人研究组织，如新西兰肉类研究所、新西兰农业研究所和牲畜改良公司等。其中新西兰农业研究所作为一所综合性研究机构通过培育内生菌牧草，改进了牧草的抗虫和抗旱性能，提升了草场的生产力。

新西兰养羊业在政府、科研院所和农场主的共同努力下，使得羊的供给数量和质量都有了稳定的输出保障，能够保证羊肉供应链的养殖环节给加工环节提供优质的原料，为生产高品质羊肉打下了坚实基础（图1）。

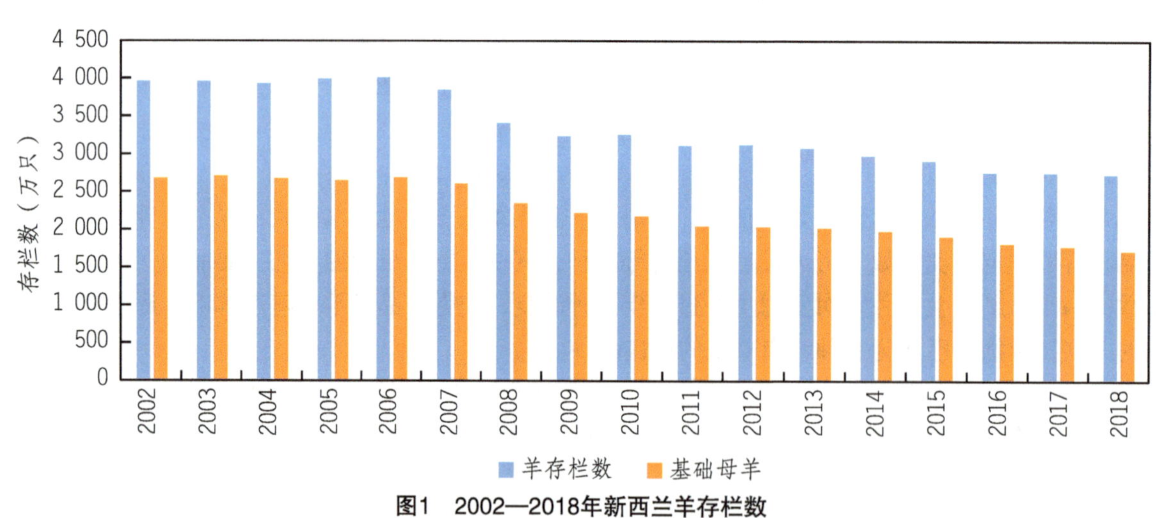

图1　2002—2018年新西兰羊存栏数

数据来源：http://nzdotstat.stats.govt.nz

二、羊肉加工环节的企业及科研

（一）加工羊肉的企业和物流公司

高品质的羊肉不仅需要优质的羊，羊肉的加工和流通环节也是至关重要的。

新西兰的肉类加工和物流行业都很发达，肉类加工公司多达上百家。这上百家公司中有六家综合性大型肉类加工公司（表1），这些大型加工公司拥有遍及全国各地的下属肉类加工厂，分布众多的加工工厂有效地缩短了羊肉供应链的流通距离，保证了肉质的新鲜度。例如新西兰最大的肉类加工公司Silver Fern Farms，拥有14家加工生产基地，这些加工基地分布在新西兰各地。新西兰加工企业在羊肉销售前需要进行加工、分割包装和保持冷藏链三大步骤。

表1　新西兰综合性大型肉类公司名单

公司名称	公司网址
Silver Fern Farms	www.silverfernfarms.co.nz
Alliance Group Ltd	www.alliance.co.nz
AFFCO New Zealand Ltd	www.affco.co.nz
ANZCO Foods Ltd	www.anzcofoods.com
Blue Sky Meats Ltd	www.bluesky.co.nz
Wallace Corp.Ltd	www.wallace.co.nz
Wallace Corp.Ltd	www.wallace.co.nz

数据来源：新西兰统计局

1. **加工过程**

进入加工厂的羊都要经过政府特许的兽医的检查，查看它们是否有生病或受伤的迹象，只有那些健康的羊才能通过检查。之后加工工厂会挑选质量上乘的羊进行冷藏加工。工厂不会挑选那些羊毛太长或者太脏的羊，因为羊毛太长或太脏可能会成为肉类的污染源。同样，这一过程也要尽可能减少动物的压力，因为压力过大会降低肉的品质，使pH值升高。新西兰的加工企业会使用人道主义的方式处理每只羊，使它们被屠宰前没有疼痛感，这一过程要符合新西兰动物福利法规。屠宰后，会使用通用的方法来防止动物冷缩，出现冷缩会使羊肉变硬。

2. **分割和包装**

通常在16～24小时的冷藏之后，肉的温度达到理想的最低温度。这时候羊体会被送进切割工作间，通常工作间的温度是12℃，这个温度既可以保证肉的品质，同时也能让工作人员感到舒适。熟练的屠夫会根据顾客需求，将羊体分割成不同的块状。之后，工作人员会将羊肉进行包装，有两种包装方式，一种是采用真空包装把氧气挤出去，另一种是使用控制大气包装的方法用二氧化碳或其他气体代替氧气。包装上有一层让肉与氧气隔开的保鲜膜。在进入切割工作间30分钟以内，切割好的肉就会进行装箱并放回冷藏室，这一过程可以减少细菌的滋生。

3. **保持冷藏链**

装箱后的羊肉要继续冷藏，直到温度稳定在（-1.5 ± 0.5）℃，这个温度区间可以最大限度地减少任何细菌滋生的可能。这一点至关重要，因为集装箱的制冷设备可以保持羊肉的温度，但是却不能降低温度。

新西兰冷冻羊肉通常被运往海外市场。那些出口的集装箱都需要进行密封性、质量和卫生的检查和认证，同时，集装箱的结构、隔离装置、门缝密条、风扇以及冷藏装置都要完好无损，这样才能够达到认证标准。

为了保证质量，出口商会在羊肉冷藏开始就监控和保留羊肉的温度记录，直到它们被运到超市。许多冷冻羊肉的出口商会在包装箱上放温度记录仪，之后再拿回来。

目前，新西兰有200多家运输肉类产品的物流公司为羊肉供应链的运输服务。这些物流公司通过新西兰食品安全局的检查和注册获得运输资格，拥有数量众多的运输工具和丰富的运输活羊、羊肉的经验。物流公司将要屠宰加工的活羊运送到各个加工工厂，加工之后的羊肉用于国内消费的，则将羊肉运送的国内各大超市；用于出口的，则运送到奥克兰、陶朗加，纳皮尔、新普利茅斯、基督城和但尼丁等港口将羊肉销往世界各地。

（二）羊肉加工、存贮和检测方面的科研

新西兰的羊肉加工企业和科研机构合作，不断研发各种先进的羊肉加工、存贮及检测设备和工艺，不断提高羊肉生产效率及羊肉产品品质，为新西兰羊肉产业处于世界领先地位提供了有力的技术保证。

1. 承担科研与实验工作的机构

新西兰依靠大学和研究所等科研机构促进羊肉产业的发展。开设畜牧类专业的大学有梅西大学和林肯大学，梅西大学的兽医专业在世界排名前五，该校开设畜牧及肉类加工方面的课程，并承担了肉质、鉴定、活性成分提取、冷藏及包装方法等方面的研究课题。林肯大学除了开设畜牧及肉类相关专业外，还拥有一个专门从事肉类加工方面研究及提供相关咨询服务的肉类工业服务公司。

新西兰承担畜牧业方面实验和研究工作的高级研究所有8个，其中农业研究所作为新西兰最大的皇家研究所，一直走在畜牧业研究的最前沿。

2. 投入使用的研发技术

羊肉加工技术方面，通过研发新技术新设备提高羊肉加工效率和质量。如新西兰工业研究公司发明的羊肉加工协力机器人，提高了屠宰工序的自动化程度；还有该公司研制的肉类加工机器人——智能Y切割机，较传统加工技术相比，不仅可以提高切割效率，还能够最大程度地减少羊肉加工过程污染的风险；新西兰农业研究院研发的沉浸冷却机，能够使羊肉在很短时间内冷却，减少微生物滋生的同时缩短了加工时间。

羊肉冷藏技术方面，各种先进冷藏及冷冻设备的研发和使用，为羊肉在流通和销售环节的品质提供了保障。

新西兰羊肉经过供应链中的加工、运输环节，进入供应链的销售环节，该环节中国内消费很小部分，绝大部分出口到世界各地。

三、羊肉销售环节

新西兰是世界上最大的羊肉出口国之一，羊肉出口量占全球羊肉出口总量的1/3。新西兰92%的羊肉以冷鲜羊肉和冷冻羊肉（羊肉的出口统计按照冷鲜羊肉和冷冻羊肉统计的）方式出口到世界120多个国家和地区。剩下的8%用于国内消费，而且国内消费的都是冷鲜羊肉，其中冷鲜羊肉中只有绵羊肉，没有山羊肉，新西兰的山羊肉全部用于出口。

2008/09年度—2018/19年度（4月至翌年3月），新西兰羊肉出口总额从26.25亿新西兰元增长到39.41亿新西兰元，增长了约50%。出口的市场构成也发生了重大变化。新西兰70%多的羊肉出口到欧盟[①]、中国和美国。其中，新西兰向欧盟地区的羊肉出口额从15.87亿新西兰元降到13.31亿新西兰元，出口份额由60.5%降到33.8%，但仍是新西兰最大的出口地区；新西兰向中国出口羊肉额从1.02亿新西兰元增长到13.09亿新西兰元，出口份额由3.9%上升到33.2%，增长了约12倍，是新西兰羊肉出口市场增长最快的国家。新西兰向美国羊肉出口额由2.26亿新西兰元增长到4.71亿新西兰元，出口份额由8.6%上升到12.0%。

从新西兰羊肉出口额统计数据看（表2），2019年3月新西兰羊肉的出口以中国、美国、西欧及中东为主。在排名前十的国家里，向中国出口1.9亿新西兰元为最大，达到40%，美国次之，达到

① 新西兰羊肉出口到欧盟的数据包括英国在内

12%，往后依次是英国、德国、荷兰、加拿大、日本、马来西亚、沙特阿拉伯和比利时，这十个国家所进口的羊肉额占比高达87%。

表2 2019年3月新西兰羊肉出口情况（按出口额）

单位：百万新西兰元

国家或地区	总出口额	比例（%）	冷冻羊肉	比例（%）	冷鲜羊肉	比例（%）
中 国	190.1	40.1	189.3	49.9	0.8	0.8
美 国	54.7	11.5	36.9	9.7	17.8	18.7
英 国	51.6	10.9	22.4	5.9	29.2	30.6
德 国	30.9	6.5	23.6	6.2	7.3	7.7
荷 兰	23.1	4.9	15.7	4.1	7.4	7.8
加拿大	16.0	3.4	13.2	3.5	2.8	2.9
日 本	13.4	2.8	6.7	1.8	6.7	7.0
马来西亚	12.1	2.6	12.0	3.2	0.1	0.1
沙特阿拉伯	11.3	2.4	10.9	2.9	0.4	0.4
比利时	11.0	2.3	4.3	1.1	6.7	7.0
其 他	60.2	12.7	44.0	11.6	16.2	17.0
总 和	474.4	100.0	379.0	100.0	95.4	100.0

数据来源：Compiled by MIA from Statistics New Zealand overseas merchandise trade data

四、为整个羊肉供应链服务的质量保障体系和行业机构

（一）质量保障体系

为保证羊肉供应链中的羊肉的食品安全，新西兰建立了一套完整的食品安全保证体系，该体系包括生物安全、质量担保和质量确保服务机构。

1. 生物安全

食品安全保证体系中的生物安全由新西兰生物安全公司负责对所有生物及其制品进行过境前后的检验、监控和危机处理，并与新西兰资源保护部、卫生部和渔业部合作，共同监管新西兰边境，监控新西兰境内牲畜的健康。为了保障境内生物健康，免受外来疾病的入侵，新西兰于20世纪90年代初制定了世界上第一个《生物安全法》。

2. 质量担保

食品安全保证体系中的羊肉质量担保由农林部和新西兰食品安全局共同负责，对加工前的羊进行检验检疫、对加工后的羊肉产品进行检测，向达到标准的加工厂颁发出口证书，新西兰制定了高于进口国家要求的肉类加工检验标准。为了给加工厂提供便捷的服务，在全国范围内设立众多的检测实验室，其中，有的实验室设立加工厂里，这样能够在保障对羊肉安全检查的同时，更高效地给符合标准的加工工厂颁发质量担保证书。

3. 质量保障服务机构

新西兰食品安全保证体系中的质量保障服务机构是食品安全检测机构（AsureQuality），该机构是新西兰政府全资拥有的食品和生物安全检测公司，作为南半球最大的检测机构，拥有国际认证资格、先进的实验室设备和1 700名技术专家组成的团队，在新西兰和澳大利亚设有140家分支机构，为

40多个国家提供食品检测、监督、评估、核查等服务，保证所有生产环节符合新西兰安全标准与环境保护法规，提供从农场到货架的食品质量和管理服务。在新西兰国内和国际的质量保证认证资质使得食品安全检测机构在全球的供应链上能够保证食品的质量和管理系统的完善。食品安全检测机构通过检测产品生产源头是否安全、生产过程是否会破坏环境可持续性等一系列标准为产品提供依据，确保产品达到质量和安全标准，帮助安全产品顺利进入选定市场。

（二）行业组织

新西兰拥有完善的羊肉供应链，离不开精益求精的养殖环节和高标准的加工环节，也离不开为整个羊肉供应链提供服务行业组织。

这些行业组织中最主要的有三家，新西兰牛羊肉有限公司、肉类工业协会和新西兰肉类董事会。每个行业组织的分工明确，为羊肉供应链的各个环节更好地服务。新西兰牛羊肉有限公司通过调研和开发市场，增加羊肉产业的投资回报，加强新西兰羊肉生产运作机制；肉类工业协会在羊肉供应链中主要职责通过构建与本国政府、贸易企业、海外机构对话交流的平台保障羊肉加工商和出口商的利益；新西兰肉类董事会主要职责是羊肉产品出口的配额分配，并与农场主、加工企业和出口企业共同提升羊肉产品的价值和利润。

总之，从新西兰羊肉供应链中初始的羊的养殖环节到加工运输的中间环节，再到最后的销售环节，都有着严格的质量保障体系。新西兰的羊肉之所以在国际上有强大的竞争力，是因为在羊肉的供应链的每个环节都做到了精益求精，尤其在供应链上的质量保障体系以及在各环节的研发投入都具有针对性。

五、中国与新西兰羊肉供应链的比较分析

从供应链的养殖环节、羊肉加工环节及羊肉销售环节对中国与新西兰的羊肉供应链进行比较分析。

（一）养殖环节

新西兰气候温和、雨水充沛、地形多山，为草场的终年生长提供了优良的自然环境。此外，新西兰独特的地理位置使其拥有天然的海洋屏障，可以抵御外来疫病的入侵，使养殖羊免受疫情侵害。这样优越的自然条件决定了新西兰通过放牧的方式养殖，用围栏分区放牧，无须棚圈，也不需要谷物饲料，这种优越的养殖方式不仅成本低，而且羊的体格健壮，肉质优良。

中国的草原分布不均衡，主要分布在内蒙古、新疆、四川、云南和西藏等地。由于草场退化严重，为了使草原得到恢复，这些地方也都执行禁牧政策，使得放牧方式的饲草养殖的比重较小，在中国存在比较多的还是建羊圈进行饲料喂养。中国的养殖羊90%集中在东北、中原、西北及西南四大产区（表3）。

表3　中国羊养殖四大产区分布及各产区的草场面积（2017年）

产　区	省、区	草原面积（亿亩）
东北产区	内蒙古、黑龙江、吉林和辽宁	14.34
中原产区	河北、山东、河南和安徽	1.87
西北产区	新疆、青海、甘肃、宁夏、陕西和山西	18.65
西南产区	四川、云南、贵州、重庆、广西和湖南	8.58

数据来源：中国统计年鉴

首先，东北产区，由于拥有丰富的天然草地资源，能够给羊的养殖提供丰富的饲草资源，且养殖成本低，在四个产区中规模化、机械化程度最高、生产效率最高，是中国羊肉产业的领头羊；其次，中原产区，虽然该产区在四个产区中草地资源最少，但该产区是中国主要粮食基地，可为养殖羊提供优质的谷物饲料，该产区的养殖方式主要是以饲料喂养的家庭散养，这样的养殖方式导致了该产区羊的养殖规模化、机械化程度低，羊肉品质参差不齐；再次，西北产区，由于该产区有一定的草场资源，但远少于东北产区，羊的饲养方式以草料结合为主；最后，西南产区，该区域位于温带湿润气候带，雨量丰富使得这个产区常年有青草资源，这样就给羊的养殖提供了丰富的饲草资源。但该产区的羊产业基础差，缺少规模化的养殖，以家庭散养为主。通过养殖自然条件的分析，与新西兰养殖羊相比较，中国在养殖方式、规模化方面处于劣势。散户为主的特点导致中国养殖羊的数量增长慢，且不稳定，受市场影响非常大。

与新西兰羊的养殖比较，中国羊存栏量约是新西兰羊存栏量的11倍，但人均量上中国约为0.23只/人，新西兰为5.57只/人，约是中国的24倍。在羊的构成比例上也存在较大的不同，新西兰超过99%的数量是绵羊，而中国绵羊的比重占54%左右。

（二）加工环节

与新西兰相比，在养殖环节上，中国单个养殖企业规模小；在羊肉加工环节，中国的羊肉加工企业规模也小得多。中国养殖、加工企业分布散、规模小，技术设备相对落后，造成养殖及加工成本高、利润低。目前，全国肉类加工企业达到规模以上的有3 000多家，但大中型加工企业只有100多家，占企业总量的比重不足5%。

在羊肉加工方面，中国加工技术相对落后，大多数屠宰加工企业仍采用传统的倒挂式手工屠宰，只有极少数的大型企业，引进部分自动化屠宰加工生产线。同新西兰比较，在羊肉供应链中的养殖环节，中国的家庭养殖规模小、缺少优质牧草以及加工企业规模小、技术落后等这些劣势，但中国在羊肉制品多样性方面不具有新西兰的优势，如特色的羊肉制品，羊肉香肠、羊肉干、酱卤羊肉、羊肉火腿、羊肉罐头等数百种羊肉制品。这些特色的羊肉制品风味独特、便于携带，也有广大的市场基础。

随着人们对羊肉的需求加大，使羊肉加工企业利润逐渐增加，会吸引更多的资本进入，有利于提高企业规模，加大技术研发，提高加工企业的生产效率。

（三）销售环节

中国是羊肉的生产大国，总量位居世界第一，2009—2018年，羊肉产量逐年增长，从2009年的399.43万吨增长到2018年的475.07万吨（图2），增长了18.9%，增长较缓慢。中国的羊肉产量大，但99%以上都用于国内消费，很少的一部分用于出口，数量仅为3 294吨，仅占产量的0.07%。这与新西兰羊肉90%以上用于出口的销售情况有很大的不同。中国羊肉出口的特点是，出口量小且主要出口我国香港地区。

六、新西兰羊肉供应链对中国的启示

（一）利用行业协会和加大育种、饲草方面的研发

新西兰羊肉供应链养殖环节的成功，一方面是依靠优质牧草的供给，另一方面在于优良品种的培育。在优质饲草方面，新西兰的科研机构利用分子育种技术开发牧草新品种来改进草场，提高草场的产草率，为羊业提供充足的优质饲草。在育种方面，新西兰通过对羊类基因组、繁殖和克隆技

术的研究，鉴定、发现与动物健康相关的重要基因，帮助农场提高养殖羊的生产率和存活率。

在养殖环节方面对中国的启示，结合中国的国情，一是中国应充分利用现有的草场，大力支持培育优质高产饲草；二是在国家供给侧改革及大力发展草牧业的背景下，一些区域改成种植优质牧草，提高牧草种植面积及数量供应，使中国的农业供给结构在一定程度上得以改变；三是利用现在的先进育种技术培育优良品种。在中国绵羊和山羊中找到优秀的基因，利用基因等繁殖方面的技术来培育优良品种，提高中国羊的优良品种数量。

（二）规范羊肉生产和加工过程

在肉羊饲养加工过程中，中国存在大量的小规模养殖企业、个体养殖户以及加工企业。首先，供应链上的部分养殖主体为了减少成本，不重视防疫，乱用兽药等；其次，部分加工企业在屠宰、加工、储运过程中，不遵守卫生检验规程和标准法规要求；同样对这些养殖户和加工企业的监督也是比较困难的，导致羊肉潜伏传染病，兽药、重金属等残留超标，这些原因导致羊肉营养价值下降，更严重的是伤害导消费者健康，也为市场销售羊肉和出口带来重重阻力，使中国羊肉产品的品质受到影响。

借鉴新西兰的经验，为了适应经济发展需要，从三个方面进行改进，首先，根据国际市场准入条件，制定羊肉的加工标准，同时中国羊肉产业的从业者提高认识、齐心协力，从养殖户饲养管理、饲料选择、屠宰厂的加工程序、屠宰检验程序到羊肉进入销售环节，严加规范。其次，政府引导羊肉加工企业走向规模化、机械化，淘汰一些小规模、生产加工技术落后的加工企业，在企业进口国外先进的技术设备、羊肉加工生产线上制定一些优惠的税收政策或给予一定的经济补贴，使中国的羊肉加工业向规模化、机械化转型，在国际上具有一定的竞争力。最后，重视羊肉加工技术的研发，坚持以市场为导向，结合国际上前沿的加工技术和中国的羊肉生产情况，设立研发专项，让高等院校、科研单位与加工企业合作公关，进行针对性的专门研究，如羊肉脱膻、羊肉嫩化、羊肉包装存储及超高压等方面。

（三）在供应链的销售环节加大冷链物流建设

新西兰羊肉在国际上具有强大的竞争力，很大一部分原因得益于销售环节拥有发达的冷链物流，保证了大量的具有高营养价值的冷鲜肉销售给各地消费者。在销售环节，不同的市场需求对羊肉加工有不同的要求，如，为了获得高营养价值，将宰后的羊胴体迅速冷却，使胴体温度降为0～4℃，并在流通和分销过程中始终保持温度，这种处理方式得到的冷鲜羊肉经过充分的解僵、排酸过程，使得羊肉柔软富有弹性，滋味鲜美，具有汁液流失少、营养价值高的优点。但是，物流运输过程中需要时刻保持温度及监测细菌数量，需要的成本较高，因此该类肉价格也高。中国仅仅进口不到1%的新西兰冷鲜羊肉，超过99%的进口是冷冻羊肉，这类羊肉是指将肉置于-23℃以下的环境中冷冻并保存的羊肉。这种羊肉的保质期较冷鲜羊肉延长了许多，有利于长途运输。冷冻羊肉具有保质期长便于长途运输的优点，但缺点也很明显，因为将羊肉降到-23℃以下过程中，体积会增长9%左右，大量冰晶的形成，会造成细胞的破裂，组织结构遭到一定程度的破坏，解冻时组织细胞中汁液析出，导致营养成分的流失、风味下降，使得冷冻羊肉的价格也较低。

目前中国绝大多数的羊肉都是通过冷冻羊肉销往国内各大超市，附加值高的冷鲜肉比例少，通过建设发达的冷链物流能够改变这一现状，提高中国羊肉产品的竞争力。

参考文献

程宇航. 2012. 令世人瞩目的新西兰现代农牧业[J]. 老区建设（1）：56-59.

丁存振，赵瑞莹. 2014. 世界肉羊生产贸易格局分析[J]. 世界农业（9）：93-100.

苟惠天，薛慧文，孙晓林. 2016. 我国与新西兰农业教育的比较与思考[J]. 河北农业大学学报（农林教育版）（4）：11-14.

卢全晟，张晓莉. 2018. 美英澳新四国肉羊产业发展经验与启示[J]. 黑龙江畜牧兽医（6）：35-38.

钱贵霞，张一品，吴迪. 2013. 液态奶产业链利润分配研究——以内蒙古呼和浩特为例[J]. 农业经济问题（7）：41-47.

王纪元，肖海峰. 2017. 中澳自由贸易协定实施对中国羊肉产业的冲击研究[J]. 农业经济与管理（1）：84-93.

游锡火. 2019. 澳大利亚肉羊产业发展经验及对我国的启示[J]. 中国畜牧杂志（8）：170-173.

杨振海，张智山，王锋，等. 2011. 新西兰畜牧业发展概况[J]. 世界农业，（1）：68-70.

赵伟. 2010. 新西兰养羊业发展现状及其对中国的启示[J]. 现代农业科技（17）：366-376.

2018. 荷兰、美国和新西兰的现代农业模式[J]. 现代农业装备（2）：73-75.

新西兰牛羊肉生产及出口概况. [EB/OL]. [2017-6-30].

（2019-05-06）. http://www.360doc.com/content/17/0630/04/44910284_667615882.shtml.

ABARES.[EB/OL].（2019-07-06）. http://www.agriculture.gov.au/abares.

AFFCO.[EB/OL].（2019-05-15）. https://www.affco.co.nz/.

Australia-China Agricultural Cooperation Agreement（ACACA）Program. [EB/OL].（2019-05-15）. http://www.agriculture.gov.au/.

Beef+Lamb New Zealand Economic Service. New Season Outlook 2019-20. [EB/OL].（2019-10-15）. https://beeflambnz.com/

DAFF. [EB/OL].（2019-05-03）. https://www.daff.gov.za/.

EXPORT OF NZ BEEF，LAMB&CO-PRODUCTS. 2018. Annual Report 2018[M]. Meat Industry Association，19-25.

FAO. Food Outlook（May 2019）[EB/OL].

（2019-07-07）. http://www.fao.org/.[EB/OL].

（2019-05-16）. http://www.stats.govt.nz/infoshare/.

MEAT&LIVEATOCK AUSTRALIA. GLOBAL SNAPSHOT-SHEEPMEAT（January 2019）. [EB/OL].（2019-08-02）. https://www.mla.com.au/.

MEAT&LIVEATOCK AUSTRALIA. Industry projections 2019-Australian sheep（2018）. [EB/OL].（2019-08-12）. https://www.mla.com.au/.

Ministry for Primary Industries.Situation and Outlook for Primary Industries（June 2019）. [EB/OL].（2019-08-12）. https://www.mpi.govt.nz/.

MLA's Statistics Database. [EB/OL].（2019-07-18）. http://statistics.mla.com.au/.

New Zealand Government.Infoshare. [EB/OL].（2019-05-12）. http://www.stats.govt.nz/.

New Zealand Meat Board. Annual Report 2017—2018. [EB/OL].（2019-07-16）. http://www.nzmeatboard.org/.

NZ Farm Assurance Programme-Farmer Handbook V1 October 2017. [EB/OL].（2019-05-10）. https://www.affco.co.nz/livestock/nzfap/

OECD-FAO Agricultural Outlook 2019—2028. [EB/OL].（2019-07-28）. https://stats.oecd.org/.

Sheep meat outlook-June 2019. [EB/OL].（2019-08-25）. http://www.agriculture.gov.au/.

Sheep Producers Australia. [EB/OL].（2019-08-12）. http://www.sheepproducers.com.au/.

UN Comtrade Database. [EB/OL].（2019-06-07）. http://comtrade.un.org/.

（内蒙古大学　钱贵霞）

（中国农业科学院农业信息研究所　曲春红）

第十四部分

天然橡胶

专题一：世界供需形势分析

一、世界供需现状

2019年1月至3月，世界天然橡胶（NR）产量为298万吨，泰国天然橡胶产量为101.83万吨，较2018年同时期大幅度减少，减少了17.56%；1月至3月泰国在世界天然橡胶产量中占比34.07%，尽管较2018年同时期在全世界产量占比中减少，但仍为世界最大天然橡胶生产国。印度尼西亚2019年1—3月天然橡胶产量为88.81万吨，同比下降了1.75%；在世界天然橡胶产量中占比29.71%，较2018年同时期占比28.50%有所增加。中国天然橡胶产量同比减少6.63%、印度减少8.82%、菲律宾减少2.52%，其他四大主产国产量有所增加，马来西亚产量同比增加13.67%，柬埔寨同比增长36.75%、越南同比增长15.91%、斯里兰卡增长2.40%。

2019年1—3月，全球天然橡胶消费量为338万吨，中国是世界上天然橡胶消费量最大的国家，2019年第一季度，中国天然橡胶消费量为132万吨，同比增加了0.53%，占世界天然橡胶消费总量的39.05%。世界橡胶主产国中印度尼西亚天然橡胶消费量同比增加2.44%；印度、马来西亚、菲律宾、泰国、斯里兰卡、越南消费量同比减少，斯里兰卡和越南消费量同比减小幅度较大，分别减少9%、8.30%。

（一）2019年全球天然橡胶的供给和需求将继续增长

在全球天然橡胶需求增长的推动和经济效益的刺激下，经过140多年的发展，橡胶树已经在亚洲、非洲和美洲热带地区共60多个国家种植。进入21世纪，在以我国为主的亚洲国家消费需求拉动下，全球橡胶种植面积进入快速增加时期，到2018年全球橡胶面积达到1 471万公顷。近十年来，泰国的天然橡胶种植面积逐年扩大，2011年以后突破300万公顷，2015年以后突破350万公顷；印度尼西亚天然橡胶种植面积与泰国种植面积基本持平；马来西亚和中国的天然橡胶种植面积基本保持在100万～120万公顷，都呈增加趋势，见图1。2018年，泰国、印度尼西亚、马来西亚、中国、越南、印度的天然橡胶种植面积分别为361.39、367.90、108.35、117.70、82.50、96.54万公顷，其中泰国和越南天然橡胶种植面积同比减少，分别减少了0.39%、0.44%；其他国家天然橡胶种植面积同比增加，印度尼西亚和印度增加较多，分别同比增加0.55%、0.50%。

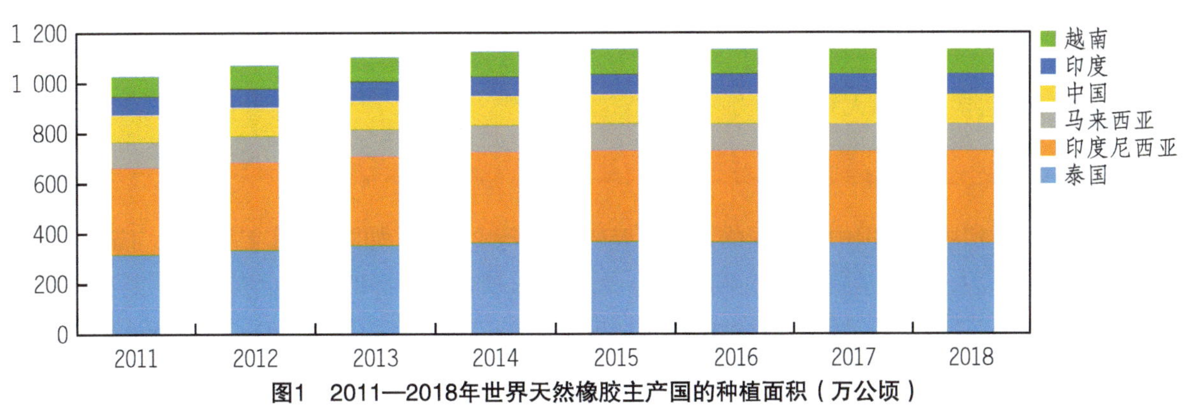

图1　2011—2018年世界天然橡胶主产国的种植面积（万公顷）

数据来源：国际橡胶研究组织（IRSG）

2000年以来，全球天然橡胶的产量和消费量总体呈上升趋势，仅2009年产量和消费量有所减少，见图2。2018年各橡胶主产国和消费国的需求量和供给量较2017年都增加。据IRSG的数据显示，2018年，全球天然橡胶的产量为1 388.40万吨，同比增长2.46%，其中亚太地区1 264.40万吨，欧非中东地区90.10万吨，美洲地区33.9万吨，同比分别增长2.36%、4.04%、2.11%。2018年全球天然橡胶消费量1 377.60万吨，同比增长4.21%，其中亚太地区、欧非中东地区、美洲地区消费量分别为1 023.90万吨、177.10万吨、176.60万吨，同比分别增长4.74%、2.37%、3.09%。

2019年1—3月，世界天然橡胶（NR）产量为298.9万吨，同比下降5.77%，较2018年10月至12月减少20.88%，主要是受冬季寒冷和苏门答腊岛南部爆发的新落叶病影响，导致产量降低。2019年1月至3月，泰国天然橡胶产量为101.83万吨，同比大幅度下降，下降了17.56%；印度尼西亚88.81万吨，同比减少1.75%；马来西亚产量18.70万吨，增长了13.67%；相比于2018年1月至3月，产量大幅增长的其他国家包括柬埔寨（增长36.75%）、越南（增长15.91%）和斯里兰卡（增长2.40%），天然橡胶产量减小的国家包括中国（减少6.63%）、印度（减少8.82%）、菲律宾（减少2.52%）。2019年1月至3月，全球天然橡胶的消费量为338万吨，同比变化不大，仅增长0.06%。世界最大天然橡胶消费国——中国，2019年1—3月消费量为132.80万吨，同比增加了5.30%；印度尼西亚消费量为168万吨，增加了2.44%；相比于2018年1月至3月，天然橡胶主产国的消费量减少的国家包括斯里兰卡（减少9%）、越南（减少8.33%）、印度（减少3.09%）、泰国（减少2.64%）、菲律宾（减少2.53%）、马来西亚（减少1.91%）。

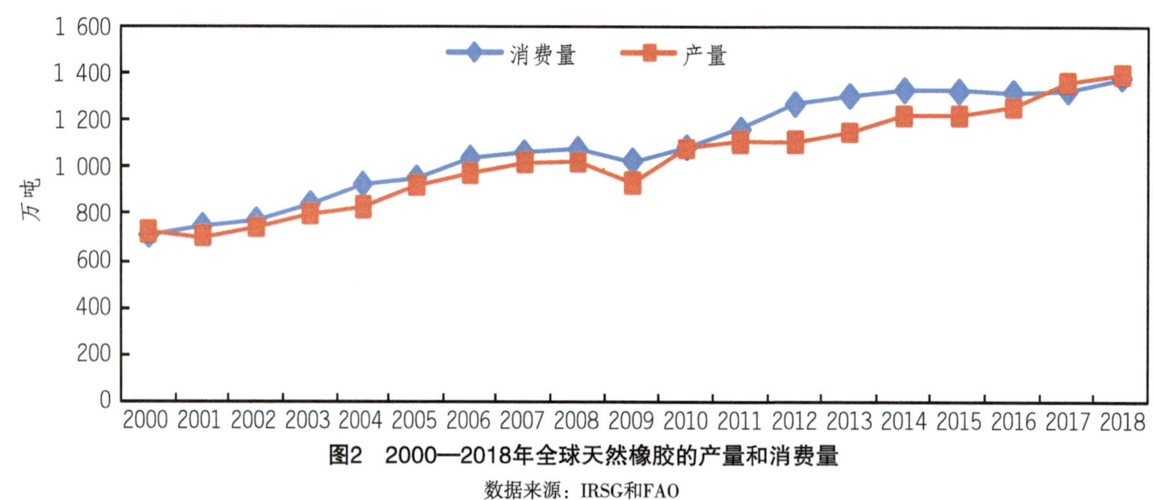

图2　2000—2018年全球天然橡胶的产量和消费量

数据来源：IRSG和FAO

据IRSG预测，2019年全球天然橡胶需求量为1 431万吨，同比将增多3.87%；2019年全球天然橡胶生产量为1 407.90万吨，同比将增加1.41%；2019年全球合成橡胶需求量达1 565万吨，全球合成橡胶产量为1 543.10万吨。而泰国天然橡胶协会主席Chaiyos Sincharoenkul表示，今年全球天然橡胶需求开始提速，供给增幅放缓，预计2019年全球天然橡胶需求量将达到1 431万吨，年增长2.40%；全球天然橡胶供给大约1 400万吨。

（二）天然橡胶主产国和消费国的格局相对集中

多年来，在橡胶主产国中，泰国的天然橡胶产量居全球第一，如图4，其年均产量均超过300万吨，自2014年以后，其产量更是突破400万吨，天然橡胶被誉为泰国的“黄金农业”；其次是印度尼西亚，世界天然橡胶的大规模商业种植源于印度尼西亚，2009—2018年年均产量为304.23万吨，自2012年以后，产量全都超过300万吨，仅泰国和印度尼西亚这两个国家的天然橡胶年产量便占到世界天然橡胶总产量一半以上。越南、印度和中国的天然橡胶年产量自2009年以来一直在增加；马来西亚天然橡胶产量呈现减少趋势，由2009年在世界总产量中占比为8.30%减少到2018年的4.30%。2018年泰国天然橡胶产量在全球天然橡胶总产量中占35.14%；印度尼西亚占世界总产量的26.15%；越南天然橡胶产量在全球总产量中排名第三，占世界总产量的8.23%；其次是中国、印度、马来西亚等，其天然橡胶产量分别占世界天然橡胶产量的6.03%、4.73%、4.35%，其余国家天然橡胶产量仅占世界天然橡胶产量的12.43%，见图5。

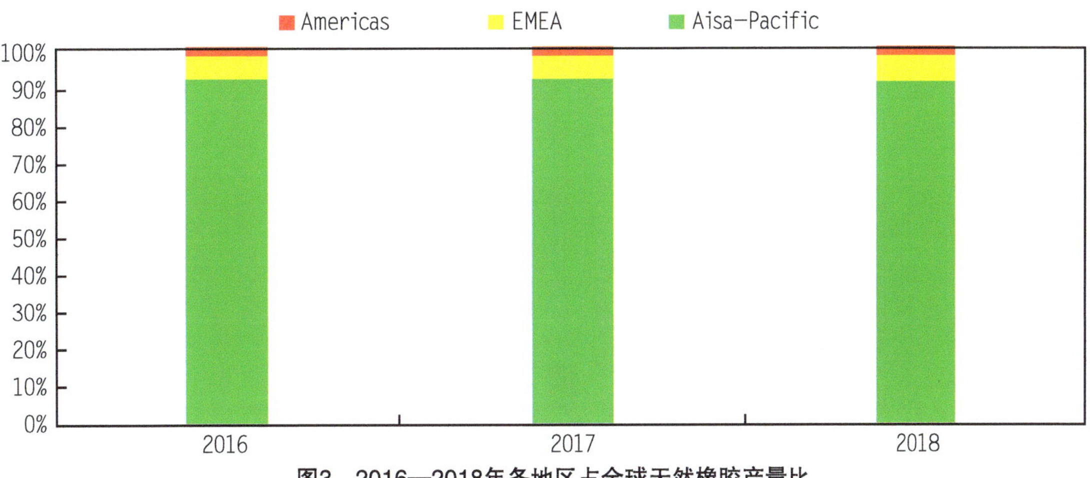

图3　2016—2018年各地区占全球天然橡胶产量比

数据来源：http://www.rubberstudy.com/documents/WebSiteData_Jun2019.pdf

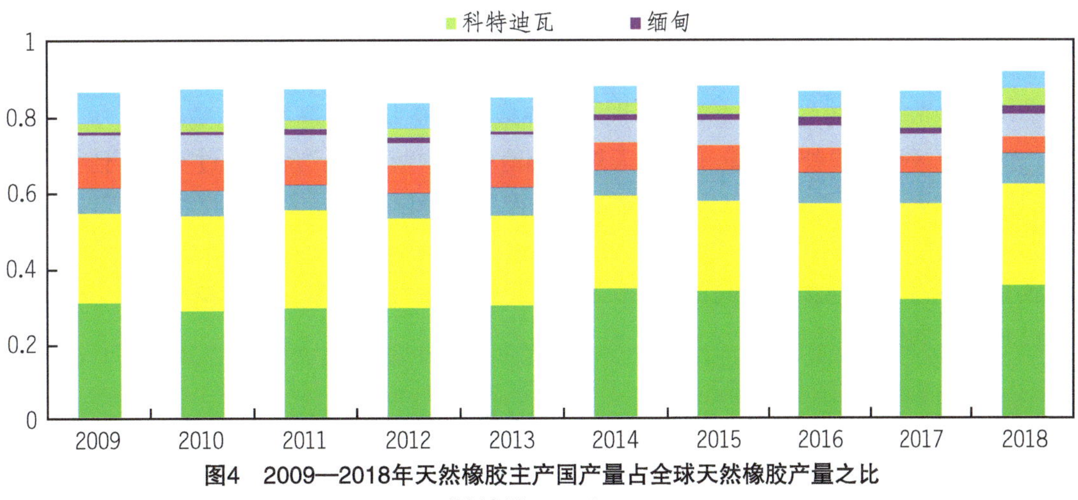

图4　2009—2018年天然橡胶主产国产量占全球天然橡胶产量之比

数据来源：IRSG和FAO

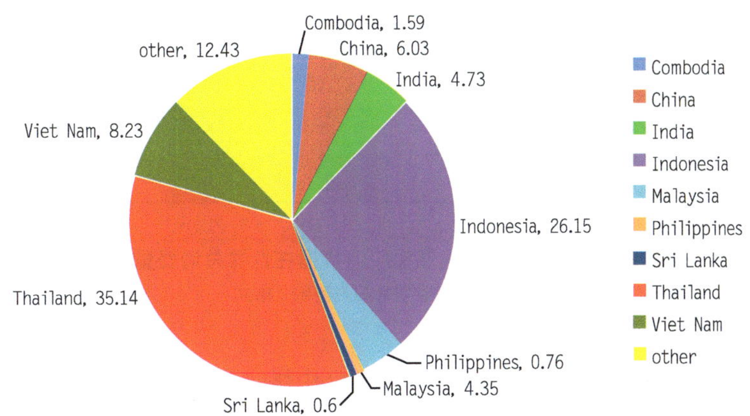

图5　2018年全球天然橡胶主产国的产量占世界总产量之比（%）

数据来源：IRSG

2019年1—3月，泰国天然橡胶产量同比大幅度减少，在世界天然橡胶产量中占比34.07%，尽管较2018年同时期在全世界天然橡胶产量占比中减少，但仍为世界最大天然橡胶生产国。印度尼西亚、越南、马来西亚、柬埔寨、斯里兰卡1—3月天然橡胶产量在世界天然橡胶产量中占比与2018年同时期相比都增加，分别占世界天然橡胶总产量的29.71%、8.53%、6.26%、1.69%、0.71%；印度、中国天然橡胶产量在世界天然橡胶产量中占比较2018年同时期有所减少，分别占5.19%、0.61%。见图6。

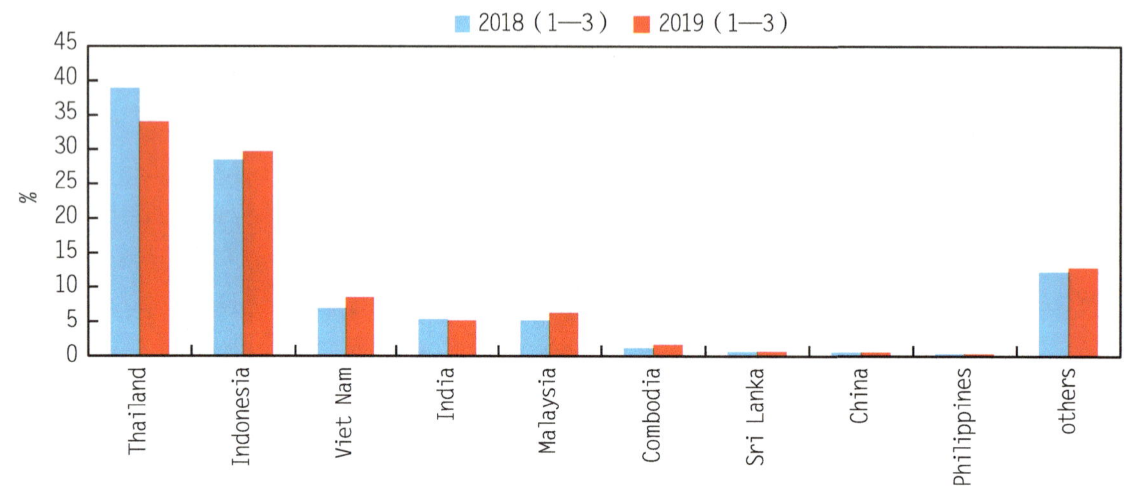

图6　2018年、2019年第一季度全球天然橡胶主产国的产量占世界总产量之比（%）

数据来源：IRSG

世界天然橡胶的消费集中在亚洲、美洲和欧洲地区，亚太地区是主要消费地区，见图7。2012年以后，亚太地区天然橡胶消费量在世界天然橡胶消费量中所占的比例均超过70%，且所占世界总消费量的比重逐年增加；2012年以来美洲地区天然橡胶消费量占世界天然橡胶消费总量之比平均为14.13%，且消费量在世界总消费量中所占比重逐渐减小。2018年，亚太地区天然橡胶消费量在世界天然橡胶总量中占比为74.27%，同比增加0.44%；美洲地区占12.92%，同比减少0.41%；欧非中东地区占12.82%，同比减少1.90%。

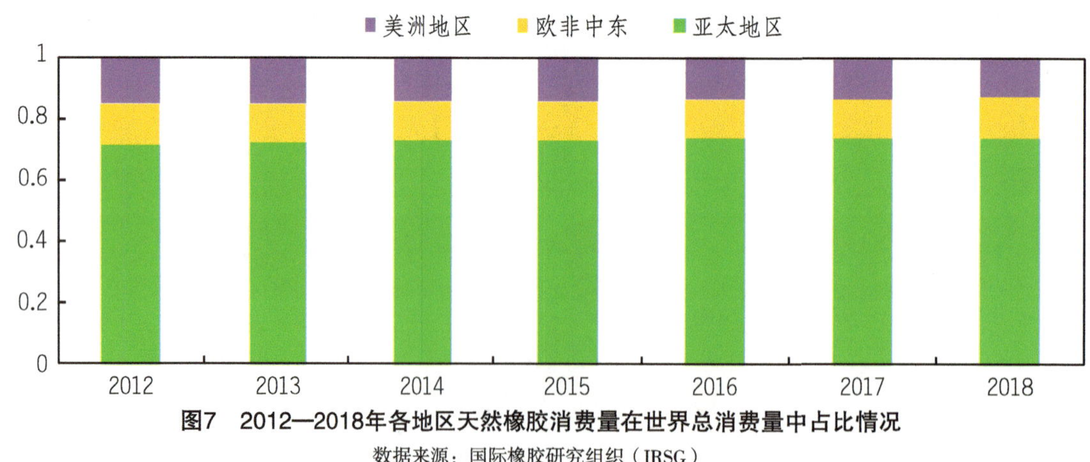

图7　2012—2018年各地区天然橡胶消费量在世界总消费量中占比情况

数据来源：国际橡胶研究组织（IRSG）

多年来，世界上天然橡胶消费量较多的国家有：中国、印度、美国、日本、泰国、印度尼西亚、马来西亚、韩国、巴西，其中中国是消费量最多的国家的。2012年以来，中国的天然橡胶消费量在世界天然橡胶消费量中占比均超过35%，2017年其消费量在世界总消费量中占比更是突破了

40%；其次是印度，美国位居第三，见表1。印度、美国、日本天然橡胶消费量都呈波动中增加的趋势。2018年，世界天然橡胶主要消费国中，中国、印度尼西亚、韩国、巴西天然橡胶的消费量在世界总消费量中所占的比例减少，印度、泰国天然橡胶消费量在世界总消费量中所占比例增加。

表1　世界天然橡胶主要消费国消费量在总消费量中占比

	2012	2013	2014	2015	2016	2017	2018
中　国	0.35	0.37	0.40	0.39	0.39	0.40	0.40
印　度	0.09	0.08	0.08	0.08	0.08	0.08	0.09
美　国	0.09	0.08	0.08	0.08	0.07	0.07	0.07
日　本	0.07	0.06	0.06	0.06	0.05	0.05	0.05
泰　国	0.05	0.05	0.04	0.05	0.05	0.05	0.05
印度尼西亚	0.04	0.05	0.04	0.04	0.05	0.05	0.05
马来西亚	0.04	0.04	0.04	0.04	0.04	0.04	0.04
韩　国	0.04	0.04	0.03	0.03	0.03	0.03	0.03
巴　西	0.03	0.04	0.03	0.03	0.03	0.03	0.03

2019年1月至3月，世界橡胶主产国中，中国、印度尼西亚天然橡胶消费量同比增加，分别增加了0.53%、2.44%；印度、马来西亚、菲律宾、泰国、斯里兰卡、越南消费量同比减少，斯里兰卡和越南消费量同比减小幅度较大，分别减少9%、8.30%，见图8。

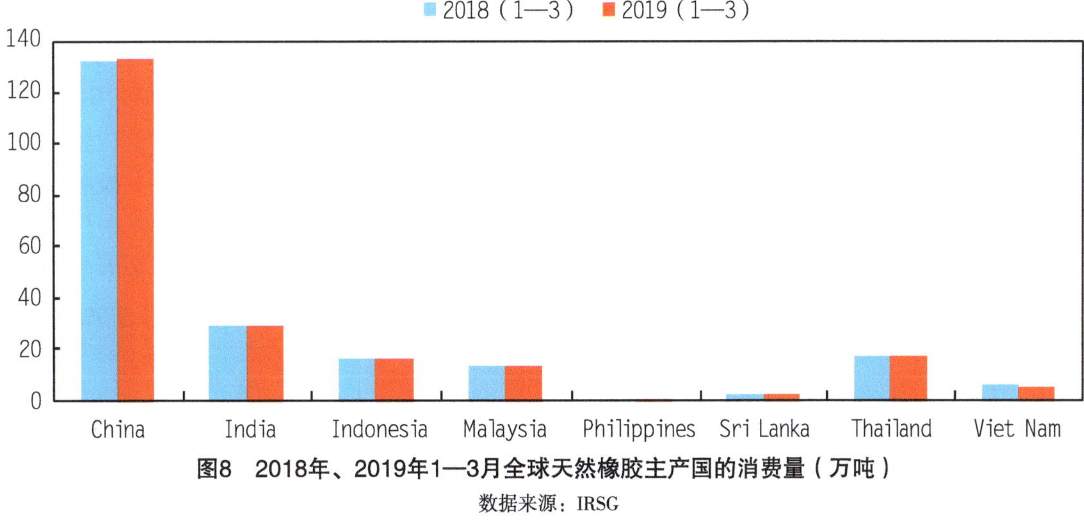

图8　2018年、2019年1—3月全球天然橡胶主产国的消费量（万吨）

数据来源：IRSG

2016—2019年，印度尼西亚、印度和泰国等国的橡胶市场在全球范围内增长最快，其中6个来自亚太地区。据美国行业研究公司弗利多尼亚集团（Freedonia Group）预测，世界橡胶总需求将以年均3.90%的速度递增，与IRSG的预测基本一致。根据透明度市场研究公司的最新报告，预计到2025年，全球橡胶产品市场额达到1 510亿美元（约9 443.2亿人民币）。中国、马来西亚和越南等亚洲国家的制造业发展势头强劲，对天然橡胶的需求持续攀升。由于轮胎产业的发展，中美洲、南美洲、非洲国家和地区的橡胶需求迅速增长，而北美和欧洲市场的橡胶需求量将低于全球平均水平。

（三）合成橡胶生产国和消费国的格局也相对集中

2018年全球合成橡胶的产量1 523.4万吨，同比增长1.32%，其中亚太地区和欧非中东地区产量分别为828.40万吨和410.90万吨，同比分别增长2.97%和0.96%，美洲地区产量为284.10万吨，同比减少2.74%。2018年全球合成橡胶消费量1 540.40万吨，同比增长1.58%，其中亚太地区、欧非中东地区、美洲地区消费量分别为858.80万吨、386.60万吨和295.40万吨，同比分别增长2.25%、0.91%、0.65%。亚太地区的合成胶产量和消费量占世界合成胶总量的55%左右，见图9。

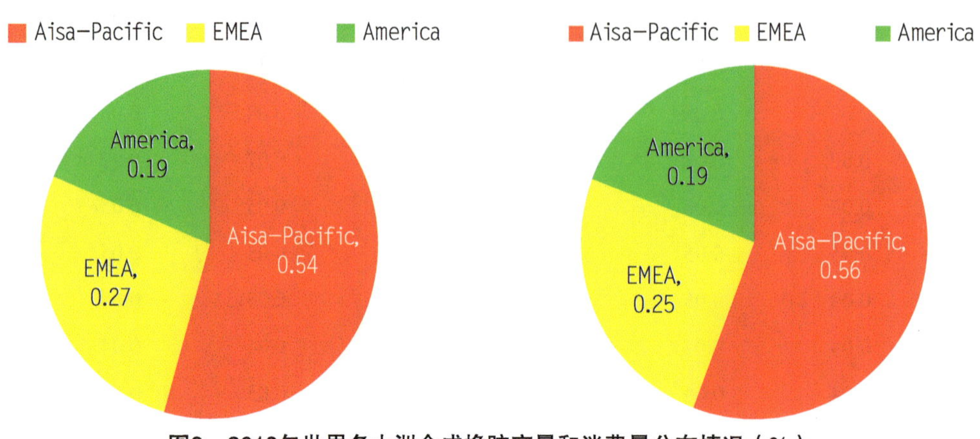

图9　2018年世界各大洲合成橡胶产量和消费量分布情况（%）

数据来源：http://www.rubberstudy.com/documents/WebSiteData_Jun2019.pdf

（四）中国天然橡胶和合成橡胶的市场需求量增长

中国、日本和美国继续保持全球橡胶消费引领国的地位。2019年以来，橡胶价格再次下跌，持续的橡胶价格低迷影响了海南农民收割胶水的热情；云南异常干燥的气候，也导致了我国2019年1月至3月天然橡胶产量的减少。

中国是世界上橡胶第一大消费国和进口国，其橡胶进口量和消费量逐年增长。2018年，中国橡胶（包括天然橡胶和合成橡胶）消费量占世界总橡胶消费量的39.80%，橡胶消费量同比增长4.10%，其中天然橡胶消费占橡胶总消费量的55.6%，合成橡胶消费占44.40%。天然橡胶消费量在世界天然橡胶总消费量中占比同比减少；而消费量除2015年有所减少，自2012年以来呈现增加趋势，见图10。根据IRSG的预测，2019年我国天然橡胶消费在世界天然橡胶总需求量中的占比将达到40.39%；2020年中国和印度的天然橡胶消费占世界天然橡胶消费总量的占比将突破50%。

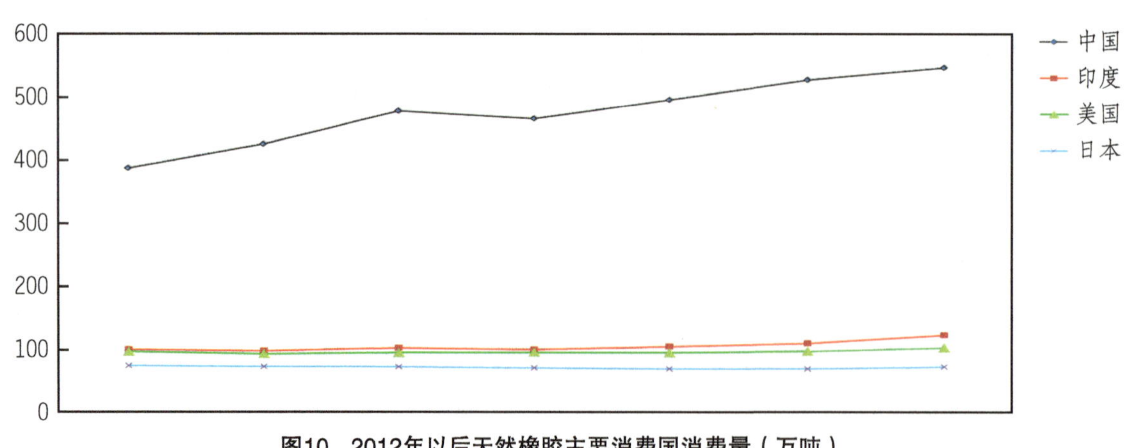

图10　2012年以后天然橡胶主要消费国消费量（万吨）

数据来源：IRSG和FAO

我国的合成橡胶产业以自主创新为主，合成橡胶产业的迅猛发展势必会带动天然橡胶的种植和加工。轮胎市场的出口订单激增，国内汽车、重卡市场需求增长提升了轮胎企业开工率，从而加大了对天然橡胶的进口需求。而我国天然橡胶的产量增幅有限，供需缺口存在且将长期存在，天然橡胶较低的自给率导致了我国天然橡胶市场供需矛盾越来越突出，对天然橡胶的进口将持续增加。

二、国际贸易格局

（一）世界天然橡胶进出口都呈增加趋势，亚太地区是天然橡胶主要贸易区

天然橡胶是大宗工业原材料和军用物资，同时是重要的国际期货品种，对国际政治有较强的敏感度，容易受各国政府进出口政策、国际突发事件及战争影响，一旦进口困难，很可能使国内的橡胶制品工业陷于瘫痪，影响国民经济安全。我国航天航空及部分军工产品所需的高档天然橡胶原料，一直高度依赖进口，2015年我国自主研发的航空轮胎橡胶材料通过空军装备部验收，可以替代进口，但距离建成高档天然橡胶材料自主保障体系的要求，还有很长的路要走。2012年以后，世界天然橡胶的进口量和出口量都呈增加的趋势。2018年，世界天然橡胶进口量和出口量同比分别增长1.55%、2.21%。从图11来看，近些年世界天然橡胶的进口量一直大于出口量，进口量和出口量除2017年增长较多以外，其余年份总体波动不大，保持稳定中略有增长的态势。

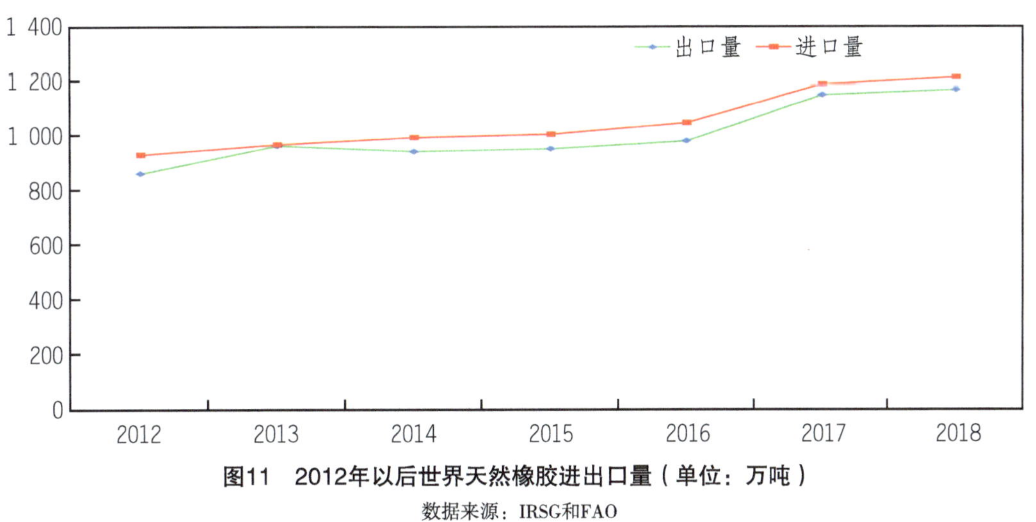

图11　2012年以后世界天然橡胶进出口量（单位：万吨）

数据来源：IRSG和FAO

世界天然橡胶的主产国在亚太地区，因此，亚太地区也是世界天然橡胶主要出口地区。多年来，亚太地区在世界天然橡胶出口量在波动中增加；在世界天然橡胶总出口量中占比一直超过90%，见表2。但2012年以来，亚太地区天然橡胶出口量在世界总出口量中所占的比例一直在减少，2018年，亚太地区天然橡胶出口量占世界总出口量的90.73%，出口量同比减少0.03%。欧非中东地区天然橡胶出口量逐年增加，其出口量在世界天然橡胶总出口量中占比也呈增加趋势，2018年，欧非中东地区天然橡胶出口量占世界总出口量的8.46%，出口量同比增长20.41%。美洲地区天然橡胶出口量很少，其出口量仅占世界天然橡胶总出口量的0.85%左右，2018年美洲地区天然橡胶出口占世界天然橡胶出口总量之比为0.81%，出口量同比增加2.73%。

亚洲地区同时也是天然橡胶的主要进口地区，2012年以来进口量占世界总进口量之比平均为65%，进口量也呈现逐年增加趋势。2018年，亚太地区天然橡胶总进口量同比增长1.58%，进口量在世界天然橡胶总进口量中占比为70%，在世界天然橡胶进口中占比波动中增加。2018年欧非中东地区天然橡胶进口量同比增加3.90%。2018年美洲地区天然橡胶进口量同比增长4.66%，但天然橡胶进口量在世界天然橡胶总进口量中所占的比例呈减少的态势。

表2　世界各地区天然橡胶进出口量占世界总进出口量之比

单位：%

	出口量占世界总出口量之比（%）			进口量占世界总进口量之比（%）		
	亚太地区	EMEA	美洲地区	亚太地区	EMEA	美洲地区
2012	93.56	5.46	0.98	64.96	19.36	16.20
2013	93.83	5.28	0.89	66.49	18.71	14.58
2014	93.30	5.75	0.95	66.06	19.02	14.44
2015	93.17	5.95	0.88	66.11	18.94	14.24
2016	92.25	6.94	0.81	67.11	18.46	13.61
2017	92.07	7.13	0.80	70.48	16.72	12.12
2018	90.73	8.46	0.81	70.03	17.00	12.41

数据来源：根据IRSG数据计算

（二）天然橡胶主要进口国贸易情况

1. 中国的天然橡胶进口依存度大，11—12月是全年进口量的高峰期，泰国是其主要进口来源

中国天然橡胶消费量约占全球橡胶总需求量的40%，是全球最大的天然橡胶消费国和进口国，天然橡胶的对外依存度较高。

2018年天然橡胶（10个税则号）进口总量565.86万吨，与2017年基本持平，其中混合胶进口295.02万吨，占比52%，成为天胶进口第一大胶种；其次为标准胶176.60万吨，占比31%；而天然乳胶进口59万吨，占比11%；其余主要为烟片胶和复合胶。自2013年以来非原胶（复合胶+混合胶）进口量呈现快速增长，尤其是自2017年以来进口量暴增，2018年非原胶进口量为306.39万吨，同比增加6.68%（表3）。

表3　中国天然橡胶进口情况

时　间	总进口量（万吨）						总进口额（万美元）	均价（美元/吨）
	总量（万吨）	天然乳胶	烟片胶	标准胶	复合胶	混合胶		
2018.07	45.90						68 470.35	1 492.74
2018.08	50.10						71 635.53	1 432.5
2018.09	49.30						68 336.53	1 385.34
2018.10	44.60						61 158.69	1 370.78
2018.11	57.20						78 349.70	1 369.75
2018.12	56.20						76 587.07	1 363.91
2019.01	50.90	3.99	1.34	12.06	0.86	32.63	67 271.48	1 321.64
2019.02	29.10	3.40	0.98	6.29	0.49	17.95	38 506.53	1 322.46
2019.03	47.40	6.80	0.84	11.39	0.69	27.63	64 475.59	1 361.37
2019.04	43.40	5.53	0.64	12.23	0.79	24.19	61 833.43	1 424.78
2019.05	38.86	3.59	1.79	14.09	0.86	18.52	58 821.05	1 513.86
2019.06	32.81	3.08	1.75	16.78	0.73	10.46	50 759.14	1 547.09

数据来源：卓创资讯

2019年1月，中国天然橡胶进口量50.89万吨，环比降低9.38%，同比降低9.90%；进口额67 271.48万美元，均价1 321.64美元/吨。2月，中国天然橡胶进口29.12万吨，环比降低42.76%，同比增加0.95%；进口额38 506.53万美元，均价1 322.46美元/吨。3月，中国天然橡胶进口量47.36万吨，环比增62.66%，同比增7.57%；进口额64 475.59万美元，均价1 361.37美元/吨。随着春节过后下游需求的复苏，3月往往成为年内进口量高峰的月份。4月，天然橡胶进口量43.39万吨，环比跌8.37%，同比增37.03%；进口额61 833.43万美元，均价1 424.78美元/吨。5月，中国天然橡胶进口量38.86万吨，环比减少10.44%，同比减少25.84%；进口额58 821.05万美元，均价1 513.86美元/吨。6月，天然橡胶进口量32.81万吨，环比减少15.56%，同比减少33.56%；进口额50 759.14万美元，均价1 547.09美元/吨。从表3中不难看出，4月至7月为天然橡胶的季节性进口低谷时期，且3月以后，天然橡胶进口量逐月减少；通常来说，下半年是天然橡胶进口量大幅增长的时期，而11月和12月都将是全年进口量的高峰期。

中国天然橡胶进口主要来源于泰国、越南、马来西亚、越南、老挝、缅甸和柬埔寨。2018年，中国自泰国、马来西亚、印度尼西亚、越南进口的天然橡胶量分别占总进口量的54.24%、15.08%、7.69%和19.05%，仅从这四个国家进口的天然橡胶便占全部天然橡胶进口总量的96.06%。2018年11月以后，中国进口泰国胶比例波动中增多，2019年3月，中国进口泰国胶比例甚至达到65%；3月以后，泰国胶进口逐渐减少，进口增加主要来自于马来西亚和印度尼西亚；5月至6月，因缅甸胶的价格优势，中国进口缅甸胶增长明显。具体进口比例见表4。

表4　中国天然橡胶进口国家进口量占中国总进口量的比值

	2018.11	2018.12	2019.02	2019.03	2019.04	2019.05	2019.06
泰　国	0.50	0.49	0.52	0.64	0.59	0.46	0.47
越　南	0.24	0.20	0.23	0.13	0.14	0.17	0.13
马来西亚	0.12	0.11	0.14	0.13	0.15	0.16	0.16
印度尼西亚	0.05	0.04	0.05	0.05	0.07	0.07	0.06
老　挝	0.04	0.06	0.00	0.00	0.00	0.04	0.04
缅　甸	0.03	0.08	0.02	0.02	0.02	0.07	0.09
柬埔寨	0.01	0.01	0.01	0.01	0.01	0.00	0.00

数据来源：根据卓创资讯数据计算

2. 2018年美国的天然橡胶进口贸易持续增长，主要进口于印度尼西亚

2018年，美国成为仅次于中国的世界第二大天然橡胶进口国，进口量首次突破100万吨，同比增长4.30%，较2017年增长速度又提高了1.50%。由图12可以看出，美国天然橡胶进口主要来源于印度尼西亚，自印度尼西亚进口的天然橡胶量占到美国总进口量的62%左右，其次是从泰国进口，另有少量进口于马来西亚、越南、利比亚。2018年美国自印度尼西亚进口的天然橡胶占总进口量的56%，自泰国进口天然橡胶占总进口量之比为17.08%。

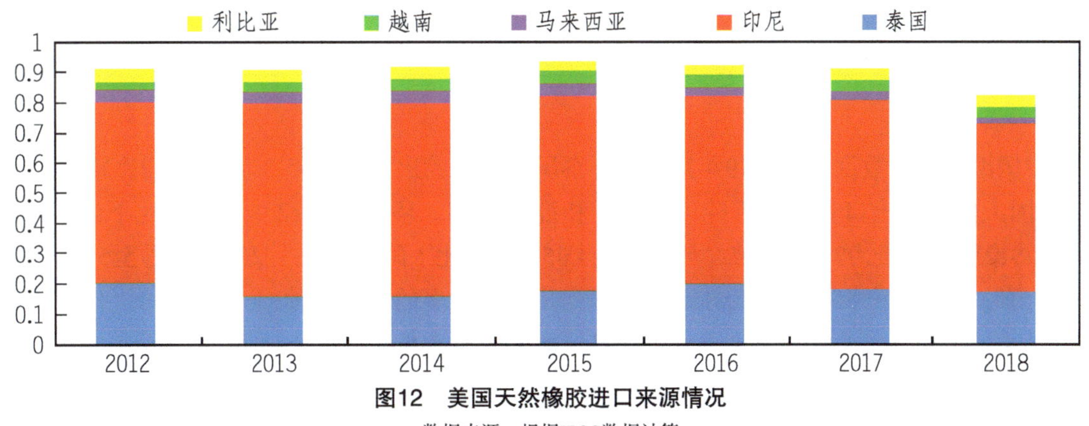

图12　美国天然橡胶进口来源情况

数据来源：根据IRSG数据计算

（三）天然橡胶主要出口国贸易情况

1. 泰国以出口导向型为主，半数天然橡胶出口到中国

泰国天然橡胶贸易主要以出口导向型为主，2015—2018年泰国天然橡胶出口量一直呈直线上升趋势，在世界天然橡胶出口总量中占35%左右，一直以来，都是世界天然橡胶第一大出口国，见图13。2018年，泰国天然橡胶出口量为450万吨，同比增长1.50%。根据IRSG预测，2019年泰国天然橡胶产量将达到490万吨，而橡胶出口量会有小幅减少，减少至440万吨。

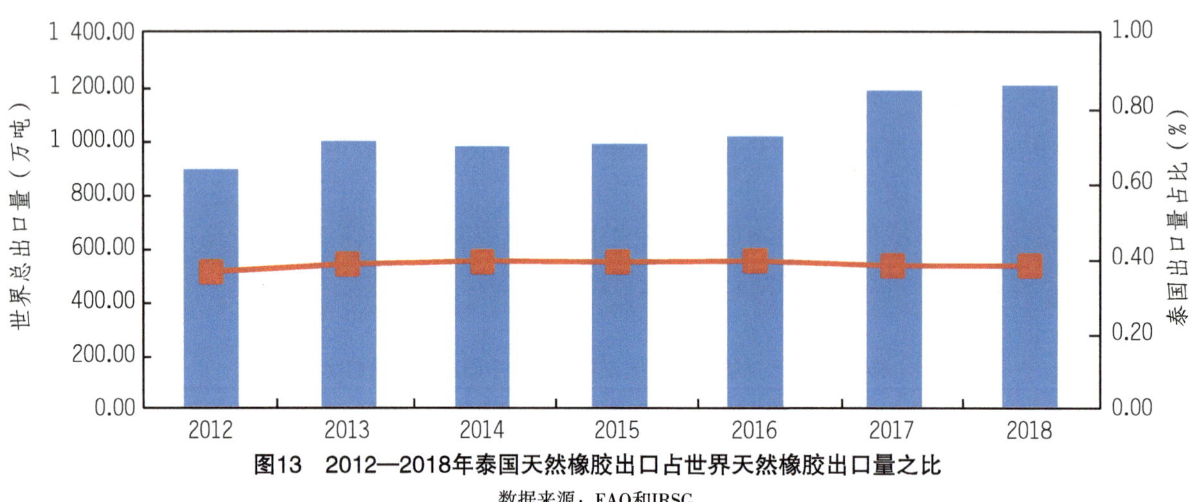

图13　2012—2018年泰国天然橡胶出口占世界天然橡胶出口量之比

数据来源：FAO和IRSG

泰国平均橡胶产能为每年450万吨，但在国内每年仅使用50万吨，其余400万吨出口到国外，50%以上出口到中国（表5），其次是马来西亚，第三是日本，少量出口到欧美和韩国等。泰国出口到中国的天然橡胶总体呈增加的趋势，2017年以后，甚至有60%以上的天然橡胶出口到中国。中泰两国在天然橡胶贸易上相互依赖性非常高。

表5　泰国天然橡胶出口到其他国家的比例

单位：%

年　份	中　国	日　本	韩　国	马来西亚	欧　盟	美　国
2012	52.42	8.59	5.57	10.79	5.71	5.63
2013	56.57	6.9	4.2	11.46	5.11	3.91
2014	57.38	6.7	4.54	10.44	5.59	3.88
2015	58.43	6.09	3.87	10.38	5.98	4.13
2016	57.97	5.33	3.4	11.29	6.87	4.74
2017	63.37	4.9	2.5	9.27	5.96	3.94
2018	61.87	4.79	2.52	9.7	6.33	4.16

数据来源：根据IRSG计算

从泰国海关出口数据看，2019年1—3月，泰国天然橡胶出口量为95.80万吨，同比减少4.60%；4月，泰国天然橡胶出口量为34万吨（含乳胶和混合胶），环比下降22.04%，同比下降32.56%。5月，天然橡胶出口量为35.38万吨，环比增加4.05%，同比下降16.77%。2019年1月至5月出口总量为199.27万吨，同比下降5.76%，标准胶和乳胶是出口量最多的两个品种。

2. 马来西亚橡胶及其制品主要出口于中国，泰国是其主要供应国

马来西亚橡胶及橡胶产品主要出口于中国，2018年马来西亚是世界第四大天然橡胶出口国。其中70%出口到中国，天然橡胶主要进口于泰国，2018年马来西亚天然橡胶总进口量为101万吨，成为继中国、美国之后世界第三大橡胶进口国，其中从泰国进口43%，同比增长6.10%。

2019年1—3月，马来西亚天然橡胶出口量为26.03万吨，同比减少7.79%。进口量为26.31万吨，同比大幅度减少，减少了21.91%。受泰国1月至3月较2018年同期产量减产的影响，马来西亚进口也随之减少。

3. 越南橡胶行业崛起，出口量连年增长，中国是其主要出口对象

越南橡胶行业正在崛起，出口量逐年增长，自2015年开始，出口量超过马来西亚，成为世界第三大天然橡胶出口国，2012年以来占世界总出口量平均为11%，见图14。2018年，越南天然橡胶出口量在世界天然橡胶总出口量中占比达到12.52%，创历史新高，同比增长13.30%。

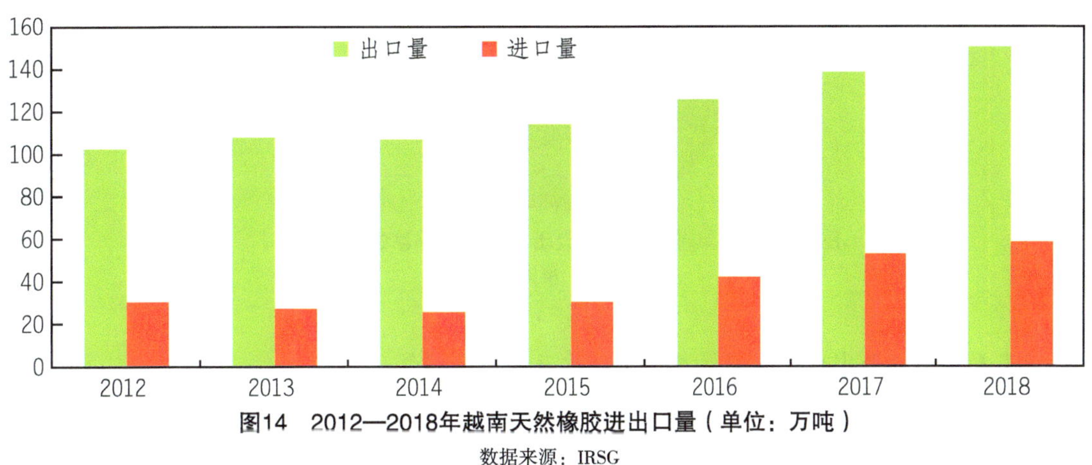

图14　2012—2018年越南天然橡胶进出口量（单位：万吨）

数据来源：IRSG

2019年1—6月，越南天然橡胶总出口量为61.44万吨，同比增加8.9%。其中1月出口总量为15.72万吨、2月7.95万吨、3月、4月、5月、6月出口总量分别为10.35万吨、7.55万吨、7.75万吨、12.82万吨，7月出口量为16.76万吨，较6月出口增长，增长了30.73%，同比增长26.30%，见表6。2019年1—6月，越南天然橡胶总进口量为26.28万吨，同比减少5.09%，7月，进口量为5.99万吨，环比增加22.99%，同比减少22.11%。

表6　2018年7月以后越南天然橡胶进出口量

单位：万吨

	出口量	进口量
2018.07	13.27	7.69
2018.08	16.29	4.95
2018.09	14.73	4.52
2018.10	17.67	4.07
2018.11	17.33	4.44
2018.12	16.72	4.95
2019.01	15.72	4.01
2019.02	7.95	4.02
2019.03	10.35	2.68
2019.04	7.55	5.13
2019.05	7.75	5.57
2019.06	12.82	4.87
2019.07	16.76	5.99

数据来源：卓创资讯

中国是越南天然橡胶最大的出口国，见图15。2012年，越南天然橡胶出口到中国的量仅占越南全部出口量的51%，2018年，越南出口到中国的天然橡胶量占到越南总出口量的71.66%，且主要以混合胶的形式出口到中国，目前我国国内市场流通较多为越南3L混合和越南10#混合胶。

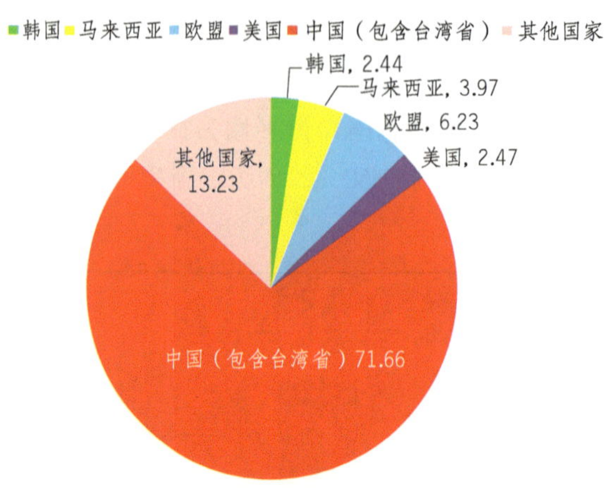

图15　2018年越南天然橡胶出口到其他国家的比例（%）

数据来源：根据IRSG计算

4. 印度尼西亚作为出口导向型国家，出口量在波动中增长

2018年，印度尼西亚天然橡胶生产量为350万吨，出口量在世界天然橡胶总出口量中占到24.72%，出口量同比减少9%，是世界第二大天然橡胶出口国。

2019年1—6月印度尼西亚天然橡胶出口总量为129.74万吨，同比减少13.11%。其中，1月出口22.40万吨，2月出口23.60万吨，3月出口24万吨，4月出口24.72万吨，5月出口23.81万吨，6月出口20.25万吨。

美国、中国是印度尼西亚天然橡胶最大的两个出口国，见图16。2018年，印度尼西亚出口到中国的天然橡胶量仅占到印度尼西亚总出口量的13.62%，2017年，印度尼西亚出口到中国的天然橡胶量为70.56万吨，达到历史最高。2018年出口到美国的天然橡胶量占到总出口量的20.46%。

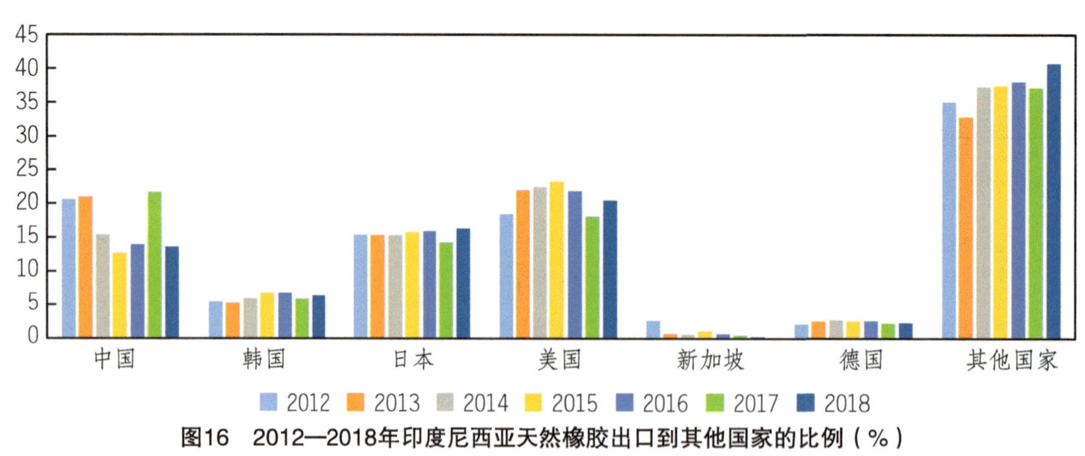

图16　2012—2018年印度尼西亚天然橡胶出口到其他国家的比例（%）

数据来源：根据IRSG计算

（四）其他橡胶主产国的贸易情况

1. 柬埔寨橡胶贸易

2018年柬埔寨橡胶出口量21.75万吨，同比增加15.20%。该国的天然橡胶出口量每年都在持续增长，主要出口到越南、马来西亚、新加坡和中国，其中越南占85%，由于胶价下滑，2018年橡胶

出口收入为2.87亿美元，同比下降3.90%。

根据柬埔寨橡胶总局数据，尽管胶价持续下滑，但柬埔寨2019年1—3月橡胶出口总量仍维持增长势头，较去年同期相比增长23%，出口量为4.82万吨。橡胶出口均价降至1 279美元/吨，同比下降12%，1月至3月橡胶出口收入约为6 100万美元。2019年1—3月橡胶出口量增长主要是由于橡胶种植面积增加和市场需求提升，胶树数量增加导致产量增长，而橡胶生产商和胶农也需销售库存以弥补生产成本。

2. 缅甸橡胶贸易

2016年之前，缅甸橡胶的出口量为8万～9万吨。2017年以后，该国的橡胶出口已超过13万吨。2018年，缅甸出口橡胶17万吨，主要经中缅边境木姐和清水河口岸出口到中国，占出口总量的65%，其余出口至马来西亚、日本、韩国和泰国，其出口量仅占全球橡胶市场出口总量的1.40%。

三、国际价格及成本收益

（一）世界天然橡胶价格

由于主产国的天然橡胶种植面积不断扩大和轮胎行业增长放缓等，预计到2025年全球橡胶制品市场将达到1 510亿美元。

2018年全球天然橡胶价格较2017年相比有所上涨，平均为1 455美元/吨。2018年7月至9月，世界天然橡胶价格平均为1 399美元/吨。其中，RSS3为1 457美元/吨，同比大幅度下降，下降了19.28%，环比下降11.05%；SGX的TSR20为1 332美元/吨，同比大幅度下降，下降了12.43%，环比下降4.65%；欧洲的TSR20为1 408美元/吨，同比大幅度下降，下降了12.55%，环比下降4.22%。2018年10月至12月，世界天然橡胶平均价格为1 347美元/吨。其中，RSS3为1 394美元/吨，同比大幅度下降，下降了12.27%，环比下降4.32%；SGX的TSR20为1 265美元/吨，同比大幅度下降，下降了11.35%，环比下降5.03%；欧洲的TSR20为1 384美元/吨，同比下降8.71%，环比下降1.70%。

2019年1—3月，全球天然橡胶价格较2018年10月至12月有所上涨，平均为1 450美元/吨。

（二）天然橡胶主产国的成本与收益

1. 橡胶主产国的生产者价格

近10年来，世界橡胶主产国印度尼西亚、马来西亚、泰国、越南和中国的橡胶生产者价格持续走高，除印度尼西亚之外，其他主产国的天然橡胶生产者价格都在1 000美元/吨的水平上，国际天然橡胶的价格一直在成本线徘徊，主产国泰国、印度尼西亚、越南、马来西亚等国家的劳动力和种植成本远低于中国，天然橡胶的单位产量又明显高于中国，一低一高，使得中国进口天胶价格有较大优势。

2. 天然橡胶的成本和收益

橡胶树是多年生树种，其成本构成弹性极大，此外，由于单产的地域差异比较明显，投入产出比也不尽相同。胶农的收益由天然橡胶产量和天然橡胶价格共同决定。影响天然橡胶产量有诸多因素，包括肥料、农药等农资，还有土地质量、割胶工的割胶熟练程度等。

（三）中国橡胶市场价格

1. 橡胶现货市场

2019年1月上海地区17年国营全乳胶收盘价格为10 800元/吨，较2018年12月收盘上涨100元/吨，涨幅0.93%；月内最高报价11 350元/吨，最低报价10 700元/吨；上海地区全乳胶月均价格为11 048元/吨，环比上涨5.07%，同比下跌9.27%。

2. 橡胶期货市场

2019年1月沪胶主力月均价为11 584元/吨，环比增加2.9%；2月11 971元/吨，环比增加3.34%；3月11 993元/吨，环比增加0.18%；4月11 628元/吨，环比减少3.04%；5月在11 200～12 500元/吨，月均价为11 923元/吨，环比增加2.54%。

3. 主产省份胶水收购价格

2018年7月至12月，海南橡胶水收购价格平均为10.30元/千克，云南为9.53元/千克；同时期，泰国胶水收购价格平均为39.88泰铢/千克。2019年1月至5月，无论是中国还是泰国，胶水收购价格有所上涨，1月至5月海南省平均收购价格为12.13元/千克，云南为9.70元/千克；同时期，泰国胶水收购价格为46.62泰铢/千克。具体见表7。

表7　中国橡胶主产省份与泰国胶水收购价格

月　份	海　南 （元/千克）	云　南 （元/千克）	泰　国 （泰铢/千克）
2018.07	10.60	9.54	42.49
2018.08	10.40	9.45	41.89
2018.09	10.70	9.64	40.93
2018.10	10.20	9.68	40.24
2018.11	9.58	9.33	36.41
2018.12	—	—	37.33
2019.01	—	—	39.14
2019.02	—	—	42.03
2019.03	12.00	9.25	50.16
2019.04	12.10	9.85	50.99
2019.05	12.30	10.00	50.80

数据来源：卓创资讯

四、主要国家产业支持政策新变化

（一）泰国将减少天然橡胶供给，提升本国天然橡胶消费，减少对原材料出口的依赖

为了减少天然橡胶供给，缓解过去几年供大于求的情况，泰国橡胶管理局（RAOT）提出了年度翻种援助基金计划。

在提升泰国国内天然橡胶消费方面，泰国政府将通过橡胶路面工程和在政府项目中鼓励使用橡胶等两项活动，实施中长期措施刺激橡胶价格，对橡胶产品采取减税措施并鼓励泰国公司和外国公司投资建立橡胶加工厂在东部地区特别经济走廊项目（EEC），增加泰国国内橡胶加工用量，鼓励国内生产更多的橡胶增值产品。

关于补助胶农措施，泰国内阁已经批准预算约170亿泰铢，每莱橡胶地可获补助1 800泰铢，每位胶农获补助土地不得超过15莱，现在90%的胶农都已经获得补助，2019年7月补助金已全部发放完毕。

另外，泰国与国际三方橡胶委员会（ITRC）另两位成员国——印度尼西亚、马来西亚在2019年3月已达成协议，决定共同削减24万吨天然橡胶出口量以提振胶价，泰国占52%。

（二）印度尼西亚橡胶出口缩减行动已经实施；受真菌性病害影响，天然橡胶产量有所下降，政府将加强对病害的评估与监控

2019年1月至3月，泰国、马来西亚和印度尼西亚三国成立的国际三方橡胶委员会（ITRC），联合实施严格控制出口的政策（AETS），橡胶出口缩减行动计划涉及的橡胶产品包括标准烟胶、标准胶块和合成橡胶等，减少来自TIM国家的出口，印度尼西亚占38%。

由于橡胶价格长期低迷导致一些胶农对橡胶树的保养减少，导致苏门答腊和加里曼丹两个地区7月开始橡胶树受到真菌性病害影响，橡胶产量下降，目前印度尼西亚政府正在极力监控和评估病害的影响，并向胶农提供技术性帮助，推荐使用更多剂量的化肥以控制病害。

（三）马来西亚减少天然橡胶供给，提升本国天然橡胶消费，为胶农提供补贴

2019年，马来西亚橡胶生产激励项目（RPI）计划将天然橡胶价格从每千克2.20林吉特增加到每千克2.50林吉特，预计将增加橡胶小农户的收入每月144林吉特，或每公顷小农户每年1 728林吉特。

马来西亚是世界第五大天然橡胶生产国和出口国，每年生产橡胶约100万吨，对全球橡胶产量的贡献率约为46%。

（四）中国创建天然橡胶统一竞价销售平台，实施国有胶大然橡胶价格（收入）保险，对混合胶实行严审归类

2018年12月，海南国际热带农产品交易中心在海口揭牌，创新开展大宗商品网络单向竞价交易模式，自主研发倒计时交易系统进行海南垦区天然橡胶统一竞价销售平台交易业务。

2019年2月，海南橡胶与其顾问公司中汇国际保险经纪股份有限公司开启探索实施国有胶天然橡胶价格（收入）保险模式，保险金额为16元/千克，直接对标上海期货交易所主力合约的天然橡胶期货价格，保险费率16.80%，单位保费2.69元/千克。

近些年伴随着中国终端需求的带动以及套利盘活跃支撑，我国天然橡胶进口量快速增长，以混合胶进口增速最明显。

（五）其他橡胶主产国产业支持政策

缅甸将成立橡胶中心市场，用于控制橡胶价格波动，维持橡胶品质；促进“零毁林”可持续橡胶的可行性和营利能力。

2018年底，英国国际发展部（DFID）和世界自然基金会（WWF）联合投资240多万美元，以促进缅甸橡胶生产的变化，强调“绿色”（环保）橡胶。该项目将重点发展坦噶尔伊地区的可持续橡胶生产，在改善贫困农民生计方面具有巨大潜力，同时能促进“零毁林”可持续橡胶的可行性和营利能力，此外，该项目还将支持通过与可持续国际市场直接联系生产的零毁林橡胶的出口。这不仅对缅甸，而且对整个东盟地区都具有重大意义。

五、世界供需形势展望

据IRSG、FAO、印度尼西亚的天然橡胶产量数据预测，2019—2021年，预计印度尼西亚的天然橡胶开割面积和产量的增幅保持在1.50%~3.00%。泰国橡胶管理局（RAOT）即将实施的年度翻

种援助基金计划，未来天然橡胶产量将基本不变。全球天然橡胶的供给和需求将以1.50%～2.50%的增幅增多。

随着全球天然橡胶总产量的稳步增长，橡胶的消费需求从发达国家向新兴市场转移，未来的天然橡胶进出口贸易将会越来越活跃。根据ITC、IRSG、ANRPC、FAO、UN、泰国及印度尼西亚的天然橡胶进出口数据，预计2019—2021年，中国和美国等天然橡胶消费大国的天然橡胶进口量将保持3.50%～5%的增幅。泰国、马来西亚、印度尼西亚天然橡胶出口量受已达成的协议，三方总出口量将有所降低或保持不变，但波动幅度不会很大。

2019—2021年，预计全球天然橡胶市场的整体供需情况仍为供大于求，供需矛盾仍是引发天然橡胶市场价格波动的主要因素之一，此外，全球经济总体状况、国际政局变动、进口关税、合成胶的生产和消费、汽车轮胎和重卡产销、国际原油价格、货币汇率变动气候变化和中美贸易战等因素也会对天然橡胶国际市场价格产生较大影响，短期内天然橡胶价格仍将在低价位徘徊（1 400～1 800美元/吨），中长期天然橡胶价格有望缓慢回升上涨（2 000～2 200美元/吨）。

（中国热带农业科学院科技信息研究所　徐磊磊　刘恩平）

专题二：我国天然橡胶主要企业对外投资研究

一、研究背景

2019年，中央一号文件提出了在提质增效基础上，巩固棉花、油料、糖料、天然橡胶生产能力，加快推进并支持农业走出去，加强“一带一路”农业国际合作，主动扩大国内紧缺农产品进口，拓展多元化进口渠道，培育一批跨国农业企业集团，提高农业对外合作水平，继续巩固天然橡胶生产能力，改变长期依赖进口的局面。“中国—东盟自由贸易区”“海上丝绸之路”“一带一路”等倡议的提出，都为天然橡胶企业走出去提供了政策良机。

二、我国农业对外投资现状

2017年，我国农业对外投资流量为20.5亿美元，对亚洲国家的农业投资流量占农业对外投资总流量的36.59%。近年来，我国农业对外投资表现出显著的区域分布特征，区域集中度较高，热带农业投资集中在印度尼西亚、泰国、老挝、柬埔寨等东南亚国家，大豆等大宗农作物投资集中在俄罗斯、中亚5国等国家，“一带一路”沿线国家因其资源、气候、人文和政治经济等优势成为热点。从投资链条看，排名前100位的企业在境外投入生产环节的资金占超过60%，主要种植水稻、玉米、小麦等粮食作物和棉花、大豆、天然橡胶等经济作物。

2019年，全球天然橡胶产区整体开始从高产期向低产期过渡，除了泰国等橡胶主产国之外，非洲是除亚洲外另一适宜种植橡胶树的区域。

三、我国天然橡胶产业对外投资现状

广东农垦与海南农垦、云南农垦并称为三大胶仓。在被世界橡胶权威列入“植胶禁区”的北纬18°～24°地区成功建成了中国天然橡胶种植基地。

（一）广东农垦天然橡胶对外投资

2004年，广东农垦开始实施天然橡胶“走出去”，提出了“海外再造新农垦”。主要策略是优先投资主要产胶国，然后是次要产胶国；优先投入橡胶加工业，然后是发展种植业；优先利用现存资源，然后开发未来资源。该集团的海外投资特色之一是创建了“产业链模式”，其海外橡胶产业实现了从种苗繁育、胶园种植、科技研发、产品加工、仓储物流、到国际贸易、国际融资、期货套保全产业链构建。该集团的海外天然橡胶加工产能达到150万吨，储备橡胶种植土地12万公顷。在国际品牌打造方面，该集团的“广垦橡胶（GKR）”已成国际橡胶界知名品牌。2020年，广东农垦将打造成为具有国际竞争力的热带农业战略资源型跨国大集团，营业收入超过1 000亿元（表1）。

表1　2004—2017年广东农垦天然橡胶对外投资基本情况

序号	投资时间	投资国家	投资方式	投资效果	投资金额
1	2004年10月	泰国	合资经营天然橡胶加工业	新建橡胶加工厂4个	2 945万美元
2	2008年9月	马来西亚	投资橡胶园种植，共建加工厂	合作种植18万亩橡胶园，共建橡胶加工厂，持股80%	7 700余万美元
3	2012年5月	柬埔寨	租地种橡胶	中方持股45%～55%。	
4	2004年12月	越南	合资经营广垦橡胶（越南）有限公司	在越南胡志明市保税区建年加工能力为2万吨的专用胶厂（3家企业分别控股35%、33%和32%）	200万美元
5	2010年	新加坡	投资公司	兼顾国内和国际橡胶交易市场	
6	2009年	印度尼西亚	收购公司		
7	2016年	泰国	收购公司	中方控股60%，天然橡胶产能提升至150万吨，其海外橡胶种植面积拓展到200万亩，种植面积达13.33万公顷，广垦橡胶跃升为全球最大的天然橡胶全产业链经营企业	18亿人民币
8	2016年	马来西亚	收购基地	马来西亚沙巴州建设橡胶基地20万亩	
9	2017年	泰国	自建加工厂	建成在海外第一个年产量突破5万吨的橡胶加工厂	

2016年其海外橡胶基地开始大面积地开割。多个品种获得东京、新加坡、上海三大全球橡胶主要期货交易所的品牌交割资格，国产全乳胶（WF胶）4家工厂获得上海期货交易所的交割资格，泰华的标胶和烟片胶获得备新加坡商品期货交易所交割资格，该集团在泰国产的20号标胶，也通过了东京期货交易所交割认证。该集团的橡胶制品销往全球主要轮胎制造商，与米其林、普利司通、固特异等全球10大轮胎企业合作，并积极拓展印度、土耳其等新兴市场。

2016年，该集团成功收购全球第三大天然橡胶企业泰国泰华树胶公司后，建成了全球最大的天然橡胶全产业链经营企业。

（二）云南农垦和海南农垦对外投资

1. 云南农垦

2017年，云南省有137家企业对外投资，在亚洲投资占比97.8%，缅甸和老挝是主要投资国家。

2. 海南农垦

成立于2005年，是集天然橡胶研发、种植、加工、销售、贸易、金融、仓储、物流、电子商务及现代农业等为一体的大型综合企业集团，海胶集团承袭了海南农垦在橡胶行业的主导地位（表2）。

表2　海南农垦天然橡胶对外投资基本情况

序号	投资时间	投资国家	投资方式	投资效果
1	2012年	新加坡	并购	并购公司，年贸易量约为85万吨
2	2015年	马来西亚	收购、新建	建成年产3万吨橡胶加工厂
3	2015年	越南	收购、新建	建成年产1万吨的橡胶加工厂

（续表）

序号	投资时间	投资国家	投资方式	投资效果
4	2015年	印度尼西亚	收购、新建	年产6万吨的橡胶加工厂
5	2015年	老挝	收购	收购了老挝锦森橡胶有限公司和波乔绿航生物能源发展有限公司，胶园面积约8 000亩
6	2017年	印度尼西亚	收购	收购了印度尼西亚最大的天然橡胶企业，该公司拥有14个橡胶加工厂和5个橡胶种植公司，年加工天然橡胶能力约72万吨，胶园6万亩

四、投资风险分析

（一）橡胶企业“走出去”的主要考虑因素

1. 土地成本和劳动力成本因素

在柬埔寨和老挝缅甸等东南亚国家投资种橡胶，土地租金和劳动力成本都比国内低30%以上，如泰国的土地允许买卖，是永久产权，贷款年利率低于国内，且未开发的土地较广阔，土地资源丰富。国内胶价低迷导致很多胶园劳动力不足，甚至一度出现弃割，由于国内劳动力成本和农资农药成本提高，我国的每吨胶成本高于国际平均水平。

2. 气候和地理位置

天然橡胶是典型的热带作物，“一带一路”国家中的东南亚国家地区和非洲国家地区的高温湿热少雨气候条件和肥沃的土壤环境，台风、寒害及病虫害较少，都非常适合种植橡胶树，泰国和马来西亚的天然橡胶种植后4～5年可以开割，比我国的天然橡胶开割期要提早3年，一年12个月均可以割胶，相较于国内有三个月的停割期，平均产量比国内胶园高30%，海南全年采胶时间比东南亚国家年均少60天。广东和海南处于沿海的台风高发地区，自然灾害对当地橡胶园影响很大，2008年的严重寒害天气对广东农垦的胶园造成直接经济损失3.44亿元，间接经济损失1.61亿元，对垦区橡胶产业造成致命打击。

3. 橡胶单产和品质的差异

东南亚国家和地区的胶园产胶5～6千克/棵，比我国的橡胶树单产水平要高60%～80%，国内橡胶树平均每亩产50千克，海南省天然橡胶单位产量60～70千克/亩，而东南亚国家单位产量达到180～200千克/亩。我国天然橡胶的品质与泰国、马来西亚等国家相比也存在一定的差距。

4. 从提高我国天然橡胶的供给能力，降低对外依存度考虑

我国宜胶土地面积有限，且在作物比较效益的影响下，目前已达1 740万亩，产业规模扩大而空间潜力小。我国天然橡胶消费量80%要依靠进口，近三年，我国天然橡胶产业自给率保持在14.5%～15.5%，天然橡胶是国家重要战略物资，国内企业要提高天然橡胶的自我供给能力，逐步降低对其他橡胶主产国的依赖，必须要积极走出去，充分利用境外的土地，劳动力和气候环境等优势资源发展海外橡胶种植业和加工业。

5. 天然橡胶主产国联合削减橡胶出口贸易

2002年、2004年、2006年、2014年、2016年、2017年、2018年、2019年上半年等年份，泰国、印度尼西亚和马来西亚多次联合限制橡胶出口，增加本国的天然橡胶消费量，缩减天然橡胶的出口量，去库存的同时保护橡胶价格。

（二）存在主要风险

1. **经营和管理风险**

境外天然橡胶产业成本投入较大，投资周期较长，前期投入租赁土地、修缮水利，胶园道路等基础设施，包括种植和抚管期在内，东南亚国家的新植胶园非生长期5～6年，抚管期间要对胶园持续投资，资金压力较大，产业回收期较长，天然橡胶的金融属性导致国际市场上出现投机炒作行为，泰国和马来西亚等橡胶主产国的汇率波动引发的汇兑风险，也让海外天然橡胶产业的投资风险增加。

2. **政治和法律风险**

东南亚和非洲的部分国家和地区由于政局不稳定，社会动乱甚至是当地排华情绪会引发连锁反应，相应的招商引资政策和措施执行不到位，海外天然橡胶投资环境会受到负面影响，此外，个别国家政府腐败现象严重，给收购、租地、项目审批、建厂等一系列工作带来一定难度，不但降低了工作效率，还会增加天然橡胶的海外投入和运营成本。

3. **其他风险**

橡胶园大多远离城市中心，位置非常偏远荒凉，生活和卫生配套落后，东南亚国家6—9月进入雨季时期，容易发生塌方，影响胶园工人和管理人员的人身安全，橡胶制品的运输环节可能会遭遇自然灾害和事故，非洲国家的部落地权非常错综复杂，各级管理层层盘剥，各种费用无形中增加了境外天然橡胶投资的成本。

五、政策建议

（一）加强顶层设计，出台天然橡胶对外投资优惠政策

天然橡胶是国家重要战略物资，对东南亚国家和非洲国家的天然橡胶投资也是国家战略需要，建议设立橡胶“走出去”专项资金，对橡胶“走出去”在海外购买或租赁土地的，给予资金支持，对海外橡胶的种养、加工、贸易类农业经营项目，加大财政扶持比例，对橡胶等战略资源海外仓储物流项目建设资金给予补贴，此外，国家政府层面应为境外天然橡胶投资的企业规避政治风险、排外主义、贸易壁垒等问题开展协调，对外出劳务员工的人身安全保障和经济权益维护起到保障作用。加大补贴政策支持，对天然橡胶海外投资项目，给予贴息，延长贴息年限，扩大贴息范围，为企业提供第三方担保，加大税收和保险的优惠政策支持。

（二）推广天然橡胶对外投资全产业链的布局

三大农垦业务拓展到东南亚橡胶主产国，产业链从上游延伸到下游的贸易、物流、仓储等环节，逐步建成种植、加工、销售、物流及相关业务的全产业链条，构建了跨国空间产业链，特别是广东农垦已形成全产业链布局，其先进经验和做法可以向其他企业推广。

（三）建设天然橡胶对外投资的服务保障体系

构建立体有效的天然橡胶企业“走出去”服务体系，这类组织在与当地政府、企业沟通、规避各类风险、应对各种纠纷以及业内自律等方面有丰富的实践经验。考虑到天然橡胶对外投资的长周期和高风险，建议国内金融机构应专设贷前评估、贷中跟踪和调整、贷后清收的境外天然橡胶投资贷款跟踪体系，并在减免关税和对农资和设备等增值税退税抵扣方面的优惠政策。分散融资风险以及多渠道筹集资金，联络中国进出口银行、开发性金融机构和中国出口信用保险公司形成优势互补，统筹合作，达成国内外金融机构利益共享、风险共担的长期合作模式。

（四）加强对外投资国别的信息服务和调研论证

从政府层面，对投资对象国的经济水平、政治局势、政策导向、财政状况和农业资源等基础数据和信息提供服务，为投资行业的可行性分析和决策提供风险评估。提供国外天然橡胶的市场信息跟踪、投资项目和工程咨询、橡胶市场供需、橡胶生产和天然橡胶贸易环境等方面的咨询讯服务和数据支撑。从企业层面，扎实做好天然橡胶对外投资项目充分调研与规划论证，编制海外橡胶投资专项规划、项目可研报告等文件。充分咨询驻外使领馆和经商处的意见，对项目所在地的投资环境、资源和市场以及合作伙伴的资信等情况进行实地调研。

（五）重视风险控制，建设海外投资安全体系

建立科学有效的法人治理和国际化经营制度，可参考广垦的产销视频调度会、资金、汇率视频调度会、海外经营分析会等管理模式，加强对海外企业的有效监管，启动海外风险防控体系的运行和监管，重点防范经营风险和增加企业价值，重视事前和事中的监督与防范。

将风险防控工作放在企业重要位置，配备专人强化风控管理，对库存产品进行实时监控，通过改进工艺、强化管理等措施控制海外天然橡胶投资的生产和运营成本，如泰华公司2018年总部单位管理费用下降35%，单位财务费用下降23%，标胶/复合胶加工费用降幅达31%。广垦集团在海外推行联产计酬分配模式和奖罚分明的激励措施，提高境外企业胶工的年收入。

（六）加强天然橡胶对外投资的人才队伍建设

走出去的天然橡胶企业需要具备研发经验、国际营销和国际法律知识的复合型国际人才队伍，加强对选派境外项目人员的前期培训与学习，对投资对象国的经济、文化、政治、风土人情、农业环境等重点培训，制定定期轮训和考察制度，大胆推行人才“本土化”战略。同时提高驻外工作人员福利待遇制度，增强他们的归属感和责任感。

参考文献

中国对外农业投资合做分析报告—2017年度、2018年度 中国农业出版社.

汪梦盈. 2015. 广东农垦天然橡胶产业“走出去”战略案例分析[J].（21）：477-478.

黄冠，吴红宇. 2015. 广东农垦天然橡胶种植现状及“走出去”战略实践[J]. 中国热带农业（3）：18-21.

黄冠，洪雨萍. 2016. 广东农垦橡胶“走出去”战略实施分析[J]. 广东农工商职业技术学院学报，32（2）：1-5.

冉洁，彭勇. 2019. 海南省天然橡胶产业转型升级路径探析[J]. 海南金融（3）：64-70.

陈海波. 2018. 解放思想 踏实作为 新担当铸造新粮商——赴广东农垦集团考察调研报告[J]. 农场经济管理（11）：9-13.

程泽南，唐冲，陈伟忠. 2017. 实施“三联”战略 打造农垦国际大粮商——以广东农垦为例[J]. 中国农垦（3）：35-37.

孙晓艳. 2019. 橡胶产业海内外发展的优劣势分析——以广东农垦为例[J]. 中国农垦（3）：39-42.

莫业勇. 2019. 天然橡胶供需形势和风险分析[J]. 中国热带农业（2）：4-6，10.

叶长江. 2017. 走进北纬17度以南—广东农垦境外天然橡胶产业合作发展侧记[J]. 中国农垦（12）：67-68.

（中国热带农业科学院科技信息研究所 卢 坤 刘恩平）

第十五部分

香　蕉

专题一：世界供需形势分析

香蕉是全球贸易量最大且涉及贸易国家和地区最广泛的热带水果。2018年全球香蕉种植面积约为565.4万公顷，比2017年增加了0.3%，产量为1.15亿吨，比2017年增加了0.6%。2018年，香蕉生产区域布局变动不大，亚洲仍然是全球最大的香蕉的生产和消费区域。2018年全球共有160个国家和地区参与了香蕉的进口贸易，有128个国家和地区参与了香蕉的出口贸易，拉丁美洲仍然是全球主要香蕉出口区域，出口量占全球的3/4左右。2018年全球香蕉市场价格较好，预计2019年度，全球香蕉产量将保持稳定或略有上升，但供求形势仍然较为宽松。随着人口的增长、经济的发展和全球经济的一体化、自由贸易化，未来5年全球香蕉贸易量仍将以增长为主，进出口贸易规模将持续扩大。

一、世界供需现状

（一）生产情况

2018年全球香蕉的生产总体保持稳定。1990—2018年，全球香蕉的收获面积从372.6万公顷增加到565.4万公顷，增长了51.3%，年均增长1.83%，2018年全球香蕉的收获面积比2017年增加了0.3%（图1）。1990—2018年全球香蕉的平均单产明显增长，全球香蕉平均单产从13.4吨/公顷增加到20.2吨/公顷，增长了50.74%，年均增长1.81%，2018年与2017年相比增加了0.3%（图1）。1990—2018年全球香蕉的总产量从0.50亿吨增加到1.15亿吨，增长了130%，年均增长4.48%，2018年总产量与2017年相比增长了0.6%（图2）。2000—2015年，印度和中国的收获面积几乎翻了一番，产量分别增长了48%和83%。

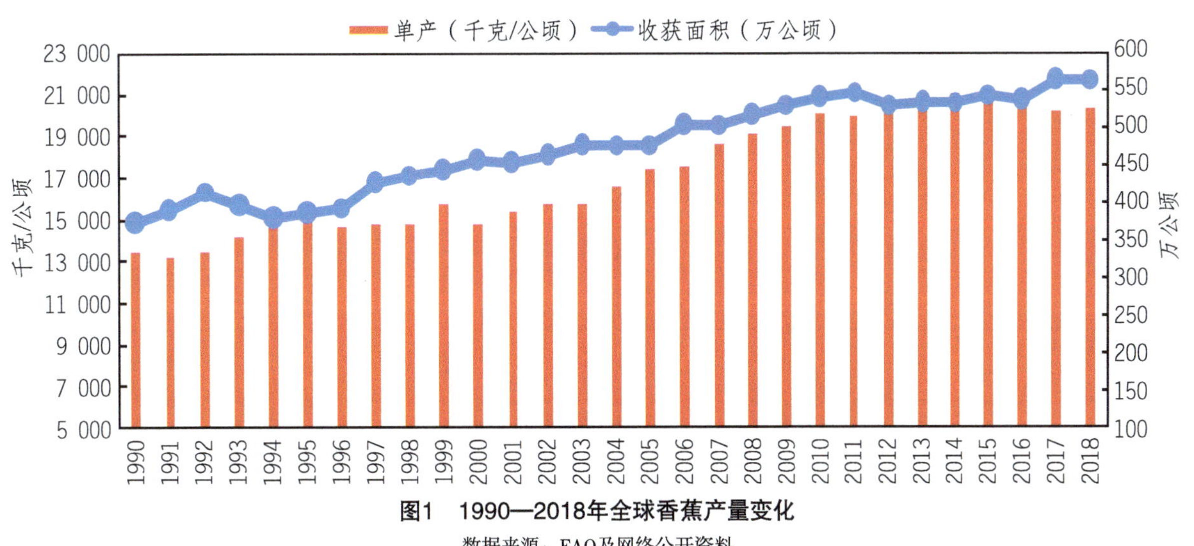

图1　1990—2018年全球香蕉产量变化

数据来源：FAO及网络公开资料

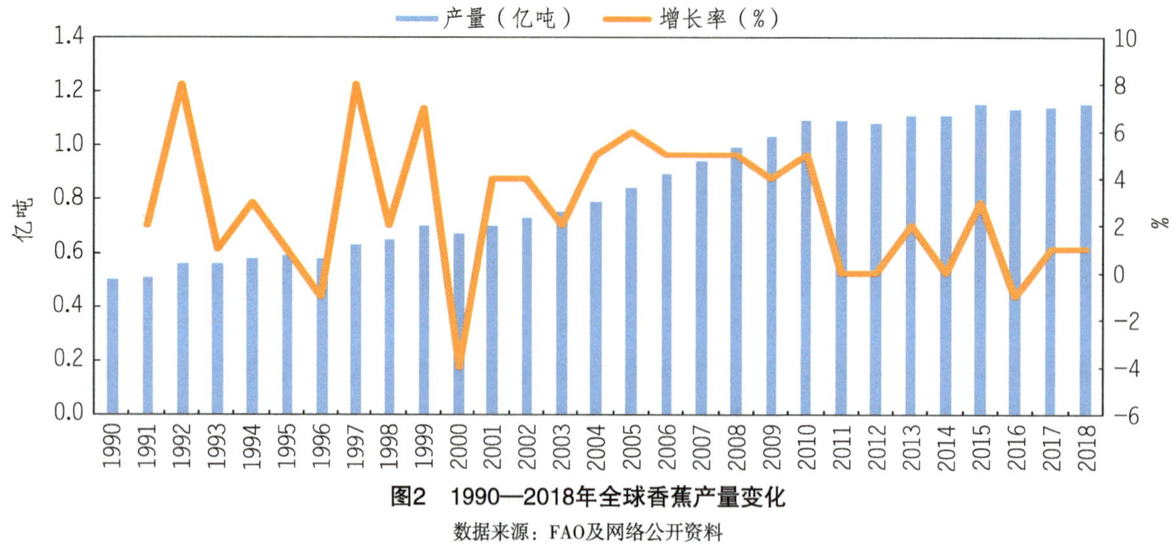

图2　1990—2018年全球香蕉产量变化

数据来源：FAO及网络公开资料

（二）生产布局及演变

根据FAO统计，2017年全球共有136个国家进行了香蕉种植，以亚洲的种植面积和产量最多，其次是中南美洲和非洲，大洋洲和欧洲也有少量种植。最大的生产国是印度（2 900万吨）和中国（1 100万吨）（2010—2017年平均产量），两国的生产主要是为国内市场服务，其他大型生产国：菲律宾2010—2017年平均每年产量750万吨，厄瓜多尔和巴西均产量为700万吨左右。2018年全球香蕉产量为11 456.89万吨，生产仍集中在亚洲地区。2017年全球香蕉产量前五位的国家是印度、中国、印度尼西亚、巴西、厄瓜多尔，产量前十的国家共占全球总产量的73.4%（表1）。2017年全球香蕉的收获面积为563.8万公顷，收获面积前三位的国家是印度、坦桑尼亚、巴西，排名前六的香蕉主产国占全球总香蕉收获面积的55.2%（表2）。单产方面，叙利亚、尼中拉瓜、印度尼西亚、南非、哥斯达黎加等排名前列（表3）。总的来说，香蕉业的生产力迅速提高，平均产量从1993年的每公顷14吨增加到2018年的每公顷20吨。

表1　2017年全球香蕉主产国产量排名TOP10

排　名	国　家	收获面积（万公顷）	占比（%）
1	印　度	86	15.3
2	坦桑尼亚	49	8.7
3	巴　西	46.5	8.3
4	卢旺达	46.5	8.2
5	菲律宾	44.7	7.9
6	中　国	38.1	6.8

数据来源：FAO

表2　2017年全球香蕉收获面积排名TOP6

排　名	国　家	收获面积（万公顷）	占比（%）
1	印　度	86	15.3
2	坦桑尼亚	49	8.7
3	巴　西	46.5	8.3

（续表）

排　名	国　家	收获面积（万公顷）	占比（%）
4	卢旺达	46.5	8.2
5	菲律宾	44.7	7.9
6	中　国	38.1	6.8

数据来源：FAO

表3　2017年全球香蕉单产排名TOP10

排　名	国家/地区	单产（吨/公顷）
1	叙利亚	70.5
2	尼加拉瓜	65.8
3	印度尼西亚	60.2
4	南　非	59.8
5	哥斯达黎加	59.5
6	土耳其	54.1
7	以色列	52.6
8	波多黎各	50.5
9	希　腊	49.2
10	危地马拉	48.5

数据来源：FAO

（三）消费市场现状

根据德国数据统计网站statista发布的2018年全球水果消费数据，对世界上最受欢迎的水果进行排名，香蕉排名第三，2018年消费量1.11亿吨。2014—2017年，世界主要香蕉消费国的消费量总体上呈增加的趋势，其中安哥拉的增幅最大，增长了23.5%，平均年增长5.9%，除美国外，其他主要香蕉消费国也是香蕉的主要生产国（表4）。世界上有1 000多个香蕉品种在生产和消费，但最商业化的是卡文迪什型香蕉，约占全球产量的47%。全球每年生产大约500亿吨卡文迪什香蕉。卡文迪什也是中国生产和消费的主要香蕉品种，占印度香蕉产量和消费量的1/4。随着全球人口超过70亿，迅速扩大生产的主要驱动力是发展中国家日益增长的人口的消费需求。全球产量增长的大部分来自生产国，如巴西、菲律宾，特别是印度和中国。

表4　2014—2017年世界主要香蕉消费国表观消费量

单位：万吨

年　份	印　度	中　国	印　尼	巴　西	美　国	安哥拉	坦桑尼亚
2014	2 967.0	1 321.5	683.7	687.0	432.1	348.3	319.2
2015	2 914.0	1 196.7	947.4	677.9	437.8	359.5	358.5
2016	2 902.1	1 207.7	698.8	667.1	436.3	382.1	356.4
2017	3 038.5	1 244.6	714.5	663.4	458.6	430.2	348.5

数据来源：FAO、ITC

二、国际价格走势

（一）总体价格走势

1990—2018年，香蕉的进出口均价总体都呈波动上涨的趋势，进口均价从0.5美元/千克上涨到0.67美元/千克，出口均价从0.29美元/千克上涨到0.54美元/千克，价格的增长趋势与进出口贸易的增长趋势相似（图3）。国际市场上的香蕉价格也受燃料价格的影响，在当地市场，香蕉价格也可能因当地货币的汇率水平而有很大差异。

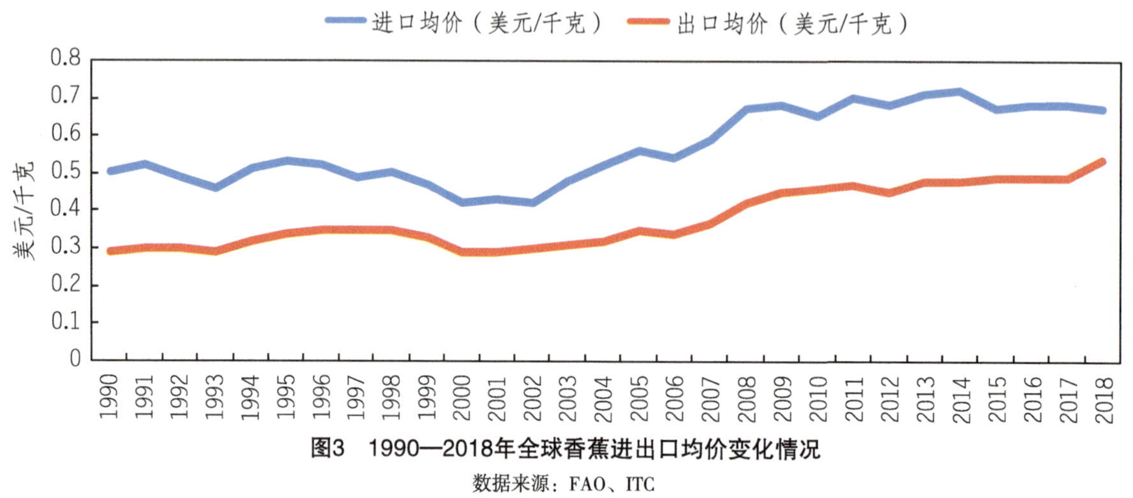

图3 1990—2018年全球香蕉进出口均价变化情况

数据来源：FAO、ITC

（二）重点国家价格走势

1990—2018年，全球以及重点国家的香蕉出口均价都呈上涨趋势，其中，中国的香蕉出口均价波动和上涨幅度最大。2018年全球香蕉的出口均价为0.54美元/千克，菲律宾、厄瓜多尔、危地马拉、中国的香蕉出口均价分别为0.44美元/千克、0.47美元/千克、0.55美元/千克、0.97美元/千克，其中菲律宾香蕉在出口价格上最具有竞争力，中国香蕉的出口在价格约是菲律宾的2.2倍，在出口价格方面不具有竞争优势。1990—2018年菲律宾、厄瓜多尔、危地马拉香蕉的出口均价一直处于缓慢上涨的态势，较为稳定，有利于产业的稳定发展并在国际市场占据有利地位（图4）。

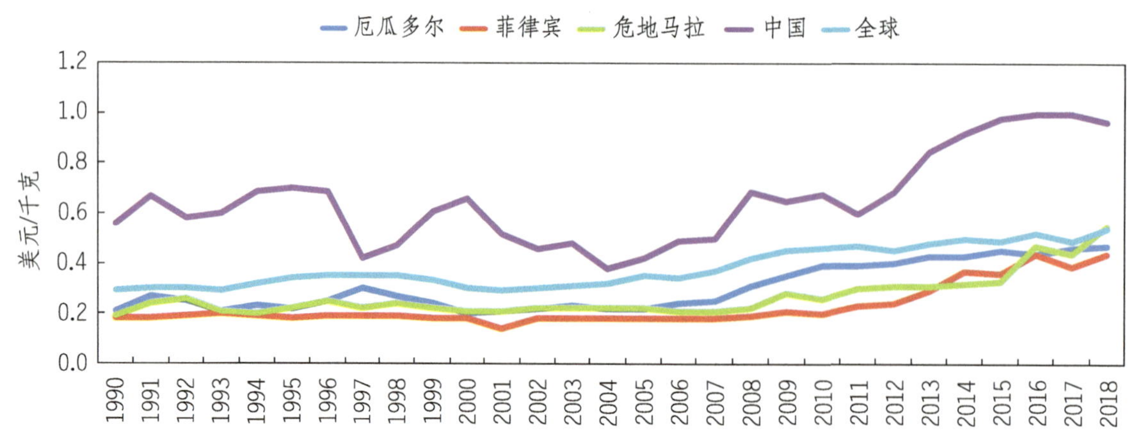

图4 1990—2018年重点国家香蕉出口均价与全球香蕉出口均价对比变化

数据来源：FAO、ITC

香蕉国际贸易一直以来是由美国和欧盟发达国家主导。香蕉市场高度分割，国内价格变动往往不同于国际价格变动。总体而言，近年来，欧盟和美国等大型市场的进口价格稳定在每千克0.90～1美元，零售价格表现出更多不同的变化。例如，法国的零售价格在2010—2016年出现明显上升。美国的零售价格基本保持稳定，2015—2018年，美国香蕉的国内零售价多数保持在0.56～0.58美元/磅，年平均零售价分别为0.58美元/磅、0.57美元/磅、0.56美元/磅、0.57美元/磅（图5）（注：因涉及不同年份的汇率，也不影响变化趋势，故不换算为国际单位）。

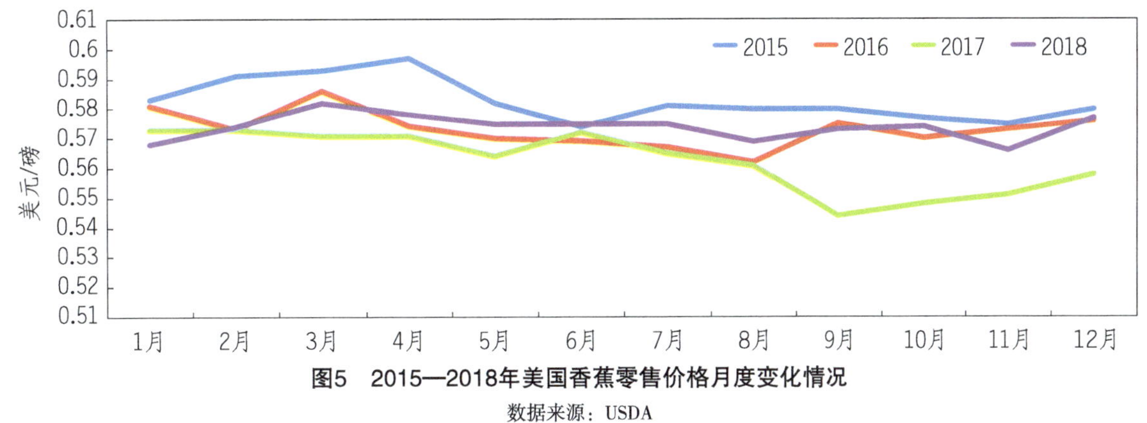

图5　2015—2018年美国香蕉零售价格月度变化情况

数据来源：USDA

三、国际贸易格局

2018年，全球香蕉进口排名前三的国家是美国、德国、俄罗斯，出口排名前三的国家是厄瓜多尔、危地马拉、哥斯达黎加。美国和欧盟依然是世界上进口香蕉最多的国家和地区。拉丁美洲仍然是世界上出口香蕉最多的地区。

（一）进出口量

据ITC数据显示，2018年全球共有160个国家和地区参与了香蕉的进口贸易，有128个国家和地区参与了香蕉的出口贸易。2018年全球香蕉进口量为2 352万吨，出口量为2 528万吨。1990—2018年全球香蕉的进口量呈相对稳定增长的趋势。进口量从1990年的888.15万吨增长到2018年的2 352万吨，增长了164.8%，年均增长5.7%。2018年全球香蕉的进口量比2017年减少1.2万吨，出口量为2 528万吨，比2017年增加105.4万吨（图6）。

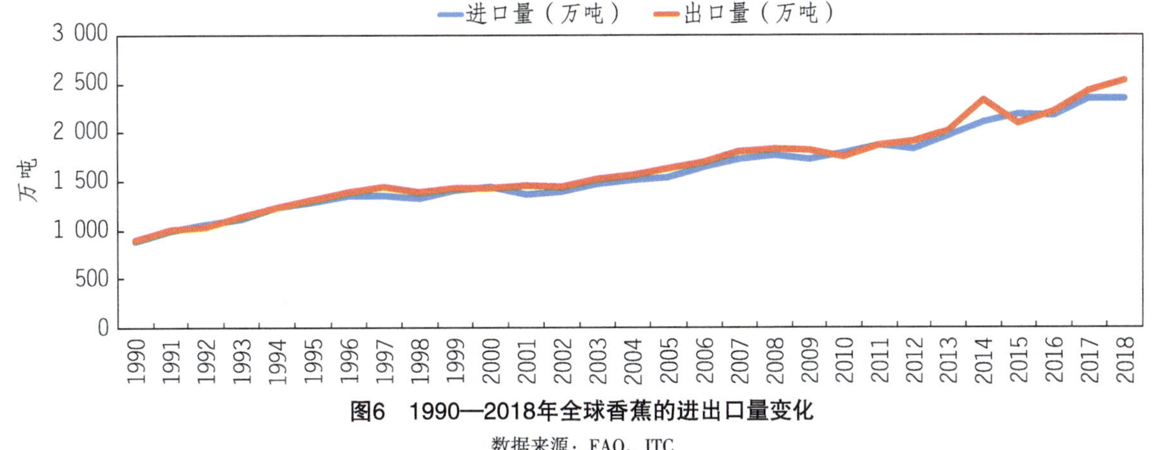

图6　1990—2018年全球香蕉的进出口量变化

数据来源：FAO、ITC

2018年全球香蕉出口量排名前8位的国家是厄瓜多尔、菲律宾、危地马拉、哥斯达黎加、哥伦比亚、比利时、荷兰、洪都拉斯，共占全球香蕉出口量的77.5%，2014—2018年，厄瓜多尔平均每年占全球香蕉出口量的1/3。2018年，全球香蕉进口量排名前8位的国家是美国、俄罗斯、中国、比利时、德国、英国、日本、荷兰，共占全球香蕉进口量的59.1%（表5）。

表5　2018年全球香蕉进出口量排名TOP8

排　名	国　家	进口量（万吨）	占比（%）	排　名	国　家	出口量（万吨）	占比（%）
1	美　国	516.8	22.0	1	厄瓜多尔	678.0	26.8
2	俄罗斯	155.7	6.6	2	菲律宾	338.9	13.4
3	中　国	154.5	6.5	3	危地马拉	266.9	10.5
4	比利时	135.7	5.8	4	哥斯达黎加	248.9	9.8
5	德　国	125.9	5.4	5	哥伦比亚	185.5	7.3
6	英　国	113.7	4.8	6	比利时	117.5	4.6
7	日　本	100.3	4.3	7	荷　兰	65.6	2.6
8	荷　兰	86.6	3.7	8	洪都拉斯	63.5	2.5

数据来源：ITC

主要的香蕉进口国中，美国的香蕉进口来源地主要来自拉美地区的危地马拉、哥斯达黎加、厄瓜多尔等，俄罗斯的香蕉进口来源地主要是厄瓜多尔，中国的香蕉进口来源地主要是菲律宾和厄瓜多尔。主要的香蕉出口国中，拉美国家出口市场大多面向北美、西欧、日本和俄罗斯联邦，厄瓜多尔的主要出口市场是俄罗斯、美国和欧盟，菲律宾的主要出口市场在亚洲，集中在中国、日本、韩国三国（表6），非洲和加勒比海地区的主要出口市场在欧洲。有机香蕉的主要出口国是哥伦比亚、秘鲁和多米尼加共和国。英国是有机香蕉的主要进口国。

表6　2018年全球香蕉进出口排名前8位国家贸易情况

排　名	国　家	主要进口地、进口量（万吨）及占比（%）	排　名	国　家	主要出口地、出口量（万吨）及占比（%）
1	美　国	危地马拉（211.5，40.9%）、哥斯达黎加（82.9，16%）、厄瓜多尔（80，15.5%）、洪都拉斯（52.7，10.2%）、墨西哥（43.4，8.4%）、哥伦比亚（34.6，6.7%）	1	厄瓜多尔	俄罗斯（149.9，22.1%）、美国（82.3，12.1%）、意大利（56.3，8.3%）、德国（49.5，7.3%）、土耳其（35.6，5.3%）、中国（26.5，3.9%）
2	俄罗斯	厄瓜多尔（149.5，96%）	2	菲律宾	中国（127.4，37.6%）、日本（109.2，32.2%）、韩国（42，12.4%）、阿拉伯联合酋长（17.5，5.2%）、伊朗（17，5%）
3	中　国	菲律宾（101.7，65.8%）、厄瓜多尔（24，15.5%）、越南（13.5，8.7%）、缅甸（10.2，6.6%）	3	危地马拉	美国（220.7，82.4%）、萨尔瓦多（9.5，3.5%）
4	比利时	哥伦比亚（42.6，31.4%）、哥斯达黎加（26，19.2%）、厄瓜多尔（21.5，15.9%）、喀麦隆（10，7.4%）	4	哥斯达黎加	美国（87.8，35.3%）、比利时（29.5，11.8%）、英国（21.5，8.6%）、意大利（17.8，7.2%）

（续表）

排名	国家	主要进口地、进口量（万吨）及占比（%）	排名	国家	主要出口地、出口量（万吨）及占比（%）
5	德国	厄瓜多尔（39.8，31.6%）、哥伦比亚（34.5，27.4%）、哥斯达黎加（31.1，24.7%）	5	哥伦比亚	比利时（45.2，24.4%）、美国（36.3，19.6%）、英国（31，16.7%）、意大利（21.9，11.8%）
6	英国	哥伦比亚（32.4，28.5%）、哥斯达黎加（20，17.6%）、多米尼加（13.9，12.2%）、厄瓜多尔（12.7，11.2%）	6	比利时	德国（37.2，20%）、法国（22.6，19.2%）、荷兰（16.8，14.3%）、捷克（9.2，7.8%）
7	日本	菲律宾（83.9，83.6%）、厄瓜多尔（11.1，11%）	7	荷兰	德国（32，39.3%）、波兰（11.9，14.6%）、比利时（9.8，12%）、捷克（5.2，6.4%）
8	荷兰	马拿马（19.5，17.2%）、比利时（18.9，16.7%）、哥斯达黎加（16.3，14.4%）、厄瓜多尔（15.2，13.4%）、哥伦比亚（12.7，11.2%）	8	洪都拉斯	美国（57.4，90.4%）

数据来源：ITC

（二）进出口额

2018年全球香蕉进出口贸易总额为295亿美元，比2017年增加了17亿美元，增幅为6.1%，其中进口额为158亿美元，比2017年减少了1亿美元，出口额为137亿美元，比2017年增加了18亿美元，贸易逆差为21亿美元。1990—2018年全球香蕉的进出口额呈不断上升趋势，进口额从1990年的44.5亿美元增长到2018年的158亿美元，增长了255.1%，年均增长率为8.8%，出口额从1990年的25.91亿美元增长到2018年的136.8亿美元，增长了428%，年均增长率为14.8%。1990—2018年，全球香蕉的进口峰值都出现在2017年，进口额达159.17亿美元，出口峰值出现在2018年，出口额达136.8亿美元（图7）。

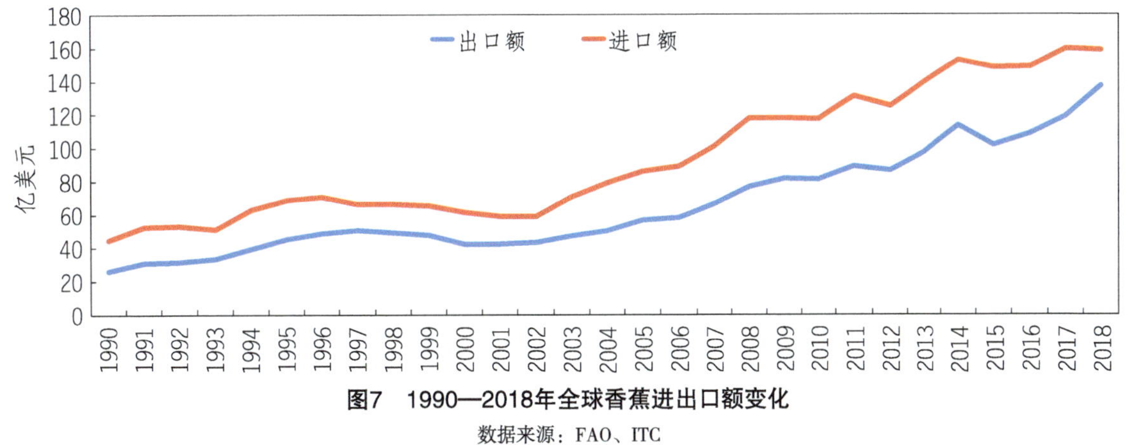

图7　1990—2018年全球香蕉进出口额变化

数据来源：FAO、ITC

2018年1—12月，全球重点国家香蕉的出口中，总体上看，厄瓜多尔的波动幅度较大，波峰出现在4月，出口量为66.24万吨，波谷出现在6月，出口量为41.56万吨，7—12月较为稳定，菲律宾1—4月的出口量较少，5—12月出口大幅增长，哥斯达黎加全年出口量较为稳定和均衡（图8）。

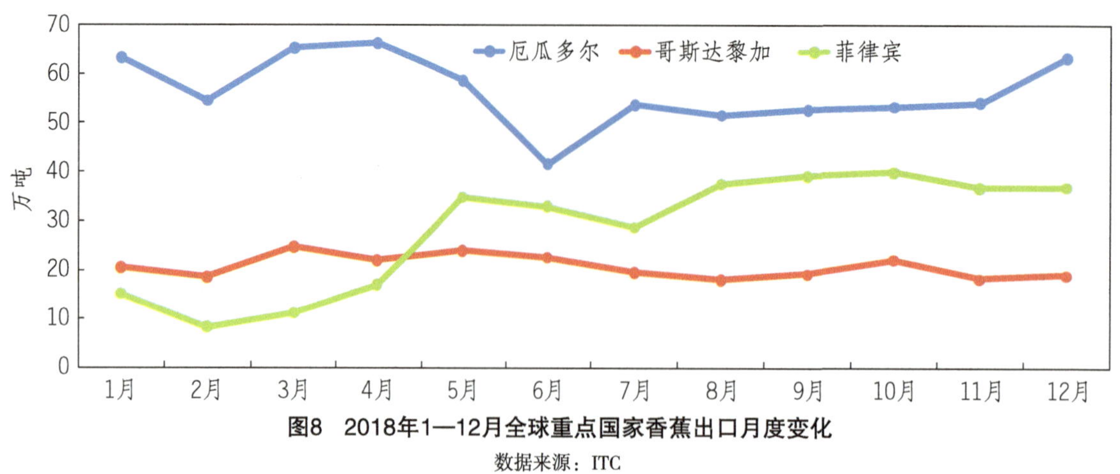

图8　2018年1—12月全球重点国家香蕉出口月度变化

数据来源：ITC

四、世界主要国家产业竞争力

（一）生产成本收益变化

2018年全球香蕉生产的成本持续上升。香蕉生产成本主要包括劳动力成本、化肥费用、植物检疫和农药使用成本等。化肥和农药方面的支出近年呈增加趋势，原因是单位价格上涨，更重要的是病虫害发生频繁导致农药的使用频率更高。

（二）代表性企业

香蕉作为全球贸易量最大的水果，也孕育了大的香蕉跨国公司。世界排名前列的香蕉跨国贸易公司有Chiquita（金吉达）、Del Monte（新帝尔盟）、Dole（都乐）、Fyffes（菲菲斯）等。

1. **美资：**Chiquita（**金吉达**）、Dole（**都乐**）**和**Del Monte（**帝尔盟**）

Chiquita（金吉达）、Dole（都乐）和Del Monte（帝尔盟）是世界香蕉贸易排名前三的跨国贸易公司，三家公司最初成立于美国。这些纵向一体化的跨国公司从事香蕉的生产、购买、运输和销售，在20世纪80年代达到最高，约占当时全球市场份额的2/3（65.3%），此后份额逐渐下降。Chiquita（金吉达）总部已迁往瑞士日内瓦，该公司控制了全球香蕉出口的18.7%，帝尔盟（Del Monte）占12.2%，都乐（Dole）占11.4%。2013年前三大跨国公司的全球市场份额降至36.6%。Chiquiasupplies的业务主要在美国和欧盟47%的业务在美国进行，46%的业务在欧洲进行，7%的业务在其他市场获得。在美国销售的80%以上的香蕉由四家公司（Dole、Chiquita、Fresh Del Monte、Bonita）控制。

2. **日资：**Fyffes（**菲菲斯**）

在欧盟，Fyffes是香蕉的第一大进口商，也是欧洲有机和公平贸易香蕉的主要销售商。在北美，Fyffes是第四大香蕉进口商。当今Fyffes是世界上通过GlobalG.A.P.（一个衡量耕作标准的独立组织）认证的生产伙伴数量最多的进口商。Fyffes是一个古老的水果品牌，于1929年成立于爱尔兰的一家香蕉公司，现已在15个国家设有办事处，员工人数超过6 000人。Fyffes不仅是世界上第一个水果品牌，而且也是欧洲第一个公平贸易香蕉的品牌。2004年，Fyffes进入北美市场，翌年，Fyffes与Uniban（世界最大的香蕉种植者合作公司）联手收购了Turbana公司50%的股份，并将香蕉添加到他们的北美业务中，Fyffes北美的总部位于佛罗里达州。2016年，Turbana公司更名为“北美Fyffes”。Fyffes与中美洲和南美洲的某些种植者集团进行了50多年的贸易，与当地的种植者及其社区发展强有力的长期伙伴关系。2014年3月，与世界上最大的香蕉贸易公司金吉达（Chiquita）合并为ChikitaFyffes公司，成为世界香蕉市场无可争议的领先者。

3. 欧美大型零售商

美国和欧盟的主要连锁超市已经成为全球香蕉贸易的重要参与者，在主要香蕉消费国的零售市场占据主导地位。美国和欧盟的主要连锁超市也在扩大它们在全球贸易中的议价能力，越来越多地从较小的批发商甚至直接从种植者那里购买。例如，在英国，超市销售80%的香蕉给消费者，这使得主要的英国连锁超市Tesco、Sainsbury's和Asda占据了零售部门香蕉销售额的60%，成为影响进口价格的重要因素。全球香蕉市场力量从主要香蕉品牌向零售商的转移，得益于建立从南美洲到欧洲和俄罗斯的直航集装箱服务，直航集装箱正在部分取代专用冷藏机，成为香蕉运输的首选方式。面对下游业务的激烈竞争，跨国公司更注重扩大营销和分销网络。

（三）主要国家产业竞争力分析

产业竞争力通常指该产业的国际竞争力，主要与进出口贸易密切相关，采用国际通行的三个常用指标——国际市场占有率（MS）、贸易竞争力指数（TC）和显示性比较优势指数（RCA）来分析全球香蕉出口排前五位的国家香蕉的产业竞争力，除菲律宾外，其他为拉美国家，厄瓜多尔的国际市场占有率为23.52%，远远高与其他国家（表7），厄瓜多尔的香蕉只有出口，没有进口，贸易竞争力指数为1，排世界第一位，其他国家次之（表8），危地马拉香蕉产业的显示性比较优势指数为214.14，排世界第一位，厄瓜多尔次之（表9）。总体来看，拉美主要香蕉出口国的产业竞争力都非常强，综合来看，厄瓜多尔香蕉产业最具国际竞争力，危地马拉等国次之。缺乏支持性的贸易政策、优惠协定的扩散和缺乏产业竞争力可能是阻碍许多生产国进入国际市场的重要因素。

表7　2018年全球香蕉国际市场占有率（MS）TOP5

排　名	国　家	出口额（亿美元）	国际市场占有率（%）
1	厄瓜多尔	32.18	23.52
2	菲律宾	15.05	10.99
3	危地马拉	14.71	10.75
4	哥斯达黎加	10.31	7.53
5	哥伦比亚	8.66	6.33

数据来源：根据ITC数据计算

表8　2018年全球香蕉贸易竞争力指数（TC）

排　名	国　家	出口额（亿美元）	进口额（千美元）	贸易竞争力指数
1	厄瓜多尔	32.18	0	1
2	菲律宾	15.05	22	0.99
3	危地马拉	14.71	6 321	0.99
4	哥斯达黎加	10.31	2 426	0.99
5	哥伦比亚	8.66	2 609	0.99

数据来源：根据ITC数据计算

表9　2018年全球香蕉出口额前5位国家的产业显示性比较优势指数（RCA）

序　号	国　家	香蕉出口额（亿美元）	总的商品出口额（亿美元）	显示性比较优势指数
1	厄瓜多尔	32.18	216.06	212.71
2	菲律宾	15.05	674.88	31.71

（续表）

序　号	国　家	香蕉出口额（亿美元）	总的商品出口额（亿美元）	显示性比较优势指数
3	危地马拉	14.71	98.10	214.14
4	哥斯达黎加	10.31	112.56	130.71
5	哥伦比亚	8.66	417.70	29.57

数据来源：根据ITC数据计算

五、主要国家产业支持政策新变化

（一）澳大利亚谋划香蕉出口策略

针对澳大利亚热带水果出口困难的问题，2018年澳大利亚发布了由其农业研究机构Hort Innovation制定的《2019—2023年澳大利亚热带水果出口战略》，其中制定了包括香蕉在内的6种热带水果的出口详细战略。该战略评估建议澳大利亚热带水果出口的重点将放在亚洲市场，以建立新的出口商业模式、供应链、高端定价和强大品牌的新产品开发，与新西兰联合，寻求长期市场准入。

（二）印度“改良香蕉育种”计划

2017年印度国家香蕉研究中心（NRCB）与法国国际生物多样性中心（Bioversity International）签署了谅解备忘录，联合研发抗枯萎病的香蕉品种，该项目名为“改良香蕉育种”计划，参与的机构还有印度国家植物遗传资源局（NBPGR）、喀拉拉邦农业大学香蕉研究站（BRS）和班加罗尔印度园艺研究所（IIHR）。印度国家香蕉研究中心的科学家库马尔（V Kumar）指出，枯萎病几乎影响了所有的香蕉品种，导致植株发育迟缓，产量减少到历年最低水平，选育不易受枯萎病影响的香蕉新品种以确保印度香蕉的产量。

（三）多米尼加有机香蕉发展计划

2018年世界最大的有机香蕉出口国多米尼加在欧盟在香蕉种植商及出口商、金融机构与政府机构代表参会的会议上，多米尼加农商业委员会（JAD）提出了一项冷链研究计划，即香蕉产业链计划（BAM）发展框架下的冷链投资的技术研究，旨在改善有机香蕉的冷链运输，将对美国香蕉出口额提高至5 200万美元/年，并且提升多米尼加香蕉的品质，该计划的预估结论为：根据冷链的全球化评估和改进及预投资计划，所需投资为2 325万美元，以开发多米尼加的制冷平台，促进多米尼加有机香蕉出口。

六、世界供需形势展望

（一）生产展望

总体种植面积和产量持续缓慢增长，局部地区有所减少。由于香蕉的种植受地理气候条件的限制，主要是靠近赤道地区，难以大面积的扩大种植，世界香蕉的主要生产区域亚洲、拉丁美洲和非洲近年来种植情况较为稳定，受世界人口和经济的增长，香蕉的总体种植面积和产量将缓慢增长，但受气候变暖、自然灾害和枯萎病的影响，局部地区的香蕉种植面积和产量将受到影响。预计未来5年，世界香蕉的生产将保持持续缓慢增长。

（二）消费展望

全球消费格局保持稳定，消费量持续增长。亚洲仍是最大的香蕉消费市场，欧美和发展中国家的香蕉消费仍有较大的增长潜力。经济发达地区是有机香蕉和高端香蕉的主要消费市场。预计未来5年全球香蕉消费量将呈增长趋势，预计香蕉消费量的增长率平均每年将增加2.0%左右。

（三）贸易展望

全球香蕉贸易持续扩大。随着全球经济一体化和贸易自由化的不断发展，更多的国家和地区将参与到香蕉贸易中来，过去香蕉国际贸易的高度垄断现象将逐渐被打破，预计未来5年世界香蕉的主要出口地依然是拉美地区，但随着拉美地区与其他地区的双边贸易的不断发展，拉美地区的出口去向地将更为多元化，与亚洲地区的贸易将持续增加。

参考文献

梁容. 2018. 澳大利亚：谋划热带水果出口策略[J]. 中国果业信息，35（06）：40.

童彤. 2017. 印度：与法国合作开发抗枯萎病的香蕉品种[J]. 中国果业信息，34（05）：38.

童彤. 2018. 多米尼加：改善冷链运输可提高香蕉出口额[J]. 中国果业信息，35（05）：42.

专题二：全球香蕉产业发展的先进经验及模式研究

中国是全球香蕉生产的第二大国家，但香蕉产业长期以来面临产业发展不稳定、生产成本居高不下、发展质量良莠不齐、贸易逆差不断扩大等困境。在此选择2018年世界香蕉贸易出口排名前五位的国家（除菲律宾外，其余为拉美国家）：厄瓜多尔、菲律宾、危地马拉、哥斯达黎加、哥伦比亚，研究其香蕉产业的先进经验及模式，期望给中国香蕉产业发展带来一些启示和思考。

一、全球重点国家香蕉产业发展先进经验及模式

（一）拉美地区：厄瓜多尔

1. 产业环境及基本情况

香蕉是厄瓜多尔产量和出口量最大的热带农产品。1961—2017年，厄瓜多尔香蕉的收获面积从11.4万公顷增加到11.58万公顷，波峰在2000年，达到了25.3万公顷，波谷在1983年，为4.9万公顷，总体波动幅度较大。1961—2017年香蕉的单产从22 781千克/公顷增加到39 746千克/公顷，波峰在为2017年，波谷在1967年，为12 613千克/公顷，呈现波动增长的态势（图1）。1961—2017年香蕉的总产量从259万吨增加到628.2万吨，波峰在2010年，达到了793.1万吨，波谷在1983年，为164.2万吨（图2）。

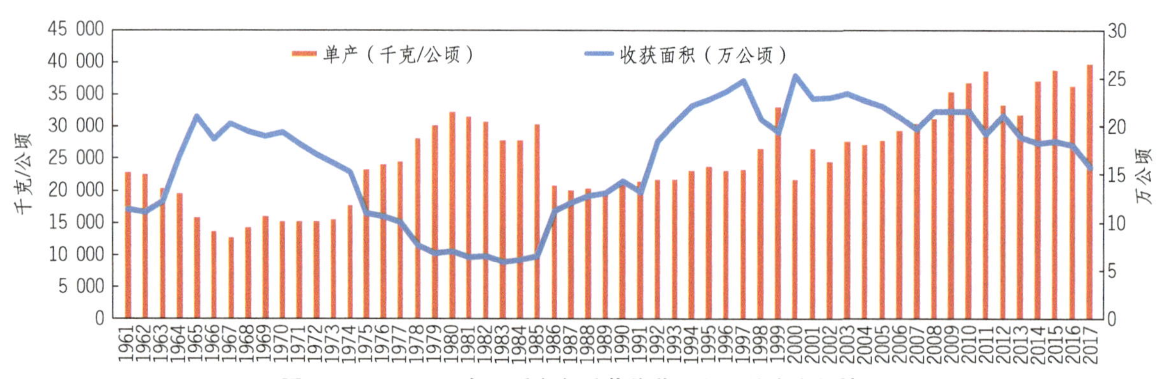

图1 1961—2017年厄瓜多尔香蕉收获面积、单产变化情况

数据来源：FAO

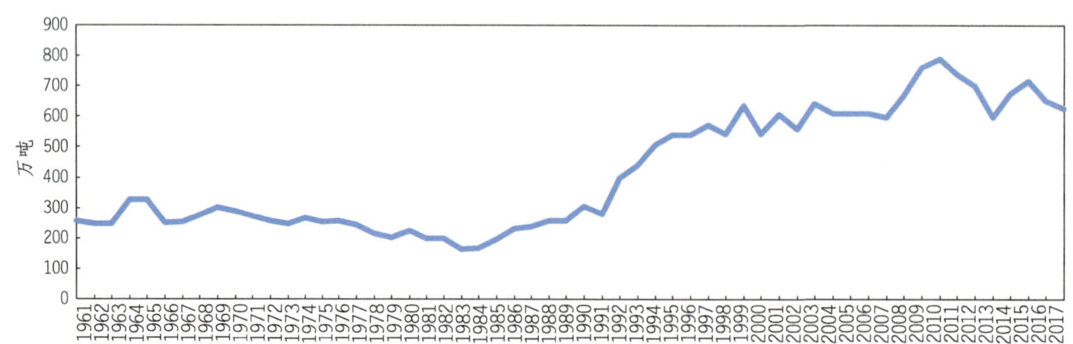

图2 1961—2017年厄瓜多尔香蕉总产量变化情况

数据来源：FAO

2. 出口贸易情况

厄瓜多尔在经济上实施美元化政策，通用货币为美元。1961—2018年厄瓜多尔香蕉出口量从98.5万吨增加到678万吨，出口额从8 090万美元增加到321 822万美元，出口量和出口额都呈现波动上涨的态势（图3）。

从1992年起，厄瓜多尔香蕉出口量一直居全球第一。欧盟和美国是厄瓜多尔传统的出口市场，近年来，厄瓜多尔增加了对亚洲和欧洲地区的出口，主要是俄罗斯和中国。厄瓜多尔是中国第二大香蕉进口国，厄瓜多尔香蕉85%从大连登陆，进入中国北方消费市场。

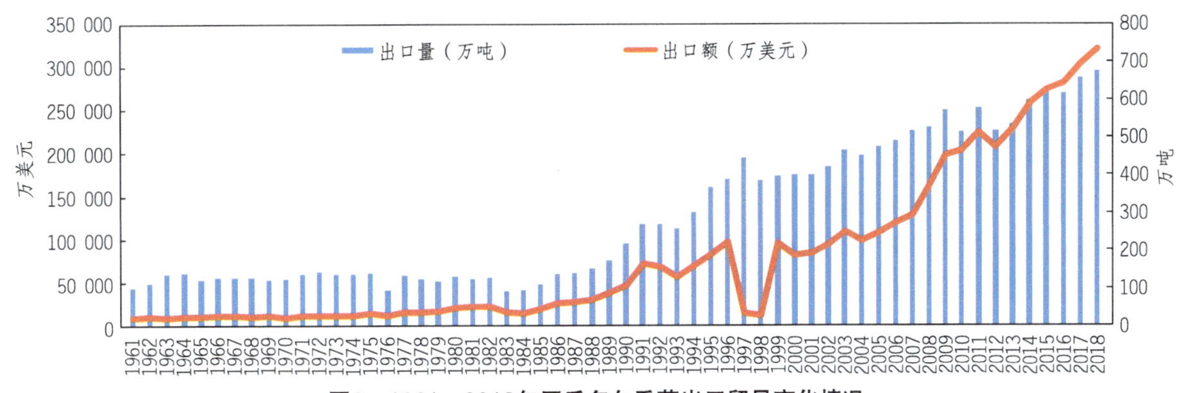

图3　1961—2018年厄瓜多尔香蕉出口贸易变化情况

数据来源：FAO、ITC

2018年厄瓜多尔的香蕉出口总量为677.99万吨，比2017年增加2.9%，出口总额为32.18亿美元，比2017年增加5.7%，进口量和进口额为零。2018年厄瓜多尔的香蕉出口去向地为84个，俄罗斯依然是厄瓜多尔最大的香蕉出口去向地，出口量为149.9万吨，比2017年增加789吨，出口金额为6.45亿美元，比2017年增加644万美元。厄瓜多尔香蕉出口地较为多元化，主要出口到亚洲、欧洲和美国，以出口量和出口额计算，排前6位的分别是俄罗斯、美国、意大利、德国、土耳其和中国，分别为149.9万吨、82.3万吨、56.3万吨、49.5万吨、35.6万吨、26.5万吨，出口额占厄瓜多尔总出口额分别为20.1%、13.87%、8.15%、7.34%、4.99%、3.97%（图4）。

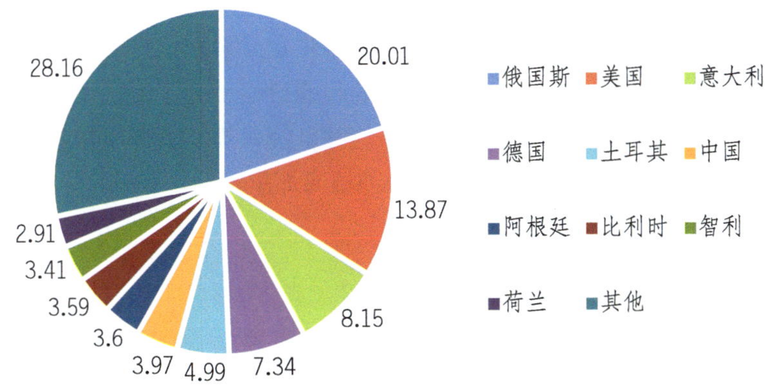

图4　2018年厄瓜多尔香蕉出口去向地分布比例

数据来源：ITC

3. 产业国际竞争力分析

2018年厄瓜多尔香蕉总出口额为32.18亿美元，国际市场占有率为23.52%，排名世界第一；贸易竞争力指数为1，排名世界第一；显示性比较优势指数为212.71，排名世界第二，仅次于排名世界第一的危地马拉（214.14）。综合来看，厄瓜多尔的香蕉产业国际竞争力仍处于世界第一位。

4. 生产经营主体和组织模式

组织模式：跨国集团公司+庄园+种植户。

产业特点：生产经营国际化程度高，香蕉经营公司多由跨国集团经营或直接间接的投资。实施规模化经营和标准化种植，在香蕉主产区成片连接的香蕉庄园，最大的蕉园近10万亩，每个蕉园都有一套成熟的种植标准。基本实现订单和合约式生产，有政府最低收购和最低出口价，香蕉的生产和价格都较稳定，保证香蕉产业的持续稳定发展。

主要大型公司：据厄瓜多尔香蕉出口商协会（AEBE）提供的数据显示，都乐（Dole）保持厄瓜多尔最大香蕉出口商的地位，占其出口量的10%，排在第二和第三位的是费乌瑞（Favorita）果品公司（太平洋香蕉王）和阿尔瓦罗·诺沃亚（Truisfruit）公司，其他的主要香蕉出口商还有Sabrostar Fuit、Asoagribal、Brundicorpi和Banacali等公司。

5. 先进的经验及模式

一是建立了香蕉工业化生产体系。厄瓜多尔香蕉生产以大规模集约化和庄园连片种植发展为主，多数由几个公司组成集团进行运作，实行品种、田间管理、产品质量、品牌和销售的“五统一”策略。最大限度的实现农工贸一体化经营，充分利用次果加工成香蕉粉等营养食品，或作为精饲料之一直接喂牛，实现转化增值，提高经济效益。香蕉种植园实施工厂化生产和管理，配套采摘、清洗、包装、保鲜、冷藏等设施，采用双人配合砍蕉，索道运输等世界先进的无落地采摘技术。二是践行可持续发展的理念。采用多造蕉的栽培方式，长期连作，生产周期长达几十年，分片种植，一年四季都有香蕉上市，形成常年生产基地。通过科研，解决了长期连作所带来的土壤板结、地力下降和病虫害等三大技术问题，保证整个蕉园规划和相关设施都符合世界雨林联合会的环保标准。连作有助于蕉园各项基础设施的建设，降低生产成本，又利于长期占领和开拓市场。采用科学方法管理蕉园，扩大有机香蕉种植规模，注重采收与采后处理，确保生产出高质量、符合出口要求的果品。三是针对目标市场生产受消费者欢迎的品种。厄瓜多尔针对不同的消费市场，筛选了十多种主要品种进行长期种植，许多香蕉庄园一般都种植4～5种不同品种的香蕉，以备投放不同的消费市场。厄瓜多尔主要瞄准的是国际高端市场，针对不同的市场会使用不同的包装来迎合当地市场的消费偏好。四是良好的产业发展环境。厄瓜多尔政治稳定，有一套规范的投资政策，把农业纳入了国家优先发展领域，企业所得税为22%，任何新投资可在前5年免交预征所得税。加上肥沃的土地，适宜的气候，充沛的雨量，大量廉价的劳动力资源以及政府鼓励香蕉生产和出口的政策及在金融、信贷等方面对中小香蕉生产者给予的实际支持，促进了厄瓜多尔香蕉业的蓬勃发展。五是制定最低收购价和出口价保护香蕉产业稳定持续发展。每年10月左右厄瓜多尔农业部咨询委员会都会组织生产商和出口商召开会议协商下一年每箱香蕉的收购价格，为了保护中小型种植者利益，在没有达成一致的情况下，农业部将设定官方收购价格，并且统一规定最低出口参考价格，规定出口商每周至少15%的香蕉都必须从30公顷以下的中小型种植商那里采购。

（二）拉美地区：危地马拉

1. 产业环境及基本情况

危地马拉的经济主要靠出口各种水果，其中最主要的出口水果为香蕉。危地马拉位于中美洲西北部，北部和西部与墨西哥接壤，北部及东部沿海平原地区属热带雨林气候，南部山地属亚热带气候，一年分干湿两季，5—10月为湿季，11月至翌年4月为干季。危地马拉经济以农业为主，香蕉是传统的大宗出口农产品，最大的香蕉生产区在Escuintla地区，拥有18 553公顷的香蕉种植面积，约占全国香蕉产量的33.1%。

1961—2017年危地马拉香蕉的收获面积从2.2万公顷增加到8.02万公顷，波峰在2017年，波谷在1999年，为1.75万公顷，总体呈波动幅上涨的态势。1961—2017年香蕉的单产从16 773千克/公顷增加到48 495千克/公顷，波峰在2000年，达到52 473千克/公顷，波谷在1965年，为13 610千克/公顷，呈现波动增长的态势（图5）。1961—2017年香蕉的总产量从259万吨增加到628.2万吨，波峰在2010年，达到了793.1万吨，波谷在1983年，为164.2万吨（图6）。

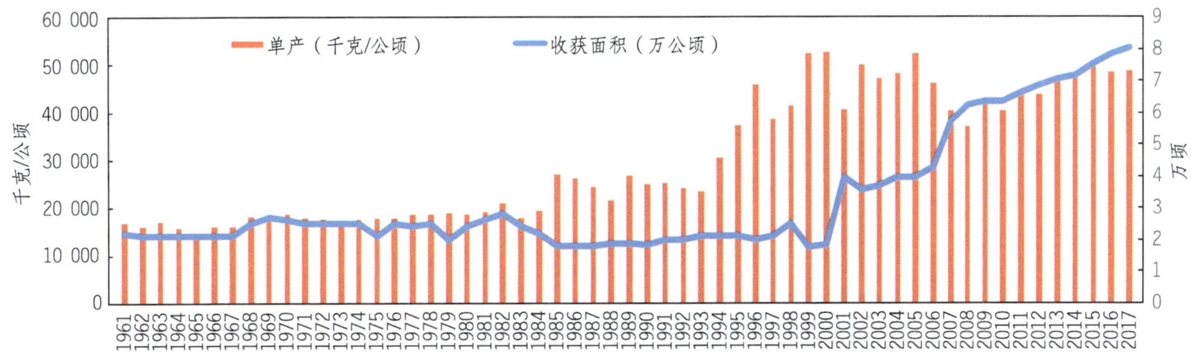

图5　1961—2017年危地马拉香蕉收获面积、单产变化情况

数据来源：FAO

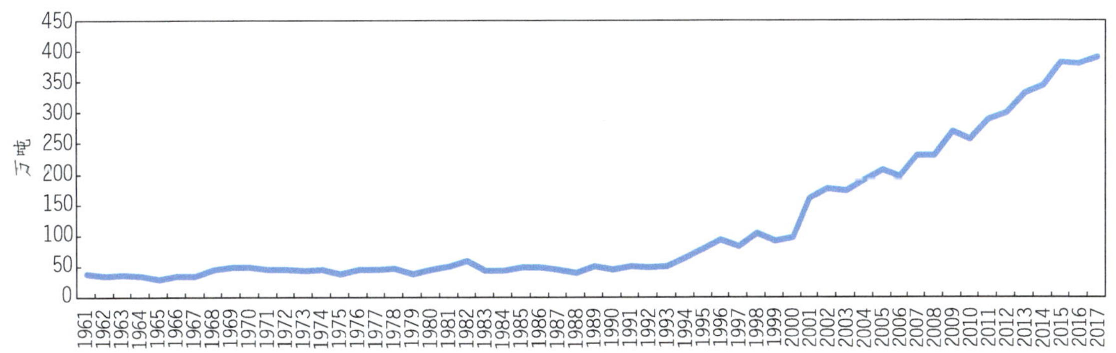

图6　1961—2017年危地马拉香蕉总产量变化情况

数据来源：FAO

2. 进出口贸易情况

1961—2018年危地马拉香蕉出口量从15.75万吨增加到267.99万吨，出口额从1 142万美元增加到147 094万美元，出口量和出口额近年来都呈现大幅上涨的态势（图7）。

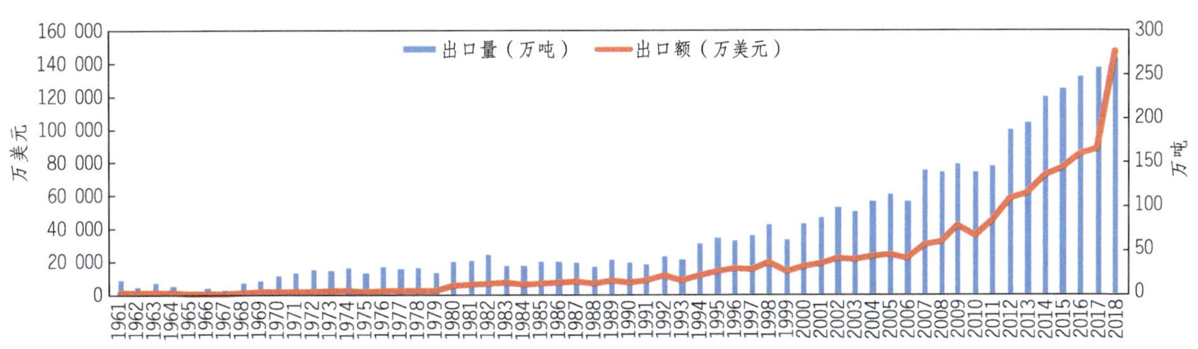

图7　1961—2018年危地马拉香蕉出口贸易变化情况

数据来源：FAO、ITC

近年来危地马拉香蕉出口贸易一直排名世界前列，2015—2016年超过菲律宾排名世界第二，2017年排名世界第三。根据ITC数据显示，2018年危地马拉的香蕉出口继续保持世界第三大香蕉出口国地位。2018年危地马拉的香蕉出口总量为266.99万吨，比2017年增加3.86%，出口总额为14.7亿

美元，比2017年增加66.71%。危地马拉香蕉出口地最为集中，主要出口到美国，2017年危地马拉出口美国的香蕉占其总出口额90%以上，其余主要出口到欧洲，以出口量计算，排前3位的分别是美国、萨尔瓦多、洪都拉斯，分别为220.7万吨、9.5万吨、7.9万吨，以出口额计算，排前3位的国家分别是美国、荷兰、意大利，占危地马列拉总出口额分别为90.83%、2.3%、2%（图8）。

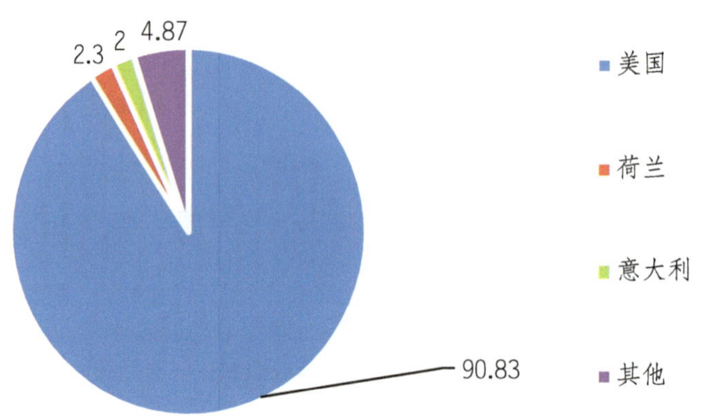

图8　2018年危地马拉香蕉出口去向地比例（%）
数据来源：ITC

3. 产业国际竞争力分析

2018年危地马拉香蕉总出口额为14.71亿美元，国际市场占有率为10.75%，排名世界第三；贸易竞争力指数为0.99，排名世界第二；显示性比较优势指数为214.41，排名世界第一。综合来看，危地马拉香蕉产业的国际竞争力处于世界第三位。

4. 生产经营主体和组织模式组织模式：大型公司+庄园+农户

产业特点：实施规模化经营和标准化种植，香蕉种植和出口市场主要长期被联合果品公司等美资背景的跨国公司垄断。

大型公司：联合果品公司（金吉达）是危地马拉最大的香蕉生产和贸易公司，该公司从20世纪初开始在危地马拉拥有大量的庄园，主要种植香蕉等水果，收获的香蕉主要运回美国国内，小部分运往欧洲国家，该公司不仅垄断了危地马拉香蕉的种植和生产，对中美洲和加勒比海地区的农业，甚至经济、政治、军事、社会等方面都产生了深远的影响，危地马拉也因此被称为“香蕉共和国”。

5. 先进的经验及模式

危地马拉香蕉种植、销售、贸易主要是采用的美式跨国大公司的生产经营模式，有一套成熟和先进的标准化种植、管理、销售体系。

（三）拉美地区：哥斯达黎加

1. 产业环境及基本情况

哥斯达黎加位于中美洲，加勒比海地区，气候属于热带和亚热带，气候只有两个季节，4月到12月为雨季，12月底到翌年4月为干季，也称为夏季。香蕉是哥斯达黎加传统的优势出口农产品。香蕉主产区在Talamanka自治省，种植优质香蕉品种“格罗斯米歇尔”。利蒙港（Puerto Limón）是哥斯达黎加最大的贸易港，是周围热带作物种植园的贸易中心，输出香蕉为主，占全国香蕉出口的40%。

1961—2017年哥斯达黎加香蕉收获面积从2.34万公顷增加到4.29万公顷，波峰在1994年，达到5.27万公顷，波谷在1985年，为2万公顷，2001年以来保持较为稳定的趋势。1961—2017年香蕉单产从17 023千克/公顷增加到59 477千克/公顷，波峰在1989年，达到61 160千克/公顷，波谷在1963年，为

16 936千克/公顷，呈现波动增长的态势（图9）。1961—2017年香蕉的总产量从39.83万吨增加到255.28万吨，2017年达到了波峰（图10）。

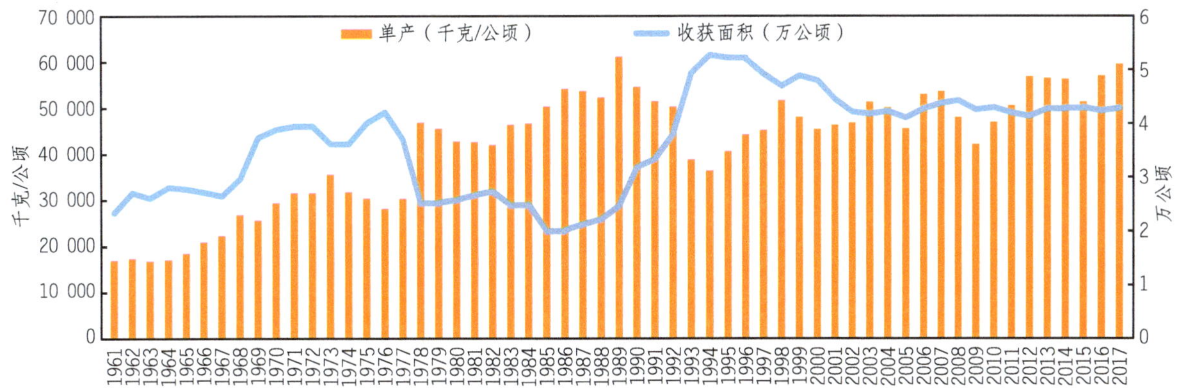

图9　1961—2017年哥斯达黎加香蕉收获面积、单产变化情况

数据来源：FAO

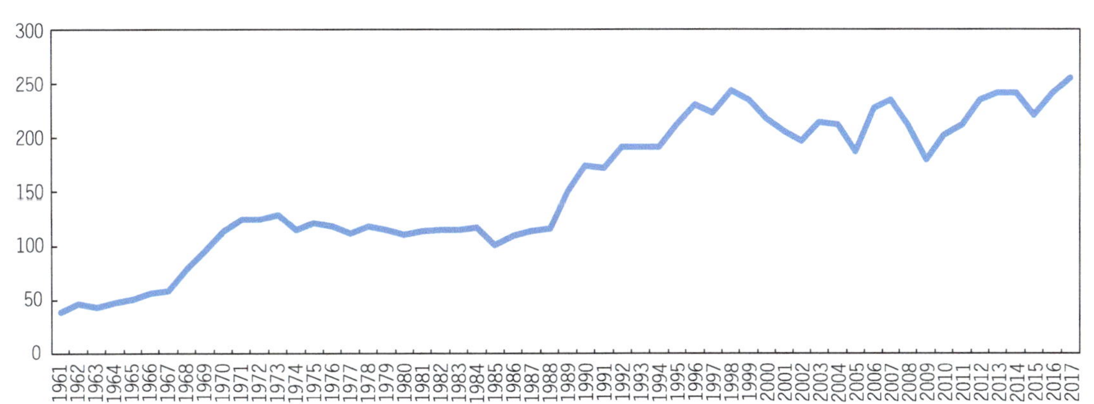

图10　1961—2017年哥斯达黎加香蕉总产量变化情况

数据来源：FAO

2. 进出口贸易情况

1961—2018年哥斯达黎加香蕉出口量从23.01万吨增加到248.88万吨，出口额从1 853万美元增加到103 091万美元，出口量和出口额近年来都呈现上涨的态势，出口量和出口额的波峰都出现在2017年，出品量达到了252.97万吨，出口额达到了104 431万美元（图11）。

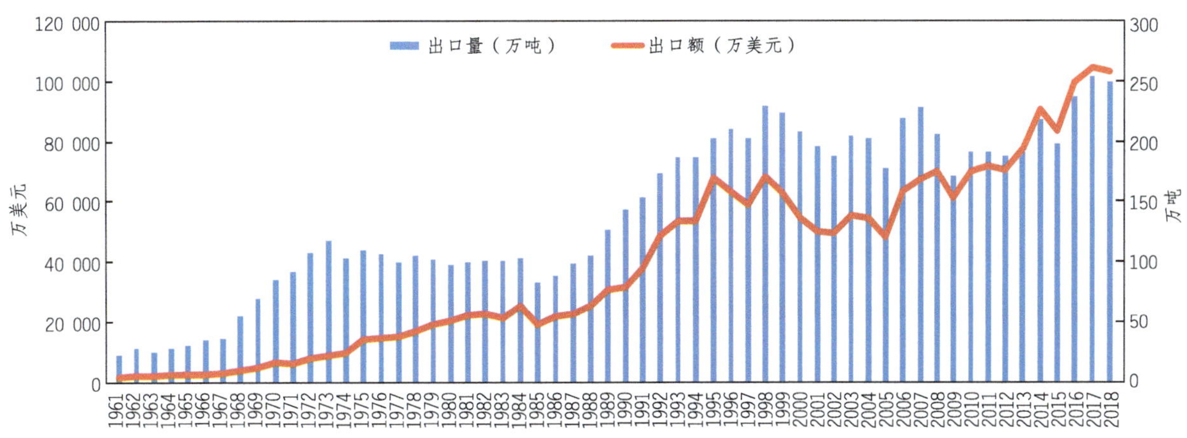

图11　1961—2018年哥斯达黎加香蕉出口贸易变化情况

数据来源：FAO、ITC

根据ITC数据显示，2018年哥斯达黎加的香蕉出口继续保持世界第四大香蕉出口国的地位。2018年哥斯达黎加的香蕉出口总量为248.88万吨，比2017年下降1.62%，出口总额为10.3亿美元，比2017年下降1%（图11）。哥斯达黎加香蕉出口地主要为欧盟和美国，2018年出口欧盟的香蕉占其总出口额的50%以上，出口美国的香蕉占其总出口额的37.57%，以出口额计算，排前3位的国家分别是美国、比利时、英国，占哥斯达黎加总出口额分别为37.57%、11.85%、8.49%（图12）。

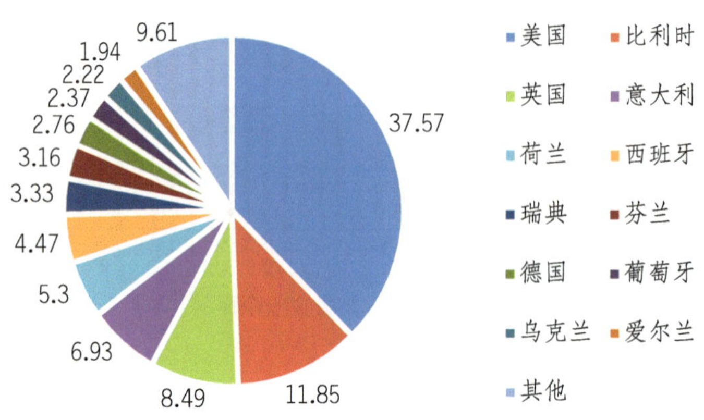

图12 2018年哥斯达黎加香蕉出口去向地比例（%）

数据来源：ITC

3. 产业国际竞争力分析

2018年哥斯达黎加香蕉总出口额为10.31亿美元，国际市场占有率为7.53%，排名世界第四；贸易竞争力指数为0.99，排名世界第二；显示性比较优势指数为130.71，排名世界第三。综合来看，哥斯达黎加香蕉产业的国际竞争力处于世界第四位。

4. 生产经营主体和组织模式

组织模式：大型公司+种植工人/土著部落。

产业特点：哥斯达黎加香蕉产业拥有可持续的生产流程，包括生产和社会方面，拥有高品质的香蕉地理标志（GI），是唯一一个拥有地理标志的香蕉出口国家，使哥斯达黎加的香蕉更具竞争力。哥斯达黎加倡导香蕉有机种植，许多香蕉并不种植在人工种植园，而是种植在土著部落的自然的丛林里，不使用农药和化肥。

大型公司：德国喜宝（HiPP）使用的香蕉来自哥斯达黎加，在哥斯达黎加的Talamanka自治省，其中约1 000个小农户在为HiPP喜宝种植香蕉，有机香蕉非常芳香，有着更优的糖含量，非常适用于婴儿食品。在过去的20年里，喜宝一直从哥斯达黎加自然保护区的两个土著部落里采购香蕉，与小农户签订了长期合同。

5. 先进的经验及模式

哥斯达黎加香蕉也主要被美资背景的大型公司所垄断，香蕉种植、销售、贸易主要是采用美式大公司模式，与多数被美资背景公司垄断国家的香蕉产业发展经验和模式类似，有一套成熟和先进的标准化种植、管理、销售体系。但哥斯达黎加在践行可持续发展理念方面较为突出，注重香蕉的品质和生态环境保护，不追求规模和产量，注重保护香蕉种植户的利益。

（四）拉美地区：哥伦比亚

1. 产业环境及基本情况

哥伦比亚位于南美洲西北部，加勒比海地区，南部与厄瓜多尔相邻。哥伦比亚是拉美地区第三大经济体，在拉美处于中等发展水平。

1961—2017年哥伦比亚香蕉的收获面积从2.5万公顷增加到13.45万公顷，2017年达到了波峰，波谷在1982年，为2.17万公顷，近年呈现大幅增加的态势。1961—2017年哥伦比亚香蕉的单产从22 864千克/公顷增加到28 130千克/公顷，波峰在1982年，达到52 839千克/公顷，波谷在1964年，为19 297千克/公顷，20世纪80年代整体出现高产后，90年代至今呈现较稳定的态势（图13）。1961—2017年哥伦比亚香蕉的总产量从57.16万吨增加到378.67万吨，2017年达到了波峰（图14）。

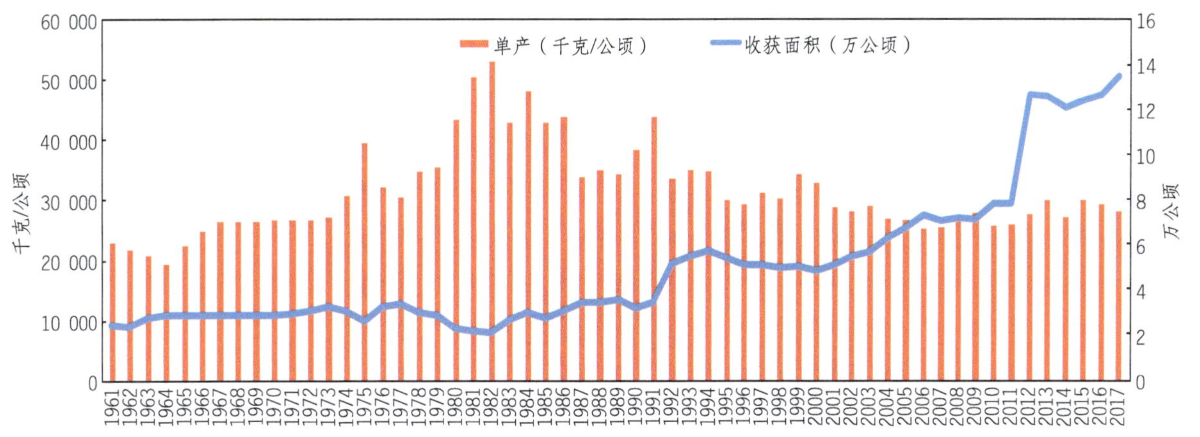

图13　1961—2017年哥伦比亚香蕉收获面积、单产变化情况

数据来源：FAO

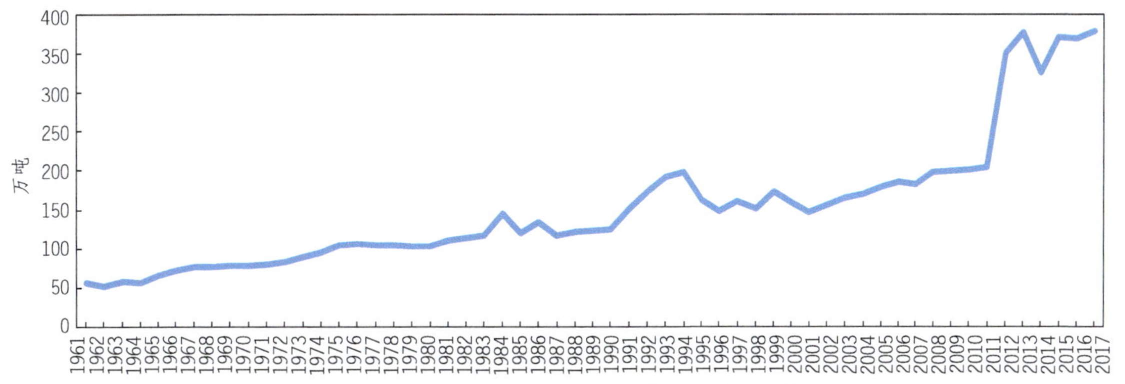

图14　1961—2017年哥伦比亚香蕉总产量变化情况

数据来源：FAO

2. 进出口贸易情况

1961—2018年哥伦比亚香蕉出口量从20.56万吨增加到185.46万吨，出口额从1 406万美元增加到86 618万美元，从20世纪70年代末至今出口量和出口额都呈现大幅上涨的态势（图15）。

根据ITC数据显示，2018年哥伦比亚香蕉出口继续保持世界第五大香蕉出口国的地位。2018年哥伦比亚的香蕉出口总量为185.46万吨，比2017年下降7.39%，出口总额为8.66亿美元，比2017年下降5.66%。哥伦比亚香蕉出口地主要是欧盟和美国，2018年哥伦比亚出口欧盟的香蕉占其总出口额的80%以上，出口到美国的香蕉占其出口额的19.76%，以出口额计算，排前3位的国家分别是比利时、美国、英国，占其总出口额的比例分别为23.92%、19.76%、17.84%（图16）。

3. 产业国际竞争力分析

2018年哥伦比亚香蕉总出口额为8.66亿美元，国际市场占有率为6.33%，排名世界第五；贸易竞争力指数为0.99，排名世界第二；显示性比较优势指数为29.57，排名世界前列。综合来看，哥斯达黎加香蕉产业的国际竞争力处于世界第五位。

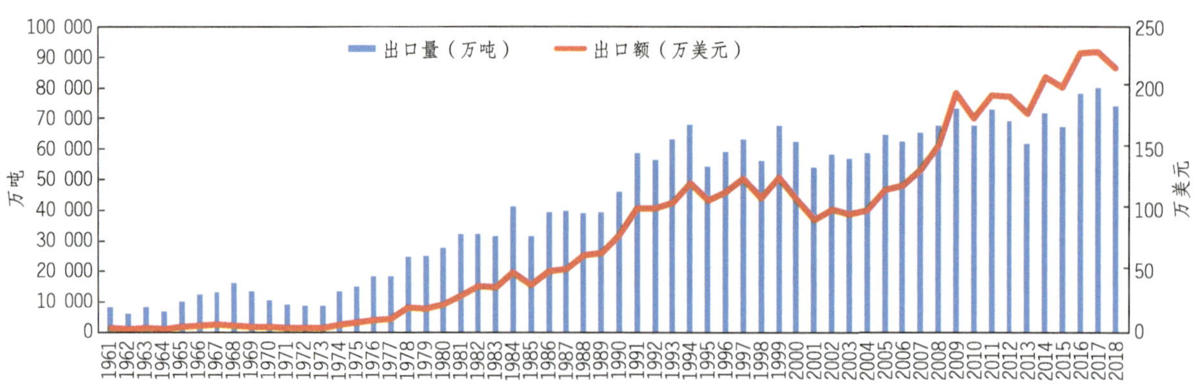

图15　1961—2018年哥伦比亚香蕉出口贸易变化情况

数据来源：FAO、ITC

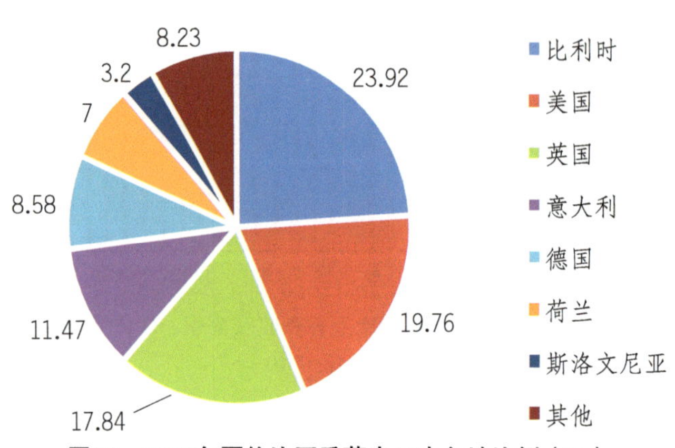

图16　2018年哥伦比亚香蕉出口去向地比例（%）

数据来源：ITC

4. 生产经营主体和组织模式

组织模式：大型公司+种植工人。

产业特点：实施规模化经营和标准化种植，香蕉种植和出口市场主要长期被联合果品公司等美资背景的跨国公司垄断。

大型公司：联合果品公司（金吉达前身）是哥伦比亚最大的香蕉生产和贸易公司，该公司从20世纪初开始在拥有大量哥伦比亚的庄园，主要种植香蕉等水果，收获的香蕉主要运往欧盟和美国国内。该公司对哥伦比亚经济、政治、社会等方面都产生了深远的影响，哥伦比亚也同危地马拉一样被称为“香蕉共和国”。

5. 先进的经验及模式

哥伦比亚香蕉产业是伴随着被美资背景的大型公司联合果品公司垄断而发展起来的，香蕉种植、销售、贸易主要是采用的美式大公司模式。

（五）东南亚地区：菲律宾

1. 产业环境及基本情况

菲律宾属季风型热带雨林气候，高温多雨，长夏无冬，香蕉生长具有得天独厚的优势条件，可实现全年生产。菲律宾主要种植卡文迪什（Cavendish）和特产的拉卡坦（Lakatan）品种。棉兰老岛是其主产区，棉兰老岛也被称为“香蕉之乡”，60%以上的菲律宾香蕉产自于此。菲律宾香蕉品质优良、口感甜糯，深受中日韩以及中东国家消费者的青睐。在棉兰老岛的南部达沃地区，占据着棉兰老岛40%的种植规模，是菲律宾最具竞争力的香蕉种植地。达沃港也成为菲律宾香蕉最主要出口贸易港，几乎所有棉兰老岛香蕉都是通过达沃港发往全球（图17，图18）。

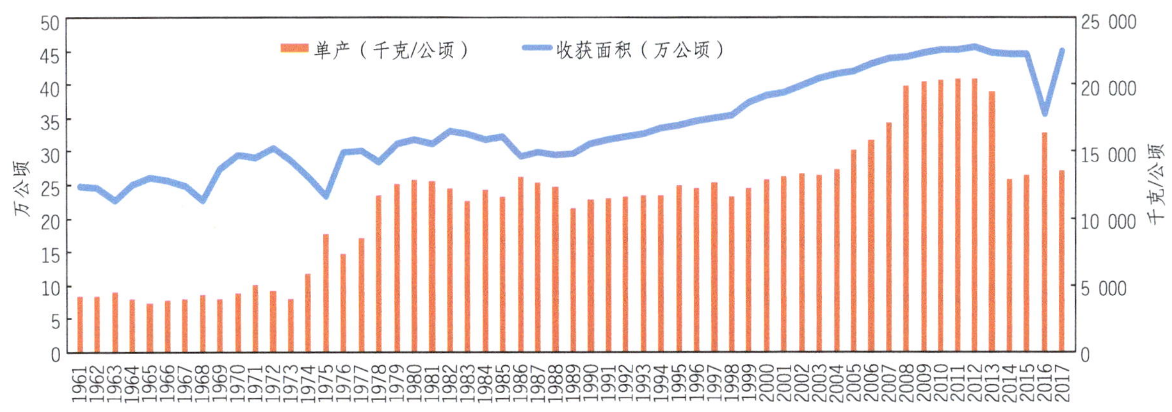

图17　1961—2017年菲律宾香蕉收获面积、单产变化情况

数据来源：FAO

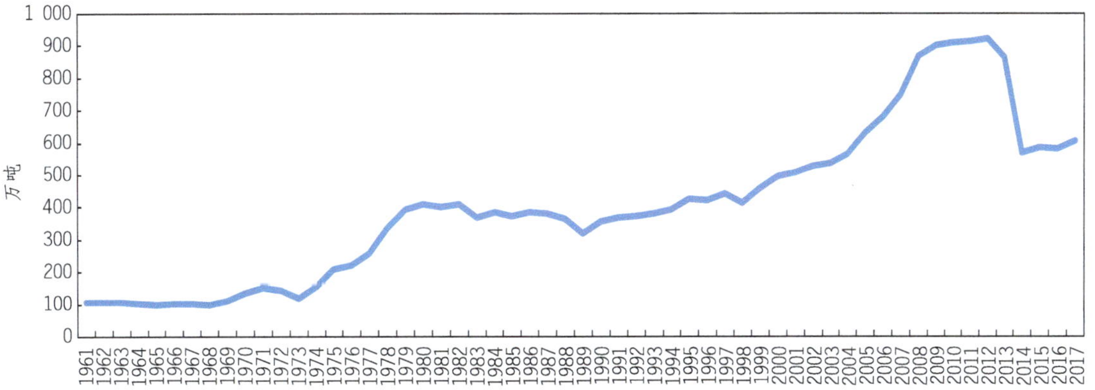

图18　1961—2017年菲律宾香蕉总产量变化情况

数据来源：FAO

2. 进出口贸易情况

1970—2018年菲律宾香蕉出口量从10.7万吨增加到338.7万吨，出口额从608万美元增加到150 478万美元，从20世纪70年代末至今出口量和出口额都呈现大幅上涨的态势（图19）。

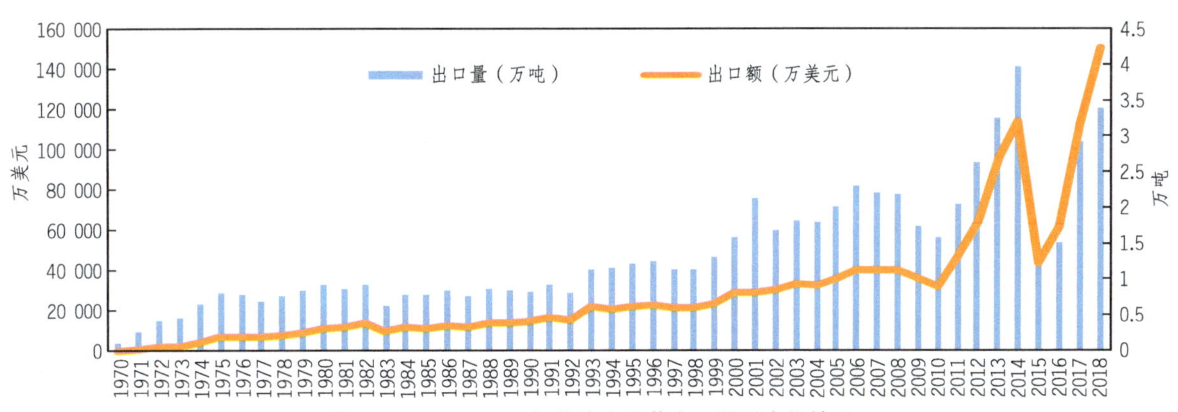

图19　1970—2018年菲律宾香蕉出口贸易变化情况

数据来源：FAO、ITC

根据ITC数据显示，2018年菲律宾香蕉出口仍保持世界第二大香蕉出口国的地位。2018年菲律宾的香蕉出口总量为338.8万吨，比2017年增长18%，出口总额为15.05亿美元，比2017年增加33.34%。菲律宾香蕉的主要出口对象国家集中在亚洲地区，主要为中日韩三国，以出口量计算，

2018年出口中日韩三国占菲律宾香蕉总出口量的82%。2018年出口国家排前5位的分别是中国、日本、韩国、阿拉伯联合酋长、伊朗，出口量分别为127.4万吨、109.2万吨、42万吨、17.5万吨、17万吨，出口到中国的香蕉由2017年的74.85万吨增至127.4万吨，涨幅达70%，中国取代日本成为菲律宾最大香蕉购买国，此前，日本已连续30年成为菲律宾香蕉的最大出口国。2018年菲律宾的香蕉出口去向地为62个，按出口量计算，中国首次超过日本成为菲律宾最大的香蕉出口去向地，出口量为127.4万吨，比2017年增加59.11%，出口金额为5.4亿美元，比2017年增加85.88%。以出口额计算，日本是菲律宾最大的出口去向地，出口额为5.62亿美元，日本、中国、韩国占菲律宾香蕉总出口额的37.34%、35.85%、13.54%（图20）。目前，菲律宾出口中国的长期有效品牌不少于25个，以供应中国南方市场为主，走量较大的是佳农、德昌、LC、索菲亚、奇拉、女神、都乐、G牌、小树等，其中知名度很高、且市场份额较大的品牌，分别是佳农、都乐和德昌果业。

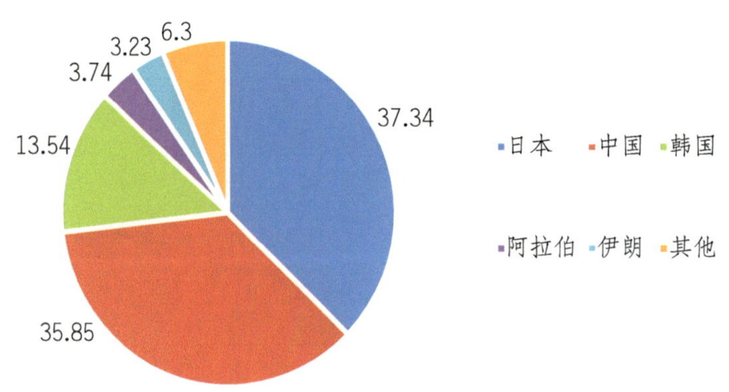

图20　2018年菲律宾香蕉出口去向地比例（%）

数据来源：ITC

3. 产业国际竞争力分析

2018年菲律宾香蕉总出口额为15.05亿美元，国际市场占有率为10.99%，排名世界第二；贸易竞争力指数为0.99，排名世界第二；显示性比较优势指数为31.71，排名世界前列。综合来看，菲律宾香蕉产业的国际竞争力处于世界第二位。

4. 生产经营主体和组织模式

组织模式：大型出口商/大型公司+农场+种植户。

产业特点：香蕉生产的国际化程度很高。来自世界大型的跨国集团纷纷与当地的农场或种植户签约，其中包括佳农、金吉达、帝盟等品牌，香蕉基本实现订单和合约式生产，香蕉的生产和价格都较稳定。蕉园+社区融合发展。菲律宾最具全球影响力的Masman、Dadeco等大型农场。在菲律宾，大型农场拥有自己的社区及种植加工标准，并且通过与来自全球的客商签订采购协议，可以从容的应对香蕉消费市场的波动。菲律宾香蕉产业主要分布在棉兰老岛，过去80%的贸易被美资背景的大公司垄断，如都乐、帝盟、金吉达等，这些大公司与菲律宾香蕉农场签约，剩下20%是菲律宾中小型种植户。

主要大型公司：主要贸易商有都乐、帝盟、金吉达等美资背景的大型跨国水果贸易商，以及佳农、金南岛等华人背景的大型水果贸易商。Tagum农业发展公司（TADECO）是菲律宾最大的卡文迪什香蕉种植及出口商，是菲律宾全国唯一得到“全球良好农业规范”认证的香蕉公司。Uni公司是菲律宾最大的冷链公司，位于菲律宾达沃地区最大的冷链航运码头，主要提供以香蕉为主的水果航运，其香蕉不仅发往邻近的中日韩等近距离国家，也发往中东等远距离国家，为菲律宾香蕉占据全球市场提供强有力的支撑。

5. **先进经验及模式**

一是行业协会引领产业发展。当地中小规模香蕉种植户抱团成立了棉兰老岛香蕉种植与出口商协会（MBFEA），负责代表协调菲律宾中小型香蕉种植者和出口商的利益。协会在生产、贸易、谈判、救济等方面服务会员农场的发展。协会出台了一系列香蕉生产的统一标准，如用肥施药、品质分级等，供会员农场参考。作为谈判代表为协会成员在全球寻找优质买家，将协会成员香蕉推介给全球买家。协会还在税收、收费、受灾等问题上发挥积极作用，向当地政府提出建议，为种植户和出口商争取权益和帮助。MBFEA与多国香蕉贸易商与建立了合作关系，尤其与中国贸易商的合作最为密切，协会成员种植的香蕉当中，大约75%的香蕉会销往中国。二是追求精品，以国际高端市场为主。菲律宾香蕉的商品率只有85%左右，余下的15%左右的香蕉不作为次品蕉出售，直接被当做垃圾扔掉和处理掉，最大限度地保证了菲律宾上市香蕉的整体品质。菲律宾香蕉产业的市场定位以高端市场为主，主要占据了中国和日本的香蕉高端市场。三是枯萎病防范意识强，注重细节管理。菲律宾香蕉人对枯萎病有极高的防范意识，尽可能预防枯萎病菌通过人或车流动传播，进入菲律宾蕉园前，所有人和汽车轮胎都会被要求经过浸有高锰酸钾消毒液的浅水池。四是追求绿色，较少使用农药。菲律宾香蕉受出口要求限制，在农药使用上非常谨慎，在抽蕾挂果后就不再喷农药，取代的是非接触性的药袋，在香蕉即将抽穗前将顶穗部位用长长的袋子套住，经过1～2个星期的高温封闭环境物理杀虫后再把袋子收回，既可以减少农药的投入成本，还可减少果穗的农药残留。五是索道枢纽运蕉，实现工厂化流水生产线。在我国大型香蕉基地也有配备索道运蕉，但像菲律宾组建庞大的索道枢纽运蕉则几乎没有，在菲律宾大型农场，多条索道并列，可同时运行，最后聚拢通向采后处理车间，实现了工厂化的流水生产线。六是实现即刻冷链，保鲜期长。菲律宾香蕉已基本实现全程冷链，做到香蕉采收1小时入库，从运输到包装均在冷链环节下，避免香蕉品质的降低，还可以在短时间内控制香蕉上市的总量以平衡香蕉市场的供需关系。七是精细化和专业化管理。菲律宾香蕉基地很多种植十几年，生产期通常差异较大，管理精确到株，香蕉工人高度专业化，分工明确，从喷药到采收都有专人负责。菲律宾香蕉品级划分精确到每根，确保每一箱的香蕉质量都在一个等级上。八是多代种植，降低生产成本。菲律宾香蕉代数普遍达到5代及以上，多代蕉虽然产量一般，但管理成本较低，还可避免频繁翻土新植，保持土壤养分的稳定性。

二、对中国香蕉产业的启示

（一）建立工业化的生产体系至关重要

拉美国家和菲律宾的香蕉产业在世界贸易中占据优势主要得益于其先进的工业化生产体系的建立，种植园实行工厂化的生产，产业化程度高，生产成本、品质的控制实施精细化管理，有健全的分销系统。而我国香蕉生产以中小散户为主，产业化程度普遍不高，生产成本高，香蕉品质的控制不稳定，管理粗放，缺乏稳定的销售渠道。

（二）践行可持续发展理念是产业健康发展的根本

长期以来，国内有人认为农业工业化的生产方式与可持续发展是背道而驰的，农业绿色发展会影响农产品的产量，但拉美国家和菲律宾的香蕉产业发展的实践证明农业工业化的生产方式与可持续发展是可以和谐统一的，我国香蕉产业大水大肥、过度用药的粗放发展模式必须要扭转，否则，不但不利于产业的可持续发展，对土壤、生物多样性、水源等农业环境的负面影响较大。

（三）解决连作障碍，实现多代种植是控制成本的重要保障

拉美国家和菲律宾的香蕉生产成本较低，除人工因素外，另一个关键因素是其解决了香蕉生产的连作障碍，实现了多代种植，降低了生产成本和管理成本，并且减少了对土壤的破坏。而我国香蕉种植普遍最多是二代，二代后就重新换地种植，增加了土地成本、人工成本、种苗成本、管理成本等，使我国香蕉在价格上缺乏竞争力。

三、中国与主要香蕉出口国的贸易关系与展望

（一）厄瓜多尔

近年来，中国成为厄瓜多尔重要的贸易伙伴，2018年中国是厄瓜多尔第三大出口地，向中国的出口额为14.94亿美元，进口额为43.53亿美元。厄瓜多尔多年来一直是中国的第二大香蕉进口来源国，随着中国与拉美国家经贸关系的不断升温，预计未来中国与厄瓜多尔香蕉贸易额将有所上升（注：本文进出口贸易统一采用ITC的数据）。

（二）菲律宾

2018年菲律宾从中国进口额为351.11亿美元，出口中国182.53亿美元。2017年和2018年中国为菲律宾第一大贸易伙伴。菲律宾多年来一直是中国第一大香蕉进口来源国，2018年达到了历史最高，但随着中国同拉美国家香蕉贸易的不断扩大，预计未来中国与菲律宾香蕉贸易额将有所下降。

（三）危地马拉

2017年中国是危地马拉第二大进口国，进口额为22.9亿美元（其中，中国内地为19.7亿美元，中国台湾为1.2亿美元，中国香港为2亿美元），对中国出口额为1.57亿美元（其中，中国内地为6 091万美元，中国台湾为7 671万美元，中国香港为1 987万美元）。危地马拉同中国台湾建立了外交关系，截至目前，尚未与我国建立正式外交关系。

（四）哥斯达黎加

哥斯达黎加是中国重要的贸易伙伴，2018年中国是哥斯达黎加第二大进口来源地，进口额达到22.71亿美元，仅次于美国，向中国出口额为1.99亿美元，预计未来两国贸易还有较大的增长空间。

（五）哥伦比亚

中国现为哥伦比亚第二大贸易伙伴。2018年从中国的进口额达到105.45亿美元，向中国出口额为37.48亿美元，双边贸易额达143亿美元。目前中国已与哥伦比亚达成协议，将在贸易、旅游等经贸领域全面展开合作，中国将从哥伦比亚进口更多香蕉等农产品，两国农产品领域将有较大合作空间。

四、中国香蕉产业发展与优化调整建议

我国香蕉种植面积大，但与此同时，大肥大水的粗放型生产模式、机械化水平低、标准化程度低、果品质量不稳定、连作障碍严重、枯萎病蔓延、生产成本高等，影响了我国香蕉产业的高质量发展。与国内主粮或其他战略储备物资不同，我国对香蕉并没有贸易保护，进口限制或配额规定都没有。可以肯定的是，在未来一段时间，只要国际局势稳定，香蕉国际贸易只会更加活跃，竞争也会更加激烈，国内香蕉产业唯有进行不断的优化调整才有出路。

（一）存在的主要问题

1. 主产区枯萎病蔓延，香蕉的种植面积在缩减

2017/18年度以来，广东、广西、云南等香蕉主产区的枯萎病呈蔓延趋势，尽管国内蕉价整体行情较好，但种植面积在大幅下降。目前针对香蕉枯萎病还没有好的防治技术和措施，只能防不能治，过度的使用化肥破坏土壤的微生物平衡是导致枯萎病产生的主要原因，蕉农的预防意识还有待加强，对病株的随意丢弃缺乏隔离和检疫检测的不严格是导致枯萎病蔓延的主要因素。

2. 生产管理粗放，产业发展质量不高

我国香蕉产业的科学标准化生产不足，目前我国除少部分规模化的香蕉种植企业或种植大户种植和管理水平较好外，多数种植户片面追求产量，采取大肥大水的粗放型种植模式，对土壤的破坏较大，一般进行两代种植后就换地种植以避免枯萎病的发生，农药化肥的减量增效有待改善，缺乏香蕉的品牌营销战略问题等使我国香蕉产业的发展整体质量不高。

3. 生产成本高、品质不稳定，进口香蕉优势明显

2018年我国的香蕉进出口贸易逆差持续扩大，进口香蕉在品质和价格上优势明显，凸显国内消费市场对优质香蕉需求旺盛和国内香蕉生产不能满足人们对优质香蕉的需求矛盾。我国土地、人工、农资等生产成本的不断上升以及多代蕉种植障碍问题使香蕉的生产成本处于高位，加之缺乏标准化的生产和品牌营销战略，使我国香蕉出口贸易处于劣势，同时对我国香蕉产业的发展形成冲击。

4. 科研支撑的力度不足，许多关键问题有待解决

例如，用有机肥替代化肥技术、多造蕉长期连作技术、土壤板结和地力下降和枯萎病预防等技术，蕉园的规划和相关设施标准、种植标准、环保标准等有待制定和执行。在管理上，缺乏先进的理念、科学方法、精细化的管理体系。

（二）优势调整建议

1. 对香蕉枯萎病采取严格的检疫检测措施，防止枯萎病的扩散和蔓延

政府相关机构应加强对香蕉枯萎病株的监管，实施严格的检疫检测措施，敦促和指导蕉农针对病株采取严格的隔离和科学的处理措施，选栽无病种苗和抗病品种并加强栽培管理。

2. 借鉴世界先进的生产管理经验，提升香蕉产业的发展质量

学习借鉴世界香蕉产业发展较好的国家的经验和模式，注重早中晚熟品种系列搭配，改善上市时间过于集中而导致蕉价低迷。在生态种植、精准管理、消费者行为、销售和贸易策略等方面提升我国香蕉产业的发展质量。

3. 全面推动香蕉标准化生产和多代种植

推动香蕉果园生产和环境的标准化制定，推广精准施肥施药技术，践行可持续发展的理念，倡导有机肥和复合肥逐渐替代化肥的使用，提升香蕉的品质和口感，改善蕉园的土壤退化状况，进行多代种植减少土壤污染和降低生产成本。

4. 加大科研支撑的力度，解决关键性问题

加大科研投入和关键领域的研究，包括自然科学和软科学的研究，解决香蕉的连作障碍关键技术、土壤退化、枯萎病预防、抗病品种培育等问题，加强在市场营销、产业价值链实现、国际贸易等方面的研究，提升我国香蕉产业的软实力。

（中国热带农业科学院科技信息研究所　徐小俊　刘恩平）

第十六部分

咖　啡

专题一：世界供需形势分析

咖啡为世界三大饮料之首，2018/19年度，咖啡产量和消费量均有上升，产量增长超消费增长，自2017/18年度以来连续两年出现结余。巴西、越南和哥伦比亚依然稳居产量前三位。世界消费总量稳步增长，除欧盟外，美国居于消费量第一位，巴西成为第二大消费国，中国等新兴市场消费增长迅猛。国际咖啡价格继2017年11月至2018年8月持续下跌后，2018年9月至2019年8月价格小幅波动，继续下跌，生产成本继续上升。咖啡产量在未来3～5年估计会呈现稳步小幅增长，消费量亦会因当前消费大国消费量保持相对稳定、新兴市场消费量迅速增长而持续增长。

一、世界供需现状

（一）咖啡总产量持续增涨

自2014年以来，世界咖啡产量保持稳步增长，所有咖啡出口国总产量由2014/15收成年的150 511千袋（60千克/袋，以下均以此为单位）增长至2018/19收成年的169 727千袋，较2017/18收成年总产量（163 418千袋）增长3.9%。其中小粒咖啡产量由2014/15年度的87 516千袋，稳步增长至2018/19年度的104 644千袋；中粒咖啡总产量由2014/15年度的62 879千袋，增长至2018/19年度的65 083千袋（图1）。

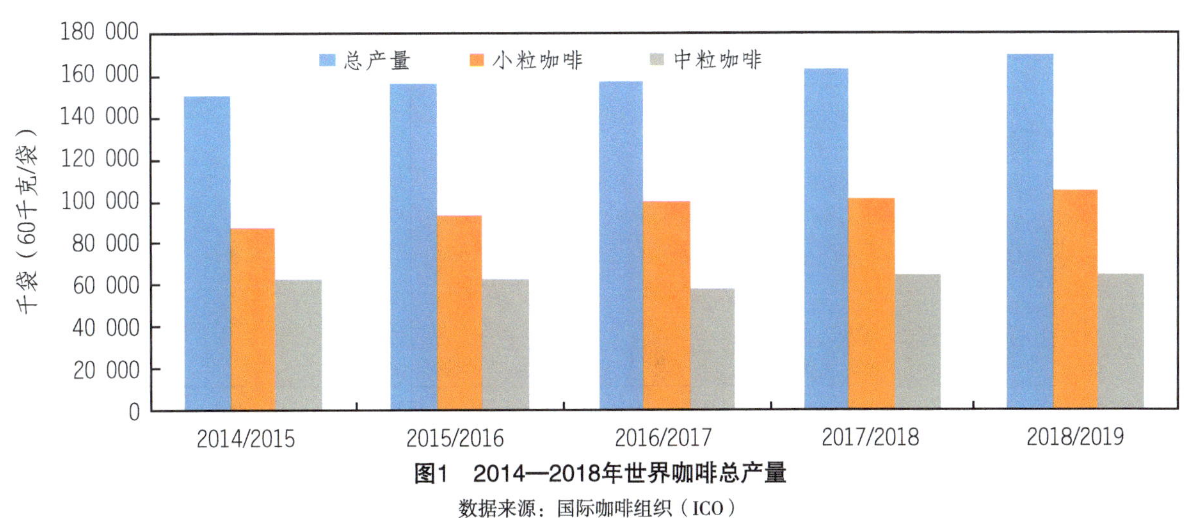

图1　2014—2018年世界咖啡总产量

数据来源：国际咖啡组织（ICO）

目前，世界咖啡产量居前十位的国家依次为巴西、越南、哥伦比亚、印度尼西亚、埃塞俄比亚、洪都拉斯、印度、乌干达、墨西哥和秘鲁。其中巴西、越南、哥伦比亚的2018/19年度的总产量分别为62 500千袋、30 000千袋和13 950千袋，分别占世界总产量的36.82%、17.67%和8.21%（图2）。巴西、越南、哥伦比亚2018/19年度咖啡产量较2017/18年度的产量分别增长18.5%、略降1.4%、增长0.97%。

其中小粒咖啡总产量据前十位的国家依次为巴西、哥伦比亚、埃塞俄比亚、洪都拉斯、秘鲁、墨西哥、危地马拉、尼加拉瓜、中国和印度（图3）。2018/19年度，巴西、哥伦比亚的小粒咖啡产量分别为48 200千袋和14 300千袋，占世界小粒咖啡总产量的46.06%和13.66%；分别较2017/18年度增长25.19%和3.43%。

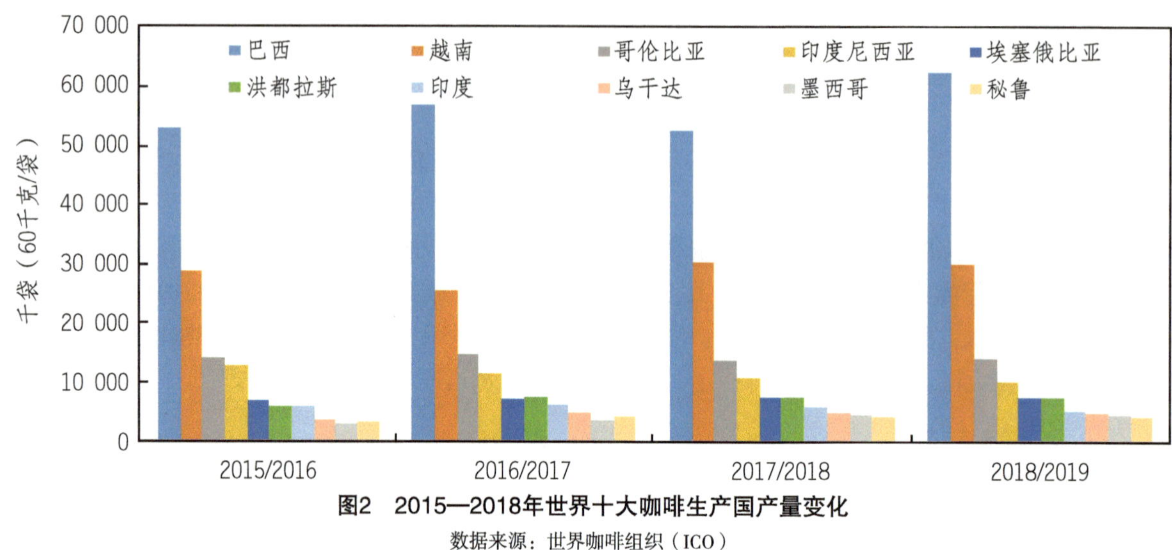

图2　2015—2018年世界十大咖啡生产国产量变化

数据来源：世界咖啡组织（ICO）

其中小粒咖啡总产量据前十位的国家依次为巴西、哥伦比亚、埃塞俄比亚、洪都拉斯、秘鲁、墨西哥、危地马拉、尼加拉瓜、中国和印度（图3）。2018/19年度，巴西、哥伦比亚的小粒咖啡产量分别为48 200千袋和14 300千袋，占世界小粒咖啡总产量的46.06%和13.66%；分别较2017/18年度增长25.19%和3.43%。

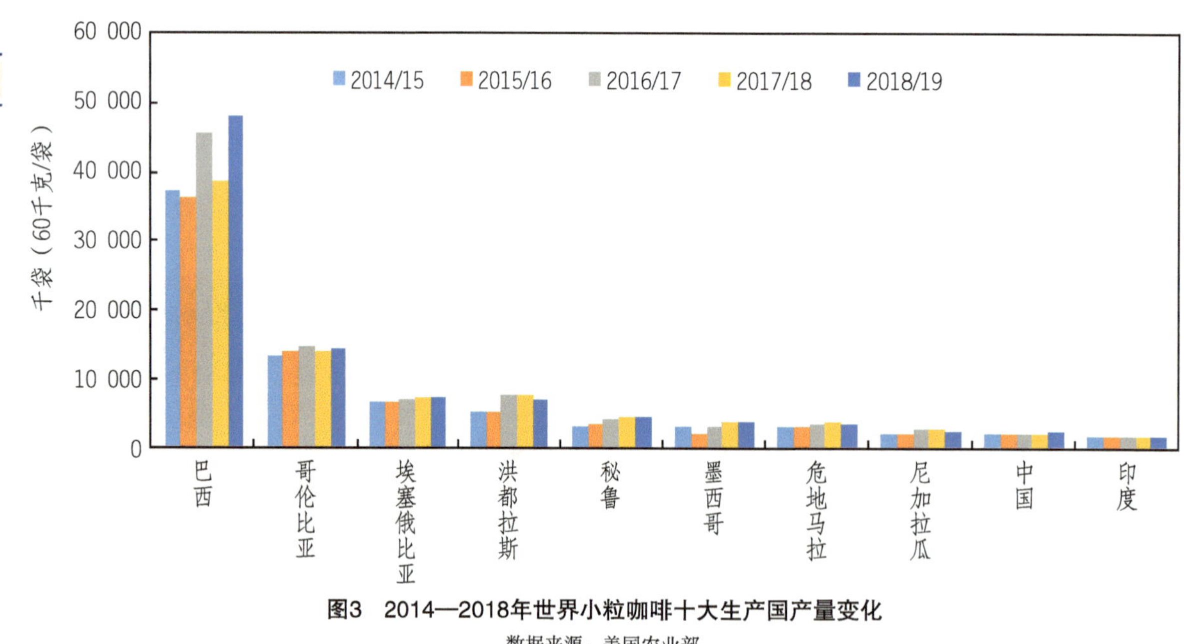

图3　2014—2018年世界小粒咖啡十大生产国产量变化

数据来源：美国农业部

中粒咖啡产量居前十位的国家则依次为越南、巴西、印度尼西亚、乌干达、印度、马来西亚、科特迪瓦、泰国、坦桑尼亚和老挝（图4）。2018/19年度，产量居前两位的越南、巴西的中粒咖啡产量分别为29 000千袋和16 600千袋，占世界中粒咖啡总产量的44.56%和25.50%；分别较2017/18年度增长3.5%和33.87%。

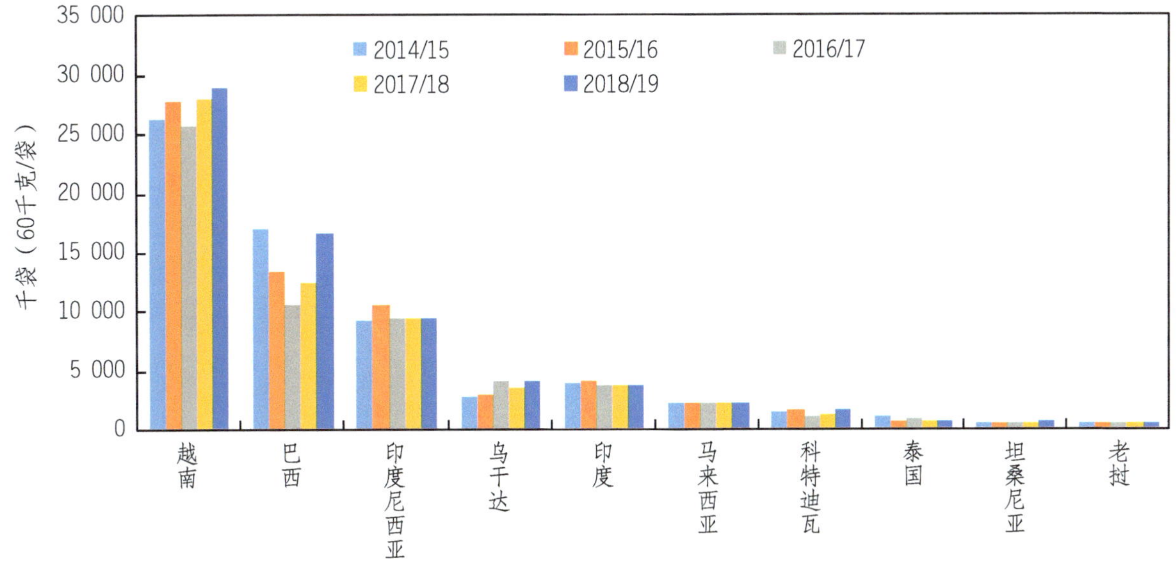

图4　2014—2018年世界中粒咖啡十大生产国产量变化

数据来源：美国农业部

（二）世界咖啡消费量稳步增长、近两年库存有所增长

据国际咖啡组织数据，自2014年以来，世界咖啡消费总量平稳增长，由2014/15咖啡年的150 841千袋增长至2018/19咖啡年的164 769千袋。2018/19年度，消费总量较2017/18年度的161 372千袋增长2.10%；进口国和出口国的消费总量分别为114 512千袋和50 275千袋，较2017/18年度增长2.4%和1.4%（图5）。

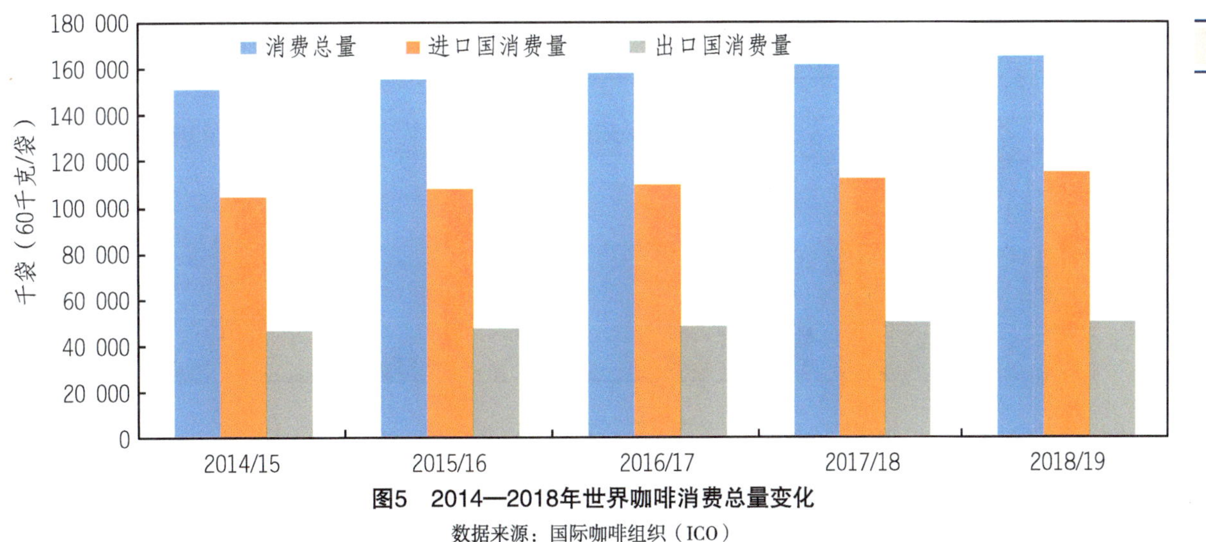

图5　2014—2018年世界咖啡消费总量变化

数据来源：国际咖啡组织（ICO）

2018/19年度消费总量居前十位的地区和国家依次为欧盟、美国、巴西、日本、菲律宾、加拿大、俄罗斯、印度尼西亚、埃塞俄比亚和中国（图6）。5年来，欧盟、美国、巴西、日本的消费总量一直稳居前4位，消费总量整体呈增长态势；2018/19年度的消费量占世界消费总量的63.2%。

世界咖啡结存量自2014年的高位43 104千袋，震荡降至2018/19年度的36 348千袋；但2018/19年度的结存量较2017/18年度（31 034千袋）增长了17.1%（图7）。

2018/19年度结存量居前四位的地区和国家为欧盟（13 800千袋）、美国（6 700千袋）、巴西（3 864千袋）和日本（3 000千袋）（图8）。

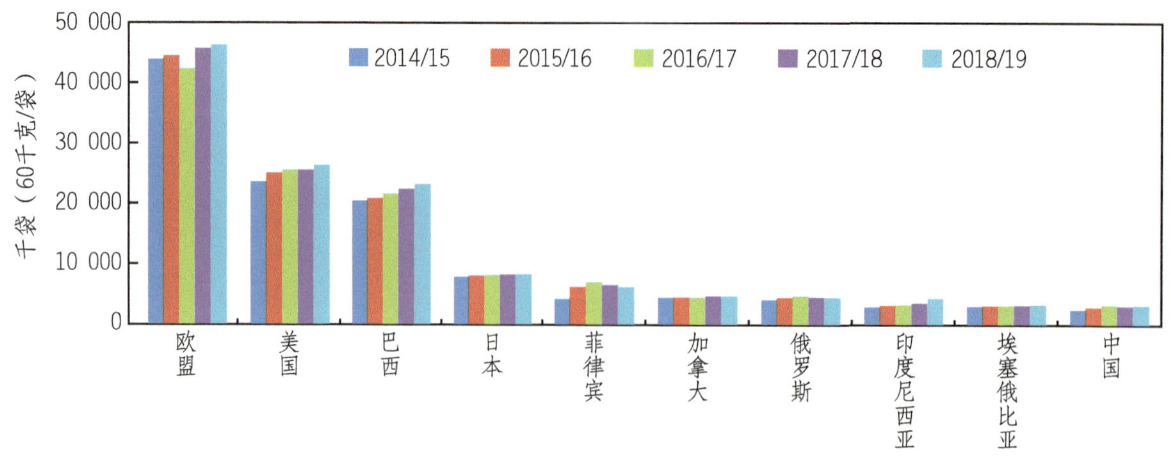

图6 2014—2018年世界咖啡十大消费国家和地区消费量变化

数据来源：美国农业部

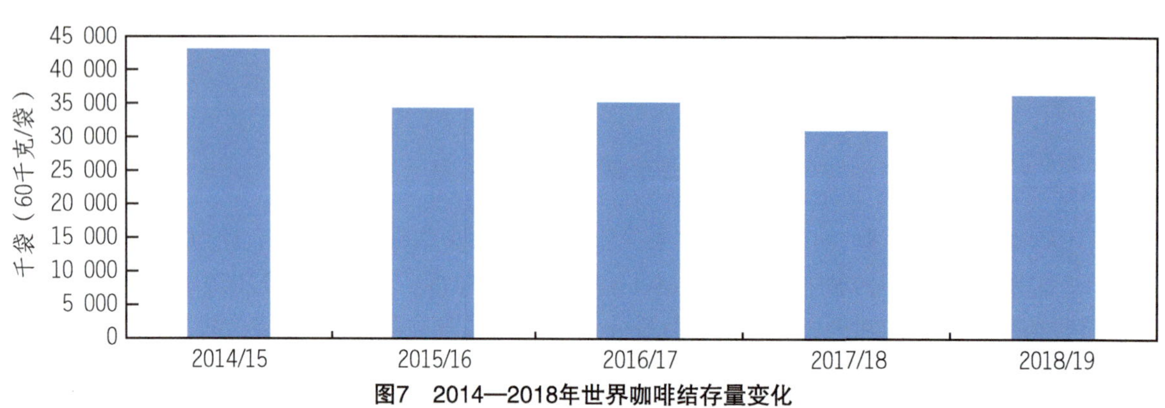

图7 2014—2018年世界咖啡结存量变化

数据来源：美国农业部

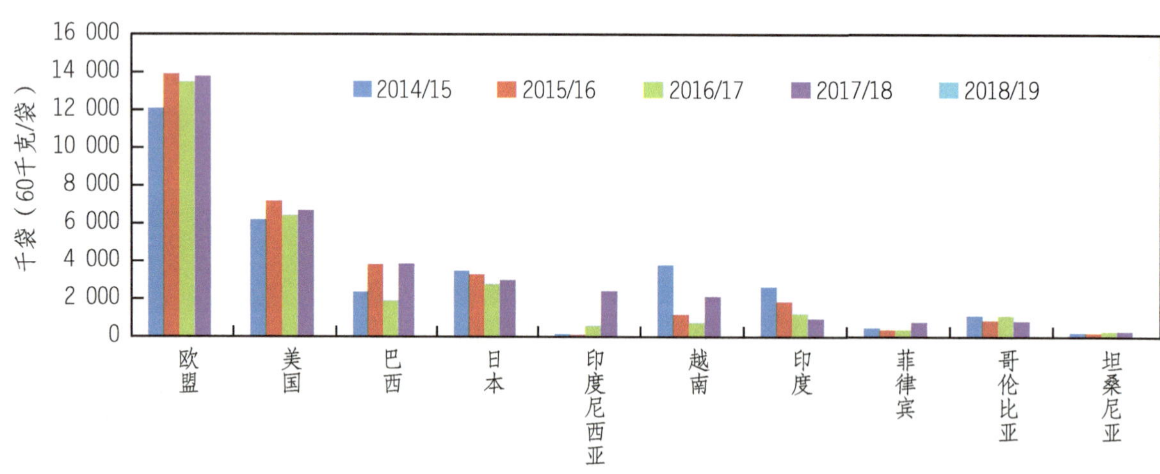

图8 2014—2018年十大咖啡结存国（地区）结存量变化

数据来源：美国农业部

二、国际价格走势

据国际咖啡组织的监测数据（将小粒咖啡分为哥伦比亚淡味咖啡组、其他淡味咖啡组和巴西自然风味咖啡组，ICO综合指数价格为这3组小粒咖啡和中粒咖啡价格的综合指数价格），自2017年9月至2018年9月，咖啡价格一路下跌至98.17美分/磅（图9），为2013年12月以来最低月均价。2018年10月，咖啡价格逆转了前4个月以来的下降趋势，ICO综合指数月均值涨至111.21美分/磅，较2018

年9月提高13.3%。价格虽然上涨，但仍低于2018年1月至9月的均值138.56美分/磅。与2018年9月相比，2018年10月各分组咖啡价格指数均显著上涨。涨幅最大的为巴西自然风味组，上涨15.7%，至115.59美分/磅；其次为其他淡味咖啡组，上涨13.3%，至137.34美分/磅；哥伦比亚淡味咖啡组则上涨12%，至140.83美分/磅；中粒咖啡上涨8.62美分/磅，至85.32美分/磅。2018年11月，ICO综合价格指数较上月下跌1.5%，跌至109.59美分/磅，各组咖啡均有下降。中粒咖啡价格下跌2.1%，月均价为83.52美分/磅；巴西自然风味咖啡价格下跌2%，月均价为113.27美分/磅；哥伦比亚淡味咖啡价格下跌1.1%，月均价为139.27美分/磅；其他淡味咖啡价格下跌0.2%，月均价为137.11美分/磅。2018年12月的ICO综合指数月均值急跌至100.61美分/磅。各组咖啡指数均下跌，巴西自然风味咖啡和哥伦比亚淡味咖啡跌幅最大，分别下跌9.9%和8.2%，跌至102.10美分/磅和127.86美分/磅。其他淡味咖啡下跌7.3%，跌至127.10美分/磅。中粒咖啡下跌7.1%，跌至77.57美分/磅。2019年1月，因各组咖啡价格指数均上涨，ICO综合指数上涨0.9%，为101.56美分/磅。哥伦比亚淡味咖啡和其他淡味咖啡均价上涨1.1%，分别涨至129.28美分/磅和128.46美分/磅。中粒咖啡价格上涨0.9%，均价78.24美分/磅，巴西自然风味咖啡价格则上涨0.8%，均价102.98美分/磅。2019年2月，ICO综合指数下跌0.9%，月均价为100.67美分/磅，较10年均价138.84美分/磅低27.5%。2019年2月，巴西自然风味咖啡和哥伦比亚淡味咖啡的价格下跌，其他淡味咖啡的价格保持稳定，中粒咖啡的价格则上涨0.5%，为78.65美分/磅。2019年3月，ICO综合指数下跌3.1%，月均值为97.50美分/磅，为2006年10月（95.53美分/磅）以来最低月均值。2019年3月，各组咖啡价格均降低，巴西自然风味咖啡下跌4.2%，月均价95.81美分/磅，哥伦比亚淡味咖啡下跌2.1%，月均价125.23美分/磅；其他淡味咖啡下跌3.6%，月均价123.89美分/磅；中粒咖啡下跌2.1%，月均价76.96美分/磅。2019年4月，ICO综合指数较上月下降3.2%，较2018年4月下降16.1%，月均值为94.42美分/磅，为2006年10月以来最低月均值。各组咖啡价格均下降。2019年5月，ICO综合价格指数跌至93.33美分/磅，较2019年4月下跌1.2%；除哥伦比亚淡味咖啡价格稳定在124.40美分/磅之外，各组咖啡的价格均有下跌，中粒咖啡价格较上月下跌2.9%，均价为71.12美分/磅；巴西自然风味咖啡下跌0.6%，均价为91.95美分/磅，其他淡味咖啡下跌0.5%，均价120.55美分/磅。2019年6月，ICO综合价格指数增长7.1%，月均价为99.97美分/磅，为2019年1月以来首次上涨。巴西自然风味咖啡上涨9.5%，均价100.96美分/磅；中粒咖啡上涨4.1%。均价74.02美分/磅；哥伦比亚淡味咖啡上涨7.3%，均价133.49美分/磅；其他淡味咖啡上涨7.6%，均价129.73美分/磅。2019年7月，ICO综合价格指数增长3%，月均价为103.01美分/磅，巴西自然风味咖啡上涨4.7%，均价105.43美分/磅；哥伦比亚淡味咖啡上涨3.1%，均价137.63美分/磅；其他淡味咖啡上涨4.4%，均价135.47美分/磅；中粒咖啡下跌0.1%，均价73.93美分/磅。2019年8月，ICO综合价格指数下跌6.7%，月均价为96.07美分/磅，巴西自然风味咖啡下跌9.1%，均价95.85美分/磅；哥伦比亚淡味咖啡下跌6.1%，均价129.2美分/磅；其他淡味咖啡下跌6.8%，均价126.23美分/磅；中粒咖啡下跌4.3%，均价70.78美分/磅。

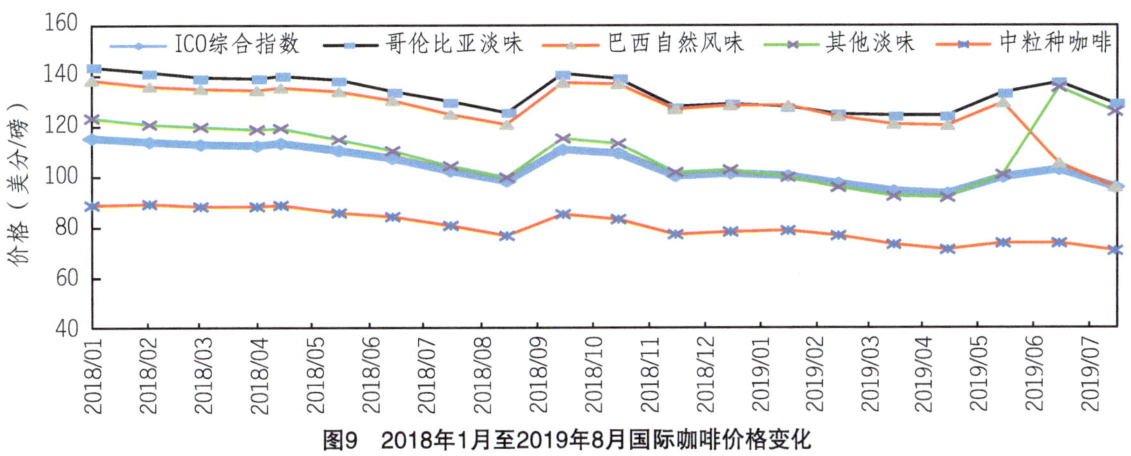

图9　2018年1月至2019年8月国际咖啡价格变化

数据来源：国际咖啡组织

三、国际贸易格局

（一）出口

据美国农业部外国农业局监测数据，2017/18年度咖啡产品总出口量为131 103千袋，2018/19年度出口量为137 872 924袋。2017/18年度咖啡豆总出口量为111 155千袋，2018/19年度的出口总量为117 610千袋（图10）。

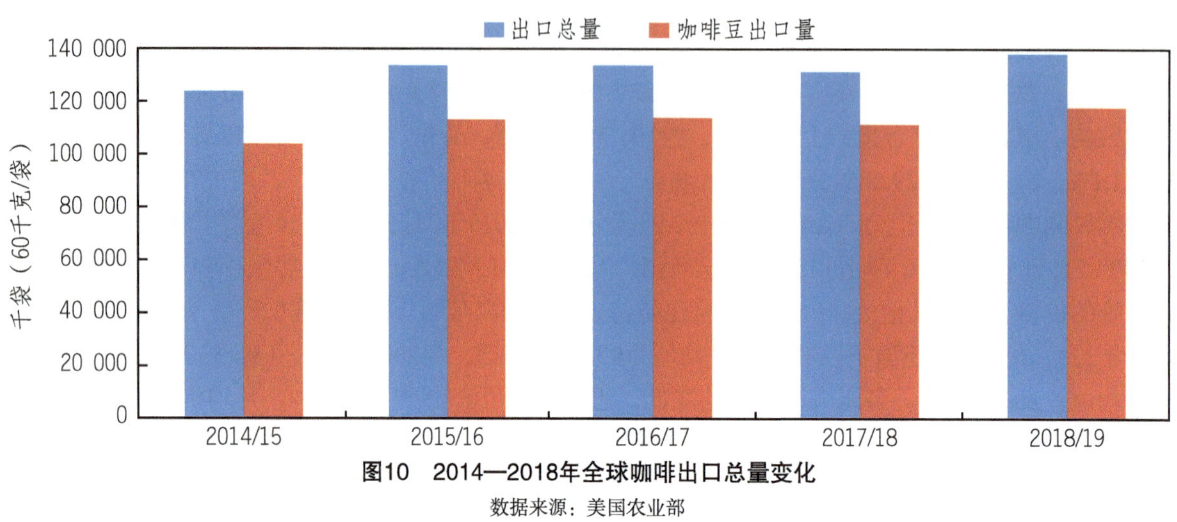

图10　2014—2018年全球咖啡出口总量变化

数据来源：美国农业部

2018/19年度，咖啡豆出口总量居前十位的国家依次为巴西、越南、哥伦比亚、洪都拉斯、印度尼西亚、乌干达、秘鲁、埃塞俄比亚、印度和危地马拉，其中巴西、越南和哥伦比亚多年稳居前三位（图11）。从2014—2018年的出口量变化情况来看，十大咖啡豆出口国中，出口量居世界第一的巴西2014/15年度的出口量为33 051千袋，此后3年均有所下降，降至2017/18年度的26 936千袋，而2018/19年度则较上年度大幅增长33.6%，达36 000千袋；出口量居第二位的越南则是由2014/15年度的19 791千袋增至2015/16年度的26 950千袋，再降至2016/17和2017/18年度的25 000千袋和25 200千袋，2018/19年度进一步下降至24 500千袋（图11）。

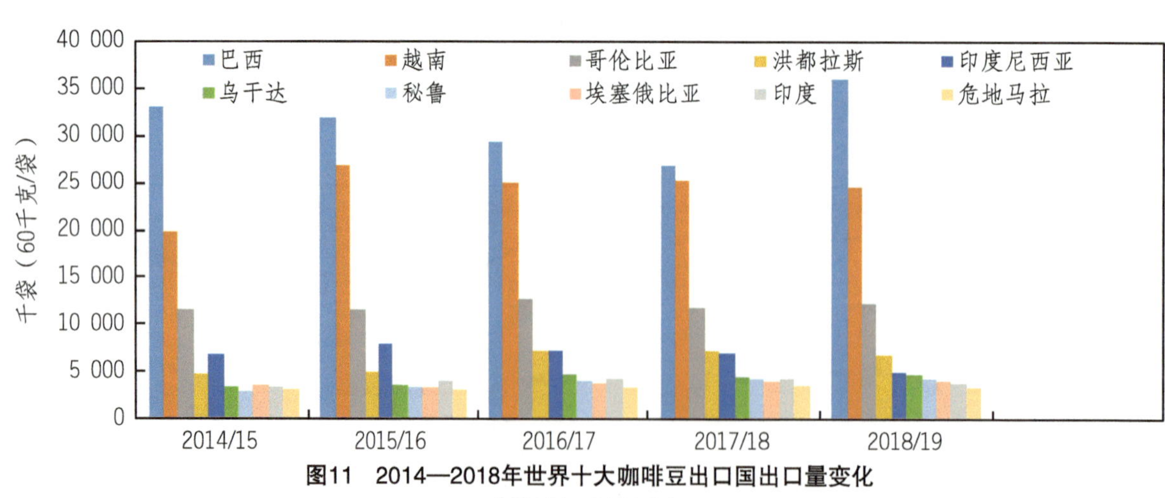

图11　2014—2018年世界十大咖啡豆出口国出口量变化

数据来源：美国农业部

世界咖啡深加工产品出口方面，自2014年以来，除2015/16年度较2014/15年度下降0.3%以外，烘焙豆和辗磨粉的出口量稳步增长，至2018/19年度出口总量达到3 968千袋；速溶咖啡的出口量较为稳定，2018/19年度出口总量（16 346千袋）与2014/15年度（16 384千袋）基本持平（图12）。

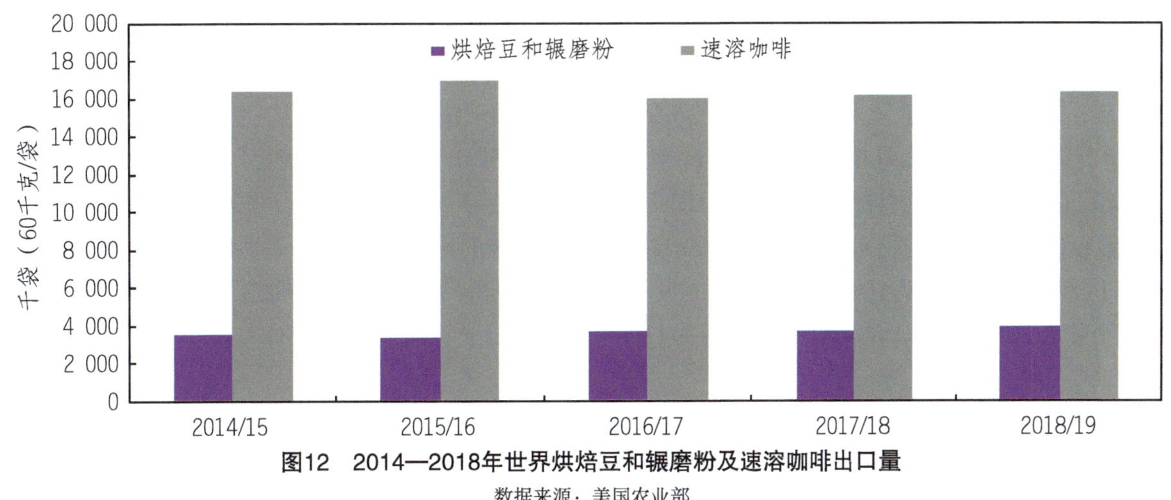

图12　2014—2018年世界烘焙豆和辗磨粉及速溶咖啡出口量

数据来源：美国农业部

烘焙豆和辗磨粉出口量居前十位的国家和地区为：欧盟、瑞士、越南、哥伦比亚、墨西哥、巴拿马、巴西、中国和尼加拉瓜。欧盟多年均是第一大烘焙豆和辗磨粉出口地，近5年来出口量逐步增长，由2014/15年度的1 220千袋增至2018/19年度的1 600千袋；位居的第二位的瑞士的出口量亦逐年增长，由2014/15年度的975千袋增至2018/19年度的1 300千袋。中国在烘焙豆和辗磨粉的出口量上很不稳定，2016/17年度一度居于第4位，但与位居第二的越南差距较大，2018/19年度可能因国内消费的增长而出口量减少，位居第八位（图13）。

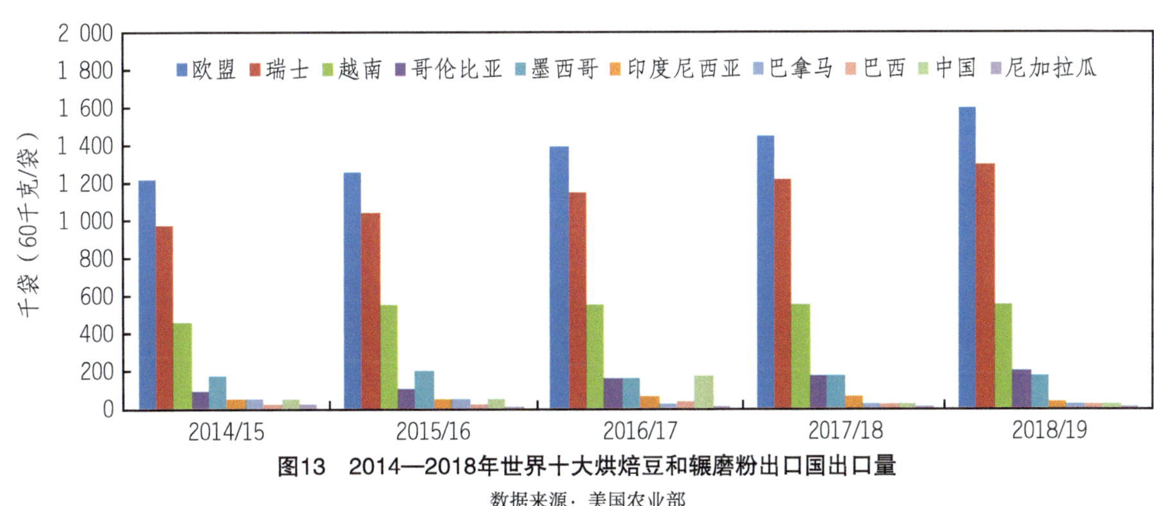

图13　2014—2018年世界十大烘焙豆和辗磨粉出口国出口量

数据来源：美国农业部

2018/19年度，速溶咖啡出口量居前十位的国家依次为巴西、马来西亚、越南、印度、印度尼西亚、墨西哥、哥伦比亚、欧盟、泰国和中国。巴西2018/19的出口量为3 700千袋，较2017/18年度（3 494千袋）增长5.9%；马来西亚的速溶咖啡出口量持续增长，由2014/15年度的2 775千袋增至2018/19年度的3 100千袋（图14）。

从2018/19年度每月咖啡出口量变化来看，据国际咖啡组织（ICO）的监测数据，2018年9月，世界咖啡出口总量为9 430千袋；巴西和哥伦比亚占世界小粒咖啡生豆出口总量的60.4%，而越南则占中粒咖啡生豆出口总量的60%。2018年10月的出口量较上年同期的8 890千袋增长17%，达10 410千袋；巴西的出口量增长29.1%，达3 700千袋，为10月出口最高纪录；越南2018年10月的出口量为2 100千袋，上年同期则为1 380千袋；哥伦比亚的出口量约为1 000千袋，较2017年11月低

11%。2018年11月，世界咖啡出口总量达9 880千袋，较2017年11月的9 350千袋增长5.7%。2018年12月，世界咖啡出口总量为10 430千袋，较2017年12月增长0.9%；巴西的出口量较2017年12月增长26.7%，达3 830千袋；越南的出口量较2017年12月下降6.8%，为2 400千袋；哥伦比亚的出口量较2017年12月增长5%，达1 280千袋。2019年1月，世界咖啡出口总量为11 060千袋，较2018年1月增长2.6%；巴西的出口量较上年同期增长26.8%，达14 730千袋。2019年2月，世界咖啡出口总量为10 160千袋，较2018年2月增长3.2%。2019年3月，世界咖啡出口总量为10 980千袋，较2018年3月减少3.8%。2019年4月，世界咖啡出口量为10 730千袋，较上年同期增长4.6%。2019年5月，世界咖啡出口量较2018年5月增长19.4%，为11 600千袋；中粒咖啡的出口增长8.3%，为4 050千袋。2019年6月，世界咖啡出口量为10 940千袋，较上年同期增长2.8%；其中中粒咖啡较上年同期减少4%，为3 860千袋。2019年7月，世界咖啡出口量为11 340千袋，较上年同期增长9.5%（图15）。

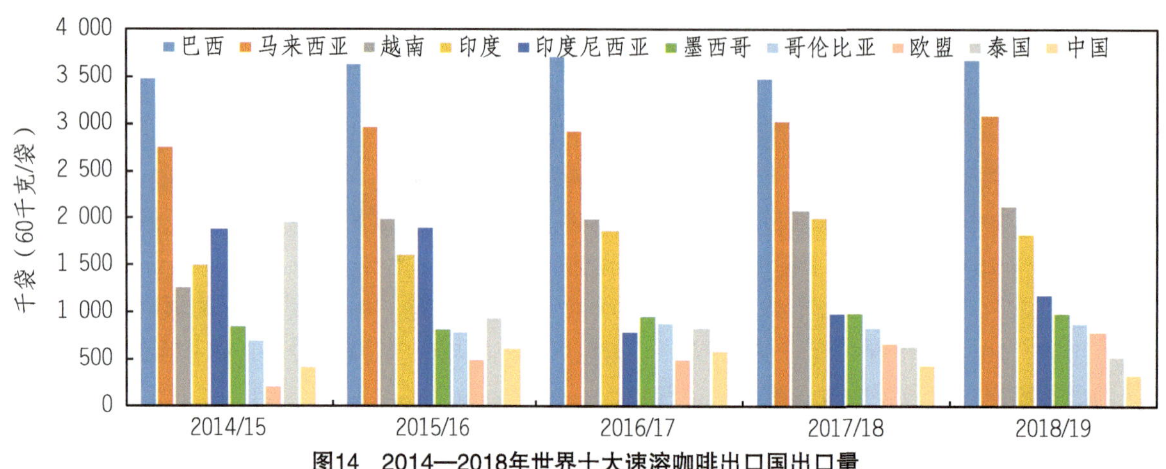

图14 2014—2018年世界十大速溶咖啡出口国出口量

数据来源：美国农业部

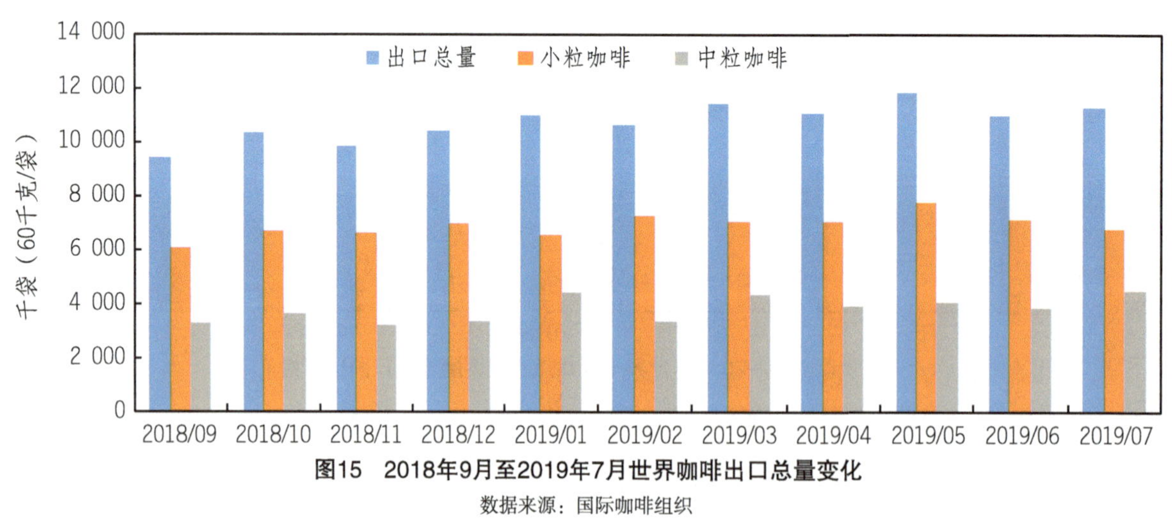

图15 2018年9月至2019年7月世界咖啡出口总量变化

数据来源：国际咖啡组织

（二）进口

据美国农业部外国农业局数据，自2014年以来，世界咖啡产品进口总量逐年增长，由2014/15年度的117 404千袋增至2018/19年度的130 625袋（图16）。

其中，2018/19年度全球咖啡豆进口总量为113 759千袋，较2017/18年度（108 905千袋）增长4.45%。咖啡豆进口量居前十位的国家为：欧盟、美国、日本、加拿大、俄罗斯、瑞士、韩国、阿尔及利亚、澳大利亚和马来西亚，其中欧盟和美国的进口量约占全球咖啡豆总进口量的66.01%，近5年来其进口量均呈稳步增长趋势（图17）。

2018/19年度世界烘焙豆和辗磨粉进口总量为3 202千袋，较2017/18年度（2 975千袋）增长7.6%。进口量居前十位的依次为越南、俄罗斯、中国、乌克兰、韩国、加拿大、美国、澳大利亚、挪威和中国的台湾地区（图18）。

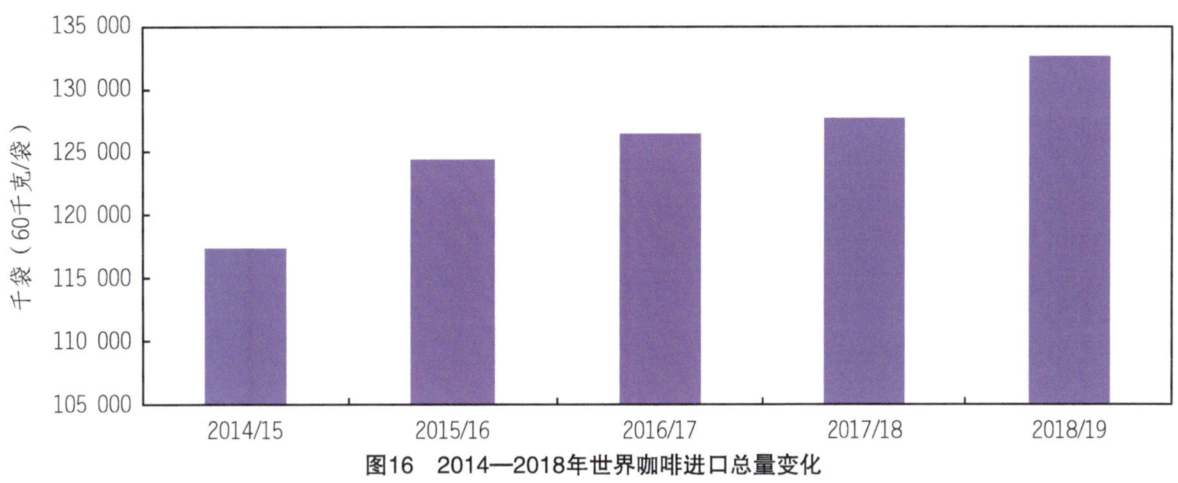

图16　2014—2018年世界咖啡进口总量变化

数据来源：美国农业部

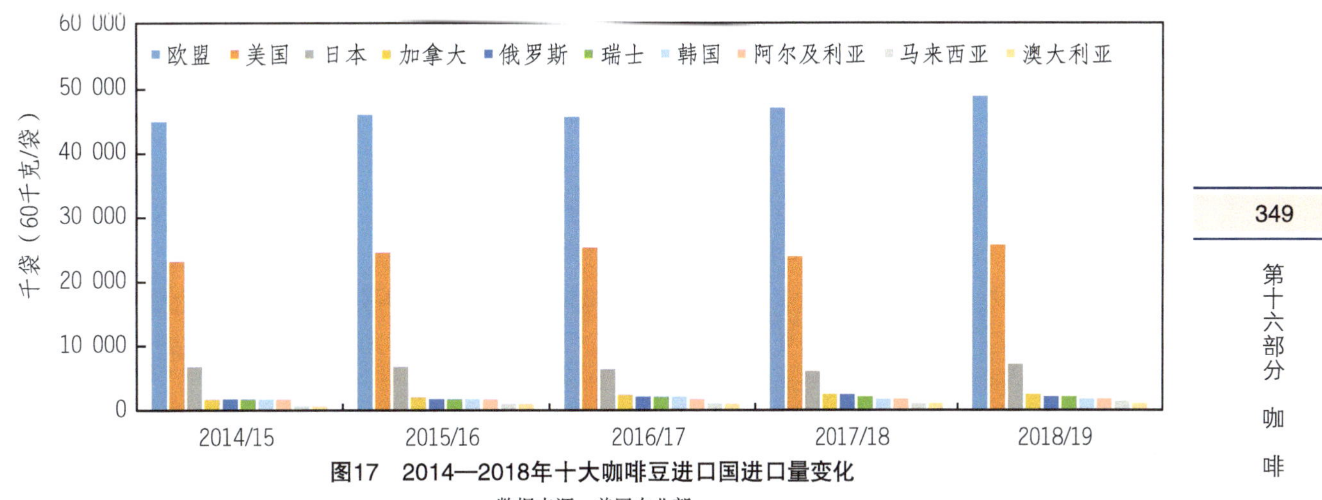

图17　2014—2018年十大咖啡豆进口国进口量变化

数据来源：美国农业部

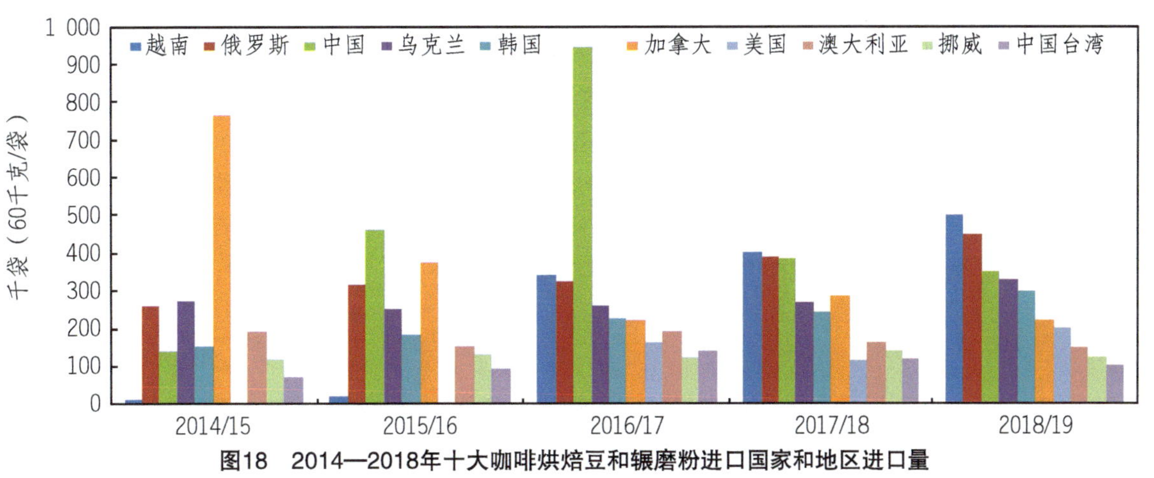

图18　2014—2018年十大咖啡烘焙豆和辗磨粉进口国家和地区进口量

数据来源：美国农业部

2018/19年度速溶咖啡进口总量为15 664千袋，较2017/18年度（15 811千袋）减少0.93%，进口量居前十位的国家依次为菲律宾、加拿大、中国、俄罗斯、印度尼西亚、日本、乌克兰、伊朗、南非和阿根廷（图19）。

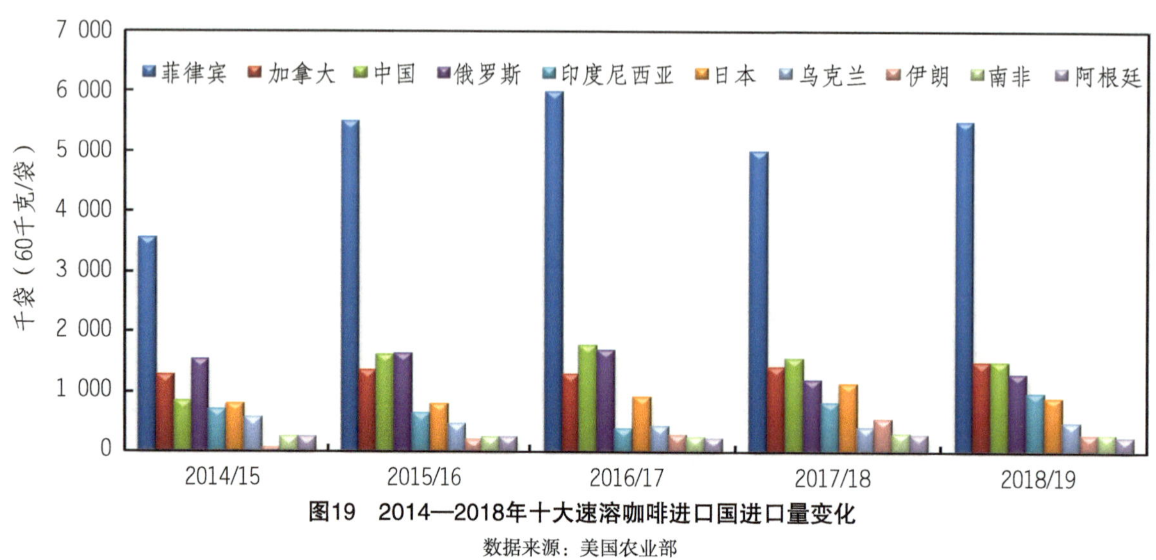

图19 2014—2018年十大速溶咖啡进口国进口量变化

数据来源：美国农业部

四、世界主要国家产业竞争力

（一）巴西

2018/19市场年（上年7月至翌年6月），巴西的咖啡总产量达到6 480万袋（60千克/袋），出口量达3 920万袋，约占世界咖啡总出口量的1/3，出口额约为45亿美元。但近年来，巴西咖啡产业的发展亦遇到了气候变化、种植成本上升、小粒咖啡加工水平不高和国际市场价格低迷等诸多挑战，其产业链的发展出现了一些新的变化。其中的一个重大变化是其自2008年以来，开始开展“巴西，咖啡之国”计划，注重精品咖啡的生产和出口，并将延长实施至2020年。

（二）越南

越南现为世界第二大咖啡生产国，第一大中粒咖啡生产国。2017年越南全国咖啡种植面积达到66万公顷，2018越南咖啡面积减少6%，为62万公顷，咖啡豆产量为每公顷2.3～2.5吨，2018/19年度咖啡总产量为30 000千袋，咖啡产品出口总量达24 500千袋，2018年的出口额达34.5亿美元。

越南具备相当的咖啡豆粗加工和深加工生产能力，目前已经实现咖啡加工专用机械设备越南国产化并可出口其他国家。目前，越南咖啡已出口到世界80个国家和地区，创汇30亿美元，分别占全球咖啡出口市场份额和咖啡豆出口额的14%和10.4%，继巴西之后位居第二，烘焙豆和辗磨粉、速溶咖啡的出口量均已跃居世界第3位。越南咖啡十大出口市场为德国、美国、意大利、西班牙、日本呢、比利时、俄罗斯、阿尔及利亚、菲律宾和中国等，占全国咖啡出口额的80%。

（三）哥伦比亚

哥伦比亚为仅次于巴西和越南的世界第三大咖啡生产国，小粒咖啡第二大生产国。咖啡种植面积约为78万公顷（主要生产小粒咖啡），主要由农户种植，每户平均种植面积为4.5公顷，目前单产为18.2袋（60千克）每公顷；2018/19年度的咖啡总产量达13 950千袋，占世界总产量的8.21%。

咖啡产品出口方面，2018/19年度哥伦比亚的出口总量达13 300千袋；其中咖啡豆出口量为12 300千袋，烘焙豆和辗磨粉出口量为200千袋，速溶粉出口量为900千袋，分别据世界第三位、第四位和第七位。

五、主要国家产业支持政策新变化

（一）巴西

巴西将2008年开始执行的“巴西，咖啡之国”计划延续至2020年，注重精品咖啡的生产和出口，提升精品咖啡的产量、出口量和市值，提高咖啡产业的竞争力。

（二）越南

为了提高越南咖啡附加值，越南农业与农村发展部正开展“越南优质咖啡”的国家产品发展提案，实施时间2018—2023年，远景展望至2030年，提出援助至少10家企业完善咖啡湿法加工流程，提高质量和减少收获后损失，至少10家企业参加投入优质咖啡产品生产和深加工；50%一流企业在国内外市场拥有越南优质咖啡品牌等目标。

（三）哥伦比亚

2019年，因国际市场价格下跌和国内价格下降，咖啡种植户要求政府给予支持，哥伦比亚政府以直接支付的方式拨出1 550亿比索（5 000万美元）补贴咖农收入。当国内价格低于715 000比索每袋（125千克）时，政府将最高补贴30 000比索（9.5美元）每袋。此外，哥伦比亚政府还通过再融资、免除部分债务等方式支持咖农。农业部融资基金会（FINAGRO）还将为需要更新种植的小种植户提供折现还本贷款和专项贷款。

六、世界供需形势展望

据美国农业部外国农业局的年度报告，2019/20咖啡年，世界总产量将比上一年度减产540千袋，为169 100千袋，主要原因为巴西的小粒咖啡树将进入产量2年周期中的小年期。全球消费总量预计到达167 900千袋，库存量预计较上年度减少2 800千袋，达33 500千袋。世界出口总量预计较上年度减少800千袋，为116 800千袋。

虽然大部分地区天气利于开花和坐果，但因大部分咖啡树进入小年期，巴西的小粒咖啡产量预计会较上一年度减产7 200千袋，产量为41 000千袋；小粒咖啡质量也可能因多地收获期不同而有所下降。巴西的中粒咖啡产量预计将增产1 700千袋，产量达到18 300千袋。不过，中粒咖啡的增产抵消不了小粒咖啡的减产，2019/20年度巴西的咖啡总产量预计减少5 500千袋，总产量预计为59 300千袋。因供应量减少，咖啡豆的出口量预计减少2 500千袋，总出口量将降至33 500千袋，结存量将减少1 000千袋，降至2 900千袋。巴西的消费量则预计增长至23 500千袋。

越南的咖啡总产量预计将增长100千袋，达到30 500千袋。其中中粒种咖啡的产量估计仍占其咖啡总产量的近95%。增产的原因是中央高原咖啡种植区在2019年1月至4月初经历了季节性干旱但咖啡树得到了灌溉；雨季虽稍有延迟但雨量充足利于咖啡开花和坐果。另外，因胡椒价格下跌，咖农不再以胡椒替代种植咖啡，但部分咖农已开始种植榴莲、杧果等果树。因而咖啡产量的增长有限。越南的咖啡豆出口量预计增长1 000千袋，达25 500千袋；而结存量预计、国内消费和库存量预计不变，维持在2 100千袋。

因部分国家仍要与2013/14年度导致减产的锈病暴发继续斗争，中美洲和墨西哥的总产量预计维持不变，为19 100千袋。墨西哥因天气有利获得的增产预计可抵消洪都拉斯的减产。因要继续抗锈病而单产低于锈病爆发前的水平，萨尔瓦多、危地马拉和巴拿马的产量预计分别维持在650千袋、3 600千袋和100千袋。尼加拉瓜则可能因财政紧张导致投入不足和单产降低而减产200千袋，总产量预计为2 300千袋。2019/20年度，中美洲和墨西哥的总出口量预计减少600千袋，为15 500千袋。该地区出口总量的45%出口到欧盟，另有约1/3出口到美国。

在正常种植条件下，哥伦比亚的总产量预计近于平稳地保持在14 300千袋。2019/20年度的出口量预计保持在12 300千袋；而库存将稍有下降，为500千袋。

印度尼西亚的产量预计增长100千袋，达到10 700千袋。中粒咖啡产量预计会因南苏门答腊和爪哇的种植条件有利达到9 500千袋。小粒咖啡的产量估计亦略有增长。上年度结存量的提高估计会使出口量增长1 600千袋，达到6 500千袋。

咖啡进口方面，欧盟的进口量预计约占全球咖啡豆进口总量的40%，但进口总量预计减少500千袋，为48 500千袋。其主要供货方袋括巴西（29%）、越南（25%）、洪都拉斯（8%）和哥伦比亚（6%）。结存量则预计较2018/19年度减少700千袋，为13 100千袋。美国仍为第二大咖啡豆进口国，预计其进口量将增加400千袋，达到26 500千袋。其主要供货方包括巴西（24%）、哥伦比亚（22%）、越南（15%）和危地马拉（6%）。库存量预计增加200千袋，达到6 900千袋。

参考文献

ICO. 20178-10.Coffee Market Report. http://www.ico.org/

ICO. 2018-11.Coffee Market Report. http://www.ico.org/

ICO. 2018-12.Coffee Market Report. http://www.ico.org/

ICO. 2019-1.Coffee Market Report. http://www.ico.org/

ICO. 2019-2.Coffee Market Report. http://www.ico.org/

ICO. 2019-3.Coffee Market Report. http://www.ico.org/

ICO. 2019-4.Coffee Market Report. http://www.ico.org/

ICO. 2019-5.Coffee Market Report. http://www.ico.org/

ICO. 2019-6.Coffee Market Report. http://www.ico.org/

ICO. 2019-7.Coffee Market Report. http://www.ico.org/

ICO. 2019-8.Coffee Market Report. http://www.ico.org/

USDA. 2019-6. Coffee：world markets and trade. http://www.fas.usda.gov/data/coffee-world-markets-and-trade

USDA. 2019-5-16. Brazil-Coffee Annual 2019. https://www.fas.usda.gov/search/coffee

USDA. 2019-5-20. Vietnam-Coffee Annual 2019. https://www.fas.usda.gov/search/coffee

USDA. 2019-5-15. Colombia-Coffee Annual-Colombia Coffee Stablizes Around 14 Million Bags. https://www.fas.usda.gov/search/coffee

专题二：全球气候变化及供需变化对中国咖啡产业发展的潜在导向作用

一、全球气候变化对咖啡主产国产量的影响

咖啡种植业对于气候和地域的依赖性极强，世界咖啡主要生产区包括拉丁美洲（中南美洲）、非洲、中东和南亚、东亚和太平洋诸岛，生产的地域性特征较为明显，其中咖啡的生长、坐果、果实成熟，病虫草害的发生及生豆的初加工均需要适当的天气条件，对气候变化非常敏感。因而全球气候变化使得原来的咖啡种植地可能不再适合种植咖啡，导致咖啡豆产量降低，同时大幅降低咖啡品质。对于咖啡生长而言，地势越高越好。同时温度要在15～25℃，花期要有相当充足的水量才能保证花和果实的正常生长。例如，小粒咖啡的适宜生长温度为15～24℃，温度过高会让咖啡豆成熟得太快、导致风味物质累积不足；持续暴露于30℃以上的高温或遭遇霜冻则会对咖啡植株造成严重伤害。气候变化造成的极端天气还会加重病虫害的发生，造成减产和品质降低。2014年，联合国政府间气候变化专门委员会（IPCC）得出的结论是：到2050年，气候变化带来的温度上升和降水减少会导致中美洲适宜种植咖啡的区域减少38%～89%，并导致咖啡种植的适宜海拔高度从600米上升到1 000米。正在发生的全球气候变化使得全球的局地天气变化加剧，也已对世界咖啡主产国的生产造成重大影响，进而可能在未来给世界咖啡的生产格局产生重要影响。

巴西是全球最大的咖啡生产国和出口国，主要生产和出口价位较高的小粒咖啡豆。近几年，因恶劣天气影响及种植成本的增加，巴西咖啡豆种植效益和种植积极性逐渐下降，种植植面积不断下滑，由巴西农业政策秘书处（SPA）、畜牧和食品供应部以及国家供应公司（Conab）的共同研究表明，2019年巴西咖啡种植总面积为184万公顷，其中小粒咖啡种植面积147万公顷，中粒咖啡种植面积37万公顷，为近5年来最低的一年，而2014—2018年的巴西咖啡种植总面积195万公顷、192万公顷、195万公顷、191万公顷和186万公顷。2014年巴西咖啡种植总面积为195万公顷，当年咖啡产量4 534万袋。气候变化对巴西造成严重减产的最近例子是，巴西历年的降水量为每年1 600～1 800毫米，但自2014年3月起，巴西主要咖啡种植地区米纳斯州和圣保罗州遭遇历史性干旱，一直持续到去年11月，使2014年降水量不到900毫米，反常高温且雨水缺乏使得咖啡产量也遭遇过去40年来首次连续三年下降。巴西农业部公布的数据显示，本应为产量大年的2014年的产量仅为4 530万袋，与本为产量小年的2013年相比下降了7.7%；而2012年和2013年培育的咖啡苗面临颗粒无收的境地。

气候变化造成的严重干旱对越南咖啡造成严重减产的例子是，据越通社报道，2016年6月和7月，越南多地遭受严重干旱，咖啡收获季又遇到持续降雨，对咖啡产量和质量造成影响；据越南咖啡可可协会估计，恶劣天气导致2016年咖啡产量下降30%，而且有可能影响到2017年咖啡产量和质量。

哥伦比亚咖啡产量受天气和种植技术影响较大。2009—2012年，因气候变化造成的产区天气潮湿及咖啡园更新计划影响，哥伦比亚咖啡产量较2007/08年度下降21%～39%，产量一直在低谷徘徊；直至2013年，由于天气适宜开花良好，加之咖啡园种植技术的更新导致咖啡树锈病抵抗能力得到提升，哥伦比亚咖啡产量才得以恢复到2007/08年的水平。

近5年来，中国的咖啡产量经2015/16年度和2016/17年度的小幅减产后，由2014/15年度的2 025

千袋，增长至2018/19年度的2 200千袋（图1）。但中国咖啡豆产量的90%用于出口，而2018年中国的咖啡消费量已达3 800千袋，因而咖啡国内供应缺口巨大。

随着我国经济的发展及消费习惯的转变，咖啡受到越来越多国人的欢迎，成为很多人喜欢的日常饮品。目前，中国已成为世界消费大国之一。ICO数据显示，中国的咖啡消费总量在过去10年保持了年均15%的高速增长，同期世界增长水平仅为2%，预计到2025年，中国将成长为1万亿元的巨型咖啡消费大国。据华经情报网报道，中国的咖啡消费总量经高速增长已由2012年的1 091千袋增长至2018年的3 825千袋（图2），但从人均消费情况来看，2018年中国大陆人均咖啡消费杯量仅为6.2杯/年，而饮食习惯相近的日本和中国的台湾、香港等地区的人均消费杯量均在每年200杯以上，差距明显，因而仍有巨大的发展空间。中国咖啡消费快速增长的原因是，中国作为全球第二大经济体，随着经济的持续增长，中国中产阶级人口数量将有望于2022年翻番，达到6亿人；人民生活水平日益增高，生活品味不断提升，同时也具备了咖啡消费的经济能力，国内消费者对咖啡好感度不断提升，当前的咖啡人均消费水平较低，消费发展空间巨大。

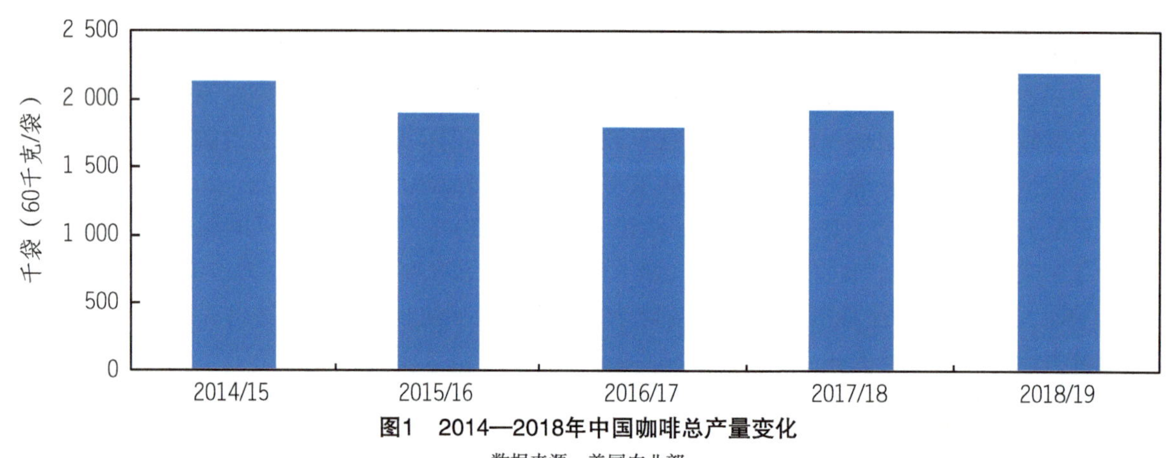

图1 2014—2018年中国咖啡总产量变化

数据来源：美国农业部

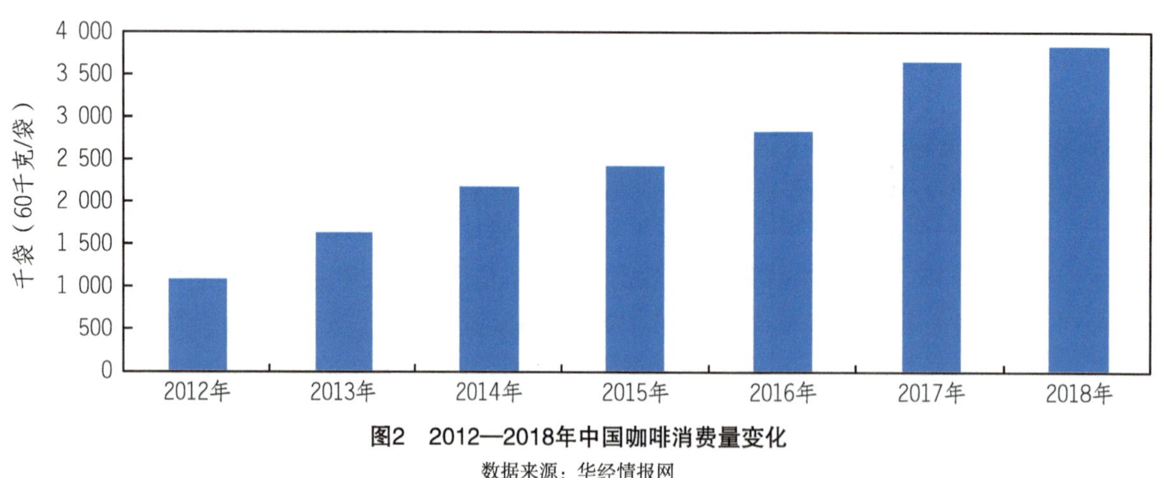

图2 2012—2018年中国咖啡消费量变化

数据来源：华经情报网

二、全球气候变化及供需变化对中国咖啡产业的可能导向作用

由于全球气候变化带来的极端天气发生频率加快和不可预见性，而咖啡的生产对天气变化极为敏感，全球气候变化可能导致咖啡产区鲜果减产和品质下降、病虫害发生加剧、种植区因气候暖化而需种植高海拔地区从而减少种植面积、提高生产和运输成本、依靠阳光干燥的初加工产品品质下

降，进而对全球咖啡的供需变化产生严重影响。此外，全球气候变化造成的咖啡品质下降造成的咖啡价格低迷、生产成本的提升会进一步影响全球咖啡的生产效益，进而影响供需变化。

鉴于中国咖啡产业种植面积基本饱和、产量增长有限，总产量占世界总产量比重低，初、深加工规模小消费量数量少、生产规模小，加工能力弱，加工产品出口量小，而国内消费量增长迅速，国内供应缺口巨大的现状，中国咖啡产业在面对全球气候变化及供需变化可能产生的严峻挑战时，或可从如下方面及早着手：①充分利用现有种植面积，改变种植品种单一、大量推行抗病优良品种生产种植，制订咖啡地选择、咖啡种苗繁育技术、咖啡园建立、咖啡高效栽培、咖啡病虫害及防治措施等标准内容，保证咖啡种植和管理的规范程度，提高种植水平，尽快改变种植户小、散、乱的现状，加强生产组织，强化“企业+基地+农户”经营模式，提高种植户抵御各种风险的能力，适当加强精品咖啡种植，着重提高在鲜果生产质量，提高生豆产品竞争力，加快咖啡种植业发展，应对国际供需变化及气候变化引起的市场风险；②针对初加工和深加工存在的问题，应加强相应技术研发和投入，克服初、深加工规模小、分散、技术薄弱等问题，做大做强一批龙头企业，提升咖啡加工产品在国内外市场的竞争力，尤其是国内消费市场的竞争力，转变国产大量生豆出口而从国外进口大量咖啡深加工产品的局面，尽量满足国内消费增长的需要，提高国际出口竞争力；③加强品牌建设，扩大国产咖啡产品在国内消费的份额，提高整个咖啡产业的竞争力。

参考文献

USDA. 2019-5. Coffee：world markets and trade. http://www.fas.usda.gov/data/coffee-world-markets-and-trade.

USDA. 2018-5-15. Brazil-Coffee Annual https://www.fas.usda.gov/search/coffee

USDA. 2019-5-16. Brazil-Coffee Annual https://www.fas.usda.gov/search/coffee

ICO. 2019-8. Coffee Market Report. http://www.ico.org/

（云南省农业科学院农业经济与信息研究所　李荣福　申　科　万红辉）

第十七部分

化　肥

专题一：世界供需形势分析

世界范围内化肥生产量和消费量（折纯量，全文统一）整体呈现波动上升趋势，两者变化趋势较为一致，到2019年预计分别达2.48亿吨和2.3亿吨。其中，氮肥生产量和消费量增速较快，预计2019年氮肥生产量和消费量将达到13 628.1万吨和12 590.4万吨；磷肥生产量和消费量呈现波动增长，2019年预计分别达6 090.8万吨和5 890.8万吨；钾肥前期平稳上升后期波动增长，2019年预计分别达5 110.2万吨和4 330.6万吨。

从区域看，东亚地区是氮肥和磷肥生产和消费核心区域；北美地区是钾肥主要生产区，东亚地区是钾肥主要消费区。世界化肥进出口量呈现波动增长趋势，化肥贸易额历经平稳—波动—快速增长的过程。美洲、亚洲和欧洲是氮肥主要进出口贸易区，亚洲、欧洲是最大的磷肥进口贸易区，非洲磷肥出口占比较高。亚洲是最主要的钾肥进口贸易区，欧洲和北美洲是最主要钾肥出口贸易区。

预计2019—2020年全球氮肥、磷肥和钾肥需求分别增长1.2%、1.4%和1.8%。中短期来看，全球氮肥、磷肥和钾肥供应量将分别增长0.87%、1.04%和4.7%。全球化肥市场正面临着产能继续增加的风险，全球化肥潜在供应量快速增长与需求缓慢增长之间的矛盾将日益加剧。

一、世界供需现状

（一）化肥生产与消费量波动上升趋势明显

从整体来看，2001年前，世界范围内化肥生产量一直高于化肥消费量，呈现供大于求；2002年以后化肥消费量与生产量基本平衡，或稍高于化肥生产量。由于受全球经济衰退影响，在农作物和化肥价格下滑的情况下，农民不愿在农资上投资，农业生产因而遭受冲击，全球化肥生产和消费均有不同程度降低。2010年以后随着世界经济的复苏，化肥需求也逐渐增加，化肥生产和消费也转为活跃。2017年后，化肥的生产量高于消费量，供大于求矛盾加剧（图1）。

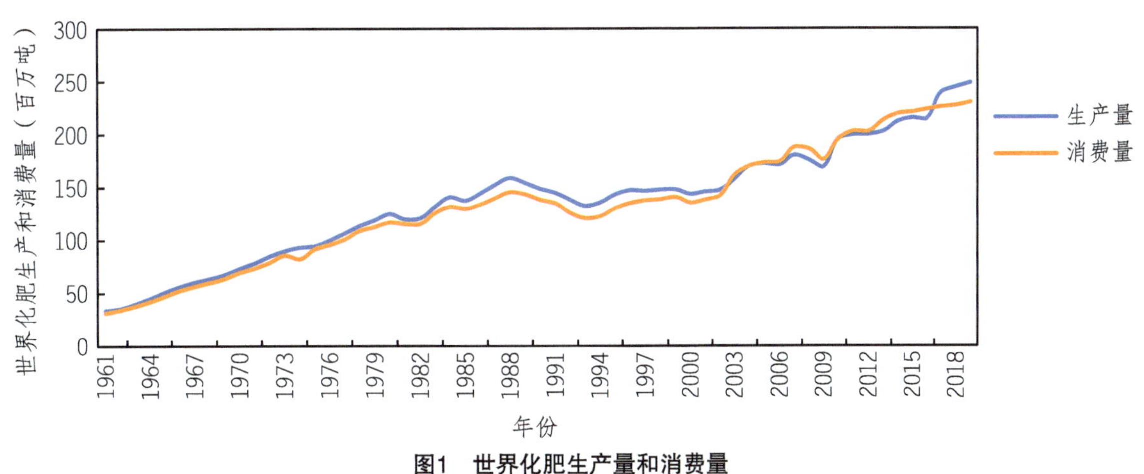

图1　世界化肥生产量和消费量

数据来源：FAO，IFA

（二）氮肥生产量和消费量增速较快，波动较小

根据统计数据，世界氮肥的生产量和消费量自1961年以来总体呈上升趋势（图2），变化趋势与世界化肥生产量和消费量相同。1988年前，氮肥生产和消费量增速较快，自1984年起生产量增速逐渐高于消费量增速，表明库存呈现积存现象。1989—1994年生产量和消费量均稍有下降趋势，1995年后波动上升趋势明显。预计2019年氮肥生产量和消费量将达到13 628.1万吨和12 590.4万吨，生产量增速仍然高于消费量增速，库存压力较大。

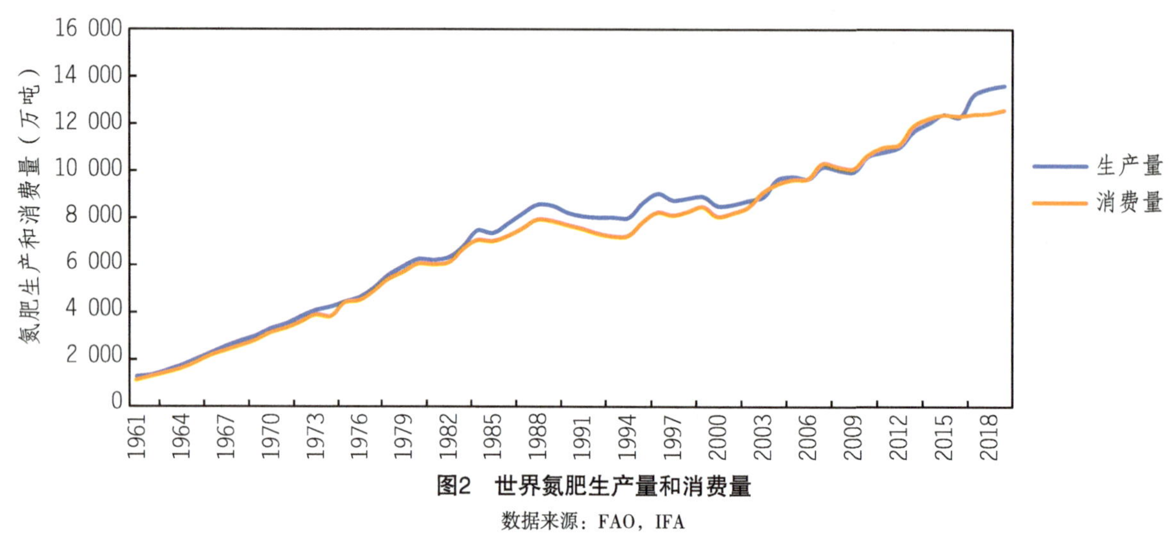

图2　世界氮肥生产量和消费量

数据来源：FAO，IFA

（三）磷肥生产量和消费量呈波动增长

1989年以前，全球磷肥生产量和消费量上升趋势明显（图3），之后一直到1993年呈现下降趋势，2003年后增速明显。2013年磷肥产量出现大幅下降，消费量小幅下降后继续保持平稳的上升趋势。2017年产量大幅增长以满足消费量的增长。预计2019年生产量达6 090.8万吨，消费量达5 890.8万吨。

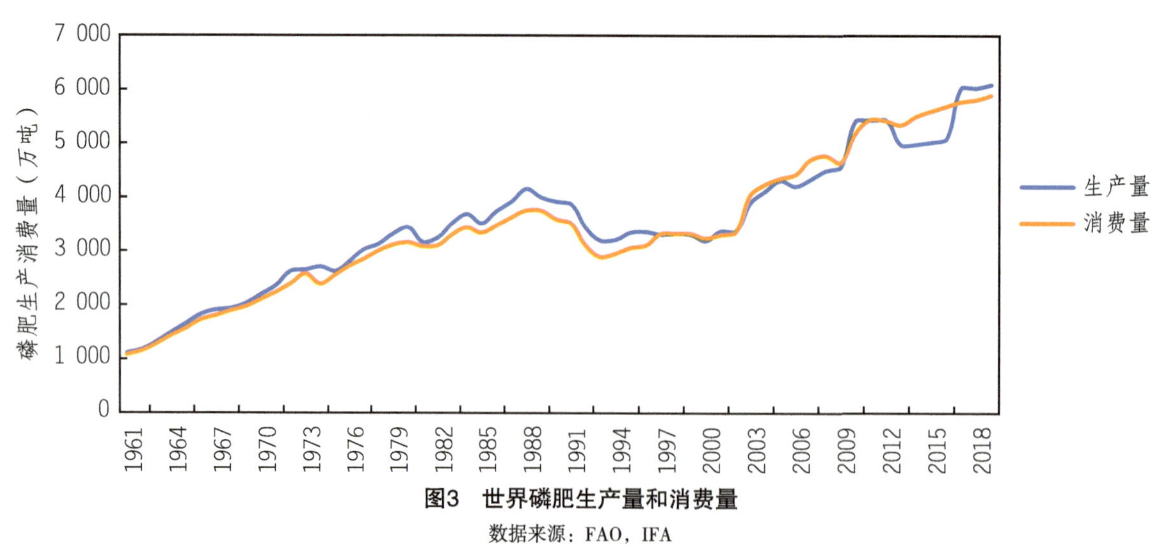

图3　世界磷肥生产量和消费量

数据来源：FAO，IFA

（四）钾肥生产量和消费量前期平稳上升后期呈波动增长

世界钾肥生产量和消费量在1988年以前呈现上升趋势（图4），之后到1993年呈现明显下降趋

势。1993年后呈缓慢上升趋势，生产量大于消费量。在保持了近10年的相对平稳期后，2003年以后增速明显，消费量增速高于生产量增速。2009年受全球需求萎缩及主要国家库存过高的影响，钾肥生产下跌36%。有数据显示，2009年全球钾肥企业平均开工率仅为50%。之后钾肥生产量和消费量呈现波动增长趋势。2017年后钾肥的生产量呈快速增长趋势，而消费量的增长则较为平缓，过剩趋势明显。预计2019年生产量和消费量达5 110.2万吨和4 330.6万吨，呈继续上升趋势。

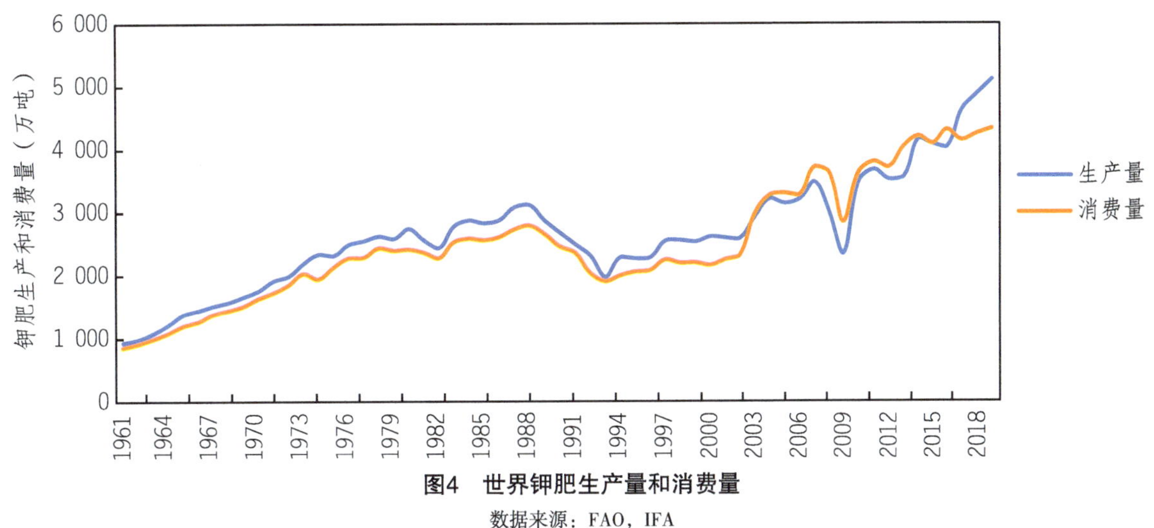

图4 世界钾肥生产量和消费量

数据来源：FAO，IFA

（五）化肥产销平衡呈现盈余–亏缺–盈余3个阶段

基于世界化肥生产量和消费量的年度产销平衡分析，整体呈现盈余-亏缺-盈余3个阶段（图5）。结果显示，从1961—2019年，多数年份表现出生产量大于销售量的局面，2007—2015年则呈现负平衡状态。1961—2018年平均年度产销平衡盈余量为466万吨。

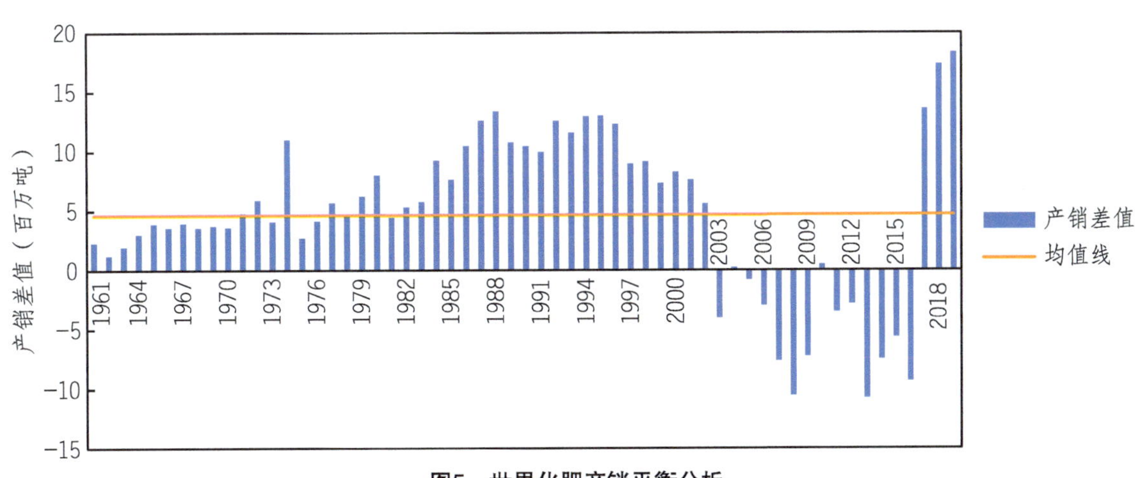

图5 世界化肥产销平衡分析

（六）化肥总供需平衡呈现供大于求

依据世界化肥生产、消费、进出口数据，计算得出每年化肥总供需平衡状况。结果显示（图6），全球化肥生产在2007年之前一直呈现供大于求的局面，盈余量保持在71.55万～1 766.8万吨，其中在1992年达到盈余高峰，并且发现1978年以前，年盈余量波动较小（1974年除外），1978—1992年盈余量在波动中快速上升，之后呈现下降趋势，2000年以后年盈余量变幅较大。2007年后，随着消费量的增加，供需平衡出现需求大于供应的情况。2017年后随着生产量的增加又出现盈余，2018年盈余量达到2 807万吨。

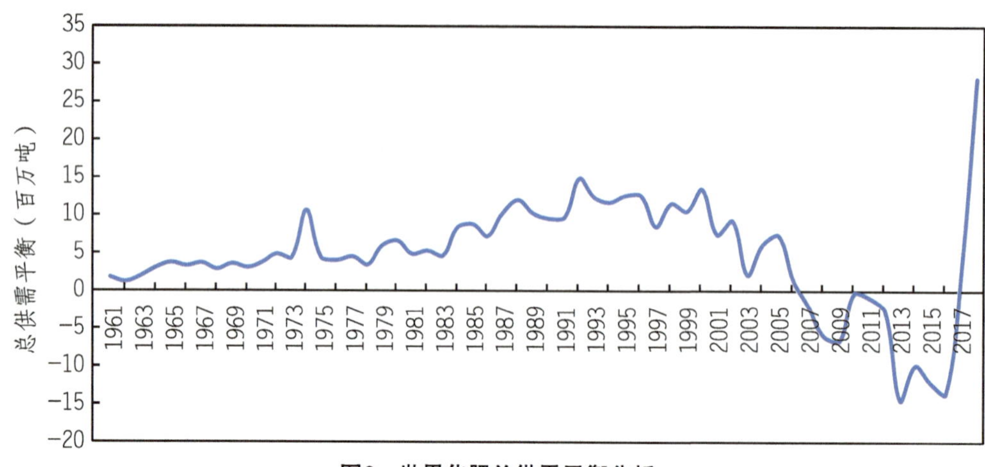

图6　世界化肥总供需平衡分析

从氮肥、磷肥和钾肥年度变化分别来看，近三年各种肥料的总供给和总需求量随着时间的变化呈现逐年增长趋势，供需平衡从亏损转到盈余（表1）。

表1　世界化肥供需平衡表

单位：百万吨

项　目	1961年	1970年	1980年	1990年	2000年	2010年	2018年
化肥生产量	33.51	72.94	124.72	148.29	143.18	195.60	244.19
化肥进口量	7.86	18.52	35.90	48.83	63.41	92.76	123.80
化肥总供给	41.37	91.45	160.62	197.11	206.59	288.36	367.99
化肥出口量	8.44	19.12	37.28	49.78	58.27	93.53	113.05
化肥消费量	31.18	69.31	116.72	137.83	134.91	195.11	226.87
化肥总需求	39.62	88.42	154.00	187.61	193.18	288.64	339.92
化肥供需盈余	1.75	3.03	6.62	9.51	13.41	−0.27	28.07

（七）东亚地区是氮肥生产和消费核心区域

1. 世界氮肥生产洲际布局

据统计数据（图7），2018年世界氮肥生产量约15 790万吨，其中东亚地区的氮肥产量占全世界产量的35.85%，约5 660万吨，是氮肥的主要产区；其次为东欧中亚地区，产量占世界总产量的12.98%，约2 050万吨；排名第三的为北美地区，产量约1 729万吨，占世界氮肥生产总量的10.89%。

2. 世界氮肥消费洲际布局

据统计，2018年世界氮肥消费量约达14 400万吨，其中东亚地区氮肥消费量为5 080万吨，占世界氮肥消费量的35.28%（图8）；南亚地区氮肥消费量达2 390万吨，占世界氮肥消费量的16.60%，居世界第二；排名第三的为北美地区，氮肥消费量达2 090万吨，占世界氮肥消费量的14.51%。

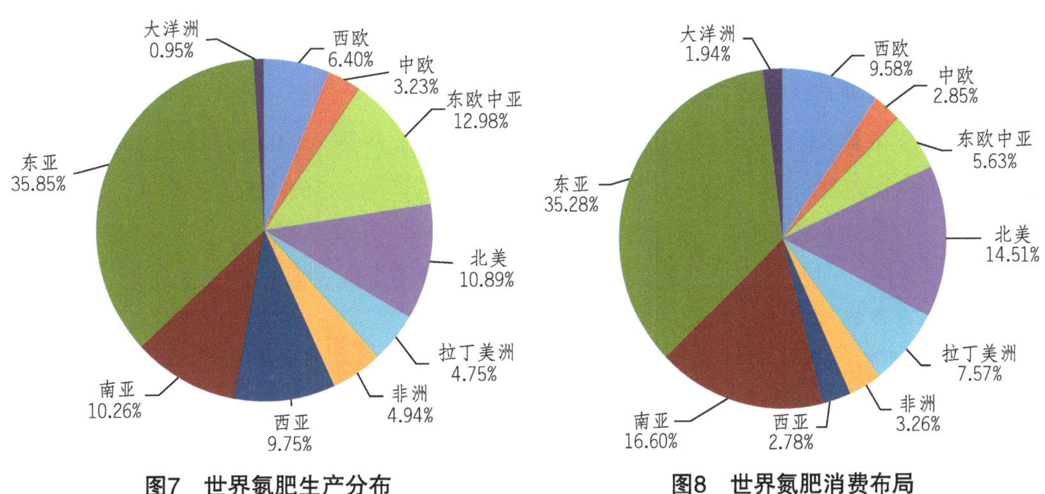

图7　世界氮肥生产分布　　图8　世界氮肥消费布局

（八）东亚是世界最大的磷肥生产和消费地区

1. 世界磷肥生产洲际布局

2018年世界磷肥生产量达4 860万吨，其中东亚地区磷肥产量占世界产量的39.71%，达到1 930万吨（图9）；非洲为第二大磷肥生产地区，产量约820万吨，占世界总产量的16.87%；北美洲为第三大磷肥生产地区，产量约710万吨，占世界总产量的14.61%。

2. 世界磷肥消费洲际布局

2018年世界磷肥消费量达4 700万吨。据统计，世界磷肥消费量1/2以上由亚洲国家使用（图10）。其中东亚地区为全球最大的磷肥消费地区，消费量为1 640万吨，占世界磷肥消费量的34.97%。其次为南亚地区，磷肥消费量为810万吨，占世界磷肥消费量的17.27%。拉丁美洲磷肥的消费量为720万吨，占世界磷肥消费量的15.35%，排名第三；北美洲磷肥的消费量为600万吨，占世界磷肥消费量的12.79%，排名第四，其余地区占比较小。

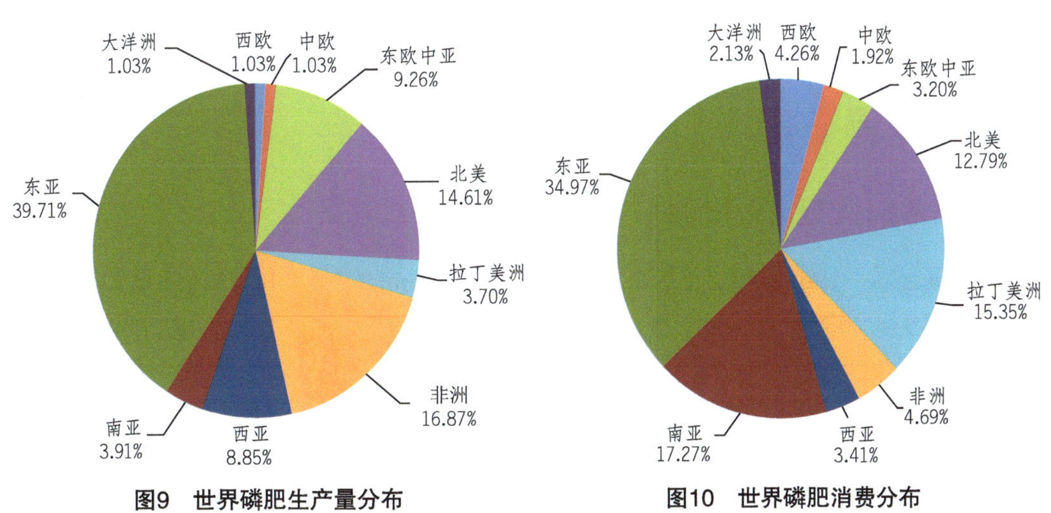

图9　世界磷肥生产量分布　　图10　世界磷肥消费分布

与磷肥生产格局综合比较，东亚和北美洲是世界上磷肥生产和消费大区。南亚地区和拉丁美洲磷肥消费量占比高于生产量，为主要的消费大区。非洲和中欧东亚地区则生产量高于消费量，为世界主要的磷肥生产区。

（九）北美是钾肥主要生产地区，东亚为钾肥主要消费地区

1. 世界钾肥生产洲际布局

钾肥生产需要依赖丰富的钾矿资源。2018年世界钾肥生产量达4 940万吨。其中，北美地区为世界最大的钾肥生产地区，生产量达1 790万吨，占世界总产量的36.16%（图11）。东欧中亚为第二大生产地区，产量为1 560万吨，占世界总产量的31.52%。东亚为第三大生产区域，占全球产量的13.94%，产量为690万吨。西欧、西亚和拉丁美洲分布一些产能，其他地区无钾肥生产。

2. 世界钾肥消费洲际布局

2018年世界钾肥消费量达4 300万吨，其中东亚地区消费量高居世界第一，为1 760万吨，占世界钾肥消费量的40.93%（图12）。拉丁美洲和北美洲为830万吨和650万吨，占世界的19.30%和15.12%，居世界第二和第三位。

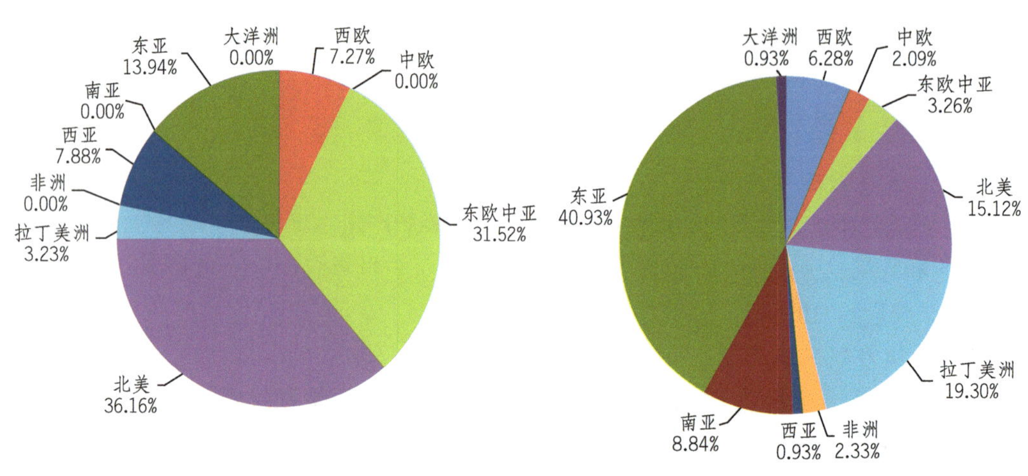

图11 世界钾肥生产分布　　图12 世界钾肥消费分布

结合生产及消费情况分析，北美、中欧东亚和西亚地区钾肥生产量大于消费量，为全球最主要的钾肥生产地区。东亚、拉丁美洲、南亚和非洲地区钾肥的消费量远大于生产量，是主要的钾肥消费地区。

二、国际贸易格局

（一）化肥进出口量呈波动式增长

据FAO数据显示，1961—2018年以来世界范围内化肥进口量与出口量（折纯量）整体呈现波动增长趋势（图13）。2009年全球化肥进口量、出口量均出现了大幅度下滑。7种主要化肥产品的贸易量比2008年下降了16%，中国钾肥进口极度疲软。2010年后，随着经济复苏，化肥进出口量逐渐恢复性增长。虽然在2012年和2016年出现了小幅下降，但整体上依旧呈现上升趋势。

（二）化肥贸易额经历平稳–波动–快速增长的过程

2011年以前全球范围内化肥进出口贸易额整体呈现逐年增加趋势，两者变化较为一致（图13），2011年以后转而下降。

2010年、2011年两年化肥贸易额增长迅速，之后处于下降趋势。在这一阶段，进口贸易额在474.96亿～889.43亿美元，年均进口贸易额为661.80亿美元，年均增长率为1.83%。出口贸易为419.34亿～753.95亿美元，年均出口贸易额为562.82亿美元，年均增长率为0.03%（图14）。

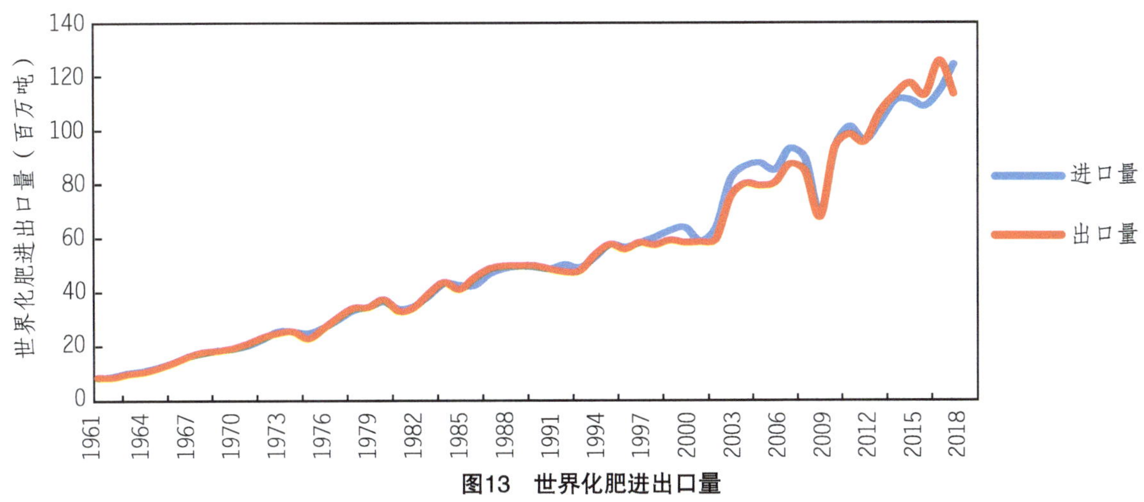

图13　世界化肥进出口量

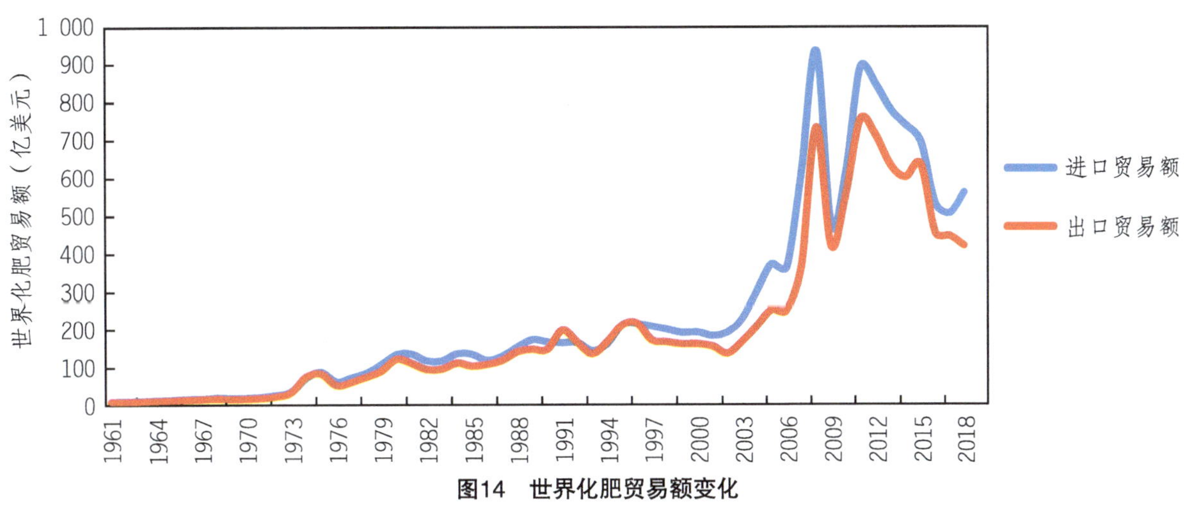

图14　世界化肥贸易额变化

数据来源：FAO和UNComtrade

（三）美洲、亚洲和欧洲是氮肥主要进出口贸易区

1. 世界氮肥进口贸易额洲际分布

1961—2018年，世界氮肥累计进口贸易额达4 981.16亿美元，年均进口贸易额为85.88亿美元，其中亚洲、欧洲、中南美洲和北美洲的累计进口贸易额分别为1 486.66亿美元、1 485.63亿美元、843.30亿美元和712.42亿美元，分别占总进口贸易额的29.85%、29.83%、16.93%和14.30%，美洲、亚洲和欧洲是氮肥主要进口贸易区域（图15）。大洋洲和非洲仅占世界总体进口贸易水平的6.01%和3.09%。

2. 世界氮肥出口贸易额洲际分布

1961—2018年，世界氮肥出口贸易额累计为4 235.37亿美元，其中欧洲出口贸易额累计为2 173.93亿美元，占世界氮肥出口总贸易额的51.33%，是氮肥第一大出口贸易洲（图16）。其次为亚洲，累计氮肥出口贸易额为1 166.12亿美元，占世界氮肥贸易出口额的27.53%。排名第三的是北美洲，累计氮肥出口贸易额为596.43亿美元，占世界总氮肥贸易额的14.08%。非洲、中南美洲和大洋洲磷肥出口贸易额较少，分别占世界出口贸易额的4.25%、2.52%和0.29%。

3. 世界氮肥进口贸易额排名前十国家

根据进出口贸易额数据统计，2018年氮肥进口贸易额排名前十的国家如图17所示。美国为2018年最大的氮肥进口国家，进口贸易额为24.7亿美元。巴西、印度和法国紧随其后，进口贸易额分别为23.14亿美元、19.06亿美元和12.33亿美元。土耳其、墨西哥、泰国、澳大利亚、英国和德国进口贸易额在5亿～10亿美元。

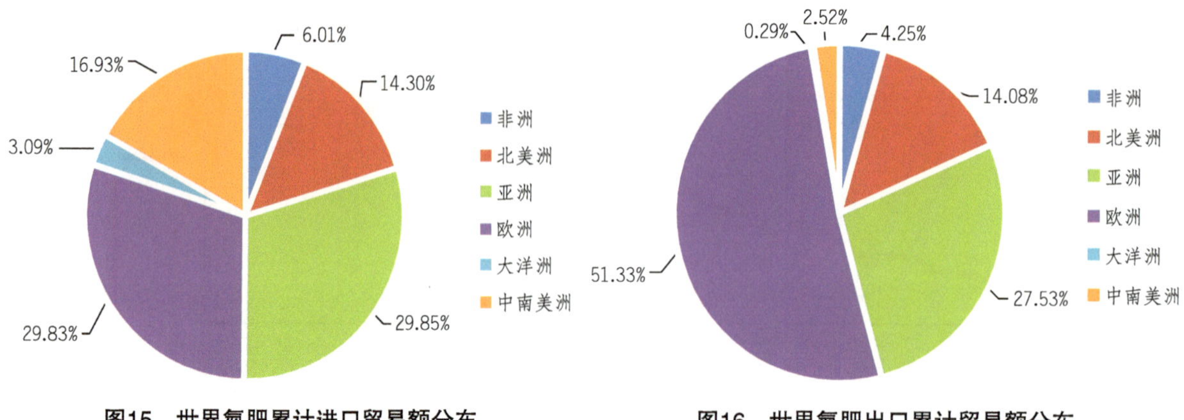

图15　世界氮肥累计进口贸易额分布

数据来源：FAO和UNComtrade

图16　世界氮肥出口累计贸易额分布

数据来源：FAO和UNComtrade

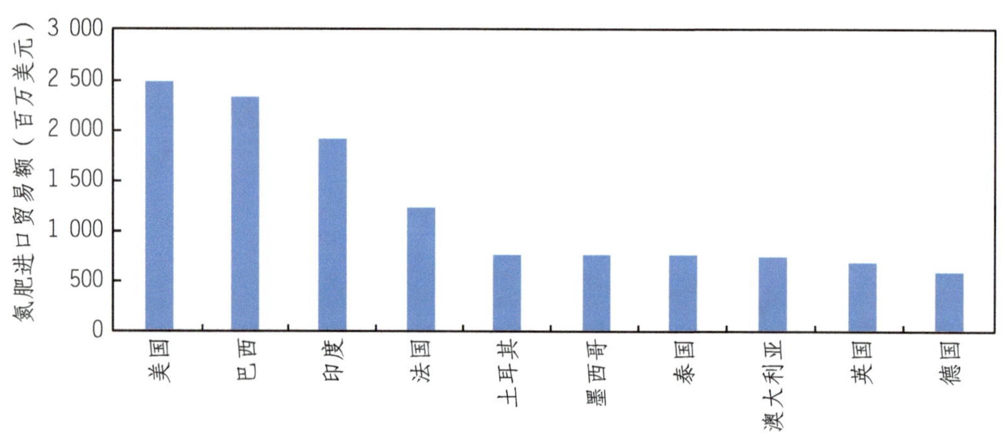

图17　世界氮肥进口贸易额前十国家

数据来源：UNComtrade

4. 世界氮肥出口贸易额排名前十国家（图18）

2018年世界最大的氮肥出口国家为俄罗斯，出口贸易额达到27.87亿美元。中国和卡塔尔为第二和第三大氮肥出口国家，出口贸易额为21.39亿美元和15.87亿美元。沙特阿拉伯、埃及和荷兰出口贸易额处于10亿～15亿美元区间，比利时、美国、德国和马来西亚出口贸易额为4.96亿～9.23亿美元。

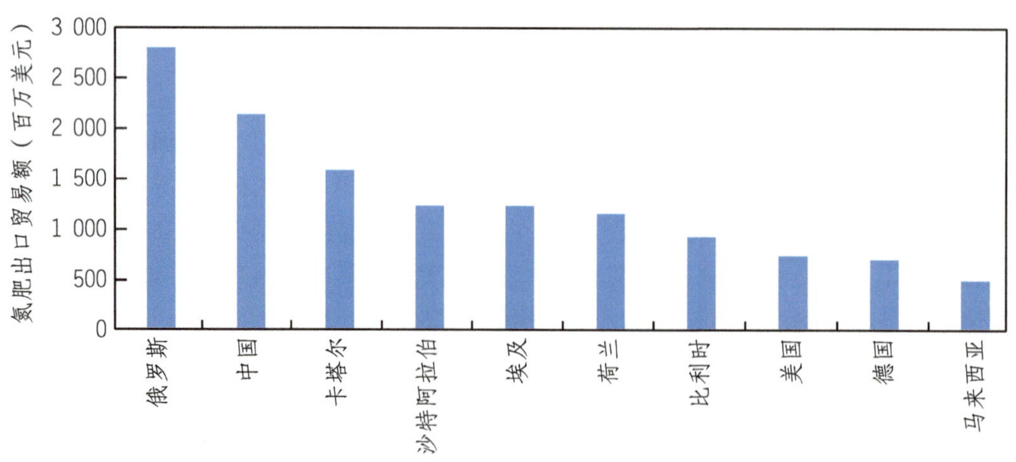

图18　世界氮肥出口贸易额前十国家

数据来源：UNComtrade

（四）亚洲和欧洲是最大的磷肥进口贸易区，非洲磷肥出口占比较高

1. 世界磷肥进口贸易额洲际分布

1961—2018年，世界磷肥进口贸易累计为577.37亿美元，其中亚洲、欧洲和中南美洲为进口贸易额最大的三个区域，总共占到全世界磷肥进口贸易额的88.35%。他们的累计进口贸易额分别为195.42亿美元、166.26亿美元和148.40亿美元，分别占世界磷肥进口贸易额的33.85%、28.80%和25.70%（图19）。北美洲、非洲和大洋洲的贸易进口额较少，仅占世界总进口额的4.45%、4.30%和2.91%。

2. 世界磷肥出口贸易额洲际分布

1961—2018年，世界累计磷肥出口贸易额为471.46亿美元。其中由于非洲磷矿资源丰富，是全球最大的磷肥出口地区，出口贸易额171.62亿美元，占全球总出口贸易额的36.40%。亚洲、欧洲和北美洲出口贸易额排名第二、第三和第四名，出口贸易额分别为150.45亿美元、98.47亿美元和33.74亿美元，分别占全球总贸易额的31.91%、20.89%和7.16%。中南美洲和大洋洲出口贸易额较少，分别占全球总贸易额的3.42%和0.22%（图20）。

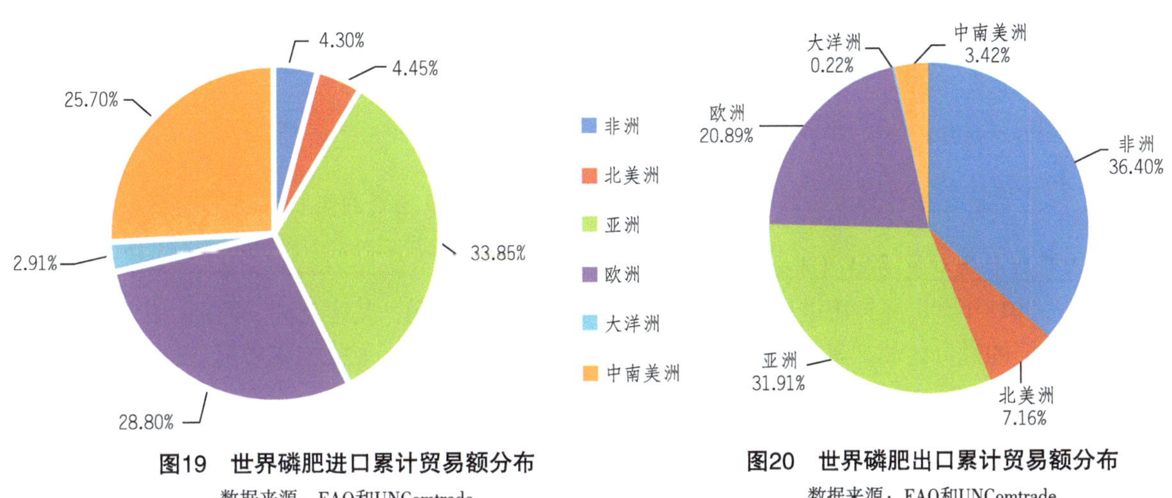

图19　世界磷肥进口累计贸易额分布
数据来源：FAO和UNComtrade

图20　世界磷肥出口累计贸易额分布
数据来源：FAO和UNComtrade

3. 世界磷肥进口贸易额排名前十国家

2018年磷肥进口贸易额集中在巴西和印度尼西亚，贸易额分别达到4.54亿美元和3.13亿美元（图21）。美国为第三大磷肥进口国，进口贸易额为1.51亿美元，法国紧随其后，进口额为1.10亿美元。其他国家磷肥的贸易进口额均在1亿美元以下。

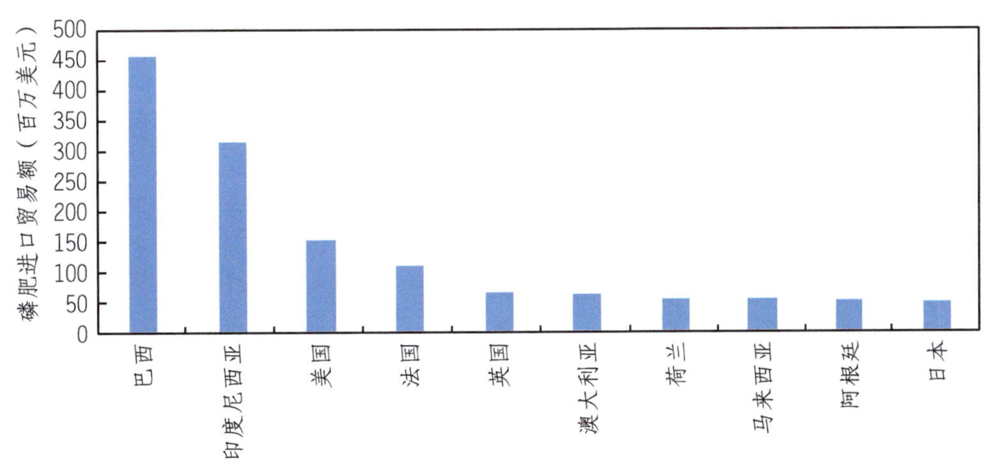

图21　世界磷肥进口贸易额前十国家
数据来源：UNComtrade

4. 世界磷肥出口贸易额排名前十国家

2018年，中国、摩洛哥和以色列是全球磷肥出口贸易额排名前三的国家，出口贸易额分别为4.71亿美元、3.06亿美元和2.30亿美元（图22）。其余国家的出口贸易额均不足1亿美元。

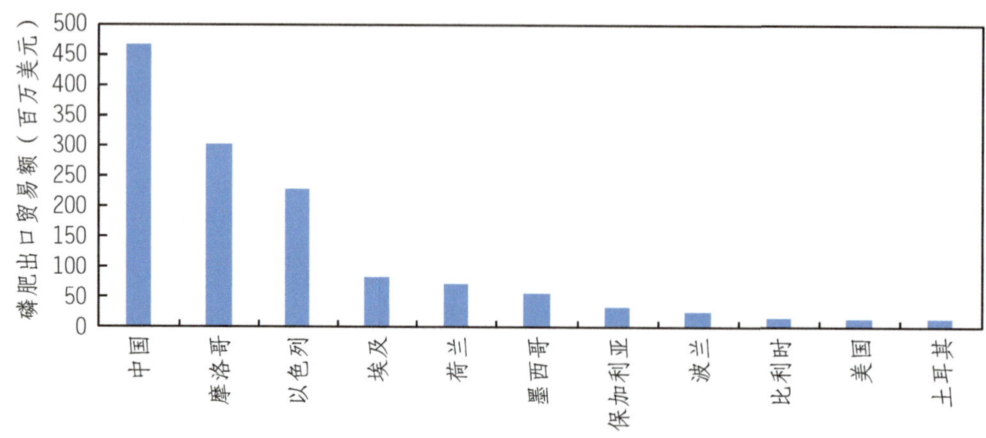

图22　世界磷肥出口贸易额前十国家

数据来源：UNComtrade

（五）亚洲是最主要的钾肥进口贸易区，欧洲和北美洲是最主要的出口贸易区

1. 世界钾肥进口贸易额洲际分布

1961—2018年，世界钾肥进口贸易额累计达到3 158.31亿美元，其中亚洲、欧洲、中南美洲和北美洲为最主要的进口区域，累计进口贸易额分别为1 216.61亿美元、623.71亿美元、593.82亿美元和589.97亿美元，分别占世界进口贸易的38.52%、19.75%、18.80%和18.68%（图23）。非洲和大洋洲累计进口贸易额很少，仅占世界累计进口贸易额的2.61%和1.63%。

2. 世界钾肥出口贸易额洲际分布

1961—2018年，钾肥累计出口贸易额达到2 425.59亿美元。由于欧洲和北美洲钾资源矿产丰富，两地为最大的钾肥出口贸易地区，总共出口贸易额占全球的92.4%（图24）。其中欧洲的累计出口贸易额达到1 210.06亿美元，占全球出口贸易额的49.89%。北美洲累计出口贸易额为1 031.07亿美元，占全球出口贸易额的42.51%。亚洲有少量的钾肥出口，出口贸易额占全球的5.41%。中南美洲、非洲和大洋洲出口贸易额较少，仅占全球出口贸易额的1.87%、0.30%和0.03%。

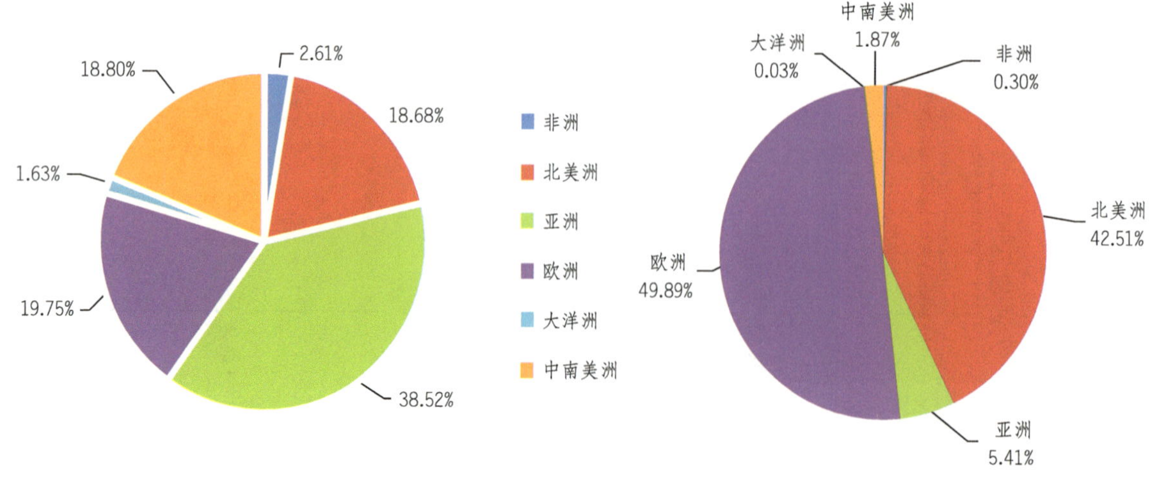

图23　世界钾肥累计进口贸易额分布

数据来源：FAO和UNComtrade

图24　世界钾肥累计出口贸易额分布

数据来源：FAO和UNComtrade

3. 世界钾肥进口贸易额排名前十国家

2018年，巴西、美国和中国是钾肥进口贸易额排名前三位的国家，进口贸易额分别为31.35亿美元、28.36亿美元和18.73亿美元（图25）。印度为第四大钾肥进口国家，进口贸易额为14.31亿美元。其余国家进口贸易额均不到10亿美元。

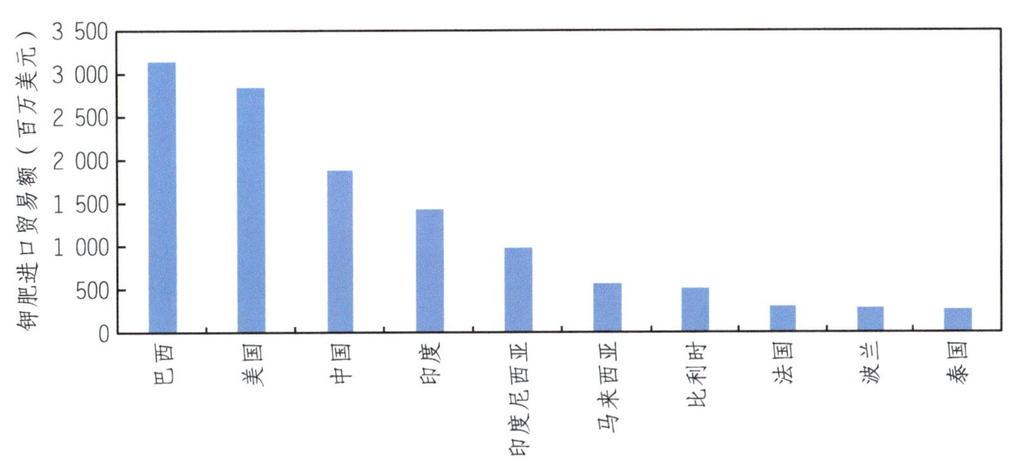

图25 世界钾肥进口贸易额前十国家

数据来源：UNComtrade

4. 世界钾肥出口贸易额排名前十国家

世界范围内加拿大的钾矿资源充足，钾肥公司产能较高，其钾肥出口贸易额接近50亿美元（图26）。白俄罗斯、俄罗斯和美国钾肥出口贸易额接近，出口贸易额分别为27.14亿美元、20.32亿美元和20.13亿美元。其他国家出口贸易额远低于排名前四的国家，除比利时出口贸易额为3.27亿美元，其他国家出口贸易额均不足1亿美元。

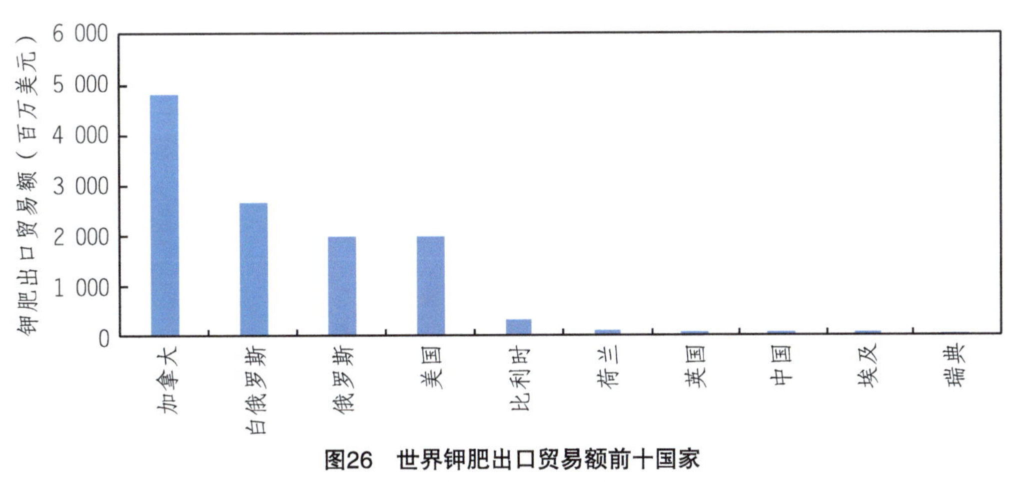

图26 世界钾肥出口贸易额前十国家

数据来源：UNComtrade

三、国际价格走势

（一）化肥价格年度变化前期平稳上升，快速上升，后期波动下降

以2008年为分水岭，全球化肥价格波动频繁，2008年前化肥价格呈现稳步上涨趋势，2008年后

整体呈现波动下降趋势。

从世界化肥价格指数（2010年=100）年度变化（图27）同样可以看出，化肥价格指数也以2008年为界，前期表现出稳步增长趋势，2008年以后呈现下降趋势，处于高位运行。

图27　2000—2019年国际化肥价格指数年度变化（2010=100）

数据来源：世界银行

（二）化肥价格月度变化呈现季节性波动

从图28发现，每一年不同月份化肥的价格也呈现不同的变化趋势，具有一定的周期性。随着全球生产恢复和新产能进入市场，以及美国新的国内产能取代进口，2018年第一季度，美国的尿素进口量继续下降，在进口需求疲软的情况下，与2018年第四季度相比，2019年第一季度尿素价格随后回落，价格下跌了19%。

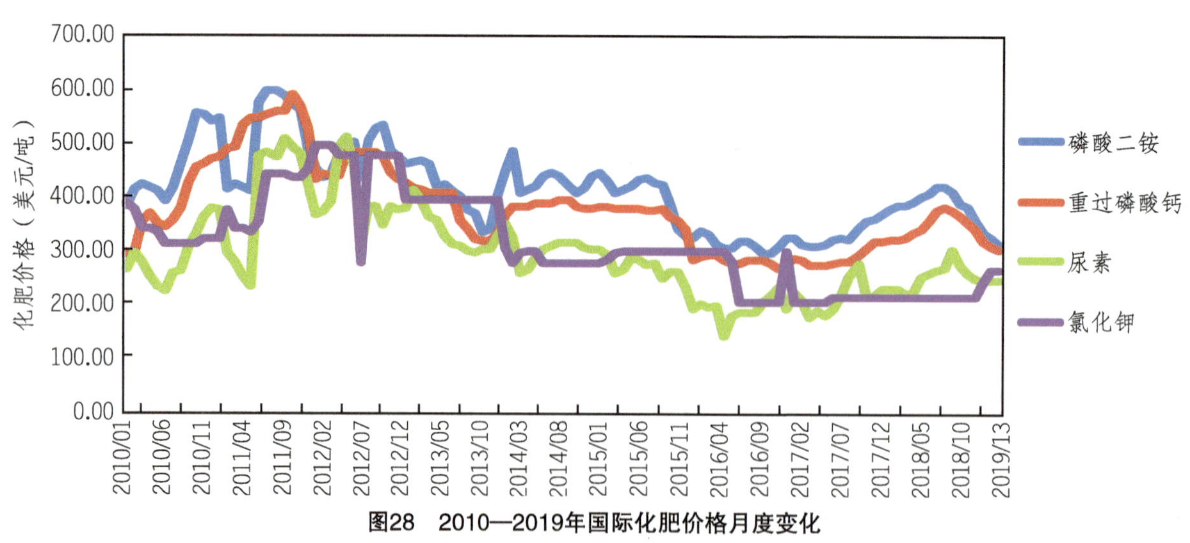

图28　2010—2019年国际化肥价格月度变化

（三）国际价格变化的主要原因

一是上游能源限制、原料等生产成本增加。根据化肥价格指数与能源价格指数（2010年=100）关系（图29）可看出两者存在显著相关性（r=0.86），即随着能源价格的提升化肥价格上扬。化肥价格与能源价格密切相关，能源价格上涨时化肥价格也会受到影响随之上涨。由于化肥生产需要占用大量能源，工农业相互竞争能源，使能源供应更趋紧张，化肥价格因此大幅上升。另外，磷矿与硫黄是磷肥的主要生产原料，中国磷矿资源储量较高、硫黄资源缺乏，硫黄价格起伏对化肥行业的影响很大。钾矿主要分布在加拿大、俄罗斯等国，加之中国自身钾肥产能较低，中国钾肥的进口依存度很高，钾矿价格波动将直接影响化肥企业的生产成本。

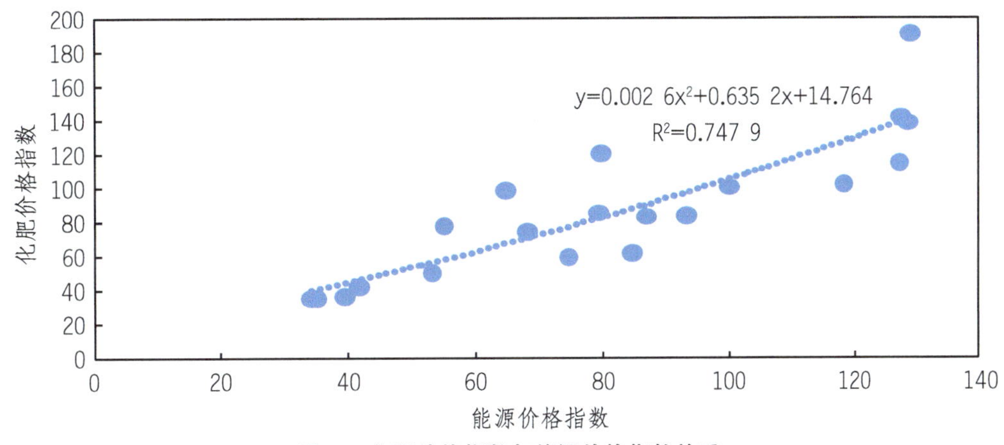

图29　化肥价格指数与能源价格指数关系

二是农产品价格变化的连锁效应。农产品价格大幅波动引起农民收益高低的变化。从世界粮食价格指数与化肥价格指数（2010年=100）的相关性（图32）可以看出两者之间存在着显著的线性相关性（r=0.92）。农产品价格指数直接显著的影响化肥价格指数的变化，农产品价格指数越高，化肥价格指数也越高（图30）。

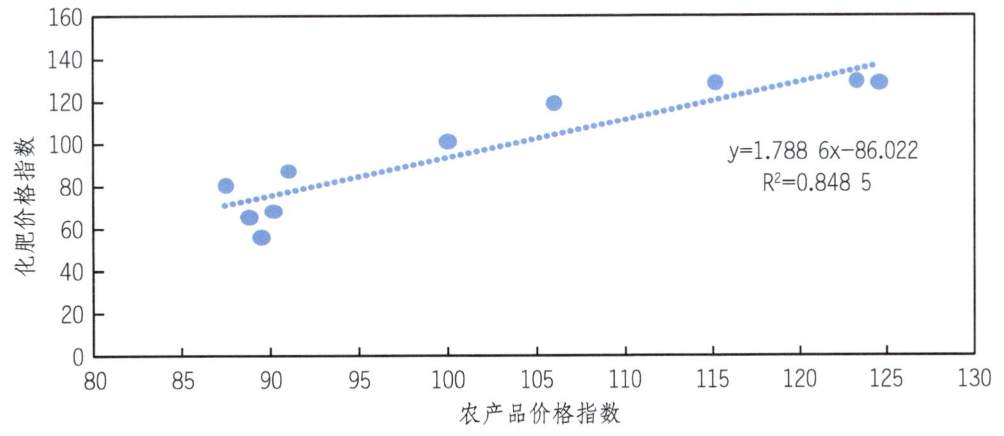

图30　化肥价格指数与农产品价格指数关系

三是季节性生产和气候变异的影响。化肥是常年生产、季节性消费的商品，化肥主要应用于农业生产。农业生产具有季节性，根据农作物的生长周期出现化肥需求的淡旺季，价格也随之有不同的走势。适宜的气候和上涨的农产品价格会促进农民积极增加作物种植面积，直接拉动作物的生产，并间接影响着化肥的需求量。作物生产旺季化肥需求上涨，化肥价格也会呈现上扬趋势。2008年开始，中国为了保障国内农业对化肥的需求，根据化肥需求的淡旺季制定了氮肥、磷肥的出口关税政策，用肥旺季征收高关税，限制出口；用肥淡季则减少征收比例，鼓励出口。

同时，气候也会影响化肥生产。在一些国家由于受到干旱、洪涝和飓风的影响，生产工厂无法正常开工，暂停生产会导致产能下降，导致化肥市场供需形势紧张，进一步影响化肥价格。

四、世界供需形势展望

（一）2019—2020年化肥展望

在粮食价格上涨以及谷物种植面积增长的背景下，预计2019—2020年度国际化肥需求将在印度和巴西的拉动下强劲回升。预计全球化肥需求将增长1.4%至2.3亿吨，供应量将增长1.7%至2.5亿吨。其中，在巴西、印度和印度尼西亚的拉动之下，预计世界钾肥需求将增长1.8%，产量将增长4.7%。印度和巴西也是推动磷肥需求的主要国家，预计世界磷肥需求将增长1.4%，产量增幅略低，约1.04%。预计氮肥需求将增长1.2%，将主要由南亚、拉丁美洲、东中亚和北美等诸多国家所推动的，产量预计增长0.87%。预计西亚、西欧中欧、东亚和北美的肥料需求将温和增长（年度增幅小于1%）。预计全部其他地区的年度增幅将大于2%。非洲将是增长最快的市场（+4.4%），其次是东欧中亚（+3.5%）、拉丁美洲（+3.3%）和南亚（+3.1%）。预计南亚（+110万吨）增加数量将最大，其次是拉丁美洲（+80万吨）。

（二）未来3～5年化肥展望

受全球贸易政策等影响，预计未来3～5年世界肥料新增产能或将延缓进度，投资者向植物营养液、流通基础设施、顾客和农民服务以及增值产品方面转移，预计未来化肥需求将以1.3%的增速增长，到2022年预计化肥需求量将达到2.41亿吨（养分）。

氮肥方面，预计全球合成氨产能将扩大3%，到2022年将增加到2.32亿吨NH_3，合成氨产能净增长3%。氮肥需求将由南亚、拉丁美洲、东中亚和北美诸多国家推动。除了欧洲外，预计其他地区氮肥总需求量均会增加。其中，南亚的氮肥需求将增加150万吨（折纯量）、拉丁美洲增加110万吨（折纯量），东南亚需求量增长最多达到180万吨（折纯量），由于印度土壤健康卡的普及，将拉动对肥料需求的增长。总体上看，预计未来5年全球尿素需求将增长8%。

磷肥方面，全球磷矿石的供应将在未来2～3年出现明显的增长，预计三年内增长接近10%，达到近2.5亿吨精矿石。未来5年内磷肥行业的扩张主要集中在摩洛哥，其次是沙特的产能提升带来的增长，预计磷酸的产能将会提高6%，新增产能主要集中在非洲和南亚。需求方面，预计未来5年磷肥的需求将以1.1%的增速增长，主要由印度和巴西两国拉动全球磷肥需求的增长，非洲及东欧中亚将是磷肥需求增长最快的两个地区。

相较于合成氨和磷酸，钾盐的产能增长最迅速，预计在未来5年内将扩张10%，新增产能主要集中在东欧中亚，主要来自白俄罗斯、俄罗斯和中国的大型新建装置的投产，供应量预计将以年均3.2%的速度增长。需求方面，在巴西、印度和印尼的拉动下，全球钾肥需求将进一步增长，预计未来5年内，需求增量的80%为东亚、拉丁美洲和南亚贡献。

专题二：全球化肥并购事件分析

过去十年间，全球农业，尤其是农化行业经历了“寒冬”的考验、并购的洗礼；随着几大巨头的并购案尘埃落定，新的全球农化格局就此形成。农化行业并购潮并不是只发生在本文所筛选的这些跨国公司之间，而是在整个行业的一次大洗牌，许多未能在本文显现的并购案例也在有计划的进行着。并购对于一个企业的发展是很平常的行为，但这些并购案背后蕴含的战略目的和商业逻辑却十分值得分析和研究。

对于全球化肥行业而言，2018年是表现较为强劲的一年，是企业利润恢复性增长的一年，同时也是并购发生较为频繁的一年。根据中国化工信息中心对全球50强化工企业年度调查，整个农资行业的并购主要集中在特种肥料领域，传统化肥企业并购势头减弱。

一、世界肥料概况

2018年初出现的全球贸易摩擦和经济制裁对全球肥料贸易和未来投资造成了连锁反应风险，导致世界肥料市场形势较为疲软，化肥工业利润微薄，需求保持稳定，供大于求局面显现，贸易格局发生变化，价格波动频繁。

肥料需求方面，在2017年度经过1.3%的增长后，进入2018年全球化肥消费量降至1.9亿吨折纯量，降幅为1.0%。下降的主要原因一是大部分农作物价格低迷，用肥减少；二是全球灾害天气的影响，导致美国和澳大利亚等国化肥消费量减少；三是部分化肥进口国，特别是土耳其和巴基斯坦的货币贬值，导致进口量减少；四是中美贸易摩擦、俄乌地缘冲突、美国制裁伊朗导致贸易紧张；五是以中国为代表的化肥施用率提高导致需求减少。

从产品分析，全球氮肥和钾肥消费量同比下滑0.4%和1.0%，磷肥大幅下滑了2.3%。从地区分析，西欧和中欧，东欧和中亚，北美洲，西亚和大洋洲的化肥需求均出现了减少。非洲则保持了稳定态势，而东亚，南亚和拉丁美洲略有增长。

供应方面，2017年有近1 000万吨新增产能投产，多数集中在天然气、磷矿及钾盐资源丰富的国家，但由于2018年全球肥料需求疲软，因此整体开工率降为77%，而过去五年平均为80%。其中氮肥开工率略有提升，而同期磷肥及钾肥则有所下滑。在产量方面，虽然2018年全球需求较为疲软，但供应仍在继续扩大，肥料总供应量同比增长0.7%，达到2.52亿吨折纯量。出口总量稳中有涨，达到5 900万吨折纯量，同比增长2%。

2018年，受美国制裁伊朗及中美贸易摩擦的影响，导致全球经济进入动荡期，贸易自由化的步伐逐渐放缓，而限制性贸易措施有所增加，并直接影响到了包括化肥在内的商品流动。这次制裁和摩擦虽然在2018年时对农产品的影响大于化肥影响，但进入2019年后，对尿素和合成氨贸易的影响开始显现，最终使得国际价格出现大幅波动。

供应方面，预计到2023年，全球化肥行业将新建70套生产装置，合计产能为6 500万吨折纯量，全球化肥产能有望达到3.17亿吨折纯量，投资额度近1 100亿美元，涵盖了氮磷钾三个行业，其中氮肥约占投资额度的2/3。分区域来看，欧洲的氮肥和磷肥、中国氮肥和北美磷肥的产能将呈下降趋势。未来全球产能增速将放慢，非洲（主要是摩洛哥）对全球磷肥产能增长贡献最大，其次是俄罗斯和哈萨克斯坦、西亚（主要是沙特阿拉伯）和拉丁美洲（巴西）。氮肥增长最大的是南亚（尤其是印度），该国计划到2024年将新建900万吨尿素产能实物量，若全部完成，则印度将实现氮肥自给，对氮肥全球贸易格局将产生重大影响。

需求方面，预计到2023年全球需求总量将达到2.68亿吨折纯量，年均增速为1.3%。增长的区域集中在撒哈拉以南的非洲和俄罗斯、乌克兰等国，需求将快速增长（每年增长在3%以上）。南亚、拉丁美洲和西亚的需求将持续增长（约2%），而北美和东亚的需求将保持稳定。

二、世界前10位肥料企业

中国化工信息中心通过对全球氮肥、磷肥、钾肥和复合肥四个行业调查发现，钾肥行业集中度最高，达77.3%，其次为复合肥69.8%，磷肥行业45.3%位居第三、氮肥行业以25.3%集中度排在第四位（中国复合肥企业虽然数量众多，但产能多为无效产能，因此本次调查是基于有效产能的基础做出的前十名排行）。

进一步从企业母公司所在国分析，除钾肥中国只有一家企业上榜外，其他行业均有2家以上企业位列前十名榜单。

（一）全球氮肥前十名企业

根据对全球氮肥前十名生产企业调查发现，截至2017年年底，全球十大氮肥生产企业合计产能为3 889万吨，占全球总产能的25.1%。其中位居第一的为山西晋煤集团，氮肥总产能为948万吨折纯量，占全球氮肥总产能的6.1%；第二为CF Industries，总产能474万吨，占全球氮肥总产能的3.1%，NPC以389万吨的折纯量位居第三。2017年全球十大氮肥生产企业见表1。

表1　2017年全球十大氮肥生产企业

序　号	母公司所在国	生产企业	产能N（万吨）	占　比
1	中　国	山西晋煤集团	948	6.1%
2	美　国	CF Industries	474	3.1%
3	伊　朗	NPC	389	2.5%
4	挪　威	Yara	382	2.5%
5	乌克兰	OstChem	362	2.3%
6	中　国	山西阳煤集团	322	2.1%
7	俄罗斯	Togliattiazot	277	1.8%
8	中　国	中石油	271	1.7%
9	俄罗斯	EuroChem	245	1.6%
10	中　国	河南晋开	220	1.4%
合　计			3 889	25.1%

来源：IFA、IHIS、CRU、CNCIC

（二）世界磷肥前十名企业

根据对全球磷肥前十名生产企业调查发现，截至2017年底，全球十大磷肥生产企业合计产能为2 131万吨，占全球总产能的45.3%。Mosaic以547万吨折纯量位居第一，占全球磷肥总产能的11.6%；第二为OCP，总产能508万吨，占全球磷肥总产能的10.8%；云天化以243万吨的折纯量位居第三，占全球总产能的5.2%。2017年全球十大磷肥生产企业见表2。

表2 2017年全球十大磷肥生产企业

序　号	母公司所在国	生产企业	产能P_2O_5（万吨）	占　比
1	美　国	Mosaic	547	11.6%
2	摩洛哥	OCP	508	10.8%
3	中　国	云天化	243	5.2%
4	俄罗斯	PhosAgro-Cherepovets	152	3.2%
5	中　国	贵州开磷	143	3.0%
6	沙特阿拉伯	Ma'aden	136	2.9%
7	中　国	瓮福	111	2.4%
8	俄罗斯	EuroChem	109	2.3%
9	中　国	新洋丰	99	2.1%
10	巴　西	Vale Fertilizantes	84	1.8%
合　计			2 131	45.3%

来源：IFA、IHIS、CRU、CNCIC

（三）世界钾肥前十名企业

根据对全球钾肥前十名生产企业调查发现，截至2017年年底，全球十大钾肥生产企业合计产能为4 524万吨，占全球总产能的77.3%。Nutricnt以799万吨折纯量位居第 ，占全球钾肥总产能的13.7%；第二为Uralkali，总产能为750万吨，占全球钾肥总产能的11.2%；Mosaic以654万吨的折纯量位居第三，占全球总产能的11.2%。2017年全球十大钾肥生产企业见表3。

表3 2017年全球十大钾肥生产企业

序　号	母公司所在国	生产企业	产能K_2O（万吨）	占　比
1	加拿大	Nutrient	799	13.7%
2	俄罗斯	Uralkali	750	12.8%
3	美　国	Mosaic	654	11.2%
4	白俄罗斯	Belaruskali	545	9.3%
5	德　国	K+S	530	9.1%
6	以色列	ICL	480	8.2%
7	中　国	青海盐湖	300	5.1%
8	智　利	SQM	238	4.1%
9	约　旦	Arab Potash	143	2.4%
10	土库曼斯坦	TurkmenKhimiya	84	1.4%
合　计			4 524	77.3%

来源：IFA、IHIS、CRU、CNCIC

（四）世界复合肥前十名企业

根据对全球复合肥前十名生产企业调查发现，截至2017年底，全球十大复合肥生产企业合计产能为2 866万吨，占全球总产能的48.8%。Yara以631万吨折纯量位居第一，占全球复合肥总产能的10.8%；第二为Coromandel Fertilisers Ltd.（CFL），总产能为326万吨，占全球复合肥总产能的

5.6%；金正大以320万吨的折纯量位居第三，占全球总产能的5.5%。2017年全球十大复合肥生产企业见表4。

表4 2017年全球十大复合肥生产企业

序号	母公司所在国	生产企业	产能（万吨）	占比
1	挪威	Yara	631	10.8%
2	印度	Coromandel Fertilisers Ltd.（CFL）	326	5.6%
3	中国	金正大	320	5.5%
4	中国	史丹利	315	5.4%
5	印度尼西亚	P.T. Petrokimia Gresik（PKG）	270	4.6%
6	法国	Group Roullier	262	4.5%
7	中国	新洋丰	243	4.1%
8	中国	云图控股	226	3.9%
9	中国	江苏中东	149	2.5%
10	俄罗斯	PhosAgro	125	2.1%
合计			2 866	48.8%

来源：IFA、IHIS、CRU、CNCIC

三、案例分析

（一）国际氮肥企业并购

美国CF工业控股公司是北美一家从事农用化肥生产的公司，总部位于美国伊利诺伊州迪尔菲尔德（Deerfield），主要从事农作物需要的氮肥制造和销售（2013年将磷肥装置剥离给美盛公司），产品包括合成氨，尿素，尿素硝铵溶液等。

1. 公司现状

美国CF工业公司成立于1946年，前身为中央农场化肥公司。自1976年开始走出美国在加拿大成立合资公司，并开始了持续扩张之路。2002年公司实行股份制，2005年IPO成功在纽约证券交易所上市，成为一家重要的农化上市公司。

CF公司是全球重要的氮肥产品制造商和分销商之一，是北美重要的肥料分销商，拥有完善的分销网络和丰富的农化技术。生产工厂分别为美国新奥尔良的唐纳森维尔工厂、爱荷华州尼尔港工厂及加拿大梅蒂逊哈特市的CFL公司。主要产品有合成氨、大颗粒尿素、尿素硝酸铵溶液或UAN、硝酸铵或AN等。另外该公司其他含氮产品包括尿素溶液、柴油车尾气处理液车用尿素或者DEF和氨水，主要目标客户是工业客户。2018年营业收入为44.29亿美元，同比上涨7.24%。

2. 公司并购发展历史

2012年8月，美国CF公司以9.15亿加元（9.153亿美元）的现金价格，收购维特拉加拿大肥料公司（CFL）34%的优先流通股、普通股，以及CFL公司全部的合成氨及尿素生产装置。据悉，CFL是加拿大梅蒂逊哈特市最大的氮肥公司，每年可生产125万吨合成氨和81万吨尿素。此前CF公司已经运营了该设施超过35年。完成收购后，CF公司获得了在加拿大市场上氮肥的有力保障。

2013年美国CF公司将其磷肥产品（主要为磷酸一铵与磷酸二铵）以14亿美元现金剥离给美国

美盛（Mosaic）公司。剥离这些成本较高、竞争力弱的磷肥业务后，CF公司将重心专注到氮肥领域，核心市场和配肥设施集中在美国中西部和加拿大的主要农业区，进一步提升了该公司在北美氮肥领域的市场占有率。

2015年，美国CF公司以6.48亿美元收购雅苒英国子公司GrowHow英国有限公司（GrowHow UK Group Limited）50%的股权，该公司在英国因斯和白金汉均有生产厂，每年可生产约80万吨氨、110万吨硝酸铵和50万吨氮磷钾复合肥。公司肥料产品主要在英国市场上销售，很少有出口。

2015年8月，美国CF公司与CHS.Inc（美国全国领先的农民合作社）签署战略合作协议，每年为CHS公司提供170万吨的氮肥产品，供应包括110万吨大颗粒尿素和58万吨尿素硝铵溶液，以此来换取CHS放弃在美国北达科他州投资30亿美元建设合成氨、尿素和尿素硝铵溶液工厂。该协议对于双方是双赢结果：既能提升CF公司工厂的开工率及销售额，又能让CHS公司减少投资，减少与CF公司恶性竞争的机会，一举两得。

2016年12月28日，美国CF公司美国爱荷华州尼尔港工厂合成氨和尿素的产能扩张项目正式竣工投产，其合成氨年产能达210万短吨，大颗粒尿素为200万～260万短吨，尿素硝铵溶液年产能为180万短吨。

3. 并购的意义

CF公司通过一系列的并购，进一步巩固了作为北美最大氮肥生产企业的地位，对其掌控北美氮肥市场、把握氮肥价格、稳定销售网络、提高与广大种植农户的黏性有着更加坚实的基础。

4. 对中国的影响

CF公司作为一家北美最大的氮肥生产企业及分销商，对中国直接影响较小，并无直接对中国出口或进口氮肥及相关产品，但并购目标企业的选择及并购历程对中国氮肥及分销企业具有一定的借鉴意义。

通过对其并购历史分析可以看出，CF公司不仅是一家氮肥生产企业，更是一家网络完善的分销商，前身为美国中央农场化肥公司。公司自成立以来始终致力于通过分销网络带动化肥的生产，之后随着分销网络的不断扩大，逐渐收购和自建了生产工厂，以满足销售的需求。

中国化肥分销企业既有全国性的企业，又有省级经销商，更有数量众多的地市、县级乃至庞大的乡镇经销商，未来随着土地流转面积的进一步扩大，化肥分销领域势必会进一步压缩、减少，这其中，一些经营灵活、资金充足、农化服务经验丰富的分销企业可以借助行业变革的机会，不断向上游渗透，参股、控股生产商，从而逐渐建立起自己的产销一体化经营模式。

（二）国际磷肥企业并购

美盛公司（The Mosaic Company，纽约股票交易所：MOS）是世界第一大磷肥生产商和销售商，位居2019年世界500强第325位，销售遍布五大洲，在17个国家建有工厂，公司磷酸铵产能为546.5万吨/年折纯量，其中约1/3磷肥在北美使用，其余通过自己的分销渠道销售到世界各地。美盛公司在美国有5个工厂，拉丁美洲4个，中国有2个工厂，磷酸的总产能达到630万吨/年折纯量。2018全年化肥产量2 134.5万吨实物量，其中磷肥1 210.6万吨实物量。

1. 公司现状

美盛公司于2004年由嘉吉公司作物营养部与美国IMC公司合并成立，当年10月在美国纽约证券交易所上市，成为新晋财富500强公司。作为本行业公认的创新者，这个地位在很大程度上要归功于美盛的创始公司嘉吉公司和IMC全球公司在作物营养业务的综合实力。这两家公司几十年来一直都被公认为全球作物营养的领导者。

IMC是世界领先的磷钾肥生产商和销售商，发展历史可以追溯到1909年。企业家托马斯·梅多斯参与了磷矿开采业务。1940年，IMC公司在卡尔斯巴德市工厂生产了5万吨钾肥，到2003年合并前，该公司钾肥生产量达到了170万吨的规模，相当于22亿美元的营业收入。在磷肥业务方面，1999年IMC公司净销售额达13.324亿美元，拥有6个高浓度磷肥厂，可年产高浓度磷肥850万短吨，占当年全球生产能力的10%。此外IMC还拥有7家磷矿厂，每年可开采约1 800万吨磷矿石。

嘉吉公司（Cargill）是由威廉·华莱士·嘉吉（W.W. Cargill）于1865年在美国爱荷华州科诺弗小镇创立，通过收购粮食与物流网络，逐渐发展成为一家世界级多元化公司。其化肥业务是借助20世纪60年代的粮食贸易机遇，为装满回运货船实现公司利益最大化，公司推出了作物营养业务。至此嘉吉的作物营养部门逐渐成长为世界顶级的磷肥和氮肥生产商之一。

自2004年成立后，美盛公司业务发展迅速，从2004年负债超过25亿美元到今天成为行业中拥有最好的资产负债表的公司之一。自2006年起，美盛连续名列《财富》500强企业，是500强中唯一主营业务为化肥的公司。2011年，美盛公司和嘉吉公司完成美盛与嘉吉的分离和资本重组，嘉吉公司出售所持美盛的64%股权。交易完成后，嘉吉公司不再持有美盛公司的任何股份，此项交易使美盛的股份更具流通性并增强对潜在买方的吸引力，增加了公司的灵活性。

随着公司业务的逐渐扩大，美盛公司于2013年与沙特阿拉伯矿业公司（Ma'aden）和沙特阿拉伯基础工业公司（SABIC）签约，在沙特阿拉伯成立综合性磷肥合资公司。2014年，美盛完成对美国CF工业公司磷肥业务的收购。同年，完成对美国ADM公司在巴西和巴拉圭的化肥分销业务的收购。2018年，美盛以25亿美元完成与巴西淡水河谷公司化肥业务的收购。

2. *并购历史*

2014年3月，美盛公司完成对美国CF工业控股公司磷肥业务的收购。收购成本为12亿美元现金及向CF公司资产报废负债托管方提供的2亿美元资金。美盛公司由此获得了10 000公顷的磷矿和一个选矿厂，以及在坦帕地区的磷肥生产厂和氨成品存储仓库。目前这些工厂每年可以生产约180万吨的磷肥，这次收购使美盛的磷肥年产能超过1 100万吨。对于CF而言，此次交易可以让其更专注于核心的氮肥产品业务。另外CF公司还将每年为美盛供应生产磷酸铵所需的合成氨，以换取美盛放弃投资建设合成氨工厂的承诺。

通过对CF磷肥业务的收购，美盛强化了运营效率、降低了生产成本和减少资本投入。新增的这些磷肥资产进一步巩固了当时美盛作为全球最大、最有效率、生产成本最低的磷肥生产商的地位。本次收购增加了美盛公司在佛罗里达的运营，补充了美盛公司在哈迪和德索托地区开采磷矿资源的计划，扩展了已有的文盖特磷矿。之前的CF磷矿，由于邻近美盛计划开采的欧那矿，创造了实现营运综合效应的实质机会。巴西是世界最大的肥料进口国之一，美盛通过在消费地区附近的投资在一定程度上节省了运输成本。

2016年，美盛公司以25亿美元收购巴西淡水河谷化肥，在巴西创建领先的化肥公司。此收购项目已于2018年1月完成。收购业务包含480万吨磷肥作物营养产品产能和50万吨的钾肥产能，其中包括5个巴西的磷矿石矿场和4个化肥生产厂，以及在巴西的一个磷肥厂。美盛将获得淡水河谷在秘鲁Miski Mayo磷矿40%的利润和淡水河谷在加拿大萨斯喀彻温省克罗努的钾肥项目。目前，美盛已成为巴西（世界最大的化肥市场之一）领先的化肥生产和分销公司。同时，美盛公司将增强其作为世界领先的磷肥公司地位，增加480万吨的产能，拥有全球约1 600万吨实物量磷肥产能。

本次收购为美盛深入巴西市场提供了绝佳的机会，还可以通过巴西快速增长的农业市场强化公司业务。在巴西，生产企业供应链向下移动。巴西磷肥需求依然有巨大的潜力，同时可能是全球磷肥市场上竞争最激烈、最开放、最有吸引力的市场，因此所有供应商都想在巴西市场上分一杯羹。目前美盛公司拥有美国二铵产能的80%，但由于美国磷矿储量有限且环保政策趋严，美国磷肥产量减少。此次收并购可扩大美盛的磷肥产量，满足公司发展的需求，并巩固美盛作为全球领先的磷肥生产商的地位。美盛在磷矿开采和生产领域具有丰富的专业经验，在企业收购整合方面具有成功的经验和强大的实力，且公司在巴西化肥市场有长期的合作关系和销售经验。美盛公司在收购淡水河谷化肥部分业务后，2018年的销售额扩大到了96亿美元，相比2017年的74亿美元增加了29.7%。在人员方面，通过本次收购增加了约8 000名员工，从而使得美盛全球员工总数增加至17 000人。

3. **并购的意义**

作为一家在国际上享有盛誉的化肥企业，美盛公司自成立之日起就通过一系列收并购不断壮大，每一次的收并购均意味着公司实力的不断增强，如收购CF磷肥业务是为了垄断在美国的磷肥生产，收购巴西淡水河谷化肥业务是为了弥补在巴西市场上的产能不足，为深入巴西市场打下了坚实的基础。与沙特阿拉伯Ma'aden及SABIC合资兴建大型磷酸盐生产基地，是为了充分利用沙特阿拉伯丰富的原料与美盛丰富的生产管理经验相结合，从而以较低的成本生产磷肥产品，提高企业竞争力。

美盛公司通过收并购及合资公司，使得自身实力不断攀升，从而成为全球最大的磷肥生产企业。

4. **对中国企业的影响**

收并购是企业最快捷和有效的扩张手段。收购国外企业，则是快速进入国外市场的有效途径。对于意图扩展海外市场空间和发展领域的企业，参与国际竞争，收并购是一条切实可行的途径。对于磷肥生产这样的资源依赖型企业而言，资源是企业生存发展至关重要的因素。

美国的磷矿资源丰富，美盛公司通过对CF工业控股公司磷肥业务的收购，掌握了美国80%的磷肥产能。在获得了更多资源的同时也巩固了其行业的领导地位。对巴西淡水河谷磷矿的收购，让美盛进一步打入巴西市场。巴西是世界肥料需求最大的国家之一，美盛通过收购不仅能获得更多的磷矿资源，更能贴近市场，既节约了进口成本且更方便将生产出的产品直接投入巴西市场，又能在竞争中占据市场的优势地位。

对于中国企业的收并购，应筛选目标企业，从全球竞争的角度来定位自己，进行战略性并购以实现外延拓展。并购以后，获取其他企业的技术和资源，丰富产品的品种结构，填补自身的短板，向综合农资服务商的方向发展转型，从各方面完善企业才是收并购的方向。

（三）国际钾肥企业

2018年1月2日，加拿大加阳（Agrium））和加拿大萨钾（PotashCorp）合并交易完成，这标志着全球市值最大的化肥公司（Nutrien）的诞生。2018年市值超过400亿美元，当年钾肥产量创历史新高，Nutrien在2018年全年生产了1 284万吨氯化钾，高于在2017年PotashCorp与Agrium合并前年产总量1 222万吨，为世界第一大钾肥生产企业。2018年，Nutrien合成氨生产总量为637万吨，高于PotashCorp和Agrium在2017年生产的600万吨，尿素产量从337万吨增加到402万吨。2018年，Nutrien的磷矿产量从2017年的633万吨下降至588万吨，而磷酸产量从170万吨增至185万吨。

两公司的合并，直接影响到了国际钾肥供应体系、销售体系的变化，对整个化肥行业影响深远，也给中国企业未来的发展提供了更加切实可行的借鉴和参考。

1. **公司现状**

（1）加拿大萨斯喀彻温钾肥公司

加拿大萨斯喀彻温钾肥公司（Potash Corporation of Saskatchewan Inc.，以下简称“萨钾”），成立于1953年，总部设在萨省的萨斯卡通，2018年底总产能1 500万吨，产能最高时占全球总产能的20%。近年来由于扩张速度低于全球平均速度，所占份额有所下降。加拿大矿产资源为省属资产，各省对其矿产资源归属有很大话语权。该公司所在地为加拿大萨斯喀彻温省，萨钾公司是该省主要税收来源。

萨钾目前共计拥有6个生产矿井。其中5个矿井位于萨斯喀彻温省，分别是拉尼甘（Lanigan）、罗克维尔（Rocanville）、阿伦（Allan）、科里（Cory）、裴逊思湖（Patience Lake），另有1个矿井位于新不伦瑞克省苏塞克斯（Sussex）。

（2）加拿大加阳公司

加阳公司（Agurium）是美洲化肥分销巨头，是北美第三大钾肥生产商，成立于1931年，前身为克明克肥料公司（Cominco Fertilizers，Ltd.），1995年更名后重新调整发展战略，不再以生产为主，逐渐向下游批发零售业务和农业服务扩张。重点发展包括农业服务在内的零售业务及控释肥料、中微量元素肥料等新型肥料。总部位于加拿大阿尔伯塔省卡尔加里，农业服务及零售总部设在美国丹佛。该公司目前拥有1 500多家零售服务点，分布于加拿大、美国、澳大利亚及南美洲的智利、阿根廷、巴西等地区，每个零售服务点均有大量农学专家、技术专家等，为当地农户提供整体农技产业链服务。合并前氮肥收益占公司总利润的64%，钾肥占18%，磷肥占11%。公司在萨省仅有万斯考伊（Vanscoy）钾矿，采用井工开采，现有产能200万吨/年。

加阳公司业务主要分为零售业务和批发业务两种类型。其中零售业务主要供应产品，一是作物保护剂产品，如除草剂、杀菌剂、杀虫剂、及相关辅助产品；二是供应作物营养剂产品，包括固体及液态氮、磷、钾、硫及微量营养元素；三是农作物种子；四是农业相关产品则包括围篱、饲料添加剂、禽畜动物保健品、灌溉设备等项目；另外还提供其他相关服务，包括土地及叶片检测、农作物观察、农作物种子处理、牲畜及羊毛销售业务、保险、物业及提供可精算植物养分及种植综合解决方案。批发业务主要是生产及分销一系列植物营养产品，包括氮肥、钾肥、磷肥等产品，主要销售给农户及工业用户。

2. **合并历程**

（1）加拿大萨斯喀彻温钾肥公司发展合并历程

1953年，萨斯喀彻温钾肥公司创立。

1975年，萨斯喀彻温政府入股，收购了公司。

1989年，萨斯喀彻温政府出手了部分股权，公司公开发行IPO。

1990年，萨斯喀彻温政府出售全部股权。

2010年8月19日，加拿大钾肥公司成为澳大利亚必和必拓BHP Billiton的敌意收购目标。

2010年11月3日，加拿大政府否决了必和必拓的收购要约。

2015年6月25日，公司宣布有意收购德国钾盐巨头K+S，K+S是唯一一个在欧洲和北美拥有大型工厂的钾肥生产商。

2015年10月5日，公司宣布放弃收购K+S。

2016年8月，公司宣布与加阳公司商谈合并事宜。

2018年1月2日，合并完成。

值得关注的是，在2010年8月19日必和必拓向萨钾发起敌意收购的第三天，中国中化集团受萨钾邀请参与收购。8月25日，中化集团联合中国私募股权投资基金厚朴投资管理公司一起参与收购。9月8日，中化国际邀请新加坡淡马锡共同参与竞购。10月14日，中化宣布收购计划失败，主要原因是无法凑集收购所需的资金。

（2）加拿大加阳公司并购历程

1995年，公司收购Nu-West Industries Inc. 和西部农场服务公司（Western Farm Service），扩张零售业务。

1996年，收购Viridian公司，包括Redwater化肥工厂和Fort Saskatchewan氮肥工厂，扩大化肥产能。

1998年，收购位于美国爱达荷州的Rasmussen Ridge磷矿，保障磷肥生产。

2000年，收购位于阿根廷的Profertil S.A工厂，致使生产基地扩展到南美洲。

2005年，收购帝国石油公司西加拿大化肥（Western Canadian Fertilizer）分销业务的资产；同年收购联合农业产品（United Agri Products）公司位于阿根廷和智利的18个零售点，再次扩张零售业务。

2007年，从美国阿丹米（ADM）公司收购了18个零售中心和14颗人造卫星，扩张在美国的零售业务。

2008年4月，收购联合农业产品（UAP）公司，该公司是农业生产制品的主要分销商，2007年化肥销量为200万吨；在同年7月收购西欧最大的零售商之一Common Market Fertilizers S.A.（CMF）70%的股份，该公司每年化肥销售量为200万～250万吨。开始进入欧洲市场。

2009年，收购埃及的Misr化肥制造公司（MOPCO）26%的股权，正式进军非洲市场。

2010年，收购位于阿根廷的24个零售点，积极拓展南美洲市场。

2012年，收购Utilfertil公司，进入巴西市场。

2013年，收购Glencore国际公司农业产品业务，获得西加拿大公司（Western Canada）超过200个零售设施和机构。

2014年，剥离草坪和观赏植物业务。

2015年，出售西萨克拉门托（West Sacramento）氮肥工厂。

2016年，宣布与萨钾平等合并。

从上述两家公司的并购历程可以看出，萨钾与加阳公司都曾经历过高速发展阶段，尤其加阳公司并购之频繁，在农化行业很罕见，但也正是经历了这一系列的并购，最终发展成为北美化肥最大的零售公司。

3. **合并的意义**

两个公司的合并使得其在全球化肥行业的排名和地位得到了进一步提升和巩固，钾肥产能排名世界第一，磷肥产能排名世界第三，氮肥产能在美洲排名第一，成为全球化肥行业当之无愧的龙头，在国际市场上的话语权大大增加，同时合并后的Nutrien公司通过平衡资源来适应产量调整，关停淘汰高成本生产线，提升低成本生产线的开工率，既平衡了产量，又降低了成本，提高了利润率，从而实现了合并后的双赢，并最终开启两公司发展的新篇章。

双方的合并，具有以下几方面的意义：

一是进一步加强对钾肥市场的定价权。两公司合并后，钾肥总产能超过1 500万吨，稳居世界第一，对于与下游贸易商及分销商的谈判定价，具有更强的控制力，并有更强的定价权。

二是进一步降低了成本，利润提高。由于加阳钾肥矿井生产成本较高，双方在合并后进一步调整现有钾肥生产线，关停了部分加阳原有的高成本生产线，充分利用萨钾技术及低成本矿井，提高生产率，提高了企业的整体利润率。

三是优势互补，增强分销能力及对市场的控制力。与萨钾相比，加阳的优势在于其强大的分销能力，年分销收入超过150亿美元，网络遍布加拿大、美国、巴西、阿根廷、智利、澳大利亚、埃及、西欧等国家，收购了包括CPS、WFS、UAP、Landmark、CargillAgHorizons等在内的企业，在全球拥有超过1 500多个分销网点。两公司合并后，可以充分利用加阳公司完备的分销网络及萨钾庞大的供应体系，抢占更大的市场份额。

四是共同抵御市场波动周期。化肥产业也有其固有的周期性，一般3～4年一个波动周期。自2016年开始，全球化工行业进入牛市，价格不断上涨，推动企业利润增加。钾肥价格在此期间也走出了低谷，不断攀升。但值得警惕的是，随着景气度的回升，投资新建钾肥项目也在不断增加。从全球范围长期走势来看，钾肥过剩局面将愈加严重，势必会随着周期性再次进入熊市。因此，两公司的合并，在一定程度上可以加大对市场控制力度，在进入熊市时关停设备、减少供给，共同提高抵御行业周期性风险的能力，是其合并的长久考虑。

五是可以创造效益和增长机会。互补资产的结合将使两公司更有效地为客户提供服务，提供显著的经营协同效应，并且改善现金流以为股东提供资本回报和投资收益。

4. 对中国的影响

经过几十年的发展，中国形成了“氮磷过剩，钾肥不足”的化肥格局，由于钾资源禀赋不足，导致钾肥始终不能自给，每年需要大量外汇进口。自2000年以来，除2009年由于国际市场急速变化和国内市场需求迟滞的双重影响导致进口量不足200万吨外，其他年份氯化钾进口量均超过500万吨，其中2015年一度达到了943万吨。从图3.1分析，氯化钾进口依存度从2000年时的101.4%下滑至2018年的52.3%，可见，在中国进口氯化钾依旧占据主导地位，对外依赖度依旧很高。2000—2018年中国进口氯化钾数量及依存度见图1。

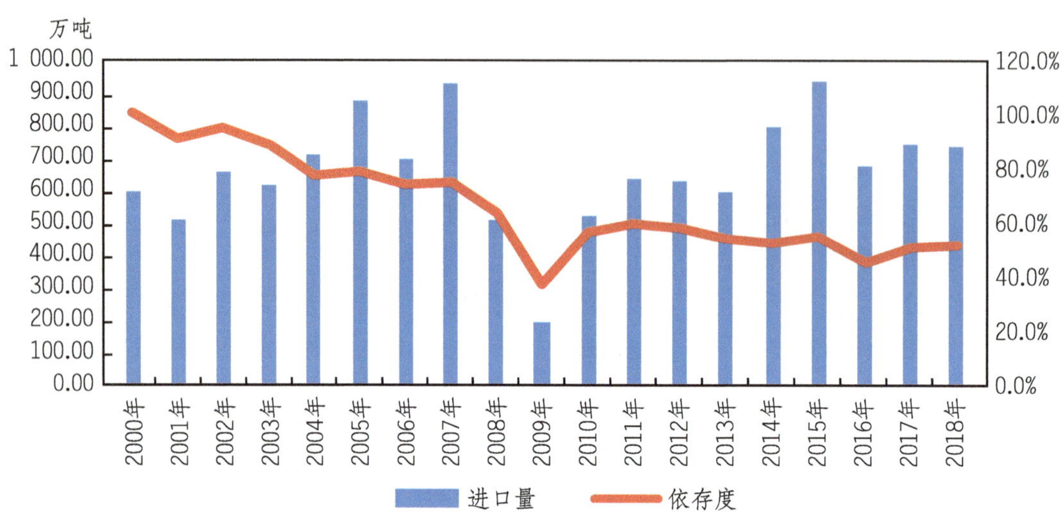

图1　2000—2018年我国进口氯化钾数量及依存度

来源：国家海关总署、中国化工信息中心

萨钾与加阳公司的合并，对中国的影响巨大，具体如下：

一是中国为全球最大的钾肥进口国。钾肥用于提高农作物产量和改善农产品品质。两公司的合并，进一步提高了中国与其进口谈判的难度，长远来看，将会对中国粮食安全产生间接的不利影响。

二是加拿大为中国钾肥主要进口来源国之一。从海关数据来看，加拿大一直是中国钾肥进口的主要来源国之一，一度占据了中国进口量的40%之多，近年来所占比重虽然有所下滑，但仍占据了近1/3的比例，可见对其依赖程度之高。两公司的合并，对中国与其进口谈判造成更大压力，处于谈判的不利地位。

三是为中国化肥生产与经营企业合作、合资、兼并提供了借鉴。除上述不利影响外，两公司优势互补的合并为中国化肥生产与经营企业的合作、合资与兼并提供了参考。据中国化工信息中心调查，目前国内钾肥龙头企业——青海盐湖钾肥公司已经在各主要消费省与当地分销商成立了众多的合资公司，达到对市场快速反应和控制市场价格的目的。

（四）复合肥并购案例—雅苒

挪威雅苒国际有限公司（Yara International ASA）成立于1905年，总部位于挪威首都奥斯陆，是由挪威海德鲁公司（化肥部）发展而来，2004年挪威海德鲁将肥料板块独立上市，成立了挪威雅苒国际有限公司。

1. 公司现状

雅苒国际是世界上最大的矿物质肥料生产及供应商，位居2019年全球化工企业50强第25位，在50多个国家设有生产厂及营销网络，全球雇员人数8 000多人。2018年全年营业收入和其他收入为130.54亿美元，较2017年有大幅上升；全年销售共计化肥及化工产品3 860万吨；全年营运收益为4.02亿美元，扣除非控股权益后的净收入为1.59亿美元。

2. *并购历史*

雅苒的发展历史，就是一部并购的历史，从其前身是挪威海德鲁公司（Norsk Hydro A.S.）的化肥部门即可以看出，通过一系列的并购，不断发展壮大。

2000年，当时还是挪威海德鲁的化肥部门，收购巴西 Adubos Trevo公司并取得南非Kynoch公司的控股权，开始进军巴西市场。

2004年，雅苒公司从挪威海德鲁肥料部门独立分拆。

2007年9月，收购芬兰凯米拉长之道化肥公司，以弥补自己的产能不足。

2012年，以7.5亿美元收购巴西邦吉公司（Bunge Limited）旗下巴西化肥业务，具体包括22个掺配设备、品牌和厂房，以加强雅苒在巴西化肥市场的地位。

2014年，以4.25亿美元收购Omimex资源公司旗下OFD控股公司，作为其在2012年收购巴西邦吉化工业务的补充，该收购涉及哥伦比亚Abocol、秘鲁Misti、墨西哥Omagro、巴拿马和哥斯达黎加的Fertitec、哥斯达黎加的Cafesa以及玻利维亚Norsa等公司及遍布这6个国家的化肥分销网络，极大地弥补了在拉丁美洲销售渠道的不足。

2015年，以0.27亿美元收购加拿大加阳公司的西萨克拉门托（West Sacramento）氮肥工厂；同年12月，以0.51亿美元收购非洲最大的肥料零售商Greenbelt公司，该公司拥有3个肥料掺混装置和3个仓库及分销网络。

2016年4月，投资2.75亿美元扩建巴西格兰德河附近的工厂，建设规模为80万吨磷复肥生产能力，包括新仓库、新的磷酸和造粒生产线、全自动混合和小型（50千克）、大型（1吨）装袋设备、蒸汽锅炉、污水处理厂和卡车司机休息区。该工厂新建和扩建的现代化码头已投入运营，码头连接着铁路网和工业园区。整体计划在2020年完工，此厂建成后将成为南美洲规模最大、最现代化的化肥生产厂，以满足巴西及南美洲的磷复肥的需求。另外在同年8月，以4.21亿美元收购印度塔塔旗下Babrala尿素工厂，该工厂拥有合成氨70万吨，尿素120万吨，进而进军印度市场。

2017年10月，收购Agronomic Technology公司（ATC），该公司致力于向农民和顾问提供Adapt-N和N-Insight等管理方案，帮助优化各地区的肥料使用情况，并最终有效提高农民的营利能力，促进农业可持续发展。同年11月，以2.55亿美元的现金收购淡水河谷在巴西库巴陶的复合肥项目，包括20万吨合成氨、60万吨硝酸和98万吨磷肥，进一步扩大了雅苒公司在巴西及南美市场的供给能力。

2018年4月宣布，与巴斯夫在美国得克萨斯州弗里波特建立一家合成氨工厂，年产能为75万吨，预计2021年投产，而这已经是雅苒第二次与巴斯夫合作在美国兴建合成氨工厂，上一次是2017年建成的年产75万吨合成氨装置。

同年10月，雅苒公司全资收购了巴西Galvani Indústria，Comércio e Serviços S.A，以确保雅苒对巴西主要生产基地的完全拥所有权，完善了雅苒的分销网络，并在巴西市场实现了更加一体化的地位。至此，除美盛收购的淡水河谷化肥业务及加阳公司的经销渠道外，占据世界化肥消费量第五位的巴西市场分销网络大部分被这三家企业所垄断。从在巴西生产氮磷肥及掺混肥到进口分销钾肥，再到经销，雅苒公司形成了完整的产业链。该产业链的形成，对巴西市场的本土小型经销商来说，几乎很难与之抗衡。

需要说明的是，在雅苒公司并购的历史上，发生在2016年2月的一起并购具有深刻的意义——雅苒公司以每股41.1美元的价格，全现金形式收购了市值41亿美元的美国特拉工业公司，此次收购发生在CF工业控股公司收购特拉公司失败之后，使雅苒公司一举成为全球最大的矿物肥生产商和分销商。特拉公司在北美拥有6套氮肥生产装置，约360万吨合成氨、300万吨尿素硝酸铵、120万吨硝铵、30万吨尿素和30万吨复合肥的年生产能力（包括其合资企业股权部分的产能）。

经过30多年的并购发展，雅苒公司成长为全球最大的化肥生产及贸易企业，分销网络遍及全球大部分农业国家，其中也包括中国。

从1913年海德鲁第一批硝酸钙-“Norgessalpeter”-被运往中国南京港，至今已经超过百年历史。经过百年的发展，该公司已经成长为全球最大的肥料产销企业，且仍在不断成长中。

3. 并购的意义

雅苒公司自2004年独立以来，一直走的是“产品+渠道”的“双轮驱动”战略，通过并购或控股各国的化肥生产企业，保证肥料的稳定供应，再通过并购各国的化肥经营公司，从而形成了化肥产品经营的“闭循环”和“排他性”，其中在具体经营上以各种作物解决方案，各种农化技术为手段，提高了与终端种植户的黏性。

纵观雅苒公司的发展史，是一条并购壮大之路，在每次并购目标的选择和及时机把握上显现出高超的智慧和技巧，多是趁目标公司处于发展的低谷期，市值较低的时候并购。从收购的企业来看，多集中于整体国力不强但耕地面积大、发展潜力大的发展中国家及逐渐衰败的发达国家，这些国家由于种种原因导致对化肥、对农业重视程度不够，给了雅苒公司收购的机会，从而造就了今天这个年收入超过130亿美元，销售量近4 000万吨的全球第一肥料企业，为雅苒公司“致力于提供全面作物营养解决方案和关注可持续农业发展的全球领导者”这一发展愿景打下了坚实的基础。

4. 对中国的影响

中国2015年4月10日放开农资分销领域，至今已经超过了4年的时间，4年间尚未有外资企业成立独资或控股农资化肥流通企业，国内化肥经营依旧是国内企业的主场，同样，雅苒在中国依旧依赖各代理商进行销售，主要原因：一是在中国，农资销售并不属于暴利或高利润行业，无论是外资还是内资，在经营上都需要立足现有国情，稳扎稳打，否则销售很难上量，企业很难快速扩张；二是中国土地流转面积虽然不断加大，但尚有庞大的分散家庭种植户存量，在农产品价格低迷的时期这些种植户很难接受“优质优价”的服务，更多的会选择低价产品，而雅苒在国内属于一级品牌，其产品也为高价产品，因此在销售上很难出现大幅增长，这从近几年进口的雅苒品牌复合肥上可以看出。目前也并非是进入中国农资流通领域的最好时机；三是中国现有的农资流通渠道较为完善，庞大的经销商几乎遍布全国每个乡镇，甚至每个村庄均有农资经销商，且长期耕耘当地市场，外来者很难与之竞争；四是外企自建网络渠道的人力、资金、资源、时间成本过高，导致外资企业对进入中国农资流通领域兴趣不大。

雅苒并购的生产及分销企业主要集中在美洲、欧洲及非洲，生产的氮磷钾及复合肥、掺混肥产品也以满足上述地区销售为主。在中国由于没有自己的经营渠道，只能依赖现有的各地经销商，因此对中国以出口NPK三元复合肥为主，并未参与国内化肥的生产及终端经营。目前雅苒公司在中国有成熟稳定的代理商，是中国进口三元复合肥中最大的来源企业。

综合分析来看，雅苒的并购，对中国并无太大的直接影响，主要是对中国化肥企业的发展战略提供一定的借鉴意义，即尽量在化肥主要消费区域建立或并购化肥生产企业，提高企业对市场反应速度，减少运输费用，从而提高企业整体利润率。

四、未来并购趋势

纵观全球化肥行业发展历史，无一不经历了由分散到集中、由小到大、由弱到强的过程，这其中既伴随着企业的退出，又伴随着不断兼并重组的出现，才造就了今天这种由几家大型企业控制市场的局面。

（一）中国化肥企业在国际上的并购

目前国内企业在国外成立的公司多为销售公司及贸易公司，以销售国内肥料产品、转移国内过剩化肥产品为主，如贵州开磷集团在新加坡、澳大利亚均设有子公司，主要目的是销售国内磷铵产品。尚未有国内企业在国外成功并购并稳定运营的案例，原因是多方面的，既有国家间的政策影响，又有企业对国际市场不熟悉的影响，更有缺乏跨国并购成功运营经验的影响。

另外，也有公司逐渐开始尝试新的发展之路，如瓮福集团依赖技术走出了技术输出之路。2007年中标沙特阿拉伯曼阿顿300万吨磷肥项目后，陆续又与参与了突尼斯GTC、摩洛哥OCP、埃及WAPHCO磷酸/硫酸等项目，在国际上树立起高技术水平的形象，成为国内化肥行业首屈一指的以技术进军国际市场的企业。但即便这样，该公司在国外成立的公司仍以合资企业为主，并没有参与国际并购。

目前已经有国内企业开始尝试走雅苒、加阳的农化服务带动产品销售发展之路，国内化肥生产巨头——云天化通过在国外成立合资农化服务公司，下沉渠道，虽然本质上仍是销售国内产品，但却有着很大的不同。如在缅甸成立的瑞丰年肥料公司，不仅在缅甸基层建立了合资化肥销售门店，而且还与缅甸农业部下属的土地管理局达成示范田共建协议，通过对土壤分析测定，根据当地土壤条件和种植结构提供用肥配方和详细的施肥操作及管理规范，从而走出了一条农化服务的新路。同时云天化也是国内第一家在国外布局销售网络的公司，有着成为跨国农化服务公司的潜力。

湖北新洋丰公司2017年在越南成立火龙果加工工厂，将产业链从“矿山到田间”延伸到“田间到餐桌”，形成现代农业产业链的闭环。

随着中国整体国力的不断提升和“一带一路”国家战略的稳步推进，预计未来化肥行业将会出现越来越多走出过门参与国际并购的企业。

（二）国内企业间的并购

中国化肥行业目前面临转型升级和产能过剩的压力，双重压力之下，企业基于自身发展战略和定位，采取兼并重组、合并、退出等各种措施来不断提高自身竞争实力、壮大自身规模。

以山西晋煤集团、阳煤集团、中海化学、中化集团等为代表的企业凭借资源优势、网络优势在各地收购或控股化肥企业，从而实现了企业的快速扩张。

例如，2019年6月，贵州开磷集团与瓮福集团两家企业合并成贵州磷化集团，一跃成为国内规模第一的磷复肥生产企业。双方合并后优势突出，减少了两公司间的无序竞争、同质化经营、重复投资，使得双方能够深度协同发展，激发系统优势、集成优势和规模优势，降低管理成本，提高经营效益。同时，可以最大程度实现资源优化配置，合理布局产品产业，进一步提升整体活力、影响力和抗风险能力，在磷资源品质及规模、磷资源综合利用、产业技术水平、国内外市场话语权等多个方面，成为世界一流。

另外以金正大、史丹利、新洋丰、中盐安徽红四方、山东施可丰、深圳芭田等为代表的企业则纷纷采取在异地自建工厂的策略，实现了企业规模的快速扩张。

但更多的企业由于没有资源优势、技术优势、成本优势，最终选择了彻底退出化肥行业，如贵州赤天化转向医药行业、广西柳州化工正在多方求证转型升级的方向、广西河池化工停产拆除装置、陕西渭河化工搬迁后将转型生产甲醇等化工品、江西六国（原江西贵化）申请破产、湖南宜化化工现停产两年多、设备基本报废等，这些企业选择了退出而非兼并重组，主要是基于企业自身战略定位和目标。

综合分析，受国内营商环境、竞争压力、资源禀赋及行业特点等多方面因素的影响，中国传统化肥企业在发展过程中兼并重组较少，且多集中在2007—2015年间，之后受行业景气度下降的影响，并购减少。

另外，不同的行业采取的策略不同。如复合肥行业多以自建工厂为主，鲜有并购。而氮肥企业中具有资源优势的企业更多地倾向于并购来实现自身规模的快速扩大。

（三）特种肥料企业间的并购

值得关注的是，除了传统化肥企业并购外，那些以水溶肥、生物刺激素、肥料助剂、植物营养等为代表的特种肥料企业并购方兴未艾。据中国化工信息中心不完全统计，仅在2018年，全球特种肥料行业发生了超过10件特种肥料并购，其中影响较大的并购事件分别是：

4月，美国新型肥料生产商Concentric Agriculture公司完成对加拿大作物营养公司ATP Nutrition的收购。Concentric Agriculture原名为Inocucor，是一家美国生物制剂和植物营养公司，而ATP Nutrition是加拿大领先的作物营养公司。

5月，西班牙生物刺激素生产商萃科（Tradecorp）收购了西班牙生物农药公司Idai Nature，从而实现了生物刺激素企业和生物农药企业的强强联合；

5月，南非特肥企业Omnia完成了对生物制剂公司Oro Agri的收购。Omnia根植于肥料和农业领域，对南非核心市场，以及非洲矿业、制造业和农业领域都有精准深入的把握，目前公司产品销往28个国家。Oro Agri为助剂、农药、叶用肥生产商，其产品用于大田、温室、苗圃和草坪，并在超过80个国家中销售。

6月，意大利世科姆奥克松（Sipcam Oxon）完成了对瑞士公司Sofbey SA的全资收购。Sofbey SA是一家专门从事创新生物刺激素的公司，产品远销全球30多个国家。世科姆奥克松是一家全球性的农化企业，并在该领域被列入全球前15位。

7月，意大利生物刺激素生产商瓦拉格罗（Valagro）通过其工业业务部门完成了对意大利螯合微量元素公司Grabi Chemical的收购，进一步完善了其在微量元素肥料领域的产品组合和市场布局。

8月，安道麦巴西公司收购了巴西农用化学品零售商Foco Agronegócios的30%的社会资本，从而与其建立了长期稳固的战略合作关系。

9月，欧盟第二大氮肥和复合肥生产商波兰Grupa Azoty宣布收购德国康朴集团（COMPO EXPERT Group），该交易最终在11月底完成。德国康朴集团是全球领先的特种肥料生产商，市场遍布亚洲、欧洲、美洲和南部非洲。对德国康朴集团的收购，可以进一步强化Grupa Azoty在国际农业市场上的先进解决方案提供商的地位，尤其是德国康朴的叶面肥和生物刺激素等产品系列可以极大地补充Grupa Azoty现有的产品线。

9月，法国戴商高士公司（DE SANGOSSE）收购了两家位于西班牙瓦伦西亚公司Biologicas Canarias和Biotecnologia del Mediterraneo，并正在重组成一个新公司Biologica Nature。Biologicas Canarias和Biotecnologia del Mediterraneo是生物肥料和生物刺激剂领域的关键参与者，两家公司在西班牙和其他几个欧洲国家已经成功运营了20多年，利用基于微生物的创新和特定工艺开发技术，上市了一系列特肥产品。

10月，日本住友商事进一步收购Agro Amazônia（是巴西中部和西部最大的农资产品经销商之一）的股份，使公司成为住友商事的全资子公司。通过收购，住友商事有望进一步扩大公司在全球农资市场与行业销售网络中的影响力，巩固资产，研发新产品，进一步强化自身业务实力。

11月，荷兰易普润收购了荷兰Horticoop BV公司的肥料和化学植保业务。Horticoop BV是荷兰一家合作社，也是拥有百年历史的、荷兰最大的园艺供应商之一，特别是在温室供应方面。此次收购涉及De Lier的配送中心和Takzienaveen的收集站，这是荷兰园艺市场的两大重要区域。

与动辄几十亿、上百亿的传统化肥企业并购相比，特种肥料间的并购显而易见规模并不大，但这些企业多在细分市场上或拥有优秀的产品、或拥有完善的销售网络、或能够与之互补，形成较好的产业链协同效应与多元化业务发展，增强营利能力。

由此可以预见，随着产业的发展，未来特种肥料行业中小型企业间的并购及与大公司的联盟有望成为行业发展的主旋律。

五、结论和建议

（一）结论

“一带一路”战略构想契合沿线国家的共同需求，为沿线国家优势互补开启了新的机遇之窗。中国自改革开放以来经过40多年的发展，各个行业均取得了举世瞩目的成就。其中，化肥行业随着市场化改革进入尾声，化肥产品也逐渐由“支农物资”转变为普通的市场商品，原来从生产到销售的各项优惠扶持政策及补贴基本取消。在此大背景下，中国企业生存及发展面临压力增大，企业间并购联合、抱团取暖将成为未来很长一段时间内的重要手段。

通过以上从氮、磷、钾及复合肥四个产品纬度对国际化肥企业的深入梳理分析，对中国化肥企业借助“一带一路”国家发展战略有着深刻的意义。

战略契合，需求互补

并购的成功受战略互补性、组织文化契合度以及整合深度的综合影响，不管是战略上的高度契合，还是需求上的完美互补，找到让双方都能获益的合作点是成功收购的基础，也是收购后公司能否实现更好发展的保证。

萨钾与加阳的合并，主要是基于优势互补：萨钾拥有全球第一的钾肥生产能力，但销售网络不够完善，只能通过贸易商出口到世界各国；加阳在北美、南美、澳洲等拥有完善的销售网络但苦于产品供应不足，无法满足自给渠道的需求。两者强强联合，可以互相弥补各自的不足，提高股东方的利润，这从收购后的财务情况进一步反映出来：Nutrienz 2018年第三季度已达到4.01亿加币的协同效益，并最终实现了2018年达到5亿加币的协同效益，预计2019年将有望达到6亿加币。数字表明双方合并后，财务情况非常乐观。另外从产量方面来看，合并当年钾肥产量创下了历史新高，2018年全年生产了1 284万吨氯化钾，高于在2017年萨钾与加阳合并前年产总量1 222万吨；合成氨生产总量为637万吨，也高于PotashCorp和Agrium合并前的600万吨，尿素产量为402万吨，高于合并前的337万吨。

立足自身，不断壮大

如果说萨钾与加阳的合并是基于弥补自身不足的强强联合，那么雅苒的并购之路则是立足网络优势，从而实现自身快速扩长的典范。

通过十几年的不断并购及扩张，雅苒公司已经成长为化肥行业金字塔的顶端存在，年销售化肥近4 000万吨。该公司立足于自身的网络分销优势，集中在欧洲、非洲、拉丁美洲不断收购当地化肥生产企业及销售企业，并进一步新建化肥生产线和扩大现有装置产能，通过自给的营销网络，向世界120多个国家和地区的客户供货。

中国化肥行业近五年并购较少，多是在环保压力下进行产能置换及凭借自身资金情况在各地新建生产装置，鲜有并购出现，主要原因：一方面是由于国内化肥企业缺乏并购经验及管理经验，难以驾驭并购后的公司。这从安徽六国化工收购江西贵化公司可以看出。自2011年12月安徽六国收购江西贵化51%的股权到2018年11月宣布破产，7年的时间始终没有让这家老企业焕发青春，最终仍以破产收场；二是目前国内化肥行业产能过剩，小企业数量众多且技术落后、环保改造投入少，没有太大并购价值，只有通过市场淘汰落后产能，推动有资源、有技术和成本优势的企业整合并购，行业才有发展。如果不顾自身情况盲目并购最终会拖累收购方，从而导致并购的失败；三是化肥行业利润率低，且国家银根紧缩导致银行贷款困难，导致企业缺少收购资金；四是中国化肥企业更倾向于自建新装置、组建新公司来扩大自身规模，而非兼并重组，这其中既有行业特点，也有企业对自身综合实力的考量。

渠道扩张，产能增加

区域和渠道扩张是很多公司选择进行并购的重要原因。如雅苒公司在2012年斥资7.5亿美元收购巴西邦吉化肥包括22个混合设备、品牌、仓库及桑托斯港口的化肥站点。通过收购，增强了雅苒公司在原材料资源和运费以及港口运营的规模优势，溢价产品的下游扩张及经营和管理的协同收益。

对于投资者来说，无论采取哪种方式，只要达到利润最大化就是最适合的策略，企业不应盲目扩张或并购，应立足企业现状，发挥自身优势，选择最适合的方式方法，才能实现企业快速可持续扩张。

通过对四个化肥并购案例分析发现，只有企业间强强联合、优势互补，才能达到最短时间内成长最快的目的，才能让企业间的竞争更加有序，而且也更容易形成“马太效应”，让强者愈强，最终成长为全球肥料巨头。

（二）建议

“借船出海”，向国外输出中国化肥产品

自2013年“一带一路”战略提出来的5年间，中国与沿线国家贸易总额累计超过5万亿美元，成为其中25个沿线国家最大的贸易伙伴。截至2019年4月，中国已与131个国家和30个国际组织签署了187份共建“一带一路”合作文件。关于促进“一带一路”合作的内容也多次写入联合国大会和安理会决议以及G20、上合组织、金砖国家组织等重要多边合作文件。

“一带一路”沿线的大多数国家和地区多是发展中国家，农业是这些国家经济中重要的部分，也是中国重要的非粮农产品进口来源地。中国推进“一带一路”国家战略，农业领域的合作是主要的切入点。2015年中央一号文件提出“完善支持农业对外合作财税、贸易等政策，落实到境外从事农业生产所需农业投入品出境的扶持政策”，该政策的出台，为企业走出去创造了政策条件。目前国内一些企业（包括化肥企业、粮食企业等）已经开始建设海外农业基地，或者与国外种植园建立紧密的合作关系，而这些海外农业种植基地需要大量化肥，中国相对过剩的化肥产品可以出口到这些海外种植基地，种植农产品后输入国内，可实现双赢。

另外东南亚、南亚等“一带一路”沿线受经济条件、装备技术等条件限制，化肥生产相对较少，不能自给，氮肥、磷复肥和钾肥都需要大量进口。中国肥料出口至南亚、东南亚，运输距离近，海运费较低，是中国肥料出口的重要区域。

凭借成熟化肥工艺技术，低廉的国产设备在国外建厂生产

“一带一路”沿线国家是化解国内化肥行业过剩产能的重要区域。这些国家多数具有一定的资源优势，如老挝万象盆地钾盐资源潜力巨大，中国企业自2006年就已经在此建立合资钾肥工厂，于2014年开始反哺国内。据中国化工信息中心不完全调查，截止目前，在国外包括勘探、建厂在内的钾肥项目已经超过20个，正在逐一落地。除钾肥资源外，氮肥和磷肥企业走出去也有较大潜力。一带一路沿线更多的天然气、煤炭及磷矿资源，直接利用这些丰富的资源在当地并购、参股或独资建立化肥工厂，直接在国外市场销售，赚取生产环节和销售环节利润，对减少国内资源消耗、更有效地占领国际市场是双赢的事。

经过多年的“引进、吸收和消化”，中国在氮肥、磷复肥和钾肥生产领域的生产技术和装备水平已经达到全球先进水平，在工程建设、装备制造和生产管理解决方案方面也均有一定的优势、实力和经验，建议这些拥有优势的企业积极走出国门，到境外开发资源，减少对国内资源的消耗，实现可持续性发展。

凭借强大资本，收购国外优秀企业，为最终走出国门积累经验

经过多年发展，中国已成为全球最大的化肥生产国和消费国，这其中部分大型化肥企业在积累经验的同时也在试探性地收购国外优秀企业，从而为走出国门积累宝贵经验。其中既有国有企业中国化工集团收购瑞士先正达，又有民营企业山东金正大公司收购德国康朴园艺公司，这些企业通过收购国外优秀企业，使自身规模再上新台阶，而且通过消化吸收国外优秀企业的先进技术和管理经验，实现跨越式发展，并为最终走出国门积累了丰富的经验。

积极布局国外农资销售网络

目前在国外市场中国化肥企业90%以上为外销型，即将国内的化肥产品销售到世界各地。通过本报告对全球几家大型企业并购历程分析发现，这些企业多数在自身规模足够大后积极走出去参与国际竞争，而竞争并非简单地将产品销售到国外，而是像经营国内市场一样经营国外市场。通过并购、参股当地经销网络，以自有产品、农化技术，为当地农户提供更加完善的测土配肥、种植解决方案，真正做到企业的本地化，使之成为当地市场的经营企业，而非简单的分销商。从这点来看，中国云天化公司首先迈出了这一步，预计未来国内将有越来越多的企业积极走出国门，迈向全球竞争。

建议国内企业通过与国外当地经销商联合（并购、参股），逐渐渗透到国外市场销售的一线，将企业在国内市场多年积累的丰富农化服务经验，输出到国外，实现农资销售的本地化，从而完成企业由国内企业向跨国企业的转变。

（中国化工信息中心有限公司　陈　丽　胡天一　王世魁）

第十八部分

农　药

专题一：世界供需形势分析

农药作为重要的农业投入品，为世界人口提供有效、安全的食物供给做出了巨大贡献。世界人口不断增加，而耕地资源有限，不仅对农药需求旺盛，而且对农药的质量要求越来越高。同时，农药企业结构也在持续变化，跨国公司的农药产能继续向发展中国家转移，国内农药企业有承接产业转移的契机，而我国政府一方面实行环保高压不断淘汰不合格的小农药企业，另一方面又鼓励培育壮大农药企业集团参与国际竞争，国内农药企业迎来了重大的历史发展机遇。

一、世界供需现状

（一）国际农化公司发展情况

全球农药行业经过数十年的发展已经进入比较成熟的发展阶段。从市场规模变动趋势看，受世界人口和粮食需求不断增加的推动，对农药的刚性需求稳步增加，全球农药市场销售额在过去的十几年整体呈上升趋势。中国目前能够生产400多种农药，建成了较为完整的农药生产工业体系。1998—2018年，中国农药产量从55.9万吨增加到208.3万吨，已成为世界农药生产第一大国。

2018年全球农药总销售额为650.99亿美元，同比增长5.6%。其中2018年全球作物用农药市场销售额为575.61亿美元，同比增长6.0%；非作物用农药的销售额为75.38亿美元，同比增长3.1%。2018年农药销售额增长的主要原因在于非专利农药价格的上升，特别是中国地区的草甘膦等大宗品种价格上扬。近年来，库存水平持续高位（尤其是巴西和西欧地区）的状态已经在去年基本结束，市场库存逐步消化，农药采购成交量有所提升。

2018年国际农化巨头企业重组并购后，全球农化形成四强格局，先正达、拜耳、巴斯夫、陶氏杜邦四强公司农药销售额全部增长。2018年先正达（已被中国化工收购）的农药销售额同比增长了7.2%，为99.09亿美元，稳居全球第一的市场地位；拜耳欧元计农药销售额同比增长了26.1%，销售额为81.63亿美元；巴斯夫欧元计农药销售额同比增长3.2%，销售额为58.56亿美元；陶氏杜邦2018年的农药销售额同比增长3.3%，为63.00亿美元（表1）。

表1 2018年全球领先跨国公司的农药销售额

2018年排名	公司	销售额（亿元）		同比（%）	
		美元计	当地货币计	美元计	当地货币计
1	先正达2	99.09（92.44）	\$99.09（\$92.44）	+7.2	+7.2
2	拜耳作物科学3	96.41（76.22）	€81.63（€64.76）	+26.5	+26.1
3	巴斯夫	69.16（67.04）	€58.56（€56.96）	+3.2	+2.8
4	陶氏杜邦4	63.00（61.00）	\$63.00（\$61.00）	+3.3	+3.3

注：1. 采用2018年和2017年平均年汇率换算；2. 不包括草坪、景观及专业用农药销售额，2018年为5.04亿美元，2017年为4.95亿美元；3. 不包括未披露的2018年7.32亿欧元和2017年6.71亿欧元种子处理和环境科学业务的销售额；4. 2017年形式上的销售额是基于杜邦和陶氏化学于2016年1月1日合并后的分析

1. 除草剂占据全球农药市场主要份额

从全球农药市场销售结构来看，目前除草剂在目前占有全球最大的农药市场份额。2018年，全球农用农药销售总额为575.61亿美元，除草剂仍为全球第一大产品类型，其销售额为246.08亿美元，同比增长5.9%，占全球作物用农药市场的42.7%；杀菌剂的销售额为163.19亿美元，同比增长4.7%，占全球作物用农药市场的28.4%；杀虫剂的销售额为145.49亿美元，同比增长7.6%，占全球作物用农药市场的25.3%。

2. 亚洲、拉丁美洲是农药需求的主要市场

从区域分布来看，随着经济发展水平以及农业现代化水平的逐步提高，亚洲、拉丁美洲地区对农药的需求量不断上升，并已成为全球最主要的农药消费市场。2018年，亚洲、拉丁美洲农用农药销售额分别为174.89亿美元和141.81亿美元，位列第一和第二位。此外，欧洲、北美地区作为传统农药消费市场，农药市场需求比较稳定，未来农药市场的增长主要集中在中国、印度、亚太地区和拉丁美洲的部分国家（表2）。

随着全球经济增长，各国农业发展水平的提高，各国的农药使用水平也随之提高，也导致对农药的需求量加大。随着各国农业的发展和农药水平的提高，会有更多的农药新兴市场发展起来。

表2　2018年全球主要地区农用农药销售情况

单位：亿美元

地　区	销售规模	占比（%）
亚　洲	174.89	30.38
拉丁美洲	141.81	24.64
欧　洲	120.01	20.85
北美自由贸易区	116.23	20.19
世界其他地区	22.67	3.94
合　计	575.61	100

3. 四大跨国公司主导的寡头垄断竞争格局形成

经过几十年的激烈竞争与发展，目前全球农药行业已呈现寡头垄断的格局。2018年先正达、拜耳、巴斯夫、陶氏杜邦四大跨国公司占全球农药市场份额高达76%。全球农药生产、研发高度集中，研发实力与市场份额决定产业地位。四大跨国农化企业同时也是研发投入最高的企业，并且占比多在10%～25%，在一定程度上反映了农药技术开发的垄断局面。国际跨国公司对农药新产品开发的垄断间接强化了其在全球农药市场的垄断地位（表3）。

表3　2018年四大跨国公司农药销售情况

单位：亿美元

公　司	销售额
先正达	99.09
拜耳	96.41
巴斯夫	69.16
陶氏杜邦	63.00
合计	327.66

4. *农药产能逐步向发展中国家转移*

跨国农药公司为了规避发达国家越来越严格的环保规定及降低生产成本，正逐步将农药的产能向发展中国家转移。虽然在发达国家销售制剂的价格（折百）较原药价格昂贵300%~500%，但取得发达国家的农药登记需要很高的成本，导致发展中国家的农药企业在满足国内农药制剂需要的同时，更多的是以原药生产企业的身份参与全球农药的产业分工，即生产出合格的原药供应给跨国农药企业。

（二）中国农药行业发展概况

中国农药产业经过多年发展，已形成了包括科研开发、原药生产和制剂加工、原材料及中间体配套的较为完整的产业体系，是农药产业链最完整的国家。目前在中国已登记661个活性有效成分，2 319个制剂品种，34 315个登记产品；有2 232家企业获得农药登记，其中原药企业747家，制剂加工企业2 156家，境外企业105家，境内企业2 127家。

我国农药的生产能力与产量已处于世界前列，产品质量稳步提高，品种不断增加，为优质高效农业发展提供了强有力的支撑。我国农药生产企业主要分布在江苏、山东、河南、河北、浙江等省，这5省的农药工业产值占全国的68%以上，农药销售收入超过10亿元的农药企业有28家。

农药作为传统的化工行业，面临诸多威胁，如中国产能过剩问题依旧严重，研发投入不高，农药创新与成果转化存在严重脱钩，这些也造成中国农药企业没有核心竞争力，值得龙头企业、研发机构去关注和探索。

1. *中国农药行业实现营利双增，企业分化明显*

从中国农药行业运行主要指标来看，农药行业出现了经营企稳回升。2018年我国农药行业实现营收2 323.72亿元，同比增长8.1%；实现利润227.04亿元，同比增长37.9%，净利润率达到9.77%，农药行业营收和利润实现了双增。从行业流动性来看，行业应收账款改善明显，考虑价格因素，工厂层面整体库存水平不高，社会库存压力增加，“三费”中财务费用管理费用较大，财务费用支出减少，规模企业负债水平和负债率有所改善，可以说变革中的农药行业得到了恢复性增长。农药行业的子产业发展较为均衡。在收入方面，化学原药和生物农药增幅相当；利润增长方面，化学农药和生物农药基本持平。

2. *兼并重组步伐加快，企业规模不断壮大*

在国家法规政策和市场机制的双重作用下，我国农药企业兼并重组、股份制改造的步伐提速，行业外资本的进入加快了企业规模壮大的进程。

3. *中国农药国际化加快，农药出口稳步增长*

截至2018年年底，中国农药产量占全球规模的一半左右，出口达140.53万吨，出口额为70.93亿美元，中国农药产量和出口都出现快速增长。近几年受供给侧改革、农药零增长以及需求端的不同影响，供给端产能呈现集中化、规模化、清洁化，供应水平和出口规模相比高峰时出现较为明显下降（表4）。

表4　2011—2018年中国农药进、出口情况

进出口	年　份	数量（万吨）	增长率（%）	金额（亿美元）	增长率（%）
出　口	2011	140.88	—	61.99	—
	2012	159.94	13.53	78.63	26.84
	2013	162.19	1.41	85.23	8.39
	2014	164.17	1.22	87.60	2.78

（续表）

进出口	年　份	数量（万吨）	增长率（%）	金额（亿美元）	增长率（%）
	2015	150.95	-8.06	72.83	-16.86
	2016	137.25	-9.81	56.16	-22.89
	2017	146.76	6.91	67.60	20.37
出　口	2018	140.53	-4.25	70.93	4.93
	2011	4.39	—	5.21	—
	2012	5.35	21.79	5.64	8.25
	2013	6.22	16.31	6.98	23.76
	2014	6.72	7.95	7.45	6.73
	2015	5.76	-14.21	6.78	-8.99
进　口	2016	4.38	-25.69	3.91	-42.33
	2017	4.07	-7.08	4.73	20.97
	2018	4.20	3.19	4.90	3.5

资料来源：中国海关

4. 供给侧结构性改革为农药产业转型升级提供了政策支持

从我国农药发展过程看，我国农药经历了从买方市场到卖方市场，再到目前买卖双方博弈的特殊阶段。农药市场供求关系正在逆转，主要由于精细化工行业受国家环保政策影响而长期趋紧对行业产生的深刻影响。未来将是需求决定供给，需求端的定制化生产，是需求和供给相互融合的主要手段，这样供给端可以最大化地优化需求端，产生良性循环，进而供给端向上下游延伸、配套。

二、国际价格走势

（一）国际农药市场价格走势

全球农药市场逐渐回暖，行业景气度得到提高。据Phillips Mcdougall的统计数据，2018年农用农药销售额为575.61亿美元，同比增长6.0%。2017年农用农药平均价格为4 570美元/吨，2018年为5 740美元/吨，同比增长25.6%。2015—2016年全球农药行业已经触底，尤其从2016年年末开始至2017年，农药价格出现明显回升，农药需求加大，2018年农药出现“量价齐升”，促使行业景气度进一步提升。

1. 国际油价低位运行，提升农药企业利润

近年来，由于国际油价长期徘徊于40～60美元/桶的中低区间，主要基础化工产品价格水涨船高，加之国内环保主导的供给侧改革导致不少原药生产企业或关停、或搬迁，正常产能得不到有效释放使得下游精细化工品成本端压力骤增，今年国际油价地位运行，缓和基础化工产品价格上涨的势头，有利于农药企业的营利改善。

2. 研发投入不断增加，进一步提升农药成本

全球农药生产、研发高度集中，研发实力与市场份额决定产业地位。前六大跨国农化企业同时也是R&D投入最高的企业，并且占比多在10%～25%。农药发展的关键是品种，根据Phillips

McDougall数据显示，相较于2005年平均2.56亿美元的研发成本，2015年的平均成本增长了11.7%，达到2.86亿美元。

3. 农药行业呈现出了周期性景气回升态势

首先，国际农产品价格出现触底反弹的迹象，小麦、玉米、棉花价格均出现一定程度的回升。同时，国际粮农组织统计的全球食品价格指数出现明显回升，显示农产品价格回升向下游传导的渠道通畅。其次，由于过去两年农产品及农药行情疲软，国际农化巨头纷纷降低库存度过寒冬。孟山都、先正达、杜邦等厂家库存自2013年以来持续下降，孟山都库存在2016年降至32亿美元，先正达连续三年去库存，2016年底达到38亿美元，杜邦库存56亿美元，均达到近五年来新低。从周期上看，国际巨头连续三年的去库存阶段已基本结束，即将进入新一轮补库存周期，我国农药原药出口量也将随之上涨。

4. 新兴国家将领衔农药市场增长

发展中国家如南美地区（特别是巴西、阿根廷）及亚洲地区农药市场规模将呈现较快增长，美国、欧盟等成熟市场的销售规模将继续保持低速增长，市场增长主要源自农业、商业、消费三方面对农药需求的增加。亚太地区成为增速最快的市场，2014年至2020年，该地区农药产量将以复合年增长率7.9%的速度增长。近年来新兴国家在农药市场上持续发力，巴西、中国、阿根廷农药消费额增长迅速，2018年主要发展中国家的农药市场规模突破200亿美元，带动全球农药市场的回暖。

5. 国内企业迎来农药专利集中到期的机遇

根据Phillips McDougall预测数据显示，2010年至2020年全球将到期的保护农药市场约为90亿美元，其中2016年至2020年全球有价值超过40亿美元的专利农药到期。预计农药产能转移趋势仍将持续，而在国内众多农药企业中，研发实力强、曾经承担外包工作的企业在本轮产能转移过程中将率先受益。

（二）中国农药市场价格走势

2009年至2018年，中国农药出口从48万吨上升到140万吨，增长了2.9倍（图1）。受益于海外需求恢复，作为农药出口大国，中国农药出口数量从2016年起开始明显改善。2017年中国农药出口数量为146.76万吨，同比增长6.93%，2018年农药出口数量为140.53万吨，同比减少4.25%。虽然2018年中国农药出口数量有所下滑，但这主要是由于国内产能受环保因素导致大幅收缩。农药供给端持续收缩，化学农药产量增速放缓（图2）。2018年化学农药原药产量仅为208.3万吨，同比下降29.17%。

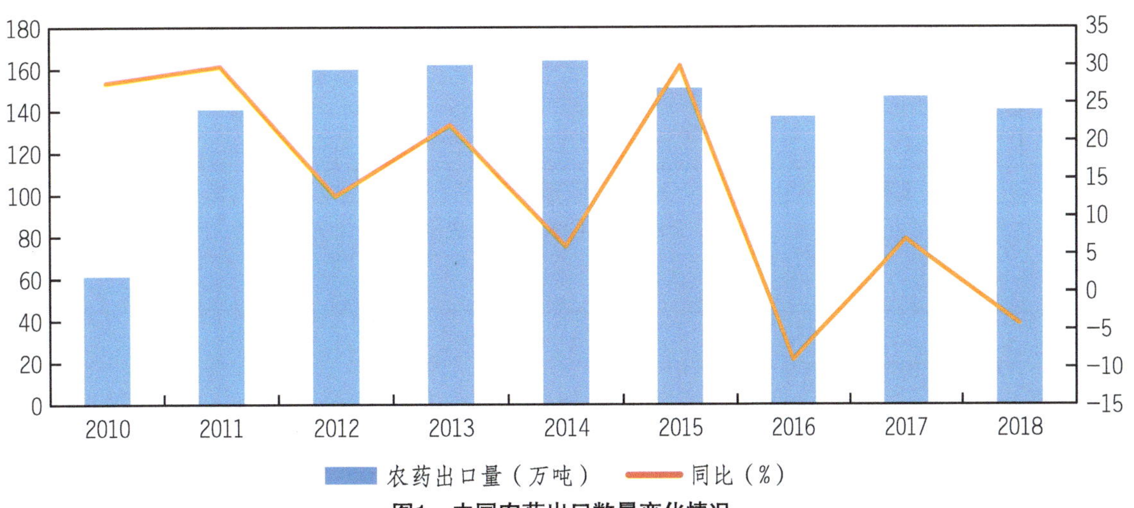

图1　中国农药出口数量变化情况

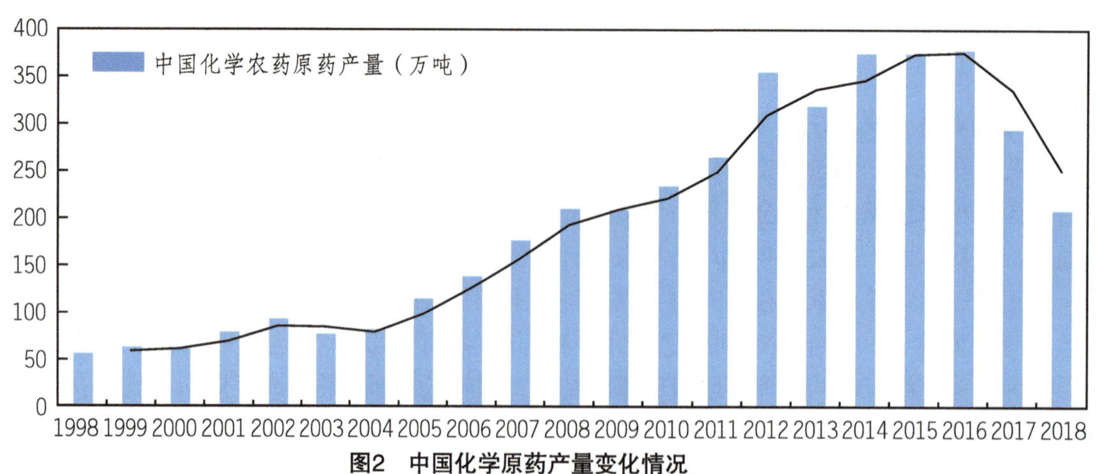

图2 中国化学原药产量变化情况

2018年，随着我国一系列行业相关政策出台，农药价格在2018年整体增长态势运行。在春节之后，需求增加，市场出现回暖，农药价格从4月的24 555.8元/吨，持续上涨至11月28 739.6元/吨，涨幅达17.04%，之后价格开始迅速回落（图3）。

2018年，除草剂整体表现非常强势，大部分品种高位且持续上调。同时，少数品种由于2017年涨幅过大，而2018年开始有所回调，比如草铵膦、乙氧氟草醚等。

2018年杀虫剂整体市场波动大，大部分产品先抑后扬，直至年末开始走弱。4月之前，市场部分产品价格高位盘整，处于稳中下滑的态势，主要由于2017年涨幅过大，市场理性回调。

2018年杀菌剂整体表现非常强势，大部分产品价格在上一年都处于高位盘整的基础上继续上调。其中，以咪鲜胺、嘧菌酯、氟环唑、氟硅唑为首，涨幅居前，部分产品高位强势盘整。同时，少数产品市场需求疲软，价格下调幅度明显，如吡唑嘧菌酯、丙环唑、福美双等跌幅居前。市场主流产品价格以先抑后扬的走势，到年末市场需求偏弱，弱势震荡，但整体格局以高位盘整，稳中有升的为主。

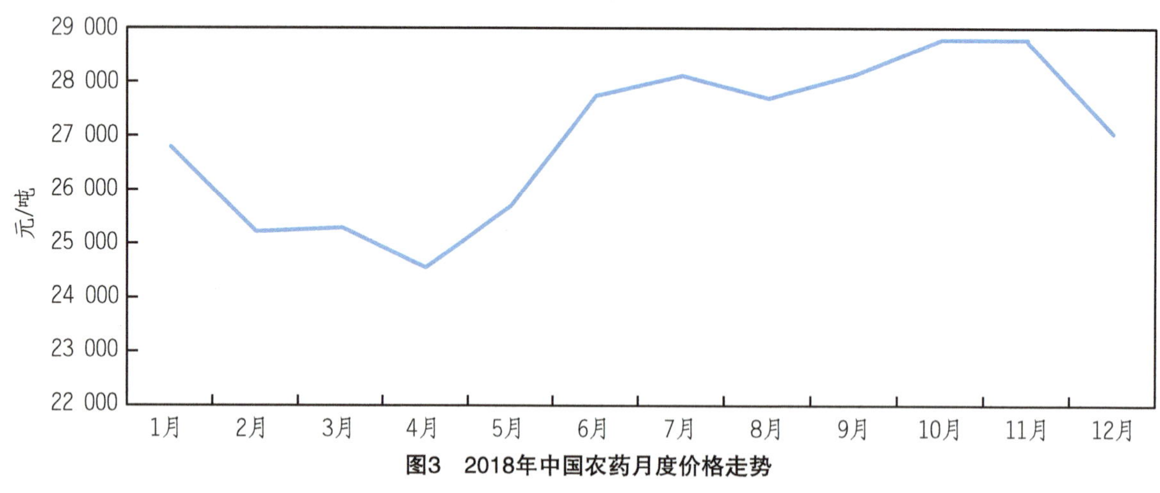

图3 2018年中国农药月度价格走势

三、国际贸易格局

（一）全球及各大洲农药市场贸易情况

2018年，受益于非专利产品价格的提升，亚太是全球最大的地区市场，销售额为174.89亿美元，同比增长7.2%。拉丁美洲市场销售额为141.81亿美元，同比增长11.1%。北美市场销售额为116.23亿美元，同比增长8.0%。中东和非洲市场销售额为22.67亿美元，同比增长7.4%。此外，欧洲销售额为120.01亿美元，同比下降3.0%，成唯一销售额下降的市场（表5）。

表5　2017—2018年全球各地区市场

单位：亿美元

地　区	2017年	2018年	同比（%）
亚太地区	163.07	174.89	7.2
拉丁美洲	126.64	141.81	12.0
欧　洲	123.77	120.01	-3.0
北美自由贸易区	107.61	116.23	8.0
中东/非洲	21.10	22.67	7.4
总　计	542.19	575.61	6.2

资料来源：Phillips McDougall公司

（二）新周期下全球农化市场格局

近两年，全球农药市场发生显著变化，中国化工收购先正达、杜邦和陶氏合并成立陶氏杜邦公司、拜耳收购孟山都，全球农化领域六大跨国企业中，五大跨国公司发生了重大变革，尤其是国际农化巨头企业重组并购，全球农化形成四强格局，业务集中度明显提高，使农药市场呈现新的发展格局。拜耳收购孟山都的推进、陶氏杜邦合并、中国化工与先正达收购的达成，使得全球农药行业的格局发生重大转变，拜耳和孟山都占全球市场份额的23%、中国化工并购先正达占全球市场份额的21%，陶氏杜邦占全球市场份额的21%、巴斯夫购并了巨头，并购中剥离业务得到壮大，其业务占全球市场份额的11%，全球农化形成四强格局，全球农化业务集中度明显提高（图4）。

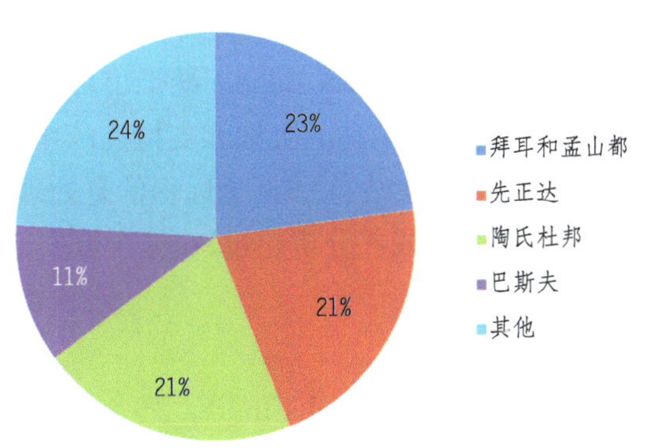

图4　全球农化市场格局

（三）日本公司更加注重产品研发投入和渠道拓展

日本住友化学，作为唯一一家没有涉足本轮规模并购潮的跨国企业，仍然能够勇立潮头破浪前行，究其原因，主要得益于其不断加强研发投入力度及增强研发实力。2018年公司相继建成了位于日本的化学研究中心和位于美国的无公害产品研究中心。在此之前，公司还建成了位于美国的新田试中心及位于拉美的研发中心。通过在全球不断新建研发基地，提升研发能力，为创新产品的打造奠定坚实基础。

在渠道建设及拓展方面，除了自身的销售渠道，住友化学更多地是将其产品纳入到其他跨国公司的销售渠道中，从而将更多的资源聚焦于产品研发。2018年，住友化学相继将其新杀菌剂Pavecto®（metyltetraprole：苯基吡唑类）产品的销售权授予巴斯夫及纽发姆，以此来加速产品的上市。

在渠道拓展方面，另一表现比较突出的当属日本农化公司住友商事，该公司从最初的日本农化产品出口商，成长为现今业务分布于日本外33个国家的进口商和经销商。在农化品投入和服务领域，住友商事近年来频繁发起海外并购。2011年收购了罗马尼亚农化企业Alcedo S.R.L.；2015年又收购了巴西经销商Agro Amazonia的多数股权；2018年公司发起了连环收购战，相继收购了乌克兰农化企业Spectr 51%股份、巴西经销商Agro Amazôni 65%的股份、印度农化公司Mahindra Summit Agriscience Limited（简称“MSAS”）40%的股份，以此来增强其全球销售网路，以及开发新品及服务的能力，进一步拓展其全球植保经销业务。此外，住友商事还收购了以色列精准农业公司Taranis，以此来进一步增强现有业务并加速Taranis业务增长。

（四）数字革命助推农化企业全球化布局

近年来，随着云计算、物联网、大数据、人工智能等为代表的新一代信息技术与现代农业的加速融合，数字农业的发展也发生了质的改变，并逐渐迈入“深度”和“广度”双维拓展的新时代，有望带来新一轮科技革命和农业变革。

经过3年多的发展，孟山都旗下的数字农业平台Climate FieldView™在美国、加拿大和巴西的应用面积已超过7.2亿亩（1.2亿多英亩），其中付费使用面积达2.1亿亩（3 500万英亩），注册用户超10万。2018年，该平台还被拓展至欧洲部分地区，并计划在未来几年推广到澳大利亚、阿根廷和南非等更多市场。该平台能够让农民轻松地收集田间数据，以可视化的方式呈现数据，分析和评估农作物长势，并通过定制施肥和播种计划来管理田间差异，优化农作物产量。此外，公司针对小农户所推出的FarmRise™数字农业平台已经在印度实施，约400万印度农民用户加入其中，公司计划于2019年对其进行广泛推广，未来也计划在亚洲、非洲以及南美洲进行推广。此外，围绕Climate FieldView™数字农业平台，公司通过与多家数字农业领域内的初创公司进行合作，将业务边界扩展至数据分析及共享、数据平台连接、土壤检测及分析、保险服务、航空遥感成像和无人机技术平台等，借此为农户提供更加完善及系统的服务。

2018年，农业决策领域的全球领导者Farmers Edge™继推出19种新工具之后，随后宣布再推出90多种突破性的数字农艺工具，以支持数据驱动的决策和支持高产作物的生产。此外，公司还计划将其数据收集网络扩大到包括8 500多个气象站和2.5万个远程信息处理设备，付费产品覆盖2亿亩。据悉，公司目前每天能够处理超过5万个字段并分析超过110亿个数据记录。

（五）印度农化企业快速成长

印度农化企业前20强榜单可以看出，除了Rallis India，其余公司的卢比计销售额均实现一定程度的增长。印度公司这种能够将挑战快速转化成机遇的应变能力，很值得行业借鉴。此外，印度公司的快速成长，还表现在部分公司通过强势并购来不断完善及强化其价值链上，从而快速实现商业版图扩张。

2018年4月，Crystal向印度市场监管机构Sebi正式提交了草案文件，拟通过IPO筹集100亿卢比（约1.54亿美元）进行进一步扩张。Ankur Aggarwal进一步透露，公司还在不断评估并计划继续收购与其发展具有协同效应的业务，技术或品牌等。公司坚信，选择性收购、合作或结盟均能够快速提高其品牌竞争力，使其产品组合进一步多样化，并加强其市场地位。

（六）中国仍是世界农药出口第一大国

近年来，中国农药出口量逐年增长，目前已成为世界主要农药出口国。中国农药出口基本覆盖了全球农药市场，涉及180多个国家和地区，成为全球农药出口数量第一大国。中国农药出口以原药为主，制剂产品占比较低，原药出口有较强优势。

自1993年开始，我国农药出口量超过进口量。近年来，涉及农药的进出口企业有1 000多家，农药进出口货物量160万吨左右，进出口额80多亿美元。其中出口目标市场达170多个国家（地区），农药出口货物量150多万吨，金额70多亿美元。中国农药的年货物交易量占全球农药贸易总量的一半，农药出口基本覆盖了全球农药市场，成为世界农药出口数量第一大国。随着农药使用范围与面积的增加，加之农作物病虫草害抗药性的增强，我国农作物的农药使用量也大幅增加，20世纪70至80年代，全国主要农作物农药年使用量10万吨（折百量）左右，90年代在15万吨（折百量），20世纪末达25万吨（折百量），近几年高达30多万吨（折百量）。农作物的重大病虫害主要依靠化学防治，耕地单位面积的农药使用量是世界平均水平的2.5倍。农药还广泛应用于草原、山林、草坪等病、虫、鼠害的防治，以及家庭卫生用药。由此可见，中国自产农药60%以上用于出口，国内使用不到40%。

中国出口亚洲的农药数量占比高达35.5%，占出口总额的32.7%，为中国最大的农药出口目标市场，但价格相对略低于平均出口价格；出口南美洲的数量占比为24.2%，出口额占比为25.4%，为中国第二大农药出口目标市场，出口价格略高于中国农药出口价格平均水平。中国出口到北美洲、欧洲的农药产品数量分别占8.9%～9.5%，分别占出口额的13%以上，出口产品价格明显高于出口其他地区同类产品价格。出口到大洋洲、非洲的产品数量占比分别为5.8%、16.1%，出口额占比分别为5.5%和9.9%。

亚洲已成为中国除草剂、杀虫剂、杀菌剂以及杀鼠剂出口量最大的市场，也是植物生长调节剂出口量第二位的市场。南美洲则是除草剂、杀菌剂的第二大出口市场，是中国杀虫剂出口第三大市场，出口量与出口额仅次于亚洲。出口非洲数量高于欧洲与北美洲，但出口额方面北美与欧洲几乎相当，均高于非洲市场的出口额，表明出口产品平均价格高于非洲市场；北美是中国植物生长调节剂出口的最大市场，约占出口总量的40%。大洋洲为目前中国农药出口量与出口额最小的市场。

四、主要国家产业支持政策新变化

农药作为重要的农业生产资料，其安全性和有效性一直是人们关注的重点。尤其在粮食生产基本满足自给后，公众对于农业生产安全、农产品质量安全、生态环境安全，以及人畜健康安全提出了更高的要求。

（一）世界主要国家农药登记管理政策

1. 美国

在1988年《联邦杀虫剂、杀菌剂与杀鼠剂法》中，美国环境保护署对登记后农药实施农药再登记管理。据此，1988年至2008年USEPA对1150种有效成分按照613类开展了评审，其中384类获通过，撤销229类。

1996年，基于《食品质量保护法》，USEPA对FIFRA进行了修订。在本次修订后，提出了农药登记再评价。FIFRA要求以15年为周期对已登记农药进行再评价，按照现行的登记政策和标准重新评估，以确保已登记农药按照标签使用时不会对生态环境、人畜健康造成不可接受的风险。2006年起，对1 166种745类有效成分进行第1次周期性再评价，计划2022年10月前完成，这一工作正在开展中。

为保证农药登记后再评价工作，美国除了在FIFRA第3部分农药登记中提出了农药登记再评价的一般原则、评价流程、评价期限、数据信息及结果处理等相关要求，还在美国联邦管理法典（CodeofFederalRegulations，CFR）第40条，即环境保护155部分对于农药再评价相关要求进行了具体细化。

2. 加拿大

加拿大农药管理主要依据有害生物产品法案，该法案1980年制定，1995年撤销，在2002年再次颁布实施，并于2006年6月28日修订。在法案中有专门部分描述农药再评价，涉及6章21条。2016年以来又颁布了3项重要相关文件，即再评价工作方案、农药再评价管理政策、周期及特殊再评价农药取消及修订政策。

需要说明的是，在周期性再评价基础上，美、加、欧盟都提出了“特殊再评价”的理念，即针对已登记使用的农药产品，当发现可能对人或环境产生具有严重安全问题时，政府可以随时启动特殊再评价。特殊再评价内容包括对现有数据的评价，要求提交新信息或研究资料，对已确认的风险进行评估，并制定相应的风险管控措施等。与再登记和周期性再评价程序不同的是，该程序通常只针对某种或某类可能有风险的产品。

另外，日本、澳大利亚等国家也制定了各自的农药再评价政策，正在开展农药登记后管理，实现了农药品种结构调整，推动农药有效成分的“新陈代谢”。

3. 欧盟

对于农药登记后再评价工作的开展，欧盟主要依据了1991年发布的《关于植物保护产品投放市场的欧盟理事会指令》和2009年发布的《关于植物保护产品市场准入管理，代替欧盟理事会指令91/414/EEC和79/117/EEC的欧盟理事会1107/2009条例》。

在91/414/EEC指令中，再评价的年限为不超过10年，根据安全程度，分为6类。对于符合安全要求的有效成分，将被列入第1类，一旦第1类中所列的有效成分被发现存在人畜健康、生态环境安全性问题，将从第1类中移出，并组织再评价。为贯彻91/414指令，1993年欧盟组织开展了近1 000个农药有效成分的再评价工作，经过近10年再评价，欧洲已完成897个农药再登记工作，215个有效成分通过评价，撤消了682个，占评价总数的61%。

2009年10月21日发布的1107/2009条例是91/414/EEC的替代法规，自2011年6月14日起正式实施。在新的指令中，周期性再评价的期限调整为不超过15年。

4. 巴西

1989年之前，巴西的农药许可由农业部和卫生部负责，其法律依据是1934年4月12日颁布的24114号法令（Decree #24114）。在这半个世纪的时间里，巴西没有对其农药管理进行过改进，但外界在这50年里发生了翻天覆地的变化。为适应变化的形势，对立法进行改进并建立国家农药登记体系成为当务之急。于是在1989年7月11日颁布了第7802号法律（Law #7802），后又经1990年1月11日颁布的法令98816（Decree #98816）修订。2002年巴西又颁布了第4074号法令（Decree #4074），对农药管理进行了更严格的规定。而新的法规明确地站在保护人类健康和环境的立场上，并与发达国家的管理条例一致，规定了有关研究、试验、生产、包装和标签、运输、储存、商品化、广告、使用、进出口、废弃物和包装的处理、登记、分类及农药、组成成分和相关产品的管理与检验等各项要求。内容非常广泛，不但涉及到登记许可，还涉及试验指导、法典及规则等。

（二）2018年国外政策变化

1. 亚洲

年初，泰国农业部针对植物新品种的保护拟出一项新的法律草案（以下简称“草案”），已举行公众听证会。该草案旨在修改植物新品种保护法案B.E. 2542（1999），使泰国的法律遵从1991年3月19日国际会议颁布的植物新品种保护公约（UPOV 1991）。泰国目前执行的植物新品种保护法是依据1978年的植物新品种保护公约而制定的。

印度国会2月19日发布了新农药管理草案，将公开征询公众意见15天。2017版的新农药管理法案将代替杀虫剂1968法案。新草案将加重对违规者的处罚，并赋予政府更高权力处置违规者。此外，草案加入了新农药成分登记的详细流程，更详细的违规行为分类和向农民支付赔偿金的规定。该法案的目标之一是确保向农民提供优质农药，最大限度地减少农药残留对农产品的污染，并提高用户安全合理使用农药的意识。

越南国家公共卫生和社会改革委员会支持禁止农民广泛使用的三种危险化学品——百草枯、草甘膦和毒死蜱。这些农用化学品在数十个国家因为危害健康而被禁止，但是在越南依然广泛使用，因为它们能够帮助农民更加轻松地种植健康作物。2017年，越南三个部门原则上同意了在2019年之前禁用百草枯，为国家清除3万吨百草枯库存铺平了道路。然而该项决定于2018年被有害物质委员会阻挠。

2. 欧洲

Marrone Bio Innovations公司（MBI）2月宣布，荷兰植物保护产品和杀生剂授权委员会（Ctgb）已经同意成为Sakalia™产品的新欧盟报告成员国。Sakalia™是一种新型的生物杀菌剂，源自亚洲原生植物巨型虎杖（Reynoutria sachalinensis），这种植物通常是作为食品。

3月21日，欧盟委员会有条件地批准了拜耳拟收购孟山都的交易。拜耳已经获得了30多个监管机构中超过半数的批准，包括此前巴西和中国监管机构的批准。德国化工巨头拜耳公司以625亿美元收购世界排名第一种子公司孟山都的交易，此次收购将是近年农业领域最大的收购活动。交易完成后，拜耳公司将占全球种子和农药市场超过25%的份额。

5月，瑞士由民间团体推动禁用农药连署已超过10万人，即将正式进入公投阶段，瑞士公民将有机会对全面禁止使用合成农药进行投票。如果投票通过，瑞士将成为继不丹之后第二个全面禁止合成农药的国家。

虽然欧盟允许草甘膦续登5年，并且法国议会投票反对草甘膦禁用法案，但法国总统马克龙表示，法国仍会在2021年以后停止使用草甘膦。目前草甘膦是法国使用量最高的除草剂。

欧盟法院（European Court of Justice，欧洲联盟的最高法院）对新育种技术（NPBTs）进行了裁决。欧盟法院认为通过诱变育种（mutagenesis）获得的作物也是转基因作物（GMO），法院认为诱变的技术和方法不是以天然存在的方式改变植物的遗传物质。生物技术行业认为，大多数的诱变或者基因编辑与自然发生或者辐射诱导产生的突变实际上几乎没什么不同，（辐射诱导突变是自20世纪50年代以来的标准植物育种方法），但是欧盟法院并不认可这一陈述。

2019年1月1日起，欧盟将正式禁止含有化学活性物质的320种农药在境内销售，其中涉及我国正在生产、使用及销售的农药有62个品种。由于这些农药目前已广泛应用于水果、茶叶、蔬菜、谷物等生产中，因此使用这些农药的农产品在出口欧盟时，就可能被退货或销毁。

3. 北美洲

年初，美国环保署（EPA）紧急豁免了Transform® WG杀虫剂在棉花和高粱中的使用。

美国夏威夷州近期颁布了新法案SB3095，将成为美国第一个禁止毒死蜱的州。该法案是保护公众健康免受毒死蜱损害的第一步，除了禁用该产品，该法案还要求所有限制使用农药（RUPs）用户报告限制农药产品的使用情况，并在学校附近保留至少30米的无喷洒区。该法案将于2018年7月生效，2019年1月起禁用毒死蜱。

加拿大魁北克省实施了关于管理使用和销售几个最具争议农药的新法规，以保护环境和健康。新法规将限用五种新农药：莠去津（除草剂），毒死蜱（杀虫剂）和三种新烟碱类，噻虫胺、吡虫啉和噻虫嗪（杀虫剂）。

3月，加拿大有害生物管理局（PMRA）决定批准含有活性成分氯酞酸甲酯的除草剂续展登记。PMRA未要求采取额外的风险缓解措施。但是必须更新标签以确定终端产品的每年最大施用率。氯酞酸甲酯是一种用于防除阔叶类杂草和禾本科杂草的芽前除草剂。该成分可配制成可湿性粉剂，用于草坪、观赏植物、水果和蔬菜。目前，加拿大登记氯酞酸甲酯原药1种、生产用浓缩物1种、以及1种含有该成分的终端产品。

6月，加拿大有害生物管理局（PMRA）公布了氟噻草胺的重新评估计划。氟噻草胺是登记仅用于加拿大东部的一种除草剂，用于在大田玉米和大豆中防除一年生禾本和阔叶类杂草。

10月，美国加利福尼亚州监管机构建议对一种广泛使用的农药进行新的限制，该农药被指责用于伤害婴儿的大脑。农药管理部门发布了毒死蜱的临时指南，其中包括禁止使用农作物除尘，停止在大多数农作物上使用毒蕈，并增加毒死蜱的使用范围。

4. 南美洲

3月，阿根廷国家食品卫生和质量局（SENASA）初步通过了一项决议，禁止在作物采后、堆装、设备加工、运输及仓储阶段以及烟草的仓储阶段使用敌敌畏（2，2-氯乙烯基-磷酸二甲酯）和敌百虫。

巴西一法官宣判暂停使用草甘膦这一广泛应用于大豆和其他作物的除草剂，称含有草甘膦这一活性成分的新产品将无法在巴西获得登记，已登记产品可能在未来30天内暂停，直至政府完成对草甘膦毒理学的重新评估。该项决定同样适用于阿维菌素和福美双，以上判决或将经历多次上诉。

巴西政府于2019年4月底开始使用一项新法案，农药登记耗时将会因此减半。该法案将在一年内完成所有的规章条例。巴西目前的农药登记时间太长，而在阿根廷、澳大利亚和美国等地仅需2～3年的时间。出台的新法案有助于减少农药在巴西的登记时间。

5. 其他地区

根据世界贸易组织（WTO）通报（通报号G/SPS/N/AUS/446），澳大利亚拟修订咪鲜胺在已制定限量标准的16种蔬菜水果作物之外的其他食品（动物源食品除外）的最大残留限量为0.1毫克/千克（一律限量）。

加勒比海岛国圣文森特和格林纳丁斯8月发布声明，称暂停Roundup、Touchdown和Glyphos等草甘膦农药的进口。进一步的举措将依据农业、林业、渔业、乡村转型、工业和劳工部的技术评审结果而定。

（三）中国农药管理政策

1. 中国新《农药管理条例》及配套文件发布

2017年2月8日，国务院第164次常务会议修订并通过新《农药管理条例》，随后农业农村部将其发布，并自2017年6月1日起施行。基于新的《农药管理条例》，农业农村部发布了与之配套的《农药登记管理办法》《农药生产许可管理办法》《农药经营许可管理办法》《农药标签和说明书管理办法》《农药登记试验管理办法》《农药登记资料要求》《农药登记试验单位评审规则》《农药登记质量管理规范》《农药生产许可审查细则》《限制使用农药名录（2017版）》等，并对农药标签二维码格式及生成要求有关事项做相应规定。

2002年以来，农业农村部在开展风险评估的基础上，经过充分论证，已禁用了22种高毒农药。现在仅有10种高毒农药，仅占登记农药产品总数的1.4%。此外，对高风险农药采取禁限用措施，禁止在果菜茶生产上使用。高毒农药监管重点是抓好“严、替、退”三个字。

抓好“严”字，即严格规范使用。一是推行定点经营。对现有的10种高毒农药实施定点经营，要求专柜销售、实名购买、购销台账、溯源管理，实现从生产、流通到使用的全程监管。同时，禁止通过互联网经营销售高毒农药。二是对高毒高风险农药严格实行禁限用措施，不得用于果菜茶生产。

抓好“替”字，即加快替代产品遴选和研发。高毒农药在防治地下害虫等方面的效果很好，目前现有的其他农药还不能起到这样的效果。既要防控高毒农药风险，又要选择适用的农药，解决这一问题，需要从两方面入手：一是遴选一批替代产品。二是研发替代产品，这是最重要的途径。

抓好“退”字，即加快高毒农药的退出。现有的10种高毒农药，将按照“循序渐进、分步实施、多措并举”的原则，依据高毒农药的风险大小、替代产品生产使用情况，逐步推进，加快淘汰，力争5年内全部淘汰。

2. 农业农村部成立第九届全国农药登记评审委员会

根据《农药管理条例》规定，农业农村部组建了第九届全国农药登记评审委员会。评审委员会设立产品化学、药效、残留、毒理学、环境影响、生产流通等专业评审组，涵盖杀虫剂、杀菌剂、除草剂、植物生长调节剂、杀鼠剂、卫生杀虫剂等各个方面。评审委员来自有关部门及单位推荐的专家，组成评审专家库，每次评审前根据需要从专家库随机抽取参会的评审委员（专家）。专家评审实行回避和保密制度，确保科学、公平、公正。

3. 中国农药制剂创新联盟成立

中国农药工业协会联合国内外制剂研发、生产、销售、进出口等相关单位，成立中国农药行业制剂创新产业联盟。联盟旨在规范制剂企业生产管理，提升生产工艺和产品质量安全水平，推动制剂行业健康发展。根据新版《农药管理条例》，生产许可证实行“一企一证”，原药要在生产许可证上全部列出，制剂只标明可以生产的类型。这给企业之间互相委托加工增加了极大便利。

4. 中国正式实行农药经营许可制度

《农药经营许可管理办法》于2018年8月1日起施行，正式实行农药经营许可制度。《农药经营许可管理办法》施行后，对农药经营者的专业知识和经营能力提出了更高的要求，目的是提高农药经营门槛，引导农药行业的经营模式向更专业的方向发展，因此从明天起农药经营者将经历一系列重要改变。

5. 国内环保监管力度加大，农药供给压力凸显

中国环境保护税法于2018年1月1日起正式实施，各地基本上已明确环保税适用税额标准，做好开征准备工作，应税大气、水、固体污染物的应纳税额为污染当量数乘以具体适用税额；排污许可制度是一项在相关法律授权下，对所有排污设施、设备要求官方许可，使排污主体能够更好地理解并遵守相关法律，进而维持和改善环境质量的制度，属于一种强制性的法律文书，而且，排污许可证的申领需要具备特定条件，未来不符合发证条件的企业将不得排污。

6. 中国已初步建成生物农药研发体系

中国已初步建立了新型生物农药研发技术体系——以“863计划”现代农业研究、提高植物自身抗病虫免疫能力和杀伤有害生物为目标，研究构建了具有自主知识产权的生物农药创制平台，开发新技术、新工艺20余项，包括新型生物农药活性物质分离和鉴定技术、安全性评价技术、新型生物农药发酵工艺和规模化生产工艺、杀虫防病相关功能基因克隆、新型生物农药产品剂型、复配工艺和新剂型稳定化技术、生物农药增效剂研制与产业化技术等。

该技术体系主要包含以下四个分支：①植物性农药。从沙地柏中得到15种具有杀虫杀菌活性成分的新化合物，已鉴定6种。以牛蒡叶活性物质为主要成分的具有抗病毒功能的植物细胞膜保护剂已经登记，新产品推广应用面积在10万亩以上。②微生物农药。构建了国内最大、位居世界前5名的虫生真菌菌种库，保存菌种2 209多株。通过对松墨天牛、光肩星天牛、松毛虫、花生蛴螬等重要害虫的生物测定进行初筛，并进行田间防治试验，筛选出可供工业化发酵使用的20株高毒菌株生产菌种储备库。③农用抗生素。分离鉴定了一种新抗生素秦岭霉素，其产生菌亦是链霉菌的一个新种，研制成功了污染小、成本低、稳定性好的链霉菌生防治剂水剂和颗粒剂，防治效果达80%以上，防治黄瓜白粉病的效果在99%以上。④诱抗类农药。首次从稻瘟病菌中克隆了植物激活蛋白基因，构建了植物激活蛋白毕赤酵母转化体系，已获得基因工程菌株，开辟了新的药源。

五、世界供需形势展望

（一）国际形势

1. 并购及联盟仍是行业发展的主旋律

自2014年起，受气候变化、农作物价格下跌、汇率波动、全球农业经济疲软等因素的影响，全球农化巨头掀起了新一轮的并购浪潮。通过并购，企业将自身业务向上下游或其他领域进行延伸，形成较好的产业链协同效应与多元化业务发展，增强营利能力；而有些公司则可能因为并购重组的拖累而走向下坡路。

对于行业来说，随着并购公司间业务交割的完成以及对相关业务的优化重组，由此所带来的“马太效应”将日益凸显，进而也推动了中小型企业加快了并购整合、合作联盟及业务重整的步伐。可以预见，未来数年，中小型企业间的并购整合亦将成为企业完成转型升级的最快捷的途径，同时也将成为行业发展的常态，行业集中度有望进一步提升。

伴随着公司间的并购整合，中小型公司与大公司的战略联盟也变得日益频繁，尤其是那些具有独特优势的中小型企业更容易获得大公司的青睐。

2. 农药原药产能向亚太及拉美地区转移

农药原药产能呈现为从欧美等发达国家地区开始向亚太地区一些发展中国家转移。该种转移主要基于不同国家和地区的生产成本、环保政策要求存在差别而产生的。随着全球经济一体化，世界农药市场已经逐步融为一体，全球农药生产向新兴国家转移趋势渐趋明显。各大农药跨国公司出于成本的考虑，不仅将农药产能转移至发展中国家，也会选择与发展中国家的一些在工艺、技术、环保、成本方面具有优势的农药企业建立战略合作关系，进行相关原药的采购。

3. 中国成为全球农药产业转移基地，扮演生产、出口大国角色

中国农药在世界农药市场中扮演非常重要的角色。中国是农药生产大国，是世界上生产农药数量最多的国家，也是名副其实的农药出口大国。目前中国农药出口到全球170多个国家和地区。然而，近几年与之前的飞速增长相比，增长速度有所放缓。虽然中国是农药生产大国、出口大国，但并算不上农药强国。中国农药企业的科研水平和研发能力远远落后于跨国公司的实力，并且农药产业结构和市场管理都有待提高。

4. 全球农药进入后专利时代

由于巨头研发成本提高和新药投放速度的减缓，全球专利过保护期农药小高峰来临，跨国农化巨头的生产结构逐步在调整，将推进高附加值农药的产能，继续向中国转移。在这个过程中，研发实力强劲、技术储备雄厚、坚持走高附加值和差异化产品路线的公司将脱颖而出。

5. 新型环保农药将成新发展趋势

随着农药使用及管理政策日趋严格，传统的高毒、低效农药将加快淘汰，高效、低毒、低残留的新型环保农药成为行业研发重点和主流趋势，农药剂型向水基化、无尘化、控制释放等高效、安全的方向发展，水分散粒剂、悬浮剂、水乳剂、缓控释剂等新剂型加快研发和推广。高效、安全、经济、环境友好的农药新产品的推广将有效促进我国农药产品结构的优化调整，在满足农业生产需求的同时降低对于环境的影响。

（二）中国形势

1. 行业整合加速，继续向集约化、规模化方向发展

随着行业竞争的加剧、资源和环境约束的强化以及相关产业政策的引导，我国农药行业正处于产业结构调整和转型时期，行业整合加速，继续向集约化、规模化方向发展。借鉴国外农药行业发展路径，通过兼并、重组、股份制改造等方式组建大型农药企业集团，推动形成具有特色的大规

模、多品种的农药生产企业集团，推进行业向集约化、规模化发展，是我国农药行业提质增效，调整和优化产业布局，推动技术创新产业转型升级，实现做大做强的必由之路。未来一段时期，在产业政策、环保压力、行业竞争、准入门槛等因素的推动下，国内有望出现一批具有规模优势、产品结构合理、具备自主创新能力、符合环保要求及产业政策的龙头企业。随着产业集中度的提升，我国农药行业的组织结构和布局将更趋优化，产业分工和协作更为合理，一批具有核心竞争力的产业集群和企业群体逐步形成，并成为我国农药行业的主导力量，有效提升我国农药企业及行业在全球市场中的竞争力。

2. 新型环保农药将快速增长

随着经济发展水平和模式的转变，全社会的环境保护和食品安全意识不断加强，使得环保治理要求和力度日益提高。我国积极响应全球对于高毒、高风险农药的禁用、限用管理措施。随着农药使用及管理政策日趋严格，传统的高毒、低效农药将加快淘汰，高效、低毒、低残留的新型环保农药成为行业研发重点和主流趋势，农药剂型向水基化、无尘化、控制释放等高效、安全的方向发展，水分散粒剂、悬浮剂、水乳剂、缓控释剂等新剂型加快研发和推广。高效、安全、经济、环境友好的农药新产品的推广将有效促进我国农药产品结构的优化调整，在满足农业生产需求的同时降低对于环境的影响。

3. 清洁生产技术与工艺进一步推广

清洁生产技术与工艺的推广也是实现我国污染控制重点由末端治理向生产过程控制转变的重要措施，是农药行业走可持续发展之路，向资源节约、环境友好、绿色环保产业转型发展的必然选择。在我国大力发展低碳经济与循环经济，加快经济发展方式转型升级的大背景下，农药行业全面推行清洁生产技术与工艺，节能降耗、减排增效，已成为保证农药企业及行业可持续发展的重要举措和发展方向。通过加大技术改造和环保投入力度，提高技术装备水平，全面研发和推广先进适用的清洁生产工艺和“三废”处理技术，不但能大幅降低污染物排放量，而且能够降低原料消耗量，同时结合“三废”资源化利用有效降低生产成本。

4. 研发投入增加，自主创新体系进一步完善

虽然我国已成为农药生产大国，但目前绝大部分农药品种仍为仿制品种。为提升我国农药行业的国际竞争力，近年来，在国家、地方和企业的共同努力下，通过充分发挥产学研结合的协同作用，应用组合化学等高新技术方法，相关企业成功创制了一批具有自主知识产权的农药新品种并取得了国内外专利，30个创制品种进入了国内外市场，累计推广面积3亿亩以上，部分产品的销售额超过2亿元。此外，主导品种和中间体绿色生产工艺开发、生产装备的集成化和大型化、工艺控制自动化、水基型剂型加工技术等共性关键技术已成功应用于农药工业化生产，促进了产业结构和产品结构调整。未来随着我国农药行业集中度的提升，我国农药企业的研发投入将进一步提高，有利于企业提高自主创新能力、完善自主创新体系，使我国农药行业向新药创制和生产中高端产品的方向转移，切实增加农药产品的科技含量和产品附加值，带动我国农药行业的技术进步，提升行业竞争力。

5. 政策引领农药行业健康发展

新修订的农药管理条例颁布实施为农药产业发展提供政策引领。农业农村部印发《关于加强管理促进农药产业健康发展的意见》，旨在加快产业转型升级，促进农药产业健康发展。从政策层面来看，未来中国将坚持适度、有序的原则，加快淘汰高污染、高风险的落后产能，遏制农药企业盲目扩张和重复建设；推广高效、低风险、低残留农药，推行绿色防控和统防统治，增加绿色有机农产品供给，促进农业提质增效；积极培育大企业集团，支持企业采取兼并重组等方式，扩大生产规模，提升质量效益，培育一批大型农药企业集团，提升农药企业竞争力。

参考文献

韩永奇. 2019. 变革转型期下的我国农药市场走向何方[J]. 农药市场信息（2）：6-8.

张文君，曹兵伟，李少青，张一宾. 2016. 全球农药市场概况和分析[J]. 世界农药（38）：8-14.

杨益军. 2018. 2018年我国农药供应及行情状况[J]. 农药市场信息（25）：30-32.

周益琴. 2017. 我国农药进出口的发展趋势和国际竞争力的研究[D]. 重庆大学硕士学位论文.

杨益军. 2018年中国农药行业发展现状及发展趋势分析. 中国产业信息网，http://www.chyxx.com/industry/201806/653014.html.

李建，刘娜，程玲，等. 2017. 新形势下加强农药市场管理的探讨[J]. 农业开发与装备（5）：129.

2018年我国农药进出口情况总结及2019年趋势展望. 中国农药网，http://www.nongyao168.com/Article/1050753.html.

2018年全球农药销售额超650亿美元 同比增长5.6%. 世界农化网，http://cn.agropages.com/News/NewsDetail-18955.htm.

农化行业解析：中小企业并购及联盟、超级巨头布局新生态圈. 吾谷新闻，http://news.wugu.com.cn/article/1518333.html.

专题二：世界农药产业格局变化及对中国影响

一、世界农药产业发展特点

（一）市场规模快速扩张，整体呈现振荡上升趋势

1978年世界农药市场销售额为86亿美元，至2017年已增加到615.3亿美元，40年间翻了7倍多，整体呈现振荡上升态势。其中，全球农药市场每跨越一个百亿美元关口所用的时间分别为：9年（1979—1987）、17年（1987—2003）、6年（2003—2008）、4年（2008—2011）和3年（2011—2013）。特别是在2003—2013年的10年间，增长趋势明显（图1，表1）。

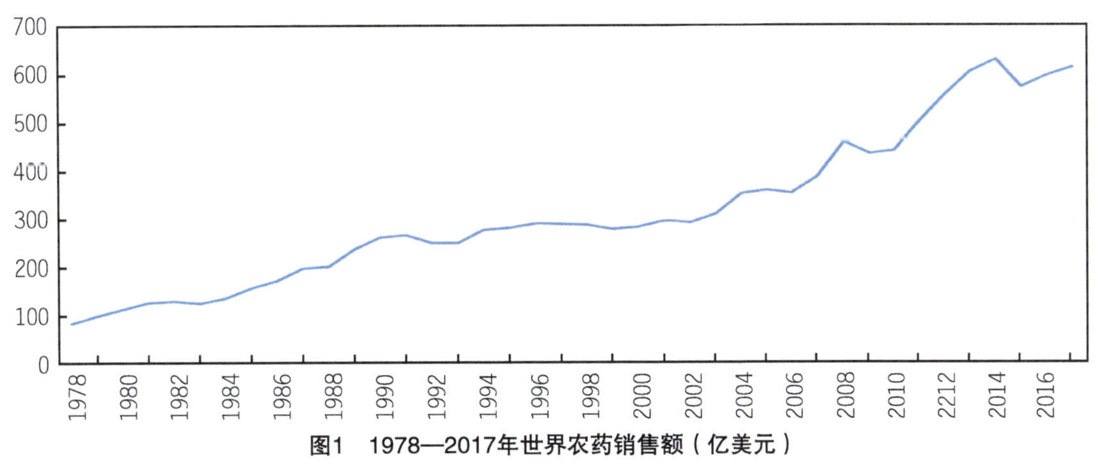

图1　1978—2017年世界农药销售额（亿美元）

表1　1978—2017年世界农药销售额年均增长率

时　期	年均增长率（%）
1978—1979	20
1980—1989	8.5
1990—1999	0.7
2000—2009	4.9
2010—2017	4.8

40年里，农药市场销售额同比下降的年份有9个，同比上涨超过10%的年份有11个（表2）。

表2　2000—2017年世界农药销售情况

年　份	销售额（亿美元）	同比（%）
2000	285.40	
2001	298.90	4.7

（续表）

年　份	销售额（亿美元）	同比（%）
2002	294.20	-1.6
2003	311.55	5.9
2004	354.00	13.6
2005	360.95	2.0
2006	355.75	-1.4
2007	387.55	8.9
2008	461.30	19.0
2009	437.20	-5.2
2010	443.55	1.5
2011	503.05	13.4
2012	559.21	11.2
2013	606.89	8.5
2014	632.12	4.2
2015	575.32	-9.0
2016	599.88	4.3
2017	615.30	2.6

（二）区域布局重心迁移，发展中国家成为增长主力

回顾世界农药市场的区域格局，过去40年里主要呈现出两个变化趋势。

一是在分区统计上，从四大区逐步演变并稳定形成五大区。图2显示了1978年世界农药市场分区情况。当时美国占世界农药市场的1/3，西欧、日本和远东各占20%左右，其他国家和地区占30%左右。这种四区统计方式一直延续到20世纪80年代末，各区占全球市场份额的比例也基本保持稳定。进入20世纪90年代到21世纪初，将东欧从其他地区中单列出来进行统计，美国从单列统计变为北美地区，日本和远东演变为东亚地区。2005年后开始采用北美、欧洲、亚洲、拉丁美洲、中东和非洲等其他地区的五大分区格局（图2），并一直稳定延续至今。

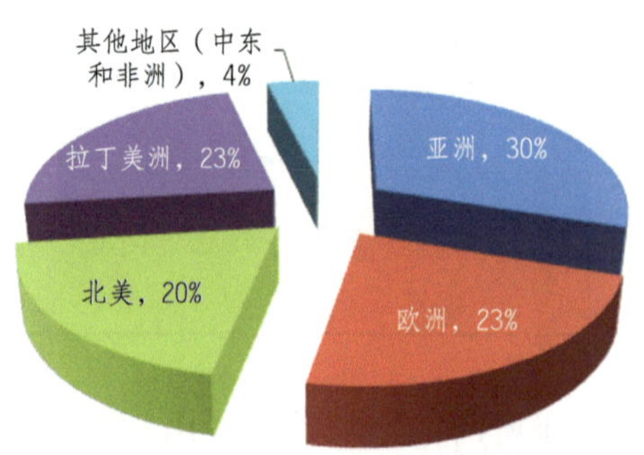

图2　2017年世界农药市场分区情况

二是在市场重心上，从北美、西欧逐步向亚洲、拉丁美洲转移。按照可比口径统计，从1990年至2017年，欧洲占世界农药市场的比重从37%降至23%，下降了15个百分点；北美地区在20世纪90年代中期之前，一直维持占世界农药市场30%左右的比例，此后一路下滑，降至20%左右，整体

下降10个百分点；亚洲则从占世界市场的23%上升至30%；增长最迅猛的是拉丁美洲，占世界市场的比重从8%上升至23%。

如果从发达地区与发展中地区的角度分析，拐点出现在2010年。这一年，北美和欧洲占世界农药市场的份额首次降至50%以下，并仍呈持续下滑趋势。亚洲和拉丁美洲等发展中地区已经成为拉动世界农药增长的主要驱动力（表3）。

表3　1990—2017年全球农药分区域市场情况

单位：亿美元

年　份	拉丁美洲	亚　洲	欧　洲	北　美	其他地区（中东和非洲）
1990	20.91	56.11	92.8	56.42	21.99
1993	24.5	69	69	76.4	13.9
1995	30.66	71.26	82.9	83.75	15.33
2000	50.05	65.6	63.8	87.04	11.71
2001	43.21	73.42	62.13	81.08	19.6
2002	35.89	69.36	65.36	76.13	18.87
2003	37.47	68.84	67.21	77.42	18.69
2004	54.75	75.6	90.15	75.67	11.08
2005	53.48	77.22	91.19	77.92	12.09
2006	48.6	74.1	90.95	74.6	12.15
2007	61.7	78.15	105.68	75.07	13.3
2008	84.05	93.6	128.5	83.25	15.35
2009	77	92.45	114.8	79.3	15.6
2010	83.85	99.95	104.3	79.45	15.6
2011	100.6	116.07	121.96	84.12	17.4
2012	114.71	146.97	123.95	92.35	17.53
2013	140.26	144.32	136.34	100.11	21.05
2014	161.47	146.44	138.85	98.1	21.69
2015	140.52	140.41	116.04	93.56	21.58
2016	131.31	151.41	120.63	104.37	19.48
2017	126.64	163.07	123.77	107.61	21.1

（三）产品结构优化调整，杀菌剂市场增长最快

随着种植结构和种植模式的变化，世界农药市场消费结构不断改变。从不同时期世界农药分品种市场情况看，除草剂、杀菌剂和杀虫剂三大种类农药中，除草剂在过去40年里始终独占鳌头，市场份额一直保持在40%以上。而杀虫剂和杀菌剂的市场地位则有所更替，杀虫剂市场份额一路下滑，2010年杀菌剂超过杀虫剂，并逐年递增。总体看，杀虫剂的市场份额从1978年的34.9%，下降至2017年的24.9%，减少了10个百分点；杀菌剂的市场份额相应上升11.2个百分点，从1978年的17.4%，增加到2017年的28.6%；植物生长调节剂、熏蒸剂等其他类农药的市场份额相对稳定，在3%～6%之间浮动（表4）。

表4　不同时期世界农药分品种市场情况

年　份	除草剂	杀虫剂	杀菌剂	其他农药
1978	43.0%	34.9%	17.4%	4.7%
1980	41.0%	34.7%	18.8%	5.5%
1990	44.0%	29.0%	21.0%	6.0%
2000	47.5%	27.9%	19.6%	5.0%
2010	46.3%	24.8%	25.7%	3.0%
2017	42.8%	24.9%	28.6%	4.0%

在市场增长上，杀菌剂销售额增长最快，从1978年的15亿美元，增加到2017年的154.87亿美元，年均增长率达到6.1%；其后分别是除草剂4.8%，植物生长调节剂、熏蒸剂等其他类农药4.1%，杀虫剂3.9%的年均增长率。杀菌剂快速增长的原因主要是人口增加和经济发展导致人们对于食品数量和质量的要求越来越高，而杀菌剂可以用来提高作物的品质和产量，同时种植结构调整，经济作物种植面积增加也增加了杀菌剂市场需求。

二、世界农药产业格局变化

（一）寡头垄断格局持续

由于农药产品的开发周期长、投入大、风险高，使农药行业天然就具有资本密集、技术密集、行业垄断的特性。

为应对日益增加的研发投入和激烈的市场竞争，农药行业开始通过兼并重组、资源整合来提升规模效应，实现降低成本、增加市场份额、提升竞争力的目的。总的看，自20世纪70年代末以来，世界农药行业先后经历了四轮比较集中的振荡洗牌。第一轮发生在20世纪70年代末到80年代初，第二轮发生在20世纪90年初到90年代中期，第三轮发生在21世纪初，第四轮则发生在2015年至2018年。

2010年至2018年，排名前20位的公司中，先正达（Syngenta）、陶氏益农（Dow Agrosciences）、孟山都（Monsanto）、杜邦（DuPont）、科麦农（Cheminova）、联合磷化和爱利思达7家公司先后涉及重大并购业务。标志性的事件包括：

2016年6月，中国化工宣布完成430亿美元收购瑞士先正达的交易计划，拥有先正达94.7%的股份。交易过程历时16个月，最终实际花费490亿美元，是中国历史上最大的海外收购项目之一。中国化工收购先正达具有很强的互补性。通过收购先正达，中国化工具有了全球领先的农药研发和专利药生产能力，拥有了完整的农药产业链。被收购后，先正达仍以独立公司的形式存在，中国化工承诺将完全支持先正达运营、管理层及员工的完整性，包括保留先正达品牌，以及总部继续设在瑞士巴塞尔。

2017年8月，陶氏化学公司与杜邦公司完成总市值为1 300亿美元的对等合并。合并后进一步拆分为农业、材料科学、特种产品三家独立的上市公司。其中农业公司命名为科迪华农业科技（Corteva Agriscience），预计将在2019年6月完成拆分，公司总部设在美国特拉华州威明顿市。

2017年11月，富美实（FMC）完成12亿美元对杜邦全球咀嚼式害虫杀虫剂产品组合、全球谷物阔叶除草剂，以及杜邦旗下全球农作物保护研发能力重要部分的业务收购。加上此前于2015年4月完成的18亿美元对科麦农的收购计划，富美实稳坐世界农药排行榜第5号交椅。

2018年6月，拜耳完成价值630亿美元对孟山都公司的收购。并购后，孟山都作为公司品牌不再使用，但是具体产品的品牌仍将供应。至此，具有117年历史的著名农业巨头孟山都退出历史舞台。拜耳与孟山都两家公司过去在交叉重叠领域存在一定竞争，但是差异化优势明显。通过合并，双方可集中各自优势，弥补短处，实现更大更广的产品组合，为用户提供整合的解决方案，成为一个更加全球化的公司。

2018年7月，美国特种化学品制造商Platform Specialty Products公司（简称PSP）发布公告，同意将旗下农业解决方案板块爱利思达生命科学公司（Arysta LifeScience）以42亿美元价格出售给印度联合磷化公司（简称UPL）。该收购案将实现UPL在全球范围内创新一体化的专利和非专利农业解决方案业务，为广泛的市场和各种作物提供深入和丰富的本地解决方案和销售网点，并成为全球领先的生物解决方案公司。该交易预计将在2018年底或2019年初结束。

2018年8月，巴斯夫完成价值88亿美元（76亿欧元）对拜耳剥离业务的收购。收购的业务包括拜耳全球草铵磷业务、相关的LibertyLinkTM抗除草剂技术、其绝大部分大田种子业务以及相关的研发业务（表5）。

表5　近40年世界农药前20名公司排名情况

排名	1980	1990	2000	2001	2002	2003	2004	2005	2006	2007
1	拜耳	汽巴-嘉基	先正达	先正达	先正达	先正达	先正达	拜耳	拜耳	拜耳
2	汽巴-嘉基	捷利康	孟山都	安万特	拜耳	拜耳	先正达	先正达	先正达	先正达
3	希尔	拜耳	安万特	孟山都	孟山都	巴斯夫	巴斯夫	巴斯夫	巴斯夫	巴斯夫
4	孟山都	罗纳-普朗克	巴斯夫	巴斯夫	巴斯夫	孟山都	陶氏益农	陶氏益农	陶氏益农	陶氏益农
5	罗纳-普朗克	杜邦	拜耳	陶氏益农	陶氏益农	孟山都	孟山都	孟山都	孟山都	孟山都
6	捷利康	陶氏益农	陶氏益农	拜耳	杜邦	杜邦	杜邦	杜邦	杜邦	杜邦
7	巴斯夫	孟山都	杜邦	杜邦	住友化学	住友化学	马克西姆	马克西姆	马克西姆	马克西姆
8	赫斯特	赫斯特	住友化学	马克西姆	马克西姆	马克西姆	住友化学	住友化学	住友化学	纽发姆
9	依礼-礼来	巴斯夫	马克西姆	住友化学	爱利思达	纽发姆	澳新农	纽发姆	纽发姆	住友化学
10	杜邦	先令	富美实	爱利思达	富美实	爱利思达	爱利思达	爱利思达	爱利思达	富美实
11	斯托夫	山道士	罗门哈斯	富美实	纽发姆	富美实	富美实	富美实	富美实	爱利思达
12	陶氏益农	希尔	纽发姆	纽发姆	科麦农	科麦农	科麦农	科麦农	科麦农	联合磷化
13	联碳	氰胺	格里芬	格里芬	日产化学	日产化学	日产化学	日产化学	联合磷化	科麦农
14	氰胺	住友化学	组合化学	科麦农	组合化学	组合化学	组合化学	世科姆	科聚亚	石原产业
15	富美实	富美实	三共农业	组合化学	石原产业	石原产业	石原产业	石原产业	石原产业	科聚亚
16	罗门哈斯	罗门哈斯	科麦农	三共农业	北兴化学	日本农药	世科姆	科聚亚	日产化学	世科姆
17	组合化学	组合化学	日本农药	北兴化学	三共农业	世科姆	日本曹达	组合化学	世科姆	组合化学
18	FBC	三共农业	北兴化学	日本农药	有利来路	北兴化学	日本农药	联合磷化	组合化学	三井化学
19	先令	北兴化学	武田化学	日产化学	日本农药	三共农业	科聚亚	日本曹达	日本曹达	日本曹达
20	雪夫龙	马克西姆	日产化学	武田化学	世科姆	有利来路	三共农业	日本农药	日本农药	日本农药
排名	2008	2009	2010	2011	2012	2013	2014	2015	2016	2017
1	先正达	先正达	先正达	先正达	先正达	先正达	先正达	先正达	先正达	先正达
2	拜耳	拜耳	拜耳	拜耳	拜耳	拜耳	拜耳	拜耳	拜耳	拜耳
3	巴斯夫	巴斯夫	巴斯夫	巴斯夫	巴斯夫	巴斯夫	巴斯夫	巴斯夫	巴斯夫	巴斯夫
4	孟山都	陶氏益农	陶氏益农	陶氏益农	陶氏益农	陶氏益农	陶氏益农	陶氏益农	陶氏益农	陶氏杜邦

（续表）

排名	2008	2009	2010	2011	2012	2013	2014	2015	2016	2017
5	陶氏益农	孟山都	孟山都	孟山都	孟山都	孟山都	孟山都	孟山都	孟山都	孟山都
6	杜邦	杜邦	杜邦	杜邦	杜邦	杜邦	杜邦	杜邦	杜邦	安道麦
7	马克西姆	纽发姆	马克西姆	马克西姆	马克西姆（安道麦）	安道麦	安道麦	安道麦	安道麦	吉美实
8	纽发姆	马克西姆	纽发姆	纽发姆	纽发姆	吉美实	纽发姆	吉美实	住友化学	住友化学
9	住友化学	住友化学	住友化学	住友化学	住友化学	纽发姆	吉美实	联合磷化	吉美实	联合磷化
10	爱利思达	爱利思达	吉美实	联合磷化	吉美实	住友化学	住友化学	纽发姆	联合磷化	纽发姆
11	吉美实	联合磷化	爱利思达	吉美实	联合磷化	联合磷化	联合磷化	住友化学	纽发姆	爱利思达
12	联合磷化	吉美实	联合磷化	爱利思达	爱利思达	爱利思达	爱利思达	爱利思达	爱利思达	颖泰嘉和
13	科麦农	科麦农	科麦农	科麦农	科麦农	科麦农	科麦农	华邦健康	颖泰嘉和	山东润丰
14	新安化工	石原产业	石原产业	组合化学	组合化学	新安化工	新安化工	新安化工	组合化学	南京红太阳
15	世科姆	三井化学	组合化学	石原产业	石原产业	华邦颖泰	华邦颖泰	南京红太阳	山东润丰	组合化学
16	石原产业	组合化学	三井化学	三井化学	华邦颖泰	组合化学	南京红太阳	组合化学	福华通达	福华通达
17	三井化学	世科姆	日本曹达	日本曹达	日本曹达	石原产业	组合化学	江苏扬农	南京红太阳	江苏扬农
18	科聚亚	日本曹达	日产化学	世科姆	三井化学	世科姆	世科姆	世科姆	江苏辉丰	世科姆
19	组合化学	日本农药	日本农药	日产化学	新安化工	南京红太阳	石原产业	三井化学	新安化工	日产化学
20	日本曹达	日产化学	世科姆	日本农药	日产化学	江苏扬农	江苏扬农	石原产业	世科姆	江苏辉丰

（二）行业并购动作频繁

回顾近40年来世界农药销售前20名排行榜上先后消失的20家公司，其业务通过收购、兼并、合并等多种形式，最终都汇集到先正达、拜耳、科迪华、巴斯夫、富美实等农药巨头公司中，世界农药行业强者恒强的寡头垄断格局不断强化。以研发创新能力和市场规模为指标，世界农药公司可被划分为四个方阵。

“第一方阵”：由先正达、拜耳、巴斯夫、孟山都、陶氏益农、杜邦6大公司构成。这些公司的共同特点是以研发和创制为基础，拥有原创性专利技术和强大的品牌及市场营销渠道，具有种子、农药等多产品线。2018年6月，以拜耳完成孟山都收购为标志，世界农药行业“三国四大”，即中国、美国、德国三国鼎立，中国化工（先正达）、拜耳、科迪华、巴斯夫四强争雄的新格局正式确立（表6）。

表6　2003—2017年六大跨国公司农药销售情况

单位：亿美元

年　份	先正达	拜耳	孟山都	巴斯夫	陶氏益农	杜邦	6家占世界市场比重
2003年	55.07	53.94	30.31	35.69	30.08	20.24	72.3%
2004年	60.30	69.57	31.03	41.41	33.68	22.11	72.0%

（续表）

年　份	先正达	拜耳	孟山都	巴斯夫	陶氏益农	杜邦	6家占世界市场比重
2005年	63.07	69.60	30.42	41.32	33.64	23.02	72.3%
2006年	63.78	66.98	33.16	33.99	40.74	21.94	73.3%
2007年	72.85	74.58	28.92	37.79	35.59	23.69	70.6%
2008年	92.31	87.25	49.96	50.16	46.09	26.00	76.3%
2009年	84.91	83.78	44.27	50.85	45.37	24.86	76.4%
2010年	88.78	81.36	28.92	53.42	40.74	25.05	71.8%
2011年	96.74	89.63	32.40	58.01	46.00	29.00	69.9%
2012年	103.18	95.35	37.15	60.12	50.41	31.73	67.6%
2013年	109.23	104.20	69.43	45.21	55.46	35.57	69.1%
2014年	113.81	102.52	51.15	72.39	56.86	37.00	68.6%
2015年	100.05	91.86	47.58	64.64	49.25	30.37	66.7%
2016年	95.71	88.10	35.14	61.63	46.31	28.84	59.3%
2017年	92.44	87.13	37.27	67.04	61.00	并到陶氏	56.1%

“第二方阵”：由位列世界农药销售排行榜7～13位的安道麦、富美实、住友化学、联合磷化、纽发姆和爱利思达6家公司构成。“第二方阵”组成公司的农药年销售额大致在20亿～30亿美元水平。与“第一方阵”市场份额的下滑趋势相反，“第二方阵”占世界农药市场的20%左右，2017年达到24.9%（表7）。

表7　2003—2017年“第二方阵”公司农药销售情况

单位：亿美元

年　份	住友化学	安道麦（马克西姆）	纽发姆	爱丽思达	富美实	科麦农	联合磷化	合计占世界市场比重
2003	11.41	10.35	8.01	7.11	6.40	5.20		15.6%
2004	13.08	13.35	10.68	7.90	7.04	6.02		16.5%
2005	12.92	15.43	12.07	9.04	7.25	5.97		17.4%
2006	13.12	15.81	12.61	9.54	7.66	6.04		18.2%
2007	12.09	18.95	14.70	10.35	8.90	7.21	7.67	20.6%
2008	14.02	23.35	21.26	11.73	10.59	9.95	10.45	22.0%
2009	14.05	20.42	21.21	10.88	10.52	9.44	10.68	22.2%
2010	15.99	21.80	20.03	11.70	12.42	9.34	10.78	23.0%
2011	17.27	25.03	21.54	14.64	14.65	10.00	15.11	23.5%
2012	19.58	26.49	22.60	15.24	17.64	10.27	13.53	22.4%
2013	20.52	28.76	20.78	15.03	21.35	11.01	17.15	22.2%
2014	21.22	30.29	22.37	15.99	21.74	12.04	18.38	22.5%
2015	19.07	28.85	19.39	17.42	22.53		19.45	22.0%
2016	23.80	28.77	19.31	18.16	22.70		21.57	22.4%
2017	24.87	32.59	22.34	18.97	25.31		22.96	23.9%

“第三方阵”：由曾经进入世界农药销售排行榜14～20位的公司构成。主要包括中国的颖泰嘉和、山东润丰、南京红太阳、四川福华通达、江苏扬农、江苏辉丰、浙江新安化工，日本的组合化学、日产化学、三井化学、石原产业、日本曹达、日本农药，以及意大利的世科姆等公司。此方阵内的农药公司年销售额在5亿～10亿美元，占世界农药市场的10%左右。

“第四方阵”：这一方阵由几千家小型农药企业组成，分割剩余10%的世界农药份额。

三、世界农药产业格局变化对中国影响

（一）跨国公司落地中国

1984年，杜邦设立北京办事处，将新一代高效、安全、低毒的磺酰脲类除草剂-杜邦™农得时®引进中国，成为最早在国家开放政策感召下进入中国的世界500强企业之一。此后，IBM、GE等也纷纷申请成立在华控股公司。据不完全统计，我国农药行业利用外资建成的农药企业20多个，直接利用外资超过3亿美元。

（二）中国企业走向世界

大型跨国农药公司在中国建立合资或独资企业，不仅引进了农药新品种和一些中间体和制剂的生产技术，缓解了改革开放初期国内资金不足压力，也将先进的企业管理、产品开发手段和营销方法带入中国。毋庸置疑，农药市场的开放加快了国内农药企业国际化的进程。国内企业在积极借鉴国外经验，促进国产农药健康发展的同时，加快开拓国外市场，在国外建立合资公司或直接收购国外知名公司，使中国逐步成为全球最主要的农药原料及制剂生产基地。

中国农药军团的异军突出，让中国成为与德国、美国并肩争雄的农药强国。目前，在世界农药前20强销售榜单上，中国军团与德国军团实力相当，分别占据约30%的份额；美国军团占据20%的份额，日本军团占据10%，剩余10%的份额则由印度、澳大利亚、意大利三国的公司分占。

（三）客观认识我国农药行业在国际农药舞台上的比较优势和不足

大规模农药制造能力是我国农药的比较优势。农药大规模生产需要科技能力、市场容量、资本支持、化工行业配套等多项因素支撑。在全球范围内，具备原药和制剂综合生产能力的国家和地区只有20个左右，主要集中在亚洲的中日韩、印度、以色列以及中国台湾地区，欧盟主要国家、美国、巴西、阿根廷等。从国际产能分工看，专利期内农药的生产加工主要在欧美地区完成。专利外农药产品集中在中国生产和加工，印度、巴西、阿根廷、日本和韩国等国家也有部分产能，但规模依次减少。中国是全球唯一具备从原料到终端产品大规模、全产业链制造能力的农药生产国。据测算，海外农药市场近三成份额的农药产品由中国生产出口。世界主要市场对中国农药的依赖性逐渐提高。全球农药市场前20名国家中，泰国、越南、澳大利亚、阿根廷的农药市场中我国农药占比均超过6成，分别高达84%、83%、79%、62%。占比较高的其他国家还有印度（43%）、俄罗斯（38%）、美国（33%）、墨西哥（29%）。

相比而言，我国农药企业中只有中国化工在收购安道麦、先正达后具备全球影响力，其他企业的国际竞争力还明显不足。因此，一定历史阶段内，大型农药跨国公司仍将是我国农药行业难以逾越的高山，需要做好与之长期共舞的准备，国内企业需要与跨国公司保持又合作又竞争的关系中，不断谋求自身的发展壮大。

四、政策建议

（一）坚持对外开放，深入参与国际竞争

持续开放发展，深度参与国际竞争，是化解国内农药产能过剩的重要途径。积极推进产品国际竞争力，参与资本市场布局，提高全球规则制定能力，才能更好实现产业全面走出去。参与产品国际竞争，树立品牌核心价值，要以质量赢得信誉。近年来，我国农药产品出口全球150多个国家，贸易量稳步提升，得益于国内农药生产水平快速提高，部分产品已经达到国际先进水平。

（二）参与并购重组竞争，实现全球战略布局

要积极参与全球农药行业并购、重组。近日，中国化工集团收购先正达公司，通过跨国并购操作提升世界范围影响力，具有探索实践意义。中国企业参与国际收购，除了在兼并企业之外，还可以在收购产品、收购渠道、优势互换等进行多种方式探索，实现全球范围内资源整合、市场切入。探索投资海外前沿科技。农药创制科研的视野要从国内转向全球，在世界范围内寻求优势技术团队，做到海外科技为我所用，尽早将海外技术成果与国内农药优势制造能力对接，推动行业实现跨越式发展。

（三）参与国际规则制定，突破技术壁垒

推进技术标准的国际化。近年来，我国农药GLP管理体系和GLP实验室建设步伐不断加快，这为登记资料的国际互认奠定坚实基础；我国已与美国、德国、泰国、越南等国家间农药管理合作日益深化，与OECD农药管理工作组、全球联合评审、东盟等的多边合作项目稳步推进。全面参与、大力推进农药登记管理全球化，努力消除国际贸易的技术壁垒，是需要行业携手共进、矢志不渝的方向。

（四）加强科研开发，发展高效新品种

加大投入力度。政府部门在农药发展方面应加大对南北两个农药制药中心的投入力度，加强企业与科研院所、高校之间的联系，充分发挥企业的资金优势、科研院所和高校的研究能力和人才优势，努力建设一条以企业为生产主体、科研单位为技术支撑、市场为产品导向、产品为行业核心的"产—学—研"相结合的农药创新体系。农药研究开发方面，充分发挥各单位优势的同时，还要加强科研的统一规划和有序管理；不仅要避免研究课题的重复和盲目竞争，还要避免只求科研水平，不求实用创新的现象。

发展高效新品种，调整产品结构。未来几年内在有计划逐年淘汰、限制高毒品种的同时还应：一是加快开发新的高毒农药取代品种，尽快淘汰现有的还未采取措施的高毒农药，尤其应抓紧高毒有机磷杀虫剂的取代品种的研制；二是提高现有产品的生产技术和产品质量，加强对环保剂型的开发，我国目前使用及生产的农药制剂仍以乳油、可湿性粉剂、粉剂等为主，大量的作为溶剂的有毒物质如甲苯、二甲苯等被施于田间，浪费资源的同时对环境也造成了影响，现在国外的农药剂型都在向既安全又环保的无溶剂、水基、控制释放、固体化等高效、安全的方向发展，未来应重点支持研发、生产和推广水乳剂、水分散粒剂、微胶囊剂、悬浮剂和大粒剂等新型剂型，降低乳油、可湿性粉剂、粉剂的比例，坚决控制有毒溶剂和助剂的使用。

（五）为生物农药的发展提供绿色空间

随着社会的进步，经济的发展，人们对生活的质量和环境提出了更高的要求，农药行业的发展方式也随之发生了变化，传统的化学农药危害大；非标靶生物被杀、害虫抗药性的产生、农残问题

有增无减、环境污染日渐严峻，人类和牲畜的健康受到危害，因此开发推广低毒、低残留、对环境无污染、对人畜无害的安全农药，对保障农产品安全、生态安全有重要的意义。

解决目前生物农药发展所面临的问题，应从以下几方面着手：

一是政策上的扶持。美国、澳大利亚和巴西等国正在增加生物农药的推广面积，并将生物农药的研究开发提升到前所未有的高度，全球大型企业也正在抓紧向生物农药市场扩张，我国应及时对生物农药进行研发和生产，建立健全生物农药研发体系、生产体系，采取优惠政策支持生物农药的发展，缩短与国外的差距。

二是应用先进技术。利用先进的基因工程技术，对生物农药的来源生物的特性进行改良。

三是发掘新的资源。寻找新的生物农药资源，既可以保持生物农药的多样性又可以避免害虫耐性的产生，不过单纯地从零开始寻找一项生物农药资源，不仅耗资大、时间长，最后还有可能徒劳而归，进行农药作用方面的研究和开发，将是生物农药开发的一个重要途径。

四是加强宣传力度。提高农民对生物农药的认知程度，发挥经营大户、种植大户的示范和带动作用，定期以专家讲座、电视讲座、电台问答或者企业会员制组织培班等形式对基层农技推广人员及农户开展生物农药使用知识培训，对农药经销商组织法律和道德知识培训，防止部分经销商思想道德腐化，通过这些措施来引导农民和经销商正确认识使用生物农药。

五是强化市场监管。相关部门应加大对农药市场的整顿力度，维护生物农药的声誉，让劣质产品无生存空间，重塑生物农药在农民心中的形象。农药质检部门应完善对生物农药的质检措施，加强对农药产品的质量监督和管理，增加检验项目和检查频率，促进生物农药健康有序地发展。

（六）建设低碳环保型行业

目前我国农药行业的环保政策体系已经初步成熟，未来几年应加强以下几个方面的建设：一是加快制定相关法规和标准。二是加大投入力度。现在农药行业正处于整合时期，对调整适应快、药剂换代符合要求、节能环保技术设备先进的农药企业，意味着无限商机；对反应慢、工艺设备落后、环保不达标的企业，无疑会被淘汰。相对企业而言，加快改进传统的落后的生产工艺及设备迫在眉睫。目前我国销售额超过10亿元的农药企业，在环保方面已经具备一定的基础，新安化工每甲亏染治理费用维持在2 000万元左右；而中小型企业环保基础比较薄弱，一系列环保政策的出台，会迫使中小企业处于要么完善环保设备和工艺，要么被行业淘汰的选择境地，势必在今后的发展中将面临巨大挑战。农药生产过程中产生的污染物种类多、毒性大、浓度高，处理起来难度很大，政府部门、行业协会、科研单位及大专院校也应联合起来，弥补企业单方面研发缺乏资金和人力的不足，共同开发污染处理的技术和工艺。今后农药行业的发展不但产量、质量得到提高，同时还要兼顾生态环境的平衡，人类和生物的健康，无毒、高效、无污染才是农药行业未来的发展方向。

（张　正）

（农业农村部农村经济研究中心　胡　钰）

第十九部分

农　机

专题一：世界供需形势分析

农业机械包含种植业、畜牧业、农产品加工业、林业、渔业、农用运输和可再生能源等多个门类专用机械，种类繁多。本专题重点从全球视角，对拖拉机、收获机械等主要农机产品供需形势、贸易情况以及产业发展支持政策等开展分析研究。

一、世界供需现状

（一）全球供需形势

继2017年全球农机市场结束连续3年的低迷期开始呈现复苏态势后，2018年继续保持强势复苏。各类农机产品的市场销量总体上均有不同程度的增长，尤其是拖拉机销量增长迅速。但是，从全球生产季度指数变化来看，各类农机产品表现出较大差异（图1）。

在拖拉机方面，尽管2018年全球拖拉机销量总量增长迅速，但是2018年第三季度生产指数开始出现下降，与2017年第三季度环比增长率相比下降了约6.80%。在联合收割机方面，尽管2018年第二季度生产指数出现了积极的上升趋势，并且第三季度环比增长率与2017年同季度相比还高1.70%，但2018年生产指数整体表现出稳中有下降的趋势。在青饲料收获机方面，2018年第三季度生产指数达到107.8，与2017年第三季度环比增长率相比增长了12.10%。在打捆机方面，生产指数连续12个月增长达到了2018年第三季度的125.7，为2010年以来的最高值，且与2017年第三季度环比增长率相比增长了51.70%。

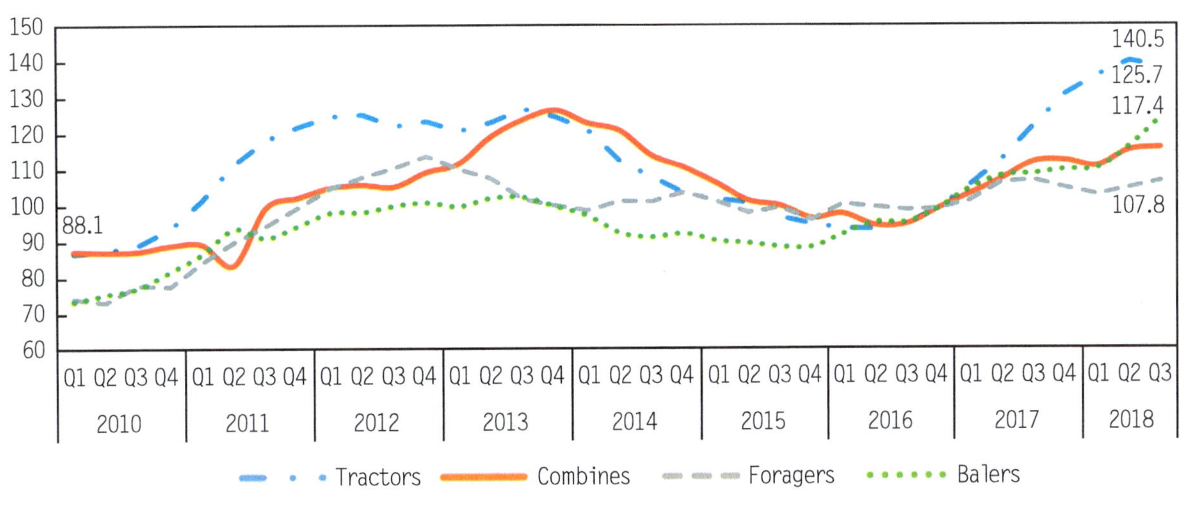

图1 全球农机产品季度生产指数变化情况（2016年第四季度指数为100）

来源：国际农机制造商联盟

（二）重点国家或地区供需形势

1. 美国

就2019年4月来看，除40～100马力两轮农用拖拉机和自走式联合收割机销量同比出现负增长外，其余马力段的两轮农用拖拉机和四轮农用拖拉机均有不同程度的增幅，其中四轮农用拖拉机销量增幅达32.19%（表1）。从截至2019年4月当年总销量来看，40～100马力两轮农用拖拉机销量出现负增长，四轮农用拖拉机、自走式联合收割机销量同比增长分别高达27.08%和19.35%，其余各类型和马力段的农用拖拉机销量则均有小幅增长，增幅在2.76%～12.54%。

表1　美国农用拖拉机和联合收割机市场（2019年4月）

类　别	当年4月销量			截至当年4月总销量		
	2019年（台）	2018年（台）	增长（%）	2019年（台）	2018年（台）	增长（%）
两轮农用拖拉机	28 945	25 892	11.79	72 919	67 438	8.13
其中：<40马力	21 301	18 266	16.62	50 299	44 694	12.54
40～100马力	5 674	5 778	−1.80	17 034	17 308	−1.58
>100马力	1 970	1 848	6.60	5 586	5 436	2.76
四轮农用拖拉机	308	233	32.19	901	709	27.08
总农用拖拉机	29 253	26 125	11.97	73 820	68 147	8.32
自走式联合收割机	485	506	−4.15	1 462	1 225	19.35

数据来源：美国装备制造协会

另外，从2016年至2019年4月月销量变化情况来看，2018年5—8月、2019年2月和4月均出现了较为明显的增长，其余时间美国农用拖拉机和自走式联合收割机年度各月销量同比增降变化不大，市场整体上相对比较稳定（图2）。

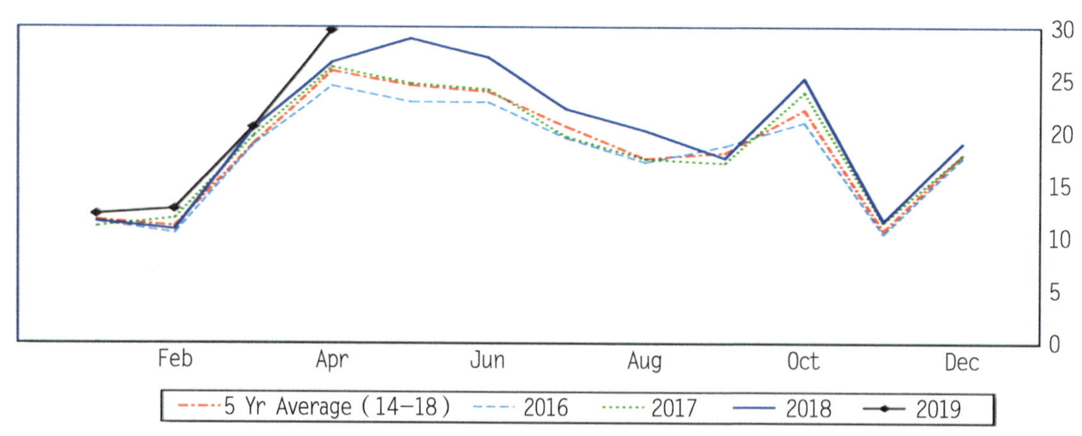

图2　美国农用拖拉机和自走式联合收割机月销量变化情况（单位：千台）

来源：美国装备制造协会

2. 加拿大

就2019年4月当月来看，仅40马力以下两轮农用拖拉机销量同比增长16.1%，其余马力段的两轮农用拖拉机、四轮农用拖拉机和自走式联合收割机销量同比均出现了负增长，且降幅均超过15%，其中，最高降幅达到了26.73%（表2）。从截至2019年4月当年总销量来看，同比基本上都出现了负增长，其中100马力以上两轮拖拉机、四轮农用拖拉机销量同比降幅分别高达26.84%和27.56%，仅有40马力以下两轮农用拖拉机销量同比增长9.37%。

另外，从2016年至2019年4月月销量变化情况来看，加拿大农用拖拉机和自走式联合收割机年度各月销量同比增降变化不大，市场整体上相对稳定，但2016年上半年各月销售量明显低于其他年份（图3）。

表2 加拿大农用拖拉机和联合收割机市场（2019年4月）

类 别	当年4月销量			截至当年4月总销量		
	2019年（台）	2018年（台）	增长（%）	2019年（台）	2018年（台）	增长（%）
两轮农用拖拉机	2 109	2 142	-1.54	6 162	6 471	-4.78
其中：<40马力	1 357	1 169	16.08	3 760	3 438	9.37
40～100马力	363	486	-25.31	1 429	1 703	-16.09
>100马力	389	487	-20.12	973	1 330	-26.84
四轮农用拖拉机	129	153	-15.69	297	410	-27.56
总农用拖拉机	2 238	2 295	-2.48	6 459	6 881	-6.13
自走式联合收割机	148	202	-26.73	434	466	-6.87

数据来源：美国装备制造协会

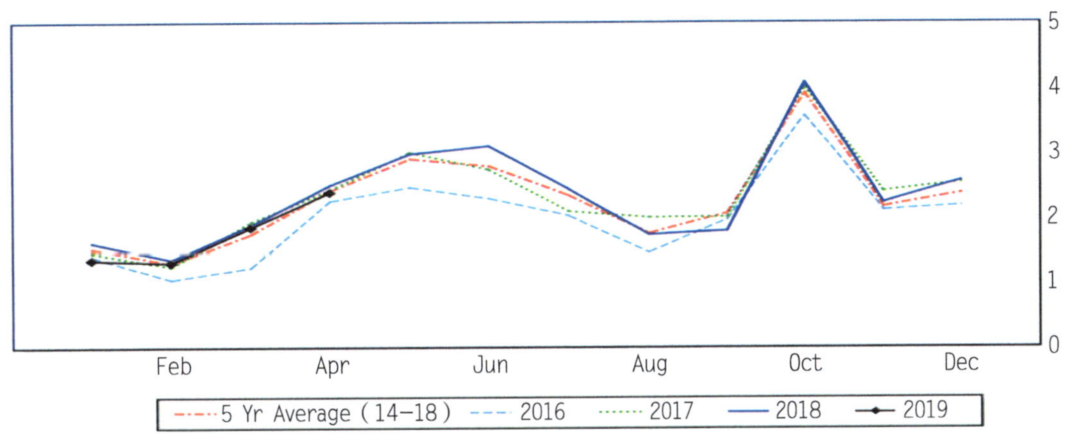

图3 加拿大农用拖拉机和自走式联合收割机月销量变化情况（单位：千台）

来源：美国装备制造协会

3. 俄罗斯

就2019年4月当月来看，仅四轮农用拖拉机销量同比增长达到37.42%，两轮农用拖拉机和自走式联合收割机销量均同比负增长，且40马力以下、40～100马力和100马力以上两轮农用拖拉机销量降幅分别高达33.33%、53.02%和47.88%（表3）。从截至2019年4月当年总销量来看，同比增幅却非常明显，40马力以下、40～100马力和100马力以上两轮农用拖拉机销量同比增长高达35.50%和30.52%，总农用拖拉机销量增幅达到17.13%；仅有100马力以上两轮农用拖拉机、自走式联合收割机销量同比下降15.15%和11.04%。

表3 俄罗斯农用拖拉机和联合收割机市场（2019年4月）

类 别	当年4月销量			截至当年4月总销量		
	2019年（台）	2018年（台）	增长（%）	2019年（台）	2018年（台）	增长（%）
两轮农用拖拉机	1 654	2 929	-43.53	8 677	7 361	17.88
其中：<40马力	814	1 221	-33.33	3 149	2 324	35.50
40～100马力	459	977	-53.02	3 584	2 746	30.52
>100马力	381	731	-47.88	1 944	2 291	-15.15
四轮农用拖拉机	213	155	37.42	781	714	9.38

（续表）

类　别	当年4月销量			截至当年4月总销量		
	2019年（台）	2018年（台）	增长（%）	2019年（台）	2018年（台）	增长（%）
总农用拖拉机	1 867	3 084	−39.46	9 458	8 075	17.13
自走式联合收割机	372	402	−7.46	1 023	1 150	−11.04

数据来源：美国装备制造协会

4. 欧洲

从欧洲市场整体来看，2018年欧洲总共有大约177 000台拖拉机被登记。其中，有39 784台功率低于50马力，剩下的137 503台功率高于50马力。欧洲农机协会估计约有146 927台为农用拖拉机。与2017年相比，农用拖拉机登记量下降了约12%。尽管如此，2018年仍然被认为是拖拉机销量增长的一年，主要原因是2017年12月有大量预先登记的拖拉机造成了2018年登记量的下降。关于拖拉机的新法规于2018年1月1日生效，这意味着所有那些只能满足以前技术要求的拖拉机必须在生效日期之前登记，结果导致了潜在需求没有增加的情况下，2017年12月的拖拉机登记高峰。这些预先登记的拖拉机大部分将在2018年出售，但这些拖拉机的销售却不会被纳入2018年的登记数据中。

从不同功率的农用拖拉机表现来看，与2017年相比，尽管有预注册的负面影响，但2018年175马力以上的拖拉机登记量仍然增加了。对于175马力以下的类别，登记量下降了，主要是由于最低功率低于75马力的拖拉机有相对较高的预登记量。

从不同国家的市场表现来看，欧洲两个最大的拖拉机市场是德国和法国，2018年拖拉机在这两个国家登记量分别下降了12%和9%。主要原因如前所述，是由于立法需要预先登记。总的来说，德国的拖拉机销售是积极的，经历了小幅增长，但预计2019年销售额将略下降。2019年法国市场则相对更为乐观，主要是因为法国农民有着更高的收入，所以预期较为积极。意大利农民对经济形势缺乏信心导致了投资的减少，2018年意大利对拖拉机、联合收割机和拖车的需求下降印证了这一点，预计2019年意大利市场将保持与去年相同的水平。对于英国市场而言，2019年的发展主要取决于英国脱欧谈判的结果，因此2019年英国市场的发展很难预测。比利时的农业产量受到夏季长期干旱的冲击，导致比利时农业机械市场在2018年缩减了约5%，预计2019年将保持在相同水平；仅在2018年，比利时拖拉机登记量就下降了6%。在其他市场中，奥地利（−19%）、土耳其（−43%）和丹麦（−20%）拖拉机登记量有了急剧下降，而荷兰有较小的下降（−5%）。

5. 英国

总的来看，2008—2018年，十余年来英国50马力以上农用拖拉机销量整体呈下滑趋势，仅在2011年、2017年和2018年实现了增长，增幅分别为5.60%、13.50%和0.57%，而且其中有四年的年销量下降幅度超过了10%，2018年销量离2008年的销量峰值还有较大差距（图4）。

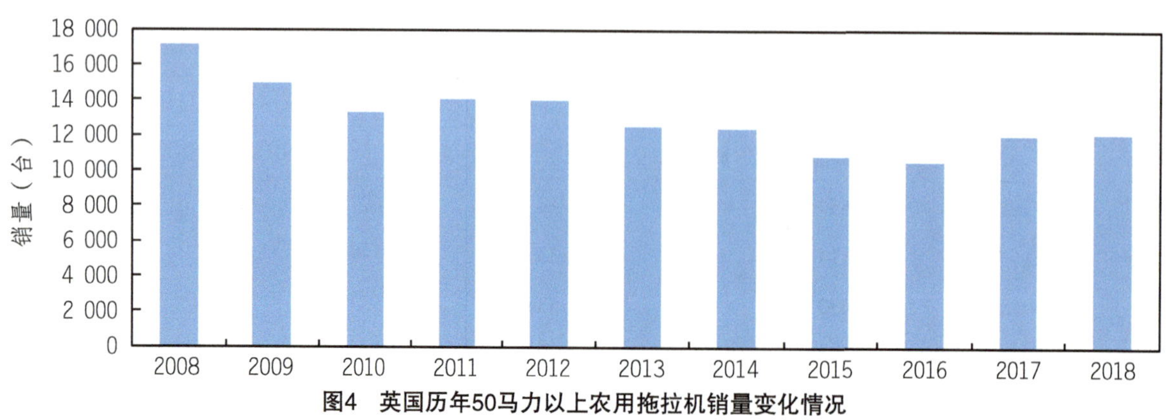

图4　英国历年50马力以上农用拖拉机销量变化情况

数据来源：英国农业工程师协会

英国历年销售50马力以上农用拖拉机的总动力变化相对平缓，在五个年度都实现了增长，最高的增幅出现在2017年，达到了16.27%；2018年实现连续增长，增幅为3.33%（图5）。

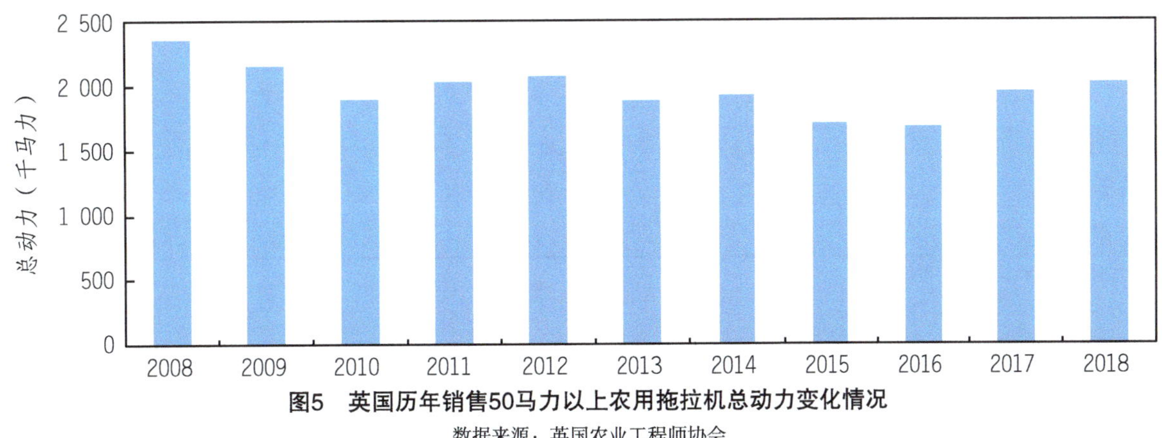

图5　英国历年销售50马力以上农用拖拉机总动力变化情况

数据来源：英国农业工程师协会

英国农用拖拉机市场集中度较高，2017年约翰迪尔、凯斯纽荷兰和爱科集团三家跨国企业在英国拖拉机市场继续占据绝对主导地位（表4）。这三家企业2016年和2017年在英国的拖拉机销量总和，分别占到市场销售总量的76.27%和77.98%。

表4　英国历年拖拉机市场份额

企　业	2016年		2017年	
	销售量（台）	占比（%）	销售量（台）	占比（%）
John Deere	3 350	27.86	3 915	28.44
CNH	3 117	25.92	3 208	23.30
AGCO	2 705	22.49	3 613	26.24
Kubota	852	7.09	948	6.89
Claas	667	5.55	483	3.51
Same Deutz-Fahr	331	2.75	298	2.16
AgriArgo	232	1.93	326	2.37
JCB	194	1.61	327	2.38
Zetor	159	1.32	101	0.73
Others	418	3.48	549	3.99
Total UK	12 025	100	13 768	100

数据来源：英国农业工程师协会

从大农机市场来看，2018年英国各类农业机械的市场销量较前五年平均情况销量有增有减，2018年较2017年增长态势也不明显，动力耙销量增加了20%，但犁和割草机销量出现了下滑（表5）。另外，英国的联合收割机销量也仍然处于低位。其中，2012/2013年至2016/2017年期间平均销量为650台，而2016/2017年和2017/2018年则分别为530台和575台，2017/2018年销量较前五年平均值下降了11%。

表5　英国历年农业机械市场销量变化情况

年　度	2013—2017年五年平均（台）	2017年（台）	2018年（台）	2018年比2017年增长（%）	2018年比五年平均增长（%）
农用拖拉机（50马力以上）	11 682	12 033	12 102	+1	+4
犁	830	790	730	−8	−12
动力耙	1 040	950	1 150	+20	+10
喷雾机	820	765	780	+2	−5
割草机	2 850	3 220	3 000	−7	+5

数据来源：英国农业工程师协会

6. 日本

2011—2018年，日本农机工业的发展波动较大（图6）。其中，在2013年达到峰值，2016年达到谷底，2018年则再次接近谷底，为455 929百万日元。国内销售部分产值的发展趋势也基本类似，占当年度农机工业总产值的比例稳定在60%～70%，2018年占比最低，为60.78%。

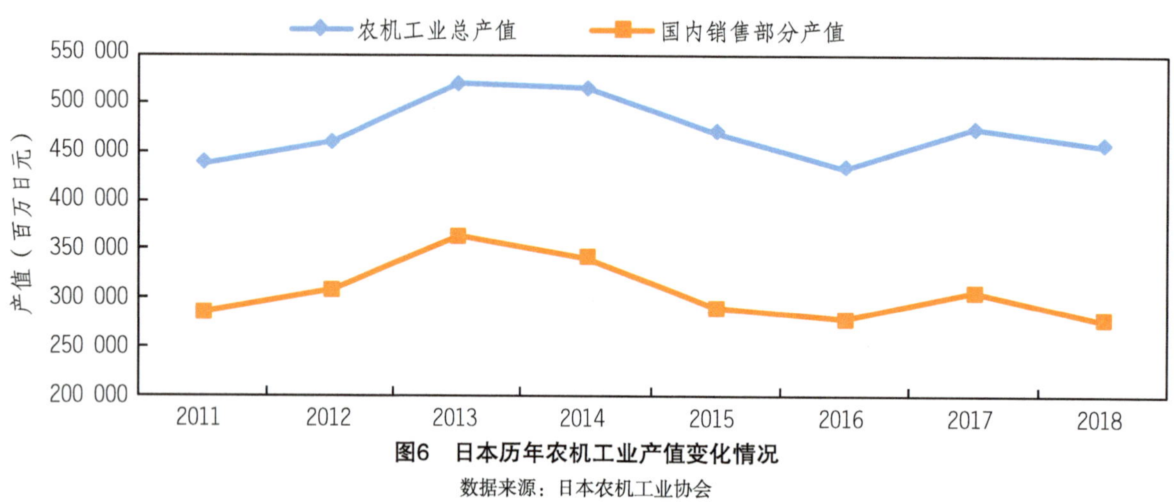

图6　日本历年农机工业产值变化情况

数据来源：日本农机工业协会

从近年来日本主要农机产品的产值变化情况来看，自走式拖拉机一直是产值比例最高的农机产品，2012—2018年，自走式拖拉机产值占当年农机工业总产值比例稳定在48%～55%；微耕机和手扶拖拉机产值整体呈持续下滑趋势，2018年达到历史最低值；其他农机产品产值基本均呈现波浪形发展趋势（表6）。

表6　日本历年主要农机产品产值变化情况

单位：百万日元

类　别	2012	2013	2014	2015	2016	2017	2018
自走式拖拉机	224 263	256 509	261 697	257 589	227 436	244 883	245 266
微耕机与手扶拖拉机拖拉机	20 889	18 485	19 165	15 289	16 216	15 303	14 893
水稻移栽机	37 785	40 458	41 447	30 525	31 466	33 111	36 502
喷雾机	12 766	14 003	14 091	12 926	12 759	14 438	13 576
联合收割机	75 471	89 107	85 894	71 221	58 491	77 097	59 141

数据来源：日本农机工业协会

二、跨国企业发展形势

大型跨国集团的发展一定程度上能够反映全球农机行业的发展态势，因此本节主要分析研究世界五大知名农机跨国企业发展形势。

（一）约翰迪尔

虽然在全球农业发展低迷的大背景下，约翰迪尔的全球业务受到冲击。在经历了2009—2013年的持续上升期后，2013年以后约翰迪尔的销售净额出现了明显下滑。但是，自2016年开始企业发展态势越来越好，2018年更是迎来了强势复苏，年度销售净额与2013年的峰值相比仅相差1 647.20百万美元，是十余年来排在第三位的销售净额（图7）。从行业分布来看，包括草坪机械在内的农机领域依然是约翰迪尔的主营业务板块，十余年来农机领域销售净额占总销售净额的比例基本上在70%至88%之间，但2014年之后占比均未超过80%，且2018年占比仅有69.54%，是历史最低水平。从区域分布来看，由美国和加拿大组成的北美市场仍然是约翰迪尔的主力市场，近十年北美市场销售净额占总销售净额的比例在55%～65%，相对比较平稳，但2018年占比仅有56.51%，也是历史最低水平。

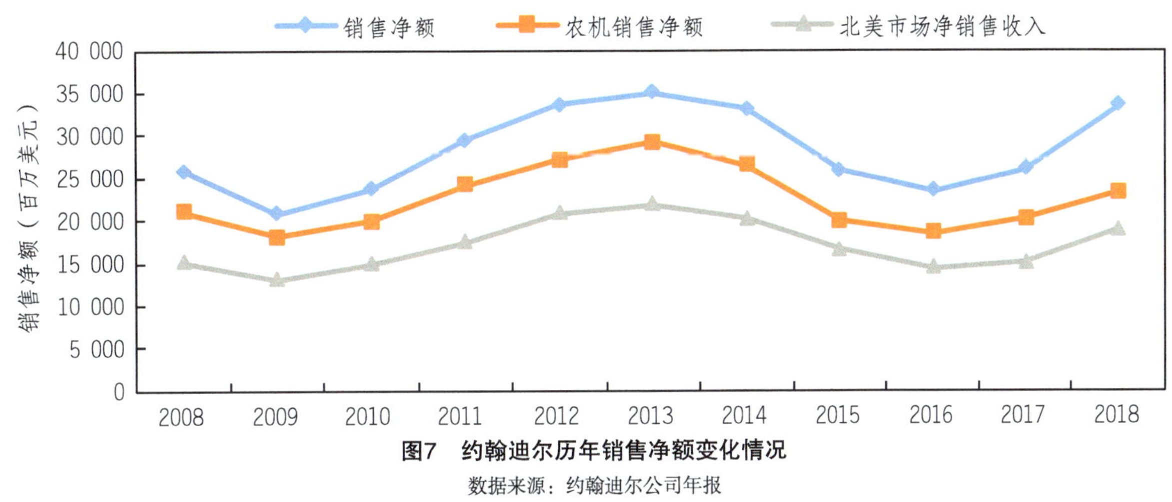

图7　约翰迪尔历年销售净额变化情况

数据来源：约翰迪尔公司年报

与销售净额趋势相似，约翰迪尔的净利润也呈波动上升态势（图8）。公司净利润一度下滑到了2016年的1 523.90百万美元，随后经历了2017年的强势反弹，增长达到了2 159.1百万美元，2018年又达到了2 370.60百万美元，十余年间净利润占销售净额比例在4%～11%波动，2018年为7.1%。尽管如此，约翰迪尔始终坚持高比例的研发创新投入，近十年的研发投入占总销售净额的比例维持在3.65%～5.94%，2018年5.00%。

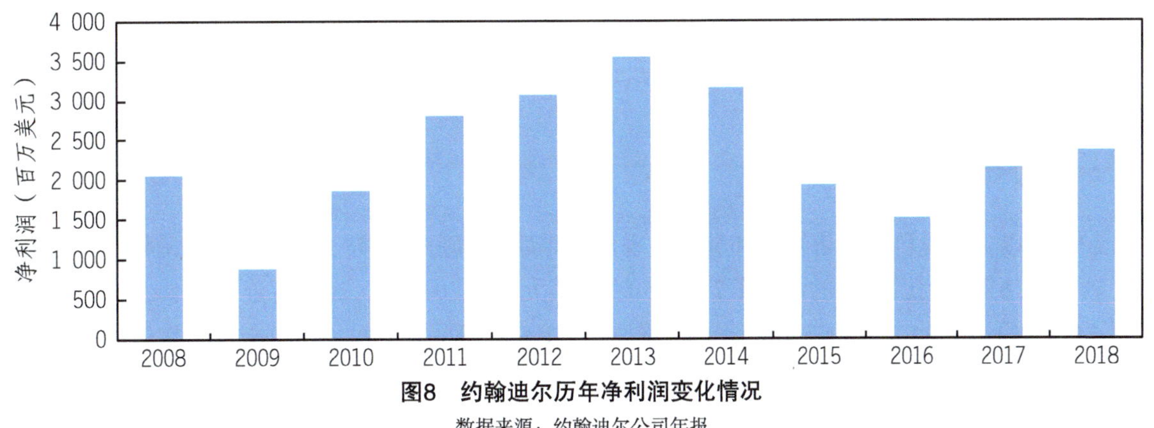

图8　约翰迪尔历年净利润变化情况

数据来源：约翰迪尔公司年报

（二）凯斯纽荷兰

2013来以来，凯斯纽荷兰的销售规模和利润总体上也呈下滑趋势，2016年到底谷后出现了连续两年的微弱增长，但2018年销售净额与2013年值相比仍然有4 801百万美元的差距（图9）。从行业分布来看，农业装备领域依然是凯斯纽荷兰的主营业务板块，近五年农业装备领域销售净额占总销售净额的比例在41%～52%，但2014年之后占比均未超过50%，2017年占比为历史最低的41.46%，2018年也仅为41.97%。

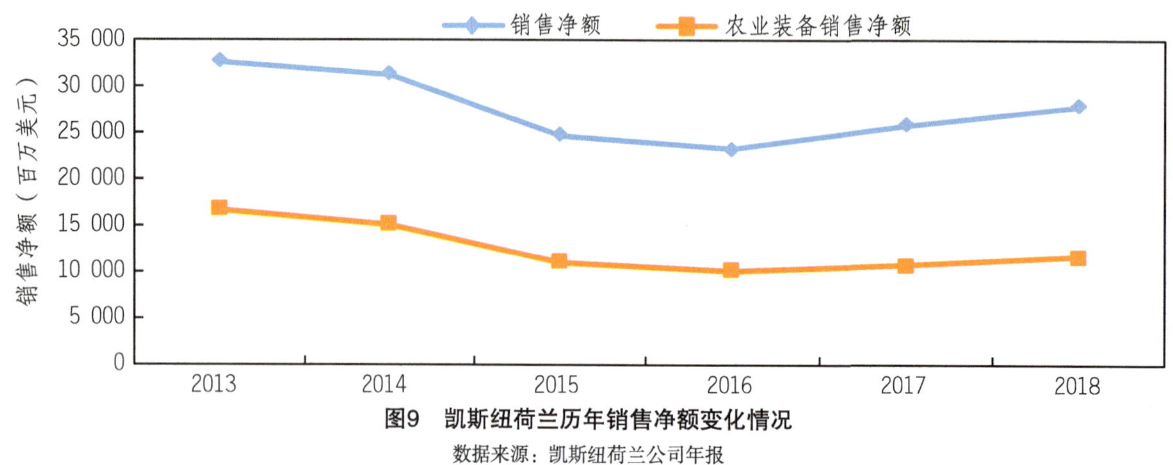

图9　凯斯纽荷兰历年销售净额变化情况

数据来源：凯斯纽荷兰公司年报

凯斯纽荷兰的净利润在低位徘徊三年后达到了峰值（图10）。公司净利润一度由2013年的677百万美元一度下滑到了不足300百万美元并持续了有3年之久，随后在2017年略有增长，2018年达到近年来的峰值1 099百万美元。近年来净利润占销售净额比例在1%～4%波动，2018年达到最高的3.95%。同时，凯斯纽荷兰也坚持高比例的研发创新投入，近年来的研发投入占总销售净额的比例维持在3.44%～4.00%，较为稳定，2018年达到最高的3.81%。

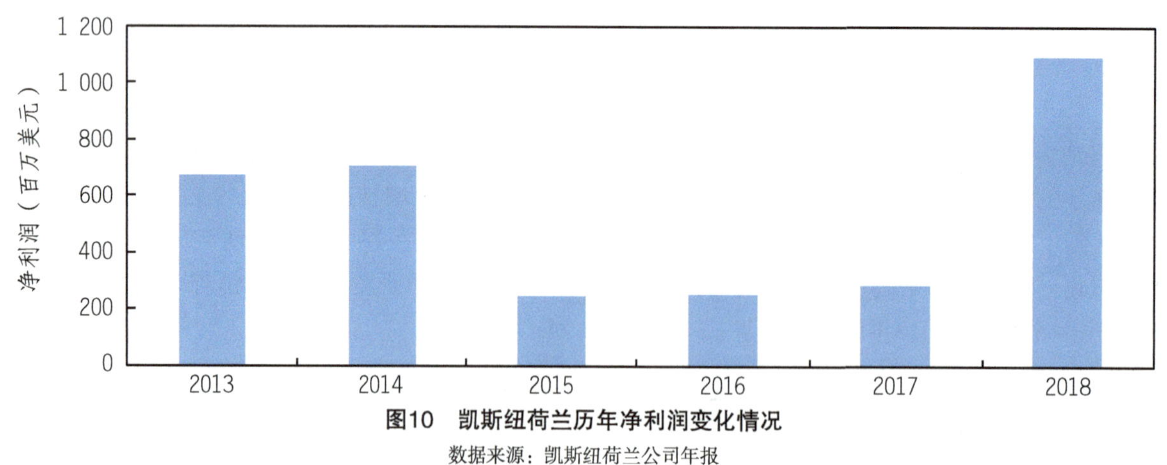

图10　凯斯纽荷兰历年净利润变化情况

数据来源：凯斯纽荷兰公司年报

（三）爱科集团

2013年以来，爱科的销售规模和利润呈现出先降后升的变化趋势。2013年以后爱科销售净额下滑明显，2016年达到近五年的最低值7 410.50百万美元，但2017年、2018年连续增长，2018年更是达到了9 352百万美元，与2013年峰值差距缩小到了1 434.90百万美元（图11）。相比销售净额，爱科净利润的下滑更为明显（图12）。公司净利润一度由2013年的597.20百万美元下滑到了2016年的160.10百万美元，2018年增长到了285.50百万美元，近年来净利润占销售净额比例在2%～6%波动。

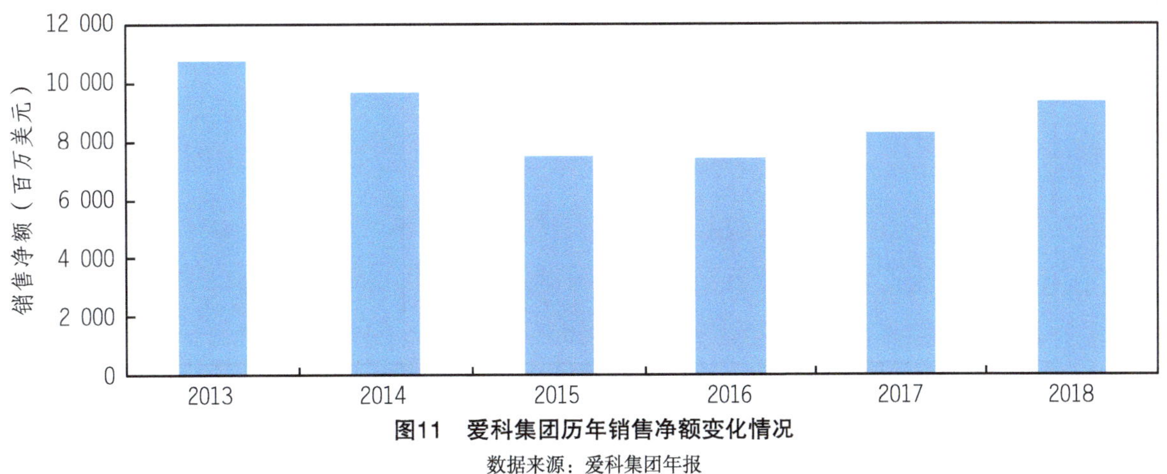

图11　爱科集团历年销售净额变化情况

数据来源：爱科集团年报

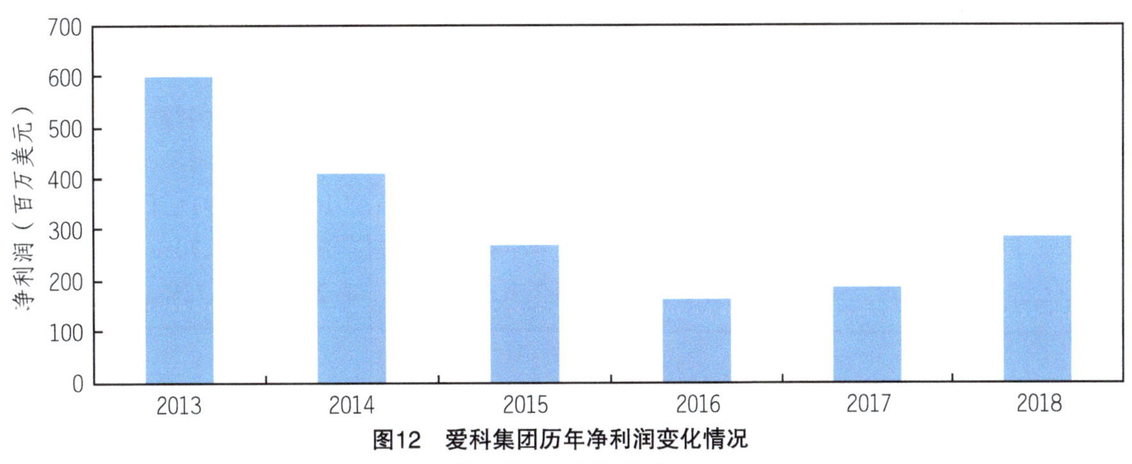

图12　爱科集团历年净利润变化情况

数据来源：爱科集团年报

（四）克拉斯

除个别年度外，克拉斯近年来企业销售规模总体上较为平稳（图13）。2013至2015年间克拉斯销售净额较为平稳，2016年突然下滑达到近五年的最低值3 631.60百万欧元，2018年迅速增长到近年来的峰值3 889.20百万欧元。相比销售净额，克拉斯净利润的变化趋势较为明显（图14）。公司净利润一度由2013年的211.40百万欧元大幅下滑到了2016年的37.20百万欧元，2018年又增长到了151.7百万欧元，近年来净利润占销售净额比例在1%至6%之间波动。克拉斯近年来研发投入占销售净额的比例在2.70%～6.00%浮动。

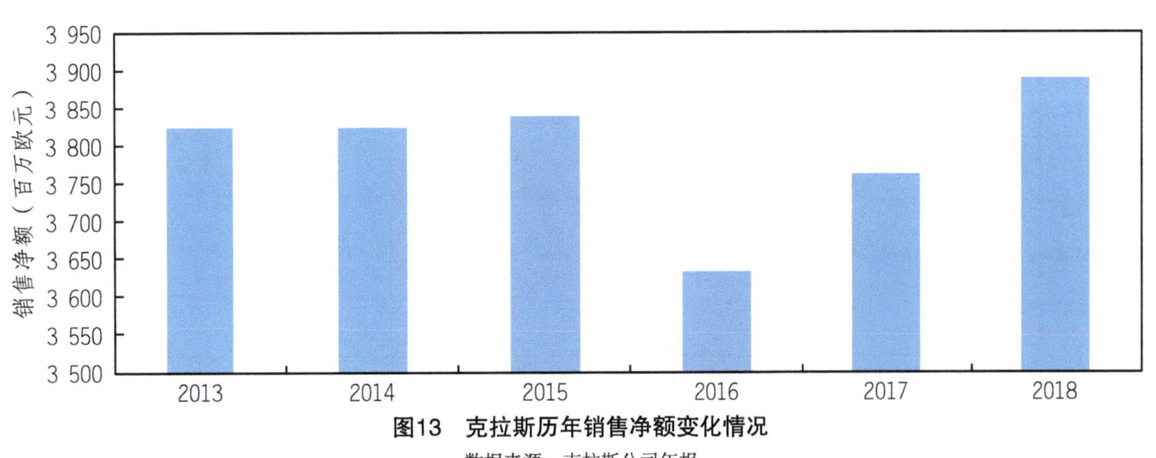

图13　克拉斯历年销售净额变化情况

数据来源：克拉斯公司年报

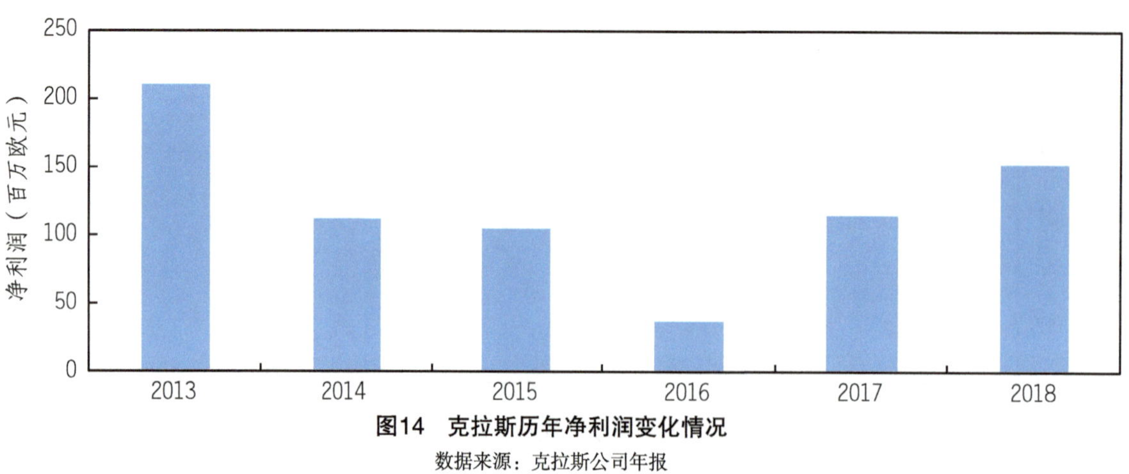

图14　克拉斯历年净利润变化情况

数据来源：克拉斯公司年报

（五）久保田

近五年久保田企业销售规模总体呈上升趋势（图15）。在2016年略有下滑但幅度不大，2018年增长至销售净额1.85万亿日元。相比销售净额，久保田净利润的变化趋势较为明显，但总体变化幅度不大（图16）。公司净利润一度由2013年的1 327亿日元上升至2015年的1 494亿日元，2016年略有下降后，在2018年恢复到了1 386亿日元，近五年净利润占销售净额比例在7.70%至8.90%之间浮动，变化较小。久保田五年间研发投入占销售净额的比例也较高，在2.33%～2.75%。

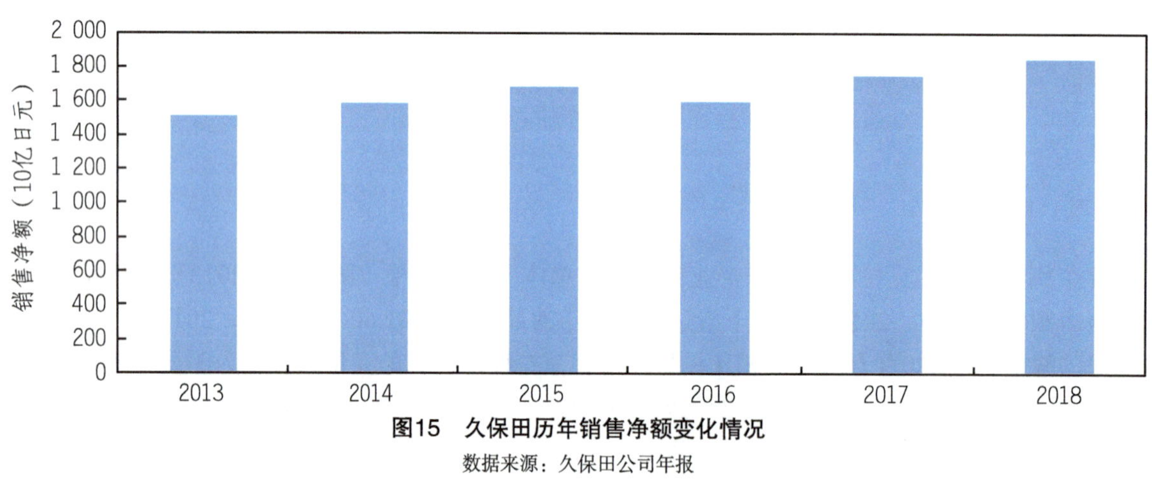

图15　久保田历年销售净额变化情况

数据来源：久保田公司年报

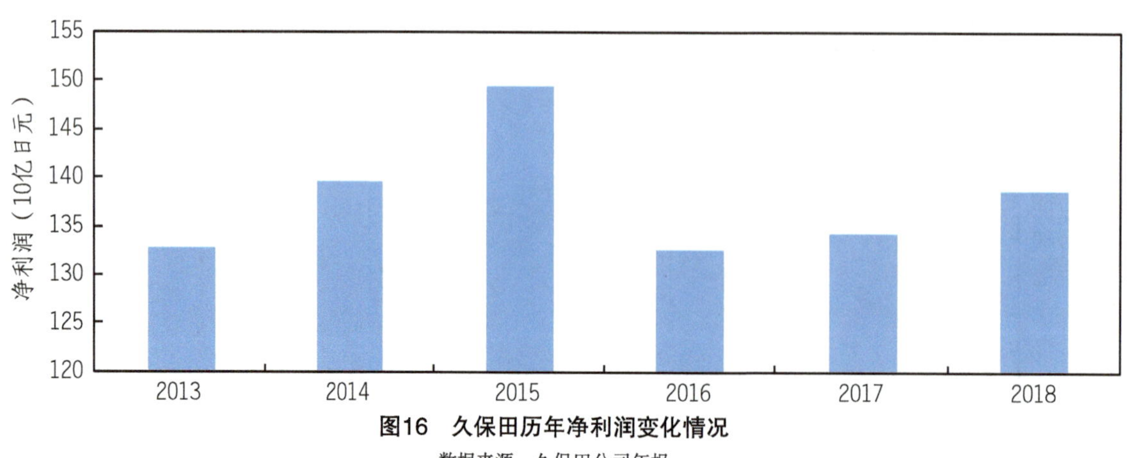

图16　久保田历年净利润变化情况

数据来源：久保田公司年报

三、国际贸易格局

本节重点分析世界和重点国家轮式拖拉机（不含手扶拖拉机）和联合收割机贸易情况，研究世界贸易格局变化情况。

（一）全球贸易情况

在出口贸易方面，2017年轮式拖拉机出口贸易集中度较高，排名前十的国家轮式拖拉机出口额合计占到世界轮式拖拉机总出口额的87.51%，其中德国居首位占到23.94%；世界联合收割机出口贸易集中度也较高，排名前十的国家联合收割机出口额合计占到世界联合收割机总出口额的90.48%，排名前五的国家占比合计达到67.47%，其中德国居首位，占到27.31%。

在进口贸易方面，2017年世界轮式拖拉机进口贸易集中度相对较低，排名前十的国家轮式拖拉机进口额合计占到世界轮式拖拉机总进口额的72.58%，其中美国居首位占到21.02%；世界联合收割机进口贸易集中度也相对较低，排名前十的国家联合收割机进口额合计占到世界联合收割机总进口额的54.11%，其中加拿大居首位占到18.52%。

（二）重点国家贸易情况

1. 美国

在出口贸易方面，2017年美国轮式拖拉机出口贸易额集中度相对较高，排名前十的轮式拖拉机出口目标国额度合计占到美国轮式拖拉机总出口额的75.28%，其中出口加拿大和澳大利亚两国占比合计达到50.33%，加拿大一国占比就达到40.12%；美国联合收割机出口贸易集中度则更高，排名前十的联合收割机出口目标国额度合计占到美国联合收割机总出口额的92.62%，其中出口加拿大和澳大利亚两国占比合计达到76.53%，加拿大一国占比就达到65.54%。

在进口贸易方面，2017年美国轮式拖拉机进口贸易集中度非常高，来自排名前十的进口来源国的轮式拖拉机进口额，合计占到美国轮式拖拉机总进口额的94.86%，其中排名前三位的国家合计占57.76%，日本居首位占到24.68%；美国联合收割机进口贸易集中度也非常高，来自排名前十的进口来源国的联合收割机进口额，合计占到美国联合收割机总进口额的98.73%，其中德国居首位占到52.41%。

2. 德国

在出口贸易方面，2017年德国轮式拖拉机出口贸易集中度不是很高，排名前十的轮式拖拉机出口目标国额度合计仅占德国轮式拖拉机总出口额的64.06%，其中法国居首位占到16.15%，且出口规模分布比较均匀；德国联合收割机出口贸易集中度也一般，排名前十的联合收割机出口目标国额度合计占到德国联合收割机总出口额的67.50%，其中乌克兰居首位占到12.02%。

在进口贸易方面，2017年德国轮式拖拉机进口贸易集中度较高，来自排名前十的进口来源国的轮式拖拉机进口额，合计占到德国轮式拖拉机总进口额的92.55%，其中美国居首位占到21.73%；德国联合收割机进口贸易集中度非常高，来自排名前十的进口来源国的联合收割机进口额，合计占到德国联合收割机总进口额的97.47%，其中比利时居首位占到37.96%。

3. 日本

在出口贸易方面，2017年日本轮式拖拉机出口贸易集中度较高，排名前十的轮式拖拉机出口目标国额度合计仅占日本轮式拖拉机总出口额的82.06%，其中美国高居首位占到46.81%；日本联合收割机出口贸易集中度不是很高，排名前十的联合收割机出口目标国额度合计占到日本联合收割机总出口额的73.98%，其中韩国居首位占到60.49%。

在进口贸易方面，2017年日本轮式拖拉机进口贸易集中度非常高，来自排名前十的进口来源国的轮式拖拉机进口额，合计占到日本轮式拖拉机总进口额的99.08%，排名前四的国家合计占比达到

92.40%，其中德国居首位占到29.56%；日本联合收割机进口贸易集中度也非常高，仅从9个国家进口，其中德国高居首位占到71.67%。

4. 印度

在出口贸易方面，2017年印度轮式拖拉机出口贸易集中度不是很高，排名前十的轮式拖拉机出口目标国额度合计仅占印度轮式拖拉机总出口额的68.48%，其中美国居首位占到25.88%；印度联合收割机出口贸易集中度也不高，排名前十的联合收割机出口目标国额度合计占到印度联合收割机总出口额的77.82%，其中斯里兰卡居首位占到28.66%。

在进口贸易方面，2017年印度轮式拖拉机进口贸易集中度非常高，总共进口自7个国家，其中泰国高居首位占到89.36%；印度联合收割机进口贸易集中度也非常高，总共进口自10个国家，其中泰国高居首位占到64.28%。

5. 巴西

在出口贸易方面，2017年巴西轮式拖拉机出口贸易集中度较高，排名前十的轮式拖拉机出口目标国额度合计占巴西轮式拖拉机总出口额的86.15%，其中阿根廷居首位占到44.84%；巴西联合收割机出口贸易集中度非常高，排名前十的联合收割机出口目标国额度合计占到巴西联合收割机总出口额的98.72%，其中阿根廷居首位占到65.07%。

在进口贸易方面，2017年巴西轮式拖拉机进口贸易集中度非常高，总共进口自12个国家，其中芬兰居首位占到34.12%；巴西联合收割机进口贸易集中度也非常高，仅进口自3个国家，分别是奥地利、比利时和美国，分别占59.74%、32.81%和7.45%。

四、主要国家产业支持政策新变化

（一）印度尼西亚

印度尼西亚是最大的东盟国家，也是世界上最大的群岛国家，除中国之外领土最广的亚洲国家。作为东盟最大的经济体，印度尼西亚政府积极采取措施推动全面发展，取得了积极成效，经济保持较快增长，在农机化发展方面主要出台制定了以下相关政策。

第一，制定农业部《印度尼西亚农业机械化发展路线图2015—2025》。印度尼西亚农业部针对本国农业机械化发展现状与面临的挑战，制定了《印度尼西亚农业机械化发展路线图2015—2025》，其中包含了中短期、长期计划，为未来一段时期印度尼西亚农机化政策制定、农机研发、生产经营等提供战略引导。

中短期计划内容主要包括：一是农业机械化相关利益方，尤其是农机生产与经销企业必须加大农业机械在作物生产各个环节的推广应用，将农村社区及相关组织培养为农机终端分销商。二是通过信息宣传、技术推广、金融支持等，为农户在农业机械的选择、购置和经营管理等方面提高援助和便利。三是在已有的农业综合服务机构基础上，增设农业机械化服务机构。四是因地制宜发展机耕道、销售点、服务点等农业机械化配套基础设施。五是通过教育、培训和推广手段，提高机手、管理人员的技术能力与业务水平。六是提高农机推广能力。七是建立国家农业机械管理人员监督机构与农业机械试验鉴定机构，调控并循环利用农业机械，保障农机机械质量与性能。八是建立农业机械标准化认证机构等，以完善农业机械的SNI标准体系，保障农业机械质量。九是大力开展农业机械基础研究与工程化应用设计，提高农机技术水平。十是建立农业机械化大数据中心，及时更新相关数据。

长期计划内容主要包括：一是完善农民专业组织，加强其为农民社员服务以及作为政府与农民桥梁作用。二是完善农业机械商业政策，包括农业机械的采购、分配和使用机制。政府应该通过加强保护进口农业机械，创造有利的贸易环境，同时确保印度尼西亚农业机械的区域平衡。三是加强政府、私营组织、科研院所、国际组织之间的联合研究，提高农业机械化创新能力；加强研究人员与农民的联系，提高研究成果的转化效率。四是农业获得信贷支持难度大，政府应牵头成立农业银行，为农民的农业生产经营提供信贷支持。五是完善农民教育培训体系。印度尼西亚农民受教育程度普遍偏低，应通过对农民的教育培训，确保正确安全操控新型农业机械，提高在其他行业的发展能力。六是加强各地区农业机械生产的配套设施，因地制宜开发农业机械，降低农业机械的转运成本，促进农业劳动力的解放。七是完善农机作业社会化服务体系，帮助散户应用机械作业，提高农机户的收益。

第二，出台相关资金扶持政策。目前，印度尼西亚已经开始实施专门针对农民或农民组织购置农业机械的金融信贷和政府补助。印度尼西亚农业部提出了农业机械购置资金支持计划，包括农业融资服务方案、面向社区的农业投资直接补助、农业机械购置首付资金援助、农机企业经营资金扶持等。目前该计划在部分地区实施仍面临较大的困难，因此，政府推动实施了农业机械的合作运营计划，联合经营、租赁服务、周转基金等项目相继推出。

2014—2017年，印度尼西亚农业部利用国家财政资金向农业设施理事会单位采购手扶拖拉机、水稻插秧机、水泵、斩波器、中耕机和其他机械提供补贴。该计划目的是提高土地机械化耕作、机械化种植、灌溉供水和动物饲料的供给，直接受益对象为农民合作组织、农民合作联合组织、农机社会化服务组织（UPJA）。不同区域受益对象购置机器补助类别：①粮食作物主产区的手扶拖拉机、水泵、插秧机，园艺作物和畜牧养殖区的除草机和碎草机；②购置的农业机械在技术上应能满足所在区域的农业基本条件；③所在区域农业机械保有量较低，且具有强烈的扩大农业生产经营意愿。收益对象应符合以下条件：①已经获得区级、实际补贴资格认证；②愿意支持完成国家农业生产目标；③愿意履行农业机械化生产的责任与义务；④愿意利用农业机械提高农业生产效率。印度尼西亚农业部为农业机械补贴设置了以下条件：①各省农业机械补助由农业部指定的供应商发放；②销售的农业机械必须性能完好，组装完善，通过实用测试并配备使用与保养维修手册；③补贴机械必须受益者本人使用，否则农业主管部门可以收回机械转给其他组织使用。

（二）泰国

作为传统农业国，泰国拥有丰富的农业资源，据泰国经济社会发展委员会统计，全国47%的土地为农业用地，2017年农业产值占国内生产总值的9%。泰国历届政府都高度重视农业创收、农村发展和农民收入，在重大农业政策方面保持了延续性，积极促进农产品出口创汇，增加农民收入。近年来，泰国在发展农业机械化发展也出台了一系列政策。

一是强化顶层设计工作，坚持规划引领。2018年1月，泰国竞争力提升策略委员会向经济社会发展委员会提出20年国家竞争力提升五大战略，定位为将泰国打造成东盟的农业、工业和新型服务业、旅游、物流中枢，其中第一条就是发展农业。为此，泰国制定了20年农业发展规划（2017—2036年），这一长期发展规划是国家20年发展战略的一部分，坚持“农民稳定、农业富余、农业资源可持续发展”理念，将按照泰国4.0战略，培养智慧农民，把新发明和现代科技运用于农业，包括信息研究、确定种植计划，以及在整个供应链有效管理农产品等方面。

二是加强科研和推广工作，加速农机化发展。在泰国，农业科研工作的主要力量是政府部门的研究机构。泰国的农机管理部门是农业工程处，主要职能是管理农业机械和农业加工的研究与发展，向政府和社会提供机械和技术服务，协调各研究机构之间的合作并提供相关技术支持，向农业部内其他部门提供服务。农业工程处下设研究组等机构，研究组又分为农作物生产工程研究组、产后工程研究组和农机试验和开发研究组。其主要职能分别是：进行农业生产各环节机械的研究和开发工作，按照国家标准对产中和收获机械进行试验鉴定工作；进行产后机械和加工工艺的研究和开发，包括干燥、储藏和农产品加工的工艺和设备；负责调查研究和综合处理，研究农业机械制造和生产的标准，对农机进行鉴定和改进，对农业机械生产商和有关政府部门进行农机生产的监督和技术指导。泰国农业部推广局职能之一是对农业机械的改良、生产技术的推广以及对相关人员进行培训。泰国每个府都有农机推广机构，这些推广机构直属于泰国农业部，实行垂直管理。农机工程研究所的职能是设计农机具，并对从国外引进的农机具进行消化吸收，把设计的图纸无偿转让给农机具制造企业，帮助企业改进产品。

三是组建农业和农业合作银行，为农民提供优惠利率的信贷服务。泰国每年对农业投资占国家预算的8%～10%。此外，从1975年以来，国家利用商业银行对农业的贷款政策，作为辅助农业和农业机械化等的一种手段。泰国政府鼓励和支持发展农业机械化。泰国法律要求政府不要插手企业的经营，所以农机的生产掌握在私有企业手中，政府干预很少。政府认识到农业机械化对农业的发展意义重大，所以对标准化的农机进行大力推广，实行优惠贷款，支持农产购买，同时政府也积极寻求外来的技术援助。泰国政府要求金融机构扩大农业长期贷款业务，支持农民购买农业机械。1975年，泰国银行颁布了《商业银行农业信贷条例》，规定商业银行的农业信贷放款额必须以2%的比率逐年递增。1983年又实施了“面向农业和农村信贷政策”，规定无论本国或外国商业银行，每年投入的农业贷款不得低于上年存款额的20%，其中的13%必须直接贷给农产和地方农业企业。20世纪80年代末90年代初，针对东北部农业的自然条件较差的情况，泰国政府提出了绿化东北计划。计划的内容包括因地制宜，发展集约型农业；发放农业低息贷款，降低或免收进入东北地区的农业机械设备的入门税等。现在，仅农村合作社每年用于农机的贷款已超过11亿铢，总投入超过15亿铢。农业银行的贷款中，用于购买农机的比例也有大的增长。

四是农机作业委托和集约化经营。在相当长的时间里，泰国农业主要依靠毁林开荒、增加耕地面积来增加粮食生产，其耕作方式也主要是依靠人力和畜力。因此农业生产经营粗放，效率低效，农业区划差。针对这种情况，结合泰国农民资金欠缺、技术水平较低的现实情况，泰国政府大力推广农机作业委托。农机作业委托作为农作业委托体系的一个子系统，泛指委托人把部分作业委托农机户（组织）用农业机械来承担，它在农业机械化过程中起到了重要作用。使用农机作业委托体系，有助于改变区域规划混乱、小而全、效率低下的传统个体经营状况，经济效益显著，有利于集约化和专门化经营。

（三）菲律宾

菲律宾国民经济以农业为主，农业GDP占总量的40%，是世界上最大的蕉麻生产国和椰子出口国。近年来，菲律宾出台了一系列支持农业发展的政策，农机化发展方面的政策主要包括以下方面。

一是制定农业机械化发展规划与战略。1987年制定的农机化政策与战略主要包括：①农业机械化总政策。包括发展能促进合理使用劳力或提高劳动生产率的农业机械化技术；支持本国生产适用的农机具；鼓励农村工业的发展，以增加农村的就业机会；进一步发展作物收获后的加工技术等。②农业机械研究开发战略。包括优先研究开发提高劳动生产率和用于农工联合企业的机具设备；农业机械的研究开发由国家网络系统承担并制度化，农业机械化发展计划由工程和农业工业化技术学院负责；进行各省和地区的需求量调查；农机具的开发着重于“选、改、创”；研制的新机具由农机厂生产，国家网络系统加以推广。③农机制造、供应与销售战略。包括通过融资、调整税率等措施鼓励国产农机的生产；建立农机厂联系体制，相互供给原材料，鼓励合作制造。④农业机械化融资和信贷战略。包括对制造厂和销售商给予优惠贷款；建立专业信贷基金等。2012年，菲律宾农业部又出台在5～10年内赶超泰国、马来西亚和越南，实现农业机械化。2019年，菲律宾农业部强调提高农业机械化水平势在必行，并已实施农业渔业机械化贷款计划，该计划将协助农民获得贷款以采购所需的农业机械和设备。

二是鼓励投资，实行有利于农业机械化发展的低利率贷款、税收、补贴等经济政策。为了鼓励国内外投资者开发农业，1977年6月菲律宾政府颁布了“农业投资奖励法”，对于投资于农业的国内外公司，政府给予优惠的奖励待遇。自1978年起，菲律宾政府也实施了农业投资优先计划，优先投资计划（IPP）是由政府投资委员会（BOT）制定，凡在政府投资委员会登记注册的农业公司能得到更优惠的税率奖励。另外，菲律宾政府对农业机械化实行低利率政策。世界银行低利率CB-IBRD专项贷款中，农业贷款占23%，主要用于兴建水利灌溉工程、进口化肥、农药，以及购置水力发电。还有菲律宾发展银行、菲律宾土地银行、农业信贷局和国家粮食局等机构为购置中型的收获后加工机具提供农业机械化贷款。中央银行还曾要求各商业银行将他们的贷款基金25%安排作为农业贷款使用，这对农业机械化也有利。除此之外，菲律宾对农机具的税收和关税保持最低的税率，以便按照国家计划的要求，为农业机械化和粮食自给自足的目标提供机具。

三是重视农业机械化科研工作，积极参加亚太地区农业机械化科技合作。菲律宾国家农业机械化机构联合会由农业部负责，农业部副部长任联合会的主席，农业机械化的基础理论研究工作由作物生产局、菲律宾大学、国际水稻研究所等单位共同进行。菲律宾农业机械化发展规划、鉴定推广工作由菲律宾农业机械化开发署、菲律宾农机试验鉴定中心负责。在科研中，菲律宾注意引进国外科技成果或产品。通过国际水稻研究所从中国引进水稻播秧机、小型收割机、水稻深施肥机、小型沼气设备，从泰国引进低扬程轴流泵等。对于引进的机具均根据当地的生产条件作一些修改，然后再推广，如小型收割机、低扬程轴流泵已生产一批并投人生产中使用。菲律宾通过国际水稻研究所积极参加亚太地区农业机械化科技合作，菲律宾还参加亚太地区农业机械网，与相关国家交流制定农机化战略经验、促进本国农机具制造业的发展等。

五、世界供需形势展望

未来一个时期，世界农机产品的供需及农机产品本身发展形势大致会有以下几方面特征。

一是世界农机产品需求保持增长态势。人口的快速增长将对农作物有较大需求，这将转换为对农业机械的需求。生活水平的提高和个人收入的增长将对农产品及高端食物产生较大需求。此外，石化及制药产业也对农产品有较大需求。另外，对于大部分处在现代农业发展的初级或者中级阶段的国家而言，实现农业机械化还有很长的路要走，必然伴随着农业机械需求的大幅增长。但农机产品需求结构将会持续发生变化。不同农作物品种、不同作业环节实现农业机械化的不同要求，以及各国农业生产经济状况、农业生产规模、农业机械需求主体以及农业机械化经营模式的差异，都会推进农业机械产品种类的增加。整体上看，尽管拖拉机和收获机械等主要农机产品在短期内会基本饱和，但农业机械产品整体将向全面化、多样化发展。

二是世界农机市场将保持复苏态势。短期内，全球农机市场将会保持复苏的大趋势。欧洲主要农机生产国家将出现较大增长，北美农机市场也将继续。亚太地区将仍然是最大的农业机械市场，同时也会是增长最快的市场，这主要得益于中国、印度等快速发展的发展中国家销售额增长的推动。这些发展中国家一直致力于农业领域的机械化，而其人口膨胀及强劲的经济增长对农业领域带来了日益增长的压力，也促使了农业机械销售量不断增长。此外，印度尼西亚、泰国、巴西和俄罗斯市场增速也较高，这些国家的政府正致力于推动农业机械化以提高粮食产量及生产率。

参考文献

马铮. 2015. 东南亚南亚农机前景向好[J]. 农机市场（6）：59-60.

黄春杰. 2018. 2018年印度尼西亚国际农机展及印度尼西亚农机市场分析[J]. 农机质量与监督（11）：45.

黄春杰. 2018. 2018年泰国农机展及泰国农机市场分析[J]. 农机质量与监督（10）：45.

CGGT走出去智库. 2019-03-06. 中国—东盟贸投指数|菲律宾农业机械化和数字化需求强烈. http://dy.163.com/v2/article/detail/E9HI4QLE0519BMQ6.html.

孙广勇. 2018-05-09. 泰国力争农业成为经济增长新引擎. http://world.people.com.cn/n1/2018/ 0509/c1002-29974585.html.

张萌. 2018. 亚非拉农机技术需求与中国农机“走出去”研究[M]. 北京：中国农业出版社.

专题二：我国农机“走出去”专题研究

近年来，我国农机工业发展迅速，已成为世界农机制造大国，农机产品出口贸易增长也较为显著。但是，产业发展依然面临较多问题，迫切需要加快推进农机“走出去”，促进产业转型升级。

一、我国农机“走出去”现状及潜力

（一）农机“走出去”现状及特征

近年来，我国农机“走出去”步伐逐步加快，尤其是农机产品出口贸易发展迅速。从出口贸易规模方面来看，自2000年开始，我国农机产品出口贸易连续十年左右呈高速增长趋势，但近年来增速逐渐放缓。从出口区域分布方面来看，长期以来亚洲都是我国农机出口的最大市场，整机出口也主要集中在亚洲，市场份额一直稳定在40%左右。小型拖拉机，耕种、收获机械等以亚非拉市场为主。虽然对欧美出口额较大，但主要是以零部件、附加值较低的小机具和合资企业出口为主。从出口国别分布方面来看，美国始终是我国农机产品出口的第一目标国，占比基本稳定在总量的20%左右，出口国别整体上呈分散化趋势。从农机产品出口结构变化来看，占主导地位的产品类别较为稳定，主要是内燃发动机及其零配件，发电机、发电机组及其零配件，排灌提水机具及凿井机械，拖拉机及田间作业机械和农田运输机械及其零配件。

但整体上看，我国农机产品的国际市场竞争力还不强，与国际水平差距依然明显。比如，2016年全年农业机械产品出口额为273.59亿美元，主机产品仅79.03亿美元（共58种产品，内燃机、发电机组除外），仅占出口总额的28.88%。收获机械、农产品分选机械、轮式拖拉机等具有一定技术含量的农机产品仅占主机产品的19.64%。同时也应看到，我国的小型农业机械在国际市场上还是具有明显竞争优势的。我国是小型农业机械生产大国，小型拖拉机、小功率柴油机、排灌机械和耕播整地机械质量基本稳定、价格低廉，具有较高的性价比，适合广大发展中国家的购买能力，在发展中国家具有明显的竞争优势。我国长期处于小型柴油机产销量第一大国的地位，此类产品的技术含量虽然不高，但对于单缸柴油机等很多农机产品的生产制造，我国都具有完全的自主知识产权。小型农机产品正好是一些发达国家的缺档产品，在发达国家农机市场上也具有较强的竞争力。

（二）农机“走出去”潜力

农业资源和经济发展等决定了一个区域或国家农机化发展的潜在技术需求和实现可能。因此，就需求角度而言，以发展中国家为主的亚非拉地区农机技术需求潜力巨大，我国农机“走出去”还具有相当的潜力。从亚洲来看，亚洲耕地资源分布较为集中，排名前十五的国家耕地面积占到亚洲总耕地面积超过90%，除日本、韩国外大部分国家农机化发展水平较低，中小型农机市场需求潜力巨大。该地区主要农机需求方向为中小型拖拉机及水稻、玉米、小麦等大宗作物的种植、田间管理和收获等机械化生产技术装备。从非洲来看，非洲耕地资源分布较为分散，排名前十五的国家耕地面积和占到非洲耕地面积的70%左右，非洲国家中约有半数劳均耕地面积在1公顷以下，除南非外，在很多国家人畜力仍然是农业生产作业的主要动力源。因该地区尚处于农机化发展的初级阶段，且水资源严重缺乏，所以主要农机需求方向为中小型拖拉机及玉米、木薯、高粱、花生、水稻、小麦等大宗作物耕整地、收获等机械化生产和节水灌溉技术装备。从拉丁美洲来看，拉丁美洲耕地资源分布高度集中，巴西、阿根廷、墨西哥三国耕地面积占比超过80%，对农机需求以大中型为主，其他国家农机化发展水平较低。因此，该地区主要农机需求方向为大中型拖拉机，大豆、玉米等大宗作物种植、田间管理、收获机械化生产及农产品加工技术装备，以及肉牛、奶牛、鸡和猪等相关养殖机械。

二、我国农机“走出去”存在的问题

总体看来，我国农机“走出去”仍存在不少问题亟须解决，主要如下。

（一）目标市场研究不够深入

我国部分农机企业还存在着较为明显的国外市场针对性调研不足、制约长期效益实现问题。有的企业先期进入目标国家或地区后，有可能会取得较为明显的短期市场优势，缺乏对目标市场进一步深入研究的动力和积极性，忽略进一步考虑如何去改善产品质量以更稳定的保持优势，极易被后期进入却拥有更好质量产品的企业超越甚至被迫全线退出。对于部分国家或地区，受限于资金、人员等各方面因素，可能完全缺乏具有针对性的市场调研。另外，目标农业机械化发展的自然环境、政策环境、技术环境等调研也不够深入。

（二）产品质量与可靠性不高

产品质量与可靠性不高，是制约我国农机“走出去”的主要问题之一。如国产品牌的可靠性不如国外品牌，故障率高，部分国产品牌三包期内返修率高达50%。国外品牌拖拉机平均无故障工作时间能达到1 000小时，而国产品牌仅约为200小时；国产收割机平均无故障工作时间大约为60小时，而国外同类品牌能达到200小时，差异非常明显。而由于农机作业季节性、时效性强等特点，质量与可靠性对农机产品显得尤为重要。

（三）面临较为激烈的市场竞争

约翰·迪尔、凯斯·纽荷兰、久保田等多家国际农机巨头大多已有一两百年的发展历史，其在亚非拉许多国家均深耕多年，在部分国家甚至已经完全垄断了当地市场，形成了品牌效应，部分发展中国家海外发展也较快。我国农机企业要进入亚非拉相关市场，与这些跨国企业争夺市场份额，存在一定的难度。如2015年仅久保田一家企业水稻收割机出口到越南、泰国、缅甸、菲律宾等国家的总量就达到7 100台，占比60%以上。而国内像沃德、中联重工等优势企业2015年出口总量分别仅为724台、336台，差距很大。

（四）零配件供应及维修服务不足

农机产品的工作对象是作物或者土地，使用者以农户为主，工作环境恶劣、操作人员素质不高是共性。国内市场通过经销商的培训、农机推广部门的技术指导、工厂提供的售后技术服务来解决上述问题；国际市场使同样的问题更加复杂，绝大多数农机企业还不具备较好的国外服务能力，同时也没有建立国外的服务渠道。售后服务体系不完善，技术示范平台缺乏，导致零配件供应及维修服务不及时，成为制约农机“走出去”的重要因素。

三、促进我国农机“走出去”的对策建议

基于以上研究，提出以下促进我国农机“走出去”的对策建议。

（一）强化针对性调研与制度建设

有步骤、有计划地对亚非拉相关国家贸易投资环境等进行更为细致和深入的研究，为企业提供较好的公益性产品，真正为企业“走出去”做好服务工作。有选择地持续扶持重点企业“走出去”，培育国际知名跨国企业。扶持机制方面可由政府组织设立“走出去”扶持基金，以基金与企业合资、合作等方式对选定企业进行技术、金融扶持并参与管理、指导。另外，优化贸易与投资环境，恢复重点农机产品出口商检制度；积极参加国际农机鉴定标准体系建设，强化话语权，促进农机出口增长。

（二）统筹推进农业“走出去”

农业机械化是现代农业生产系统工程的重要组成部分，农机“走出去”是农业“走出去”的重要组成部分，实现农业“集团走出去”是成功“走出去”的重要方式之一。到国外发展农业并不是一家企业就能做的，需要把种子、化肥等所有的行业都联合起来，把相关的大学、院所和企业都组织起来，抱团“走出去”。应持续优化开展对外援助工作，着重鼓励国内涉农企业发展海外农业，援建国外相关农业技术示范中心等，优先配套使用国产农业机械。

（三）加大品牌培育与质量提升力度

亚非拉很多国家所使用的农机大多为欧美农机企业巨头制造，技术性能先进，我国农机企业要在当地展开竞争，不能仅靠和一直靠低价策略，需要不断注重品牌效应，提高产品的技术性能和科技含量，而国内农机企业大多研发投入不足、研发力量较弱。因此，政府应加大对国内农机科研的支持力度，比如通过研发费用等量税收减免、加大农机关键共性技术研发投入等措施，来提高重点企业的研发能力，进而提高农机企业国际竞争力。

（四）强化农机化服务与示范平台建设

在目标国建设一批农机化公共服务平台，集中供应国产农机通用零配件，开展主要农机产品维修服务，鼓励企业建立完善以目标国当地经销商为主的海外销售与服务网络，切实解决企业售后服务体系不完善等问题。建设一批农机化技术示范平台，承担国产农机在当地的适应性改进、农机化技术示范推广、农机化技术人员培训等任务，切实解决农机化技术适应性研究及技术示范推广不足等问题。

（农业农村部南京农业机械化研究所　张　萌）